Höfische Epik

Andreas Kraß

Höfische Epik
Eine Einführung

J.B. METZLER

Andreas Kraß
Institut für deutsche Literatur
Humboldt Universität
Berlin, Deutschland

ISBN 978-3-662-70619-0   ISBN 978-3-662-70620-6 (eBook)
https://doi.org/10.1007/978-3-662-70620-6

Die Deutsche Nationalbibliothek verzeichnet diese Publikation in der Deutschen Nationalbibliografie; detaillierte bibliografische Daten sind im Internet über https://portal.dnb.de abrufbar.

© Der/die Herausgeber bzw. der/die Autor(en), exklusiv lizenziert an Springer-Verlag GmbH, DE, ein Teil von Springer Nature 2025

Das Werk einschließlich aller seiner Teile ist urheberrechtlich geschützt. Jede Verwertung, die nicht ausdrücklich vom Urheberrechtsgesetz zugelassen ist, bedarf der vorherigen Zustimmung des Verlags. Das gilt insbesondere für Vervielfältigungen, Bearbeitungen, Übersetzungen, Mikroverfilmungen und die Einspeicherung und Verarbeitung in elektronischen Systemen.
Die Wiedergabe von allgemein beschreibenden Bezeichnungen, Marken, Unternehmensnamen etc. in diesem Werk bedeutet nicht, dass diese frei durch jede Person benutzt werden dürfen. Die Berechtigung zur Benutzung unterliegt, auch ohne gesonderten Hinweis hierzu, den Regeln des Markenrechts. Die Rechte des/der jeweiligen Zeicheninhaber*in sind zu beachten.
Der Verlag, die Autor*innen und die Herausgeber*innen gehen davon aus, dass die Angaben und Informationen in diesem Werk zum Zeitpunkt der Veröffentlichung vollständig und korrekt sind. Weder der Verlag noch die Autor*innen oder die Herausgeber*innen übernehmen, ausdrücklich oder implizit, Gewähr für den Inhalt des Werkes, etwaige Fehler oder Äußerungen. Der Verlag bleibt im Hinblick auf geografische Zuordnungen und Gebietsbezeichnungen in veröffentlichten Karten und Institutionsadressen neutral.

Einbandabbildung: Weingartner Liederhandschrift, Heinrich von Veldeke © Stuttgart, Württembergische Landesbibliothek, HB XIII 1, S. 51

Planung/Lektorat: Ferdinand Pöhlmann
J.B. Metzler ist ein Imprint der eingetragenen Gesellschaft Springer-Verlag GmbH, DE und ist ein Teil von Springer Nature.
Die Anschrift der Gesellschaft ist: Heidelberger Platz 3, 14197 Berlin, Germany

Wenn Sie dieses Produkt entsorgen, geben Sie das Papier bitte zum Recycling.

Vorwort

Die letzte Einführung in die höfische Epik des deutschen Hochmittelalters erschien vor rund einem halben Jahrhundert. Kurt Ruh veröffentlichte 1967 den ersten Teil, der bis Hartmann von Aue reicht, und 1980 den zweiten Teil, der mit Wolfram von Eschenbach schließt. Dass dazwischen so viel Zeit verging, hatte auch mit der 68er-Bewegung zu tun: „Ich kann zwar nicht wie viele meiner Kollegen an anderen Universitäten behaupten, unter der studentischen Revolte persönlich und als Forscher gelitten zu haben, aber es stellte sich eine gründliche Veränderung des didaktischen und wissenschaftlichen Bewusstseins ein", schreibt Kurt Ruh im Vorwort zum zweiten Teil. Seit 1980 haben sich weitere „gründliche Veränderungen des wissenschaftlichen Bewusstseins" vollzogen, man denke nur an die kulturwissenschaftliche Öffnung des Fachs und die zunehmende Bedeutung der Geschlechterforschung. Der Verfasser der vorliegenden Einführung hat unter diesem Wandel nicht nur nicht gelitten, sondern ihn als Befreiung empfunden. Während Ruh noch ganz selbstverständlich von seinen mediävistischen „Kollegen" sprechen konnte, steht heute außer Frage, dass das Fach von Kolleginnen und Kollegen gleichermaßen vertreten wird, was sich in der thematischen Ausrichtung von Forschung und Lehre produktiv niederschlägt.

Der vorliegende Band legt den Fokus auf dreißig Werke der vor-, früh- und hochhöfischen Epik des deutschen Mittelalters, reicht also von der Mitte des zwölften Jahrhunderts bis um das Jahr 1220. Die Entwicklungen der späthöfischen Epik werden in Form eines Ausblicks skizziert. Der Aufbau des Buchs entspricht meiner Einführung in die höfische Lyrik (2024). Es umfasst einen Grundlagenteil und einen Interpretationsteil. Der Grundlagenteil behandelt die kulturgeschichtlichen Rahmenbedingungen der deutschsprachigen höfischen Epik, insbesondere die politischen und gesellschaftlichen Hintergründe (Kap. 1) sowie die Geschlechterverhältnisse und Liebesdiskurse (Kap. 2). Danach werden die Gattungsgeschichten des Epos, des Romans und der Novelle zunächst in systematischer (Kap. 3) und dann in historischer Perspektive (Kap. 4) aufgezeigt. Anschließend werden die formgeschichtlichen Grundlagen erläutert, insbesondere die Vers- und Strophenformen, Narrative und Kompositionstypen der höfischen Epik (Kap. 5). Das Kapitel zur Überlieferungs- und Editionsgeschichte, das die mittelalterlichen Handschriften und Bildzeugnisse sowie die modernen Textausgaben vorstellt (Kap. 6), schließt den Grundlagenteil ab. Der nachfolgende Interpretationsteil gibt, ausgehend von den Gattungen des Epos (Kap. 7), des Romans (Kap. 8) und der Novelle (Kap. 9), praxisbezogene

Übersichten über die dreißig behandelten Werke und bietet ausgewählte Hinweise zur neueren Forschungsliteratur. Die neuhochdeutschen Übersetzungen der mittelalterlichen Werke werden anhand der im Interpretationsteil markierten Ausgaben zitiert und behutsam an die neue Rechtschreibung angepasst; liegen keine zweisprachigen Ausgaben vor, habe ich die Übersetzungen selbst angefertigt.

Mein herzlicher Dank gilt den wunderbaren Kolleginnen und Kollegen, die jeweils ein Kapitel des Buches kritisch gelesen und mir viele wertvolle Hinweise gegeben haben: Lea Braun, Astrid Lembke, Tilo Renz, Carmen Stange, Regina Toepfer, Beatrice Trînca und Haiko Wandhoff. Herzlich danke ich auch Paola Rigi-Luperti, die das Manuskript aus studentischer Perspektive durchgesehen und hilfreiche Verbesserungsvorschläge gemacht hat. Nicht zuletzt danke ich Ferdinand Pöhlmann für das sorgfältige Lektorat und Anja Dochnal für die Unterstützung bei der Drucklegung des Buches.

Andreas Kraß

Inhaltsverzeichnis

Vorwort	V
Abkürzungsverzeichnis	XI
Abbildungsverzeichnis	XIII
Tabellenverzeichnis	XV

Teil I Grundlagen

1 Kulturgeschichte I: Höfische Gesellschaft 3
   1.1 Epik und Politik 3
       1.1.1 Das Reich 4
       1.1.2 Der Kaiser 15
       1.1.3 Der Ritter 21
       1.1.4 Der Kreuzzug 27
   1.2 Gönner und Gönnerinnen, Dichter und Publikum 33
       1.2.1 Die Gönner und Gönnerinnen 34
       1.2.2 Die Dichter 44
       1.2.3 Das Publikum 52
       1.2.4 Die Quellen 62

2 Kulturgeschichte II: Höfische Liebe 71
   2.1 Die heterosoziale Wende 71
       2.1.1 Monologische Männlichkeit 72
       2.1.2 Die Rolle der Frau 73
       2.1.3 Heteronormative Missverständnisse 75
       2.1.4 Intersektionale Perspektiven 76
   2.2 Homosoziale Beziehungen 77
       2.2.1 Männlich-homosoziale Beziehungen 77
       2.2.2 Weiblich-homosoziale Beziehungen 99
   2.3 Heterosoziale Beziehungen 106
       2.3.1 Ehe ohne Liebe 109
       2.3.2 Liebe ohne Ehe 118
       2.3.3 Höfische Liebesehe 125

	2.4	Sexualität und Reproduktion	135
		2.4.1 Homosoziale Beziehungen	135
		2.4.2 Heterosoziale Beziehungen	137

3 Gattungsgeschichte I: Das System 141
   3.1 Mittelalterliche Stoffkreise 142
      3.1.1 Jean Bodel und *Flamenca* 143
      3.1.2 Stoffkreise und Gattungssystem 145
   3.2 Epos und Roman 147
      3.2.1 Die geschichtsphilosophische Perspektive 147
      3.2.2 Die romanistisch-mediävistische Perspektive 152
      3.2.3 Die germanistisch-mediävistische Perspektive 155
   3.3 Legende 157
      3.3.1 Epos und Legende 158
      3.3.2 Roman und Legende 159
      3.3.3 Novelle und Legende 162
   3.4 Gattungsmerkmale 163
      3.4.1 Autorschaft und Anonymität 163
      3.4.2 Historizität und Fiktionalität 165
      3.4.3 Kausalität und Finalität 168

4 Gattungsgeschichte II: Die Phasen 181
   4.1 Vorhöfische Epik 183
      4.1.1 Antikenroman 184
      4.1.2 *Chanson de geste* 186
      4.1.3 Brautwerbungsepos mit reichsgeschichtlichem Bezug 187
      4.1.4 Brautwerbungsepos mit heilsgeschichtlichem Bezug 190
   4.2 Frühhöfische Epik 192
      4.2.1 Liebesroman 192
      4.2.2 Antikenroman 194
   4.3 Hochhöfische Epik 199
      4.3.1 Vor dem *Nibelungenlied*: Artusroman, Novelle, Tierepik ... 200
      4.3.2 *Nibelungenlied* und *Nibelungenklage* 209
      4.3.3 Nach dem *Nibelungenlied*: Artusroman, Liebesroman, Novelle, *Chanson de geste* 217
   4.4 Späthöfische Epik (Ausblick) 233
      4.4.1 Romane 233
      4.4.2 Novellen 238
      4.4.3 Heldenepen 240

5 Formgeschichte 245
   5.1 Vers und Strophe 245
      5.1.1 Reimpaarverse 246
      5.1.2 Strophen 247
   5.2 Narrative 251
      5.2.1 Gefährliche Brautwerbung 251

	5.2.2	Gestörte Mahrtenehe 255
	5.2.3	Freundliche Übernahme 259
5.3	Komposition 260	
	5.3.1	Doppelung 260
	5.3.2	Schachtelung 261
	5.3.3	Doppelter Kursus 262
	5.3.4	Glückswechsel 265
	5.3.5	Vor- und Hauptgeschichte 267
5.4	*Dilatatio materiae* 269	
	5.4.1	Beschreibung 270
	5.4.2	Figurenrede 272
5.5	Fiktionalität 272	
	5.5.1	Lüge und Wahrheit 274
	5.5.2	Das Reich der Feen und Zwerge 275

6 Überlieferungs- und Editionsgeschichte 279
6.1	Überlieferung 279	
	6.1.1	Häufigkeit 280
	6.1.2	Verlauf 282
	6.1.3	Gemeinschaften 285
	6.1.4	Fassungen 287
6.2	Bildzeugnisse 291	
	6.2.1	Illustrierte Handschriften 291
	6.2.2	Fresken 295
	6.2.3	Teppiche 298
	6.2.4	Sonstige 300
6.3	Moderne Ausgaben 301	
	6.3.1	Textkritische Editionen 302
	6.3.2	Studienausgaben 303
	6.3.3	Digitale Editionen 304
6.4	Editionsphilologisches Fallbeispiel: Laudines Kniefall 305	
	6.4.1	Problemstellung 305
	6.4.2	Lösungsvorschlag 307

Teil II Interpretationen

7 Epos 311
7.1	Brautwerbungsepen mit reichsgeschichtlichem Bezug 311	
	7.1.1	*König Rother* 311
	7.1.2	*Herzog Ernst* 313
	7.1.3	*Graf Rudolf* 314
7.2	Brautwerbungsepen mit heilsgeschichtlichem Bezug 315	
	7.2.1	*Salman und Morolf* 315
	7.2.2	*Münchner Oswald* 317
	7.2.3	*Orendel (Der Graue Rock)* 319

- 7.3 Tierepik 321
  - 7.3.1 Heinrich (der Gleißner), *Reinhart Fuchs* 321
- 7.4 Heldenepen französischer Provenienz (*Chansons de geste*) 322
  - 7.4.1 Pfaffe Konrad, *Rolandslied* 322
  - 7.4.2 Wolfram von Eschenbach, *Willehalm* 324
- 7.5 Heldenepen deutscher Provenienz 328
  - 7.5.1 *Nibelungenlied* 328
  - 7.5.2 *Nibelungenklage* 332

8 Roman 335
- 8.1 Antikenromane 335
  - 8.1.1 Pfaffe Lambrecht, *Alexanderlied* (*Vorauer Alexander*) 335
  - 8.1.2 *Straßburger Alexander* 336
  - 8.1.3 Heinrich von Veldeke, *Eneasroman* 338
  - 8.1.4 Herbort von Fritzlar, *Liet von Troye* 340
  - 8.1.5 Albrecht von Halberstadt, *Metamorphosen* 342
- 8.2 Artusromane 343
  - 8.2.1 Hartmann von Aue, *Erec* 343
  - 8.2.2 Ulrich von Zatzikhoven, *Lanzelet* 344
  - 8.2.3 Hartmann von Aue, *Iwein* 347
  - 8.2.4 Wolfram von Eschenbach, *Parzival* 349
  - 8.2.5 Wirnt von Grafenberg, *Wigalois* 354
  - 8.2.6 Wolfram von Eschenbach, *Titurel* 357
- 8.3 Liebesromane und Freundschaftsromane 359
  - 8.3.1 Eilhart von Oberg, *Tristrant* 359
  - 8.3.2 Gottfried von Straßburg, *Tristan* 361
  - 8.3.3 *Trierer Floyris* 364
  - 8.3.4 Konrad Fleck, *Flore und Blanscheflur* 365
  - 8.3.5 *Athis und Prophilias* 366

9 Novelle 369
- 9.1 Legendenhafte Novellen 369
  - 9.1.1 Hartmann von Aue, *Gregorius* 369
  - 9.1.2 Hartmann von Aue, *Der arme Heinrich* 372
- 9.2 Liebesnovellen 373
  - 9.2.1 *Mauricius von Craûn* 373

Abbildungsnachweise 377

Literatur 379
- Textausgaben 379
- Einführungen und Literaturgeschichten 384
- Lexikon- und Handbuchartikel 385
- Forschungsliteratur 387
- Online-Ressourcen 403
- Links zu den mittelalterlichen Handschriften und Artefakten 404

Abkürzungsverzeichnis

ABäG	Amsterdamer Beiträge zur älteren Germanistik
ATB	Altdeutsche Textbibliothek
BDK	Bibliothek Deutscher Klassiker
BdM	Bibliothek des Mittelalters
BiblGerm	Bibliotheca Germanica
BLVS	Bibliothek des Litterarischen Vereins Stuttgart
De Gr Texte	De Gruyter Texte
DI	Deutsche Inschriften
DKV	Deutscher Klassiker Verlag
DKV TB	Deutscher Klassiker Verlag Taschenbuch
DVjs	Deutsche Vierteljahrsschrift für Literaturwissenschaft und Geistesgeschichte
EM	Enzyklopädie des Märchens
GLMF	Germania Litteraria Mediaevalis Francigena
GRM	Germanisch-Romanische Monatsschrift
HSC	Handschriftencensus. Eine Bestandsaufnahme der handschriftlichen Überlieferung deutschsprachiger Texte des Mittelalters
Killy	Killy Literaturlexikon
KTRM	Klassische Text des Romanischen Mittelalters
LiLi	Zeitschrift für Literaturwissenschaft und Linguistik
LMA	Lexikon des Mittelalters
MGH	Monumenta Germaniae Historica
MHRA	Modern Humanities Research Association
MTU	Münchener Texte und Untersuchungen
PhStQ	Philologische Studien und Quellen
PBB	Beiträge zur Geschichte der deutschen Sprache und Literatur
RUB	Reclams Universalbibliothek
VL	Die deutsche Literatur des Mittelalters. Verfasserlexikon
ZfdA	Zeitschrift für deutsches Altertum und deutsche Literatur
ZfdPh	Zeitschrift für deutsche Philologie
ZfrPh	Zeitschrift für romanische Philologie

Abbildungsverzeichnis

Abb. 1.1　Hartmann von Aue und Wolfram von Eschenbach in der
　　　　　Großen Heidelberger Liederhandschrift 22
Abb. 1.2　Der Tannhäuser und Graf Friedrich von Leiningen in der
　　　　　Großen Heidelberger Liederhandschrift 32
Abb. 1.3　Heinrich der Löwe im Evangeliar Heinrichs des Löwen und
　　　　　Landgraf Hermann I. von Thüringen in der Großen
　　　　　Heidelberger Liederhandschrift 35
Abb. 1.4　Heinrich von Veldeke in der Weingartner und Großen
　　　　　Heidelberger Liederhandschrift und Gottfried von Straßburg
　　　　　in der Großen Heidelberger Liederhandschrift 48
Abb. 5.1　Das Rad der Fortuna in der Benediktbeurer Liederhandschrift
　　　　　(Bayerische Staatsbibliothek München, Clm 4660) 266
Abb. 6.1　Karl berät sich mit Roland und Olivier (Heidelberg,
　　　　　Universitätsbibliothek, Cpg 112, Bl. 5v) 293
Abb. 6.2　Eneas erzählt Dido vom Untergang Trojas (Berlin,
　　　　　Staatsbibliothek, mgf 282, Bl. 9v) 293
Abb. 6.3　Hagen tötet Siegfried (Berlin, Staatsbibliothek, mgf 855,
　　　　　Bl. 58v) 294
Abb. 6.4　Parzival trifft Sigune zum ersten Mal (Dresden,
　　　　　Landesbibliothek, Mscr. M 66, Bl. 96r) 294
Abb. 6.5　Iwein kämpft gegen Ascalon, Fresko in Burg Rodenegg,
　　　　　Südtirol. (© akg-images / De Agostini / Albert Ceolan) 295

Tabellenverzeichnis

Tab. 1.1	Mittelalterliche Kaiser und Könige in der *Kaiserchronik*	16
Tab. 1.2	Übersicht über die Kreuzzüge	28
Tab. 1.3	Staufer und Welfen als römisch-deutsche Könige und Kaiser	35
Tab. 1.4	Ständische Autorgruppen	46
Tab. 2.1	Männlich-homosoziale und heterosoziale Totenklagen	74
Tab. 2.2	Relationen von Ehe und Liebe (Tabelle)	108
Tab. 3.1	Das Gattungssystem der höfischen Epik um 1200	142
Tab. 3.2	Mittelalterliche Stoffkreise	146
Tab. 3.3	Hegels Gattungseinteilung	150
Tab. 4.1	Französische Vorlagen	182
Tab. 4.2	Gattungsgeschichtlicher Überblick (vor- bis hochhöfische Phase)	183
Tab. 5.1	Narrative und Gattungen	251
Tab. 5.2	‚Funktionen' des Narrativs der gestörten Mahrtenehe nach Ralf Simon	256
Tab. 5.3	Faktualität und Fiktionalität	273
Tab. 6.1	Überlieferungshäufigkeit (vor- bis hochhöfische Phase, vgl. *Handschriftencensus*)	280
Tab. 6.2	Illustrierte Epenhandschriften (vor- bis hochhöfische Phase, die Nummern beziehen sich auf den *Handschriftencensus*)	292
Tab. 6.3	Die Iwein-Bilderzyklen von Rodenegg und Schmalkalden im Vergleich	296
Tab. 6.4	Textausgaben (die Zahlen verweisen auf Bandnummern bzw. letzte Erscheinungsjahre)	302

Teil I
Grundlagen

Kulturgeschichte I: Höfische Gesellschaft

1

Inhaltsverzeichnis

1.1 Epik und Politik 3
1.2 Gönner und Gönnerinnen, Dichter und Publikum 33

Die höfische Dichtung ist nicht nur Teil der höfischen Kultur, die sich im zwölften Jahrhundert ausprägte, sondern sie spiegelt sie auch, indem sie vom höfischen Leben erzählt: von Burgen und Zelten, Kleidern und Stoffen, Waffen und Pferden, Speisen und Getränken, Hoffesten und Turnieren, Rittern und Damen, Freundschaft und Liebe (vgl. Bumke 1986). Somit ist die höfische Dichtung ein Medium der adeligen Selbstreflexion, der Selbstrepräsentation der höfischen Gesellschaft.

1.1 Epik und Politik

Zugleich ist die höfische Dichtung des deutschen Mittelalters in ihrem politischen Zusammenhang zu betrachten. Die politische Dimension der höfischen Lyrik (vgl. Kraß 2024) erweist sich, um nur einige Beispiele zu nennen, in der poetischen Gedankenfigur des ‚Kaisertopos', der besagt, dass für den Minnesänger die Liebe der Minnedame wertvoller sei als die Herrschaft des römisch-deutschen Kaisers. Der staufische Kaiser Heinrich VI. trat selbst als Minnesänger auf. Die häufige Betonung des Rheins im hohen Minnesang verweist metonymisch auf das römisch-deutsche Reich. Walther von der Vogelweide gab der moraldidaktischen Gattung der Sangspruchdichtung ein neues Gepräge, indem er sie für propagandistische Interventionen in die Reichspolitik, die zu seiner Zeit unter dem Eindruck des deutschen Thronstreits stand, nutzbar machte.

Ebenso steht die höfische Epik des deutschen Mittelalters in einem politischen Zusammenhang. Wenn sie historische Kaiser wie Alexander den Großen, Karl den

Großen und Otto den Großen oder fiktive Herrscher wie die Könige Artus, Marke und Gunther auftreten lässt, ist die Vorstellung des römisch-deutschen Reichs mitzudenken. Das römisch-deutsche Reich, auch als ‚Heiliges Römisches Reich' bekannt, ist freilich nicht mit den Gegebenheiten des heutigen deutschen Staates zu verwechseln.

▶ **Definition** Das **römisch-deutsche Reich** ging aus dem ostfränkischen Reich der Karolinger hervor. Erst seit der Mitte des elften Jahrhunderts (Otto der Große) kann man von einem ‚deutschen' Reich sprechen. In der staufischen Epoche, die von der Mitte des zwölften bis zur Mitte des dreizehnten Jahrhunderts reichte, war das römisch-deutsche Reich ein europäisches Gebilde, das viele Länder und Sprachen umfasste. Es stellte im Unterschied zum 1871 gegründeten ‚Deutschen Reich' noch keinen Nationalstaat dar, sondern stand auf der Schwelle vom Personenverbandsstaat, der auf einem fragilen Geflecht komplexer Herrschaftsbeziehungen beruhte, zu einem Territorialstaat mit festeren räumlichen Grenzen. In seiner Vielgestaltigkeit unterschied sich das römisch-deutsche Reich von seinen Nachbarn Frankreich und England, die vergleichsweise zentralistisch organisiert waren. Zum Herrschaftsgebiet des römisch-deutschen Reichs zählten neben den deutschsprachigen Gebieten auch Teile des heutigen Frankreichs, Italiens, Belgiens, Hollands, Polens und Tschechiens. Das stets von Spannungen zwischen Kaiser und Papst sowie Kaiser und Fürsten geprägte Reich beruhte zu einem großen Teil auf einer einheitsstiftenden Idee, stellte also eine imaginäre Größe dar, die von Vorstellungen wie der Abfolge verschiedener Weltreiche und der Weitergabe der Herrschaft von den Römern über die Franken an die ‚Deutschen' (*translatio imperii*) lebte.

1.1.1 Das Reich

Zu den politischen Theorien des christlichen Mittelalters, die die Vorstellung des römisch-deutschen Reichs prägen, zählt die Lehre von den vier Weltreichen und, eng mit dieser verbunden, die Lehre von der Weitergabe der Herrschaft (*translatio imperii*) und Ritterschaft (*translatio militiae*) von den Römern über die Franken an die ‚Deutschen'. Diese Lehren behaupten also eine Kontinuität zwischen dem römisch-deutschen Reich des Mittelalters und dem Römischen Reich der Antike, das wiederum als Nachfolger vorausgehender Weltreiche verstanden wurde.

Vier-Reiche-Lehre
Bereits die Geschichtsschreibung der römischen Antike hatte eine Abfolge verschiedener Weltreiche gelehrt: des assyrisch-babylonischen, medischen, persischen, griechisch-makedonischen und römischen Weltreichs. Der spätantike Theologe und Kirchenvater Hieronymus (gest. 420) stellte das fünfstellige auf ein vierstelliges Geschichtsmodell um, indem er das medische und persische Reich zusammenfasste (vgl. Courtray 2007, S. 140). Das im letzten Viertel des elften Jahrhunderts entstandene *Annolied* bezeugt die Rezeption der Vier-Reiche-Lehre im deutschen Mittelalter. Das zu Beginn der zweiten Hälfte des zwölften Jahrhunderts entstandene

Alexanderlied des Pfaffen Lambrecht, das die Gattungsgeschichte der deutschsprachigen höfischen Epik eröffnet, greift die Vier-Reiche-Lehre auf. Jede dieser drei Beispiele (Hieronymus, *Annolied, Alexanderlied*) steht zugleich für charakteristische Abwandlungen der Vier-Reiche-Lehre.

▶ **Definition** Die **Vier-Reiche-Lehre** ist eine politische Theorie, die in der christlichen Spätantike und im christlichen Mittelalter vertreten wurde. Sie behauptet die Abfolge von vier Weltreichen, die mit einer zunehmenden Verlagerung von Osten nach Westen einhergeht. Auf das Reich der Babylonier sei das Reich der Meder und Perser gefolgt, darauf das Reich der Griechen und schließlich das Römische Reich. Diese Vorstellung stellt eine christliche Umdeutung der vorchristlichen römischen Lehre von fünf Weltreichen im Licht des biblischen Buches *Daniel* dar, in dem von vier Tieren die Rede ist, die für vier Königreiche stehen. Der Kirchenvater Hieronymus bezog diese Tiere (Löwe, Bär, Panther, Eber) auf die Weltreiche und schuf, indem er das Reich der Meder und Perser zusammenfasste, die Lehre von den vier Weltreichen.

Hieronymus

Hieronymus entwickelte die Vier-Reiche-Lehre in seinem Kommentar zum biblischen Buch *Daniel*, das dem Alten Testament angehört. Die Hauptfigur des Buchs, der Prophet Daniel, erzählt von einer apokalyptischen Vision, in der er vier monströse Tiere sah: einen Löwen, einen Bären, einen Panther und ein weiteres Tier, dessen Gattung er nicht benennt. Die Szene spielt während der babylonischen Gefangenschaft des Volkes Israel in der Regierungszeit Belsazars, des letzten Königs von Babylon:

> Im ersten Jahr Belschazzars, des Königs von Babel, hatte Daniel einen Traum […]. Daniel sagte: Ich schaute in meiner Vision während der Nacht und siehe: Die vier Winde des Himmels wühlten das große Meer auf. Dann stiegen aus dem Meer vier große Tiere herauf; jedes hatte eine andere Gestalt. Das erste war einem **Löwen** ähnlich, hatte jedoch Adlerflügel. Während ich es betrachtete, wurden ihm die Flügel ausgerissen […]. Dann erschien ein zweites Tier; es glich einem **Bären** und war nach einer Seite hin aufgerichtet. Es hielt drei Rippen zwischen den Zähnen in seinem Maul und man ermunterte es: Auf, friss noch viel mehr Fleisch! Danach sah ich ein anderes Tier; es glich einem **Panther**, hatte aber auf dem Rücken vier Flügel, wie die Flügel eines Vogels; auch hatte das Tier vier Köpfe; ihm wurde die Macht eines Herrschers verliehen. Danach sah ich in meinen nächtlichen Visionen ein **viertes Tier**; es war furchtbar und schrecklich anzusehen und sehr stark; es hatte große Zähne aus Eisen. Es fraß und zermalmte alles, und was übrig blieb, zertrat es mit den Füßen. Von den anderen Tieren war es völlig verschieden. Auch hatte es zehn Hörner. Als ich die Hörner betrachtete, da wuchs zwischen ihnen ein anderes, kleineres Horn empor und vor ihm wurden drei von den früheren Hörnern ausgerissen; und an diesem Horn waren Augen wie Menschenaugen und ein Maul, das anmaßend redete (Dan 7,1–8, zitiert nach der Einheitsübersetzung 2016).

In der Deutung des Hieronymus steht der Löwe für das babylonische Reich (*regnum Babylonis*), der Bär für das medisch-persische Reich (*regnum Persarum*), der Panther für das griechische Reich (*regnum Macedonum*) und der Eber für das Römische Reich (*imperium Romanorum*). Hieronymus identifiziert das im Buch *Daniel* nicht näher bestimmte Tier mit einem Wildschwein (*aper in silva*), indem er einen Vers aus den Psalmen in seine Auslegung einbezieht: „Der Eber aus dem Wald wühlt [den Weinstock] um, es fressen ihn ab die Tiere des Feldes" (Ps 80,14).

Das *Annolied*
Die Literatur des deutschen Mittelalters rezipierte und modifizierte die Vier-Reiche-Lehre. Einen frühen Beleg bietet das zwischen 1077 und 1081 entstandene *Annolied*. Die frühmittelhochdeutsche Versdichtung erzählt das Leben des Kölner Erzbischofs Anno II. (gest. 1075) im Licht der christlichen Welt- und Heilsgeschichte. Das Werk, das vermutlich von einem Siegburger Mönch verfasst wurde, richtete sich vor allem an den weltlichen Adel. Das *Annolied* stellt in Übereinstimmung mit Hieronymus fest, dass die vier Tiere aus der Vision des Propheten Daniel für vier Königreiche stehen: *die dier [bizeichenint] vier kunincriche / die diu werilt soldin al umbegrifen* (11,11–12: „die Tiere [bedeuten] vier Königreiche, die die ganze Welt umfassen sollten"). Der Löwe bezeichnet die babylonische Epoche:

> Diz eristi dier was ein lewin.
> si havite mennischlichin sin.
> diu bezeichenit uns alle kuninge,
> die der warin in Babilonie.
> dere craft unt ire wisheit
> gidadun ire riche vili breit.

> Das erste Tier war eine Löwin mit menschlicher Vernunft. Sie bedeutet alle Könige, die in Babylonien herrschten. Ihre Macht und ihre Weisheit verbreiteten den Ruhm ihrer Reiche (Kap. 12).

Der Bär steht für das medisch-persische Weltreich. Im Unterschied zu heutigen Bibelübersetzungen ist bei Hieronymus und im *Annolied* nicht von drei Rippen die Rede, die der Bär frisst, sondern von drei Zahnreihen, die er im Maul trägt. Diese symbolisieren die drei Reiche der Babylonier, Meder und Perser, die ineinander aufgehen: Zunächst erobert der medische König Darius das babylonische Reich, dann der persische König Kyros das medische Reich. Die chaldäischen Städte, von denen das *Annolied* spricht, stehen für das babylonische Reich:

> Daz ander dier was ein beri wilde.
> her havide drivalde zeinde.
> her zibrach al, daz her anequam,
> unti zitrat iz undir sinin clawin.
> der bizeichinote driu kunicriche,
> diu zisamine al bigondin grifin
> bi den zidin, duo Cirus unti Darius
> gewunnin chaldeischi hus:
> die zwene riche kuninge
> si zistortin Babilonia.

> Das zweite Tier war ein wilder Bär. Der hatte drei Reihen Zähne. Er zerriss alles, worauf er stieß, und trat es mit seinen Klauen nieder. Der bedeutet drei Königreiche, die miteinander zupackten zu der Zeit, als Kyrus und Darius die chaldäischen Städte eroberten: diese zwei mächtigen Könige zerstörten Babylon (Kap. 13).

1.1 Epik und Politik

Der Panther oder Leopard bezeichnet Griechenland und den makedonischen König Alexander der Große:

> Daz dritti dier was ein lebarte.
> vier arin vederich her havite.
> der bezeichinote den chriechischin Alexanderin,
> der mit vier herin vuor aftir lantin,
> unz her dir werilt einde
> bi guldinin siulin bikande.

Das dritte Tier war ein Leopard, er hatte vier Adlerflügel. Er bedeutet den Griechen Alexander, der mit vier Heeren durch die Länder zog, bis zum Ende der Welt, das er an den goldenen Säulen erkannte (Kap. 14).

Das vierte und letzte Tier, das das *Annolied* mit Hieronymus als Eber auffasst, verweist auf das Römische Reich:

> Daz vierde dier ein ebir was.
> die cuonin Romære meindi daz.
> iz haviti isirne clawin –
> daz necondi nieman gevan –
> isirni zeini vreisam:
> wi sol diz iemir werdin zam?
> wole biezichnit uns das waltswin,
> daz did riche zi Rome sal vri sin.
> der ebir zin horn truog,
> mit ten her sini vianti nidirsluog.
> her was so michil unti vorhtsam:
> zi Rome wart diu werlt al gehorsam.

Das vierte Tier war ein Eber. Es bedeutet die tapferen Römer. Es hatte eiserne Klauen – niemand konnte es überwältigen – und schreckliche eiserne Zähne. Wie wäre es möglich, es jemals zu zähmen? Das Waldschwein bedeutete gewiss, dass das Römische Reich frei sein soll. Der Eber hatte zehn Hörner, mit denen er seine Feinde zu Boden schlug. Er war so gewaltig und furchtbar, dass die ganze Welt sich Rom unterwarf (Kap. 16).

Freilich bedeutet das Römische Reich für das *Annolied* etwas anderes als für Hieronymus. Als dieser seinen Danielkommentar schrieb, hatte das Römische Reich der Antike noch Bestand, war allerdings bereits in ein west- und ein oströmisches Reich geteilt. Als das *Annolied* verfasst wurde, stand vielmehr die Frage im Raum, ob das ‚deutsche' Reich des Mittelalters als Weiterführung des Römischen Reichs der Antike verstanden werden konnte.

Das *Alexanderlied* des Pfaffen Lambrecht

Einen weiteren Beleg für die Rezeption der Vier-Reiche-Lehre im deutschen Mittelalter bietet das zwischen 1150 und 1160 entstandene *Alexanderlied* des Pfaffen Lambrecht (Vorauer Fassung). Der Antikenroman wandelt die Vier-Reiche-Lehre wiederum ab. Für das persische Reich nennt es einen Widder (statt dem Bären) und für das griechische Reich einen Ziegenbock (statt dem Leoparden):

> Diz was Darios, ter in Danigel stêt,
> der mit dem chriechiscen chunige streit.
> Diz was, den Daniel slâfinde gesach,
> in einem troume, dâ er lach,
> dâ sah er fehten ainen boc unt ainen wider.
> Daz bezeichnet die zwêne chunige sider.

Dies war der Darius, der im Buch Daniel genannt ist, der mit dem griechischen König kämpfte. Dies war der, den Daniel in einem Traum sah, als er da im Schlaf lag, da sah er einen Ziegenbock und einen Widder kämpfen. Das verweist auf die beiden Könige in späterer Zeit (V. 466–471).

Die veränderte Tierallegorie bezieht sich auf das zweite Kapitel des Buches Daniel: „Der Widder mit den beiden Hörnern, den du gesehen hast, bedeutet die Könige von Medien und Persien. Der Ziegenbock aber ist der König von Griechenland" (Dan 8,21–22, hier zitiert nach der Lutherbibel 2017). Lambrecht hat also beide Visionen miteinander verschränkt. In dieser Form tritt die Vier-Reiche-Lehre in die höfische Epik des deutschen Mittelalters ein.

Weitere Werke der höfischen Epik nehmen mehr oder weniger deutlich Bezug auf die Lehre von den vier Weltreichen. Dies gilt vor allem für drei Gattungen, die einen historiographischen Anspruch erheben: die Antikenromane, die französischen Heldenepen (*Chansons de geste*) und die Brautwerbungsepen mit reichsgeschichtlichem Bezug. Der bereits erwähnte *Alexanderroman* des Pfaffen Lambrecht erzählt vom Sieg Alexanders des Großen über den persischen Herrscher Darius, bezieht sich also auf den Übergang vom persischen zum griechischen Reich. Der *Eneasroman* Heinrichs von Veldeke erzählt vom Trojaner Eneas, der nach seiner Flucht aus dem brennenden Troja den göttlichen Auftrag erfüllt, als Ahnherr der Römer in Italien die Voraussetzungen für die Gründung des Römischen Reichs zu schaffen. Im *Rolandslied* des Pfaffen Konrad besiegt Karl der Große in der entscheidenden Schlacht Baligant von Babylonien. Hier kehrt also das erste Weltreich als Bedrohung des vierten Weltreichs zurück. Ähnliches gilt für den Liebesroman *Flore und Blanscheflur*, der eine fiktive Vorgeschichte der Mutter Karls des Großen erzählt und somit Anschluss an die französische Heldenepik sucht. Flore muss seine christliche Geliebte Blanscheflur aus der Gefangenschaft des babylonischen Emirs befreien. Der *König Rother* erzählt von der Werbung des weströmischen Königs Rother um die Tochter des oströmischen Königs von Konstantinopel. Er hat einen Rivalen im Sohn des Königs von Babylon, der ebenfalls um die byzantinische Prinzessin wirbt. Auch im *Herzog Ernst*, der zur Zeit des römisch-deutschen Kaisers Otto I. spielt, wird Babylon erwähnt. Der Herzog verteidigt während seiner Orientreise ein christliches Land gegen die als ‚Heiden' charakterisierten Babylonier.

Translatio imperii

Die Vier-Reiche-Lehre wurde im Hochmittelalter mit einer neuen Deutung versehen. Die ersten beiden Weltreiche, Babylon und Persien, traten in den Hintergrund, dafür Rom als viertes und letztes Weltreich in den Mittelpunkt. Die entscheidende Frage war nun, ob das Römische Reich, das nach Hieronymus am Ende der Weltgeschichte stehen sollte, noch Bestand hatte.

1.1 Epik und Politik

▶ **Definition** Die Vorstellung der *translatio imperii* („Weitergabe der Herrschaft") ist eine politische Theorie des Mittelalters, die an die Vier-Reiche-Lehre anknüpft. Sie besagt, dass das Römische Reich bis in die damalige Gegenwart andauere, das letzte Weltreich also noch immer Bestand habe. Aus dieser Lehre ließ sich die interne zeitliche Gliederung des Römischen Reichs ableiten. Seit Karl dem Großen führten die Franken und seit Otto I. die ‚Deutschen' die Tradition des Römischen Reichs fort. Die Vorstellung der *translatio imperii* hinterließ Spuren in der höfischen Epik des deutschen Mittelalters (vgl. Braun 2015).

Die Lehre der *translatio imperii* behauptete die Kontinuität des Römischen Reiches bis in die staufische Zeit. Der im Jahr 800 zum Kaiser gekrönte Karl der Große markierte gemäß dieser Lehre den Übergang der römischen Herrschaft an die Franken und der im Jahr 962 zum Kaiser gekrönte Otto der Große weiter an die ‚Deutschen'.

Das *Annolied*
Das *Annolied* setzt den Gedanken der *translatio imperii* in eigenwilliger Weise um. Es beschwört die Einheit zwischen dem Römischen Reich der Antike und dem römisch-deutschen Reich des Mittelalters durch die Vorstellung, dass Cäsar nicht Gallien, sondern die vier ‚deutschen' Hauptstämme Schwaben, Bayern, Sachsen und Franken erobert und dann mit ihrer Unterstützung die römische Alleinherrschaft gewonnen hätte. Dass die Vierzahl der Stämme mit der Vierzahl der Weltreiche korrespondiert, liegt auf der Hand. Die Fortsetzung des Römischen im römisch-deutschen Reich wird somit in der Allianz Cäsars mit den ‚deutschen' Stämmen vorweggenommen. Hinzukommt, dass das *Annolied* mythische Gründungsgeschichten der vier Stämme erzählt. Die Franken stammen demnach – ebenso wie die Römer, die sich auf Aeneas berufen – von den Trojanern ab. Auch dieser Gedanke trägt zur Vorstellung einer ursprünglichen Nähe zwischen Römern und ‚Deutschen' bei.

Otto von Freising
Mitte des zwölften Jahrhunderts arbeitete Otto von Freising (um 1112–1158) die Lehre der vier Weltreiche und der *translatio imperii* weiter aus. Der vermutlich in Klosterneuburg bei Wien geborene Otto, ein Verwandter der Staufer, studierte in Paris Theologie und trat in das Zisterzienserkloster Morimond in der Champagne ein. Im Jahr 1138 berief ihn König Konrad III. zum Bischof von Freising. 1146 schloss Otto seine lateinische Weltchronik ab, die den Titel *Die Geschichte der zwei Staaten* (*Historia de duabus civitatibus*) trägt. Dieses wohl bedeutendste Geschichtswerk des Hochmittelalters umfasst acht Bücher, die die gesamte Weltgeschichte bis zu Ottos Gegenwart wiedergeben.

Jedes Buch steht für eine Epoche, die jeweils mit einer Umwälzung (*mutatio*) endet und somit die Vergänglichkeit der Welt beweist: Das erste Buch reicht von der Erschaffung des Menschen bis zum Ende des babylonischen Reichs, das zweite vom Beginn des persischen Reichs bis zum Tod Cäsars, das dritte von Kaiser Augustus und der Geburt Christi bis zur Christenverfolgung unter Konstantin dem Großen, das vierte von der Taufe Konstantins in Rom bis zum Herrschaftsantritt der

Franken in Gallien nach der Vertreibung der Römer, das fünfte von dem Konflikt zwischen Theoderich dem Großen und Odoaker um die Herrschaft in Italien bis zur Teilung des Fränkischen Reichs, das sechste von Lothar I. bis zum Investiturstreit und das siebte vom Ersten Kreuzzug bis zur Herrschaft des Staufers Konrad III.; das achte Buch handelt von der Endzeit.

Ottos Weltchronik ist in sechs Hinsichten für das Geschichtsbild relevant, das hinter der höfischen Epik des deutschen Mittelalters steht. Erstens modifiziert Otto die Lehre von den vier Weltreichen in der Weise, dass er das babylonische und römische Reich miteinander parallelisiert und das persische und griechische Reich als Zwischen- und Übergangsphase charakterisiert. Zweitens integriert er die biblische, mythische und historische Geschichte, indem er beispielsweise auf die Geschichte von Moses die Kämpfe der Zentauren und Amazonen, den Trojanischen Krieg und das Schicksal von Aeneas und Odysseus folgen lässt, um dann zu den biblischen Königen und Richtern zurückzukehren. Drittens arbeitet er die Lehre von der *translatio imperii* weiter aus, indem er fünf Stationen veranschlagt: von den Römern über die Griechen (Ostrom), Franken und Langobarden hin zu den ‚Deutschen'. Viertens deutet er die Weltgeschichte als dramatischen Wechsel von Tief- und Höhepunkten, der, wenn man ihn insgesamt überblickt, das heilsgeschichtliche Wirken der göttlichen Vorhersehung erkennen lässt. Fünftens konfrontiert er auf dialektische Weise die Geschichte des ‚Gottesstaats' (*civitas dei*), die seit der Geburt Christi und der Christianisierung des Römischen Reichs auf das himmlische Jerusalem zustrebt, und die gegenläufige Geschichte des ‚Erdenstaats' (*civitas terrena*), die von Wandel, Vergänglichkeit und Elend geprägt ist. Sechstens verfolgt er die Weltgeschichte bis in die Gegenwart und deutet die staufische Herrschaft Konrads III. und Friedrichs I. Barbarossa (dem er das 1157 überarbeitete Werk widmete) als Höhepunkte des Römischen bzw. römisch-deutschen Reichs.

Die *Kaiserchronik*
Etwa zeitgleich mit der Chronik Ottos von Freising entstand vermutlich in Regensburg die *Kaiserchronik* (vor 1147), die in über 17.000 deutschen Reimpaarversen die Geschichte von sechsunddreißig römischen und neunzehn römisch-deutschen Kaisern erzählt. Die Reihe der Lebensbeschreibungen reicht von Julius Cäsar bis zum Staufer Konrad III. Das Interesse an der Sukzession der römischen Kaiser teilt die *Kaiserchronik* mit Ottos Weltchronik, der ein – freilich sehr viel umfangreicherer – Kaiserkatalog beigefügt ist, der ebenfalls bis zu Konrad III. (und in der redigierten Fassung von 1157 bis zu Friedrich I.) reicht. Karl dem Großen gesteht die *Kaiserchronik* besonders viel Raum zu, da er für die Weitergabe der Herrschaft von den Römern an die Franken steht.

Der Verfasser der *Kaiserchronik* nutzte das *Annolied* als Quelle für seine Darstellung der Vier-Reiche-Lehre. In einem fast wörtlichen Zitat hält er übereinstimmend mit dem *Annolied* fest: *diu [tier] bezaichent vier chunige rîche, / die alle dise werlt solten begrîfen* (V. 534–535: „Die Tiere bezeichnen vier mächtige Könige, die über die gesamte Welt herrschen sollten"). In Reihenfolge und Auslegung der vier Tiere

1.1 Epik und Politik

und Reiche weicht die *Kaiserchronik* jedoch erheblich vom *Annolied* ab. So wird der für Griechenland stehende Panther, wie im *Annolied* als Leopard (*liebarte*) bezeichnet, an die erste Stelle vorgezogen:

> Daz êrste tier was ain liebarte;
> der vier arenvetech habete,
> der bezaichinet den Chrîchisken Alexandrum.
> der mit vier hern vuor after lande.

> Das erste Tier war ein Leopard mit vier Adlerflügeln. Er steht für den griechischen Alexander, der mit vier Heeren die Lande durchmaß (V. 536–539).

Das zweite Tier ist, wie im *Annolied*, ein Bär mit drei Zahnreihen. Er repräsentiert drei Königreiche, die einander angreifen: *der bezaichenet driu kunincrîche, / diu wider aim solten grîfen* (V. 567–568: „Dieser steht für drei Königreiche, die einander bekriegten"). Sie werden aber nicht spezifiziert, also nicht auf das babylonische, medische und persische Reich bezogen. Als drittes Tier folgt der gehörnte Eber, den die *Kaiserchronik* gemäß der vorausgehenden Tradition mit Rom identifiziert:

> Daz dritte ain fraislich eber was,
> den tiurlîchen Juljum bezaichenet daz.
> der selbe eber zehen horn truoc,
> dâ mit er sîne viande alle nider sluoc.
> Juljus bedwanch elliu lant,
> si dienten elliu sîner hant.
> wol bezaichenet uns daz wilde swîn
> daz daz rîche ze Rôme sol iemer frî sîn.

> Das dritte Tier war ein schrecklicher Eber. Es bezeichnet den edlen Julius. Dieser Eber trug zehn Hörner, mit denen er alle seine Feinde niederwarf. Julius bezwang alle Länder, sie alle wurden ihm dienstbar. Der wilde Eber zeigt uns trefflich, dass das Römische Reich auf immer frei sein wird (V. 571–578).

Als viertes Tier erscheint der gehörnte Löwe, der sonst die Reihe der Tiere eröffnet. Er steht nicht für Babylon, sondern für den Antichrist (V. 585), d. h. den Gegenspieler Christi, der in der Endzeit erscheint. Dieser Eingriff dient der Entlastung des Römischen Reichs. Der Antichrist geht nicht, wie in der vorausgehenden Deutungstradition, aus dem Römischen Reich hervor, sondern steht für ein eigenes Reich.

Durch diese Eingriffe in die Deutungstradition gelingt es der *Kaiserchronik*, die Vier-Reiche-Lehre auf eine Zwei-Reiche-Lehre zu reduzieren, ohne die Vierzahl der Tiere anzutasten. Der *Kaiserchronik* geht es in erster Linie um die Ablösung der Griechen durch die Römer. Während die *Kaiserchronik* die Vier-Reiche-Lehre also modifiziert, übernimmt sie unverändert diejenigen Motive aus dem *Annolied*, die die Einheit der Römer und ‚Deutschen' betonen. Auch die *Kaiserchronik* erzählt vom Bund Cäsars mit den ‚deutschen' Stämmen und von der Abstammung der Franken von den Trojanern.

Translatio militiae
Als Nachfolger des westfränkischen Reichs konnte auch Frankreich den Anspruch erheben, die Tradition der Römer fortzuführen. Dies betraf vor allem die Weitergabe des Rittertums (*translatio militiae*) und der Bildung (*translatio artium*). Chrétien de Troyes betont im Prolog zu seinem Artusroman *Cligès* (um 1176), dass Ritterschaft und Gelehrsamkeit von den Griechen auf die Römer und von diesen auf die Franken übergegangen seien:

> Durch die Bücher, die wir besitzen, wissen wir von den Taten der Alten und von der Welt, die einstmals war. Das haben uns unsere Bücher gelehrt, dass die erste Blüte der Ritterschaft und Bildung in Griechenland entstand. Und dann kam die Ritterschaft und die gesamte Bildung nach Rom, die nun nach Frankreich gewandert ist. Gott gebe, dass sie dort bleibt und der Ort ihr so sehr gefällt, dass Frankreich niemals mehr die Ehre und den Ruhm verliert, der sich dort niedergelassen hat. Gott hatte sie den anderen geliehen, aber von Griechen oder Römern spricht man kein Wort mehr. Die Rede über sie ist verstummt und die lebendige Glut erloschen (V. 33–44, zitiert nach der Ausgabe von Kasten).

Wie die ‚Deutschen' die politische Nachfolge der Griechen und Römer für sich reklamieren konnten, so konnten die ‚Franzosen' die kulturelle Nachfolge für sich beanspruchen. Dieser Gedanke spiegelt sich in der fiktiven Geschichte, die drei Reiche vereint: König Artus steht für Britannien (einschließlich der Bretagne), Alexander der Große für Griechenland (das hier mit Byzanz zusammengedacht wird) und Fenice, die Tochter des Kaisers, für das römisch-deutsche Reich. Die erzählte Geschichte führt diese drei Welten in der Figur des Protagonisten Cligès zusammen. Der Roman beginnt mit der Geschichte seiner Eltern. Alexander, Sohn Alexanders des Großen, reist zum Artushof, um seine Ritterschaft zu verfeinern. Er verliebt sich in Soredamor, die Nichte des Königs. Aus der Verbindung geht Cligès hervor. Als Alexander nach Griechenland zurückkehrt, hat sein jüngerer Bruder Alis inzwischen den Thron usurpiert. Alexander duldet dies unter der Bedingung, dass Alis unverheiratet bleibe und somit Cligès sein Nachfolger werde. Doch es kommt anders: Alis heiratet Fenice, die Tochter des Kaisers. An dieser Stelle kommt Cligès ins Spiel. Er beginnt eine Liebesaffäre mit Fenice und heiratet sie, nachdem Alis gestorben ist. Nun ist er doch Herrscher über Griechenland und zugleich über seine Gattin dem Kaiserreich und über seine Mutter dem Artusreich verbunden.

Der *Cligès* wird meist als parodistische Verschränkung der Gattungen des Artus- und Tristanromans gelesen, doch sind auch die politischen Implikationen mitzudenken. Cligès überbietet die griechische und römische Kultur im Namen des Artushofes, der unschwer als fiktives Pendant des angevinischen Herrschaftsgebiets Heinrichs II., das die westliche Hälfte Frankreichs sowie England umfasste, erkennbar ist. Die Allianzen und Konkurrenzen Heinrichs II. mit dem römisch-deutschen Kaiser Friedrich I. Barbarossa, dem byzantinischen Kaiser Manuel I. Komnenos und dem französischen König Ludwig VII. (dem geschiedenen Ehemann Eleonores von Aquitanien) verarbeitet Chrétien, so scheint es, auf spielerische Weise in seinem Artusroman.

1.1 Epik und Politik

Mauricius von Craûn

Ein weiteres Zeugnis für die Weitergabe des Rittertums von den Griechen über die Römer an die Franken bietet zu Anfang des dreizehnten Jahrhunderts die auf einer verlorenen altfranzösischen Vorlage beruhende, anonym überlieferte Liebesnovelle *Mauricius von Craûn*. Die im Prolog dargelegte Geschichte der *translatio militiae* stellt fest, dass der Ursprung der Ritterschaft in Griechenland liege:

> Ir habet dicke vernomen
> und ist iu mit rede für komen
> von wârlîchem mære,
> daz ritterschaft ie wære
> wert unt müeze immer wesen.
> wir hœren an den buochen lesen,
> wâ man ir von êrste began
> unde wâ si sider hin bequam.
> Kriechen heizet daz lant,
> dâ man den list alrêrste vant,
> der ze ritterschaft gehœret:
> dâ wart sie dô zerstœret.
> ze Kriechen huop sich ritterschaft.

Ihr habt oft gehört, und es ist euch als wahre Geschichte erzählt worden, dass die Lebensform des Ritters zu aller Zeit hoch geachtet war und es auch in Zukunft sein wird. Wir vernehmen aus Büchern, wo man sie zuerst entwickelte und wo sie später hinkam. Griechenland heißt das Land, in dem man zuerst das Wissen fand, auf dem ritterliches Leben und Kultur gründet. Dort wurde sie dann zugrunde gerichtet. In Griechenland entstand die Lebensform des Ritters (V. 1–13).

Als Beispiele werden der Kampf um Troja und die Eroberungen Alexanders des Großen angeführt, eine Anspielung wohl auf die *Troja-* und *Alexanderromane*. Auf die Blüte des Rittertums in Griechenland folgen ihr Niedergang und schließlich ihr Umzug nach Rom:

> Ez was dô mit krefte
> noch von hêrschefte
> kein stat in den rîchen,
> diu Rôme möhte gelîchen:
> Rôme was diu mære.
> die stolzen Rômære
> ritterschaft begunnen
> als sie sich versunnen
> waz guoter freude dar an lac.
> diu bezzerte sich allen tac.
> ze Rôme ritterschaft beleip
> dô mans von Kriechen vertreip.

Damals gab es keine Stadt in der Welt, die in Machtfülle oder Herrlichkeit sich mit Rom vergleichen konnte: Rom war der glanzvolle Mittelpunkt. Die stolzen Römer führten ritterliche Lebensart ein, als ihnen zu Bewusstsein kam, welche große Freude damit verknüpft war; die besserte sich von Tag zu Tag. In Rom blieb das Rittertum, als man es aus Griechenland vertrieben hatte (V. 103–114).

Als Höhepunkt römischer Ritterschaft wird Julius Cäsar vorgestellt, als Tiefpunkt Kaiser Nero. Schließlich wandert das Rittertum ins Frankenreich aus:

> Mit jâmerlîchen dingen
> quam sie ze Kerlingen
> unt was dâ lange nôthaft,
> biz aber Karle sider mit kraft
> begunde twingen diu lant.
> [...]
> Ez stât dehein lant baz
> ze freuden dâ ie man gesaz
> danne Kerlingen tuot.
> wan diu ir ritterschaft ist guot:
> sie ist dâ wert unt bekant
> (sich hât sît manig ander lant
> gebezzert durch ir lêre
> an ritterschefte sêre);
> sie dienent harte schône
> den frouwen dâ nâch lône,
> wan man lônet baz in dâ
> danne ninder anderswâ.

Unter beklagenswerten Umständen gelangte es nach Frankreich, und dort litt es lange Not, bis wiederum Karl danach mit Macht sich die Länder unterwarf. [...] Kein Land, in dem jemals ein Mensch lebte, erfährt mehr Freude und Glück als Frankreich. Denn seine ritterliche Lebensart ist gut: Sie ist dort geachtet und bekannt (seither haben viele andere Länder aufgrund ihrer Vorbildlichkeit große Fortschritte in bezug auf ritterliche Lebensweise gemacht); dort leisten sie beispielhaft den Damen Dienst um Lohn, denn man gewährt ihnen dort besseren Lohn als irgendwo sonst (V. 237–241, 251–262).

Als fränkische Vorbilder der Ritterschaft werden Karl der Große und seine Vasallen Roland und Olivier genannt, sicher eine Anspielung auf das *Rolandslied*. Die besondere Auszeichnung, die das Rittertum im Frankenreich erlangt, ist die höfische Liebe. Während die Trojaner die Griechin Helena raubten, Nero Männer liebte (und eine Kröte schluckte, um eine Schwangerschaft zu erleben) und Roland und Olivier vor allem an ihrer Waffenbruderschaft interessiert waren, stellt die Novelle in der Figur des französischen Ritters Mauricius von Craûn dem Publikum ein Musterbeispiel des höfischen Minnedienstes vor Augen.

Translatio materiae
Eine weitere Spielart des Translatio-Gedankens bietet Ende des zwölften Jahrhunderts Herbort von Fritzlar im Prolog zu seinem Trojaroman. Er betont, dass die Geschichte, die er in deutscher Sprache wiedergibt, vom Griechen Dares Phrygius über den Römer Cornelius Nepos und den Franzosen Benoît de Sainte-Maure auf ihn gekommen sei:

> Zu krieche(n) was sin erste stam
> In latin ez dannen quam
> Hin(n)e(n) ist ez an daz welhishe kvme(n).

Es [das Buch] stammt aus Griechenland. Dann kam er ins Lateinische. Von dort ist er in das Französische gekommen (V. 49–51).

Herbort wendet also die Vorstellung der Weitergabe der Ritterschaft (*translatio militiae*) auf die Stoffgeschichte (*translatio materiae*) an.

1.1.2 Der Kaiser

Die Lehren der vier Weltreiche und der *translatio imperii* sind monarchisch geprägt und folglich eng mit den Geschichten der Könige und Kaiser verbunden. So nennt das *Annolied* Belsazar als babylonischen, Darius als medischen, Kyros als persischen, Alexander als griechischen und Caesar als römischen Herrscher. Die Novelle *Mauricius von Craûn* führt Alexander, Caesar und Karl den Großen als Kaiser der Griechen, Römer und Franken an. Die *Kaiserchronik* begründet die Kontinuität des Römischen und römisch-deutschen Reichs mit der Aufzählung und Beschreibung der Herrscher von Caesar bis zum Staufer Konrad III. Einen vergleichbaren Fall bietet der 1155 fertiggestellte *Roman de Brut* des Dichters Wace, ein anglonormannischer Geschichtsroman (der auf einer um 1136, also kurz vor der *Kaiserchronik* entstandenen lateinischen Vorlage beruht). In beiden volkssprachigen Werken, dem römisch-deutschen und dem britischen, sticht jeweils eine Idealgestalt hervor: Karl der Große in der *Kaiserchronik* und Artus im *Roman de Brut*. Ein Vergleich ist sehr aufschlussreich für die Geschichte der höfischen Epik.

Die *Kaiserchronik*
Die frühmittelhochdeutsche *Kaiserchronik* umfasst fünfundfünfzig Herrschergeschichten. Davon entfallen sechsunddreißig auf die antike und neunzehn auf die mittelalterliche Epoche. Karl der Große markiert die Übergabe der Herrschaft von den Römern an die Franken (*translatio imperii ad Francos*). Über mögliche zahlensymbolische Bedeutungen ist viel gerätselt worden. Vielleicht lassen sich die Zahlen so deuten, dass der Staufer Konrad III., mit dem die *Kaiserchronik* endet, die zweite Hälfte der mittelalterlichen Epoche einleitet (wie Karl der Große die erste). Die zweite Hälfte umfasst dann ebenfalls achtzehn Herrscher: Nach Konrad III. wären demnach noch siebzehn weitere (staufische?) Herrscher zu erwarten, bevor die Endzeit anbricht. In der christlichen Tradition verweist die Zahl 72 auch sonst auf heilige Gesamtheiten: der biblischen Bücher, der Jünger Jesu, der Völker der Welt etc. Außerdem fällt auf, dass drei für die Reichsgeschichte besonders wichtige Herrscher durch ihre Position am Anfang (1), in der genauen Mitte (10) und am Ende (19) hervorgehoben werden: Kaiser Karl der Große, Kaiser Otto der Große und König Konrad III.

Die folgende Liste gibt einen Überblick über die in der *Kaiserchronik* genannten Könige und Kaiser der mittelalterlichen, mit Karl dem Großen beginnenden Epoche des Römischen Reichs (s. Tab. 1.1). Zur Orientierung werden die heutigen Namen, die Regierungszeiten der Kaiser und die Geschlechter, aus denen die Herrscher stammen, beigefügt.

Die *Kaiserchronik* beschwört die Kontinuität zwischen dem Römischen, Fränkischen und römisch-deutschen Reich. Die Reichsteilungen in ein ost- und weströmisches

Tab. 1.1 Mittelalterliche Kaiser und Könige in der *Kaiserchronik*

Mittelalterliche Kaiser und Könige in der *Kaiserchronik*				Geschlecht
1.	**Karl**	Karl der Große	800–814	Karolinger
2.	Ludewîch	Ludwig der Fromme	813–840	
3.	Liuther	Lothar I.	817/823–855	
4.	Ludewîch	Ludwig der Deutsche		
5.	Karl	Karl III. der Dicke	881–888	
6.	Arnolt	Arnolf von Kärnten	896–899	
7.	Ludewîch	Ludwig IV. das Kind		
8.	Chuonrât	Konrad I.		Konradiner
9.	Hainrîch	Heinrich I.		Ottonen
10.	**Ottô**	Otto der Große	962–973	
11.	Ottô	Otto II.	973–983	
12.	Ottô	Otto III.	996–1002	
13.	Hainrîch	Heinrich II.	1014–1024	
14.	Chuonrât	Konrad II.	1027–1039	Salier
15.	Hainrîch	Heinrich III.	1046–1056	
16.	Hainrîch	Heinrich IV.	1084–1105	
17.	Hainrîch der junge	Heinrich V.	1111–1125	
18.	Liuther	Lothar III.	1133–1137	Supplinburger
19.	**Chuonrât**	Konrad III.		Staufer

bzw. in ein ost- und westfränkisches Herrschaftsgebiet werden ignoriert. Entsprechend wird auch die in der lateinischen Geschichtsschreibung des zwölften Jahrhunderts anzutreffende Lehre, dass das Kaisertum zunächst auf Byzanz und erst von dort aus auf die Franken übergegangen sei, zugunsten der Vorstellung einer unmittelbaren Übergabe der Herrschaft von den Römern an die Franken unterdrückt.

Die *Kaiserchronik* beteuert im Prolog, dass sie sich jeglicher Lüge enthalten und die Geschichte der römischen Herrscher in zuverlässiger Ordnung (V. 16: *wol berihtet*) wiedergeben wolle. Dies ist freilich aus heutiger Sicht nicht der Fall. Die *Kaiserchronik* lässt einige Herrscher aus, erfindet andere hinzu, ändert die Reihenfolge der Herrscher und erzählt eher moralische Geschichten als historische Fakten. Auch ist der mittelalterliche Teil mit knapp 3000 Versen unverhältnismäßig kürzer als der etwa 14.000 Verse umfassende antike Teil. Entscheidend sind für die *Kaiserchronik* die heilsgeschichtliche Bestimmung des Römischen Reiches, die Kontinuität des Römischen Reichs von Cäsar über Karl den Großen bis in die Gegenwart und der Vorrang des römisch-deutschen Reichs vor Frankreich und Byzanz. Hinzu kommen die moralische Richtschnur, mit der man die Herrscher in Gut und Böse einteilen kann, das harmonische Zusammenspiel des Kaisers mit dem Papst und der Ausgleich zwischen dem Kaiser und den Reichsfürsten. Die *Kaiserchronik* hat also eine politische und moralische Agenda, die auf die Gegenwart, die Regierungszeit des Staufers Konrad III., zielt. Gut – das sollen die exemplarischen Geschichten zeigen – ist ein Herrscher dann, wenn er Gott achtet, das Recht wahrt und Frieden stiftet, sich also als *rex iustus et pacificus* erweist. Diesen Anspruch erfüllt der Staufer Konrad III. Die *Kaiserchronik* gipfelt in dessen Entscheidung, der Predigt Bernhards von Clairvaux (*abbât Pernhart*) zu folgen und am Kreuzzug teilzunehmen (V. 17275–17283), und bricht an dieser Stelle ab.

Die *Kaiserchronik* geht der höfischen Epik voraus, hat aber in ihr Spuren hinterlassen. Als gesichert gilt, dass das *Rolandslied* auf sie zurückgreift. Sehr wahrscheinlich ist auch, dass Wolfram von Eschenbach sich im *Willehalm* und vielleicht auch im *Parzival* auf sie bezieht. Möglich ist ferner, dass auch der *Straßburger Alexander*, der *Eneasroman* Heinrichs von Veldeke sowie die Erzählungen *Graf Rudolf* und *Mauricius von Craûn* von der *Kaiserchronik* beeinflusst wurden.

Die *Historia regum Britanniae*
Um 1136, rund zehn Jahre vor der *Kaiserchronik*, schrieb der aus einer anglonormannischen Adelsfamilie stammende Gelehrte und Geistliche Geoffrey von Monmouth eine lateinische Chronik der britischen Könige (*Historia regum Britanniae*). Die in zwölf Bücher gegliederte, rund einhundert Königsgeschichten umfassende Erzählung reicht von Brutus, dem mythischen Gründer Britanniens, bis zu König Cadwallader, dem letzten König vor der Übernahme der Insel durch die Sachsen. Auftraggeber der Chronik war das englische Königshaus, wie aus den Widmungen an den normannischen Adel sowie an König Stephan von England, einen Enkel Wilhelms des Eroberers, hervorgeht. Es handelt sich um eine nationale Geschichtsmythologie im Interesse der normannischen Könige, die sich in die Reihe der frühen britischen Könige stellten. Zwei mythische Gestalten ragen heraus: Brutus und Artus. Brutus wird als trojanischer Ahnherr der Briten vorgestellt, wie Aeneas, mit dem Brutus verwandt gewesen sein soll, als Ahnherr der Römer gilt. Dies ist eine weitere Parallele zur *Kaiserchronik*, die nicht nur den Römern, sondern auch den Franken (und somit den ‚Deutschen') trojanische Abkunft attestiert. Wie Karl der Große in der *Kaiserchronik* die Rolle eines besonders vorbildlichen Herrschers spielt, so Artus in der *Historia regum Britanniae*. Entsprechend großer Raum wird ihm zugestanden, nämlich rund ein Drittel des Gesamtwerks.

Auf der *Historia regum Britanniae* beruht der in altfranzösischer Sprache verfasste, 15.000 Verse umfassende *Roman de Brut* eines normannischen Dichters namens Wace. Wace widmete seinen Geschichtsroman Eleonore von Aquitanien, der Gattin Heinrichs II., der seit 1154 englischer König war. Die politische Pointe besteht, wie schon in der Vorlage, in der Rechtfertigung und Verherrlichung der normannischen Königsherrschaft in England, die in die Tradition großer britischer Könige wie Brutus und Artus gestellt wird. Der 5000 Verse umfassende arthurische Teil des *Roman de Brut* regte Chrétien de Troyes zu seinen Artusromanen an. Während bei Geoffrey von Monmouth und Wace Artus als Protagonist präsentiert wird, der selbst große Taten vollbringt, tritt er in den Artusromanen in den Hintergrund. Bei Chrétien sind es die Artusritter, die sich in Abenteuern bewähren, während Artus als idealer Friedenskönig den ethischen Maßstab bietet, an dem sich die Artusritter messen.

Die Heiligsprechung Karls des Großen
Wie König Artus für die unter anglonormannischem Einfluss entstandene Literatur (die *Historia regum Britanniae* Geoffreys von Monmouth, den *Roman de Brut* von Wace und die Artusromane Chrétiens de Troyes) die Rolle des idealen Königs spielt,

so übernimmt Karl der Große diese Rolle vielfach für die französische und deutsche Literatur des Mittelalters.

Die *Kaiserchronik* beschreibt den Kaiser, der für die *translatio imperii ad Francos* steht, in einem besonders umfangreichen, rund achthundert Verse umfassenden Kapitel. Es beginnt mit einer legendenhaften Episode, in der Gott den jungen Karl auffordert, nach Rom zu reisen. Karl kommt der Bitte nach und wird von Papst Leo (III.) zum römischen König gekrönt. Die *Kaiserchronik* gibt Karl und Leo als Brüder aus, um die Einheit von Papst und Kaiser zu betonen. Später erheben sich Verschwörer gegen den Papst und vertreiben ihn aus der Stadt. Leo findet Zuflucht bei Karl, der daraufhin mit einem Heer nach Rom zieht und den Aufstand niederwirft. Zum Dank krönt der Papst Karl zum Kaiser. Es folgt eine Serie teils historischer, teils legendarischer Episoden, in denen sich Karl in zahlreichen Ländern als mächtiger Kämpfer und Herrscher erweist. Die letzte Episode berichtet, wie Karl den heiligen Ägidius aufsucht, um seine Sünden zu beichten. Gott selbst schickt einen Brief vom Himmel, der die Vergebung der Schuld bestätigt: ‚*du hâst gotes hulde. / swer iemer sîne sculde / innneclîchen geriwet / unt der gote dar zuo getrûwet, / di gevordert im got niemer mêre*' (V. 15063–15067: „Du hast Gnade bei Gott gefunden. Wer immer seine Schuld in festem Gottvertrauen tief bereut, dem fordert sie Gott nicht mehr ab").

Auf die Schilderung der Lebensgeschichte des frommen und siegreichen Kaisers folgt ein panegyrischer (lobrednerischer) Abschnitt, der Karls Vorbildlichkeit und Vollkommenheit preist. Vielleicht sind diese Verse als eingeschobenes Lied zu deuten, das sich an der liturgischen Liedtradition der christlichen Kirche orientiert. Dafür sprechen drei Beobachtungen: Erstens sind die Verse durch eine zehnfache Anapher verklammert, zweitens durchbricht genau in der Mitte eine eingeschobene Waise, d. h. ein ungereimter Vers (*Karl was stæte*), die Reimpaarstruktur, drittens wechseln sich lange und kurze Verse ab. Man könnte dies so deuten, dass das Lied – der liturgischen Gattung der Sequenz entsprechend – aus einem Initium (zwei Verse), einem strophisch gegliederten Mittelteil (zwei + zwei + drei + zwei Verse) und seinem Postludium (vier Verse) besteht:

	Karl was ain wârer gotes wîgant	a
	die haiden er ze der cristenhaite getwanc.	a
	Karl was chuone,	b
	Karl was scône,	b
5	Karl was genædic,	c
	Karl was sælic,	c
	Karl was teumuote,	d
	Karl was stæte,	x
	und hête iedoch die guote.	d
10	Karl was lobelîch,	e
	Karl was vorhtlîch,	e
	Karlen lobete man pillîche	f
	in Rômiscen rîchen	f
	vor allen werltkunigen:	g
15	er habete di aller maisten tugende.	g

> Karl war ein wahrer Gotteskrieger, der die Heiden in die Christenheit zwang. Karl war
> kühn, Karl war edel, Karl war gnädig, Karl war gottbegnadet, Karl war ehrfürchtig, Karl
> war gradlinig, besaß aber auch Güte. Karl war ruhmreich, Karl war furchteinflößend, Karl
> pries man mit Fug und Recht im gesamten Römischen Reich vor allen Königen auf Erden.
> Er besaß mehr Vorzüge als jeder andere (V. 15073–15087).

Ob es sich um einen liedhaften Abschnitt handelt oder nicht – in jedem Fall erfüllen die stilistisch hervorgehobenen Verse wirkungsvoll die Funktion der *memoria*, d. h. des preisenden Angedenkens an Karl den Großen, der tatsächlich wenige Jahre später heiliggesprochen wurde.

Die Heiligsprechung Karls des Großen wurde von Friedrich I. Barbarossa im Verbund mit den Aachener Stiftsklerikern betrieben. Diese wollten das Prestige ihrer Gemeinschaft steigern, jener wollte die staufische Kaiserwürde am Vorbild des fränkischen Herrschers messen. Die Kanonisierung erfolgte 1165; sie wurde von dem (von der kaiserlichen Partei favorisierten) Gegenpapst Paschalis III. beauftragt und vom Kölner Erzbischof Rainald von Dassel, dem engsten Berater Friedrichs I., vollzogen. Schon 1179 erklärte Papst Alexander III. während des Dritten Lateranischen Konzils die Heiligsprechung Karls des Großen für ungültig. Dies hinderte die Staufer nicht an der fortgesetzten Verehrung Karls des Großen zum Zweck der Heiligung des römisch-deutschen Reiches. Friedrich II. ließ die Gebeine Karls des Großen in einen Goldschrein umbetten, wo sie noch heute ruhen. Als Mausoleum des fränkischen Kaisers diente die Aachener Stiftskirche bis zum sechzehnten Jahrhundert als legitimer Krönungsort der römisch-deutschen Könige.

Literarische Spuren
Die Verehrung Karls des Großen spielte nicht nur im römisch-deutschen Reich (als Nachfolger des ostfränkischen Reichs), sondern auch in Frankreich (als Nachfolger des westfränkischen Reichs) eine bedeutende Rolle. Bereits um 1100, also schon Jahrzehnte vor der *Kaiserchronik*, feierte die altfranzösische *Chanson de Roland* Karl den Großen wie einen Heiligen. Auf dieses Werk – und andere Werke der umfangreichen altfranzösischen Karlsepik – scheint die *Kaiserchronik* anzuspielen, wenn sie sagt: *Karl hât ouch anderiu liet* (V. 15072: „Es gibt über Karl auch andere Dichtungen"). Es schildert in legendarischer Umdeutung die historische Schlacht von Roncesvalles, als nach dem Rückzug des fränkischen Heeres aus Spanien die Nachhut von den Basken überfallen wurde. Im *Rolandslied* wird daraus eine Auseinandersetzung mit den „Heiden", das heißt gegen die Mauren. Der erste Teil schildert Kampf und märtyrerhaften Tod der fränkischen Helden Roland und Olivier, der zweite Teil den Sieg Karls des Großen über den heidnischen Herrscher Baligant von Babylonien. Das *Rolandslied* wurde um 1172 (also zu einer Zeit, als Karl der Große als Heiliger galt) vom Pfaffen Konrad ins Mittelhochdeutsche übersetzt.

Die Entstehung des *König Rother*, eines Brautwerbungsepos mit reichsgeschichtlichem Bezug, wird oft mit dem Jahr der Heiligsprechung Karls des Großen in Verbindung gebracht. Im Unterschied zum *Rolandslied* basiert der *König Rother* nicht auf einer französischen Vorlage, sondern auf einem einheimischen Stoff. Die erzählte Geschichte nimmt auf die karolingische Geschichte Bezug. Der in der apulischen Hafenstadt Bari residierende Protagonist, eine fiktive Figur, wird als Vater

Pippins des Jüngeren und somit als Großvater Karls des Großen ausgegeben (V. 3480–3484). Die Pointe der Geschichte besteht darin, dass Rothers schwangere Ehefrau, die Prinzessin von Konstantinopel, in die Hände eines babylonischen Tyrannen zu fallen droht. Dies muss abgewendet werden, um den historischen Fortgang der Geschichte zu sichern. Hätte es Pippin nach Babylon verschlagen, wäre die fränkische Zukunftsperspektive gekappt – eine Schreckensphantasie für das römisch-deutsche Reich, das bereits seit zehn Jahren von jenem staufischen Kaiser Friedrich I. Barbarossa regiert wurde, der sich auf Karl den Großen berief. Das Publikum wusste freilich um den glücklichen Ausgang der Geschichte.

Ein Gegenstück zum König Rother bietet der Liebesroman von *Flore und Blanscheflur*, der sich – der französischen Vorlage folgend – als Vorgeschichte Bertradas, der Mutter Karls des Großen, ausgibt (V. 307–318). Ihre tatsächlichen Eltern waren Heribert von Laon und seine nicht näher bekannte Ehefrau.

Karl der Große ist nicht der einzige Kaiser, der in der höfischen Epik als handelnde Figur auftritt. Auch Otto I., der als erster im engeren Sinn ‚deutscher' Kaiser gilt, fand Eingang in die erzählende Dichtung – und zwar wiederum in ein Brautwerbungsepos mit reichsgeschichtlichem Bezug. Der *Herzog Ernst* erzählt von einem Zerwürfnis zwischen Kaiser Otto und dem bayerischen Herzog, das am Ende einer ebenfalls abenteuerlichen Geschichte beigelegt wird. Der Herzog bringt aus seinem Exil, das ihn bis in den Orient führt, einen wunderbaren Edelstein mit – den berühmten Waisen, der später die Stirnseite der Reichskrone schmücken wird. Wiederum handelt es sich um eine fiktive Ursprungsgeschichte – wie es ohne König Rother keinen Karl den Großen hätte geben können, so ohne Herzog Ernst nicht die Reichskrone, wie die staufischen Kaiser sie trugen.

Neben Karl dem Großen und Otto I. fand auch Friedrich I. Barbarossa Eingang in die höfische Epik – zwar nicht als handelnde Figur, aber doch als genannte Person. Heinrich von Veldeke erwähnt ihn in seinem *Eneasroman* bei der Schilderung der Hochzeit von Eneas und Lavinia. In der Vorlage, dem altfranzösischen *Roman d'Énéas*, ist dies freilich nicht der Fall, denn der französische Dichter hatte kein Interesse daran, einen römisch-deutschen Kaiser auf solche Weise hervorzuheben. Heinrich von Veldeke hingegen nutzte die Gelegenheit, indem er die fiktive Hochzeitsfeier mit dem realen Mainzer Hoffest verglich, das Friedrich I. Barbarossa im Jahr 1184 veranstaltet und bei dessen Gelegenheit er seinen Söhnen Heinrich und Friedrich das Ritterschwert verliehen hatte: *dâ der keiser Friderîch / gab zwein sînen sunen swert* (V. 347,22–23: „wo Kaiser Friedrich zweien seiner Söhne das Schwert verlieh"). So beiläufig diese Verse erscheinen mögen, haben sie doch eine erhebliche reichsgeschichtliche Bedeutung. Der *Eneasroman* handelt ja von der Vorgeschichte der Gründung Roms, des vierten Weltreichs, durch den Trojaner Eneas. Als römisch-deutscher Kaiser stand Friedrich I. Barbarossa in der Kontinuität des Römischen Reichs; und indem er seine Söhne zu Rittern machte, verdeutlichte er den Herrschaftsanspruch der Staufer auch für die Zukunft. Wiederum wird also ein historischer Bogen geschlagen, in diesem Fall von Eneas, dem Ahnherrn des Römischen Reiches, zu Friedrich, dem Kaiser des römisch-deutschen Reiches und seinen Söhnen Heinrich und Friedrich.

1.1.3 Der Ritter

Das ‚Reich' (*rîche*) bezeichnet das Herrschaftsgebiet, der ‚König' (*künec*) und ‚Kaiser' (*keiser*) den Herrscher. Unter ‚Rittern' (*ritter*) sind die männlichen Mitglieder des weltlichen Adels zu verstehen, der sich – gemäß der mittelalterlichen Ständelehre – vom Klerus (*pfaffen*) und Bauerntum (*gebûre*) abgrenzte. Mit Blick auf die höfische Epik spielen die Ritter eine doppelte Rolle: Sie sind einerseits *fiktive Figuren* und andererseits, als Teil der höfischen Gesellschaft, *reale Adressaten* der erzählten Geschichten. In manchen Fällen kommt noch eine dritte Rolle hinzu, nämlich die der *Autoren*, die die Rittergeschichten verfassen. Hartmann von Aue, Verfasser zweier Artusromane, erzählt von Rittern, versteht sich selbst als Ritter und richtet sich mit seinen Erzählungen an ein ritterlich-höfisches Publikum.

▶ **Definition** Unter einem **Ritter** ist zunächst ein berittener Krieger zu verstehen. In der Regel handelte es sich um Vasallen, die ihren Lehnsherren gegenüber zu militärischen Diensten verpflichtet waren. Im zwölften Jahrhundert wurde der Begriff im Sinne des höfischen Ritters erweitert. Als Ritter bezeichneten sich nun auch die Ministerialen und sogar der römisch-deutsche Kaiser. Das Rittertum wurde mit christlichen Werten aufgeladen und das Ideal des *miles christianus* (christlichen Ritters) trat hervor (vgl. Fleckenstein 1989; Paravicini 1999).

Vom berittenen Krieger zum höfischen Ritter
Was ist im Hochmittelalter unter einem ‚Ritter' zu verstehen? Zunächst der berittene Krieger, der Kämpfer zu Pferd. Das entsprechende lateinische Wort ist *miles*, von dem sich das deutsche Wort Militär ableitet. In sozialer Hinsicht gehörten die Ritter dem Adel an und waren Vasallen, d. h. Lehnsmänner, die ihren Lehnsherren zu militärischen Diensten verpflichtet waren. Sie verfügten über die Mittel, um die für den Kampf erforderlichen Pferde, Rüstungen und Waffen anzuschaffen und zu unterhalten.

Im zwölften Jahrhundert öffnete sich die Vorstellung des Rittertums nach unten und nach oben. Einerseits wurde die Ministerialität integriert, d. h. die Gruppe der unfreien Dienstleute der Fürsten, die, Beamten vergleichbar, wichtige Aufgaben am Hof versahen. An der Spitze dieser Schicht standen die Reichsministerialen, also diejenigen Ministerialen, die im Dienst des Königs oder Kaisers standen. Ein Beispiel hierfür ist Friedrich von Hausen, der unter Friedrich I. Barbarossa und Heinrich VI. diente und als führender Minnesänger in Erscheinung trat. Die Erweiterung des Ritterbegriffs um die Ministerialen verdankt sich deren Unentbehrlichkeit als Dienstmänner der Fürsten. Andererseits wurde die Vorstellung des Rittertums so sehr aufgewertet, dass sich auch die Fürsten, ja selbst Könige und Kaiser als Ritter bezeichneten. Diese Aufwertung hängt zum einen mit dem von der Kirche propagierten Ideal des *miles christianus* zusammen, das das Selbstverständnis des Rittertums entscheidend prägte. Gemeint ist damit der christliche Ritter, der sich im Namen Gottes für Schutzbedürftige einsetzt und an den Kreuzzügen beteiligt, deren Ziel die ‚Befreiung' des Heiligen Landes war. Zugleich entwickelte sich eine ritterliche Hofkultur, deren sichtbarer Ausdruck die höfische Mode war, die aber auch die höfische Dichtung als Medium der Selbstreflexion und Selbstrepräsentation einschloss. Der Ritter sollte nicht mehr nur Krieger sein, sondern auch kultiviertes Mitglied der Hofgesellschaft, das sich modisch kleidete und Interesse an der höfischen Dichtung zeigte.

So lassen sich hinsichtlich des höfischen Rittertums verschiedene Zugehörigkeiten unterscheiden. In ständischer Hinsicht verläuft eine Grenze zwischen adeligen Vasallen und unfreien Ministerialen. In kultureller Hinsicht wird diese Grenze überspielt im gemeinsamen Bezug auf jenes spezifische Ethos und jenen spezifischen Habitus, die sich mit dem höfischen Rittertum verbinden. In der Wende zum dreizehnten Jahrhundert löste sich die ständische Unterscheidung in freie und unfreie Ritter auf und wurde durch eine neue ersetzt. Die Ministerialität wurde zunehmend lehensfähig und das Rittertum erblich. So ging die ursprünglich unfreie Ministerialität in der Schicht des niederen Adels auf, die unterhalb des hohen Adels stand, der die seit jeher Freien umfasste.

Das Idealbild eines höfischen Ritters lässt sich an zwei Illustrationen aus der zu Beginn des vierzehnten Jahrhunderts entstandenen Großen Heidelberger Liederhandschrift (*Codex Manesse*) verdeutlichen. Die Bilder zeigen zwei Dichter, die außer höfischen Liedern auch höfische Epen verfassten, nämlich Hartmann von Aue und Wolfram von Eschenbach (Abb. 1.1).

Abb. 1.1 Hartmann von Aue und Wolfram von Eschenbach in der Großen Heidelberger Liederhandschrift

Hartmann von Aue stellt sich in den Prologen zu seinen Erzählungen ausdrücklich als Ritter (*ritter*) und Ministeriale (*dienstman*) vor. Auf der Miniatur erscheint er als gewappneter Ritter zu Pferd. Es handelt sich um ein Standesbild, das den Ritter in typischer Pose zeigt. Vorbild für diese formelhafte Darstellung ist das mittelalterliche Reitersiegel. Ritter und Pferd bilden eine Einheit, beide sind mit blauen Gewändern (Wappenrock und Kuvertüre) bedeckt, die mit dem Wappenzeichen, dem weißen Adlerkopf, bestickt sind. Adlerköpfe auf blauem Grund zieren auch den Schild und die an der Lanze befestigte Standarte. Der Helm weist als Schmuck (Zimier) einen schwarzen Adlerkopf auf, der das verborgene Gesicht des Ritters ersetzt. Der Ritter verschwindet geradezu hinter den Attributen seines Standes; er wird nicht als individuelle Person, sondern als typischer Repräsentant seiner Klasse porträtiert. Der höfische Ritter steht im Vordergrund, nicht der berittene Krieger. Das Kulturelle überwiegt das Militärische. Das gilt auch für die Rosenranke, die, zwischen den Hufen des Pferdes vom Boden aufsteigend, den Hintergrund füllt. Die Rosenblüten verweisen symbolisch auf das Thema der höfischen Liebe (Minne), mit dem sich Hartmann von Aue in seinen Liedern, Romanen und Novellen befasst.

Wolfram von Eschenbach stellt sich in seinem Artusroman *Parzival* ebenfalls als ritterlicher Ministeriale vor: *schildes ambet ist mîn art* (V. 115,11: „Dem Rittertum gehöre ich an durch Geburt und Erziehung"; wörtlicher: „Mein Stand ist das Waffenhandwerk"). Die Miniatur zeigt ihn nicht auf dem Pferd sitzend, sondern stehend mit Panzerkleid, Waffenrock, roten Sporen und umgegürtetem Ritterschwert. In der einen Hand hält er den Schild, in der anderen die mit einer Fahne geschmückte Lanze. Auf dem Kopf trägt er einen Topfhelm mit aufragender Helmzier, das Visier ist geschlossen. Das Wappenzeichen, das Schild, Helm und Fahne schmückt, besteht aus zwei silbernen Beilen, die wie Ohren angeordnet sind. Begleitet wird der Ritter von seinem Knappen, der das mit einer roten Kuvertüre bedeckte Pferd an Zügel und Nüstern festhält. Im Unterschied zum emblematischen, gewissermaßen eingefrorenen Reiterbild Hartmanns von Aue zeigt die Miniatur eine bewegte Szene: den Aufbruch des Ritters zum Kampf. Doch auch hier verschwindet der Ritter hinter den Zeichen der höfischen Ritterschaft oder geht in ihnen auf.

Das Mainzer Hoffest 1184

Die große Bedeutung des höfischen Rittertums für das römisch-deutsche Reich lässt sich am Mainzer Hoftag ablesen, den der staufische Kaiser Friedrich I. Barbarossa an Pfingsten 1184 auf der Maaraue, einer von Main und Rhein umgebenen Insel, veranstaltete (vgl. Fleckenstein 1972). Der Hoftag war ein festliches Großereignis, in dessen Mittelpunkt die ritterliche Schwertleite (Ritterweihe) zweier Kaisersöhne stand: des achtzehnjährigen Heinrich und des siebzehnjährigen Friedrich. Sieben Jahre später trat der Ältere als Kaiser Heinrich VI. die Nachfolge seines Vaters an, der, wie auch sein jüngerer Bruder Friedrich, während des Dritten Kreuzzuges starb. Man nimmt an, dass Heinrich im Rahmen des Mainzer Hoftags als Minnesänger auftrat; seine Lieder sind in der Großen Heidelberger Liederhandschrift (*Codex Manesse*) und in der Weingartner Liederhandschrift unter dem Namen ‚Kaiser Heinrich' überliefert.

Für die Festlichkeiten wurde eine prächtige Zeltstadt errichtet, in deren Mitte ein hölzerner Palast und eine hölzerne Kapelle standen. Fürsten und Ministerialen aus dem gesamten deutschen Reichsgebiet, aber auch aus Burgund, Frankreich, Italien, Spanien, England und Illyrien reisten an, um an der Selbstfeier der ritterlich-höfischen Gesellschaft unter dem Präsidium des staufischen Kaisers teilzunehmen. Giselbert von Mons, Kanzler des Grafen von Hennegau, schildert in seiner Chronik (*Chronicon Hanoniense*) ausführlich den Verlauf der Festlichkeiten. Am Pfingstsonntag wurde die Festkrönung des Herrscherpaars zelebriert, und auch ihr Sohn Heinrich, der schon als Kind zum römisch-deutschen König geweiht worden war, zeigte sich mit der Krone auf seinem Haupt. Am Pfingstmontag vollzog der Kaiser die Schwertleite seiner Söhne. Darauf folgte ein Waffenspiel, an dem angeblich mehr als zwanzigtausend Ritter teilnahmen, darunter der Kaiser, seine Söhne und die Reichsfürsten. Am dritten Tag wurde das Ritterspiel fortgesetzt, bis am Nachmittag ein Unwetter hereinbrach, das die Zeltstadt teilweise zum Einsturz brachte. Ein Turnier, das in der nahegelegenen Kaiserpfalz Ingelheim stattfinden sollte, wurde abgesagt; stattdessen nutzte man den letzten Tag für den Abschluss der politischen Geschäfte.

Die epochale Bedeutung des Mainzer Hoftags umfasst nach Fleckenstein drei Aspekte. Erstens war die Veranstaltung „eine Verbindung von Hoftag und Hoffest, von Politik und Repräsentation, von Macht und höfischem Glanz – und in alledem: ein Ausdruck der Verbindung von Kaisertum und Rittertum" (Fleckenstein 1972, S. 1025). Zweitens wurde deutlich, dass „alle Angehörigen des Hofes, von den Ministerialen bis hinauf zu den höchsten Würdenträgern des Reiches, König Heinrich eingeschlossen, als Ritter galten, die Ritterschaft also den gesamten Hof" umfasste (ebd., S. 1029). Drittens bedeutet die Verbindung des Kaisers mit dem derart erweiterten Rittertum „nichts anderes als die Bildung der höfisch-ritterlichen Gesellschaft am staufischen Königshof" (ebd., S. 1030). Wie Fleckenstein betont, wurde der dritte Aspekt, die Überformung des Rittertums mit der höfischen Kultur, durch die Ehe des Kaisers mit Beatrix von Burgund begünstigt, die „nicht nur literarisch gebildet war, sondern auch als Förderin einen aktiven Anteil am geistigen Leben nahm. [...] Sie hat die Brücke zwischen dem staufischen Hof und Burgund geschlagen, dem Haupteinfallstor des ritterlichen Geistes, wie ihn vor allem die Dichter vermittelten, zum deutschen Königshof" (ebd., S. 1038–1039). Nimmt man diese drei Aspekte zusammen, so erweist sich die ritterliche Initiation der Kaisersöhne im Ritual der Schwertleite zugleich als Initiation des Adels und der Ministerialität des römisch-deutschen Reichs insgesamt in das höfische Rittertum nach französischem Vorbild.

Der Anteil der Dichtung an der Ausformung der höfischen Kultur wird deutlich am literarischen Echo des Mainzer Hoftags. Der deutsche Dichter Heinrich von Veldeke und der provenzalische Dichter Guiot de Provins, die beide an der Veranstaltung teilnahmen, beschreiben in ihren Werken die Pracht des Ereignisses. Heinrich von Veldeke vergleicht in seinem *Eneasroman* das Hochzeitsfest von Eneas und Lavinia mit der *hôhzîte ze Meginze*:

1.1 Epik und Politik

Dâ von sprach man dô wîter,
ichn vernam von hôhzîte
in allen wîlen mâre,
diu alsô grôz wâre,
alsam dô het Ênêas,
wan diu ze Meginze dâ was,
die wir selbe sâgen,
desn dorfen wir niet frâgen,
diu was betalle unmâzlich,
dâ der keiser Friderîch
gab zwein sînen sunen swert,
dâ manech tûsent marke wert
verzeret wart und vergeben.
ich wâne alle die nû leben
deheine grôzer haben gesehen.
ichn weiz waz noch sole geschehen,
desn kan ich ûch niht bereiten.
ich vernam von swertleiten
nie wârlîche mâre,
dâ sô manech vorste wâre
und aller slahte lûte.
ir lebet genûch noch hûte,
diez wizzen wârlîche.
dem keiser Friderîche
geschach sô manech êre,
daz man iemer mêre
wunder dâ von sagen mach
unz an den jungisten tach,
âne logene vor wâr.
ez wir noch uber hundert jâr
von im gesaget und gescriben,
daz noch allez ist beliben.

Man erzählte davon weit und breit. Ich habe von keinem Fest je erzählen hören, das ebenso groß gewesen wäre wie das, das Eneas veranstaltete – außer dem, das zu Mainz stattfand, das wir selbst gesehen haben. Danach brauchen wir uns nicht zu erkundigen: es war ganz unermesslich groß, wo Kaiser Friedrich zweien seiner Söhne das Schwert verlieh und wo für viele tausend Mark verbraucht und verschenkt wurde. Ich glaube, dass alle Lebenden kein größeres Fest gesehen haben. Ich weiß nicht, was die Zukunft bringen wird, das kann ich euch nicht sagen. Ich habe jedoch von einer Schwertleite niemals glaubwürdig erzählen gehört, bei der ebenso viele Fürsten und Leute aller Stände zugegen gewesen wären. Noch heute leben viele, die es genau wissen. Kaiser Friedrich wurde so hoch geehrt, dass man für alle Zeiten Wundergeschichte davon erzählen kann bis zum Jüngsten Tag, das ist gewisslich wahr. Es wird auch in hundert Jahren noch von ihm erzählt und geschrieben werden, was alles bisher noch nicht gesagt ist (V. 347,13–348,4).

Man kann von wechselseitiger Vorbildlichkeit zwischen Dichtung und Lebenswirklichkeit sprechen. Heinrich von Veldeke ließ sich bei seiner Darstellung des Hochzeitsfests von Eneas und Lavinia vom Mainzer Hoffest inspirieren, wie sich umgekehrt Friedrich I. bei seiner Planung des Mainzer Hoftags gewiss auch an literarischen Beschreibungen prächtiger Hoffeste orientierte.

Noch deutlicher wird die Wechselseitigkeit in den Versen, die Guiot de Provins in seiner um 1204 entstandenen moraldidaktischen *Bible Guiot* über das Mainzer Hoffest schrieb. Er ermahnt die unkultivierten Könige und Fürsten seiner Zeit, sich ein Beispiel an den Hoffesten zu nehmen, die von den großen Herrschern der Geschichte und Dichtung veranstaltet worden seien:

> Mar lor membre du Roi Artu,
> D'Alixandre et de Juliu,
> Et des autres Princes vaillanz
> Qui jà tindrent les Corz si granz.
> Quel cort tint ore Asuérus!
> Ele dura cent jorz et plus;
> Et de l'Emperéor Ferri
> Vos puis bien dire que je vi
> Qu'il tint une Cort à Maïence;
> Ice vos di-je sanz doutance,
> C'onques sa pareille ne fu.

Ich mahne sie an König Artus, / An Alexander und Julius, / Und an die tapfren Fürsten all', / Die Hof einst hielten mit großem Schall. / Welchen Hof hielt nicht Asver? / Der dauerte hundert Tag' und mehr. / Den Kaiser Friedrich hab' ich gesehn / Hof halten zu Mainz, und muss gestehn, / Dass niemals einer diesem gleich / Erschienen; – fest versichr' ich's Euch (V. 272–281).

Es liegt auf der Hand, dass Guiot auf die Vier-Reiche-Lehre, auf die Vorstellung der *translatio imperii* und auf die Artusromane anspielt. Ahasveros steht für das medisch-persische, Alexander für das griechische und Julius Cäsar für das römische Reich. Wie Cäsar den Anfang des Römischen Reichs markiert, so der Kaiser dessen Fortsetzung in der Gegenwart. Und der Vergleich mit König Artus impliziert die Annahme, dass sich Friedrich I. tatsächlich von der höfischen Epik seiner Zeit leiten ließ.

Der Ritter als literarische Figur
Der kulturgeschichtliche Weg vom berittenen Krieger zum höfischen Ritter, der sich im zwölften Jahrhundert vollzog, ist nicht als Ablösung, sondern als Überlagerung zu denken. Der höfische Ritter, der sich auf kultivierte Umgangsformen versteht, muss doch auch in Kriegszeiten sein Waffenhandwerk beherrschen. So schön Ritter, Pferde und Waffen geschmückt sind (wie die Miniaturen zu Hartmann von Aue und Wolfram von Eschenbach in den illustrierten Liederhandschriften zeigen), kommt es im Ernstfall doch darauf an, den Kampf auf Leben und Tod zu bestehen. Die höfische Epik zeigt beide Seiten des Rittertums: den Krieger im Zweikampf und den Höfling, der sich auf Tanz, Musik und Gesang versteht.

Besonders deutlich demonstriert das *Nibelungenlied* die Ambivalenz des Ritters an der Figur Siegfrieds. Dabei bedient es sich eines erzähltechnischen Kniffs. Im zweiten Kapitel schildert der Erzähler, wie Siegfried in Xanten am Hof seiner königlichen Eltern eine höfische Erziehung genießt und schließlich die Schwertleite empfängt. Dies ist der höfische Siegfried, der sich entschließt, um die burgundische Prinzessin Kriemhild zu werben, und nach Worms aufbricht. Im dritten Kapitel wendet sich das Blatt. Als Hagen, der mit mythischem Wissen ausgestattete Vasall des burgundischen Königs Gunther, den niederrheinischen Ritter heranreiten sieht, gibt er der Hofgesellschaft Auskunft über dessen Jugendgeschichte. Diese hat wenig mit dem zu tun, was zuvor der Erzähler über Siegfried mitzuteilen wusste. Hagen berichtet, dass Siegfried einen Drachen getötet, durch das Bad im Drachenblut Unverwundbarkeit erlangt, siegreich gegen zahlreiche Recken, Riesen und Zwerge gekämpft, einen Schatz geraubt, Länder und Burgen der Nibelungen an sich gebracht und eine Tarnkappe erbeutet habe, die ihm Unsichtbarkeit verleihe. Dies ist der heroische Siegfried, der dann König Gunther zum Zweikampf herausfordert, um das Land der Burgunden für sich zu erringen. Das Bild des heroischen Siegfried, der aus der Figurenperspektive Hagens vorgestellt wird, färbt ab auf das Bild des höfischen Siegfried, der zuvor aus der Erzählerperspektive eingeführt wurde.

Siegfried verfügt also über zwei Verhaltensmuster, ein höfisches und ein heroisches. Gunther lenkt Siegfrieds heroisches Potential um. Er nutzt das höfische Protokoll der Gastfreundschaft, um aus dem Feind einen Freund zu machen, dessen übermächtige Kräfte er fortan instrumentalisieren kann. Im vierten Kapitel zieht Siegfried für Gunther in den Krieg, um die Sachsen und Dänen zu unterwerfen; im siebten Kapitel führt er unter seiner Tarnkappe verborgen Gunther die Hand, um den Werbungskampf gegen die amazonenstarke Brünhild zu gewinnen. Es ist letztlich diese Ambiguität zwischen der kriegerischen und der höfischen Dimension des Rittertums, die Siegfried zu Fall bringt. Als offenbar zu werden droht, wie sehr Gunther auf Siegfrieds Übermacht angewiesen ist, wird der Helfer beiseitegeschafft. Dies geschieht bezeichnenderweise während einer höfischen Jagdveranstaltung. Siegfried macht sich durch seine kultivierten Verhaltensformen verletzlich. Er lässt Gunther beim Trinken aus einer Quelle den Vortritt; als er selbst an der Reihe ist, stößt ihm Hagen von hinten eine Lanze zwischen die Schulterblätter, die einzige verwundbare Stelle seines vom Drachenblut gestählten Körpers.

1.1.4 Der Kreuzzug

Einen großen Einfluss auf die höfische Epik hatten auch die Kreuzzüge und die kirchliche Propaganda, die ihnen vorausging und sie begleitete (vgl. Jaspert 2013; s. Tab. 1.2). Dies betrifft zum einen das auf christliche Werte verpflichtete und somit ethisch aufgeladene Ideal des Rittertums, zum anderen die Thematisierung von Kreuzzügen oder, allgemeiner, von Auseinandersetzungen zwischen Christen und ‚Heiden', womit meist auf Menschen islamischen Glaubens angespielt wird.

▶ **Definition** Unter einem **Kreuzzug** versteht man im engeren Sinn den christlichen Kampf für das Heilige Land, im weiteren Sinn auch Kämpfe gegen ‚heidnische' Normannen, Mauren, Preußen und Türken sowie gegen christliche Häretiker (‚Ketzer'). Die Kreuzzüge richten sich gegen angebliche und tatsächliche Feinde des christlichen Glaubens, der christlichen Kirche und des Papstes. Im Kreuzzug verschränken sich die Vorstellungen des Heiligen Kriegs und der Pilgerfahrt, es handelt sich also im Selbstverständnis der Beteiligten um eine bewaffnete Wallfahrt. Hinzu kommen stets auch machtpolitische und ökonomische Interessen (vgl. Kreuzzugsdichtung, hg. v. U. Müller 1985, S. V).

Tab. 1.2 Übersicht über die Kreuzzüge

Kreuzzug	Ziel	Beteiligung/Führung	Folgen
Erster K. 1096–1099	Eroberung Palästinas	Französischer und normannischer Adel	Eroberung Jerusalems (1099) und Bildung von Kreuzfahrerstaaten
Zweiter K. 1147–1149	Verteidigung der Kreuzfahrerstaaten	**Kaiser Konrad III.** Ludwig VII. (Frankreich)	Scheitern Verlust Jerusalems (1187)
Dritter K. 1189–1192	Rückeroberung Jerusalems	**Friedrich I. Barbarossa** Philipp II. (Frankreich) Richard Löwenherz (England)	Tod Friedrichs II. 1190 Friedensvertrag Richard/Saladin
„Deutscher K." 1197–1198	Rückeroberung Jerusalems	**Heinrich VI.**	Tod Heinrichs VI. 1197 Eroberung von Ländereien
Vierter K. 1202–1204	Eroberung Ägyptens	Französischer Adel venezianische Seeleute und Soldaten	Plünderung Konstantinopels
Fünfter K. 1217–1221	Rückeroberung Jerusalems	Europäisches Kreuzfahrerheer	Scheitern in Ägypten
Sechster K. 1228–1229	Diplomatische Lösung	**Friedrich II.**	Friede von Jaffa Krönung Friedrichs zum König von Jerusalem

Der Erste Kreuzzug

Der Erste Kreuzzug (1096–1099) wurde von französischen und normannischen Fürsten angeführt. Ziel war die vom Papst angemahnte Eroberung Palästinas, um das Heilige Land in die Hand der Christen zu bringen. Die Kreuzritter gründeten dort Kreuzfahrerstaaten, die es fortan zu verteidigen galt.

Das im frühen zwölften Jahrhundert entstandene altfranzösische *Rolandslied* ist vor diesem Hintergrund zu sehen. Es projiziert die Kreuzzugsbewegung in die Epoche Karls des Großen zurück und deutet die historische Schlacht von Roncesvalles, in der die aus Spanien zurückkehrende fränkische Nachhut von Basken überfallen und vernichtet wurde, in einen fiktiven Krieg zwischen Christen und Sarazenen um, den Karl der Große unter großen Opfern gewinnt.

Die *Kaiserchronik* geht ausführlich auf den Ersten Kreuzzug ein. Sie schiebt in den Abschnitt, der Kaiser Heinrich IV. gewidmet ist, eine umfangreiche Episode ein, die von dem Heerführer Gottfried von Bouillon handelt (V. 16618–16789). Die *Kaiserchronik* stellt Gottfried dem negativ gezeichneten Kaiser als positives Gegenbild gegenüber. Sie erzählt, wie Gottfried zum Kreuzzug aufbricht, Jerusalem erobert, zum König der Heiligen Stadt ernannt und nach seinem Tod in der Grabeskirche beigesetzt wird:

> Under diu chom daz zît,
> daz der herzoge Gotfrit
> huop sich ze dem hailigen grabe.
> er verliez alle sîne habe
> dem wâren gote zêren.

> vil was der hêrren
> die sich mit im ûz huoben.
> [...]
> ze genâden ist sîn sêle.
> als ich iu nû sage:
> dâ ze dem heiligem grabe
> dâ ruowet sîn gebaine.
> diu sêle ist heilig unt raine. [zitiert nach der Ausgabe von Schröder]

> Unterdessen kam die Zeit, in der der Herzog Gottfried zum Heiligen Grab aufbrach. Er ließ zur Ehre des wahren Gottes seinen gesamten Besitz zurück. Viele Herren brachen gemeinsam mit ihm auf. [...] Seine Seele hat Gnade gefunden. Wie ich euch nun sage, ruhen seine Gebeine dort bei dem Heiligen Grab. Seine Seele ist heilig und unbefleckt (V. 16618–16624, 16785–16789).

Die Schlussverse der Episode kommen einer Heiligsprechung Gottfrieds von Bouillon gleich. Dagegen wird Kaiser Heinrich IV., der sich nicht am Kreuzzug beteiligte, von seinem Thron verstoßen.

Der Zweite Kreuzzug
Den Zweiten Kreuzzug (1147–1149) führten Konrad III., der erste staufische Kaiser des römisch-deutschen Reichs, und der französische König Ludwig VII. an. Ziel war die Verteidigung der Kreuzfahrerstaaten, die sich gegen ihre Rückeroberung wehren mussten. Das Unternehmen scheiterte auf ganzer Linie. Bereits in Kleinasien erlitt das deutsche Kreuzfahrerheer Verluste. Die Belagerung von Damaskus musste nach wenigen Tagen abgebrochen werden. Konrad III. kehrte mit dezimiertem Heer unverrichteter Dinge heim.

Die *Kaiserchronik* schließt mit einer Szene, in der Bernhard von Clairvaux Konrad III. in einer Predigt bedrängt, sich am Kreuzzug zu beteiligen:

> daz enstuont niht lange wîle,
> unze der abbât Pernhart
> den vursten geliebte die vart.
> er chom ze dem chunige Chuonrâte,
> er manet in harte
> mit sîner suozen lêre.
> er sprach, daz selbe unser hêrre
> in dar zuo erwelte.
> der chunich niht langer netwelte.

> Es dauerte nicht lange, bis es Abt Bernhard [von Clairvaux] gelang, die Fürsten für einen Kreuzzug zu gewinnen. Er trat vor König Konrad und trug ihm eindringlich sein hehres Anliegen vor. Er sprach, unser Herr selbst habe ihn für diese Aufgabe auserwählt. Der König zauderte nicht länger (V. 17275–17283).

An dieser Stelle bricht die *Kaiserchronik* ab, der Verlauf des Kreuzzugs wird nicht mehr erzählt.

Einige Jahrzehnte nach dem Zweiten Kreuzzug entstanden mehrere deutschsprachige höfische Epen, die auf das Thema des Kreuzzugs anspielen. Anfang der 1170er-Jahre übersetzte ein Geistlicher, der Pfaffe Konrad, wohl im Auftrag des Welfenhofs das altfranzösische *Rolandslied* ins Mittelhochdeutsche. Die

Überwindung der fatalen Niederlage der Christen durch einen triumphalen Sieg Karls des Großen, wie er im *Rolandslied* geschildert wird, wurde nach der Erfahrung des Zweiten Kreuzzugs gewiss als Zeichen der Hoffnung auf einen neuen Heilsbringer gelesen.

Der nur in Bruchstücken überlieferte *Graf Rudolf* wird oft als Kreuzzugsepos bezeichnet. Es vereint Merkmale eines französischen Heldenepos und eines Brautwerbungsepos. Da die Geschichte die Herrschaft eines christlichen Königs in Jerusalem voraussetzt, dürfte sie schon zu Beginn der 1170er-Jahre entstanden sein. Das Epos erzählt von einem jungen Grafen, der als Kreuzritter in das Heilige Land zieht, dort dem christlichen König dient und an der Belagerung von Ascalon teilnimmt. Später befindet sich Rudolf am Hof des Sultans, dessen Tochter er liebt. Das Ende der Geschichte bleibt im Dunklen. Rudolfs Braut lässt sich in Konstantinopel taufen, Rudolf entkommt aus feindlicher Gefangenschaft. Vermutlich kehrt das Paar nach Flandern zurück und lebt dort glücklich zusammen. Im Unterschied zum *Rolandslied* wird der religiöse Antagonismus zurückgenommen und der Sultan als höfischer Herrscher geschildert, der christliche König von Jerusalem hingegen ins Zwielicht gerückt.

Das um 1160/70 entstandene Brautwerbungsepos *Herzog Ernst*, das zur Zeit Ottos I. des Großen, also mehr als hundert Jahre vor Beginn der Kreuzzugsepoche spielt, erzählt, dass der bayerische Herzog Ernst sich nach einem Zerwürfnis und militärischen Konflikt mit dem Kaiser entschließt, als Kreuzritter ins Heilige Land zu ziehen. Er teilt seinen Gefährten den Entschluss mit folgenden Worten mit:

> ‚daz wir füeren über mer,
> dar stêt vaste mir der muot.
> ob ez iuch herren dunket guot,
> sô sol uns des durch got gezemen,
> daz wir durch in daz kriuze nemen
> ze dienste dem heiligen grabe.
> sô komen wir sîn mit êren abe,
> ê wir uns sus vertrîben lân.
> wir haben wider gote sô vil getân,
> daz wir nû billîch müezen
> ûf sîn hulde büezen,
> daz er uns ruoche die schulde vergeben
> her nâch, obe wirz geleben,
> und wider heime ze lande komen.
> swaz uns der keiser hât benomen,
> daz wirt uns allez wider lân.
> nû bite ich iuch, mâg unde man,
> alle gemeine,
> daz ir mich niht aleine
> lât varn von dem lande.
> des habet ir wîgande
> almuosen unde êre.
> ouch wil ichz iemer mêre
> gegeben iuwern hulden,
> mit guote verschulden
> und mit dienste wider wegen.'

1.1 Epik und Politik

> „Ich bin fest entschlossen, mit euch übers Meer zu ziehen. Wenn ihr Ritter das gutheißt, tun wir gut daran, mit Gottes Willen und für ihn das Kreuz zu nehmen im Dienst des Heiligen Grabes. Dann kommen wir in Ehren davon, statt uns einfach aus dem Land jagen zu lassen. Wir handelten so oft gegen Gottes Gebot, daher müssen wir von rechts wegen Buße tun in der Hoffnung auf seine Gnade, dass er uns danach die Schuld vergebe, wenn wir es noch erleben und wieder in unser Land heimkommen. Was immer der Kaiser uns nahm, es wird uns dann alles erstattet. So bitte ich euch, Verwandte und Getreue, allesamt: Lasst mich nicht alleine aus dem Land ziehen. Das verschafft euch Helden Lohn und Ehre. Überdies werde ich es eurer Treue stets mit reicher Gabe lohnen und mit Fürsorge erwidern" (V. 1810–1835).

Der Kreuzzugsaufruf des Protagonisten nimmt keinen Bezug auf die historische Situation der Entstehungszeit, ist aber insofern aufschlussreich, als er den Kreuzzug seinen Rittern als Rettungsoption in politischer, ökonomischer und religiöser Hinsicht nahelegt.

Der Dritte Kreuzzug
Aus kirchlicher Sicht wurde ein neuer Kreuzzug erforderlich, nachdem Saladin, Sultan von Ägypten und Syrien, die Christen in den Jahren 1186 und 1187 vernichtend geschlagen und Jerusalem erobert hatte. Friederich I. Barbarossa verschrieb sich der Aufgabe, gemeinsam mit dem französischen König Philipp II. und dem englischen König Richard Löwenherz ins Heilige Land zu ziehen, um Jerusalem für die Christen zurückzugewinnen. Dieses Ziel wurde nicht erreicht. Friedrich I. ertrank 1190 während der Reise in einem Fluss. Richard Löwenherz schloss einen Waffenstillstand mit Sultan Saladin.

Zur Vorbereitung des Dritten Kreuzzugs veranstaltete Friedrich I. Barbarossa 1188 in Mainz einen weiteren Hoftag, der als *curia Iesu Christi* („Hoftag Jesu Christi") in die Geschichte einging. Er fand in der Mitte der vorösterlichen Fastenzeit, am Sonntag *Laetare Jerusalem* („Freue dich, Jerusalem"), statt. Stand der Mainzer Hoftag von 1184 im Zeichen der ritterlich-höfischen Kultur, dominierte nun die religiöse Bestimmung (vgl. Fleckenstein 1972). Nicht der Kaiser, sondern Christus selbst sollte über den Hoftag präsidieren. Hatte sich die Kirche gegenüber dem Hoftag von 1184 noch kritisch geäußert, stand sie nun voll und ganz hinter dem „Hoftag Jesu Christi" und beförderte ein neues, geistlich überformtes Verständnis des Rittertums als *militia Christi*. Dabei wurde das weltliche Ziel des Rittertums, das Streben nach Ruhm und Ehre, nicht preisgegeben, sondern mit dem Segen der Kirche überhöht.

Der Dritte Kreuzzug hat vor allem in der höfischen Lyrik in Form von Kreuzliedern literarische Spuren hinterlassen. Das Ideal des Kreuzritters lässt sich an den Miniaturen der Großen Heidelberger Liederhandschrift ablesen, insbesondere an den Porträts der Liederdichter Tannhäuser und Graf Friedrich von Leiningen (Abb. 1.2). Die Illustration zum Tannhäuser zeigt den Kreuzritter mit einem weißen Umhang, auf den ein schwarzes Kreuz gestickt ist. Die Kapuze ist wie ein Heiligenschein angeordnet, die Körperhaltung verweist auf Grabskulpturen mit dem Unterschied, dass die liegende in eine stehende Position umgewandelt wird. Die Miniatur zu Graf Friedrich von Leiningen zeigt den Kreuzritter (rechts) im blutigen

Abb. 1.2 Der Tannhäuser und Graf Friedrich von Leiningen in der Großen Heidelberger Liederhandschrift

Zweikampf mit seinem Gegner, der durch die Aufschrift auf seinem Schild als ‚Heide' markiert ist. Der Kreuzritter durchschlägt mit seinem Schwert den Helm des Widersachers, dessen Blut aufspritzt.

Hartmann von Aue ließ sich in seinen lyrischen und epischen Dichtungen vom Dritten Kreuzzug anregen. In seinen Kreuzliedern stellt er die Frage nach dem Ausgleich zwischen dem Dienst an der Minnedame und dem Dienst an Gott. In seiner legendenhaften Novelle *Gregorius*, die auf einer altfranzösischen Vorlage basiert, erzählt Hartmann, wie der Vater des Protagonisten zu einer Pilgerfahrt ins Heilige Land aufbricht, um seine Sünde, den mit seiner Schwester begangenen Inzest, abzubüßen, dann aber schon auf der Reise an Liebeskummer stirbt. Am Ende der Geschichte wird der Ritter und Landesherr Gregorius, der nicht nur im Inzest gezeugt wurde, sondern unwissentlich den Inzest mit seiner Mutter wiederholte, von Gott selbst zum Papstamt berufen – eine positive Antwort auf die Frage nach der Vereinbarkeit weltlicher und geistlicher Ideale, die sich im christlich überformten Ritterbild zuspitzt.

Der „Deutsche Kreuzzug" (1197/98)

Der „Deutsche Kreuzzug" unter der Führung Heinrichs VI. stellt den dritten Versuch eines staufischen Kaisers dar, die christliche Herrschaft über Jerusalem sicherzustellen. Er starb kurz vor dem Antritt der Reise in Messina, vermutlich an den Folgen einer Malariaerkrankung. Dem Heer, das bereits auf dem Weg ins Heilige Land war, gelang es, den libanesischen Küstenstreifen zwischen Tyros und Tripoli wieder unter christliche Kontrolle zu bringen, bevor es 1198 heimkehrte.

Nach 1200 entstanden drei weitere Epen, die sich auf die Serie der Kreuzzüge zurückbeziehen lassen. Wirnt von Grafenberg schildert in seinem Artusroman *Wigalois*, wie der Protagonist gegen den dämonischen Teufelsbündler Roaz kämpft. Diese Begegnung kann als ins Phantastische übersteigerter Reflex auf den Kampf der Christen gegen die ‚Heiden' gedeutet werden.

Die bereits im *Gregorius* aufgeworfene Frage nach der Vereinbarkeit weltlicher und geistlicher Ansprüche im Rittertum verhandelt auch Wolfram von Eschenbach in seinem Artusroman *Parzival*, der ebenfalls auf einer altfranzösischen Vorlage beruht. Bei der von Wolfram ausgemalten Vorstellung des Gralsrittertums handelt es sich um eine Sakralisierung des weltlichen Rittertums. Die Vorstellung des Gralsrittertums orientiert sich zwar am Vorbild der christlichen Religion, gehört dieser aber nicht an. Ein Gralskönig hat in der christlichen Heilsgeschichte zweifellos keinen Platz.

Einen Schlusspunkt setzt Wolfram mit seinem legendenhaften Heldenepos *Willehalm*, das in der Forschung immer wieder als Beispiel religiöser Toleranz angeführt wird. Gyburg, die vom ‚Heidentum' zum Christentum konvertierte Gattin des Protagonisten, wirbt in einer Rede an das christliche Ritterheer für das Ideal universaler Menschlichkeit und Gotteskindschaft. Auch wenn sie die Schlacht nicht verhindern kann, weist ihre Ansprache doch auf den Sechsten Kreuzzug voraus, der von Kaiser Friedrich II. angeführt wurde. Dieser kam nicht mehr als Eroberer, sondern als Diplomat ins Heilige Land. Der im arabisch geprägten Sizilien aufgewachsene Kaiser handelte mit dem Sultan den Frieden von Jaffa aus, der die Interessen beider Seiten berücksichtigte und Friedrichs Krönung zum König von Jerusalem ermöglichte, aber auch viel Kritik nach sich zog.

1.2 Gönner und Gönnerinnen, Dichter und Publikum

Wie der folgende Überblick zeigt, handelt es sich bei den Verfassern der höfischen Epik ausschließlich um Männer. Dichterinnen sind in der höfischen Epik des deutschen Mittelalters nicht bekannt (wohl aber in der geistlichen Literatur). Im französisch-anglonormannischen Sprachraum sieht die Lage anders aus. Hier ist insbesondere die um 1170 tätige Dichterin Marie der France zu nennen, die vierzehn Versnovellen, hundert äsopische Fabeln und zwei Legendendichtungen verfasste. In ihrer Bedeutung ist sie Chrétien de Troyes durchaus vergleichbar, doch wurden ihre Werke im Mittelalter nicht ins Deutsche übersetzt.

Auch die Auftraggeber der höfischen Epik sind weitestgehend männlich. Doch spielten ihre Ehefrauen vielfach eine anregende, vermittelnde und fördernde, vielleicht sogar die entscheidende Rolle. Für die Auswahl der Stoffe waren die Mäzeninnen und Mäzene, die die Vorlagen beschafften, wichtiger als die Dichter, die die Aufträge dann ausführten. Die literarischen Interessen der Gönner zeichnen sich in den ausgewählten Werken ab, insbesondere dann, wenn sie mehrere Werke in Auftrag gaben.

Das Publikum, die höfische Gesellschaft, war hinsichtlich der Standesverhältnisse weitgehend homogen, hinsichtlich der Geschlechterverhältnisse aber gemischt. Daher stellt sich die Frage, wie sich die Rezeption der höfischen Dichtung unter diesem Gesichtspunkt differenzieren lässt. Bieten die höfischen Epen für Männer und Frauen unterschiedliche Identifikationsangebote? Wie spiegeln sich die Geschlechterverhältnisse der höfischen Gesellschaft in den Geschlechterverhältnissen der höfischen Epen?

1.2.1 Die Gönner und Gönnerinnen

Der Kaiser und die Fürsten
„Bis zum zwölften Jahrhundert war der Kaiserhof der einzige Ort der Literatur außerhalb der Klöster und Stifte" (Bumke 1986, S. 639). Der Geschichtsschreiber Gottfried von Viterbo berichtet, dass Friedrich I. Barbarossa eine umfangreiche Bibliothek besaß, die er in der Kaiserpfalz Hagenau unterbrachte. Dies betrifft vor allem die lateinische Literatur. Unklar ist hingegen, welche Rolle der staufische Kaiserhof für die Dichtung in deutscher Sprache spielte, die während der Regierungszeit Friedrichs I. und seines Nachfolgers Heinrich VI. aufblühte. Gesichert ist, dass der staufische Kaiserhof das Zentrum des rheinischen Minnesangs bildete (Kraß 2024). Der Reichsministeriale Friedrich von Hausen stand im Mittelpunkt eines Kreises von Minnesängern, dem auch Kaiser Heinrich VI. angehörte. Doch gibt es keine Indizien dafür, dass ein höfisches Epos in direktem Zusammenhang mit dem staufischen Hof entstand. Wäre der staufische Kaiser als Auftraggeber eines höfischen Epos in Erscheinung getreten, hätte der Dichter sicher im Prolog oder Epilog seines Werks ein Herrscherlob eingefügt.

Während der Kaiserhof vor allem Zentrum der lateinischen Literatur und der höfischen Lyrik war, förderten die großen Fürstenhöfe die deutschsprachige höfische Epik. Für sie war es eine Frage des Prestiges und des Herrschaftsanspruchs, Anschluss an die höfische Epik zu suchen, die in Frankreich und England längst florierte. Sie beschafften die Vorlagen und beauftragten gebildete Mitglieder ihres Hofes, deutsche Bearbeitungen anzufertigen oder auch einheimische Erzählungen, die bislang nur mündlich überliefert worden waren, in schriftliterarische Form zu bringen.

Bezeugt ist, dass der Welfe Heinrich der Löwe, Herzog von Sachsen und Bayern, und der Ludowinger Hermann I., Pfalzgraf von Sachsen und Landgraf von Thüringen, als literarische Mäzene auftraten. Wahrscheinlich ist, dass auch die Herzöge von Zähringen, Berthold IV. und Berthold V., die höfische Epik förderten. Neben den weltlichen Fürsten kommt auch Wolfger von Erla, Bischof von Passau und Patriarch von Aquileia, als Auftraggeber in Betracht.

Heinrich der Löwe
Als erster Mäzen der höfischen Epik gilt der Welfe Heinrich der Löwe, Herzog von Sachsen (1142–1180) und Bayern (1156–1180), in dessen Auftrag um 1170 der Pfaffe Konrad das deutsche *Rolandslied* verfasste (s. Abb. 1.3a). Das Werk entstand wohl am Regensburger Hof, unter dessen Einfluss bereits die *Kaiserchronik*

1.2 Gönner und Gönnerinnen, Dichter und Publikum

Abb. 1.3 Heinrich der Löwe im Evangeliar Heinrichs des Löwen und Landgraf Hermann I. von Thüringen in der Großen Heidelberger Liederhandschrift

Tab. 1.3 Staufer und Welfen als römisch-deutsche Könige und Kaiser

Phase	Staufer	Welfen
1152–1190	**Friedrich I.** (um 1122–1190) • ab 1147 Herzog von Schwaben • **ab 1152 römischer König** • **ab 1155 römischer Kaiser**	**Heinrich der Löwe** (um 1130–1195) • ab 1142 Herzog von Sachsen (bis 1180) • ab 1156 Herzog von Bayern (bis 1180)
1191–1197	**Heinrich VI.** (1166–1197) • ab 1169 römischer König • ab 1186 König von Italien • **ab 1191 römischer Kaiser** • ab 1194 König von Sizilien	
1198–1208	**Philipp von Schwaben** (1177–1208) • ab 1196 Herzog von Schwaben • **ab 1198 römischer König**	**Otto IV. von Braunschweig** (1175–1218) • ab 1196 Herzog von Aquitanien • **ab 1198 römischer König**
1209–1211		• **ab 1209 römischer Kaiser**
1212–1218 1219–1250	**Friedrich II.** (1194–1250) • ab 1198 König von Sizilien • ab 1212 Herzog von Schwaben • **ab 1212 römischer König** • **ab 1220 römischer Kaiser** • ab 1225 König von Jerusalem	

verfasst worden war. Die politische Bedeutung des deutschen *Rolandslieds* ist nicht zu unterschätzen. Die Welfen konkurrierten mit den Staufern um die Herrschaft im römisch-deutschen Reich (s. Tab. 1.3). Friedrich I. Barbarossa und Heinrich dem Löwen gelang ein Ausgleich ihrer Interessen. Der Staufer gab dem Welfen das Herzogtum Bayern zurück, und dieser verhalf jenem im Gegenzug zur Königskrönung. Als bayerischer und sächsischer Herzog baute Heinrich der Löwe seine Herrschaft zu einer königsgleichen Stellung aus (bis er 1180 nach einem Zerwürfnis mit dem Kaiser abgesetzt wurde). In diesem Sinn ist auch der Fürstenpreis zu verstehen, den der Pfaffe Konrad seinem Epos anhängte. Mit geistlichem Zungenschlag dankt er dem Herzog für die große Tat, das französische *Rolandslied* ins Deutsche übersetzen zu lassen, und wünscht ihm dafür Seelenheil als Gotteslohn. Neben Heinrich nennt er auch dessen Gattin Mathilde, die Tochter König Heinrichs II. von England und seiner Frau Eleonore von Aquitanien. Dies zeigt, dass Heinrich in seiner Rolle als literarischer Mäzen dem Beispiel seiner Schwiegereltern, der größten Förderer höfischer Literatur jener Zeit, folgte. Dass Heinrich ausgerechnet das *Rolandslied* auswählte, dürfte auch damit zusammenhängen, dass er seinen Stammbaum auf die Karolinger zurückführte. Er verglich sich implizit mit Karl dem Großen, den die *Kaiserchronik* als Vorbild der römisch-deutschen Könige pries und der 1165 heiliggesprochen worden war:

> Nu wünschen wir alle gelîche
> dem herzogen Hainrîche,
> daz im got lône.
> diu matteria, diu ist scœne,
> diu süeze wir von im haben.
> daz buch hiez er vor tragen,
> gescriben ze den Karlingen.
> des gerte diu edele herzoginne,
> aines rîchen küniges barn.
> mit den liechten himel wîzen scaren
> nâch werltlîchen arbaiten
> werdent sie gelaitet
> unter allen erwelten gotes kinden,
> dâ si die êwigen mandunge vinden.
> daz si sîn ie gedâchten,
> daz man ez für brâchte,
> in tiutische zungen gekêret,
> dâ ist daz rîche wol mit gêret.
> sîne tugente twungen in dar zuo.
> wâ lebet dehain fürste nû,
> dem ie sô wol gescæhe?
> der hêrre, der ist getriuwe unt gewære.

Nun wollen wir alle gleichermaßen dem Herzog Heinrich wünschen, dass ihm Gott lohne. Die Materie ist so schön, den frommen Sinn hat er uns vermittelt. Er ließ das Buch bekannt machen, das in Frankreich geschrieben worden ist. Das wünschte die edle Herzogin, Tochter eines mächtigen Königs. Von den strahlenden himmlischen Heerscharen werden sie nach der irdischen Mühsal mit allen auserwählten Kindern Gottes dorthin geleitet werden, wo sie die ewige Freude finden mögen. Dass sie überhaupt daran gedacht haben, dass man es auch in deutscher Übersetzung vortrug, damit ist die Ehre des Reichs erhöht worden. Seine Vorbildlichkeit drängte ihn dazu. Wo lebt heutzutage ein Fürst, dem je das gleiche Glück zuteil geworden wäre? Der Herr ist treu und wahr (V. 9017–9038).

Konrad lobt Heinrich dafür, dass er ihm nicht nur die französische Vorlage vermittelt, sondern auch deren Sinn erschlossen habe. Die Schaffung eines deutschen

Rolandslieds erhöhe die Ehre des gesamten Reichs, sei also eine Tat, die nicht nur den Herzog, sondern auch den Kaiser auszeichne. Konrad lässt einen preisenden Vergleich des Herzogs mit König David folgen. Er unterstreicht den königlichen Rang Heinrichs des Löwen und gleicht ihn an Karl den Großen an (V. 9039–9076). Heinrich sei ein mustergültiger Herrscher, dem die Vasallen treu ergeben seien: *willic sint ime sîne man* (V. 9062).

Ob weitere Werke der höfischen Epik, die vor 1180 vermutlich in Bayern (*König Rother*; *Herzog Ernst*; Pfaffe Lambrecht, *Alexanderroman*; *Oswald*) und Sachsen (Eilhart von Oberg, *Tristrant*) entstanden, von Heinrich dem Löwen beauftragt wurden, bleibt unklar, da die Verfasser keine Auskunft über die Umstände ihrer Entstehung geben.

Hermann I. von Thüringen
Dem Beispiel Heinrichs des Löwen folgte der aus dem Geschlecht der Ludowinger stammende Landgraf Hermann I. von Thüringen, der zugleich Pfalzgraf von Sachsen war (s. Abb. 1.3b). Fünf Werke hat er gefördert, darunter zwei Antikenromane (den *Eneasroman* Heinrichs von Veldeke und den *Trojaroman* Herborts von Fritzlar), zwei Artusromane (den *Parzival* und den *Titurel* Wolframs von Eschenbach) und ein Heldenepos französischer Provenienz (den *Willehalm* Wolframs von Eschenbach).

Ein nachträglicher Einschub in den Epilog zum *Eneasroman* Heinrichs von Veldeke berichtet, dass der Dichter das zum größten Teil abgeschlossene Manuskript der Gräfin Margarethe von Kleve ausgeliehen hatte, die somit als Auftraggeberin in Frage kommt. Während ihrer Hochzeit (1174) mit dem Thüringer Landgrafen Ludwig III. sei ihr das Buch gestohlen worden. Heinrich Raspe, der jüngere Bruder des Landgrafen, habe es der Hofdame der Gräfin, die es aufbewahren sollte, entwendet und nach Thüringen entführt, wo es verblieben sei:

> her hete ein lange stunde
> daz mêrre teil getihtet,
> in tûsche berihtet,
> unz daz der hêre Ênêas
> frowen Lavînen brief gelas,
> und woldez vollebringen.
> do beleibz von einem dinge,
> her liez ez dorch einen zoren
> er hete das bûchelîn verloren.
> her liez ez einer frouwen
> ze lesene und zu schouwen,
> ê danne manz wol schreve,
> daz war diu grâvinne von Cleve
> diu milde und diu gûte
> mit dem frîen mûte,
> diu konde hêrlîche geben.
> vil tugentlîch was ir leben,
> als es frouwen wol gezam.
> dô si der lantgrâve nam,

> dô wart daz bûch ze Clêve verstolen
> einer frouwen, der ez was bevolen.
> des wart diu grâvinne gram
> dem grâven Heinrîch, der ez nam
> unde ez dannen sande
> ze Doringen heim ze lande.

Er hatte vor längerer Zeit schon den größeren Teil verfasst und ins Deutsche übetragen, bis dorthin, wo Herr Eneas den Brief der Lavinia las, und wollte es vollenden. Es unterblieb aus einem bestimmten Grund. Er unterließ es wegen einer ärgerlichen Sache: Das Büchlein war ihm abhandengekommen. Er hatte es einer Dame zu lesen und anzuschauen gegeben, ehe es vollständig geschrieben war. Das war die Gräfin von Kleve, die freigebige, edle, großzügige, die fürstlich zu schenken verstand. Ihr Leben war vorbildlich, wie es sich für eine Frau von Adel geziemte. Als der Landgraf sie heiratete, wurde das Buch in Kleve einer Dame gestohlen, die es aufbewahren sollte. Deshalb erzürnte sich die Gräfin über den Grafen Heinrich, der es an sich genommen und weggeschickt hatte nach Thüringen, in seine Heimat (V. 352,26–353,10).

Erst nach neun Jahren habe Heinrich von Veldeke das Manuskript zurückerhalten. Hermann, Sohn Ludwigs III., seit 1182 Pfalzgraf von Sachsen und ab 1190 Landgraf von Thüringen als Nachfolger seines Vaters, habe ihn gemeinsam mit seinem Bruder, Graf Friedrich von Ziegenhain, beauftragt, das großartige Werk fertigzustellen:

> sint was daz bûch niun jâr
> meister Heinrîche benomen,
> daz her dar nâch niht mohte komen,
> unz her quam ze Doringen in daz lant,
> dâ her den phalinzgrâven vant
> von Sassen, der im daz bûch liez
> unde ez in volmachen hiez:
> wander ins bat und im ez riet,
> her ne hete ez volmachet niet.
> he mûste ez ouch tûn
> dorch lantgrâven Lodewîges sun.
> volmachen herz ouch began
> dorch den phalenzgrâven Herman
> von der Nûwenborch bî der Unstrût,
> want diu rede dûhte in gût
> und daz getihte meisterlîch.
> dô volbrahtez Heinrîch
> dorch sîn gebot und dorch sîn bete.
> wander im allen dienest tete,
> den her erdenken konde,
> und ez im wole gonde,
> sint daz her sîn kunde gewan.
> daz was der phalzgrâve Herman,
> des lantgrâven Lodewîges brûder
> von vater unde von mûder,
> und der grâve Friderîch,
> dem diende gerne Heinrîch.

Danach blieb das Buch neun Jahre lang dem Magister Heinrich entzogen, so dass er es nicht wiedererlangen konnte, bis er nach Thüringen kam, wo er den Pfalzgrafen von Sachsen traf, der ihm das Buch überließ und ihm auftrug, es zu vollenden. Hätte er ihm nicht den Auftrag gegeben, er hätte es nicht vollendet. Er musste es aber auch für den Sohn des Landgrafen Ludwig tun. Also vollendete er es auch für den Pfalzgrafen Hermann von der Neuenburg bei der Unstrut, weil dem die Erzählung schön und das Gedicht meisterhaft erschien. Da vollendete es Heinrich auf seinen Befehl und seine Bitte hin. Denn ihm erwies er jeden Dienst, den er sich ausdenken konnte, und gönnte ihm alles Gute, seit er ihn kennengelernt hatte. Das war der Pfalzgraf Hermann, Bruder des Landgrafen Ludwig von Vater- und Mutterseite, und Graf Friedrich, dem Heinrich gerne diente (V. 353,14–354,1).

Die abenteuerliche Entführungsgeschichte bezeugt den großen Wert, den die Fürstinnen und Fürsten der höfischen Epik beimaßen. Sonst hätte die Gräfin von Kleve nicht um die Lektüre des noch unvollständigen Romans gebeten, sonst hätten sich nicht der Bruder und die Söhne des Landgrafen von Thüringen für das Manuskript interessiert.

Herbort von Fritzlar teilt im Prolog zu seinem zwischen 1190 und 1200 entstanden *Trojaroman* mit, dass er das Werk im Auftrag des thüringischen Landgrafen Hermann I. verfasst habe. Graf Friedrich I. von Leiningen habe ihm die Vorlage beschafft:

> Daz hiz der furste herman
> Der Lantgraue von duringe(n) la(n)t
> Diz buch hat im hergesant
> Der graue von Linige(n)
> So mir dar ane gelinge(n)
> So lenge ich ez mit wille(n) n_ht
> Ich spreche vo(n) troyge daz lieht.

Das befahl der Fürst Hermann, der Landgraf von Thüringen. Der Graf von Leiningen hat ihm dieses Buch geschickt. Wenn es mir gelingt, werde ich den Umfang nicht erweitern. Ich trage das Lied von Troja vor (V. 92–98).

Hermann scheint auch Wolframs *Parzival* gefördert zu haben. Diesen Schluss kann man aus einer Erwähnung des Landgrafen ziehen, die nähere Kenntnis der Thüringer Hofgesellschaft verrät. Im sechsten Buch beklagt sich Wolfram darüber, dass Hermanns Großzügigkeit auch unwürdige Menschen anziehe:

> von Düringen vürste Herman,
> etslîch dîn ingesinde ich maz,
> daz ‚ûzgesinde' hieze baz.
> dir waere ouch eines Keien nôt,
> sît wâriu milte dir gebôt
> sô manecvalten anehanc,
> etswâ smaehlîch gedranc
> unt etswâ werdez dringen.
> des muoz hêr Walther singen
> ‚guoten tac, boes unde guot.'
> swâ man solhen sanc nu tuot,
> des sint die valschen gêret.
> Kei hets in niht gelêret,
> noch hêr Heinrich von Rîspach.

> Fürst Hermann von Thüringen, viele aus deinem Ingesinde sollten lieber zum Ausgesinde zählen. Du brauchtest auch so einen Keye, denn deine Großzügigkeit hat eine recht gemischte Gesellschaft um dich versammelt; Edle und Unwürdige umdrängen dich gleichermaßen. Das hat Herrn Walther zu seinem Lied „Guten Tag, Böse und Gute" veranlasst. Singt man aber solch Lied, so ist das ein Zeichen dafür, dass man den Falschen zuviel Ehre antut. Wären Keye oder Herr Heinrich von Rispach bei Euch gewesen, hätte der Sänger keinen Anlass zu seinem Lied gehabt (V. 297,16–29).

Wolfram flicht seine Anmerkung in die Geschichte ein, indem er dem Landgrafen wünscht, er hätte wie König Artus einen Keye (so heißt dessen Truchsess) am Hofe, der darauf achtet, dass keine zweifelhaften Gestalten an den Hof gelangen. Außerdem bezieht sich Wolfram auf den Liederdichter Walther von der Vogelweide, der ein ähnliches Urteil über die thüringische Hofgesellschaft abgegeben hatte. Heinrich von Rispach, den er außerdem erwähnt, scheint Hofmeister am bayerischen Hof gewesen zu sein.

Eine dritte Adaptation eines antiken Epos verdankt sich der Förderung des thüringischen Landgrafen, nämlich die Bearbeitung der *Metamorphosen* Ovids durch Albrecht von Halberstadt. Im Prolog nennt er Hermann als Auftraggeber und Jechaburg als Entstehungsort:

> Daß ich daß Bůch begund
> Bei eynes Fursten zeiten
> Der inn allen Landen weiten
> Daß was der Vogt von Türingen lant
> Von seiner Tugent wol bekant
> Der Lantgrafe Herman
> Ich han billichen daran
> Dem Fursten zů hand
> Wan diß Bůch inn seinem Landt
> Auff eynem Berg wolbekandt
> Er ist Zechenbuch genant
> Wardt inn dichten gedacht
> Begunnen und vollenbracht.

> Ich begann das Buch in der Zeit eines Fürsten, der weit und breit in allen Ländern aufgrund seiner Tugend wohlbekannt war, das war der Vogt von Thüringen, der Landgraf Hermann. Das habe ich dem Fürsten zu verdanken; denn die Dichtung dieses Buchs wurde in seinem Land auf einem wohlbekannten Berg namens Jechaburg geplant, begonnen und vollendet (V. 88–100).

Auch Wolframs *Willehalm* entstand im Auftrag Hermanns von Thüringen. Im Prolog erwähnt der Dichter, dass er die französische Vorlage von ihm erhalten habe: *lantgrâve von Dûringen Herman / tet mir diz mære bekant* (V. 3,8–9: „Landgraf Hermann von Thüringen machte mir seine [Willehalms] Geschichte bekannt"). Gegen Ende des Romans kommt Wolfram noch einmal auf seinen inzwischen verstorbenen Gönner zu sprechen:

1.2 Gönner und Gönnerinnen, Dichter und Publikum

> lantgrâve von Duringen Herman
> het in ouch lîchte ein ors gegeben.
> dasz kunder wol al sîn leben
> halt an sô grôzem strîte,
> swâ der gerende kom bezîte.

Landgraf Hermann von Thüringen hätte ihnen gewiss auch ein Ross gegeben. Darauf verstand er sich sein ganzes Leben lang, selbst in so großem Krieg, wenn der Bittsteller nur rechtzeitig kam (V. 417,22–26).

Wolfram vergleicht die Großzügigkeit des Landgrafen mit Rennewart, einer der Hauptfiguren des *Willehalm*. Von der Großzügigkeit seines Mäzens profitierte auch Wolfram selbst.

Auch Wolframs *Titurel* steht in Verbindung mit dem thüringischen Landgrafen. In einer Strophe vergleicht ihn der Dichter mit Gahmuret, dem Vaters Parzivals:

> Si müezen in erkennen,   er mac nicht eralten.
> Herman von Dürngen wîlent phlac   êren der immer kunde wunsches walten.
> swâ man hœrt von sînen genôzzen sprechen,
> die vor im hin gescheiden sint,   wie kunde sîn lop für die sô prechen!

Ihnen allen muss er [Gahmuret] bekannt sein, er kann gar nicht altern. In hohem Ansehen lebte einst Hermann von Thüringen, der stets vorbildlich zu handeln wusste. Wo immer man von Seinesgleichen reden hört, die vor ihm hingeschieden sind – wie sehr vermochte sein strahlender Ruhm den ihren zu überstrahlen (Str. 87).

Aus dem Fürstenpreis ist zu schließen, dass Hermann von Thüringen auch die Entstehung von Wolframs *Titurel* förderte.

Berthold IV./V., Herzöge von Zähringen
Die Frage, wer der Mäzen Hartmanns von Aue war, lässt sich nicht sicher beantworten. Hartmanns Werke schweigen sich über seinen Gönner aus. Nur so viel ist gewiss, dass Hartmann schwäbischer Ministeriale war und aus einem Ort namens Aue stammte. Grundsätzlich kommen drei Fürstenhäuser in Frage, die in Schwaben herrschten: die Staufer, Welfen und Zähringer. Die meisten Indizien sprechen für die Herzöge von Zähringen, die während der Schaffenszeit Hartmanns regierten: Berthold IV. (bis 1182) und Berthold V. (bis 1218). Die Zähringer zählten zur Zeit des Staufers Friedrich I. Barbarossa zu den bedeutendsten Fürsten des Reichs. Zum Herrschaftsgebiet der Zähringer, die ihren Stammsitz in Freiburg im Breisgau hatten, gehörten der Schwarzwald mit den Städten Neuenburg, Rheinfelden und Schaffhausen sowie Teile der Schweiz mit den Städten Freiburg, Bern, Solothurn und Zürich. Ihre Verbindungen zum französischen Adel reichten bis zu den Gönnern Chrétiens de Troyes, dessen Artusromane *Erec et Enide* und *Yvain* Hartmann von Aue ins Deutsche übertrug. Ein Ministerialengeschlecht der Zähringer ist in Au bei Freiburg im Breisgau bezeugt, seit 1112 erscheint mehrfach ein *Heinricus de Owen* in den Urkunden. Auch das Wappenzeichen, das die Liederhandschriften Hartmann zuordnen, ein weißer Adlerkopf auf blauem oder schwarzem Grund,

könnte für die Zähringer sprechen, die ein rotes Adlerwappen führten. Möglicherweise wurde noch ein dritter Artusroman von den Zähringern gefördert: der *Lanzelet* Ulrichs von Zatzikhoven.

Wolfger von Erla, Bischof von Passau
Zu den weltlichen Fürsten, die sich als literarische Mäzene engagierten, tritt ein geistlicher Fürst hinzu, nämlich Wolfger von Erla, Bischof von Passau (1191–1204) und Patriarch von Aquileia (1204–1218). Er stand eng an der Seite der Staufer und übernahm für Heinrich VI. hochrangige diplomatische Aufgaben. Sein Interesse an der höfischen Literatur ist belegt. Als Bischof von Passau beschenkte er, wie ein Eintrag in seinem Reiserechnungsbuch dokumentiert, den Liederdichter Walther von der Vogelweide mit einem wertvollen Pelzrock. Als Patriarch von Aquileia förderte er Thomasîn von Zerclaere, der ein umfangreiches Lehrgedicht in deutschen Versen verfasste (*Der Welsche Gast*).

Wolfger gilt auch als Mäzen des *Nibelungenlieds*, das implizit auf ihn verweist. Der Dichter hebt die Rolle des Bischofs Pilgrim von Passau (eines Vorgängers von Wolfger) hervor, obwohl dieser für die Handlung des *Nibelungenlieds* kaum von Bedeutung ist:

> In der stat ze Pazzouwe   saz ein bischof.
> di herberge wurden lære   unt ouch des fursten hof.
> si îlten gegen den gesten   ûf in Beyerlant,
> dâ der bischof Pilgrin   di schœnen Kriemhilden vant.

> In der Stadt Passau residierte ein Bischof. Die Unterkünfte und auch der fürstliche Hof leerten sich. Denn man eilte den Fremden auf der Straße entgegen, die nach Bayern hinaufführte, wo der Bischof Pilgrim die schöne Kriemhild traf (Str. 1293).

Der Grund für die freundliche Aufnahme Kriemhilds besteht darin, dass sie die Nichte des Bischofs ist. Pilgrim ist der Bruder ihrer Mutter Ute und somit auch Onkel ihrer Brüder, der burgundischen Könige Gunther, Gernot und Giselher:

> Der bischof mit sîner nifteln   ze Pazzouwe reit.
> dô daz den burgæren   von der stat wart geseit,
> daz dar kœme Kriemhilt,   des fursten swesterkint,
> diu wart wol enpfangen   von den koufliuten sint.

> Der Bischof ritt mit seiner Nichte in Passau ein. Als die Bürger der Stadt erfuhren, dass Kriemhild, die Tochter der Schwester des Fürsten, komme, wurde sie von den Kaufleuten gut empfangen (Str. 1295).

Zweifellos handelt es sich um eine versteckte Huldigung an den Auftraggeber. Die Freundlichkeit, die Pilgrim der Protagonistin des *Nibelungenlieds* entgegenbringt, entspricht der Großzügigkeit, mit der Wolfger den Dichter des *Nibelungenlieds* unterstützte.

Otto VII., Herzog von Andechs-Meranien

Wirnt von Grafenberg vergleicht in seinem *Wigalois* die Trauer der Hofdamen um Roaz, den von Wigalois erschlagenen König von Korntin, mit der Trauer über *eines vil edeln vürsten tôt / von Merân [...]* (V. 8063–8064: „den Tod eines sehr edlen Fürsten von Meranien"). Damit dürfte der 1204 verstorbene Berthold IV. aus dem Geschlecht der Grafen von Andechs-Meranien gemeint sein. Als Auftraggeber kommt Bertholds Sohn und Nachfolger, Otto VII. von Andechs-Meranien, in Frage, der sich 1208 im Bamberger Dom mit der Stauferin Beatrix von Burgund vermählte.

Gönner an Rhein und Mosel

Im Dunkeln bleiben die Auftraggeber der Liebesromane und Brautwerbungsepen mit heilsgeschichtlichem Bezug. Nur so viel lässt sich sagen, dass viele dieser Werke in den alten Städten an Rhein (Köln, Basel, Straßburg) und Mosel (Trier) oder nicht näher bestimmbaren Orten des Ober-, Mittel- und Niederrheins entstanden. Gottfried von Straßburg hat den Namen seines Auftraggebers (wie auch seinen eigenen Namen und die Namen Tristan und Isolde) in ein komplexes Akrostichon (einen Geheimtext, der sich aus den Anfangsbuchstaben aufeinander folgender Verse oder Kapitel ergibt) eingeflochten, das den Tristanroman überspannt. Es handelt sich um einen gewissen Dieterich, den man dem Straßburger Patriziat zurechnet. Gottfried und Dieterich scheinen, wenn man das Akrostichon ernstnimmt, einander sehr eng verbunden gewesen zu sein.

Literarische und politische Interessen

Welche literarischen und politischen Interessen die weltlichen und geistlichen Auftraggeber verfolgten, ist ungewiss. Will man auf der Basis der wenigen Indizien, die sich ermitteln lassen, eine Hypothese wagen, so kann man vier Schlaglichter auf das höfische Mäzenatentum werfen.

Der Welfe Heinrich der Löwe gab Stoffe in Auftrag, die von reichsgeschichtlichem Interesse waren. Dies trifft auf das *Rolandslied* zu, das von Karl dem Großen handelt, aber auch auf den *König Rother*, der eine fiktive Geschichte des fränkischen Kaisers bietet, sowie auf den *Herzog Ernst*, in dem Kaiser Otto der Große auftritt. Demnach hätte sich Heinrich für Stoffe interessiert, die heute den Gattungen der Heldenepik französischer Provenienz (*Chansons de geste*) und der Brautwerbungsepik mit reichsgeschichtlichem Bezug zugerechnet werden. Falls auch der Alexanderroman von Heinrich dem Löwen gefördert wurde, so könnte man die reichsgeschichtliche Bedeutung im Sinne der Vier-Reiche-Lehre geltend machen. Diese Stoffwahl dürfte dem politischen Selbstverständnis der Welfen als – mit den Staufern konkurrierende – Anwärter der Königs- und Kaiserwürde entsprochen haben. In der Tat herrschte ja später ein Sohn Heinrichs des Löwen, Otto von Braunschweig, als König und Kaiser über das römisch-deutsche Reich.

Die Herzöge von Zähringen (wenn sie tatsächlich Hartmanns Gönner waren) interessierten sich offenbar besonders für die Einführung der Gattung des Artusromans in die höfische Literatur des deutschsprachigen Raums. Das Interesse könnte ebenfalls ein herrschaftliches Selbstverständnis sein, das sich nicht auf Vorbilder der eigenen (Heinrich der Löwe) oder trojanischen (Hermann von Thüringen) Geschichte stützte, sondern in der Idealität des Königs Artus eine mythische Alternative fand.

Hermann I., Pfalzgraf von Sachsen und Landgraf von Thüringen, förderte hingegen zunächst vor allem antike Stoffe, nämlich den *Eneasroman*, den *Trojaroman* und vermutlich auch eine Bearbeitung von Ovids *Metamorphosen*. Die beiden Antikenromane verbindet das Motiv der Trojaner, die als Ahnherren großer Reiche galten (Aeneas für die Römer, Brutus für die Briten, Francus für die Franken). Vielleicht spielt hier ein Herrschaftsanspruch eine Rolle, der sich auf antike Vorbilder bezieht. Später kamen mit den Werken Wolframs von Eschenbach Stoffe hinzu, die (wie bei Heinrich dem Löwen) der Heldenepik französischer Provenienz und (wie bei den Zähringern) der Artusepik entstammten.

Der Bischof von Passau hingegen scheint als geistlicher Fürst eher an einem kritischen Gegenmodell zu den idealistischen Entwürfen der höfischen Epik interessiert gewesen zu sein. Die Helden der Artusromane stehen am Ende als vollkommene Herrscher da, Karl der Große erweist sich als überlegener Feldherr und Kaiser der Christen, Aeneas als Begründer eines mächtigen Weltreichs. Das *Nibelungenlied* hingegen schildert den Untergang einer höfischen Welt, in der strahlende Helden wie Siegfried zum Opfer höfischer Intrigen werden und diplomatische Friedensbemühungen in der Schlacht zwischen Hunnen und Burgunden scheitern. Man kann es als politische Geste werten, dass Wolfger zu diesem Zweck einen heldenepischen Stoff einheimischer Provenienz auswählte.

Somit hätte jede der Stofftraditionen, die Jean Bodel im späten zwölften Jahrhundert unterschied (s. Abschn. 3.1), im römisch-deutschen Reich einen Gönner gefunden: die *matière de Rome* in Hermann von Thüringen, die *matière de France* in Heinrich dem Löwen (und Hermann von Thüringen) und die *matière de Bretagne* in Berthold IV. und Berthold V. von Zähringen (und wiederum Hermann von Thüringen). Nur Wolfger von Passau schert aus, wenn er Interesse am einheimischen Pendant zur *matière de France* zeigt, der *matière d'Allemagne*, wenn man so will.

1.2.2 Die Dichter

Geistliche und weltliche Dichter
In der ersten Hälfte des zwölften Jahrhunderts, also vor den Anfängen der höfischen Literatur, lag die volkssprachliche Dichtung noch fest in klerikaler Hand. Geistliche Dichter schrieben geistliche Literatur für ein Publikum, das aus Geistlichen und Angehörigen der weltlichen Oberschicht bestand. Ein Beispiel dafür ist die *Kaiserchronik*. Sie wurde von einem geistlichen Dichter verfasst, der das römisch-deutsche Reich in heilsgeschichtlicher Perspektive deutete und damit nicht nur den Klerus, sondern auch den weltlichen Adel im Blick hatte.

In der zweiten Hälfte des zwölften Jahrhunderts, als die höfische Dichtung ihren Anfang nahm, änderte sich die Situation in drei Phasen (s. Kap. 4):

(1) Die erste, auch als „vorhöfisch" bezeichnete Phase zeichnet sich dadurch aus, dass geistliche Dichter nun auch weltliche Dichtung verfassten. Dies betrifft die Gattungen des Antikenromans, der Heldenepik französischer Provenienz (*Chansons de geste*) und der Brautwerbungsepik. In dieser Phase stellen die Dichter männlich-homosoziale Beziehungen in den Vordergrund.

(2) In der zweiten Phase, die auch als „frühhöfisch" bezeichnet wird, treten zu den geistlichen Dichtern weltliche Dichter hinzu, die ebenfalls weltliche Dichtungen verfassen. Sie geben den weiblichen Figuren größeren Raum und arbeiten die höfischen Züge stärker aus. Weiterhin werden Antikenromane und Heldenepen französischer Provenienz verfasst, doch kommt die Gattung des Liebesromans neu hinzu. Die Brautwerbungsepen werden weiterhin überliefert und bearbeitet.

(3) In der dritten Phase, die auch als „hochhöfisch" bezeichnet wird, dominieren die weltlichen Dichter das literarische Feld. Die höfische Kultur, insbesondere die höfischen Geschlechterbeziehungen, rücken nun in das Zentrum der Werke. Die Gattungen des Antikenromans und der Heldenepik französischer Provenienz weichen zurück, den frühhöfischen Liebesromanen werden hochhöfische Fassungen zur Seite gestellt. Die Gattung des Artusromans kommt neu hinzu und dominiert das literarische Feld. Das erste Heldenepos deutscher Provenienz, das *Nibelungenlied*, entstand erst in dieser Phase.

Das Verhältnis zwischen geistlichen und weltlichen Dichtern ist nicht als Opposition zu verstehen. Beide Gruppen verfügten über eine klerikale Ausbildung, die sie an einer Kloster- oder Domschule empfangen hatten. Zwei Dichter führen ihren Bildungsgrad explizit an: Herbort von Fritzlar bezeichnet sich als „gelehrter Schulmeister" (*gelarter schulere*) und Hartmann von Aue als „gelehrter Ritter" (*ein ritter so gelêret was*). Hinzukommt, dass beide Gruppen mit der Lebensform der Fürstenhöfe vertraut waren. Daher gilt, dass „der höfische Kleriker, der keine kirchlichen Funktionen mehr anstrebt, und der klerikal gebildete Höfling oft nicht mehr zu unterscheiden sind" (Schieb 1965, S. 5).

Ein Blick auf die Selbstbezeichnungen der Dichter und weitere Quellen kann helfen, ein differenzierteres Bild zu zeichnen. Tendenziell lassen sich drei Autorengruppen unterscheiden. Die erste Gruppe umfasst solche Dichter, die sich als Kleriker (*pfaffe*) bezeichnen oder als solche bezeichnet werden. Zur zweiten Gruppe zählen Verfasser, die sich als Gelehrte (*meister, schulere*) verstehen oder so genannt werden. Der dritten Gruppe gehören diejenigen Dichter an, die sich selbst als *her* oder *ritter* bezeichnen oder von anderen so bezeichnet werden. Die folgende Tabelle gibt eine Übersicht über diese drei Gruppen. Eckige Klammern verweisen auf Bezeichnungen, die nicht von den Dichtern selbst stammen, sondern von anderen Dichtern oder in Urkunden auf sie angewendet werden (Tab. 1.4).

Der Kleriker
Der Gruppe der Kleriker lassen sich drei namentlich bekannte Dichter zurechnen: Pfaffe Konrad, Pfaffe Lambrecht und Ulrich von Zatzikhoven. Unter Klerikern (*pfaffen*) sind hier Weltgeistliche (im Unterschied zu klösterlichen Geistlichen) zu

Tab. 1.4 Ständische Autorgruppen

Dichter		Name	Herkunft	Stand
I.	Pfaffe Lambrecht	*Lamprecht*	–	*pfaffe*
	Pfaffe Konrad	*Chunrât*	–	*pfaffe*
	Ulrich von Zatzikhoven	*Uolrich*	*von Zatzichoven*	*[plebanus]*
II.	Heinrich von Veldeke	*Heinrîche*	–	*meister*
	Herbort von Fritzlar	*Herbort*	*von Fritslar*	*schulere*
	Gottfried von Straßburg	*Gotefrit*	–	*[meister]*
III.	Eilhart von Oberg	*Eilhart*	*von Hôhbergin*	*her*
	Hartmann von Aue	*Hartman*	*von Ouwe*	*ritter*
	Wolfram von Eschenbach	*Wolfram*	*von Eschenbach*	*schildes ambet ist mîn art*
	Wirnt von Grafenberg	*Wirnt*	*von Grâvenberc*	–
	Konrad Fleck	*[Cuonrât]*	*[Flec]*	*[her]*

verstehen, die für die Hofgesellschaft tätig waren. Zu dieser Gruppe zählt die Forschung außerdem die Verfasser der anonym überlieferten Brautwerbungsepen und Heldenepen.

Der Pfaffe Konrad bezeichnet sich im Epilog seines *Rolandslieds* ausdrücklich als Kleriker: *ich haize der phaffe Chunrât* (V. 9079: „Ich bin der Pfaffe Konrad"). Zweifellos verfügte er über Latein- und Französischkenntnisse. Die zahlreichen biblischen Anspielungen, der oft predigthafte Ton und die Wahl einer für geistliche Lesungen typischen Schlussformel (*Tu autem, domine, miserere nobis*: „Du aber, Herr, erbarme dich") legen nahe, dass er nicht nur klerikal gebildet, sondern tatsächlich ein Weltgeistlicher war. Ob er als solcher ein kirchliches Amt ausübte oder eher in der Kanzlei seines Auftraggebers, des welfischen Herzogs Heinrich der Löwe, Verwaltungsaufgaben versah, bleibt ungewiss (vgl. Kartschoke 1993, S. 792).

> Ob iu daz liet gevalle,
> sô gedenket ir mîn alle.
> ich haize der phaffe Chunrât.
> alsô ez an dem buoche gescriben stât
> in franzischer zungen,
> sô hân ich ez in die latîne betwungen,
> danne in die tiutische gekêret.
> ich nehân der nicht an gemêret,
> ich nehân der nicht überhaben.

Wenn euch das Gedicht gefällt, so gedenkt alle auch meiner. Ich bin der Pfaffe Konrad. So wie es in dem Buch aufgeschrieben steht in französischer Sprache, so habe ich es ins Lateinische übersetzt und von dort in die deutsche Sprache übertragen. Ich habe nichts hinzugefügt, ich habe nichts weggelassen (V. 9077–9085).

Der Pfaffe Lambrecht stellt sich im Prolog zu seinem *Alexanderroman* vor: *Iz tihte der phaffe Lambret* (V. 4: „Verfasst hat sie [die Dichtung] der Kleriker Lambrecht"). Lambrecht hatte zuvor schon eine deutsche Bibeldichtung, den *Tobias*, verfasst, in der er sich ebenfalls beim Namen nennt: *des biddit der paffe Lambrecht* (V. 7: „Darum bittet der Kleriker Lambrecht"). Dass Lambrecht aus Trier kam, ist wahrscheinlich, da er im *Tobias* ausdrücklich auf den mythischen Stifter dieser Stadt hinweist, nämlich einen Sohn des assyrischen Königs Ninus: *von ime quam ein kint / daz stifthe Trire sint* (V. 229–230: „Von ihm stammte ein Kind ab, das später Trier stiftete"). Die moselfränkischen Sprachmerkmale des *Alexanderromans* weisen ebenfalls in diese Richtung. Auch bei Lambrecht besteht kein Zweifel daran, dass er über lateinische und französische Sprachkenntnisse verfügte.

Ulrich von Zatzikhoven vermerkt seinen Namen im Epilog seines Artusromans *Lanzelet* (V. 9344: *von Zatzichoven Uolrich*). Die Forschung identifiziert ihn mit dem 1214 urkundlich bezeugten *Uolricus de Cecinchouin*, der in Lommis, einer Ortschaft im Kanton Thurgau, als Leutpriester (*plebanus*) tätig war. Wenn diese Zuordnung zutrifft, ist auch Ulrich von Zatzikhoven als Weltgeistlicher aufzufassen.

Der Gelehrte

Der Gruppe der Magister (*meister*), d. h. der Gelehrten, gehören Heinrich von Veldeke, Herbort von Fritzlar, Albrecht von Halberstadt und Gottfried von Straßburg an.

Heinrich von Veldeke stellt sich im Epilog seines *Eneasromans* namentlich vor (V. 352,23: *von Veldeke Heinrîch*) und bezeichnet sich als *meister* (V. 352,20; 353,15). Wie der Pfaffe Lambrecht verfasste auch Heinrich von Veldeke eine deutsche Heiligenlegende (*Servatius*), in der er seinen Namen und seine Herkunft ebenfalls nennt. Das Dorf Veldeke lag nicht weit von Hasselt im heutigen Belgien, eine Wassermühle namens *Velkermolen* erinnert bis heute an diesen Ort. Im dreizehnten Jahrhundert ist ein Ministerialengeschlecht aus Veldeke nachweisbar, das für die Grafen von Loon tätig war; vermutlich gehörte Heinrich dieser Familie an. Außer Frage steht, dass Heinrich über eine umfassende klerikale Ausbildung verfügte, denn sein *Servatius* beruht auf einer lateinischen Vorlage, und für seinen *Eneasroman* hat er nicht nur die altfranzösische Vorlage, sondern auch Vergils *Aeneis* konsultiert. Dass Heinrich von Veldeke der Hofgesellschaft angehörte, geht auch aus den zahlreichen Minneliedern hervor, die er verfasste. Als Liederdichter wird er in der Weingartner Liederhandschrift und in der Großen Heidelberger Liederhandschrift (*Codex Manesse*) porträtiert.

Die Weingartner Liederhandschrift bezeichnet ihn als *Maister Hainrich von Veldeg* und zeigt ihn in nachdenklicher Pose unter einem Baum sitzend mit einer Pergamentrolle in der rechten Hand (s. Abb. 1.4a). Die in der Baumkrone sitzenden und flatternden Vögel scheinen auf seine Gedanken zu verweisen. Der Bogen des ausgerollten Pergaments wiederholt, mit dem Baumstamm als Spiegelachse, die Bewegung des sitzenden Dichters in umgekehrter Ausrichtung. Der Dichter scheint ein Selbstgespräch mit seiner Dichtung zu führen. Die Große Heidelberger Liederhandschrift wandelt das Motiv ab (s. Abb. 1.4b). Aus dem Magister wird ein Ritter (*her*), der mit Schild, Helm und Wappenzeichen ausgestattet wird. Der Baum wird durch eine Fülle von Vögeln und Blumen ersetzt, die auf seine höfischen Liebeslieder verweisen. Die Weingartner Liederhandschrift betont eher die gelehrte, die Große Heidelberger Liederhandschrift eher die höfische Seite des Dichters.

Herbort von Fritzlar präsentiert sich im Epilog seines *Trojaromans* als „gelehrter Schulmeister": *Ez tichte vo(n) fritslar herbort / Ein gelarter schulere* (V. 18450–18451: „Herbort von Fritzlar dichtete es, ein gelehrter Schulmeister"). Er könnte Magister am Chorherrenstift in Fritzlar gewesen sein oder zum Thüringer Hofklerus gezählt haben, denn Landgraf Hermann von Thüringen war sein Auftraggeber. Möglicherweise

Abb. 1.4 Heinrich von Veldeke in der Weingartner und Großen Heidelberger Liederhandschrift und Gottfried von Straßburg in der Großen Heidelberger Liederhandschrift

stammt von ihm auch eine fragmentarisch überlieferte Pilatuslegende. In diesem Fall wäre Herbort – wie der Pfaffe Lambrecht (Tobiaslegende) und Heinrich von Veldeke (Servatiuslegende) – geistlicher und höfischer Dichter zugleich.

Albrecht von Halberstadt nennt sich im Prolog seiner Bearbeitung der *Metamorphosen* Ovids: *Wann eyn Sachs heisset Albrecht / Geboren von Halberstatt / Euch diß büch gemachet hat / Von Latin zů Teütsche* (V. 52–55: „Denn ein in Halberstadt geborener Sachse namens Albrecht hat euch dieses Buch aus dem Lateinischen ins Deutsche übersetzt"). Er fügt an, dass er es in Jechaburg (V. 98: *Zechenbuch*) verfasst habe, wo sich damals ein Chorherrenstift befand. Georg Wickram, in dessen frühneuhochdeutscher Bearbeitung Albrechts Werk erhalten ist, bezeichnet den Verfasser als *Meyster*. Ein *magister* und *scholasticus* namens Albrecht ist zwischen 1178 und 1193 in Halberstadt und ab 1217 in Jechaburg bezeugt.

Gottfried von Straßburg gibt in seinem *Tristan* nur einen versteckten Hinweis auf seinen Namen, nämlich als Teil eines Akrostichons (*Gotefrit*). Eine explizite Selbstnennung fehlt im Roman ebenso wie Hinweise auf Herkunft und Stand. Dass Gottfried aus Straßburg stammte und Gelehrter war, geht aus den Handschriften hervor. Als *meister* wird er mehrfach von späteren Dichtern bezeichnet. Auch die Große Heidelberger Liederhandschrift, die ihm ein Minnelied zuschreibt, bezeichnet ihn als *Meister Goetfrit von Strasburg* und zeigt ihn mit aufgeklappter Wachstafel als Lehrer im angeregten Gespräch mit der Hofgesellschaft, die die Rolle der Schüler übernimmt (s. Abb. 1.4c). In Gottfrieds Fall kann die Bezeichnung *meister* „den Kleriker meinen oder den Berufsdichter, einen, der die Magisterwürde erworben hat (evtl. in Paris), oder den Lehrer an einer Dom- oder Stiftsschule" (Ausgabe von Haug/Scholz, Bd. 2, S. 207–208) – in jedem Fall erweist sich Gottfried als *poeta doctus* (gelehrter Dichter).

Gottfried, der wohl nicht dem Adel entstammte, dürfte dem intellektuellen Milieu Straßburgs angehört haben. Er beherrschte Latein und Französisch und war in der antiken und mittelalterlichen Literatur bewandert. Seine Kenntnisse sind so umfangreich und differenziert, dass er eine der großen Schulen seiner Zeit besucht haben dürfte. Er schob in seinen *Tristan* einen Literaturexkurs ein, in dem er auf die wichtigsten höfischen Dichter seiner Zeit eingeht. Darin preist er Heinrich von Veldeke als Begründer der höfischen Literatur, lobt Hartmann von Aue für seine kristallklare Sprache und tadelt Wolfram von Eschenbach als wildernden Dichter.

Der Ritter
Der Gruppe der Ritter sind Eilhart von Oberg, Hartmann von Aue, Wolfram von Eschenbach, Wirnt von Grafenberg und Konrad Fleck zuzuweisen.

Eilhart von Oberg bezeichnet sich im Epilog seines Liebesromans *Tristrant* als „Herr", womit der männliche Adelige und somit der Ritter gemeint ist (V. 9446: *von Hôbergin her Eilhart*). Vermutlich stimmt er mit dem zwischen 1189 und 1209 mehrfach urkundlich bezeugten *Eilhardus de Oberch* überein. Dieser gehörte einem Ministerialengeschlecht an, das in Oberg, einem westlich von Braunschweig gelegenen Dorf, ansässig war. Die Urkunden verweisen auf die Nähe zum welfischen Hof Heinrichs des Löwen.

Hartmann von Aue stellt sich in den Prologen seiner Romane und Novellen als gebildeter Ritter vor. Der Prolog zum *Erec* ist nicht erhalten, wohl aber zum *Iwein*, zum *Gregorius* und zum *Armen Heinrich*. Im *Gregorius* nennt er nur seinen Namen: *Der diese rede berihte, / in tiusche getihte, / daz was von Ouwe Hartman* (V. 171–173: „Der diese Erzählung gestaltet und sie auf Deutsch verfasst hat, das war Hartmann von Aue"). Im *Iwein* geht er auch auf seinen Stand und seine Bildung ein: *Ein rîter so gelêrt was / unde ez an den buochen las* (V. 21–22: „Ein Ritter war schriftgelehrt und las in Büchern"). Mit ähnlichen Worten bekundet er im Prolog zu seiner Novelle *Der arme Heinrich*, dass er ein schriftkundiger Ritter und Ministeriale war:

> Ein ritter sô gelêret was,
> daz er an den buochen las,
> swaz er dar an geschriben vant.
> der was Hartman genant,
> dienstman was er zuo Ouwe.

Ein Ritter war so gebildet, dass er in Büchern las, was auch immer er dort geschrieben fand. Der hieß Hartmann, Ministeriale war er zu Aue (V. 1–5).

Hartmann war folglich kein Adeliger, sondern Ministeriale im Dienst eines Fürsten, rechnete sich aber dennoch dem Ritterstand zu. Er behauptet, dass er eigenständige Recherchen betrieb, um ein Buch zu finden, dessen er sich als Dichter annehmen wollte. Damit verband er nach eigener Aussage ein weltliches und ein geistliches Ziel. Zum einen suchte er die Anerkennung der Hofgesellschaft, zum anderen wollte er dem Ruhm Gottes dienen. Der doppelten Absicht entsprechen die epischen Gattungen, in denen er sich betätigte: Artusromane einerseits und legendenhafte Novellen andererseits. So nähert er sich dem Profil von Dichtern wie dem Pfaffen Lambrecht, Heinrich von Veldeke und Herbort von Fritzlar an, die neben ihren höfischen Werken auch Legenden verfassten. Mit Hartmann ist der Schritt vom höfischen Kleriker zum klerikal gebildeten Höfling vollzogen.

Wie Hartmann von Aue entfaltet auch Wolfram von Eschenbach im *Parzival* sein Selbstverständnis als Dichter. Die Zugehörigkeit zum ritterlichen Stand umschreibt er mit der Formulierung *schildes ambet ist mîn art*. Doch grenzt er sich von gebildeten Dichtern wie Hartmann ab, indem er betont, dass er keine Schulbildung empfangen habe:

> ich bin Wolfram von Eschenbach,
> unt kan ein teil mit sange,
> [...]
> swelhiu mîn reht wil schouwen,
> beidiu sehen und hoeren,
> die ensol ich niht betoeren.
> schildes ambet ist mîn art:
> [...]
> hetens wîp niht vür ein smeichen,
> ich solte iu vürbaz reichen
> an disem maere unkundiu wort,
> ich spraeche iu die âventiure vort.
> swer des von mir geruoche,
> der enzel si ze keinem buoche.
> ichne kan deheinen buochstap.
> dâ nement genuoge ir urhap:
> disiu âventiure
> vert âne der buoche stiure.

Ich bin Wolfram von Eschenbach und verstehe mich einigermaßen auf die Sangeskunst. [...] Einer jeden, die sehen und hören möchte, wer ich wirklich bin, sei ohne Trug folgendes gesagt: Dem Rittertum gehöre ich an durch Geburt und Erziehung. [...] Wenn ich nun mit der Erzählung der Geschichte fortfahre und mancherlei überraschende Dinge berichte, so mögen die Frauen dies nicht als Schmeichelei auffassen. Wer aber will, dass ich weitererzähle, darf diese Geschichte keineswegs als gelehrtes Buch betrachten. Ich selbst kann nämlich weder lesen noch schreiben. Es gibt ihrer freilich viele, die Dichtung auf Bildung und Gelehrsamkeit gründen. Diese meine Geschichte fügt sich nicht den Grundsätzen gelehrter Schulweisheit (V. 114,12–13; 115,9–30).

Ähnlich äußert er sich im *Willehalm*, wo er sich als Verfasser des *Parzival* zu erkennen gibt:

> swaz an den buochen stêt geschriben,
> des bin ich künstelôs beliben.
> niht anders ich gelêret bin:
> wan hân ich kunst, die gît mir sin.
> [...]
> ich Wolfram von Eschenbach,
> swaz ich von Parzivâl gesprach,
> des sîn âventiure mich wîste,
> etslîch man daz prîste.
> ir was ouch vil, diez smæhten
> unde baz ir rede wæhten.

> Von all dem, was in Büchern steht, verstehe ich rein gar nichts. Meine ganze Gelehrsamkeit besteht darin: Das, worauf ich mich verstehe, schenkt mir der Verstand. [...] Ich, Wolfram von Eschenbach, alles, was ich von Parzivals Geschichte erzählte, wie meine Quelle es mir vorgab, haben manche gelobt, es gab jedoch auch viele, die es kritisierten und ihre Dichtungen kunstvoller schmückten (V. 2,19–22; 4,19–24).

Seine Dichtung verdankt sich in erster Linie nicht fremden Büchern, sondern eigenem Verstand (*sin*). Er folgt der Richtung, die die Geschichte des Helden selbst vorgibt (*des sîn aventiure mich wîste*). Wolfram beansprucht ein hohes Maß an dichterischer Freiheit für sich. Das bestätigen seine Werke, in denen er sich bei Weitem nicht so eng an die Vorlagen hält wie Hartmann von Aue.

Der aus dem oberfränkischen Gräfenberg stammende Wirnt von Grafenberg nennt sich im Prolog zum *Wigalois* beim Namen (V. 141: *er heizet Wirnt von Grâvenberc*; vgl. V. 10576). Als Dichter schließt er sich eng an Hartmann von Aue an, von dem er zahlreiche Formulierungen und Motive borgt. Er spielt aber auch auf Wolfram an, wenn er behauptet, kein Gelehrter zu sein:

> Wær ich ein alsô wîser man
> daz ich wol möhte – als ich doch kan –
> gesprechen nâch des herzen gir!
> leider, nû geswîchent mir
> beidiu zunge und ouch der sin,
> daz ich der rede niht meister bin
> die ich ze sprechen willen hân.
>
> Wäre ich ein derart verständiger Mann, der so, wie es sein Herz begehrt, erzählen könnte (so wie ich es weiß)! Leider versagen mir nun Redegewandtheit und Kunstverstand den Dienst, so dass ich die Erzählung nicht meistern kann, die ich vortragen will (V. 33–39).

Doch handelt es sich bei diesen Versen eher um eine rhetorische Bescheidenheitsformel als um eine biographische Selbstauskunft. Dass Wirnt Hartmann und Wolfram als Vorbilder sieht, legt er explizit offen, als er eine Figur seines Romans, die verwilderte Ruel, mit höfischen Damen aus Hartmanns *Erec* und Wolframs *Parzival* vergleicht. Der *herre Hartman* (V. 6309) habe die schöne Enite beschrieben und der *her Wolfram* die schöne Jeschute:

> daz lop gît ir her Wolfram,
> ein wîse man von Eschenbach;
> sîn herze ist ganzes sinnes dach;
> leien munt nie baz gesprach.
>
> Diesen Lobpreis verleiht ihr Herr Wolfram, der weise Mann aus Eschenbach. Sein Herz umschloss vollkommenen Verstand. Nie hat ein Laie besser erzählt (V. 6343–6346).

Für den späteren Dichter Rudolf von Ems, der den *Wigalois* als meisterhaftes Werk lobt, steht fest, dass *Wirent von Grâvenberg* ein *her* gewesen sei (*Alexander*, V. 3192). Konrad von Würzburg, ebenfalls ein Dichter des späteren dreizehnten Jahrhunderts, macht Wirnt von Grafenberg zum Helden seiner Erzählung *Der Welt Lohn* und charakterisiert ihn als *ritter edel unde frî* (V. 242), der höfische Romane liest.

Konrad Fleck erklärt im Prolog zu seinem Liebesroman *Flore und Blanscheflur*, dass er seinen Namen aus Bescheidenheit verschweigen wolle. Dass wir ihn dennoch kennen, verdanken wir Rudolf von Ems, der Konrad Fleck zweimal nennt: *her Vlec der guote Kuonrât* (*Alexander*, V. 3240; vgl. *Wilhelm von Orlens*, V. 2221). Wenn wir dem Zeugnis Rudolfs von Ems trauen dürfen, war auch Konrad Fleck ein *her*. Seine Sprache legt nahe, dass Konrad Fleck aus dem Westen des oberdeutschen Raums stammte, er könnte mit der gleichnamigen Person identisch sein, die 1238 in Brixen urkundlich belegt ist (Putzo 2015, S. 52–59).

1.2.3 Das Publikum

Das Publikum der höfischen Epik ist die Hofgesellschaft, der auch die Dichter und Mäzene angehören. Sie setzt sich zusammen aus Damen und Rittern, also weiblichen und männlichen Angehörigen des Adels. Für das Verständnis der Rezeptionssituation ist es hilfreich, in Anlehnung an die Unterscheidung zwischen empirischem und „implizitem Leser" (vgl. Iser 1972), mit Blick auf die mittelalterliche Hofgesellschaft entsprechend zwischen dem historischen (empirischen) und dem idealen (impliziten) Publikum zu unterscheiden. Die höfischen Dichter selbst legen diese Unterscheidung nahe.

> **Das ideale Publikum**
> Das ideale Publikum ist, wie der implizite Leser (und die implizite Leserin), ein theoretisches Konstrukt. Eher sollte man von einer impliziten oder idealen ‚Hörerschaft' sprechen, da die höfische Epik weitgehend mündlich vorgetragen und gemeinschaftlich rezipiert wurde. Das ideale Publikum, das der Autor in seiner Erzählung voraussetzt und mithilfe der textinternen Instanz des Erzählers lenkt, erkennt die Komposition, die Figurenkonstellation und die Raum- und Zeitstruktur; es durchschaut die Metaphern, Allegorien und Anspielungen. Es begreift auch die Anspielungen auf frühere Erzählungen, nimmt also die intertextuellen Bezüge wahr.

Die Dichter versuchten selbst, das empirische möglichst nahe an das ideale Publikum heranzuführen, indem sie es im Prolog zu ihren Werken direkt ansprachen und ausdrücklich um Aufmerksamkeit baten. So fordert der Pfaffe Lambrecht in den ersten Versen seines *Alexanderlieds* (Vorauer Fassung) die Zuhörenden auf:

> Diz lît, daz wir hî wurchen,
> daz sult ir rehte merchen.
> Sîn gevuoge ist vil reht.

> Der Dichtung, die wir hier verfertigen, sollt ihr eure Aufmerksamkeit widmen. Sie ist ganz richtig zusammengestellt (V. 1–3).

1.2 Gönner und Gönnerinnen, Dichter und Publikum

Lambrecht betont, dass er sich als Autor darum bemüht habe, die Dichtung in die richtige (*reht*) Ordnung zu bringen. Daher solle sich nun auch das Publikum Mühe geben, die Dichtung richtig (*rehte*) zu verstehen. Der Aufgabe des Dichters, ein Werk zu schaffen (*wurchen*), entspricht somit die Aufgabe des Publikums, es zu verstehen (*merchen*). Nicht umsonst reimt Lambrecht die beiden Wörter aufeinander: Das ‚Wirken' verweist auf die produktionsästhetische, das ‚Merken' auf die rezeptionsästhetische Seite der Dichtung. Nur im Einklang beider Seiten kommt die Dichtung zur Geltung.

Auch der Verfasser des *Herzog Ernst* erbittet die Aufmerksamkeit des Publikums. Er verspricht, eine erstaunliche Geschichte zu erzählen, und erwartet im Gegenzug eine Zuhörerschaft, die der Erzählung genau folgt:

> Nû vernemet alle besunder:
> ich sage iu michel wunder
> von einem guoten knehte.
> daz sult ir merken rehte.
> ez ist ze hœrenne guot.

Nun hört alle aufmerksam zu: Ich werde euch viel Erstaunliches von einem edlen Ritter erzählen. Seid aufmerksam dabei: Es ist nützlich zu hören (V. 1–5).

Hartmann von Aue verschiebt im *Iwein* den Appell vom Prolog in die Handlung und spiegelt die Aufführungssituation in die erzählte Geschichte hinein. Zu Beginn des Artusromans erzählt der Ritter Kalogreant der Hofgesellschaft, die sich in der Mittagszeit zurückgezogen hat, von einem Abenteuer, das er einst erlebte. Als der spöttische Keie ihn beim Vortrag unterbricht, schreitet die Königin ein und verlangt, dass sie die Geschichte ungestört hören kann. Kalogreant setzt noch einmal an und leitet seine Erzählung mit einer Aufmerksamkeitsbitte ein:

> sît ir michs niht welt erlân,
> so vernemt mit guotem site
> und miet mich dâ mite.
> ich sagiu deste gerner vil,
> ob manz ze rehte merchen wil.
> man verliuset michel sagen.
> man enwellez merchen und dagen.
> maniger biut diu ôren dar –
> ern nemes ouch mit dem hercen war,
> sô ne wirt im niuwan der dôz,
> und ist der schade alze grôz.
> wan sie verliesent beide ir arbeit:
> der dâ hœret und der dâ seit.
> ir mugt mir deste gernder dagen,
> wan ichn wil iu deheine lucge sagen.

Wenn Ihr es mir nicht erlassen wollt, so hört mit Anstand zu und belohnt mich damit. Ich erzähle es Euch umso lieber, wenn man es aufmerksam wahrnimmt. Vieles ist vergebens gesagt, wenn man nicht zuhören und stille sein will. Manch einer hält zwar die Ohren hin, aber er hört, wenn er nicht auch mit dem Herzen lauscht, nichts als das Geräusch, und dann ist der Schaden allzu groß. Beide nämlich strengen sich vergeblich an: der, der zuhört, wie der, der redet. Ihr könnt mir umso bereitwilliger schweigend zuhören, weil ich Euch nicht belügen will (V. 244–258).

Was Kalogreant von der Hofgesellschaft fordert, erwartet auch Hartmann von Aue von seinem Publikum. Der Dichter mag sich noch so sehr anstrengen, eine kunstvolle und tiefsinnige Dichtung zu verfassen. Wenn sein Publikum nicht konzentriert zuhört, nimmt es nur den Klang der Stimme, nicht aber den Sinn der Geschichte wahr. Im Hintergrund steht die Zeichenlehre des Mittelalters, die zwei Dimensionen des Wortes (*verbum*) unterscheidet: den Laut (*vox*) und den Sinn (*sensus*). Es gibt demnach ein äußeres und ein inneres Hören. Das Ohr nimmt das gesprochene Wort, das Herz die vermittelte Bedeutung auf.

Gottfried von Straßburg greift das Motiv des hörenden Herzens im Prolog zu seinem *Tristan* auf. Er richtet seinen Roman nicht an die gewöhnliche Hofgesellschaft, sondern an die Gemeinschaft der „edlen Herzen":

> Ich hân mir eine unmüezekeit
> der werlt ze liebe vür geleit
> und edelen herzen z'einer hage,
> den herzen, den ich herze trage,
> der werlde, in die mîn herze siht.
> ine meine ir aller werlde niht
> als die, von der ich hoere sagen,
> diu keine swaere enmüge getragen
> und niwan in vröuden welle sweben.
> die lâze ouch got mit vröuden leben!
> Der werlde und diseme lebene
> enkumt mîn rede niht ebene.
> ir leben und mînez zweient sich.
> ein ander werlt die meine ich,
> diu samet in eime herzen treit
> ir süeze sûr, ir liebez leit.

Ich habe mir eine Aufgabe vorgenommen – zum Nutzen der Welt und zur Freude edler Herzen, jener Herzen, für die mein Herz schlägt, und jener Welt, in die mein Herz blickt. Ich spreche nicht von den gewöhnlichen Menschen – wie etwa jenen, von denen ich höre, dass sie kein Leid ertragen können und immer nur in Freude leben wollen. Gott möge ihnen das doch gewähren! Zu solchen Menschen und zu dieser Lebensauffassung passt, was ich sagen will, nicht. Ihre Lebensart und meine sind grundverschieden. Von ganz anderen Menschen spreche ich, die gleichzeitig in ihrem Herzen tragen: [i]hre süße Bitterkeit, ihr liebes Leid (V. 45–60).

Nur die Gemeinde der edlen Herzen ist für eine Liebesgeschichte, in der sich Freude und Leid vermischen, empfänglich. Für diese Gesellschaft in der Gesellschaft gewinnt das Dichterwort eine sakramentale Bedeutung, deren Wirkung den Wandlungsworten der Eucharistiefeier gleicht:

> Deist aller edelen herzen brôt.
> hie mite sô lebet ir beider tôt.
> wir lesen ir leben, wir lesen ir tôt
> und ist uns daz süeze alse brôt.
>
> Ir leben, ir tôt sint unser brôt.
> sus lebet ir leben, sus lebet ir tôt.
> sus lebet si noch und sint doch tôt
> und ist ir tôt der lebenden brôt.

> Und swer nu ger, dazu man im sage
> ir leben, ir tôt, ir vröude, ir clage,
> der biete herze und ôren her
> er vindet alle sîne ger.

Dort finden alle edlen Herzen Brot. Hierdurch lebt ihrer beider Tod. Wir lesen von ihrem Leben, wir lesen von ihrem Tod, und es erscheint uns erquicklich wie Brot.
 Ihr Leben und ihr Tod sind unser Brot. Also lebt ihr Leben, lebt weiter ihr Tod. Also leben auch sie noch und sind doch tot, und ihr Tod ist für die Lebenden Brot.
 Und wer nun will, dass man ihm erzähle von ihrem Leben, ihrem Tod, ihrer Freude, ihrem Schmerz, der öffne Herz und Ohren; hier findet er, was er sucht (V. 233–244).

Wie Hartmann unterscheidet also auch Gottfried zwischen hörenden Ohren und hörenden Herzen und betont: Man hört nur mit dem Herzen gut. Die gemeinsame Rezeption des *Tristan* soll eine elitäre Gemeinschaft stiften, die einer religiösen Gemeinschaft vergleichbar ist. Das ideale Publikum ist hier nicht nur dasjenige, das der Geschichte besonders aufmerksam folgt und sie auf allen Sinnebenen versteht, sondern auch eine Gemeinde der höfischen Liebe, die sich am Beispiel von Tristan und Isolde orientiert.

Die Aufführungssituation
Wie konnte es in der mittelalterlichen Aufführungssituation gelingen, dass die Hofgesellschaft eine Geschichte nicht nur hörte, sondern auch verstand? Der Regelfall war, dass ein literarisches Werk mündlich vorgetragen wurde. Lesen bedeutete in erster Linie Vorlesen. Wie man im Kloster während der gemeinsamen Mahlzeiten eine Tischlesung hielt, so versammelte sich die Hofgesellschaft, um zu ihrer Unterhaltung dem Vortrag eines Epos, eines Romans oder einer Novelle zu lauschen. Die Lesung fand im Kreis der Hofgesellschaft (des Fürsten im Kreis seiner Familie, Vasallen und Ministerialen) statt, die sich bei feierlichen Anlässen um geladene Gäste erweitern konnte. Noch größer war das Publikum, wenn der Vortrag während eines Hoftags stattfand, sozusagen als Teil des kulturellen Begleitprogramms.
 Man kann sich vorstellen, dass der öffentliche Vortrag der höfischen Epen in vielfacher Weise erschwert und gestört wurde. Die Aufmerksamkeitsbitten der Dichter und Hartmanns plastischer Bericht, wie Kalogreant während seiner Erzählung unterbrochen wird und es eines Machtworts der Königin bedarf, um die Ruhe wiederherzustellen, sprechen für sich. Hinzukommt, dass die Epen und Romane zu umfangreich waren, um sie an einem Tag oder Abend vollständig hören zu können. Man hat sich die Geschichten nicht wie einen Spielfilm vorzustellen, den man in einem Schwung sehen kann, sondern wie eine Serie, die aus zahlreichen Episoden besteht. Die höfischen Erzählungen weisen meist eine episodale Struktur auf. Besonders deutlich ist dies am Beispiel des *Nibelungenlieds* zu erkennen, das die mittelalterlichen Handschriften in neununddreißig Kapitel (*aventiuren*) einteilen, die man als ungefähre Vortragseinheiten verstehen kann.
 Neben dem Regelfall, dem mündlichen Vortrag vor versammeltem Publikum, ist auch mit dem Sonderfall der individuellen Lektüre der Handschrift zu rechnen. Diese Option blieb denjenigen vorbehalten, die lesen konnten. Das war nur ein

kleiner Teil der Hofgesellschaft, der vor allem die Hofgeistlichen, Gelehrten und Ministerialen umfasste, die eine klerikale Ausbildung empfangen hatten (und deswegen selbst als Dichter auftreten konnten), sowie die Damen, die im privaten Unterricht Kenntnisse im Lesen und Schreiben erwarben. Der *Eneasroman* Heinrichs von Veldeke enthält einen Bericht, wie der Autor der Gräfin von Kleve das handgeschriebene Buch auslieh, sicher zum Zweck des Lesens und Vorlesens. Mit der Zeit stieg der Anteil der Lesekundigen: zum einen, weil die Fürsten, die Analphabeten waren, Wert darauf legten, dass ihre Kinder Bildung erlangten; zum anderen, weil die zunehmend komplexen politischen und ökonomischen Beziehungen der mittelalterlichen Adelsgesellschaft ein immer höheres Maß an Schriftlichkeit und somit auch eine höhere Zahl an Schriftkundigen erforderten.

Das aufmerksame Verständnis, das sich die höfischen Dichter von ihrem Publikum wünschten, dürfte also einen Rezeptionsprozess vorausgesetzt haben, der auf Einteilung, Wiederholung und Erläuterung der Erzählungen beruhte. Man musste alle Episoden hören, man musste sie mehrfach hören und man musste sie sich von denjenigen erläutern lassen, die die Geschichten vollständig kannten. Die gebundene Form der Erzählungen – sie waren in Strophen oder Reimpaarversen verfasst – dürfte ihre Einprägsamkeit erhöht haben.

Der Vortrag von Dichtung war offenbar fester Bestandteil der höfischen Feste. Der Chronist Giselbert von Mons, Kanzler des Grafen von Henngau, berichtet, dass am Mainzer Hoffest von 1184 Spielleute (*joculatores*) teilnahmen, die reichlich beschenkt wurden. Dasselbe berichtet der Dichter Heinrich von Veldeke, der ebenfalls am Mainzer Hoffest teilnahm. Er zieht einen Vergleich zwischen der Freigebigkeit Friedrichs I. beim Mainzer Hoffest und der Freigebigkeit des Eneas bei seiner Hochzeit: Eneas habe die anwesenden *spilman* (V. 345,39) beschenkt, und die Herzöge und Grafen seien seinem Beispiel gefolgt (V. 346,28). Besonders eindrucksvoll ist eine Passage aus dem südfranzösischen *Roman de Flamenca*, der Anfang des dreizehnten Jahrhunderts entstand. Die lebendig geschilderte Szene gibt einen Eindruck davon, wie sich die Hoffeste auch in der historischen Realität gestaltet haben dürften:

> Qui volc ausir diverses comtes
> De reis, de marques e de comtes
> Auzir ne poc tan can si volc;
> Anc null'aurella non lai colc.
> […]
> Cascus dis lo mieil‹z› que sabia.
> Per la rumor dels viuladors
> E pel brug d'aitans comtadors
> Hac gran murmuri per la sala.

Wer Geschichten über Könige oder Grafen hören wollte, konnte auf seine Kosten kommen, jeder spitzte die Ohren. […] Jeder bot seine ganze Kunst auf. Durch das Gefiedel der Spielleute und durch das Stimmengewirr der Vortragenden herrschte ein großer Trubel im Saal (V. 617–620, 706–709; dt. Übersetzung zitiert nach Hausmann 1996, S. 192–193).

Der Erzähler macht deutlich, dass man nicht nur gute Geschichte erzählen, sondern dass man sie auch gut erzählen muss.

Mündlichkeit und Schriftlichkeit
Die Rezeption der höfischen Epik stand im Spannungsfeld von Mündlichkeit und Schriftlichkeit. Zu unterscheiden ist zwischen der Produktion und der Rezeption der literarischen Texte. Während es möglich war, ein höfisches Liebeslied zu verfassen, ohne schriftkundig zu sein, setzte die Konzeption und Niederschrift einer umfangreichen Erzählung eine entsprechende Bildung des Dichters voraus. In der Regel verfügten die Verfasser der höfischen Romane und Epen über Schulbildung, die sie in Dom- oder Klosterschulen erwarben. Viele von ihnen konnten nicht nur lesen und schreiben, sondern verfügten über literarische Bildung. Wie man eine Geschichte erzählt, konnten sich die deutschen Dichter nicht nur an den französischen Vorlagen abschauen, die sie für das deutsche Publikum bearbeiteten. Sie konnten es auch in antiken und mittelalterlichen Poetiken studieren und am Vorbild der lateinischen Epik lernen, zum Beispiel der *Aeneis* Vergils oder der Fülle der Heiligenlegenden. Wie bereits erwähnt, traten einige höfische Dichter zugleich als Übersetzer lateinischer Heiligenlegenden hervor (Pfaffe Lambrecht, Heinrich von Veldeke, Herbort von Fritzlar).

Für den öffentlichen Vortrag auf der Basis einer Handschrift, die den Text enthielt, kamen neben den Dichtern auch andere gebildete Mitglieder der Hofgesellschaft in Frage, zum Beispiel Hofgeistliche, Ministerialen und lesekundige Damen. Auch ist damit zu rechnen, dass es einen eigenen Berufsstand von Sängern und Rezitatoren gab, die auf den wirkungsvollen Vortrag höfischer Epen spezialisiert waren.

Die mündliche Rezeptionsform schlägt sich in der höfischen Epik nieder. Obwohl es sich stets um schriftliterarische Werke handelt, erwecken sie vielfach den Eindruck des mündlichen Vortrags. Man kann in diesen Fällen von einem Stil der fingierten Mündlichkeit sprechen. Tendenziell ist zwischen Epen, die auf mündlicher Überlieferung beruhen (Heldenepen, Brautwerbungsepen), und Romanen, die sich auf schriftliche Vorlagen stützen (Antikenromane, Artusromane, Liebesromane), zu unterscheiden.

Betonte Mündlichkeit
Das *Nibelungenlied* erweckt den Eindruck, dass es noch ganz der mündlichen Überlieferungstradition verhaftet sei. Das Heldenepos ist anonym überliefert, der Verfasser tritt nicht als Dichter hervor. Die nachträglich hinzugefügte Prologstrophe stellt das *Nibelungelied* ganz in die Sphäre der Mündlichkeit (vgl. Curschmann 1992):

> Uns ist in alten mæren   wunders vil geseit
> von helden lobebæren,   von grôzer arebeit,
> von fröuden, hôchgezîten,   von weinen und von klagen,
> von küener recken strîten   muget ir nu wunder hœren sagen.

> Uns wird in alten Erzählungen viel Wunderbares berichtet von berühmten Helden, großer Mühsal, von glücklichen Tagen und Festen, von Tränen und Klagen und vom Kampf tapferer Recken könnt ihr jetzt Erstaunliches erfahren (Str. C 1).

Die Strophe vollzieht eine bedeutsame Bewegung. Im ersten Vers rechnet sich der Sprecher noch einer Gemeinschaft zu (*uns*), der auf mündlichem Weg (*geseit* ist die kontrahierte Form von *gesaget*) alte Geschichten (*alten mæren*) mitgeteilt worden seien. Damit inszeniert er sich selbst als Empfänger einer Sage. Im vierten Vers wechselt er von der ersten in die zweite Person Plural (*ir*) und tritt so aus der Gemeinschaft heraus und ihr gegenüber. Er wechselt die Rolle vom Hörer zum Sprecher und kündigt an, dass das Publikum nun (*nu*) das Wunderbare (*wunder*), von dem bereits im ersten Vers die Rede war (*wunders*), erfahren werde, und zwar wiederum auf mündlichem Wege. Das *sagen* verweist auf den Sprecher, das *hœren* auf das Publikum. Bemerkenswert ist der schleichende Übergang von der Kommunikationssituation des ersten zum vierten Vers. Zu diesem Zweck bedient sich der Dichter einer rhetorischen Figur (Apokoinu). Die Objekte, die im zweiten, dritten und in der ersten Hälfte des vierten Verses mit Anaphern gereiht werden (*von …*), beziehen sich syntaktisch sowohl auf das Prädikat des ersten (*ist geseit*) als auch des letzten Verses (*muget hœren sagen*). Der Sprecher vermeidet die erste Person Singular (,ich') und inszeniert sich stattdessen in elliptischer Weise: Er ist derjenige, der nach dem Wechsel vom Wir zum Ihr übrigbleibt.

Auch die Brautwerbungsepen sind anonym überliefert, und auch sie betonen die Mündlichkeit, wenn sie in den Prologversen vom Sagen und Hören sprechen. Im Unterschied zum *Nibelungenlied* scheuen sich die Erzähler aber nicht, in der Ich-Form zu sprechen. So heißt es zu Beginn des *Herzog Ernst*:

> Nû vernemet alle besunder:
> ich sage iu michel wunder
> von einem guoten knehte.
> daz sult ir merken rehte.
> ez ist ze hœrenne guot.

> Nun hört alle aufmerksam zu: Ich werde euch viel Erstaunliches von einem edlen Ritter erzählen. Seid aufmerksam dabei: Es ist nützlich zu hören (V. 1–5).

Der Erzähler adressiert das Publikum, dem er eine wundersame Geschichte vortragend (*sage*) zu Gehör bringen (*hœren*) will. Später bezieht er sich auf die mündliche Überlieferungstradition, nämlich auf das, was *man saget* (V. 60).

Auch der Erzähler des Brautwerbungsepos *Salman und Morolf* entwirft eine Vortragssituation, in der ein Sprecher in der Ich-Form mit seinem Publikum spricht: *Das ich uch sage, das ist war* (Str. 4, V. 1). Dutzendfach wird betont, dass die Dichtung mit den Ohren rezipiert wird: *nu horent* (Str. 14,2). Der Erzähler leiht den sprechenden Figuren seine Stimme, den männlichen (47,2: *gern mogent ir horen, wie er sprach*) ebenso wie den weiblichen (Str. 734,2: *nu horent, wie sie zu im sprach*). Wie im *Nibelungenlied* wird das Vorgetragene als wundersame Geschichte ausgewiesen: *nu horent aber wunder mere* (Str. 617,3).

Im *Orendel* stellt sich der Sprecher ebenfalls seinem Publikum in der Ich-Form vor:

1.2 Gönner und Gönnerinnen, Dichter und Publikum

> vil gerne mugent ir horen daz,
> war umb got die vierzic dage vast:
> daz det er fur unser sunde,
> der kristenheit zu urkunde.
> […]
> Nu wil ich mir selber beginnen
> von dem grawen rocke singen.

Sehr gern könnt Ihr nun hören, warum Gott vierzig Tage lang fastete: Das tat er um unserer Sünde willen und als christliches Glaubenszeugnis. […] Nun will ich beginnen und vom grauen Rock singen (V. 13–16, 19–20).

Im Unterschied zu den bisher genannten Epen stellt er sich dem hörenden Publikum nicht als Erzähler (*sagen*), sondern als Sänger (*singen*) gegenüber. Dass der *Orendel* tatsächlich singend vorgetragen wurde, ist unwahrscheinlich, da er nicht in Strophen, sondern in Reimpaarversen verfasst ist.

Der *Oswald* bezeichnet den mündlichen Vortrag mit den Wörtern *chunden* („verkünden") und *sagen*. Er tritt vor das herrschaftliche Publikum und bittet es um Aufmerksamkeit für seinen Bericht:

> wolt ir herschaft stille tagen,
> so wolt ich euch chunden und sagen
> von dem miltisten man
> so er daz leben ie gewan:
> daz was sand Oswalt aus Engellant,
> also tuot uns daz puoch bechant.

Wolltet Ihr Herrschaften stillschweigen, dann wollte ich Euch Kunde und Bericht geben über den freigebigsten Mann, der je gelebt hat: Das war der heilige Oswald aus England, wie uns das Buch mitteilt (V. 1–5).

Das ‚deutsche Buch' (V. 1618, 2144: *täutsch puoch*), auf das der Verfasser verweist, ist nicht als literarische Vorlage zu verstehen, denn die Erzählung basiert nicht auf der lateinischen Legende des nordhumbrischen Heiligen Oswald (gest. 642), sondern variiert das Narrativ der gefährlichen Brautwerbung. Vielmehr geht es dem Verfasser um die Authentifizierung der Erzählung, die sich zwar auf einen historischen Heiligen bezieht, selbst aber eine fiktionale Geschichte bietet.

Der Verfasser des *König Rother* steigt ohne Prologverse in die Erzählung ein, beteuert aber gleich zu Beginn die Wahrheit der erzählten Geschichte, *iz ne haben die bōche gelogen* (V. 16: wenn nicht die Quelle Unwahres berichtet hat"). Wie im *Oswald* betont der Bezug auf die Bücher nicht den schriftliterarischen Charakter der Erzählung, sondern unterstreicht ihre angebliche historische Tatsächlichkeit. In zwei weiteren Wahrheitsbekundungen bezeichnet der Verfasser seine Erzählung ausdrücklich als ‚Lied' (*liet*, V. 3490, 4791), setzt also ihren mündlichen Vortrag voraus: *von du nis daz liet / von lugenen gedihtet niet* (V. 3490–3491: „Deswegen ist [das Lied] nicht in der Art von Lügengeschichten erfunden") und: *von du ne sulit ir dit lit / den andren gelichin nit, / wandit so manich recht hat, / danne im die warheit in stat* (vgl. V. 4791–4794: „Deswegen dürft Ihr dieses Gedicht nicht mit anderen auf eine Stufe stellen, es beinhaltet nämlich soviel Richtungsweisendes, weil in ihm die Wahrheit steht").

Betonte Schriftlichkeit

Während diejenigen Epen, die sich an mündliche Erzähltraditionen anschließen, entsprechend auch die Mündlichkeit des Vortrags betonen, also ihren schriftliterarischen Charakter kaschieren, heben die Verfasser der höfischen Romane, die sich auf französische Buchvorlagen stützen, den schriftlichen Charakter ihres Werks hervor.

Der Pfaffe Lambrecht spricht in seinem *Alexanderlied* zwar zunächst noch von einem Lied (V. 1: *lît*), das er verfasst habe, und adressiert sein Publikum so, als wenn es sich um eine mündliche Kommunikationssituation handelte. Doch dann weist er ausführlich auf die Buchvorlagen hin, auf die er sich stützt, nämlich zum einen auf die biblischen Bücher der Makkabäer und zum anderen auf das französische Alexanderlied Alberics von Bisinzo:

> Diz mugit ir wol hôren
> in libro Machabeorum.
> Alberich von Bisinzo,
> der brâhte uns diz lît zuo.
> Er hetez in Walhisken getihtet,
> nû sol ich es euh in Duotisken berihten.

> Dies könnt ihr genau hören im Buch der Makkabäer. Alberic von Bisinzo brachte diese Dichtung zu uns. Er hatte sie in romanischer Sprache verfasst, nun werde ich sie euch in die deutsche Sprache übertragen (V. 11–16).

Auch wenn Lambrecht weiterhin von einem Lied spricht, sein Publikum direkt anspricht und eine Situation des Hörens voraussetzt, geht es ihm nicht um mündliches Erzählen, sondern um das Vorlesen eines Buchs, das eine literarische Vorgeschichte hat, die von der lateinischen Bibel (*in libro*) über den französischen Roman zur deutschen Bearbeitung führt. Nicht nur die Geschichte selbst verdankt sich einer biblischen Buchvorlage, sondern auch die Motivation, diese Geschichte aufzuschreiben. Lambrecht fügt hinzu, dass sich Alberich vom Buch Salomon anregen ließ, die Abfassung des Romans auf sich zu nehmen:

> Dô Alberich diz lît insluoc,
> dô heter ein Salemones puoch,
> dâ er ane sach
> vanitatum vanitas:
> Daz ist allez ein îtelcheit,
> daz diu sunne umbe geit.
> Daz hete Salemon wol virsûht.
> Dar umbe swar in sîn mût.
> Er ne wolte niht langer ledec sitzen.
> er screip von grôzen witzen,
> wande des mannes muozecheit
> ze dem lîbe noh ze der sêle niht versteit.
> dar ane gedâhte Alberich.
> Den selben gedank hân ich.
> unt ich ne wil ‹…›
> ‹…› ich volvarn.

1.2 Gönner und Gönnerinnen, Dichter und Publikum

> Als Alberic diese Dichtung begann, da hatte er ein Buch Solomons vorliegen, worin er stehen sah: ‚vanitatum vanitas': Alles ist eitel, was die Sonne umkreist. Das hatte Salomon genau bedacht. Darüber empfand er Schmerz. Er wollte nicht länger unbeschäftigt dasitzen. Aus großer Klugheit heraus schrieb er, denn der Müßiggang des Menschen ist nicht gut für Leib und Seele. Daran dachte Alberic. Ich denke ebenso, und ich will ‹mich› nicht ‹länger schonen,› ‹die Dichtung will› ich zu Ende bringen (V. 19–34).

Somit inszeniert sich Lambrecht als mündlicher Erzähler und schriftgelehrter Dichter zugleich. Er betont seine lateinische geistliche Bildung und sieht sich in der Nachfolge Salomons und Alberics, wenn er sich nicht der Eitelkeit und Muße hingibt, sondern sein Leben der Weisheit (*grôzen witzen*) und literarischen Tätigkeit (*screip*) widmet.

An dieses Bild des schriftgelehrten Dichters, der seine freie Zeit nutzt, um anhand einer Buchvorlage ein literarisches Werk zu verfassen, knüpft auch Hartmann von Aue an, aber mit zwei gravierenden Unterschieden. Zum einen weist er sich explizit als Ritter und Ministeriale und somit als Laie aus, zum anderen verschweigt er den Autor der Quelle, auf die er sich stützt. Im Prolog zu seiner Novelle *Der arme Heinrich* häuft Hartmann Motive aus dem Wortfeld der literarischen Bildung (‚Buch', ‚gelehrt', ‚schreiben', ‚lesen'):

> Ein ritter sô gelêret was
> daz er an den buochen las,
> swaz er dar an geschriben vant.
> der was Hartman genant,
> dienstman was er zuo Ouwe.
> er nam ime mange schouwe
> an mislîchen buochen.
> dar an begunde er suochen,
> ob er iht des funde,
> dâ mite er swære stunde
> möhte senfter machen
> und von sô gewanten sachen
> daz gotes êren töhte
> und dâ mite er möhte
> gelieben den liuten.
> nû beginnet er iu diuten
> ein rede, die er geschriben vant.
> dar umbe hât er sich genant,
> daz er sîner arbeit
> die er dar an hât geleit,
> niht âne lôn belîbe.
> und swer nâch sînem lîbe
> si hœre sagen oder lesen,
> daz er im bitende wese
> der sêlen heiles hin ze gote.
> man seit, er sî sîn selbes bote
> und erlœse sich dâ mite,
> swer über des andern schulde bite.
> Er las diz selbe mære.

> Ein Ritter war so gebildet, dass er in Büchern las, was auch immer er dort geschrieben fand. Der hieß Hartmann, Ministeriale war er zu Aue. Er konsultierte ausgiebig viele Bücher. Darin begann er zu suchen, ob er irgendetwas fände, womit er schwere Stunden erträglicher machen könnte und was zusätzlich so beschaffen sei, dass es zum Ruhm Gottes diente und er sich damit bei den Menschen beliebt machen könnte. Nun beginnt er euch zu erzählen eine Geschichte, die er schriftlich aufgezeichnet fand. Er hat sich deshalb namentlich genannt, damit er für seine Mühe, die er darauf verwandt hat, nicht ohne Anerkennung bleibe. Und jeder, der nach seinem Tod sie erzählt oder vorgelesen bekommt, dass er immer wieder bei Gott Fürbitte einlege für sein Seelenheil. Man sagt, er sei sein eigener Bote und erlöse sich selber damit, wer auch immer für die Schuld eines anderen bete. Er las die folgende Geschichte (V. 1–29).

Zwar bezieht sich auch Hartmann auf Gott: Er will ihn mit seinem Werk ehren und erhofft sich vom Publikum, dass es zum Dank bei Gott ein gutes Wort für ihn einlege. So weist sich Hartmann als christlicher, nicht aber als geistlicher Dichter aus, denn sein eigentliches Anliegen ist ein weltliches: Als Dichter will er das Wohlwollen der Hofgesellschaft erringen, für die er seine Werke schreibt. Dieses Ziel ist religiös gerahmt, aber dennoch genuin weltlicher Art. Obwohl Hartmann die Schriftlichkeit betont und den Buchcharakter seiner Dichtung hervorhebt, geht auch er von einer mündlichen Rezeption aus. Zwar ist es möglich, dass sein Buch gelesen wird (wie er auch selbst in Büchern liest), doch ist der Regelfall das Zuhören: *swer [...] si hœre sagen oder lesen.*

1.2.4 Die Quellen

Die mittelalterlichen Autoren verstehen sich nicht als Originalgenies, sondern als Wiedererzähler (vgl. Worstbrock 1999). Die Verfasser der Helden- und Brautwerbungsepen betonen, dass sie mündlich überlieferte Geschichten weitergeben, die Verfasser der höfischen Romane und Novellen, dass sie literarische Vorlagen bearbeiten und in der Regel aus dem Französischen ins Deutsche übertragen. Selbst in Werken, die offenbar doch auf eigener Erfindung beruhen, behaupten sie, dass sie die Geschichte aus einer schriftlichen Quelle hätten.

Antikenromane
Dies behaupten auch die Verfasser der Antikenromane. Der Pfaffe Lambrecht bekundet, dass er seinen *Alexanderroman* nach einer französischen Vorlage von Albéric de Pisançon gedichtet habe: *Alberich von Bisinzo, / der brâhte uns diz lît zuo. / Er hetez in Walhisken getihtet, / nû sol ich es euh in Duotisken berihten* (V. 13–16: „Alberic von Bisinzo brachte diese Dichtung zu uns. Er hatte sie in romanischer Sprache verfasst, nun werde ich sie euch in die deutsche Sprache übertragen"). Auch Heinrich von Veldeke weist sich in seinem *Eneasroman* als Dichter aus, der eine französische Vorlage bearbeitete, deren Verfasser unbekannt war und ist: *derz ûz der welsche kêrde, / ze dûte herz uns lêrde* (V. 352,21–22: „der es aus dem Französischen übersetzt und uns deutsch wiedergegeben hat"). Herbort von Fritzlar stellt sich in einer besonders ausführlichen Einlassung als vierter Dichter vor, der sich der Trojasage angenommen habe:

1.2 Gönner und Gönnerinnen, Dichter und Publikum

> Diz buch ist franzoys vn(d) walsch
> Sin fuge ist gantz vn(d) ane falsch
> Zu kriechen was sin erste stam
> In latin ez dannen quam
> Hin(n)e(n) ist es an daz welhishe kvme(n)
> Daz han ich also vurnvme(n)
> Tares der aller beste
> Den sturm vo(n) troyge(n) weste
> Wen er da mit was gewesen
> D(er) screip in un(t) liz in lesen
> Cornelius den strit las
> Als er in kriechish gescribe(n) was
> Als hat er in inz latin gekart
> Si(n)t ist er tutsche zunge(n) gelart
> Nach der sol ich wirken
> Wil ich die forme(n) merke(n)
> So muz ich drisinnic sin
> Eine ist kriechisch ein latein
> Vn(d) des welschen buches ein
> Zwischen den leste(n) sinne(n) zwein
> Nim ich nu den dritten
> Vn(d) folge im so mitten
> Daz er min rechte geleite ist
> An des tutsche(n) buches list.

Dieses Buch ist französisch und romanisch, seine Kunst ist vollkommen und tadellos. Es stammte zuerst von den Griechen. Danach kam es ins Lateinische. Von dort ist es ins Romanische gekommen. Das habe ich so gehört, dass der hervorragende Dares den Kampf um Troja kannte, da er selbst dabei war. Der schrieb ihn auf und gab ihn zu lesen. Cornelius las da von dem Kampf, wie er auf Griechisch aufgeschrieben war, und hat ihn ins Lateinische übersetzt. Später ist er in deutscher Sprache gelehrt worden, in der ich ihn verfassen soll. Wenn ich die Formen erkennen will, so muss ich dreifachen Verstand haben. Eine ist griechisch, eine lateinisch und eine ist das romanische Buch. Aus den letzten beiden Deutungen erstelle ich nun die dritte und verfolge sie so, dass sie mein verlässliches Geleit ist für die Klugheit des deutschen Buchs (V. 47–71).

Die literarische Überlieferung der Geschichte vom Kampf um Troja umfasst also vier Stationen, die zugleich die *translatio materiae*, d. h. die Weitergabe des Stoffs von den Griechen über die Römer und Franken bis hin zu den Deutschen markieren (s. Abschn. 1.1.1). Am Anfang steht das griechische Buch des Verfassers Dares Phrygius (*Tares*); dann folgt die lateinische Übersetzung, die angeblich von Cornelius Nepos (*Cornelius*) stammt; darauf stützt sich die französische Fassung des Benoît de Sainte-Maure, dessen Namen Herbort unterschlägt; und schließlich verfasst Herbort eine deutsche Bearbeitung. Er ist also, wie er selbst hinzufügt, das *fierde rat* (V. 77: „vierte Rad") am Wagen der Literatur über den Trojanischen Krieg.

Artusromane
Auch die Verfasser der deutschen Artusromane weisen darauf hin, dass sie sich an französischen Buchvorlagen orientieren. Hartmann berichtet im Prolog zu seinem *Iwein* (der Prolog zum *Erec* ist nicht überliefert), dass er die Quellen studierte,

bevor er seine Artusromane verfasste. Die Worte, die Hartmann wählt, sind fast identisch mit den oben bereits zitierten Versen aus dem Prolog zu seiner Novelle *Der arme Heinrich*:

> Ein rîter der gelêrt was
> unde ez an den buochen las,
> swenner sîne stunde
> niht baz bewenden chunde,
> daz er ouch tihtens pflac,
> daz man gerne hœren mach,
> dâ chêrt er sînen flîz an.
> er was genant Hartman
> und was ein Ouwære,
> der tihte diz mære.

Ein Ritter war schriftgelehrt und las in Büchern; wenn er mit seiner Zeit nichts Besseres anzufangen wusste, dichtete er auch noch. Was man zu hören Lust hat, darum bemühte er sich; er hieß Hartmann und war aus Aue; der dichtete diese Geschichte (V. 21–30).

Doch verzichtet Hartmann darauf, Chrétien de Troyes, den Verfasser der altfranzösischen Vorlagen des *Erec* und des *Iwein*, namentlich zu nennen.

So hält es auch Ulrich von Zatzikhoven im Epilog zu seinem *Lanzelet*. Er erwähnt, dass er sich auf *daz welsche buoch von Lanzelete* (V. 9341: „das welsche Buch von Lanzelet") stütze, macht aber keine näheren Angaben.

Dagegen nennt Wolfram von Eschenbach im Epilog seines *Parzival* den Verfasser der altfranzösischen Artusromane beim Namen:

> Ob von Troys meister Cristjân
> disem maere hât unreht getân,
> daz mac wol zürnen Kyôt,
> der uns diu rehten maere enbôt.
> endehaft giht der Provenzâl,
> wie Herzeloyden kint den grâl
> erwarp, als im daz gordent was,
> dô in verworhte Anfortas.
> von Provenz in tiuschiu lant
> diu rehten maere uns sint gesant,
> und dirre âventiure endes zil.
> niht mêr dâ von nu sprechen wil
> ich Wolfram von Eschenbach,
> wan als dort der meister sprach.

Hat Meister Chrétien de Troyes diese Geschichte nicht wahrheitsgetreu berichtet, dann darf Kyot, der sie uns in der richtigen Fassung überlieferte, wohl zürnen. Der Provenzale berichtet am Schluss, wie Herzeloydes Sohn nach seiner Bestimmung die Gralsherrschaft errang, die Anfortas verwirkt hatte. Die authentische Erzählung mit dem richtigen Schluß ist also aus der Provence nach Deutschland gekommen, und ich, Wolfram von Eschenbach, schließe dort, wo der provenzalische Meister den Schlusspunkt setzte (V. 827,1–14).

Wolfram spielt zwei romanische Quellen gegeneinander aus: Die eine stamme von Chrétien de Troyes (*von Troys Cristjân*), die andere von einem Provenzalen namens

Guiot (*Kyôt der Provenzâl*). Dass Chrétien der tatsächliche Verfasser der Vorlage ist, auf die sich Wolfram bezieht, steht außer Frage. Doch behauptet Wolfram, dass Chrétien die näheren Umstände des Grals falsch berichtet habe; daher wolle er sich lieber an Guiot halten. Nun ist ein gewisser Guiot de Provins (der aber nicht aus der Provence, sondern aus Provins bei Paris stammte) als Liederdichter und Verfasser satirischer Versgedichte bekannt, nicht aber als Autor eines *Parzival*. Es scheint, dass Wolfram die erheblichen Freiheiten, die er sich gegenüber seiner Vorlage erlaubte, zu legitimieren suchte, indem er sie einer anderen Quelle zuschob. Nicht er, Wolfram, habe die Geschichte verfälscht, sondern Chrétien, und die richtige Fassung sei bei Guiot zu finden. Diese Quellenfiktion bereitet Wolfram von langer Hand vor. Bereits in der Mitte seines Romans streut er ein, dass Guiot sein Gewährsmann sei:

> dô disiu rede was getân,
> dô stuont dâ einer des küneges man,
> der was geheizen Liddamus.
> Kyôt in selbe nennet sus.
> Kyôt la schantiure hiez,
> den sîn kunst des niht erliez,
> er ensunge und spraeche sô
> dês noch genuoge werdent vrô.
> Kyôt ist ein Provenzâl,
> der diese âventiur von Parzivâl
> heidensch geschriben sach.
> swaz er en franzoys dâ von gesprach,
> bin ich niht der witze laz,
> daz sage ich tiuschen vürbaz.

Nach diesen Worten trat Liddamus, ein Lehnsmann des Königs, vor. Kyot gibt ihm diesen Namen, und Kyot selbst nannte man den „Sänger". Seine Kunst ließ ihn so herrlich singen und dichten, dass seine Werke noch heute viele Menschen erfreuen. Kyot ist ein Provenzale. Er fand diese Erzählung von Parzival arabisch niedergeschrieben, und was er davon in französischen Worten mitgeteilt hat, will ich, wenn mein Können ausreicht, in deutscher Sprache erzählen (V. 416,17–30).

Wolfram spinnt seine Quellenfiktion weiter aus. Er behauptet, dass sich Guiot seinerseits auf eine arabische Handschrift gestützt habe, die er in Toledo entdeckt habe:

> Kyôt der meister wol bekant
> ze Dôlet verworfen liegen vant
> in heidenischer schrifte
> dirre âventiure gestifte.

Kyot, der berühmte Meister der Dichtkunst, fand in Toledo in einer unbeachteten arabischen Handschrift die Erstfassung dieser Erzählung (V. 453,11–14).

Der Verfasser der arabischen Erstfassung sei ein Gelehrter namens Flegetanis gewesen, der von Salomon abstamme:

> ein heiden Flegetânîs
> bejagte an künsten hôhen prîs.
> der selbe fisîôn
> was geborn von Salmôn,
> ûz israhêlscher sippe erzilt
> von alter her, unz unser schilt
> der touf wart vürz helleviur.
> der schreip von des grâles âventiur.
>
> Einst lebte ein Heide mit Namen Flegetanis, der für seine Gelehrsamkeit hoch berühmt war. Dieser Naturforscher stammte von Salomon ab und war aus altem israelischem Geschlecht. Seine Abstammung lässt sich zurückverfolgen bis in die Zeit vor der Menschwerdung Christi, als die Taufe unser Schutz vor dem Höllenfeuer wurde. Dieser Mann zeichnete die Geschichte des Grals auf (V. 453,23–30).

Guiot habe daraufhin lateinische Quellenstudien betrieben, um die von Flegetanis überlieferte Gralgeschichte zu verifizieren:

> Kyôt der meister wîs
> diz maere begunde suochen
> in latînschen buochen,
> wâ gewesen waere
> ein volc dâ zuo gebaere
> daz ez des grâles pflaege
> unt der kiusche sich bewaege.
> er las der lande chrônicâ
> ze Britâne unt anderswâ,
> ze Francrîche unt in Yrlant:
> ze Anschouwe er diu maere vant.
>
> Kyot, der gelehrte Meister, suchte nun überall in lateinischen Büchern nach Hinweisen, wo es ein Volk gegeben habe, das dank seiner Reinheit zum Schutz des Grals berufen wurde. Er durchforschte die Chroniken von Britannien, Frankreich, Irland und anderen Ländern. Schließlich fand er die gesuchte Kunde in Anjou (V. 455,2–12).

Wolfram scheint hier ein parodistisches Verwirrspiel zu inszenieren. Er stellt dem bekannten Dichter des französischen *Perceval* einen weniger bekannten Dichter zur Seite, Guiot de Provins, der aber weder aus der Provence stammt noch einen *Parzival* verfasst hat. Er leitet den Namen des fiktiven arabischen Verfassers, auf den sich Guiot angeblich bezog, aus dem griechischen Namen eines Unterweltflusses ab, den Heinrich von Veldeke in seinem *Eneasroman* nennt: *Flêgetôn* (V. 101,17). Er nennt lateinische Chroniken, die allesamt auf das angevinische Reich verweisen, und schlägt somit die Brücke zum normannischen Königshof in England, wo lateinische Chroniken und höfische Romane gefördert wurden, die von König Artus handeln. Er behauptet, selbst keinen Buchstaben (V. 115,27: *deheinen buochstap*) lesen und schreiben zu können, betont aber, dass sein Gewährsmann Guiot das Alphabet (V. 453,15: *der karakter â b c*) in mehreren Sprachen kannte. Er spricht sich selbst – in Abgrenzung von Hartmann von Aue – die Fähigkeit ab, Quellenstudien in Büchern betreiben zu können, schreibt diese Fähigkeit dann aber seinem erfundenen Gewährsmann zu, der ein berühmter Gelehrter (V. 453,11: *der meister wol bekant*) gewesen sei. Stellt man den parodistischen Charakter der Quellenfiktion in Rechnung, so dürfte Wolframs Behauptung, er sei Analphabet, ebenfalls eine Maske sein. Alles, was Wolfram sich selbst abspricht, spricht er ja seinem erfundenen Gewährsmann zu. Guiot ist ein schriftgelehrter Bücherleser wie Hartmann von Aue, und Wolfram ist es somit auch. Dass sein *Parzival* tatsächlich auf einer Vielzahl von Quellen beruht, die einem ungebildeten Dichter nicht zugänglich gewesen wären, ist längst nachgewiesen (Bumke 1991, S. 153–167).

Wirnt von Grafenberg erwähnt im Prolog zum *Wigalois*, dass er eine überlieferte Geschichte weitererzähle, ohne Einzelheiten zu nennen: *nu wil ich iu ein mære / sagen, als ez mir ist geseit* (V. 131–132: „Jetzt will ich euch eine Geschichte erzählen, so wie sie mir berichtet wurde"). Im Epilog fügt er hinzu, dass ihm die Vorlage, auf der seine Nachdichtung beruhe, von einem Knappen vermittelt worden sei:

> Ich wil daz mære volenden hie,
> als michz ein knappe wizzen lie
> der mirs ze tihten gunde.
> niwan eines von sînem munde
> enpfie ich die âventiure;
> dâ von was mit tiure
> daz mære an mangen enden.

Ich will hier die Geschichte so vollenden, wie ich durch einen Knappen Kenntnis von ihr erhielt, der sie mir zur Nachdichtung überließ. Allein aus seinem Munde erfuhr ich die Geschichte. Daher weist sie in vielerlei Hinsicht Lücken auf (V. 11686–11692).

Wie Wolfram gibt Wirnt eine Erklärung für seine Abweichungen von der Vorlage. Die Geschichte sei ihm mündlich vermittelt worden, daher habe er sie nur lückenhaft wiedererzählen können.

Liebesromane
Eilhart von Oberg verbindet seine Quellenberufung mit einer Aufmerksamkeitsbitte an das Publikum, auch er setzt also einen mündlichen Vortrag voraus:

> ich sage ûch, wolt ir swîgen stille
> (wen ez ist mîn wille
> daz ich ûch ân alle valscheit
> hie kunde die rechten wârheit),
> als ich daz an dem bûche vant,
> wie der hêre Tristant
> zu disir werlde êrst bequam,
> und sîn ende wedir nam.

Ich erzähle euch, wenn ihr stillschweigen wollt (denn es ist mein Wille, dass ich euch ohne Verfälschung die richtige Wahrheit mitteile), wie ich es im Buch vorfand, wie Herr Tristan in diese Welt kam und wie er sein Ende nahm (V. 31–38).

Eilhart erklärt seine Absicht, die Geschichte von Tristan und Isolde getreu wiederzugeben, wie er sie vorfand. Um welches Buch es sich bei seiner Vorlage handelt, teilt er jedoch nicht mit.

Gottfried von Straßburg hingegen gibt genaue Auskunft über seine Quelle. Er stützt sich auf den Tristanroman des französischen Dichters Thomas von England. Viele hätten die Geschichte von Tristan und Isolde erzählt, aber niemand so richtig wie dieser:

> sine sprâchen in der rihte niht,
> als Thômas von Britanje giht,
> der âventiure meister was
> und an britûnschen buochen las
> aller der lanthêrren leben
> und ez uns ze künde hât gegeben.
> Als der von Tristande seit,
> die rihte und die wârheit
> begunde ich sêre suochen
> in beider hande buochen
> walschen und latînen
> und begunde mich des pînen,
> daz ich in sîner rihte
> rihte diese tihte.
> sus treip ich manege suoche,
> unz ich an eime buoche
> alle sîne jehe gelas,
> wie dirre âventiure was.
> waz aber mîn lesen dô waere
> von disem senemaere,
> daz lege ich mîner willekür
> allen edelen herzen vür,
> daz sî dâ mite unmüezic wesen.
> es ist in sêre guot gelesen.

[S]ie haben nicht in der rechten Weise berichtet, so wie es Thomas von Britanje [Thomas von England] tat, der ein Meister der Erzählkunst war und in bretonischen Büchern das Leben aller Fürsten nachgelesen und uns davon berichtet hat. Aufgrund dessen, was er über Tristan erzählt, begann ich, intensiv nach der richtigen Fassung zu suchen, und zwar in Büchern sowohl romanischer als auch lateinischer Herkunft. Und ich bemühte mich eifrig darum, nach seinem korrekten Vorbild diese Dichtung abzufassen. So stellte ich umfangreiche Nachforschungen an, bis ich in einem bestimmten Buche seinen ganzen Bericht bestätigt fand, wie sich die Geschichte zugetragen habe. Was ich aber dort gelesen habe von dieser Liebesgeschichte, das will ich nun aus freien Stücken allen vornehmen Menschen vorlegen, damit sie sich daran erfreuen. Es zu lesen, wird ihnen guttun (V. 149–172).

Im Unterschied zu Wolfram distanziert sich Gottfried nicht von seiner Hauptquelle, um seine poetischen Freiheiten zu legitimieren, sondern behauptet im Gegenteil, dass er weitere französische und lateinische Quellen studiert habe, um die Richtigkeit der Fassung des Thomas von England zu bestätigen. Gottfried inszeniert sich also als Buchgelehrter und legt den Akzent nicht auf die Mündlichkeit, sondern die Schriftlichkeit. Er hat die Geschichte gelesen, und die Gemeinschaft der edlen Herzen, der er das Buch vorlegt, soll es ihrerseits lesen.

Konrad Fleck nennt den Verfasser der Vorlage seines Liebesromans von Flore und Blancheflur beim Namen:

1.2 Gönner und Gönnerinnen, Dichter und Publikum 69

> ez hât Ruopreht von Orlent
> getihtet in welschen
> mit rîmen ân gevelschen
> des ich in tiuschen willen hân.
> alsus wil ich ez ane vân.

Ruprecht von Orlent hat [das Buch] auf Französisch in makellosen Reimen gedichtet, das ich nun ins Deutsche übertragen will. So will ich nun damit beginnen (V. 142–146).

Wer der französische Dichter ist, der sich hinter der mittelhochdeutschen Namensform *Ruoprecht von Orlent* verbirgt, hat die Forschung bis heute nicht ermitteln können. Der Verfassername fällt nur bei Konrad Fleck. In der Neuausgabe des französischen Romans wird die Auffassung vertreten, dass statt ‚Orlent' ‚Orbent' zu lesen sei, wohinter sich Orbigny verberge; daraus wird auf den Verfassernamen Robert d'Orbigny geschlossen.

Kulturgeschichte II: Höfische Liebe

Inhaltsverzeichnis

2.1 Die heterosoziale Wende 71
2.2 Homosoziale Beziehungen 77
2.3 Heterosoziale Beziehungen 106
2.4 Sexualität und Reproduktion 135

Das zweite kulturgeschichtliche Thema, das hier behandelt werden soll, betrifft die höfische Liebe und somit die Geschlechterverhältnisse (vgl. Jaeger 1999; Schultz 2006; Klinger 2025). Wie verhalten sich Liebe und Freundschaft, Liebe und Ehe, Liebe und Sexualität zueinander? Wichtig ist, dass man die heutigen Vorstellungen nicht auf das Mittelalter projiziert, sondern deren Eigenarten und Besonderheiten ernst nimmt.

2.1 Die heterosoziale Wende

Die wichtigste Erkenntnis ist wohl der Sachverhalt, dass sich in der Geschichte der höfischen Epik ein Paradigmenwechsel vollzog, den man als ‚heterosoziale Wende' bezeichnen kann. Gemeint ist damit eine grundsätzliche Verschiebung hinsichtlich der Geschlechterverhältnisse. Vor der Wende wurde vor allem von männlich-homosozialen Beziehungen erzählt; seit der Wende traten heterosoziale Beziehungen in den Fokus, also Beziehungen zwischen Männern und Frauen, Rittern und Damen. Dies führte zu Spannungen, Konkurrenzen und Rivalitäten, die es im Medium der höfischen Dichtung auszuhandeln galt.

2.1.1 Monologische Männlichkeit

Simon Gaunt bezeichnet die männliche Vorherrschaft in der frühen Epik als „monologische Männlichkeit" (Gaunt 1995, S. 22; vgl. Rasmussen 2019). Als Beispiel dient ihm das altfranzösische *Rolandslied*, das am Anfang der volkssprachlichen Dichtung des zwölften Jahrhunderts steht. Die Welt, die in diesem Heldenepos entworfen wird, handelt von Männern und ihren Beziehungen zueinander. Das *Rolandslied* erzählt vom Überfall der Sarazenen auf die Nachhut des fränkischen Heers, das sich aus Spanien zurückzieht. Roland, der Neffe Karls des Großen und Führer der Nachhut, kämpft an der Seite seines Waffenbruders Olivier gegen den heidnischen König Marsilie, nachdem Ganelon, Rolands Stiefvater, die Franken an die Sarazenen verraten hat. Olivier und Roland sterben im Kampf; erst das Eingreifen Karls des Großen wendet das Blatt und führt zu einem Sieg über die Sarazenen, die inzwischen Verstärkung vom babylonischen König Baligant erhalten haben. Wie die kurze Nacherzählung zeigt, stehen männlich-homosoziale Beziehungen im Vordergrund, nämlich Vasallität (Karl/Roland) und Rivalität (Roland/Ganelun), Freundschaft (Roland/Olivier) und Feindschaft (Christen/Heiden), Herrschaft (Karl/Marsilie/Baligant) und Verwandtschaft (Karl/Roland, Roland/Ganelun). Eine Ausnahme stellt Aude dar, die mit Roland verlobte Schwester Oliviers, die den beiden in der Schlacht gefallenen Männern nachstirbt. Diese Konstellation wird jedoch nicht als Liebesgeschichte erzählt; vielmehr geht es um die Verschwägerung der Freunde und somit die Stärkung ihrer männlich-homosozialen Beziehung.

Ein weiteres Beispiel ist der *König Rother*, ein Brautwerbungsepos, das auch auf Karl den Großen bezogen ist, aber nicht aus einer französischen, sondern einer deutschen Erzähltradition stammt. Wiederum stehen männlich-homosoziale Beziehungen im Vordergrund. König Rother schickt einen Vasallen aus, um stellvertretend um die byzantinische Königstochter zu werben. Der Brautvater lehnt die Werbung nicht nur ab, sondern nimmt Rothers Vasallen gefangen. Daraufhin zieht Rother selbst aus, um seine Gefolgsleute zu befreien und die Königstochter zu entführen. Nachdem ihm beides gelungen ist, schickt der König von Konstantinopel seinerseits einen Boten aus, der seine Tochter zurückentführt. Diese, die inzwischen von Rother ein Kind erwartet, soll auf Geheiß ihres Vaters den Sohn des Herrschers von Babylon heiraten. Rother gelingt es, seine Braut zurückzuholen. Das gemeinsame Kind ist Pippin, der Vater Karls des Großen. Auch in dieser Geschichte geht es um Beziehungen zwischen Männern. Die Braut bleibt namenlos, sie ist weitestgehend Spielball männlicher Interessen.

Die monologische Männlichkeit ist Ausdruck des Patriarchats. Sie ist typisch für die gesamte Vormoderne. Man kann dies an der philosophischen, theologischen und literarischen Diskursgeschichte der Freundschaft nachvollziehen, die bis ins neunzehnte Jahrhundert hinein die Männerfreundschaft als vorherrschendes Ideal persönlicher Nahbeziehungen definierte (Kraß 2016a). Cicero setzt in seinem Buch *Laelius über die Freundschaft*, das zum Kanon des mittelalterlichen Schulunterrichts gehörte, Freundschaft mit Männerfreundschaft gleich. Noch Michel de Montaigne spricht Frauen die Fähigkeit zur Freundschaft mit der misogynen Begründung ab, dass die weibliche Seele für derart intensive Bindungen zu schwach sei.

2.1.2 Die Rolle der Frau

Doch ändert sich das Bild in der zweiten Hälfte des zwölften Jahrhunderts (wenngleich nicht auf Dauer). In der höfischen Epik vollzieht sich ein Paradigmenwechsel: die ‚heterosoziale Wende'. Die Aufwertung der adeligen Frau, die sich auch in der Gattung des Minnesangs spiegelt, führt dazu, dass partnerschaftliche Beziehungen nicht mehr ausschließlich männlich-homosozial gedacht werden, sondern nun auch heterosoziale Beziehungen einbeziehen. Das Freundschaftsmodell, das Cicero propagierte, wird im höfischen Liebesdiskurs auf die Beziehungen zwischen Mann und Frau übertragen. Die höfische Liebe, verstanden als partnerschaftliche Beziehung zwischen Ritter und Dame, folgt dem Muster der Männerfreundschaft: „Ganz offensichtlich [...] war das Vorbild der Liebesziehung die Freundschaft – unter Männern" (Duby 1993, S. 89).

Infolge der heterosozialen Wende in der höfischen Epik rücken die Liebesbeziehungen zwischen Mann und Frau in den Vordergrund. Man stellt sich nun die Frage, ob Roland und Aude einander nicht doch auch in Liebe zugetan waren und ob die von Rother geraubte Prinzessin ihren Entführer nicht doch auch liebte. Ein weiteres Beispiel bietet die Gattung des Antikenromans. Wenn Vergil in seiner *Aeneis* erzählt, dass der trojanische Flüchtling Aeneas die italienische Prinzessin Lavinia heiratet, so geht es um eine heiratspolitische Verbindung, aus der später das Römische Reich hervorgehen soll. Während Lavinia bei Vergil nur am Rande vorkommt, erfinden die mittelalterlichen *Eneasromane* eine ausführliche Liebeshandlung um Eneas und Lavinia, die den zweiten Teil des Romans beherrscht. Ab einem gewissen Punkt in der Geschichte der höfischen Literatur vollzieht sich also eine Wende, die zur Folge hat, dass Rittergeschichten fortan selbst dann als Liebesgeschichten erzählt werden, wenn die Liebe zwischen Mann und Frau stoffgeschichtlich betrachtet kein Thema war.

Entsprechend transformieren sich die Vorstellungen von Freundschaft und Liebe. In der höfischen Epik standen zunächst Geschichten von männlichen Freundespaaren im Vordergrund: von Roland und Olivier (*Rolandslied*), Ernst und Wetzel (*Herzog Ernst*), Eneas und Pallas (*Eneasroman*), Nisus und Euryalus (*Eneasroman*), Achilles und Patroklos (*Trojaroman*), Erec und Guivreiz (*Erec*), Iwein und Gawein (*Iwein*), Marke und Tristan (*Tristan*). Doch dann treten heterosoziale Liebesgeschichten hinzu, die die Freundschaftsgeschichten unter Männern überbieten: Eneas liebt zwar Pallas, aber nach dessen Tod auch und vor allem Lavinia. Erec freundet sich zwar mit Guivreiz an, aber seine Partnerin ist und bleibt Enite. Als Iwein mit Gawein auszieht, um Abenteuer zu erleben, riskiert er zwar seine Ehe mit Laudine, vermag sich aber am Ende mit ihr zu versöhnen. Marke will zunächst nicht heiraten, solange er Tristan an seiner Seite hat, willigt dann aber in die Ehe mit Isolde ein, die sich allerdings in Tristan verliebt.

Mit der heterosozialen Wende wird die Frage virulent, wie sich die persönlichen Nahbeziehungen zwischen Männern mit den persönlichen Nahbeziehungen zwischen Mann und Frau vereinbaren lassen. Die betreffenden Ansprüche konkurrieren miteinander, und es kommt zur Rivalität zwischen Freundschaft und Liebe. Für die höfische Epik ist dieses Problem umso schwieriger zu lösen, als sie terminologisch nicht zwischen Freundschaft und Liebe unterscheidet. Beide Beziehungsformen werden, unabhängig vom Geschlecht der Beteiligten, als *minne* bezeichnet.

▶ **Definition** Das mhd. Wort *minne* ist etymologisch mit dem Wort ‚meinen' verwandt. Die ursprüngliche Bedeutung ist das ‚liebende Gedenken' und somit die Liebe selbst. Das nhd. Wort ‚Minne' wird nur noch ironisch oder als Fachbegriff für die höfische Liebe benutzt.

Ein Symptom für die heterosoziale Wende ist das Motiv der Totenklage (s. Tab. 2.1). In den frühen Epen, die noch ganz im Zeichen der monologischen Männlichkeit stehen, wird immer wieder erzählt, wie Ritter um ihre gefallenen Freunde weinen: Roland um Olivier, Karl um Roland, Eneas um Pallas, Nisus um Euryalus, Achilles um Patroklos. Doch dann geht das Motiv der Totenklage auf die Frauen über, die um ihre toten oder scheintoten Männer klagen: Enite um Erec, Laudine um Ascalon, Sigune um Schionatulander, Blanscheflur um Riwalin, Isolde um Tristan, Kriemhild um Siegfried.

Dass der Fokus noch immer auf den Männern liegt, lässt sich auch daran erkennen, dass Männer und Frauen, die um Frauen klagen, in der höfischen Epik kaum vorkommen. Eine Ausnahme bietet der *Eneasroman* Heinrichs von Veldeke, in dem Anna um ihre Schwester Dido (V. 2462–2476) und Turnus um seine Waffenschwester Camilla (V. 9323–9353) klagt.

Die heterosoziale Wende hat gravierende Auswirkungen auf das Verständnis von Ehe und Sexualität. In einer männlich-homosozial dominierten Welt, die Freundschaft zwischen Männern für den Inbegriff persönlicher Nahbeziehungen hält, ist die Ehe in erster Linie eine heiratspolitische Allianz zwischen patrilinear strukturierten Sippen. Eheliche Sexualität dient in dieser Welt der Erzeugung männlicher Nachkommen, die die Kontinuität der Sippe über die Generationen hinweg sicherstellen. Dies ist der Grund, warum Isoldes Mutter für Isolde einen Minnetrank braut. Sie erhofft sich für ihre Tochter, dass zu der heiratspolitischen Allianz zwischen

Tab. 2.1 Männlich-homosoziale und heterosoziale Totenklagen

Totenklagen			
Homosozialer Typus: Männer beklagen ihre geliebten Freunde	Heldenepos	*Rolandslied*	Roland klagt um Olivier Karl klagt um Roland
		Willehalm	Willehalm klagt um Vivianz Willehalm klagt um Rennewart
		Nibelungenlied	Hagen klagt um Rüdiger
	Antikenroman	*Eneasroman*	Eneas klagt um Pallas Nisus klagt um Euryalus
		Trojaroman	Achill klagt um Patroklos
Heterosozialer Typus: Frauen beklagen ihre geliebten Männer	Artusroman	*Erec*	Enite klagt um Erec
		Iwein	Laudine klagt um Ascalon
		Parzival	Sigune klagt um Schionatulander
		Titurel	Sigune klagt um Schionatulander
	Liebesroman	*Tristan*	Blanscheflur klagt um Riwalin Isolde klagt um Tristan
			(*Nibelungenlied* Kriemhild klagt um Siegfried)

England und Irland die Liebe hinzukommen möge, damit die Ehe, die Isolde mit dem deutlich älteren König Marke eingeht, für sie erträglich wird. Unter dem Vorzeichen der Heiratspolitik ist die Liebe ein willkommener Bonus für die Ehe, nicht aber deren Voraussetzung.

Dies ändert sich im Laufe des zwölften Jahrhunderts aufgrund von zwei Entwicklungen, die Hand in Hand gehen: der Entdeckung der höfischen Liebe einerseits und der kirchlichen Forderung nach dem Konsens der Brautleute als Voraussetzung einer gültigen Ehe andererseits. Die heiratspolitisch motivierte Heirat mutiert, jedenfalls dem Anspruch nach, zur höfischen Liebesehe. Die Ehefrau soll nun Partnerin des Ehemannes sein. Wenn Ehen geschlossen werden, stellt sich fortan die Frage, ob sie auf Liebe gegründet sind. Diese Entwicklung spiegelt sich in der höfischen Dichtung; aber umgekehrt trägt die höfische Dichtung auch maßgeblich zu dieser Entwicklung bei, indem sie die Vorbilder liefert und die Probleme diskutiert, die aus der Verschränkung von Ehe und Liebe resultieren.

2.1.3 Heteronormative Missverständnisse

Bei der Analyse der höfischen Geschlechterverhältnisse ist in Rechnung zu stellen, dass die Liebesehe nicht schon der vorausgesetzte Regelfall ist, sondern zunächst ein Sonderfall, dessen Plausibilität und Funktionalität allererst erkundet werden muss. Wer der höfischen Epik ausschließlich heteronormative Liebesvorstellungen unterstellt, läuft Gefahr, kategorialen Missverständnissen zu unterliegen. So hat sich die Forschung lange damit schwergetan, den literaturgeschichtlichen Stellenwert des *Tristan* Gottfrieds von Straßburg anzuerkennen, weil sie den Ehebruch, den Isolde mit Tristan an Marke begeht, als ein moralisches Problem deutete, das es für den mittelalterlichen Roman selbst nicht war. Für Gottfried stand außer Frage, dass die passionierte Liebe zwischen Tristan und Isolde die heiratspolitische Ehe zwischen Marke und Isolde ethisch übersteigt.

Bei näherer Betrachtung der höfischen Epen stellen sich viele Fragen, wenn man die Alterität (Andersheit) der mittelalterlichen und neuzeitlichen Geschlechterverhältnisse ernst nimmt: Heiratet Laudine Iwein aus Liebe – oder weil sie einen Schutzherrn für ihr Reich braucht? Heiratet Eneas Dido aus Liebe – oder um sich für die von den Göttern bestimmte Weiterreise nach Italien zu konsolidieren? Handelt König Rother aus Liebe, wenn er die byzantinische Prinzessin entführt, heiratet und ein Kind mit ihr zeugt – oder ist dies ein hegemonialer Angriff des weströmischen auf den oströmischen Herrscher? Liebt Roland Aude, die Schwester seines Waffenbruders Olivier – oder will er die Beziehung zu seinem Freund durch Verschwägerung festigen?

Schwierig zu beurteilen ist auch die Intimität der Männerfreundschaften der höfischen Epen, wenn man sie an heutigen Maßstäben misst. Hat Roland Olivier mehr geliebt als Aude? Hat Eneas Pallas mehr geliebt als Dido? Hat Marke Tristan mehr geliebt als Isolde? War Eneas, wie es ihm Lavinias Mutter sehr explizit unterstellt, ‚homosexuell'? Waren Nisus und Euryalus ein Liebespaar – und wenn ja, was heißt das genau? Wer auf diese Fragen eine passende Antwort sucht, muss sich zunächst klarmachen, dass die heteronormativen Oppositionen von (homosozialer) Freundschaft und (heterosozialer) Liebe, von Homosexualität und Heterosexualität, diskursgeschichtliche Konstrukte der Neuzeit sind und somit keinen angemessenen Deutungsrahmen für die höfische Epik des Mittelalters bieten.

2.1.4 Intersektionale Perspektiven

Für die Analyse der Geschlechterverhältnisse ist eine intersektionale Perspektive hilfreich, d. h. eine Perspektive, die die Verschränkung von Geschlecht, Stand, Religion etc. berücksichtigt (vgl. Kraß 2014). Die ritterlichen Protagonisten der höfischen Epik sind, wenn man ihre intersektionale Position bestimmt, hinsichtlich ihres Geschlechts männlich, hinsichtlich ihrer Klasse adelig, hinsichtlich ihrer ethnischen Zugehörigkeit weiß, hinsichtlich ihrer Nationalität meist ‚deutsch', ‚französisch' oder ‚englisch', hinsichtlich ihrer Religion christlich, hinsichtlich ihres Begehrens ‚heterosexuell', hinsichtlich ihres Alters jung, hinsichtlich ihrer physischen Konstitution gesund und kräftig und außerdem mit einem Pferd ausgestattet. So stellt man sich Siegfried vor, wenn er um Kriemhild wirbt.

Das Leitbild des Ritters hat Konsequenzen für die Rezeption, für die historische ebenso wie für die moderne. Die höfische Epik lud vor allem die männlichen Mitglieder der Hofgesellschaft ein, sich in den ritterlichen Helden zu spiegeln. Die Identifikationsangebote für das weibliche Publikum sind hingegen fragwürdig. Man denke an das *Rolandslied*, wo Aude Roland nachstirbt, oder an den *König Rother*, wo die byzantinische Prinzessin den Interessen Rothers, ihres Vaters und eines babylonischen Tyrannen ausgeliefert ist, oder an den *Herzog Ernst*, wo eine indische Prinzessin von den Schnäbeln der Kranichmenschen zerhackt wird, oder an den *Erec*, wo Enite geduldig die Zumutungen ihres Ehemanns erträgt, oder an den *Iwein*, wo Laudine von ihrem Ehemann im Stich (und dann auch vom Erzähler außer Acht) gelassen wird, oder an das *Nibelungenlied*, wo Brünhild vergewaltigt und Kriemhild ihres Mannes beraubt wird, oder an den *Armen Heinrich*, wo ein Arzt das namenlose Mädchen nackt auf einen Operationstisch schnallt, um ihr bei vollem Bewusstsein das Herz aus dem Leib zu schneiden. Gelegentlich gibt es auch das Gegenmodell, dass Frauen zum Schwert greifen wie Bride, die im *Orendel* als Kampfgenossin ihre Gatten unterstützt, wie die amazonenhafte Camilla, die im *Eneasroman* an der Seite von Turnus gegen Eneas kämpft, wie Kriemhild, die am Ende des *Nibelungenlieds* den Mörder ihres ersten Ehemanns eigenhändig tötet, oder wie Gyburg, die im *Willehalm* ihre Burg verteidigt.

Die intersektionale Perspektive ist auch für die heutige Rezeption relevant. In dem Maße, wie sich zum Beispiel männliche Leser mit den männlichen Protagonisten identifizieren, werden sie womöglich zu einer affirmativen Lektüre neigen und übersehen, welche Widerstände sich für Leser*innen auftun, die nicht männlich, nicht weiß, nicht bildungsbürgerlich, nicht christlich, nicht westeuropäisch oder nicht heterosexuell sind. Viele höfische Epen sind aus heutiger Sicht zweifellos misogyn, homophob, rassistisch, juden- und islamfeindlich und noch in vielen anderen

Hinsichten diskriminierend. Es ist fraglich, ob man diese Einwände mit dem Hinweis entkräften kann, dass die Verhältnisse zu jener Zeit nun einmal anders gewesen seien.

2.2 Homosoziale Beziehungen

Wie stellen sich die Geschlechterverhältnisse der höfischen Epik im Einzelnen dar? Zu unterscheiden ist zunächst zwischen homosozialen und heterosozialen Beziehungen. Die homosozialen Beziehungen teilen sich wiederum in solche, die zwischen Männern, und solche, die zwischen Frauen bestehen. Die folgende Darstellung konzentriert sich vor allem auf personale Nahbeziehungen, die man heute am ehesten als ‚Freundschaft' oder ‚Liebe' bezeichnen würde.

2.2.1 Männlich-homosoziale Beziehungen

Die höfische Epik erzählt von männlich-homosozialen Beziehungen verschiedenster Art. Es geht um Vasallität und Rivalität, Freundschaft und Feindschaft, herrschaftliche und verwandtschaftliche Beziehungen. In dem Maße, wie sie eine affektive Dimension aufweisen, kann man mit Eve Kosofsky Sedgwick von ‚männlich-homosozialem Begehren' (*male homosocial desire*) sprechen (Sedgwick 2015). In der frühhöfischen, von monologischer Männlichkeit geprägten Epik steht das männlich-homosoziale über dem heterosozialen Begehren, stehen also Männerfreundschaften und Waffenbrüderschaften im Vordergrund.

Gattungsspezifische Freundschaftskonzepte
Den ersten Versuch, anhand der höfischen Epik eine Systematik ritterlicher Freundschaftskonzepte zu entwerfen, unternahm Xenja von Ertzdorff in ihrem 1962 erschienenen Aufsatz „Höfische Freundschaft". Sie unterscheidet zwei Freundschaftskonzepte, die sie an den Gattungen der Heldenepik und des Artusromans festmacht. Den zweiten Typus bezeichnet sie als ‚höfische Freundschaft', den ersten könnte man entsprechend als ‚heroische Freundschaft' bezeichnen. Von Ertzdorff legt diese Bezeichnung selbst nahe, wenn sie in einer Fußnote von der „heroische[n] Bewährung" der Freundschaft im *Rolandslied* spricht (von Ertzdorff 1962, S. 40, Anm. 30). Das *Rolandslied* ist ihr Beispiel für das heroische Freundschaftsideal. Dieses beruhe auf einer „Vertrautheit, die aus einem langen, gemeinsam verbrachten Leben und in gegenseitigem Beistand erwachsen" sei (ebd., S. 39). Eine typische Szene ist die Klage um den toten Freund. Das *Rolandslied* „[zeigt] die beiden Freunde Roland und Olivier am Ende ihrer Laufbahn und gibt damit die Möglichkeit eines Rückblicks auf das, was sie miteinander verbunden hat" (ebd., S. 39). Ihrer Freundschaft eigne eine „Intensität im Ausdruck der gegenseitigen Zuneigung", die im Artusroman so nicht anzutreffen sei (ebd., S. 38).

Das höfische Freundschaftsideal, das in den Artusromanen präsentiert werde, erweise sich hingegen in erster Linie als „praktische Lebensgemeinschaft" (ebd.,

S. 44), die auf wechselseitiger Dienstbereitschaft beruhe. Das Verhältnis zwischen Gawein und dem jeweiligen Artushelden sei eines der „Freundschaft des Lehrers und Vorbildes zu seinem Schüler, der durch diese ehrenvolle Verbindung zur Nachfolge angehalten werden soll. Diese Vorbildlichkeit Herrn Gaweins gehört notwendig zu allen seinen Freundschaften, sie ist das Maß, vor dem sich seine Freunde zu bewähren haben" (ebd., S. 40). Als typische Situationen, in denen sich die höfische Freundschaft der Artusritter bewähre, nennt sie die Begrüßung des vor dem Hoflager des Königs unerkannt wartenden Protagonisten und den Zweikampf, in dem die Freunde unerkannt aufeinandertreffen.

An dieser gattungstypologischen Unterscheidung zweier Konzepte ritterlicher Freundschaft ist grundsätzlich festzuhalten, doch bedarf sie einer Differenzierung. Das Oppositionspaar Artusroman/Heldenepos kann schon deshalb nicht aufrechterhalten werden, weil der für die heroische Freundschaft charakteristische Situationstyp der Klage um den toten Freund nicht nur in der Heldenepik anzutreffen ist, sondern sehr markant auch in der Gattung des Antikenromans. Daher soll hier eine andere Typologie vorgeschlagen werden, die sich am Kriterium der Geschlechterverhältnisse orientiert (vgl. Kraß 2006a). Die These lautet, dass der Typus der heroischen Freundschaft alle Gattungen betrifft, die ganz oder teilweise von monologischer Männlichkeit geprägt sind. Das wären außer der Heldenepik auch die Antikenromane, zumal sie auf eine literaturgeschichtliche Epoche zurückgehen, die ihrerseits von monologischer Männlichkeit bestimmt war. Dagegen trifft der Typus der höfischen Freundschaft auf diejenigen Gattungen und Werke zu, welche die heterosoziale Wende vollzogen haben und Liebesgeschichten zwischen Mann und Frau in den Mittelpunkt rücken. Hier sind es eher die Frauen, die um ihre toten (oder scheintoten) Männer klagen. Zu diesem Typus gehören außer den Artusromanen auch die Liebesromane sowie bestimmte Heldenepen und Antikenromane, die die heterosoziale Wende mitvollzogen haben. Eine interessante Mischform weist der *Herzog Ernst* als Vertreter der Brautwerbungsepik auf.

Heroische Freundschaft I: Heldenepik
Zu den Gattungen der höfischen Epik, die das Modell der heroischen Freundschaft zwischen Rittern propagieren, gehören die Heldenepen französischer und deutscher Provenienz. Zu nennen sind das *Rolandslied* des Pfaffen Konrad und der *Willehalm* Wolframs von Eschenbach sowie das *Nibelungenlied*. Als Heldenepos deutscher Provenienz steht es literaturgeschichtlich zwischen den beiden Heldenepen französischer Provenienz (*Chansons de geste*).

Das *Rolandslied* stellt Roland und seinen „geliebten Freund" Olivier (V. 6436: *allerliebesten gesellen*, 6485: *aller liebeste geselle*, 6740: *geselle liebe*) in den Mittelpunkt. Sie kämpfen als Waffenbrüder Seite an Seite gegen die Sarazenen. Zunächst stirbt Olivier und wird von Roland betrauert, dann stirbt Roland und wird von Karl dem Großen beklagt. Der Freundschaft der Waffenbrüder wird also die Verwandtschaft von Onkel und Neffe gegenübergestellt. Beide Beziehungsformen, Freundschaft und Verwandtschaft, sind Spielart des männlich-homosozialen Begehrens, das die patriarchalische Gesellschaft zusammenhält.

2.2 Homosoziale Beziehungen

Roland klagt dreimal um seinen Freund. Als der kämpfende Olivier tödlich verwundet wird, reitet Roland an seine Seite und beginnt die erste Klage:

> er sprach: ‚jâ dû aller cristen êre,
> nune machtu leben mêre.
> jâ dû aller tugente vater,
> wer mächte dich erstaten?'
> er begunde bitterlîche wainen:
> ‚scol ich nu scaiden
> von dem allerliebesten gesellen?
> dîn grôz ellen
> muoz ich iemer mêre clagen.
> ze wem scol ich nu trôst haben?
> diu süeze Karlinge
> nemac dich niemer überwinde.'
> von dem laide unt von dem grimme
> sô ercrachte Ruolant inne,
> daz er sich genaicte ûf den satelbogen.
> er was nâch zuo der erde komen,
> vil kûme er sich gehabete.
> âne mâze er clagete,
> die hente, die want er.

Er [...] sagte: „Ruhm aller Christen, dein Tod ist besiegelt. Ach, Vater aller Tapferkeit, wer könnte dich ersetzen?" Er begann, bitterlich zu weinen. „Muss ich also Abschied nehmen von dem liebsten Freund? Deiner großen Tapferkeit werde ich immer nachtrauern. Auf wen soll ich mich jetzt verlassen? Das süße Frankreich wird über deinen Verlust nicht hinwegkommen." Vor Schmerz und Zorn brach Roland beinahe das Herz, dass er im Sattel vornüber sank. Fast wäre er vom Pferd gefallen. Er konnte sich kaum noch oben halten. Sein Wehklagen war ohne Maß. Er rang die Hände (V. 6430–6448).

Oliviers Augen sind so getrübt, dass er Roland nicht erkennt. Er versetzt ihm einen Hieb, doch Roland bleibt unverletzt. Als Olivier sich entschuldigt, entgegnet Roland: „Du mein allerbester Freund, den ich je auf Erden hatte, du hast mir ja nichts getan" (V. 6485–6486: *er sprach: ‚der aller liebeste geselle, / den ich ie ze dirre werlt gewan, / jâne hâst du mir nicht getân'*).

Als Roland nach weiteren Kämpfen zur Leiche seines Freundes zurückkehrt, stimmt er seine dritte Totenklage an:

> er sprach zuo Oliviere:
> ‚ja du geselle liebe,
> des guoten Regenhêres barn,
> disiu werlt muoz zergân,
> daz siu dir nicht gelîches gewinnet.
> alsô der kaiser dich nu vindet,
> sô claget er dich grimme,
> sô wainet Karlinge
> ir liebe gebornen.
> ich gehœre an den hornen,
> uns nâhet mîn hêrre.
> nune mach ich leben mêre.'
> dô erlasc im sîn craft,
> der helt vile in ummacht.

Zur Leiche Oliviers sprach er: „Ach, lieber Freund, Sohn des edlen Regenher, diese Welt wird untergehen, ohne je deinesgleichen noch einmal hervorzubringen. Wenn der Kaiser dich findet, so wird er dich bitter beklagen, so wird Frankreich seine lieben Söhne beweinen. Am Hörnerschall erkenne ich, dass mein Herr naht. Ich kann nicht mehr." Da verließ ihn seine Kraft, der Held fiel in Ohnmacht (V. 6739–6752).

Mit Oliviers Tod ist auch Rolands Sterben eingeleitet. Bei der ersten Klage fällt er fast vom Pferd, bei der dritten Klage liegt er ohnmächtig am Boden. Ohne seinen geliebten Freund vermag er nicht mehr zu leben (V. 6750: *nune mach ich leben mêre*). Wenig später wiederholt sich die Szene mit vertauschten Rollen. Nun ist Roland im Kampf gefallen, und Karl der Große beklagt seinen geliebten Neffen:

> dâ vant er ligen ainen
> enzwischen marmelstainen
> sînen neven Ruolanten.
> mit sînes selben hanten
> huob er in von der erde.
> ich wæne, iemer mêre werde
> sô grôz jâmer, sô dâ was.

Da fand er einsam zwischen Marmorsteinen seinen Neffen Roland liegen. Mit seinen eigenen Händen hob er ihn auf. Ich glaube, nie wieder wird so getrauert werden wie dort (V. 7487–7493).

Alle, die die Szene sehen, stimmen in die Trauer ein:

> âne mâze sie clageten.
> wer enthielte sich dar under,
> der ie gesach diu grôzen wunder,
> ez en müese in erbarmen,
> dô der kaiser ûf sînen armen
> clagete Ruolanten?
> er begonde in wantelen
> al hin unt her.
> vil ineclîchen sprach er:
> ‚ôwî vil lieber neve,
> wie ungerne ich nu lebe.'
> [...]
> fürsten, die hêrren,
> rouften sich selben harte.
> bî hâre unt bî barte
> liten si grôz ungemach.
> dô iegelîcher sînen friunt gesach,
> sô clagten sie ie mêre unt mêre.
> si hêten manige ungebære.
> ich wæne, nie niemen laider geschæhe.
> Der kaiser clagete sîne tôten.
> die zahere begonden rôten,
> die im ze tale vielen.

Ohne Maß klagten sie. Wer auch hätte dabei ruhig bleiben können, der so unerhörte Dinge zu Gesicht bekam, und nicht mitleiden müssen, als der Kaiser den in seinen Armen liegenden Roland beweint? Er wiegte ihn immerfort hin und her. Aus innerstem Herzen sprach er:

2.2 Homosoziale Beziehungen

> „Ach, liebster Neffe, ich mag nicht mehr leben. Könnte ich doch mit dir sterben! [...]". Die edlen Fürsten rauften sich selbst. An Haar und Bart fügten sie sich Schmerz zu. Als jeder seinen Verwandten fand, da wehklagten sie mehr und mehr. Sie verloren alle Beherrschung. Ich glaube, niemandem ist es je schlimmer ergangen. Der Kaiser beweinte seine Toten. Die Tränen wurden rot, die ihm entquollen (V. 7502–7512, 7522–7533).

Die Szene erinnert an die christliche Passionsgeschichte. Karl wiegt den toten Neffen in seinem Schoß wie die Gottesmutter Maria ihren toten Sohn (Pietà). Wie Roland Olivier nachstarb, so will nun auch Karl mit Roland in den Tod gehen. Wichtig ist, dass Karls Trauer auch sein Gefolge erfasst. Wenn der Kaiser trauert, trauert das Reich mit. Die Trauer ist ein affektives Bindemittel, das das Kollektiv zusammenhält.

Jahrzehnte später nimmt Wolfram von Eschenbach in seinem *Willehalm* die Konstellation des *Rolandslieds* wieder auf. Die heterosoziale Wende ist inzwischen vollzogen. Während die Verlobung Rolands mit Oliviers Schwester Alda ein Nebenmotiv bleibt, steht die eheliche Verbindung zwischen Willehalm und Gyburg im Mittelpunkt der Erzählung. Das heißt aber nicht, dass das männlich-homosoziale Begehren an Bedeutung verloren hätte. Willehalm trauert um zwei gefallene Ritter: um Vivianz, den Sohn seiner Schwester, und Rennewart, den Bruder seiner Ehefrau, die sich beide bis zu ihrem Tod im Kampf gegen die Feinde behaupten. Wolfram spielt mehrfach auf das *Rolandslied* an, die Klagen um Vivianz und Rennewart sind erkennbar an die Klagen Rolands um Olivier und Karls um Roland angelehnt. Die Szenen umklammern das Epos: Die Klagen um Vivianz stehen am Anfang (Buch 2), die Klagen um Rennewart am Schluss (Buch 9).

Willehalms umfangreicher Trauermonolog über den sterbenden Vivianz ist ein rhetorisches Musterbeispiel für die Gattung der Totenklage, wie sie in den zeitgenössischen lateinischen Poetiken demonstriert wird. Eine Kostprobe bietet derjenige Abschnitt der Rede, in der Willehalm – wie Roland und Karl im *Rolandslied* – seinen eigenen Todeswunsch äußert. Ohne den geliebten Neffen will er nicht weiterleben:

> in sîme herzen gar verswant
> swaz im ze vreuden ie geschach.
> mit nazzen ougen er dô sprach:
> „ei vürsten art, reiniu vruht,
> mîn herze muoz die jâmers suht
> âne vreude erzenîe tragen.
> wære ich doch mit dir erslagen!
> sô tæte ich gein der ruowe kêre.
> jâmer, ich muoz immer mêre
> wesen dînes gesindes.
> daz dû mich niht verslindes –
> ich meine dich, breitiu erde –,
> daz ich bezîte werde
> Dir gelîch: ich kom von dir.
> tôt, nû nim dîn teil an mir.
> swaz ich mit kumber ie geranc
> und swaz mich sorge ie getwanc,
> dâ rûmt ich jâmers lêre:
> nû hân ich sorgen mêre

> denne mir in herzen ie gewuohs.
> kund ich nû sliefen sô der vuhs,
> daz mich belûhte nimmer tac!
> swaz vreude in mînem herzen lac,
> diu ist mit tôde drûz gevarn.
> tôt, daz dû mich nû kanst sparn!
> ich lebe noch und bin doch tôt.
> daz sus ungevüegiu nôt
> in mînem herzen kann gewern,
> und daz mit swerten und mit spern
> mich tôte niht diu heidenschaft!"
> von jâmer liez in al sîn kraft:
> unversunnen underz ors er seic.
> sîner klâge er gar gesweic.

Alle Freude, die er jemals empfunden hatte, verschwand vollständig aus seinem Herzen. Mit tränennassen Augen sagte er: „Ach Fürstenspross, du unschuldiges Kind, mein Herz ist krank vor Kummer ohne eine Aussicht, je wieder Freude zu gewinnen. Wäre ich doch zusammen mit dir erschlagen worden! Dann hätte ich jetzt Ruhe! Leid, in alle Zukunft gehöre ich dir! Dass du mich – ich meine dich, du endlose Erde – nicht verschlingst, damit ich beizeiten dir gleich werde, da ich doch von dir abstamme! Tod, nun nimm deinen Anteil von mir! Welcher Jammer mich jemals befiel und welche Sorgen mich jemals niedergedrückt haben, dadurch begriff ich, was Leid ist. Jetzt aber habe ich größere Sorgen, als mir je zuvor im Herzen erwuchsen. Könnte ich mich jetzt verkriechen wie der Fuchs, dass ich niemals mehr ans Licht träte! Alles, was mein Herz je an Freude umfasste, das ist nun durch deinen Tod hinausgefahren. Tod, dass du mich jetzt verschonst! Ich lebe zwar noch, aber ich bin doch tot. Dass so übergroßes Leid in meinem Herzen dauern kann und dass die Heidenschaft mich mit Schwertern und Lanzen nicht umbringt!" Alle Lebenskraft verließ ihn angesichts des Leides, er sank ohnmächtig unter das Ross. Seine Klage verstummte (V. 60,18–61,20).

Willehalms Ohnmacht entspricht Rolands Ohnmacht; sie ist Zeichen dafür, dass er mit dem Tod des gestorbenen Neffen auch sein eigenes Leben verloren hat: *ich lebe noch und bin doch tôt*. Willehalm nimmt dem Sterbenden die Beichte ab, reicht ihm eine mitgeführte Hostie und rettet so sein Seelenheil. Nachdem Vivianz gestorben ist, hält Willehalm Totenwache und bringt in wortlosen Gesten seine Trauer und Liebe zum Ausdruck. Er weint, bis er keine Tränen mehr hat (V. 69,24–28), und umarmt (V. 70,6–7) und küsst seinen Neffen (V. 71,21: *sînen neven kust er*).

Die Klage um Rennewart entspricht in Umfang und Intensität der Klage um Vivianz. Willehalm befürchtet, dass sein Freund und Schwager, den er als seine „rechte Hand" bezeichnet, gestorben sei, und betrauert ihn wie einen Toten:

> der vürste ûz Provenzâlen lant
> klagete sêre daz er niht vant
> sînen vriunt Rennewart;
> im was leit diu dannenvart.
> er sprach „ine hân noch niht vernumen
> war mîn zeswiu hant sî kumen.
> [...]
> mîn triuwe het des schande,
> ob niht mîn herze kunde klagen
> und der munt nâch dir von vlüste sagen.
> [...]

2.2 Homosoziale Beziehungen

> ouwê daz ich nicht tôt belac
> von des admirâtes handen!
> dô der keiser Ruolanden
> verlôs vor Marsiljen her,
> und Olivieren der wol ze wer
> was, und der bischof Turpîn
> noch ist diu vlust grœzer mîn.
> [...]
> mîn tôtiu vreude, niht diu lame,
> im herzen ist verswunden."

Der Provenzalenfürst klagte heftig darüber, dass er seinen Freund Rennewart nicht fand. Er bedauerte, weggehen zu müssen. Er sagte: „Ich weiß noch nicht, wohin meine rechte Hand gekommen ist. [...] Es stünde schlecht um meine Treue, würde ich dich nicht von ganzem Herzen beklagen und würde mein Mund nicht über deinen Verlust reden. [...] Oh weh, dass ich nicht durch die Hand des Admirats getötet wurde! Als der Kaiser im Kampf gegen Marsilies Heer Roland verlor, dazu den im Kampf tüchtigen Olivier und den Bischof Turpin: Mein Verlust ist größer. [...] Meine Freude ist tot, nicht nur kraftlos, sie ist völlig aus meinem Herzen verschwunden" (V 452,15–20; 453,28–30; 455,4–10, 18–19).

Indem Willehalm seinen Kummer um Rennewart mit der Trauer Karls des Großen um Roland und Olivier vergleicht, stellt der Erzähler einen intertextuellen Bezug zwischen beiden Heldenepen her, die sich hinsichtlich ihrer männlich-homosozialen Affektstruktur entsprechen.

Auch das *Nibelungenlied* spielt, wenngleich bereits in höfischer Überformung, auf das Motiv der heroischen Männerfreundschaft an. Während im ersten Teil die höfische Liebesgeschichte zwischen Siegfried und Kriemhild im Vordergrund steht, verlagert sich der Akzent im zweiten Teil auf die Schilderung der Kampfhandlungen. Es ist kein religiös legitimierter Kampf wie im *Rolandslied* oder im *Willehalm*, sondern eine sinnlose Schlacht zwischen zwei Völkern, die aufgrund ihrer heiratspolitischen Verbindung befreundet sein könnten. Die inzwischen mit Etzel verheiratete Kriemhild zettelt den tödlichen Konflikt zwischen Hunnen und Burgunden an, um sich an den Mördern Siegfrieds, ihres ersten Mannes, zu rächen. In den Sog dieser Ereignisse gerät Rüdiger von Bechelaren, der beiden Seiten verpflichtet ist: den Burgunden, weil er ihnen Gastfreundschaft gewährte und seine Tochter mit Giselher, dem jüngsten der burgundischen Könige, vermählte; den Hunnen, weil er Kriemhild einen Eid schwor und gegenüber Etzel als Vasall dienstpflichtig ist. Rüdiger kann in diesem tragischen Konflikt nicht sein Leben, wohl aber seine Ehre retten (vgl. Toepfer 2013). In einer selbstlosen Freundschaftsgeste schenkt er Hagen seinen Schild, dieser verspricht ihm im Gegenzug, nicht gegen ihn zu kämpfen. So können die beiden Ritter in der ihnen aufgenötigten Feindschaft ihre Freundschaft bewahren. Nachdem Gernot und Rüdiger einander im Zweikampf getötet haben, legt der Erzähler Hagen eine kurze Klage in den Mund, die beide Toten betrifft, aber Rüdiger in den Vordergrund rückt:

> Dô sprach der helt von Tronege: „ez ist uns übel komen.
> wir haben an in beiden   sô grôzen schaden genomen,
> den nimmer überwindent   ir liute und ouch ir lant
> [...]."

Da sagte der Held von Tronje: „Es ist für uns böse ausgegangen. Mit ihnen beiden haben wir einen so großen Verlust erlitten, den ihre Leute und auch ihre Länder niemals überwinden werden […]" (Str. 2219).

Zunächst stimmt der burgundische König Gunther in die Klage ein:

> „Ouwê mînes bruoder,   der tôt ist hi gefrumt!
> waz mir der leiden mære   zallen zîten kumt!
> ouch muoz mich immer riuwen   der edel Rüedegêr.
> der schade ist beidenthalben   unt diu vil grœzlichen sêr."

„Weh über meinen Bruder, der hier erschlagen liegt. Die ganze Zeit erreicht mich eine Schreckensmeldung nach der anderen. Auch der Tod des edlen Rüdiger wird mir immer tief zu Herzen gehen. Verlust und unermesslicher Schmerz haben beide Seiten getroffen" (Str. 2220).

Dann schließen sich weitere burgundische Ritter an:

> Dô Gunther unde Gîselher   und ouch Hagene,
> Dancwart unde Volkêr,   di guoten degene,
> di giengen, dâ si funden   ligen di zwêne man,
> dô wart dâ von den helden   mit jâmer weinen getân.

Da gingen Gunther, Giselher und auch Hagen, Dankwart und Volker, die guten Ritter, zu den beiden Toten. Die Helden weinten und zeigten ihren Jammer (Str. 2222).

Die Szene gipfelt in der öffentlichen Beweinung des toten Rüdiger:

> Dô si den margrâven   sâhen tôten tragen,
> ez enkunde dehein schrîbære   gebrieven noch gesagen
> di manege ungebære   von wîbe und ouch von man,
> diu sich von herzenjâmer   aldâ zeigen began.

Als sie sahen, wie der tote Markgraf herbeigetragen wurde, da hätte ein Dichter weder schriftlich noch mündlich die vielen Zeichen des Schmerzes bei Frauen und Männern schildern können, die aus tiefem Herzeleid kamen (Str. 2230).

Der Verweis auf die Dichter ist eine typische Unsagbarkeitsformel, die die Intensität der Klage rhetorisch unterstreicht, aber zugleich auch ein Verweis auf die vielen anderen Totenklagen der höfischen Epik.

Heroische Freundschaft II: Antikenroman
Heroische Freundschaften sind ein zentrales Thema nicht nur der Heldenepen, sondern auch der Antikenromane. Denn diese beruhen auf antiken Epen, die ihrerseits von monologischer Männlichkeit geprägt sind. Dies betrifft vor allem die Freundespaare Eneas und Pallas sowie Nisus und Euryalus im *Eneasroman* Heinrichs von Veldeke und Achill und Patroklos im *Trojaroman* Herborts von Fritzlar. Ein Charakteristikum der Antikenromane ist die formelhafte Betonung der personalen Union der Freunde: Sie beschwören ihre Einheit, indem sie sagen: „Wir sind eins" (*Eneasroman*) und „Ich bin du und du bist ich" (*Trojaroman*).

2.2 Homosoziale Beziehungen

Vor dem Kampf um Italien sucht Eneas Euander, den Freund seines Vaters, auf, um militärische Unterstützung zu erbitten. Euander vertraut ihm seinen Sohn Pallas als Waffenbruder an (V. 171,28–33). Später stirbt Pallas im Zweikampf mit Turnus. Dieser zieht ihm einen Ring vom Finger, den Pallas einst von Eneas als Geschenk erhalten hatte:

> ein vingerlîn heter an der hant
> der junkhêre Pallas,
> daz gab ime Ênêas
> dorch trouwe und dorch fruntschaft,
> dorch minne und dorch geselleschaft,
> daz was rôt goldîn;
> ezn dorfte niht bezzer sîn
> und enwas niht ze kleine,
> mit einem edilen steine,
> daz was ein smaragdûs grüne.

[D]a trug er einen Ring an der Hand, der junge, adlige Pallas, den hatte ihm Eneas geschenkt zum Zeichen der Treue, Freundschaft, Liebe und Kriegsgemeinschaft. Er war aus rotem Gold und unübertrefflich schön, nicht allzu fein, mit einem Edelstein, einem grünen Smaragd (V. 207,12–21).

Es handelt sich um einen Freundschaftsring, der die enge Bindung zwischen Eneas und Pallas besiegelt. Als Eneas vom Tod seines Freundes erfährt, äußert er seine Trauer in Worten und Gebärden. In einem langen Monolog beklagt er den Verlust seines erst siebzehnjährigen Gefährten (V. 217,27–219,2). Dann bricht er zusammen:

> dô viel her ûf die bâre,
> mit den armen her sie umbevienk,
> vaste her dar ane hienk,
> sêre er weinen began,
> unze in sîne wîse man
> mit gwalde dar von brâchen
> unde im zû sprâchen
> ein teil zorenlîche,
> daz der hêre rîche
> sîn dink sô kintlîch ane vienk
> und solhen jâmer begienk.

Er sank auf die Bahre, schlang die Arme um sie, hielt sich an ihr fest und weinte bitterlich, bis ihn seine verständigen Dienstleute mit Gewalt losrissen und auf ihn einredeten, sehr zornig darüber, dass der mächtige Herr sich so unmännlich benahm und derart wehklagte (V. 219,4–14).

Der Diebstahl des Freundschaftsrings wird Turnus zum Verhängnis, als er im Zweikampf von Eneas besiegt wird (vgl. Kraß 2017). Dieser zeigt zunächst Mitleid mit dem unterlegenen Gegner, doch als er den goldenen Ring (V. 331,21: *daz goldîne vingerlîn*) an seinem Finger sieht, rächt er seinen Freund und enthauptet Turnus. Turnus muss also nicht wegen der Rivalität um Lavinia, sondern wegen der Tötung des Freundes sterben.

Heinrich von Veldeke schaltet noch eine weitere Freundschaftsgeschichte ein, die *nach* der Geschichte von Eneas und Pallas beginnt, aber *vor* ihr endet. Es handelt sich um die trojanischen Waffenbrüder Nisus und Euryalus, deren Schicksal demjenigen von Eneas und Pallas sehr ähnelt. Man kann daher die Geschichte von Nisus und Euryalus als stellvertretende, spiegelnde, verschobene Darstellung der Geschichte von Eneas und Pallas deuten. Die betreffende Episode beschreibt die Beziehung von Nisus und Euryalus als mustergültigen Liebesbund. Die Freunde sind so eins miteinander, dass sich nur ihre Namen unterscheiden:

> si wâren gûte knehte,
> der kûne Eurîâlûs
> und der fromige Nisûs
> der vil liebe geselle sîn.
> daz wart dicke wole schîn,
> daz sie geliebe wâren.
> in alsô vile jâren,
> sô si wâren ensamen,
> niht wan ein der namen
> wâren sie gescheiden:
> wan si dûhte beide,
> daz si ein lîb wâren.

Es waren tapfere Männer, der mutige Euryalus und der tüchtige Nisus, sein treuer Kampfgefährte. Es wurde immer wieder sichtbar, dass sie Freunde waren. In all den Jahren, in denen sie zusammen waren, waren sie nur dem Namen nach geschieden. Es kam ihnen beiden vor, als ob sie eins wären (V. 180,30–181,1).

Auch die Freunde selbst beschwören ihre personale Einheit. Nisus bekennt gegenüber Euryalus:

> zû sîme gesellen her sprach
> ‚geselle, vil lieber man,
> daz ich weiz und daz ich kan
> daz kanst ouch dû unde weist.
> wir sîn ein lîb und ein geist
> mit willen und mit werken.'

Zu seinem Gefährten sagte er: ‚Herzlich geliebter Freund, was ich weiß und verstehe, das weißt und verstehst auch du. Wir sind ein Herz und eine Seele im Wollen und Vollbringen' (V. 181,16–21).

Als Nisus vorschlägt, allein gegen die Feinde vorzugehen, erinnert ihn Euryalus an seine Worte. Da sie als Freunde eins seien, könne es nicht sein, dass der eine gehe und den anderen zurücklasse:

> ‚wir sîn ein fleisch und ein blût
> (sprach her), liebe frunt mîn,
> ichn weiz wie daz mohte sîn,
> wie wir daz ane geviengen,
> daz wir halbe hin ûz giengen
> und halbe beliben hie inne.

2.2 Homosoziale Beziehungen

> daz dûhte mich unminne.
> nû uns got hât ein lîp gegeben,
> wir soln beide ensament leben
> und ouch ensament sterben.'

‚Wir sind ein Fleisch und ein Blut', sagte er, ‚mein lieber Freund, ich kann mir nicht vorstellen, wie es möglich sein sollte, wie wir es fertigbrächten, zur Hälfte hinauszugehen und zur Hälfte hier drinzubleiben. Das käme mir treulos vor. Da Gott uns vereint hat, sollen wir beide zusammen leben und auch zusammen sterben' (V. 182,10–19).

Die Freunde sind ein Fleisch und ein Blut, ein Leib und ein Geist. Wenn Euryalus von der Gemeinschaft im Leben und Sterben spricht, so klingt dies wie eine Verlobungs- oder Trauungsformel. Im Kampf gegen die Feinde stirbt Euryalus zuerst. Nisus betrauert die Gefangennahme (V. 185,27: *sîn rouwe was vile grôz*) und den Tod des Freundes (V. 186,2–3: *des wart rouwich genûch / Nîsûs dô her ez gesach*). Einer Klagerede bedarf es nicht mehr, denn die Freunde haben das Wesen ihres Bundes schon zu Lebzeiten beschrieben. Nisus wird beim Versuch, seinen Freund zu rächen, selbst getötet. Ihr Gegner, Graf Volcens, lässt die abgeschlagenen Köpfe der Freunde nebeneinander ausstellen: *hern wolde sie niht scheiden* (V. 186,37: „dass er sie nicht trennen wollte"). So bleiben die Freunde auch im Tod vereint.

Herbort von Fritzlar komponiert in seinem *Trojaroman* eine Totenklage, die das heroische Freundespaar Achilles und Patroklos betrifft. Als der Trojaner Hektor im Zweikampf Patroklos tötet, greift Achilles ein und rächt seinen Freund, indem er seinerseits Hektor tötet. Die Parallele zwischen den beiden Figurendreiecken – Eneas, Pallas und Turnus im *Eneasroman*, Achill, Patroclus und Hektor im *Trojaroman* – ist offensichtlich. Stoffgeschichtlich verhält es sich so, dass Vergil in seiner *Aeneis* (auf der die mittelalterlichen Eneasromane beruhen) auf Homers Epen, die *Ilias* (auf der, vermittelt über Zwischenstufen, die mittelalterlichen Trojaromane beruhen) und die *Odyssee*, zurückgreift. Achill ist also das Vorbild für Aeneas, Patroklos das Vorbild für Pallas und Hektor das Vorbild für Turnus. Doch sind die mittelalterlichen Eneasromane vor den mittelalterlichen Trojaromanen entstanden (der *Roman d'Énéas* vor dem *Roman de Troie*, der *Eneasroman* Heinrichs von Veldeke vor dem *Trojaroman* Herborts von Fritzlar). Herbort von Fritzlar orientiert sich in seiner Gestaltung der Totenklage also an den Vorbildern, die Heinrich von Veldeke zur Verfügung stellte: der Klage des Eneas um Pallas und der Klage des Nisus um Euryalus.

Herbort stellt in den Mittelpunkt des Klagemonologs, den Achilles auf Patroklos hält, die Intimität ihrer Freundschaftsbeziehung. Das entscheidende Motiv ist die Identitätsformel: *Ich was du du wer ich* (V. 6081: „Ich war du, du warst ich"). In Herborts Vorlage, dem *Roman de Troie* von Benoît de Sainte-Maure, heißt es hingegen: *jo ere vostre, e vos mien* (V. 10356: „Ich war dein, und du warst mein"). Der Unterschied ist ein gradueller: Benoît benutzt eine Zueignungsformel, die auf die wechselseitige Überantwortung, den wechselseitigen Besitz zielt, Herbort hingegen eine Identitätsformel, die auf die personale Einheit der Freunde gemünzt ist. Die Identitätsformel begegnet auch im *Roman d'Énéas*, wenn Nisus um Euryalus klagt: *Donc n'iés tu ge et ge sui tu?* (V. 4945: „Denn bist du nicht ich und ich bin du?"). Herborts Freundesklage lebt vom beständigen Spiel mit den Personalpronomina der ersten und zweiten Person, die in immer neuer Weise verknüpft und verschränkt werden:

> Do diz geschach underdes
> Do klaugete achilles
> Patrocun sine(n) gesellen
> Er begu(n)de wu(n)der stellen
> Er kvste in do er tot lac
> Owe vnseliger slac
> Der dich mir hat genome(n)
> Wie ist mir dirre tot kvme(n)
> Ich was du du wer ich
> Beide dich und mich
> Hette eine truwe
> Du bist immer min ruwe
> Din not min not
> Ich bin mit dir halp tot
> Din geist ist halp mit mir.
> Ich gehirme niht ez si daz wir
> Kvme(n) zu samne beide
> Mir geschee niht leide
> Ob ich tot were
> Gereche ich mine swere
> Min leit und min zorn
> Wil daz ich dich han verlorn
> Sturbe ich danne ich wer es fro.

> Als dies unterdessen geschah, da klagte Achilles um seinen Gefährten Patroclus. Er gebärdete sich auf wundersame Weise. Er küsste ihn, als er tot da lag. „Oh weh, unseliger Schlag, der dich mir genommen hat. Wie ist mir dieser Tod widerfahren. Ich war du, du warst ich. Beide, dich und mich, verband *eine* Treue. Du bist immer mein Kummer, deine Not meine Not. Ich bin mit dir halb tot, dein Geist ist halb bei mir. Ich werde nicht ruhen, bis wir wieder beide zusammenkommen. Mir geschähe kein Leid, wenn ich nun stürbe. Wenn ich meine Trauer, mein Leid und meinen Zorn räche, weil ich dich verloren habe, wenn ich dann stürbe, so wäre ich froh darüber" (V. 6073–6095).

Die zentrale Gebärde ist, wie schon bei Willehalms Klage und Vivianz, der Kuss. Die Vereinigung der Münder setzt die rhetorische Identitätsformel symbolisch um. Diese wird, wieder nach dem Vorbild von Nisus und Euryalus, ausgestaltet. Wenn die Freunde eins sind, dann ist die Not des einen auch die Not des anderen, dann ist der Überlebende halbiert, da er nur mit seinem Partner ganz ist: ein halber Geist, ein halbtoter Mensch. Da der Gestorbene nicht mehr ins Leben zurückgeholt werden kann, muss ihm der Überlebende in den Tod nachfolgen. Er übt Rache am Mörder des Freundes, und er nimmt dabei den eigenen Untergang in Kauf. Der Kummer über den Verlust des Freundes wandelt sich dann in Freude über die Wiedervereinigung im Tod. Nachdem Achilles seine Klage beendet hat, lässt er Patroklos in einem marmornen Sarg bestatten, der mit einer Gedenktafel versehen ist:

> Do er geclagete also
> Do hiez er sin fleisch vn(t) sine bein
> Legen in eine(n) mermel stein
> Da stunt vffe gescriebe(n)
> Daz er in strite was tot blibe(n)
> So daz nie dehein sin gliche
> Also menliche
> Bie siner zite
> Tot bleip in strite.

Nachdem er so geklagt hatte, da hieß er seinen Leichnam in einen Marmorsarg legen. Darauf stand geschrieben, dass er im Kampf gefallen sei und dass niemals jemand zu seiner Zeit so tapfer im Kampf gefallen sei wie er (V. 6096–6104).

Der Freund ist gestorben, aber das Gedächtnis an ihn währt ewig. Dies wird symbolisiert durch den aus beständigem Marmor gefertigten Sarg und die eingemeißelte Inschrift, die die Tapferkeit des Verstorbenen verkündet.

Höfische Freundschaft I: Artusroman
Zu den Gattungen der höfischen Epik, die das Modell der höfischen Freundschaft zwischen Rittern propagieren, gehören die Artus- und Liebesromane. Zu nennen sind der *Erec* und der *Iwein* Hartmanns von Aue, der *Parzival* Wolframs von Eschenbach, der *Lanzelet* Ulrichs von Zatzikhoven, der *Tristrant* Eilharts von Oberg und der *Tristan* Gottfrieds von Straßburg. In diesen Fällen wird das Thema der homosozialen Freundschaft dem Thema der heterosozialen Liebe untergeordnet. Die Beziehung der Ritter steht nicht im Zeichen des Todes, sondern des gemeinsamen Lebens. Eine charakteristische Situation ist der Zweikampf der Freunde, die sich erst erkennen, nachdem sie ihre Ebenbürtigkeit im Kampf bewiesen haben (vgl. Harms 1963). Da die höfischen Freunde zwar kämpfen, aber (zunächst) nicht sterben müssen, wird das Motiv der Totenklage, das für die heroischen Freundschaften konstitutiv ist, auf liebende Frauen verschoben. Enite klagt um den scheintoten Erec, Laudine um den toten Ascalon (ihren ersten, von Iwein getöteten Ehemann), Sigune (die Cousine Parzivals) um Schionatulander, Isolde um Tristan (dessen Tod die Folge einer tragischen Liebe ist). Auch das *Nibelungenlied* ist zu nennen, da es eine höfische Liebesgeschichte enthält: Kriemhild klagt um Siegfried (der vom Vasallen seines vermeintlichen Freundes Gunther hinterrücks ermordet wird).

Die Serie der Artusromane und somit auch der höfischen Freundschaftsgeschichten beginnt im deutschen Sprachraum mit dem *Erec* Hartmanns von Aue. Erec schließt zwei Freundschaften: mit dem kleinwüchsigen Guivreiz und dem riesenhaften Mabonagrin. In beiden Fällen sind die künftigen Freunde zunächst Rivalen, die gegeneinander kämpfen (vgl. Kraß 2016b). Gegen Guivreiz kämpft Erec zweimal. Der erste Zweikampf hat keine andere Ursache als die Rivalität zweier ebenbürtiger Ritter, deren Wege sich kreuzen. Da die Ritter ihre Begegnung als Konfrontation auffassen, muss das Rangverhältnis durch einen Zweikampf geklärt werden. Dass man einander ausweicht, scheint keine Handlungsoption zu sein. Guivreiz provoziert Erec, und dieser nimmt die Herausforderung an. Guivreiz fügt Erec eine schlimme Wunde zu, doch Erec zahlt mit gleicher Münze zurück. Erec könnte Guivreiz töten, verzichtet aber darauf. Guivreiz unterwirft sich und bietet

Erec an, sein Vasall zu werden. Dieser lehnt jedoch ab und trägt ihm mit einer fürsorglichen Geste die Freundschaft an:

> Erec eine binden brach
> abe sînem wâpenrocke sâ.
> nû wâ möhte er anderswâ
> ein vriuntlîcher binden
> zuo den zîten vinden?
> Guivreiz le pitîz eine alsam
> von sînem wâpenrocke nam.
> ein ander si verbunden
> ir ietweder die wunden
> die er mit sîner hant sluoc.
> diz was vriuntlîch genuoc.
> hie was vrouwe Ênîte mite
> vil güetlîchen nâch ir site.
> ze handen viengen si sich dô,
> ir ietweder was des andern vrô
> und sâzen ensamet ûf daz gras,
> wan in ruowe nôt was.

> Erec riss einen Streifen von seinem Oberkleid ab. Wo hätte er sonst eine freundschaftlichere Binde im Augenblick finden können? Guivreiz le petit riss ebenso einen Streifen von seinem Oberkleid. Sie verbanden einander die Wunden, die sie selbst geschlagen hatten. Das war sehr freundschaftlich. Die Helferin Enite war dabei, ganz liebevoll, wie immer. Sie fassten sich an den Händen, jeder hatte Freude an dem anderen, und setzten sich zusammen auf das Gras, denn sie mussten dringend ausruhen (V. 4481–4497).

Erec stellt durch eine Dienstleistung, mit der er sich des Verlierers annimmt, ein egalitäres Verhältnis her. Das gegenseitige Versorgen der Wunden mit Binden, die aus dem eigenen Gewand gerissen werden, ist eine symbolische Handlung, die auf die Herstellung einer engen Beziehung, nämlich einer Freundschaft, zielt. Hinzukommen die Freundschaftsgesten des gemeinsamen Lagers und des Händehaltens. Erecs Gattin Enite assistiert den Männern, ist aber selbst nicht in den Freundschaftsschluss einbezogen.

Der zweite Kampf gegen Guivreiz verläuft ähnlich wie der erste (V. 6814–7787). Wieder treffen die Ritter zufällig aufeinander, wieder stehen sie sich als Rivalen gegenüber und lösen die Konfrontation durch einen Zweikampf. Eine Ironie liegt darin, dass Guivreiz zwar ausgeritten ist, um Erec zu helfen, ihn aber bei der zufälligen Begegnung nicht erkennt, wie er auch seinerseits von Erec nicht erkannt wird. Diesmal unterliegt Erec, der noch von der Wunde, die Guivreiz ihm im ersten Kampf schlug, geschwächt ist. Strukturell gesehen ist der zweite Kampf erforderlich, denn erst wenn beide Freunde je einmal Sieger und einmal Verlierer gewesen sind, ist ihre Ranggleichheit bestätigt. Guivreiz stößt Erec vom Pferd. Enite wirft sich zwischen die Ritter und bittet um das Leben ihres Mannes. Guivreiz erkennt sie an ihrer Stimme, und ihm wird klar, dass er gegen Erec gekämpft hat. Als er sich nach dessen Wohlergehen erkundigt, erklärt Erec, dass er unversehrt sei bis auf jene Wunde, die er im ersten Kampf davontrug. Die Ritter bekräftigen ihre Freundschaft, indem sie aufeinander zueilen und sich küssen: *von vreuden dise zwêne man / liefen*

2.2 Homosoziale Beziehungen

ein ander an / und kusten sich mit triuwen (V. 7000–7002: „Vor Freude liefen beide aufeinander zu und küssten sich freundschaftlich"). Diese Geste verschiebt den Zweikampf ins Register der Freundschaft. Nun rennen sie nicht als Gegner, sondern als Freunde aufeinander zu. Der Kuss überbietet die Geste des Händehaltens, mit der die Ritter nach dem ersten Kampf Freundschaft geschlossen hatten.

Die zweite Freundschaft schließt Erec mit Mabonagrin. Dieser lebt in Minnegefangenschaft, denn seine Freundin verlangt von ihm immer wieder aufs Neue, dass er gegen andere Ritter zum Zweikampf antritt, um sich als geeigneter Minneritter zu beweisen. Der Kreislauf kann nur durch eine ritterliche Niederlage zum Stillstand gebracht werden. Erst wenn Mabonagrin im Kampf verliert, ist der Bann gebrochen. Die Auseinandersetzung zwischen den Rittern umfasst mehrere Phasen. Zunächst kommt es zum Wortgefecht. Mabonagrin fordert Erec zum Kampf, doch dieser lässt sich nicht beirren, denn er weiß zwei *guote vriunt* an seiner Seite, nämlich *mîn herze und mîn selbes muot* (V. 9035–9036: „‚Gute Freunde.' […] ‚Mein Herz und mein Wunsch'"). Damit ist das Freundschaftsthema eröffnet. Erec ist mit sich selbst befreundet, sein Selbstverhältnis ist intakt. Auf das Wortgefecht folgt die Kampfhandlung. *[I]n manlîcher ger* (V. 9099: „kampfbegierig", wörtlich: „mit männlicher Begierde") reiten die Gegner aufeinander zu. Ihr Zweikampf wird metaphorisch als Liebesakt beschrieben:

> hie huop sich herzeminne
> nâch starkem gewinne.
> si minneten sunder bette:
> diu minne stuont ze wette,
> sweder nider gelæge,
> dem wart der tôt wæge.
> mit den scheften si sich kusten
> durch die schilte zuo den brusten
> mit selher minnekrefte
> daz die eschînen schefte
> kleine unz an die hant zekluben.
> und daz die spiltern ûfe stuben.

Da entbrannte innige Begierde nach reichem Lohn. Es war Liebe ohne Bett: Bei dieser Liebe ging es darum, wer zuerst unten lag, der war des Todes. Mit den Speeren küssten sie sich durch die Schilde auf die Brust mit solchem Liebesverlangen, dass die Eschenschäfte bis auf die Hand zersplitterten und die Späne hoch aufstoben (V. 9106–9117).

Der Antrieb heißt nun nicht mehr Kampfbegierde, sondern *herzeminne* und *minnekrefte*. Die Verbindung zwischen Liebes- und Kampfesakt, zwischen Sexualität und Gewalt, wird durch das Motiv der Penetration und Subordination evoziert. Der Ritter will mit seiner Lanze den Schild des Gegners durchbohren und ihn vom Pferd stoßen, sodass dieser unter ihm zu liegen kommt. Die kämpferische Unterwerfung wird als sexuelle Überwindung inszeniert. Kampf wird als Minne und der Penetrationsakt als Kuss umschrieben, obwohl die Lanze eher phallische als orale Assoziationen weckt: *mit scheften si sich kusten*. Dieses Motiv erinnert an Erec und Guivreiz, die nach ihrem zweiten Kampf tatsächliche Küsse austauschen.

Als Erec schließlich obsiegt, zeigt er Erbarmen mit dem Verlierer und lässt ihm das Leben. Statt zu einer Siegesgeste kommt es wiederum zu einer Freundschaftshandlung. Erec hilft dem unterlegenen Gegner auf. Sie lösen einander die Rüstungsriemen, nehmen die Helme ab und setzen sich gemeinsam ins Gras:

> Êrec erbarmte sich,
> alsô daz er in leben lie.
> als er die sicherheit emphie,
> nû half er im ûf bî der hant.
> ir ietweder enbant
> des andern wâfenriemen,
> wan in half ander niemen,
> und entwâfenten ir houbet.
> hie wurden si beroubet
> hazlîches muotes:
> êren unde guotes
> gunden sie ein ander wol,
> als ein geselleschaft sol.
> si sâzen zesamene ûf das gras,
> wan ir ietweder was
> vil müede von dem strîte.

Erec gewährte Erbarmen und ließ ihn am Leben. Als er das Gelöbnis erhalten hatte, half er ihm mit der Hand auf. Jeder löste die Waffenriemen des anderen, denn niemand sonst half ihnen, und sie nahmen die Helme ab. Dabei schwand ihnen die Feindschaft. Ruhm und Glück wünschten sie einander, wie es sich für Freunde gehört. Sie setzten sich zusammen auf das Gras, denn beide waren todmüde vom Kampf (V. 9385–9400).

Der Zweikampf erweist sich als Freundschaftsdienst. Erec löst den Bann, der auf Mabonagrin liegt. Die Liebesthematik, die eigentlich dem Minneritter und seiner Minnedame gilt, wird in die Beziehung zwischen den Männern verschoben; sie beherrscht die Sprache, mit der Hartmann ihre kämpferische Auseinandersetzung beschreibt. Nach dem Kampf schließen die Paare Freundschaft: Erec mit Mabonagrin und Enite mit dessen Minnedame, die sich als ihre Cousine entpuppt. Die symbolische Inszenierung des Kampfes als gleichgeschlechtlicher Liebesakt wird durch die Bildung dieses aus zwei Männern und zwei Frauen bestehenden Figurenquartetts in die heterosoziale Geschlechterordnung zurückgeholt.

Das Thema der höfischen Freundschaft wiederholt sich im *Iwein*, dem zweiten Artusroman Hartmanns von Aue. Der Roman inszeniert die Konkurrenz von Freundschaft und Ehe. Iwein steht in doppelter Loyalitätsbeziehung zu Gawein und Laudine. Die spannungsvolle Freundschaft zwischen Iwein und Gawein wird in einer Reihe von sieben Szenen thematisiert, die sich durch den gesamten Roman ziehen. In der ersten Szene rivalisiert Gawein mit Iwein, er will seinem Freund bei der Ausführung des Brunnenabenteuers zuvorkommen (V. 908–919). In der zweiten Szene entfaltet Hartmann an ihrem Beispiel eine kleine höfische Freundschaftslehre anlässlich des Wiedersehens der Freunde nach Iweins Brunnenabenteuer:

2.2 Homosoziale Beziehungen

> und mîn her Gâwein
> an dem niht des erschein
> ezn wære hofsch unde guot,
> der erzeicte hie getriuwen muot
> dem hern Îwein sînem gesellen,
> als ouch die liute wellen,
> ezn habe deheiniu grôzzer kraft
> danne unsippiu geselleschaft,
> gerâte sî ze guote,
> und si sîn in ir muote
> getriuwe under in beiden,
> sô sich gebruoder scheiden.
> sus was ez under in zwein:
> der wirt und her Gâwein
> wârn ein ander liep genuoc,
> sô daz ir ietweder truoc
> des andern liep unde leit.
> hie erzeigte sîne hofscheit
> her Gâwein der bescheiden man.

[U]nd mein Herr Gawein, der ausschließlich höfische und vornehme Züge offenbarte, bewies hier echte Freundshaft gegenüber seinem Freunde, Herrn Iwein, wie es auch heißt, dass nichts stärker verbindet als Freundschaft zwischen Nicht-Verwandten, wenn sie zum Guten ausschlägt und beide im Herzen einander aufrichtig ergeben sind, wo selbst Brüder sich entzweien. So verhielt es sich mit diesen beiden: Der Burgherr und Gawein waren einander so zugetan, dass jeder von ihnen trug des anderen Freud und Leid. Hier bezeugte seinen feinen Anstand Herr Gawein, der umsichtige Mann (V. 2697–2715).

Freunde sind wie Brüder, aber zugleich ist die Freundschaft der Verwandtschaft überlegen, weil sie auf freier Wahl und dem Einklang der Herzen beruht. In der dritten Szene übernimmt Gawein die Rolle des Mentors, wenn er seinen Freund auffordert, mit ihm auf Turnierfahrt zu gehen und auch als verheirateter Mann seine Ritterlichkeit zu bestätigen (V. 2763–2912). In der vierten Szene werden Iwein und Gawein als Kampfgefährten vorgestellt. Ein Schatten fällt auf ihre Freundschaft, weil Gaweins wohlgemeinter Rat dazu führt, dass Iwein nicht rechtzeitig zu Laudine zurückkehrt und somit ihre Gunst verliert:

> Der herre Gâwein sîn geselle
> der wart sîn ungevelle.
> durch nôt bescheide ich iu wâ von:
> wan diu werlt ist des ungewon,
> swer fruomen gesellen chiese,
> daz er daran verliese.

Sein Freund, Herr Gawein, wurde sein Unglück. Gezwungenermaßen erkläre ich Euch, weshalb. Denn es ist in der Welt nicht üblich, dass jemand, der sich einen tüchtigen Freund auswählt, dadurch ins Verderben gerät (V. 3029–3034).

In den nächsten vier Szenen übernimmt Iwein stellvertretend für Gawein ritterliche Abenteuer für Hilfsbedürftige und beweist so, dass er inzwischen seinem Freund und Vorbild gleichkommt (V. 4275–4314, 4507–4759, 5629–5736, 6867–7469). In der letzten Szene kämpfen Iwein und Gawein in einem Gerichtskampf mit verdecktem Visier gegeneinander. Als sie sich erkennen, laufen sie voller Freude aufeinander zu und küssen sich:

> diu swert wuorfen si hin
> und lieffen ein ander an.
> ezn gelebte nie dehein man
> deheinen liebern tac,
> und enweiz ouch niht ob iemen mac
> alsô lieben gelebn
> als in got dâ het gegebn.
> sî under chuosten tûsent stunt
> ougen, wange unde munt.

Sie warfen die Schwerter fort und eilten aufeinander zu. Niemals hat jemand einen glücklicheren Tag erlebt, und ich weiß auch nicht, ob jemand einen so glücklichen erleben kann, wie Gott ihnen dort geschenkt hatte. Tausendmal küssten sie sich Augen, Wangen und Mund (V. 7496–7504).

König Artus und die Königin Ginover sind Zeugen dieser Freundschaftsgeste:

> Dô der kunech die minne
> und diu kuneginne
> under in beiden sâhen,
> und friundes umbevâhen,
> des wundert si sêre,
> und entwelten niht mêre,
> si begunden dar gâhen,
> wande sî si gerne sâhen
> sô friuntlîche gebâren.

Als der König und die Königin diese Zuneigung an ihnen beobachteten und die Umarmungen unter Freunden, da waren sie darüber sehr erstaunt, und sie zögerten nicht länger und gingen eilig dorthin, denn mit Freuden sahen sie so freundschaftliches Benehmen (V. 7505–7513).

Die Szene, die sich intertextuell auf den zweiten Kampf zwischen Erec und Guivreiz bezieht, zeigt ein weiteres Mal, wie Freunde ihre *minne* mit einem Kuss besiegeln, der offenbar mehr ist als eine rituelle Geste, denn Iwein und Gawein küssen sich „tausendfach auf Augen, Wangen und Mund".

Vergleichbare Szenen bietet auch Wolfram von Eschenbach in seinem *Parzival*. Hier sind es die Vetter Parzival und Gawein sowie die Brüder Parzival und Feirefiz, die sich jeweils nach einem Zweikampf erkennen und ihre Freundschaft erneuern. Als sich Parzival gegenüber Gawein zu erkennen gibt, beschwört dieser die Einheit ihrer Herzen (*zwei herzen einvalt*):

> Gâwân sprach ‚sô was ez reht:
> hie ist crumbiu tumpheit worden sleht.
> hie hânt zwei herzen einvalt
> mit hazze erzeiget ir gewalt.
> dîn hant uns bêde überstreit:
> nu lâ dirz durch uns bêde leit.
> Du hâst dir selben an gesigt,
> ob dîn herze triuwe pfligt.'

2.2 Homosoziale Beziehungen

„So war's richtig!", rief Gawan. „Welch törichte Verblendung! Zwei arglose Herzen fallen wütend übereinander her! Du hast mit mir dich selber in die Knie gezwungen. Es sollte dir um unsertwillen leid tun! Wenn du noch Treue fühlst im Herzen, dann wirst du zugeben müssen, dass du dich selbst besiegt hast" (V. 689,25–690,2).

Wenn Gawein sagt, dass Iwein im Kampf gegen ihn sich selbst besiegt habe, so spielt er auf die traditionelle Vorstellung an, dass Freunde ein zweites Ich füreinander sind. Als Parzival und Feirefiz einander erkennen, bleibt es nicht bei Worten. Sie fallen sich in die Arme und küssen sich:

> Feirefîz unt Parzivâl
> mit kusse understuonden haz:
> in zam ouch bêden vriuntschaft baz
> dan gein ein ander herzen nît.
> triuwe und liebe schiet ir strît.

[Feirefiz und Parzival] setzten ihrer Feindschaft mit einem Kuss ein Ende; denn Freundschaft ziemte ihnen weit besser als Hass. Treue und Liebe endete ihren Streit (V. 748, 8–12).

Die Beispiele bestätigen, dass sich heroische und höfische Freundschaft jeweils durch typische Szenen auszeichnen: die heroische Freundschaft durch Totenklagen, die höfische Freundschaft hingegen durch Freundschaftsbezeugungen nach einem Zweikampf, den die Freunde oft unerkannt gegeneinander geführt haben. Das Motiv des Kusses verbindet beide Freundschaftstypen.

Ulrich von Zatzikhoven greift das Motiv der höfischen Freundschaft ebenfalls auf, doch unter neuen Voraussetzungen und in abgewandelter Form. Wie Iwein und Parzival kämpft auch Lanzelet gegen Gawein. Doch da er im Unterschied zu den anderen Artusrittern von Anfang an perfekt ist, dient der Zweikampf mit Walwein (so heißt Gawein bei Ulrich von Zatzikhoven) nicht der Bewährung, sondern der Bestätigung seiner Ritterlichkeit. Auch ist Lanzelet bei seiner ersten Begegnung mit Walwein noch kein Artusritter. Er kennt ihn zwar, doch dieser kennt Lanzelet noch nicht. Der Kampf ist heftig, wird aber bald unterbrochen. Walweins Knappe kommt mit der Nachricht, dass in Djofle ein großes Turnier anberaumt sei. Walwein bricht den Kampf ab, bittet Lanzelet um seine Freundschaft (V. 2701: *daz si gesellen wæren*), und dieser willigt ein:

> ,ich sol iu dienen, unz ich lebe,
> und wil iu mîn triuwe geben.
> der êren pfant daz meiste,
> daz ich iu gerne leiste
> gesellencliche stæte,
> [...]'.
> sus wurden si guoten
> mit reiner gepflihte.

,Ich werde euch dienen, solange ich lebe, und will euch meine Treue darauf geben, das größte Ehrenpfand, dass ich euch gerne geselligen Beistand leisten würde. [...] So schlossen sie aufrichtig Freundschaft' (V. 2713–2725).

Auch Lanzelet nimmt am Turnier in Djofle teil. Er besiegt alle Artusritter, auch Walwein. Nach dem Turnier trennen sich die beiden wieder als Freunde:

> Ir gehôrtent nie mê
> sô getriuwelichez scheiden
> als dâ von in beiden.
> Si reten von ein ander wol,
> als ein getriuwer friunt sol.
>
> Ihr habt niemals von so getreuem Scheiden gehört wie dort von ihnen beiden. Sie sprachen voneinander gut, wie ein treuer Freund soll (V. 3512–3516).

Später nimmt König Artus Lanzelet in die Tafelrunde auf, und Lanzelet hilft ihm bei der Heimholung der entführten Königin.

Höfische Freundschaft II: Liebesroman und Freundschaftsroman
Ganz im Zeichen der Freundschaft steht der Freundschaftsroman *Athis und Prophilias*. Bereits die Väter der männlichen Hauptfiguren sind miteinander befreundet. Freundschaft wird also von einer Generation an die nächste weitervererbt (wie bei Eneas und Pallas im *Eneasroman* Heinrichs von Veldeke). Der Roman ist in nur wenigen Fragmenten überliefert. Im Mittelpunkt der Handlung stehen zwei wechselseitige Freundschaftsproben. Zunächst rettet Athis Prophilias aus Todesgefahr, indem er dem unheilbar Liebeskranken seine Braut überlässt. Dann rettet Prophilias Athis, der wegen eines angeblichen Mordes zum Tod verurteilt wurde, das Leben, indem er das Verbrechen und somit die Todesstrafe auf sich nimmt (die dann rechtzeitig abgewendet wird). Eine Parallele hat die Geschichte von Athis und Prophilias in der (seit Ende des elften Jahrhunderts erzählten) Geschichte von Amicus und Amelius, die später in den Freundschaftsroman *Engelhard* eingeflossen ist, den Konrad von Würzburg in der zweiten Hälfte des dreizehnten Jahrhunderts verfasste (vgl. Winst 2009). Ein erst kürzlich aufgefundenes Handschriftenfragment bringt die Beziehung der Freunde auf den Punkt, wenn es von ihnen als *tzwein gelibin vrundin* spricht („zwei lieben Freunden", vgl. Gärtner 2020, S. 336).

Auch die Liebesromane kennen das Motiv der höfischen Freundschaft. Eilhart von Oberg schlägt in seinem *Tristrant* eine Brücke zum Artusroman, indem er seinen Helden nach einem Zerwürfnis mit König Marke vorübergehend am Artushof Quartier nehmen lässt. Dort kommt es zur ersten Begegnung zwischen Tristrant und Gawein, der hier Walwan heißt. Die beiden schließen sogleich Freundschaft:

> dô was dâr nîman sô blîde
> sîner zûkunft als her Walwân.
> der nam in zû gesellin sân.
>
> Da war niemand so froh über seine Ankunft wie Herr Walwan. Der nahm ihn sogleich zum Freund (V. 5026–5028).

Tristrant vertraut seinem neuen Freund an, dass er Markes Frau Isalde liebt und sich nach einem Wiedersehen sehnt. Walwan ersinnt eine List, um Tristrant und Isalde ein heimliches Rendezvous in einem Jagdhaus von König Artus zu ermöglichen. Als

2.2 Homosoziale Beziehungen

Marke dort mit seiner Jagdgesellschaft übernachtet, sucht Tristrant Isalde auf, wird jedoch durch eine Wolfsfalle verletzt, die der argwöhnische Marke neben Isaldes Bett aufstellen ließ. Walwan kommt seinem Freund zur Hilfe, indem er alle Artusritter überredet, sich ebenfalls Wunden zuzufügen, um Tristrant zu decken. Bei Eilhart hat die Freundschaft zwischen Tristrant und Walwan den Charakter einer schwankhaften Episode, die der Wiedervereinigung der Liebenden dient; doch ist der Bezug zur Serie der Artusromane, die das Motiv der höfischen Freundschaft als solches ernst nehmen, unverkennbar.

Gottfried von Straßburg vertieft das Thema der Freundschaft, indem er es mit dem Thema der Liebe verschränkt. Die erste Hälfte des Romans steht im Zeichen der Freundschaft zwischen Marke und Tristan, die zweite Hälfte im Zeichen der Liebe zwischen Tristan und Isolde. Als Tristan an den englischen Königshof gelangt, findet Marke sogleich Gefallen an dem kultivierten Jüngling und lässt ihn nicht mehr von seiner Seite:

> swâ Marke was oder swar er gie,
> dâ was Tristan der ander ie
> und nam daz Marke wol vür guot.
> er truoc im harte holden muot
> und tet im wol, swenne er in sach.

> Wo immer Marke sich aufhielt oder wohin er ging, da war auch Tristan, und Marke schätzte das sehr. Er war ihm sehr gewogen, und es ergötzte ihn, wenn er ihn sah (V. 3403–3407).

Marke schließt Freundschaft mit Tristan, ohne schon zu wissen, dass dieser sein Neffe ist:

> Der künec sprach: „Tristan, hoere her:
> an dir ist allez, des ich ger.
> dû kanst allez, daz ich wil:
> jagen, sprâche, seitspil.
> nu suln och wir gesellen sîn,
> dû der mîn und ich der dîn.
> tages sô sul wir rîten jagen,
> des nahtes uns hie heime tragen
> mit höfschlîchen dingen:
> harpfen, videlen, singen,
> daz kanstu wol, daz tuo du mir.
> sô kan ich spil, daz tuon ich dir,
> des ouch dîn herze lîhte gert:
> schoeniu cleider unde pfert,
> der gibe ich dir swie vil du wilt.
> dâ mite hân ich dir wol gespilt."

> Der König sagte: „Höre, Tristan. Du hast alles, was ich möchte. Du kannst alles, was ich gern könnte: Jagd, Sprachen, Saitenspiel. Lass uns nun Gefährten sein, du der meine und ich der deine. Tagsüber wollen wir auf die Jagd reiten, und abends wollen wir uns hier zuhause mit höfischen Unterhaltungen beschäftigen, mit Harfenspiel, Fiedeln und Singen. Das beherrschst du gut. Tu es für mich. Dafür kenne ich Vergnügungen, die ich dir bereite und die du gewiss gerne hast: Prächtige Kleider und Pferde gebe ich dir, soviel du willst. So gut unterhalte ich dich" (V. 3721–3736).

Als Isolde ins Spiel kommt, schlägt die Freundschaft zwischen Marke und Tristan in Rivalität um. Es entsteht ein affektives Dreieck, das verschiedene Beziehungstypen miteinander verschränkt: Liebe zwischen Tristan und Isolde, Ehe zwischen Marke und Isolde und eine Mischung aus Zuneigung und Eifersucht zwischen Marke und Tristan.

An dieser Stelle ist noch einmal das *Nibelungenlied* anzuführen. Der zweite Teil dieses Heldenepos bietet ein Beispiel für den Typus der heroischen Freundschaft (Rüdiger/Hagen). Der erste Teil hingegen, der von der Liebesgeschichte zwischen Siegfried und Kriemhild geprägt ist, deutet eine höfische Freundschaft zwischen Siegfried und Kriemhilds Bruder Gunther an. Bei seinem ersten Auftritt in Worms verbirgt Siegfried zunächst seine Absicht, um Kriemhild werben zu wollen, und fordert Gunther zum Zweikampf heraus. Dieser schlichtet die Konfrontation, indem er in das Register der Gastfreundschaft wechselt. Auf Siegfrieds kämpferische Forderung, der Besiegte solle dem Sieger *undertân* (Str. 108) sein, antwortet Gunther mit dem gastfreundschaftlichen Versprechen, alles, was er besitze, solle Siegfried *undertân* (Str. 125) sein – er solle sich also wie zuhause fühlen. Siegfried nimmt das Angebot an und bleibt bei den Burgunden. Einige Zeit später schließt er mit Gunther Freundschaft. Den Anlass bietet die Kriegsansage der Sachsen und Dänen. Als Siegfried den bekümmerten Gunther fragt, was er auf dem Herzen habe, weicht dieser aus:

> „Jâne mag ich allen liuten   di swære niht gesagen,
> di ich muoz tougenliche   in mîme herzen tragen.
> man sol stæten vriuwenden   klagen herzennot."
> diu Sîvrides varwe   wart dô bleich und rôt.
>
> Er spach zuo dem kunege: „ine hân iu niht verseit.
> ich sol iu helfen wenden   elliu iuwer leit.
> welt ir vriuwent suochen,   der sol ich einer sîn,
> unt trûwez wol volbringen   mit êren an daz ende mîn."
>
> „Nu lôn iu got, her Sîvrit,   diu rede dunket mich guot.
> und ob mir nimmer helfe   iuwer ellen getuot,
> ich freu mich doch der mære,   daz ir mir sît so holt.
> leb ich dekeine wîle,   ez wirdet umb iuch wol versolt."

„Ja, ich kann nicht zu allen Leuten über die schwere Sorge sprechen, die ich verborgen in meinem Herzen tragen muss. Man soll erprobten Freunden eine solche Not anvertrauen." Siegfried wurde darauf blass und rot.

Er sagte zum König: „Ich habe Euch noch nie etwas abgeschlagen. Ich werde Euch all Euer Leid wenden helfen. Wenn Ihr Freunde suchen wollt, dann lasst mich einen von ihnen sein, und ich traue mir zu, diese Freundschaft bis an meinen Tod in Ehren zu halten."

„Das lohn Euch Gott, Herr Siegfried, denn diese Rede gefällt mir. Selbst wenn mir Eure Stärke niemals Hilfe bringen würde, so freue ich mich doch über die Zusicherung Eurer Verbundenheit. Wenn ich noch eine Weile am Leben bleibe, dann soll Euch das wohl vergolten werden" (Str. 153–155).

Gunther provoziert Siegfried zu Freundschaftsangebot und Hilfsversprechen. Die Bemerkung, dass er seine Sorge nur Freunden anvertrauen wolle, schließt Siegfried aus und motiviert diesen, Gunther Freundschaft bis zum Tod zu schwören. Die Worte, die der Erzähler Gunther in den Mund legt, haben eine sarkastische Dimension, die sich Siegfried freilich nicht eröffnet. Siegfrieds Stärke wird Gunther wiederholt Hilfe bringen, indem er für ihn kämpft (nicht nur gegen die Sachsen und Dänen, sondern auch gegen Brünhild); und Gunther wird eine ganze Weile länger am Leben bleiben als Siegfried, der Hagens mit Gunther abgestimmtem Mordkomplott zum Opfer fallen wird. Höfische Freundschaft wird hier als politisches Instrument entlarvt, mit dem ein Ritter, der sich dem höfischen Wertesystem verschrieben hat, manipuliert und ausgenutzt werden kann.

Freundschaft und Liebe
Aus heutiger Perspektive mögen die ritterlichen Freundschaften, seien sie heroischer oder höfischer Art, die Frage aufwerfen, was sie eigentlich von Liebesbeziehungen zwischen Mann und Frau unterscheidet. Die höfischen Epen machen in dieser Hinsicht keinen terminologischen Unterschied. Freundschaft und Liebe werden gleichermaßen als *minne* bezeichnet, und der *vriunt* kann ebenso der Freund eines Ritters wie der Geliebte einer Dame sein. Die Grenze zwischen Freundschaft und Liebe wird auch durch das Motiv des Kusses verwischt, das viele Freundschaftsgeschichten markiert. In den heroischen Freundschaftsgeschichten küsst Achilles den toten Patroklos und Willehalm den toten Vivianz, in den höfischen Freundschaftsgeschichten küssen sich Erec und Guivreiz, Iwein und Gawein, Parzival und Feirefiz. Die Schilderung des Kampfes zwischen Erec und Mabonagrin geht so weit, dass er mit Metaphern der körperlichen Liebe umschrieben wird: Sie küssen sich mit den Lanzenspitzen und ringen darum, wer oben und wer unten zu liegen kommt. Die Mutter Lavinias versucht ihrer Tochter den Geliebten auszureden, indem sie Eneas unterstellt, nicht Frauen, sondern Männer zu lieben. Man könne es daran erkennen, dass er Dido verließ – und daran, so könnte man hinzufügen, dass er seinem Freund und Waffenbruder Pallas eine Art Verlobungsring schenkte.

Auch der *Herzog Ernst* lässt sich als Beispiel anführen. In diesem Brautwerbungsepos wird die höfische Freundschaftsgeschichte zwischen Herzog Ernst und seinem Vasallen Wetzel erzählt. Die beiden sind unzertrennlich, sie ziehen gemeinsam in den Orient und kämpfen gemeinsam gegen ihre Feinde. Frauen spielen in ihrem Leben keine Rolle, jedenfalls nicht als Geliebte oder Gattinnen. Bezeichnend ist eine Episode, in der Ernst und Wetzel in einem menschenleeren Palast, in dem der Tisch schon gedeckt, das Bad schon bereitet und das Bett schon gemacht ist, gemeinsam von diesen Annehmlichkeiten Gebrauch machen. Nachher stellt sich heraus, dass die Vorbereitungen für ein Hochzeitspaar getroffen wurden, das wenig später eintrifft (vgl. Kraß 2023; Plotke 2019a). Die Freunde haben also symbolische Hochzeit miteinander gefeiert, ohne es zu wissen – aber der Erzähler weiß es, und das Publikum erfährt es auch.

2.2.2 Weiblich-homosoziale Beziehungen

Die Dominanz der Männerfreundschaften sollte nicht davon ablenken, auch einen Blick auf die weiblich-homosozialen Beziehungen zu werfen. Wird in der höfischen Epik auch von Frauenfreundschaften erzählt? In den Heldenepen und

Antikenromanen ist dies nur dann der Fall, wenn die betreffenden Werke bereits von der heterosozialen Wende erfasst worden sind. Im *Rolandslied* kann es noch keine Frauenfreundschaften geben, weil es von monologischer Männlichkeit geprägt ist. Im *Eneasroman* und im *Nibelungenlied* sieht es schon anders aus. Auch in den Artus- und Liebesromanen sind Frauenfreundschaften anzutreffen. Allerdings werden sie unter anderen Vorzeichen erzählt als die Männerfreundschaften, nämlich als Beziehungen zwischen Verwandten und zwischen Herrin und Dienerin (vgl. Krüger 2011).

Verwandtschaft
Viele Männerfreundschaften sind zugleich verwandtschaftliche Beziehungen. Roland und Olivier, Willehalm und Rennewart, Siegfried und Gunther sind verschwägert; Roland und Karl, Vivianz und Willehalm sowie Tristan und Marke sind Neffe und Onkel. Bei den weiblich-homosozialen Beziehungen steht die Verwandtschaft im Vordergrund. Zu unterscheiden sind die horizontalen Beziehungen zwischen Schwestern, Cousinen und Schwägerinnen einerseits und die vertikale Beziehung zwischen Mutter und Tochter (Rasmussen 1997) andererseits.

Der Typus der schwesterlichen Beziehung findet sich im *Eneasroman*. Zwei Szenen sind zu nennen. In der ersten gesteht Dido ihrer Schwester Anna ihre Liebe zu Eneas; in der zweiten klagt Anna um Dido, die sich aus Verzweiflung darüber, dass Eneas sie verlassen hat, das Leben nimmt:

> ‚Ouwê', sprach si, ‚Dîdô,
> nû bin ich vil unfrô,
> frouwe swester, edele wîb,
> war umbe habet ir ûwern lîb
> sus wunderlîche verloren?
> ouwê, daz ich ie wart geboren.
> daz ich von û sô verre quam
> und ûr sô bôse ware nam,
> daz mach ich iemer wole klagen,
> wand ir ûch selbe habet erslagen
> dorch eines mannes minne.
> daz quam von unsinne.
> ir mindet in zunmâzen:
> dorch daz habt ir verlâzen
> ûwern lîb und grôze êre.
> daz mach ich wol klagen sêre.'
> Annâ scrîte unde rief,
> tobelîche sie lief
> nach dem kamerâre.

„Ach", rief sie, „Dido, nun ist mein Unglück groß. Herrin, Schwester, edle Frau, warum habt Ihr Euer Leben auf so schlimme Weise geendigt? Ach, dass ich je geboren wurde! Dass ich mich von Euch entfernt und so schlecht auf Euch aufgepasst habe, das muss ich ewig beklagen, denn Ihr habt Euch selbst den Tod gegeben um der Liebe willen zu einem Mann. Das war eine Wahnsinnstat. Ihr habt ihn maßlos geliebt; deshalb habt Ihr Euer Leben und großes Ansehen verloren, das muss ich schmerzlich beklagen." Anna weinte und schrie, wie unsinnig lief sie zum Kämmerer (V. 78,35–79,13).

2.2 Homosoziale Beziehungen

Annas Totenklage auf Dido spiegelt die Totenklage von Eneas auf Pallas und von Nisus auf Euryalus. Der Selbstvorwurf, dass sie sich zu weit von ihrer Schwester entfernt habe, zeugt von der persönlichen Nähe, die zwischen ihnen herrschte. Die Szene unterstreicht vor allem die Liebe Didos zu Eneas, impliziert aber auch die enge Beziehung zwischen den Schwestern, die zuvor vertraute Gespräche über die Liebe führten. So verhält es sich auch im zweiten Teil des *Eneasromans*, wenn Lavinia in einer intimen Kemenatenszene von ihrer Mutter über das Wesen der Liebe aufgeklärt wird. In einem zweiten Gespräch gesteht Lavinia ihrer Mutter ihre Liebe zu Eneas – ein Gegenstück zum Liebesbekenntnis Didos gegenüber Anna.

Im *Nibelungenlied* gibt es vergleichbare Szenen. Am Anfang wird geschildert, wie Ute mit ihrer Tochter Kriemhild über die Liebe spricht. Diese Szene hat der Dichter dem Eneasroman abgeschaut. Und die freundschaftliche Beziehung zwischen den Schwägern Siegfried und Gunther wird durch die freundschaftliche Beziehung zwischen den Schwägerinnen Kriemhild und Brünhild gespiegelt. Als Brünhild nach Gunthers erfolgreicher Brautwerbung nach Worms kommt, wird sie von Kriemhild und Ute liebevoll mit einem Kuss begrüßt:

> Mit vil grôzen zühten   vrou Kriemhilt dô gie,
> dô sie vroun Brünhilden   von ir gesinde enpfie.
> an sach dâ schapel rucken   mit liehten henden dan,
> dô si sich kusten beide.   daz wart durch zuht getân.
>
> Dô sprach gezogenliche   Kriemhilt daz megedîn:
> „ir sult zuo disen landen   uns willekomen sîn,
> mir und mîner muoter   unt allen, di wir hân
> der getriuwen friunde."   dô wart nîgen getân.
>
> Di vrouwen sich beviengen   mit armen dicke hie.
> sô minneclich enpfâhen   gehôrte man noch nie,
> sô di vrouwen beide   der briute tâten kunt.
> vrou Uote unt ir tohter,   di kusten dicke ir suozen munt.

In vorbildlicher höfischer Haltung ging Kriemhild auf Frau Brünhild und ihre Begleitung zu. Man sah, wie der Kopfputz mit weißen Händen zurechtgerückt wurde, als sie sich beide mit einem Kuss begrüßten. Das entsprach der höfischen Etikette.
Da sagte Kriemhild, das junge Mädchen, höflich: „Seid uns in diesen Landen willkommen, mir, meiner Mutter und allen den getreuen Verwandten und Freunden, die wir hier haben." Man verneigte sich daraufhin voreinander.
Die Damen umarmten sich immer wieder. Von so einem liebevollen Empfang hatte man noch nie gehört, wie ihn Ute und Kriemhild der Braut erwiesen. Frau Ute und ihre Tochter küssten sie oft auf ihren süßen Mund (Str. 584–586).

Aus dieser Freundschaft wird später Feindschaft, wenn Kriemhild im Streit der Königinnen behauptet, ihr Mann sei der erste gewesen, der mit Brünhild geschlafen habe. Aber die erste Begegnung ist noch von Kriemhilds Bereitschaft geprägt, Brünhild wie eine Schwester und Freundin zu empfangen.

Eine verwandtschaftliche Beziehung besteht auch zwischen Enite und der Geliebten Mabonagrins. Es stellt sich heraus, dass sie Cousinen sind. Die Freundschaft, die sie miteinander schließen, flankiert die Freundschaft ihrer Männer. Als

Mabonagrins Dame über die Niederlage ihres Ritters verzweifelt, wird sie von Enite liebevoll getröstet:

> als si vrouwe Ênîte gesach
> dort sitzen weinen,
> nû begunde si dô erscheinen
> ein wîplîch gemüete.
> ir vil grôziu güete
> betwanc eht die süezen
> daz si si muoste grüezen,
> swie doch jener swære.
> manec wehselmære
> sageten si dô beide
> von liebe und ouch von leide
> und gesellten sich dâ mite
> nâch wîplîchem site.
> von lande, von ir mâgen
> begunden si dô vrâgen
> und sich mit rede engesten
> und sageten swaz si westen.
> ze künde rechenten si dâ
> daz si genifteln wæren nâ.
> nû wie möhtez næher sîn?
> [...]
> sehet, hie wart trûren verkorn.
> zesamene hielsen si sich dô
> und wâren beide ein ander vrô:
> daz si dâ mite erscheinten,
> wan si von vreuden weinten.
> daz weinen schiere ende nam,
> und lachten, daz in baz gezam.
> ze handen si sich dô viengen
> die vrouwen unde giengen
> dâ si ir herren vunden.
> vor vreuden sie kunden
> diz niht langer verdagen,
> si enmüesten offenlîche sagen
> daz si genifteln wæren.

Als die Herrin Enite sie dort weinend sitzen sah, zeigte sie gleich weibliches Mitgefühl. Ihr edles Herz drängte die Liebenswürdige dazu, sie zu begrüßen, wie schwer jene auch litt. Viele, viele Worte wechselten beide von Freud und Leid und schlossen so Freundschaft nach Frauenart. Nach ihrer Heimat, ihren Verwandten fragten sie einander aus und wurden redend so vertraut und erzählten, was sie wussten. Ihre Verwandtschaft entdeckten sie: sie waren blutsverwandte Kusinen. Wie könnte man sich näherstehen? [...] Seht, da hatte das Leid ein Ende. Sie umarmten sich und freuten sich aneinander, was sie mit Freudentränen zeigten. Das Weinen war schnell vorüber, sie lachten, das stand ihnen besser. Sie nahmen einander bei den Händen, die Damen, und gingen zu ihren Männern. Vor Freude konnten sie das nicht länger für sich behalten: sie mussten öffentlich aussprechen, dass sie Kusinen waren (V. 9699–9718, 9725–9738).

Dies ist eine der intimsten weiblich-homosozialen Szenen, die die höfische Epik zu bieten hat.

2.2 Homosoziale Beziehungen

Herrschaft

Ein weiterer freundschaftsähnlicher Beziehungstyp ist das Verhältnis zwischen Herrin und Zofe. Dies betrifft Laudine und Lunete im *Iwein*, Isolde und Brangäne im *Tristan* und die byzantinische Prinzessin und ihre Dienerin im *Herzog Ernst*. Es handelt sich also, wie im Fall von Mutter und Tochter, um eine vertikale Beziehung, die aber durch persönliche Nähe ausgeglichen wird. Besonders bemerkenswert ist die Beziehung zwischen Laudine und Lunete:

> der waz si heinlîch gnuoc,
> sô daz si gar mit ir truoc,
> swaz si tougens weste,
> ir diu næhest und diu beste.
> ir râtes und ir lêre
> gevolget sie mêre
> danne aller ir frouwen.

Mit der [Lunete] war sie [Laudine] so vertraut, dass sie alles mit ihr teilte, was sie an Heimlichkeiten wusste, weil sie ihre Nächste und Liebste war. Auf ihren Ratschlag und ihre Anleitung hörte sie mehr als auf die aller ihrer Hofdamen (V. 1789–1795).

Als Lunete ihrer Herrin vorschlägt, sie solle Iwein, den Mörder ihres Mannes Ascalon, heiraten, schlägt Laudines Zuneigung zu Lunete zunächst in Zorn um, doch dann bereut sie den Stimmungswechsel:

> dô begunde si sêre riuwen,
> daz sî ir grozzen triuwen
> wider sî so sêre engalt,
> wande si ir fluochet und si schalt.
> si gedâhte „waz hân ich getân?
> ich solde sî geniezzen lân
> daz sî mir wol gedient hât.
> ich weiz wol, daz si mir den rât
> niuwan durch alle triuwe tet.
> swâ ich gevolget ir bet,
> dazn wart mir nie leit
> und hât mir ouch nû wâr geseit.
> ich erchenne nû lange wol ir muot.
> sî ist getriuwe unde guot."

[D]a bereute sie heftig, dass sie deren große Loyalität ihr gegenüber so wütend vergolten hatte, denn sie hatte sie verwünscht und beschimpft. Sie dachte: „Was habe ich getan? Ich sollte sie belohnen dafür, dass sie mir gut gedient hat. Ich weiß genau, dass sie mir den Rat nur aus treuer Ergebenheit gegeben hat. Niemals, wenn ich ihrer Bitte folgte, habe ich es bereut, und auch jetzt hat sie die Wahrheit gesagt. Schon seit langem kenne ich ihre Gesinnung genau. Sie ist aufrichtig und von gutem Charakter" (V. 2011–2024).

Laudine nimmt Lunete wieder auf und spricht sie ausdrücklich als Freundin (V. 2115: *geselle*) und liebste Freundin (V. 2159: *trût geselle*) an.

Für Isolde ist Brangäne nicht nur eine enge Verwandte (*niftel*), sondern auch Zofe und Freundin. Sie begleitet Isolde nach England, und verbringt an ihrer Stelle die Hochzeitsnacht mit Marke, weil Isolde keine Jungfrau mehr ist. Auch später steht sie Isolde bei:

> sît des was Brangaene unde Îsôlt
> von herzen und von sinne
> sô getriuwe und sô geminne,
> daz nie niht under in beiden
> ir dinges wart gescheiden.
> si wâren mit ein ander dô
> ir muotes unde ir herzen vrô.
> [...]
> si was ratgebe unde rât
> des küneges unde der künigîn.
> ze kamere kunde niht gesîn,
> Brangaene enmüese ez wizzen.
> ouch was sî vervlizzen
> ze dieneste Îsôlde.
> si diende ir, swie si wolde,
> an Tristande ir amîse.

[Seitdem waren] Brangäne und Isolde in Herz und Gefühl einander so zugetan und anhänglich, dass niemals zwischen den beiden irgendein Unterschied bestand. Sie waren miteinander vergnügt und heiter. [...] Sie war Ratgeberin und Stütze für König und Königin. Nichts geschah auch im privaten Bereich, ohne dass sie davon Kenntnis hatte. Zudem war sie eifrig bemüht, Isolde zu dienen. Sie diente ihr, wie sie es wünschte im Hinblick auf ihren Liebhaber Tristan (V. 12942–12948, 12954–12961).

Schließlich sind noch Ginover und Enite zu nennen, die zwar nicht Herrin und Zofe, aber Königin und Hofdame sind. Ginover ist es, die Enite vor ihrem ersten Auftritt am Artushof einkleidet und in den Saal führt: *diu küneginne si nam / vriuntlîchen bî ir hant* (V. 1611–1612: „Die Königin nahm sie liebevoll an der Hand").

Freundschaft
Von einer ebenbürtigen Freundschaft zweier Frauen erzählt Konrad Fleck in seinem Liebesroman *Flore und Blanscheflur*. Blanscheflur ist entführt und an den Emir von Babylon verkauft worden, der sie nun heiraten und anschließend töten will. An Blanscheflurs Seite ist ihre Freundin Claris, deren Treue der Erzähler lobend hervorhebt: *ez was diu getriwe Clârîs, / Blanscheflûren gespil, / die ich iemer prîsen wil* (V. 5630–5632: „Es war die treue Claris, Blanscheflurs Freundin, die ich immer preisen will"). Die beiden Frauen, die sich immer wieder als *trûtgespil* ansprechen, haben eine gemeinsame Kemenatenszene, die an die Brautwerbungsepik erinnert. Blanscheflur ist betrübt, weil sie Flore vermisst, und Clare nimmt an ihrer Trauer anteil: *trûtgespil, waz wirret dir?* (V. 5688: „Liebste Freundin, was bekümmert dich?"). Dann appelliert sie an Blanscheflurs *minne* und bittet sie, mit ihr in ihre Kemenate zu kommen, um dort einen Blumenkorb zu bewundern, der ihr geschickt worden sei:

> Dô sprach Clârîs aber sâ:
> „trûtgespil, die rede lâ.
> durch dîne güete gewer mich
> einer bete diu ist betelich:
> daz dû mir ze minnen
> mîne kemenâten innen
> unde mîne bluomen sehest."

Da erwiderte Claris: „Liebste Freundin, sag das nicht. Gewähre mir um deiner Güte willen die herzliche Bitte, dass du dir mir zuliebe das Innere meiner Kemenate und meine Blumen anschaust" (V. 5743–5749).

Blanscheflur willigt ein, und die Freundinnen gehen Hand in Hand in Claris' Kemenate:

> bî handen sie sich dô viengen
> die gespiln und giengen
> zuo den bluomen schouwen.

Da nahmen sich die Freundinnen an der Hand und gingen zu den Blumen, um sie zu betrachten (V. 5811–5813).

In diesem Moment der weiblich-homosozialen Intimität springt plötzlich Flore aus dem Korb. Die Figurenkonstellation wird trianguliert, die Zärtlichkeit zwischen Claris und Blanscheflur in die Zärtlichkeit zwischen Flore und Blanscheflur umgelenkt: *Helsen küssen umbevâhen, / die alliu dô geschâhen* (V. 5849–5850: „Umhalsen und Küssen und Umarmen, das alles geschah da"). Die potenzielle Rivalität zwischen Flore und Claris wird aufgelöst, indem diese jenem den Vortritt lässt. Claris' opferbereite Liebe zu Blanscheflur geht soweit, dass sie schließlich an ihrer Stelle den babylonischen Emir heiratet, damit ihre Freundin frei für Flore ist.

Kampfgemeinschaft
Ein Sonderfall weiblich-homosozialer Gemeinschaft wird im *Eneasroman* Heinrichs von Veldeke vorgestellt. An der Seite von Turnus kämpft die amazonenhafte Camilla:

> deheines werkes sie ne phlach,
> daz wîbes werk wâre.
> ez was ir unmâre,
> man ne moht siz niht gelêren
> sie ne wolde sich niht kêren
> niewan an ritterschaft.

Sie machte nichts, was Sache einer Frau gewesen wäre. Das war ihr gleichgültig, man konnte es ihr nicht beibringen; sie wollte nur Ritterschaft üben (V. 147,20–25).

Gemeinsam mit ihrem weiblichen Gefolge bildet sie ein Frauenheer:

> grôz was ir geselleschaft,
> die si hete braht dare:
> magede eine grôze schare,
> funf hundert junkfrouwen,
> die konden helme houwen
> und schilde stechen
> unde spere brechen
> unde justieren

> unde wol pungieren,
> die ir volgen mûzen
> ze orse und ze fûzen,
> slahen mit den swerden
> mit den die des gerden.

Groß war ihre Gefolgschaft, die sie hergeführt hatte: eine große Schar von Jungfrauen, fünfhundert junge adlige Damen, die verstanden, auf Helme zu schlagen und auf Schilde zu stechen, Speere zu zerbrechen, im Zweikampf und im gemeinsamen Ritterkampf tapfer zu bestehen – die ihr Gefolge bilden zu Pferd oder zu Fuß – und die Schwerter zu führen gegen die, die darauf brannten (V. 147,26–38).

So bekommen es Eneas und seine Waffenbrüder mit Camilla und ihren Waffenschwestern zu tun. Als Camilla im Kampf fällt, wird sie von ihren Frauen betrauert:

> Do Kamille diu werde
> tôt lach ûf der erde
> unde ir magede quâmen dar
> und sie des worden gewar
> si heten grôze rouwe.
> mit vil gûter trouwe
> klageten sie ir frouwen
> dâ moht man jâmer schouwen.
> sêre sie weinden,
> wol si daz bescheinden,
> daz in diu frouwe lieb was.

Als die treffliche Camilla tot am Boden lag und ihre Jungfrauen herbeieilten und das sahen, empfanden sie großen Schmerz. In großer Treue beklagten sie ihre Herrin. Da konnte man sehen, was Trauer ist. Schmerzlich weinten sie; sie zeigten deutlich, dass sie die Herrin geliebt hatten (V. 244,39–245,9).

So sind auch Camilla und ihre Mitstreiterinnen den heroischen Freundschaften zuzurechnen.

Doch bleibt festzuhalten, dass Kampfgemeinschaften in den männlich-homosozialen Beziehungen der Regelfall, in den weiblich-homosozialen Beziehungen hingegen die Ausnahme sind. Der übliche Modus der Freundschaft zwischen Frauen sind Ratschlag und Rede.

2.3 Heterosoziale Beziehungen

Hinsichtlich der heterosozialen Nahbeziehungen stellt sich erneut die Frage nach dem Verhältnis von Freundschaft und Liebe. Von Freundschaften zwischen Männern und Frauen wird in der höfischen Epik vergleichsweise selten erzählt. Im Vordergrund stehen Geschichten, die von Liebe und Ehe und ihrem Verhältnis zueinander handeln.

2.3 Heterosoziale Beziehungen

Heterosoziale Freundschaft
Ein Beispiel für den seltenen Fall einer höfischen Freundschaft zwischen Mann und Frau bietet der *Iwein* Hartmanns von Aue. Es handelt sich um Lunete, die Zofe und Freundin Laudines, die sich Iwein freundschaftlich verbunden fühlt und später auch Freundin des Freundes ihres Freundes wird, nämlich Gaweins. Eine eigene Liebesgeschichte hat sie hingegen nicht. Lunete kommt Iwein zu Hilfe, als dieser nach der Tötung Ascalons im Burgtor zwischen den Fallgittern gefangen ist. Sie steht in einem doppelten Loyalitätsverhältnis: gegenüber Laudine, deren Zofe sie ist, und gegenüber Iwein, der sie einmal am Artushof freundlich behandelte, als alle anderen sie ignorierten. Daher handelt sie nun als *sîn friunt* (V. 1303). Sie versteckt ihn vor den Rittern, die Ascalons Tod rächen wollen, und sorgt dafür, dass Laudine ihn, den Mörder ihres Mannes, heiratet und er somit zum neuen Landesherrn wird. Später kehrt sich die Situation um. Nun ist Lunete in Gefangenschaft und wartet auf den Tod. Nachdem Iwein das Gelübde gebrochen hat, nach einjähriger Turnierfahrt pünktlich zu Laudine zurückzukehren, ist Lunete, die Stifterin der Ehe zwischen Laudine und Iwein, in Ungnade gefallen. Jetzt hilft Iwein ihr, wie sie zuvor ihm geholfen hatte. Ein letztes Mal erweist sich ihre Freundschaft, als der geläuterte Iwein zu Laudine zurückkehrt, um sich bei ihr zu entschuldigen und seine Rolle als Ehemann und Landesherr wieder einzunehmen. Als er Lunete sieht, erweist er ihr dieselbe Freundschaftsgeste, die er und Gawein einander zeigten, als sie sich nach dem Zweikampf wiedererkannten:

> dochn wart mîn her Îwein
> vor des nie als frô.
> von grôzzen freuden chuoster dô
> sîner iunchfrouwen munt;
> wange und ougen tûsent stunt.
> er sprach „ir habt bescheinet
> vil wol wie ir mich meinet."

Tatsächlich war mein Herr Iwein niemals zuvor so glücklich. Aus überschwenglicher Freude küsste er da das Edelfräulein auf Mund, Wange und Augen tausendmal. Er sagte: „Ihr habt klar bewiesen, wie sehr Ihr mich mögt" (V. 7974–7980).

Wenn Iwein von seiner *grôzzen minne* (V. 7984) zu Lunete spricht, so meint er damit seine Freundschaft, während seine Liebe nach wie vor Laudine gilt. Die Freundschaften zwischen Iwein und Gawein einerseits und Iwein und Lunete andererseits sind nicht nur vergleichbar, sondern auch aufeinander bezogen. Es handelt sich um eine Freundschaft zu dritt. Gawein dankt Lunete ausdrücklich dafür, dass sie seinem Freund aus der Bredouille half, und der Erzähler bestätigt: *hie wart mit stæter sicherheit / ein gesellschaft under in zwein* (V. 2756–2757: „Es entstand eine dauerhafte Freundschaft zwischen ihnen").

Wie Lunete und Iwein ein Beispiel für eine höfische Freundschaft zwischen Frau und Mann sind, so Camilla und Turnus eines für eine heroische Freundschaft zwischen Frau und Mann. Dies ist freilich nur deswegen möglich, weil Camilla, wie Heinrich von Veldeke im *Eneasroman* immer wieder betont, als Mann und Ritter handelt. Camilla kämpft an Turnus' Seite, und als sie stirbt, wird sie nicht nur von ihrem Frauenheer, sondern auch von ihm betrauert. Er hält eine lange Totenklage auf sie wie Eneas auf Pallas, in der er bekennt:

> dô klagete sie vil sêre
> Turnûs der hêre.
> Dô sprach der hêre Turnûs
> ,daz wir uns scheiden mûzen sus,
> daz is ân mînen willen.
> [...]
> wie sêre rouwich ich des bin,
> daz ich dîn noch enberen mûz!'

[D]a klagte schmerzbewegt der edle Turnus um sie. Herr Turnus sprach: „Dass wir so voneinander scheiden müssen, geschieht gegen meine Absicht. [...] Wie schmerzlich bewegt es mich, dass ich dich künftig entehren muss!" (V. 249,37–250,1; 250,28–29).

Auch diese Beziehung ist von Freundschaft getragen, Turnus und Camilla sind Kampfgefährten, aber kein Liebespaar.

Ehe und Liebe
Drei mögliche Verhältnisse von Ehe und Liebe lassen sich unterscheiden, nämlich Ehe ohne Liebe (linke Teilmenge), Liebe ohne Ehe (rechte Teilmenge) und Liebesehe (Schnittmenge):

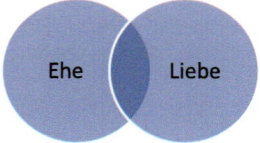

Relationen von Ehe und Liebe (Mengendiagramm)

Das Ideal der höfischen Liebesehe, die auf dem Konsens und der affektiven Bindung zwischen den Eheleuten beruht, ist in der höfischen Epik nicht der Normalfall, sondern der Sonderfall, den es allererst auszuhandeln gilt. Solange die Liebe keine notwendige Bedingung der Ehe ist, hat sie ihren Ort jenseits der Ehe. Folglich konkurrieren drei Konstellationen von Liebe und Ehe miteinander: die heiratspolitische Allianz („Ehe ohne Liebe"), die außereheliche Liebe („Liebe ohne Ehe") und die auf gegenseitiger Liebe gründende Ehe. Daraus ergibt sich die folgende tabellarische Systematik (Tab. 2.2).

Tab. 2.2 Relationen von Ehe und Liebe (Tabelle)

Ehe (vertragliche Beziehung)		Liebe (affektive Beziehung)	
ohne Liebe	Ehe ohne Liebe (heiratspolitische Allianz)	Liebe ohne Ehe („passionierte Liebe")	außerhalb der Ehe
mit Liebe	Höfische Liebesehe („romantische Liebe")		innerhalb der Ehe

2.3.1 Ehe ohne Liebe

Heiratspolitik
Die patriarchal strukturierte Adelsgesellschaft des Hochmittelalters privilegierte männlich-homosoziale Beziehungen. Folglich war die Ehe zunächst vor allem eine heiratspolitische Angelegenheit, die zwischen Männern ausgehandelt wurde: „Die Verheiratung, eine ernsthafte Angelegenheit, war Männersache" (Duby 1993, S. 37). Die Eheschließung beruhte auf einem Pakt zwischen den Vätern der Brautleute (die oft schon im Kindesalter miteinander verlobt wurden) oder zwischen Brautvater und Bräutigam. Sie diente vor allem der Allianzbildung zweier patrilinear organisierter Sippen. Dass zur heiratspolitisch geschlossenen Ehe Zuneigung und Wertschätzung hinzutraten, war wünschenswert; Liebe galt hingegen nicht als erforderlich: „*Affectio* und *dilectio*, ja. Aber keine Liebe. In diesem Punkt stimmten im 12. Jahrhundert alle Männer, die Männer der Kirche und des Hofes, überein" (ebd., S. 47).

Diese Konstellation spiegelt sich in der höfischen Epik. Besonders aussagekräftig ist das Beispiel der Eheschließung zwischen dem englischen König Marke und der irischen Königstochter Isolde im *Tristan* Gottfrieds von Straßburg (und ähnlich im *Tristrant* Eilharts von Oberg). König Marke heiratet nicht aus Liebe, sondern aus politischer Pflicht. Er liebt Tristan und will ihn als Thronerben einsetzen; der Hofrat besteht jedoch darauf, dass sich Marke verheiratet und einen Thronfolger zeugt. Als Marke schließlich zustimmt, trifft er die Wahl der Braut nicht selbst, sondern folgt der Empfehlung Tristans, der Isolde bei einer Irlandreise kennengelernt hat und für eine passende Partie hält. Die heiratspolitische Allianz zwischen England und Irland ist wünschenswert, um das feindliche Verhältnis zu befrieden. Marke wirbt nicht selbst um Isolde, sondern schickt Tristan als Boten aus. Die Verheiratung Isoldes mit Marke ist also eine diplomatische Angelegenheit. Isoldes Eltern nehmen die von Tristan überbrachte Werbung an, und Isolde hat sich zu fügen.

> **Der Minnetrank**
> Isoldes Mutter ergreift eine Vorsichtsmaßnahme, um ihrer Tochter das Eheleben mit dem fremden König, der eine Generation älter ist als Isolde, erträglich zu machen. Sie braut einen Minnetrank, der den Brautleuten in der Hochzeitsnacht verabreicht werden soll. Der Zweck des Minnetranks besteht darin, eine Liebesbeziehung zwischen den Eheleuten zu stiften, damit die heiratspolitische Verbindung affektiv gestützt wird. Die Liebe soll zur Ehe hinzutreten, aus der Pflichtehe soll eine Liebesehe werden. Dieser Plan geht

> bekanntlich schief. Nicht Marke und Isolde trinken den Minnetrank, sondern Tristan und Isolde. Was wie ein Zufall aussieht, kann auch als Bestimmung verstanden werden. Der Trank sucht sich diejenigen selbst aus, die ihn trinken sollen. Liebe lässt sich nicht künstlich herstellen, sondern sie überwältigt die Betroffenen. Somit impliziert das Motiv des Minnetranks drei Beziehungsformen zwischen Mann und Frau: das *Faktum* der heiratspolitischen Ehe, für die es keiner Liebe bedarf, das *Ideal* der höfischen Liebesehe, die so unwahrscheinlich ist, dass sie durch Zauber bewirkt werden muss, und das *Fatum* der passionierten Liebe, die zwei Menschen unvermittelt trifft, ohne sich um eheliche Bindungen zu scheren.

Brautwerbungserzählungen

Das heiratspolitische Ehemodell ist in allen höfischen Epen anzutreffen, die dem Narrativ der Brautwerbung folgen. Dies betrifft die Gattung der Brautwerbungsepen, aber oft auch der Heldenepen, Antikenromane und Liebesromane. Folgende Fälle sind zu nennen: Rother und die namenlose Prinzessin von Konstantinopel (*König Rother*), Oswald und Paug (*Oswald*), Orendel und Bride (*Orendel*), Alexander und Roxane (*Alexanderroman*), Eneas und Dido sowie Eneas und Lavinia (*Eneasroman*), Marke und Isolde (*Tristrant, Tristan*), Gunther und Brünhild sowie Etzel und Kriemhild (*Nibelungenlied*).

Im *Alexanderroman* des Pfaffen Lambrecht (Straßburger Fassung) kommt das Thema der Heiratspolitik nur am Rande vor. Nachdem der Grieche Alexander den Perser Darius besiegt und somit seinen geschichtlichen Auftrag erfüllt hat, heiratet er Roxane, die Tochter des Darius. Es handelt sich nicht um eine Liebesehe, sondern um eine heiratspolitische Allianz zwischen Griechen und Persern. Als Darius im Sterben liegt, versöhnt er sich mit Alexander und bittet ihn darum, seine Familie zu schonen und zwischen den Reichen Frieden zu stiften. Dem solle die Ehe mit seiner Tochter Ausdruck verleihen: *Sweder ih sterben unde genesen, / sô sol mîn liebe tohter wesen / dîn êlîche wîb* (V. 3410–3412: „Ob ich sterbe oder am Leben bleibe, meine geliebte Tochter soll deine Ehefrau sein"). Nachdem Darius gestorben ist, setzt Alexander dessen Wunsch um und heiratet Roxane:

> Alexander warb mit sinnen
> und hiez ime gewinnen
> Darien tohter.
> Vil wol er gedâhte,
> wes ime der rîche kuninc bât
> dô er an sînem ende la,
> swîz mit ime quême
> daz er ze wîbe nême
> Roxanien di scônen
> und saztir ûf di crônen.
> Alexandren des bedûhte,
> daz iz wol wesen mohte.

2.3 Heterosoziale Beziehungen

Alexander handelte klug und befahl, Darius' Tochter für ihn zu gewinnen. Ganz genau dachte er daran, worum ihn der mächtige König gebeten hatte, als er sterbend dalag, dass er, wie es mit ihm auch kommen sollte, die schöne Roxane zur Frau nehmen und ihr die Krone aufsetzen solle. Alexander schien es, dass dies gut sein konnte (V. 3530–3541).

Von Liebe ist keine Rede. Die Absprache erfolgt zwischen den Königen, und Roxane hat kein Mitspracherecht. Die Hochzeit ist ein politisches Arrangement; es bestätigt, dass Alexander nun Herrscher zweier Reiche ist. Mit dem besiegten Land gehört ihm auch die Hand der Königstochter, die als Königin an seiner Seite das hinzugewonnene Reich repräsentiert.

Im *Rolandslied* spielen Heiratspolitik und Liebesehe eine kleine Nebenrolle. Im Mittelpunkt stehen die männlich-homosozialen Beziehungen zwischen Roland, Olivier und Karl dem Großen. Angedeutet wird die Beziehung zwischen Roland und seiner Verlobten, Oliviers Schwester Alda. Diese hat ihren ersten und letzten Auftritt am Ende des Romans, wenn sie Roland nachstirbt. Zuvor wird sie nur zweimal kurz erwähnt. Als Roland sich weigert, mit einem Hornsignal die Hilfe des fränkischen Heers herbeizurufen, erinnert ihn Olivier an seine Schwester: *nu tuoz durch mîn swester Alden willen* (V. 3868: „Tue es meiner Schwester Alda zuliebe"). Als Roland nach verlustreichen Kämpfen doch bereit ist, das Hornsignal zu geben, winkt Olivier ab, weil nun der Tod für alle, auch für Roland, unausweichlich sei: *mîn swester Alde / en scol an dînem arme / niemer erwarme* (V. 6012–6014: „Alda, meine Schwester, wird in deinem Arm niemals mehr warm werden"). Die näheren Umstände der Verlobung werden nicht geschildert, eine Liebesgeschichte wird nicht erzählt. Als Karl mit den Leichen der gefallenen Kämpfer nach Aachen zurückkehrt, fragt Alda nach dem Verbleib des Mannes, dem Karl sie als Gattin versprochen hatte (V. 8692–8693: *gip mir wider mîn man / dem du mich ze wîbe gæbe*, „Gib mir meinen Mann zurück, dem du mich als Frau versprochen hast"). Es handelt sich also um einen Vertrag zwischen zwei Männern, dem Bräutigam und dem Brautvater (Karl übernimmt diese Handlungsrolle), nicht um einen Vertrag zwischen Braut und Bräutigam. Karl bedauert Rolands Tod und stellt Alda als Ersatz seinen Sohn und künftigen Nachfolger Ludwig (den Frommen) in Aussicht, aber Alda winkt ab: *Ludewîgen du mir niemer für genenne / noch niemer dehain anderen man* (V. 8708–8709: „Von Ludwig sprich mir nicht weiter und auch von keinem andern Mann"). Bemerkenswerterweise hält Karl Roland als seinen Freund und Neffen für unersetzlich, als Gatten für Alda jedoch durchaus nicht, wenn der Ersatz in der sozialen Hierarchie nur höher steht. Offenbar misst er der Freundschaft einen viel größeren Rang bei als der ehelichen Verbindung. Alda jedoch ist untröstlich und stirbt ihrem Verlobten, der im Laufe des Romans nicht ein Wort über sie verliert, nach. Hier deutet sich zaghaft das Thema der höfischen Liebe an, aber nur in Form eines Zusatzes und ausschließlich aus der Perspektive der Frau.

Im *König Rother* erhält die Königstochter, um die der Protagonist wirbt, nicht einmal einen Namen. Sie wird auf ihre Handlungsrolle als umworbene Braut reduziert und ist somit eher ein Attribut oder Aspekt des Brautvaters als eine eigenständige Figur. Das Epos führt in allen Einzelheiten vor, wie eine heiratspolitische Brautwerbung veranstaltet wird, was schief gehen kann, wenn der Brautvater seine

Zustimmung verweigert, und wie der Brautwerber seine Interessen dennoch durchsetzt. Als sich der römische König Rother verheiraten will, holt er den Rat seiner Vasallen ein. Die Wahl der Braut ist nicht seine persönliche, sondern eine politische Angelegenheit:

> „gerne het ich ein wolgeboren wif,
> die van alleme adele
> gezeme eime koninge,
> dar zo vrowen richen herzogen.
> hic ne weiz sie neirgen in dime lande,
> die mir so wol gevalle,
> daz ir sie lobit alle."

> „Gerne hätte ich eine hochgeborene Ehefrau, die in allem, was ihre adelige Abstammung betrifft, einem König entspräche und darüber hinaus auch mächtigen Herzogen als Herrin. Ich habe aber in diesem Land noch nirgends diejenige kennengelernt, die meinen Bedingungen so entspräche, dass auch ihr alle mit ihr einverstanden wäret" (V. 38–44).

Deutlicher kann nicht gemacht werden, dass es nicht um Liebe geht. Die Braut muss in ständischer Hinsicht adäquat sein und ihre Wahl muss den Konsens der Vasallen finden (nicht etwa den Konsens der Braut selbst). Wieder ist die Ehe eine männlich-homosoziale Angelegenheit, an der nicht nur Brautwerber und Brautvater, sondern auch die Vasallen des Brautwerbers beteiligt sind. Rothers Vasall Lupold kennt die Richtige, nämlich die Tochter des Königs von Konstantinopel:

> „siu ist in midin also smal,
> sie gezeme eime herren wol
> und mochte von ir adele
> gezeme eime koninge."

> „Sie ist um die Taille herum so schlank, dass sie einem Herrscher gut anstehen würde, und sie könnte aufgrund ihres Adels einem König gut anstehen" (V. 75–78).

Sie hat also nicht nur den Vorzug des Adels, sondern auch eines ansprechenden Äußeren, das den Vorstellungen der über sie redenden Männer entspricht. Rother stimmt sofort zu und beauftragt Lupold, die diplomatische Mission zu übernehmen:

> „daz tû mir werbes umbe daz megetin
> die da so wundrin schone si.
> und hilf mir miner erin!"

> „[…] dass du mir um jene junge Dame wirbst, die so unsagbar schön sein soll. Verhilf mir nun zur Vervollständigung meines Ansehens!" (V. 110–112).

Lupold zieht mit einem prächtigen Gefolge (das nur aus Männern besteht) nach Konstantinopel und trägt in aller Form dem König sein Anliegen vor: *min herre gerit der tochtir din!* (V. 315: „mein Herr will deine Tochter zur Frau"). Der Brautvater wird zornig, als er erfährt, dass er seine Tochter hergeben soll, und wirft Lupold und seine Leute in den Kerker. Ein Jahr später zieht Rother selbst aus, um die gefangenen Vasallen zu befreien und die Braut zu entführen. Wenn der Brautvater nicht willig ist, dann muss der Brautwerber zu anderen Mitteln greifen. Mit einer List gelingt es ihm, die

Braut zu rauben, und noch während der Heimreise wird sie schwanger. Es wirkt wie ein Zugeständnis an das aufkommende Ideal der höfischen Liebe, wenn der Verfasser der Braut unterstellt, dass sie sich in ihren Entführer verliebt hätte. In einer Episode, die Rothers Brautwerbung komödiantisch umkehrt, wird erzählt, wie die Braut ihrerseits um den Brautwerber wirbt und zu diesem Zweck eine Botin ausschickt, nämlich ihre Zofe. So soll die heiratspolitisch motivierte Entführung der Braut gegen den Willen des Brautvaters doch noch zu einer Liebesehe umstilisiert werden. Einen Namen erhält sie dennoch nicht. Ihre vornehmliche Aufgabe in der Erzählung ist es, Pippin, den Vater Karls des Großen, zur Welt zu bringen.

Wie Rother entführt auch Salman seine Braut Salme gegen den Willen ihres Vaters (*Salman und Morolf*). Ihr Einverständnis wird nicht eingeholt. Vor der Eheschließung wird sie getauft. Nach vierjähriger Ehe lässt sie sich von Fore, einem heidnischen König, verführen; Jahre später, nachdem Salman sie gegen ihren Willen zurückgeholt hat, von Princian, einem weiteren heidnischen König. In beiden Fällen wird ihre Untreue mit einem Minnezauber begründet; doch bleibt unklar, ob dieser Ursache oder Symbol ihrer ehebrecherischen Liebe ist. Salman bringt sie jedenfalls keine vergleichbaren Gefühle entgegen. Am Ende wird Salme zur Strafe für ihre zweifache Untreue getötet. Damit ist der Weg frei für Salmans zweite Braut, Fores Schwester Affer. Wiederum wird keine Liebesgeschichte erzählt, sondern nur konstatiert, dass Morolf sie seinem Bruder zugeführt habe. Diese Ehe währt nun dreiunddreißig Jahre, bis zu Salmans Tod.

Der englische König Oswald, Herr über zwölf Königreiche, vierundzwanzig Herzogtümer, sechsunddreißig Grafschaften und neun Bistümer, entschließt sich im Alter von vierundzwanzig Jahren zur Heirat: *so wolt ich geren ain frauen nehmen* (V. 36). Im Traum hat ihn eine innere Stimme ermahnt, an die Zukunft des Königreichs zu denken:

> „Oswalt, sullend deineu land an ein frauen stan?
> treun, daz ist nicht guot getan!
> zweu sullen dir weiteu kunikreich,
> du hietst dann ain frauen tugentleich?
> sturbstu, so wurde ez erblos:
> nim dir aine die sei dein genoß!"

> „Oswald, sollen deine Länder ohne Herrin bleiben? Fürwahr, das ist nicht wohlgetan! Was nützt dir ein großes Königreich, wenn du keine tugendhafte Frau an deiner Seite hast? Wenn du stürbest, hätte es keinen Thronerben: Darum wähle Dir eine Frau, die deine Gefährtin sein soll!" (V. 45–50).

Ein Engel gebietet ihm, die Braut nicht im eigenen Land zu suchen, sondern eine Heerfahrt zu unternehmen, um jenseits des Meeres eine ‚heidnische' Königstochter zu finden. Die Brautwerbung soll also zugleich eine militärische Missionsreise sein (vgl. Kohnen 2013):

> „ich wil dir raten, furst guot:
> nim dir dhain frauen in den landen dein.
> ich wil dir ez raten auf die treuen mein:
> du muost varen uber mer
> mit ainem kreftigen her

> nach ainer haidnischer kuniginne:
> die soltu uber mer her pringen.
> du muost in die haidenschaft cheren
> und kristenleichen glauben meren.
> nim dir ein haidmische kunigin,
> daz ist gots will und der lieben muoter sein!"

> „Edler Fürst, ich will dir raten, dass du keine Frau aus deinen Ländern nimmst. Ich will dir auf meine Treue raten, dass du mit einem gewaltigen Heer über das Meer zu einer heidnischen Königin ziehen sollst: Die sollst du über das Meer hierherholen. Du sollst die Heiden bekehren und den christlichen Glauben vergrößern. Nimm dir eine heidnische Königin, denn das ist der Wille Gottes und seiner lieben Mutter!" (V. 60–70).

Die einberufenen Vasallen, die ihm eine angemessene Braut nennen sollen, wissen keinen Rat: *wir wissen nindert ain kunigin / der wir des mügen getrauen, / daz si euch gezäm zuo einer frauen* (V. 180–182: „Wir kennen nirgendwo eine Königin, der wir zutrauen könnten, dass sie Euch als Ehefrau geziemte"). Schließlich empfiehlt ihm ein weitgereister Pilger, um Paug, die schöne Tochter des Königs Aron, zu werben:

> si gezäm dir wol über deineu reich.
> si ist die schon frau Paug genant
> da ze Aron in dem lant.
> da ist auch ir vater gesessen,
> ein heidem so vermessen.

> Sie wäre für dich als Herrin über deine Reiche angemessen. Die schöne Herrin heißt Paug, dort in Arons Land. Dort herrscht ihr Vater, ein sehr hochmütiger Heide (V. 238–242).

Die Wahl erweist sich aus zwei Gründen als glücklich. Zum einen neigt Paug schon längst dem Christentum zu: *si ist ein haidmischeu kunigin / und gelaubt an got und an die muoter sein* (V. 243–244: „Sie ist eine heidnische Königstochter und glaubt an Gott und die Gottesmutter"). Zum anderen entscheidet sie sich für Oswald, ohne ihn schon gesehen zu haben. Als Oswalds Bote, ein sprechender Rabe, bei Aron um Paug wirbt, zeigt sich dieser empört – er will seine Tochter nicht hergeben, da er sie selbst zu heiraten beabsichtigt, sobald seine Ehefrau verstorben ist. Doch Paug ist zur Ehe mit dem Christen Oswald bereit und übermittelt ihm mithilfe des Raben ihre Zustimmung. Die doppelt motivierte Werbung ist doppelt erfolgreich: Oswald wird Paug heiraten, und er wird nicht nur ihr zur Taufe verhelfen, sondern am Ende auch Aron zum Christentum bekehren. Wie im *König Rother* kommt auch im *Oswald* die Braut dem Brautwerber entgegen; die Ehe beruht nicht (nur) auf dem Kontrakt des Brautwerbers mit dem Brautvater, sondern auch auf dem Konsens des Brautwerbers mit der Braut. Im Unterschied zum *König Rother* bleibt die Ehe jedoch kinderlos. Gott gebietet dem Paar, eine keusche Ehe zu führen, und nimmt es früh in sein Himmelreich auf. Oswalds ursprüngliche Absicht, für einen Thronerben zu sorgen, wird somit fallen gelassen. Das weltliche Interesse der Brautwerbungserzählung ist dem geistlichen Interesse der Legendenerzählung gewichen. Nicht das Politische, sondern das Religiöse steht im Vordergrund. Die Liebe, die die Eheleute verbindet, ist die gemeinsame Liebe zu Gott.

2.3 Heterosoziale Beziehungen

Als heiratspolitische Mission beginnt auch die Brautwerbung Orendels, des Trierer Königssohns, um Bride, die unverheiratete Königin von Jerusalem. Er sucht seinen Vater mit der Bitte auf, eine Braut für ihn zu wählen:

> „here und vader, ez were nu zit,
> daz ir mir gebent ein wip,
> die mir wol gezeme zu [der] minne,
> uber das lant zu [einer edelen] kuniginne."

„Herr und Vater, es ist nun an der Zeit, dass ihr mir eine Ehefrau zuteilt, die sich als Partnerin für mich und als edle Königin für das Land eignet" (V. 197–200).

Der Vater weiß sogleich Rat. Alle hiesigen Prinzessinnen kommen nicht in Frage, da sie mit Orendel verwandt sind; die Wahl fällt daher auf eine Königin jenseits des Meeres, auf Bride, die unverheiratete Alleinherrscherin von Jerusalem:

> „sie ist geheizen frouw Bride,
> die schonste ob allen wiben.
> ir dienet daz heilige grap
> dar zu vil der heidenschaft.
> mohte ich dir, trut sun, mit sinnen
> die edele kunigin gewinnen,
> du soltest werden nummer so here,
> dune soltest dinen lip und [ouch] dine sele
> oppern dem [heiligen] grabe unsers heren."

„Sie heißt Herrin Bride und ist die Schönste aller Frauen. Ihr dienen das Heilige Grab und viele Heiden. Könnte ich für dich, mein lieber Sohn, auf besonnene Weise diese edele Königin gewinnen – niemals würdest du so mächtig, wenn du dich und deine Seele nicht dem Heiligen Grab unseres Herrn opfern solltest" (V. 223–231).

Der Sohn stimmt sofort zu:

> „vader, daz ellende
> wil ich gerne buwen
> durch die schonen juncfrouwen."

„Vater, gern will ich um der schönen Jungfrau willen außer Landes reisen" (V. 233–234).

Orendel bricht nach Jerusalem auf und wirbt um Bride, die sich ihrerseits für Orendel entscheidet. Ihre Ehe beruht auf gegenseitiger Wahl, wird aber nicht als Liebesbeziehung geschildert. Sie präsentiert sich als Verschränkung einer keuschen Josephsehe, die nicht vollzogen wird, und einer Waffenbrüderschaft, die Bride als Kampfgenossin zeigt. Sie legt sich eine Rüstung an, um an der Seite ihres Gatten gegen Jerusalems Feinde zu kämpfen: *die frouwe faht als ein man* (V. 2112: „Die Herrin focht wie ein Mann"). Es sind die gemeinsame Liebe zu Gott und der gemeinsame Dienst am Heiligen Grab, die die Eheleute miteinander teilen; auf eine Liebespassion ist ihre Ehe nicht gegründet.

Die Annäherung der heiratspolitischen Ehe an die Liebesehe, die sich im *König Rother* abzeichnet, schreitet im *Eneasroman* Heinrichs von Veldeke weiter voran. In Vergils *Aeneis*, die den mittelalterlichen Eneasromanen als Vorlage diente, hat der

Protagonist mit der Liebe noch nichts im Sinn. Aeneas' Ehe mit Dido, der verwitweten Königin von Karthago, bietet dem aus Troja Geflüchteten die Chance, sich zu rekonsolidieren, birgt aber auch die Gefahr, ihn von seinem göttlichen Auftrag abzuhalten, der darin besteht, in Italien eine Herrschaft zu begründen, aus der einst das Römische Reich hervorgehen soll. Zu diesem Zweck muss er Lavinia heiraten, die Tochter des Königs von Latium. Eine Liebesgeschichte erzählt Vergil nicht, er geht nur in wenigen Sätzen auf die Prinzessin ein. Anders die mittelalterlichen Eneasromane, die eine höfische Liebesgeschichte um Eneas und Lavinia erfinden und diese kontrastiv der Ehegeschichte um Eneas und Dido entgegensetzen. Der deutsche Eneasroman endet mit einer prächtigen Hochzeitsfeier, die mit dem Mainzer Hoffest von 1184 verglichen wird. So wird der Auftrag der Götter umgebogen in die Geschichte einer persönlichen, wechselseitigen Liebeswahl, als wenn die historische Mission Nebeneffekt einer höfischen Liebesehe wäre. Es fällt auf, dass Heinrich von Veldeke das Wort *minne* konsequent vermeidet, wenn es um Eneas' Verhältnis zu Dido geht. Diese verliebt sich in ihn, er sich aber nicht in sie. Seine erste große *minne*, von der die mittelalterlichen Romane erzählen, ist sein Freund und Waffenbruder Pallas, seine zweite und letzte Lavinia.

Einen nüchternen Blick auf das Verhältnis von Liebe und Ehe wirft das *Nibelungenlied*. Es erzählt zwei Geschichten, die man im Sinne einer heiratspolitischen Brautwerbung deuten kann: die Werbung Gunthers um Brünhild und die Werbung Etzels um Kriemhild. Gunther entscheidet sich ganz unvermittelt, um die Königin von Island zu werben. Er sagt, dass dies der Liebe wegen geschehe, aber der Ablauf der Brautwerbung und Eheschließung verrät das Gegenteil:

> Dô sprach der vogt von Rîne: „ich wil nider an den sê,
> hinze Brünhilde, swi ez mir ergê.
> ich wil durch ir minne wâgen mînen lîp.
> den wil ich verliesen, sine werde mîn wîp."

> Da sagte der Vogt vom Rhein: „Ich will hinab zum Meer, zu Brünhild, wie es mir dabei auch ergehen mag. Aus Liebe zu ihr will ich mein Leben wagen. Ich bin bereit, es zu verlieren, wenn sie nicht meine Frau wird" (Str. 327).

Tatsächlich hat er Brünhild noch nie gesehen, die Wahl der künftigen Gattin beruht auf Hörensagen. Die Todesgefahr, von der Gunther spricht, besteht darin, dass Brünhild die Handlungsrollen der umworbenen Braut und des aggressiven Brautvaters in sich vereint. Sie wird nicht freiwillig heiraten; jeder, der um ihre Hand anhält, muss sie im Dreikampf besiegen oder seinen Kopf verlieren. Auch Gunther bedient sich eines Dritten, um seinen Plan in die Tat umzusetzen. Doch handelt es sich nicht wie im *König Rother* um einen tatsächlichen Vasallen, der als Bote die Brautwerbung übernimmt, sondern um einen vorgetäuschten Vasallen: Siegfried, der sich als Gunthers Dienstmann ausgibt und ihm unter dem Schutz der Tarnkappe hilft, den Dreikampf zu bestehen. Die Werbung ist also ein Werbungsbetrug, und der zweite folgt in der Hochzeitsnacht. Da es Gunther nicht gelingt, Brünhild zum Vollzug der Ehe zu bewegen, bittet er Siegfried abermals um Hilfe. Siegfried ringt im Schutz der Dunkelheit Brünhild nieder, und Gunther vergeht sich an ihr. Die Brautnacht ist kein konsensueller Liebesakt, sondern eine Vergewaltigung durch zwei

2.3 Heterosoziale Beziehungen

Männer, die das Nein der Frau missachten. Hier wird in aller Härte ausgespielt, was eine Eheschließung gegen den Willen der Frau bedeutet. Das *Nibelungenlied* macht sich im Unterschied zum *König Rother* nicht die Mühe, die Gewalttat zu kaschieren, indem der Braut eine heimliche Liebe zu ihrem Entführer unterstellt wird.

Eine weitere, nicht weniger sarkastische Variante bietet die Brautwerbung Etzels um Kriemhild. Nachdem Helche, die Ehefrau des hunnischen Königs, gestorben ist, will sich der Witwer wiederverheiraten. Wie im *König Rother* beruft Etzel seine Ratgeber ein, und ihre Wahl fällt auf Siegfrieds Witwe:

> Sît daz erstorben wære der schœnen Helche lîp,
> si sprâchen: „welt ir immer gewinnen edel wîp,
> di hôhesten unt di besten, di kunic ie gewan,
> sô nemt di selben vrouwen. der starke Sîfrit was ir man.

> Nach dem Tod der schönen Helche sagten sie: „Wenn Ihr je eine edle Frau gewinnen wollt, und zwar die angesehenste und beste, die jemals ein König gehabt hat, so wählt diese Herrin. Der starke Siegfried war ihr Mann" (Str. 1141).

Wie König Rother überantwortet Etzel die Brautwerbung einem Vasallen, seinem Markgrafen Rüdiger von Bechelaren. Dieser zieht nach Worms und bringt sein Anliegen vor. Kriemhild sagt zu, nachdem Rüdiger den Eid abgelegt hat, sie für jedes Unrecht, das ihr jemals angetan worden sei und angetan werde, zu entschädigen. Kriemhilds Motiv, sich auf die Ehe mit Etzel einzulassen, ist also ein mittelbares. Sie will sich die Macht, den Besitz und die Leute verschaffen, derer sie bedarf, um sich an den Mördern Siegfrieds zu rächen und den im Rhein versenkten Hort zurückzuerlangen. Zu diesem Zweck nimmt sie den Tod ihres Kindes, Rüdigers von Bechelaren und aller Verwandten in Kauf – und wird am Ende selbst getötet, nachdem sie Hagen mit Siegfrieds Schwert enthauptet hat. Etzel, der Frau und Sohn verloren hat, bleibt trauernd zurück.

Wie zu Beginn dieses Kapitels schon angedeutet beruht auch die Ehe zwischen Marke und Isolde nicht auf gegenseitiger Liebe. Gottfried von Straßburg erzählt, dass Marke fest entschlossen sei, unverheiratet zu bleiben, damit sein Freund und Neffe Tristan das Reich erben und ihm auf den Thron folgen könne. Die Vasallen neiden Tristan seine Favoritenrolle und bedrängen Marke, sich eine Frau zu nehmen und einen Erben zu zeugen:

> Hie mite gevielen s'an den rât,
> die Markes râtes pflâgen,
> daz si Marke an lâgen
> beidiu vruo und spâte
> mit vlîzeclîchem râte,
> daz er ein wîp naeme,
> von der er z'erben kaeme
> einer tohter oder eines suns.

> Dann fassten sie den Plan, die Markes Berater waren, dass sie Marke nahelegten von früh bis spät mit großer Dringlichkeit, er solle sich eine Frau nehmen, von der er als Erben bekommen könnte eine Tochter oder einen Sohn (V. 8350–8356).

Tristan rät Marke, sich auf den Rat der Vasallen einzulassen und in Erfahrung zu bringen, wen sie für ihn als Ehefrau ausgewählt haben. Es handelt sich um die irische Prinzessin Isolde. Sie führen einen machtpolitischen Grund an. Die Ehe könne dazu beitragen, dass England sich nicht nur mit Irland versöhne, sondern die Herrschaft auf das irische Reich ausweite:

> „herre", sprâchen s'aber dô
> „ez vüeget sich vil dicke alsô,
> daz under landen schaden ergât.
> sô suln sie beidenthalben rât
> beidiu suochen unde vinden
> und suln ez mit ir kinden
> wider ze suone bringen.
> ûz hezlîchen dingen
> wirt dicke michel vriuntschaft.
> sît ir hie zuo gedanchaft,
> ir muget doch wol geleben den tac,
> daz Îrlant iuwer werden mac."

> Wieder sagten sie: „Herr, es geschieht sehr häufig, dass zwei Länder miteinander streiten. Dann sollen beide Seiten Abhilfe suchen und schaffen und zusammen mit ihren Kindern sich wieder versöhnen. Aus Hass entsteht oft herzliche Freundschaft. Wenn Ihr Euch dazu entschließt, werdet Ihr es durchaus noch erleben, dass Irland Euch gehört" (V. 8489–8495).

Tatsächlich hoffen sie, dass Tristan, wenn er als Brautwerber ausgeschickt werde, nicht lebend zurückkehre. Marke wiederum lässt sich auf den Rat ein, da er annimmt, dass er niemals erfolgreich sein könne: *durch die kündekeit swuor er, / daz es im gâr was ungedâht, / daz ez iemer würde z'ende brâht* (V. 8520–8522: „Er schwor aus Berechnung, denn es erschien ihm undenkbar, dass es jemals realisiert werden könnte"). Doch gelingt die Brautwerbung. Tristan reist nach Irland, wo ein Drache das Land verwüstet. Wer ihn tötet, hat Anspruch auf die Hand der Prinzessin. Tristan besteht das Abenteuer, tritt aber das Vorrecht der Ehe mit Isolde an Marke ab und führt sie ihm zu. In der Hochzeitsnacht wird Marke Isoldes Zofe untergeschoben, da Isolde nicht mehr Jungfrau ist. Er merkt es nicht, denn, wie der Erzähler sarkastisch bemerkt, *in dûhte wîp alse wîp* (V. 12666: „Ihm schien Frau gleich Frau") und *ime was ein als ander* (V. 12669: „Ihm war eine wie die andere"). Von Liebe im Sinne einer höchstpersönlichen Beziehung kann also keine Rede sein. Marke genießt die körperliche Liebe mit einer Frau – ob mit Isolde oder Brangäne macht für ihn keinen Unterschied. Die Liebe im eigentlichen Sinn bleibt Isolde und Tristan vorbehalten.

2.3.2 Liebe ohne Ehe

Das Gegenstück zur Ehe ohne Liebe ist die Liebe ohne Ehe. Solange die Ehe als heiratspolitische Verbindung verstanden wird, die der Zustimmung der Braut nicht bedarf, hat die Liebe ihren angestammten Ort nicht diesseits, sondern jenseits der Ehe. In diesem Fall steht die Liebe, verstanden als affektive Bindung zwischen

Mann und Frau, der Ehe, verstanden als vertragliche Absprache zwischen zwei Männern, diametral gegenüber. Liebe findet sich dort, wo sie hinfällt, und das ist in der Regel nicht eine arrangierte Ehe, die politische Zwecke erfüllen soll und auf dem Konsens zwischen Brautvater und Bräutigam (statt zwischen Braut und Bräutigam) beruht.

Passionierte Liebe
Niklas Luhmann hat in seinem Buch *Liebe als Passion* (1982) eine Diskursgeschichte der Liebe geschrieben, die sich vor allem auf die französische Literatur stützt und drei epochale Stationen umfasst: die höfische Liebe des Mittelalters, die passionierte Liebe der frühen Neuzeit und die romantische Liebe des neunzehnten Jahrhunderts. Unter höfischer Liebe versteht Luhmann das Liebesmodell, das am besten aus der höfischen Liebeslyrik, insbesondere dem hohen Minnesang bekannt ist. Der Mann idealisiert die Frau, er liebt sie aufgrund ihrer Perfektion und kann sie deshalb nie erreichen. Die höfische Liebe hat ihren Ort jenseits der Ehe, eben weil diese eine heiratspolitische Angelegenheit ist. Minnedame und Ehefrau sind zweierlei. Zwar kann die Minnedame als verheiratete Frau gedacht werden, aber dann ist sie eben die Gattin eines anderen Mannes und folglich umso unerreichbarer. Die höfische Minne, wie Luhmann sie versteht, schließt die Sexualität aus. Der Ritter begehrt die Dame, aber das Begehren darf sich *per definitionem* nicht erfüllen – sonst wäre es keine höfische Liebe. Der höfische Liebesdiskurs dient nicht zuletzt der ständischen Selbstabgrenzung des Adels, der einen verfeinerten Liebesbegriff für sich beansprucht, vom Bauerntum, dem ein unkultivierter Liebesbegriff unterstellt wird.

Auf die höfische Liebe des Mittelalters folgt nach Luhmann die passionierte Liebe der frühen Neuzeit. Wieder handelt es sich um einen Liebesdiskurs der Adelsgesellschaft, nun aber mit galanten Zügen. Weiterhin ist Liebe jenseits der Ehe angesiedelt. Aber nun ist das Begehren wechselseitig konzipiert, und die sexuelle Erfüllung wird als Option mitgedacht. Die Liebe (*amour*) wird daran bemessen, wie viel Genuss (*plaisir*) sie zu bereiten vermag. Während die höfische Liebe auf dem Prinzip der Idealisierung (der Frau durch den Mann) beruhte, basiert die passionierte Liebe auf dem Prinzip der Paradoxierung: Liebe wird zu einer widersprüchlichen Erfahrung, zu einem ambivalenten Gefühl. Liebe erscheint als Gefangenschaft, in die man sich freiwillig begibt, oder als passiv erlittener Zustand, den man aktiv aufsucht. Sie macht krank, „aber man geht deswegen nicht zum Arzt" (Luhmann 1982, S. 63).

C. Stephen Jaeger stellt in seinem Buch *Ennobling Love* (1999) die These auf, dass der Schritt von der höfischen zur passionierten Liebe, den Luhmann in der frühen Neuzeit ansetzt, bereits in der höfischen Dichtung des Hochmittelalters vorweggenommen worden sei. Die höfische Liebe, die um die Tugendhaftigkeit der Minnedame kreist und der ethischen Nobilitierung des Ritters dient, sei zunehmend mit dem Problem der Sexualität konfrontiert worden. Die Integration der Sexualität in den höfischen Liebesdiskurs habe zu einem „romantischen Dilemma" geführt, nämlich zur Frage der Vereinbarkeit von Liebe und Sexualität. Darauf habe die höfische Epik zwei Antworten gefunden. Die erste Antwort sei das Liebesmodell gewesen, das im *Tristan* Gottfrieds von Straßburg zur Geltung kommt: eine elitäre Spielart der passionierten Liebe, die, weil sie weiterhin jenseits der Ehe angesiedelt ist, die Fundamente der gesellschaftlichen Ordnung in Frage stellt. Die zweite Antwort sei hingegen ein Liebesmodell gewesen, das im *Parzival* Wolframs von Eschenbach repräsentiert ist, nämlich die höfische Liebesehe, die mit der Domestizierung der Sexualität einhergeht und die gesellschaftliche Ordnung stützt. Diese zweite Antwort entspricht strukturell der romantischen Liebe, die Luhmann erst im neunzehnten Jahrhundert ansetzt.

Liebesromane
Der Diskurs der passionierten Liebe kündigt sich bereits in der höfischen Epik des hohen Mittelalters an, und zwar in der Gattung des Liebesromans. Die Geschichte von Tristan und Isolde ist das berühmteste Beispiel, aber auch die Geschichte von Flore und Blancheflur spielt eine zentrale Rolle. Beide Liebesgeschichten sind in mehreren Fassungen überliefert, die auf französische Vorlagen zurückgehen. Über Tristan und Isolde schrieben Eilhart von Olberg (*Tristrant*) und Gottfried von Straßburg (*Tristan*), über Flore und Blancheflur ein anonymer Verfasser (*Trierer Floyris*) und Konrad Fleck (*Flore und Blancheflur*).

Werfen wir zunächst einen Blick auf den *Tristan* Gottfrieds von Straßburg, der jene Problematik zuspitzt, die bereits im *Tristrant* Eilharts von Oberg entworfen wird. Entscheidend ist die Konfrontation der heiratspolitischen Ehe zwischen Marke und Isolde mit der passionierten Liebe zwischen Tristan und Isolde. Während die heiratspolitischen Verbindungen, von denen die höfische Epik erzählt, angebahnt, verhandelt und ausgeführt werden müssen und daher in hohem Maße handlungsbezogen sind, zeichnet sich die passionierte Liebe dadurch aus, dass sie plötzlich und unversehens eintritt. Die Ehe zwischen Marke und Isolde wird diplomatisch herbeigeführt, und es muss erst ein Drache erschlagen werden, bevor der Brautwerber sein Ziel erreicht. Die Liebe zwischen Tristan und Isolde hingegen entsteht durch einen schicksalshaften Zufall. Es ist nicht Liebe auf den ersten Blick (Tristan und Isolde haben sich vorher schon oft und lange gesehen), sondern Liebe auf den ersten Schluck. Die beiden trinken den Minnetrank, der für Marke und Isolde bestimmt war:

> die wîle sô betihtete
> Isôt diu wîse künigîn
> in ein glasevezzelîn
> einen tranc von minnen,
> mit alsô cleinen sinnen
> ûf geleit und vor bedâht,
> mit solher crefte vollebrâht:
> mit sweme sîn ieman getranc,
> den muose er âne sînen danc
> vor allen dingen meinen
> und er dâ wider in einen.
> in was ein tôt unde ein leben,
> ein triure, ein vröude samet gegeben.

2.3 Heterosoziale Beziehungen 121

> [Da] stellte sehr kunstreich die weise Königin Isolde in einem kleinen Glasgefäß einen Liebestrank her, der mit so feinem Verstand gewählt und ausgedacht und mit solcher Kraft ausgestattet war, dass jeder, der davon mit jemand anders trank, diesen, ob er selbst nun wollte oder nicht, mehr als alles andere lieben musste und der andere wiederum ihn allein. Nur ein Tod und ein Leben, eine Traurigkeit und ein Glück war ihnen gemeinsam gegeben (V. 11432–11444).

Dass der mit einem Liebeszauber versehene Wein in ihnen eine Wandlung bewirkt (wie der vom Priester geweihte Wein im Sakrament der Eucharistie) ist ihnen nicht bewusst. Die Folgen setzen unvermittelt ein. Tristan und Isolde werden vom Affekt der Liebe überwältigt. Sie, die vorher noch zwei waren, werden eins in Freude und Leid:

> Nu daz diu maget unde der man,
> Îsôt unde Tristan,
> den tranc getrunken beide, sâ
> was ouch der werlde unmuoze dâ,
> Minne, aller herzen lâgaerîn,
> und sleich z'ir beider herzen în.
> ê sî's ie wurden gewar,
> dô stiez s'ir sigevanen dar
> und zôch si beide in ir gewalt.
> si wurden ein und einvalt,
> die zwei und zwîvalt wâren ê.
> si zwei enwâren dô niemê
> widerwertic under in.
> Îsôte haz der was dô hin.
> diu süenaerinne Minne
> diu haete ir beider sinne
> von hazze gereinet,
> mit liebe alsô vereinet,
> daz ietweder dem anderm was
> durchlûter alse ein spiegelglas.
> sie haeten beide ein herze.
> ir swaere was sîn smerze,
> sîn smerze was ir swaere.
> si wâren beide einbaere
> an liebe unde an leide.

> Als nun das Mädchen und der Mann, Isolde und Tristan, beide den Trank zu sich genommen hatten, da kam auch die Macht, die der Welt alle Ruhe raubt, die Liebe, Nachstellerin aller Herzen. Ehe sie es merkten, pflanzte sie ihre Siegesfahne dort auf und unterwarf sie beide ihrer Macht. Sie wurden eins und vereint, die zuvor zwei und zweierlei gewesen waren. Die beiden waren nicht länger feindselig zueinander. Isoldes Hass war verflogen. Die Versöhnerin Liebe hatte ihre beiden Herzen von Hass gereinigt und so sehr in Liebe vereint, dass jeder dem anderen durchsichtig war wie Spiegelglas. Sie hatten beide nur noch ein Herz. Ihr Kummer war sein Schmerz, sein Schmerz ihr Kummer. Sie waren beide eine Einheit an Liebe und Leid (V. 11707–11730).

Die Paradoxie besteht darin, dass sie fortan nicht mehr ohne einander leben *können*, aber auch nicht miteinander leben *dürfen*, da Isolde mit Marke verheiratet wird und nicht mit Tristan. Die folgende Handlung besteht aus fortwährenden Versuchen der

Liebenden, eine Situation zu bewältigen, die sich nicht bewältigen lässt. List und Betrug werden ihre Lebensform, die die Wahrheit der Liebe von ihnen verlangt. Das Recht der Ehe wird durch das Recht der Liebe gebrochen. Ihre Liebe ist todgeweiht. Gottfrieds fragmentarischer Tristanroman erzählt den Schluss nicht mehr, aber aus der Vorlage lässt sich erschließen, dass Tristan am Ende sterben und Isolde den Tod des Geliebten beklagen und ihm nachsterben wird. Marke lässt die beiden gemeinsam begraben und würdigt so den Vorrang der Liebe vor der Ehe.

Von einer passionierten Liebe erzählt auch die Geschichte von Flore und Blancheflur, aber unter anderen Voraussetzungen. Flore und Blancheflur sind ein unwahrscheinliches Paar. Flore ist ein muslimischer Königssohn aus Spanien, Blancheflur eine christliche Sklavin aus Frankreich. Ihre Liebe beruht nicht auf dem Zauber eines Minnetranks, aber auf dem Wunder der gleichzeitigen Geburt. Ihre Mütter bringen die Kinder am gleichen Tag und am gleichen Ort zur Welt. Flore und Blancheflur sind wie Zwillinge, aber es ist nicht Verwandtschaft, die sie aneinanderbindet, sondern eine Liebe, die ihnen in die Wiege gelegt ist. Die Kinder werden von derselben Amme gestillt und gehen gemeinsam zur Schule, wo sie mit besonderem Eifer und Verständnis Bücher über die Liebe lesen:

> nû begunden sie lesen
> diu buoch von minnen alzan.
> dâ vunden sie geschriben an
> von minnen vil manigen list,
> der uns an den buochen ist
> von wîsen pfaffen verliben.
> dâ bî vunden sie geschriben
> wie manegem der nâch minnen ranc
> missegie und ouch gelanc.
> maniger was verdorben,
> maniger hâte liep erworben
> nâch herzen gedinge.
> daz mahte die jungelinge
> ze minnen verstanden,
> und daz sie wol erkanden
> ê daz es wære zît,
> wie rehte hôch gemüete gît
> diu minne etewenne,
> doch sî aber denne
> gebiutet daz man trûre.
> daz ist ir natûre,
> daz sî den minnære
> machet mit grôzer swære
> sêre wunt, dâr nâch heil,
> dicke trûric, denne geil,
> dicke riuwic, dar nâch vrô,
> und daz er brinnet als ein strô,
> (wan sî in des niht erlât)
> und machet daz er dar nâch stât
> sunder mâze kuole.
> daz was ir vlîz ze schuole.

2.3 Heterosoziale Beziehungen

> Nun begannen sie, immerfort Bücher über die Liebe zu lesen. Darin fanden sie die vielen Künste der Liebe beschrieben, die uns von klugen Gelehrten in Büchern überliefert worden sind. Darin fanden sie aufgeschrieben, wie mancher, der sich um Liebe bemühte, Erfolg oder Misserfolg hatte. Mancher ging zugrunde, mancher erwarb eine Freude, wie sein Herz sie sich wünschte. Das machte die Kinder verständig für die Liebe, und sie erkannten schon vorzeitig, welche Hochstimmung die Liebe verleiht, aber wie sie dann auch gebietet, dass man traurig sei. Das ist ihre Natur, dass sie den Liebenden mit großem Schmerz verwundet und dann wieder heilt, oftmals traurig macht und dann wieder fröhlich, oftmals kummervoll und dann wieder glücklich, und dass sie ihn brennen lässt wie Stroh, weil sie es ihm nicht erspart, und dann wieder maßlos frieren. Das war es, was sie in der Schule fleißig lernten (V. 712–742).

Die Literatur trägt also zur Entstehung der Liebe bei. Als die Unzertrennlichkeit der Kinder offenbar wird, schreitet Flores Vater ein und verkauft Blancheflur, die schließlich im Harem des Emirs von Babylonien landet. Die folgende Handlung besteht aus den fortgesetzten und schließlich erfolgreichen Versuchen Flores, Blancheflur wiederzufinden. Im letzten Moment verhindert er, dass der babylonische König sie zur Frau nimmt, und heiratet sie selbst. Die passionierte Liebe mündet in eine Liebesehe, von der aber nur noch berichtet wird, dass eine Tochter daraus hervorgeht, die spätere Mutter Karls des Großen.

So verschieden die beiden Liebesromane sind, stimmen sie doch in ihren Grundzügen überein. In beiden Fällen steht die Liebe im Konflikt mit der Ehe, in beiden Fällen ist sie vom Tod überschattet. Wie Isolde mit Marke verheiratet ist, obwohl sie Tristan liebt, so soll Blancheflur mit dem babylonischen König verheiratet werden, obwohl sie Flore liebt. Während Tristan und Isolde nach dem langen Leidensweg ihrer verbotenen Liebe am Ende sterben und gemeinsam begraben werden, wird Flore und Blancheflur schon zu Lebzeiten ein gemeinsames Grab errichtet – ein leeres Scheingrab zwar, das aber doch die Allgegenwärtigkeit des Todes symbolisiert. Zunächst will der spanische König Blancheflur töten, damit Flore sie sich aus dem Sinn schlägt; dann will sich Blancheflur selbst töten, weil sie sich von Flore trennen soll; später will sich Flore töten, weil er glaubt, dass Blancheflur gestorben sei; dann wird Blancheflur dem Tod geweiht (der babylonische König wählt jedes Jahr eine neue Frau aus seinem Harem als Gattin, die er am Ende des Jahres töten lässt); schließlich will der babylonische König Flore und Blancheflur mit dem Feuertod für ihre Liebe bestrafen. Der beständige Wechsel von Freude und Leid, Leben und Tod bestimmt das Dasein der Liebenden. So haben es Flore und Blancheflur in den Büchern über die Liebe gelesen, so erzählen es sich Tristan und Isolde in der Minnegrotte:

> dâ sâzen sî z'ein ander an
> die getriuwen senedaere
> und triben ir senemaere
> von den, die vor ir jâren
> von sene verdorben wâren.

> Dort saßen sie aneinandergeschmiegt, die treuen Liebenden, und erzählten sich von sehnsüchtiger Liebe derer, die vor ihrer Zeit aus Liebe gestorben waren (V. 17182–17186).

Die Geschichten sind dieselben, von denen Flore hört, als er sich nach Blanscheflur sehnt: wie Dido sich tötete, nachdem Aeneas sie verließ, und wie Byblis an der Liebe zu ihrem Bruder Kaunos zerbrach (vgl. *Tristan*, V. 17187–17199; *Flore und Blanscheflur*, V. 2430–2437).

Eine Parallele ist auch das abgewendete Gericht über die Liebenden, der scheiternde Versuch, den Konflikt zwischen Ehe und Liebe mit rechtlichen Mitteln zu lösen. Im *Tristan* muss Isolde ein Gottesurteil bestehen. Sie soll ein glühendes Eisen tragen, das sie nur dann nicht verbrennen wird, wenn sie die Wahrheit spricht. Isolde rettet sich mit einer List aus der Notlage. Sie schwört, dass sie bislang nur in den Armen ihres Ehemanns gelegen habe – und des stolpernden Pilgers, der sie vor aller Augen zum Richtplatz führte. Der Pilger war natürlich der verkleidete Tristan, und Gott gibt, wie Gottfried anmerkt, seinen Segen zu dieser List. Das Recht der Liebe setzt sich gegen das Recht der Ehe durch – jedenfalls für dieses Mal. In *Flore und Blanscheflur* wird das Motiv in der Weise abgewandelt, dass der babylonische König die Todesstrafe über die Liebenden verhängt, sich dann aber vom Anblick ihrer unschuldigen Eintracht besänftigen lässt. Sie werden nicht nur begnadigt, sondern dürfen einander heiraten. Als Ersatz für die verlorene Braut erhält der König deren Freundin Claris, die ihr an Schönheit nicht nachsteht – und stellvertretend das Los der arrangierten Ehe auf sich nimmt, da sie den König nicht aus Liebe heiratet, sondern aufgrund einer Abmachung.

Die Spannung von Freude und Leid, Leben und Tod, Wahrheit und Lüge, Einheit und Trennung prägt die Erfahrung der passionierten Liebe. Sie wird in den Liebesromanen nicht nur als Handlung erzählt, sondern auch – und vor allem – mit poetischen Mitteln inszeniert. Es beginnt mit den Namen. Flore und Blanscheflur heißen im Grunde gleich, denn ihre Namen basieren auf dem Wortstamm *flor* (,Blume'), der im Fall der Frau um das Attribut *blanche* (,weiß') erweitert wird. Der Name ist vom Palmsonntag (*dies florum*, vgl. V. 595: *blanscheflôrîe*) abgeleitet, an dem die Kinder geboren wurden. Tristan und Isolde weisen keine solche Entsprechung auf, doch gelingt es Gottfried, ihre Namen anzugleichen und aus den betreffenden Buchstaben ein Akrostichon zu formen, das den gesamten Roman überspannt. Zu diesem Zweck setzt er den weiblichen Namen in den Akkusativ, während er den männlichen Namen im Nominativ belässt. Dies hat zur Folge, dass die Namen beider Liebenden jeweils sieben Buchstaben umfassen und in denselben Buchstaben münden. Außerdem entsteht so eine syntaktische Beziehung, die eine Liebesbeziehung impliziert: *Tristan Isolden*. Das Akrostichon ist so gestaltet, dass die Buchstaben der Reihe nach verschränkt werden, wie die Liebenden seit dem Minnetrank miteinander verflochten sind: *TI RS IO SL TD AE NN*. Zum Namenspiel treten rhetorische Figuren hinzu, die die Einheit der Liebenden und die Ambivalenz ihrer Liebeserfahrung sprachlich umsetzen, insbesondere Chiasmus, Parallelismus und Antithese. Wie meisterhaft vor allem Gottfried diese Mittel nutzt, illustrieren die obigen Zitate.

Ein weiteres Mittel neben den Sprachspielen ist die Schilderung der ästhetischen Harmonie der Liebenden. Gottfried unterstreicht die Schönheit Tristans und Isoldes mit ausführlichen Kleiderbeschreibungen, schon bevor sie den Minnetrank trinken. Die ästhetische Einheit nimmt die personale Einheit der Liebenden vorweg (vgl.

Kraß 2006b). Fleck kehrt die Reihenfolge um, indem er die in seinem Fall körperliche Schönheitsbeschreibung der Liebenden (die sich, von der flachen Brust des noch bartlosen Jünglings abgesehen, kaum unterscheiden) an den Schluss rückt und zum Argument für die Unschuld ihrer passionierten Liebe macht (V. 6813–6942).

Ein drittes Mittel ist die Allegorie. Beide Liebespaare werden mit kunstvollen Architekturen in Verbindung gebracht, die als Allegorien der Liebe lesbar sind. Bei Tristan und Isolde handelt es sich um eine Grotte, die man sich als Kathedrale der Liebe vorstellen kann, in der jedes Element eine zeichenhafte Bedeutung hat. Bei Flore und Blanscheflur handelt es sich um einen Automaten, der wie ein Grabmal gestaltet ist und zwei lebensähnliche Figuren aufweist, die den Liebenden nachgebildet sind. Weitere allegorische Gegenstände kommen hinzu, so im *Tristan* der Zauberhund Petitcreiu, dessen Halsband mit Schellen besetzt ist, deren Klingeln jeden Kummer vertreibt. Dem entsprechen in *Flore und Blanscheflur* ein magischer Ring und ein magischer Becher, die den Besitzer oder die Besitzerin gegen jegliches Unglück feien. Der Becher ist mit einer Ekphrasis, d. h. einer detaillierten Dingbeschreibung ausgestattet. Eingraviert auf seiner Außenseite sieht man eine Bildfolge, die die Apfelprobe des Paris, die Liebesgeschichte von Paris und Helena und den daraus resultierenden Kampf um Troja zeigt.

2.3.3 Höfische Liebesehe

Die Synthese aus einer Ehe ohne Liebe (Heiratspolitik) und einer Liebe ohne Ehe (passionierte Liebe) ist die höfische Liebesehe (in Luhmanns Terminologie die ‚romantische' Liebe), also die Integration zweier Beziehungsformen, die zuvor als kategorial verschieden galten. In der höfischen Liebesehe sind Mann und Frau nicht nur miteinander verheiratet, sondern auch einander in Liebe zugetan.

Romantische Liebe
Nach Jaeger ist die zweite Antwort auf das romantische Dilemma, das aus der Integration der Sexualität in den höfischen Liebesdiskurs resultiert, die höfische Liebesehe, wie sie im *Parzival* Wolframs von Eschenbach zur Geltung kommt.

Die entscheidende Differenz der höfischen Liebesehe gegenüber der heiratspolitischen Ehe besteht im Konsens der Ehepartner. Wie Duby gezeigt hat, vollzog sich die Umstellung im zwölften Jahrhundert unter dem Einfluss der Kirche. Sie suchte größeren Einfluss auf die Institution der Ehe zu erlangen, indem sie die freie Partnerwahl und das gegenseitige Einverständnis der Brautleute einforderte. Dies setzt eine partnerschaftliche Beziehung zwischen den Ehepartnern voraus:

> Die Kleriker bemühten sich darum, [...] den Akzent auf die Verbindung der Seelen zu legen, auf den *consensus*, auf jenen spirituellen Austausch, in dessen Namen die Ehe, dem heiligen Paulus zufolge, zum Sinnbild der Verbindung zwischen Christus und seiner Kirche werden konnte. Das lenkte sie in eine Richtung, die schließlich zu der Einstellung führte, dass das Individuum aus den familiären Zwängen zu befreien und die Verlobung eine Angelegenheit der persönlichen Wahl sei (Duby 1993, S. 18).

> **Hugo von St. Viktor**
> Der Kronzeuge für das kirchliche Eheverständnis des zwölften Jahrhunderts, Hugo von St. Viktor, beschreibt das Verhältnis zwischen den Eheleuten als teils hierarchische, teils egalitäre Beziehung (vgl. auch Zeimentz 1973; Duby 1993, S. 26; Quast 1993). Hugo beruft sich auf die Schöpfungsgeschichte und erklärt, dass die Tatsache, dass die Frau aus der Seite des Mannes geschaffen worden sei, darauf hinweise, dass sie ihm nicht über- oder unter-, sondern gleichgeordnet sei. Andernfalls hätte Gott sie aus dem Kopf oder den Füßen des Mannes geformt. Dennoch sei zuerst der Mann und danach die Frau erschaffen worden, was auf eine Vorrangstellung des Mannes verweise. Hugo von St. Viktor legt großen Wert darauf, dass der Konsens zwischen den Eheleuten nicht auf der Sexualität, sondern auf der Liebe beruhen solle. In der Verbindung zwischen Bräutigam und Braut sieht er eine Entsprechung zur Verbindung zwischen Christus und seiner Kirche. Das Modell der höfischen Liebesehe wurde von diesen ehetheologischen Vorstellungen inspiriert, freilich ohne die religiösen Konnotationen.

Man kann die höfische Liebesehe strukturell mit dem Modell der romantischen Liebe vergleichen, das Luhmann für das neunzehnte Jahrhundert beschreibt. Luhmann argumentiert, dass die Liebesehe in der Epoche der Romantik zur Leitwährung der Intimität geworden sei. Die romantische Liebe zeichne sich durch den Ausgleich von Ehe, Liebe und Sexualität aus. Die passionierte Liebe habe bereits die Sexualität integriert, sei aber immer noch jenseits der Ehe angesiedelt gewesen. Die romantische Liebe hingegen habe die passionierte Liebe in die Ehe integriert und auf diese Weise abgedämpft. Dieser Schritt sei mit dem Wechsel des Milieus einhergegangen. Während die Diskurse der höfischen und passionierten Liebe vom Adel ausgeformt worden seien, werde der Diskurs der romantischen Liebe vom Bürgertum getragen. In der romantischen Liebesehe werde die Sexualität moralisch gerechtfertigt, sie gelte nun als Vollzug von Liebe und Ehe zugleich. Die romantische Liebe basiere nicht mehr auf der Idealisierung der Geliebten (wie in der höfischen Liebe) oder der Paradoxierung der Liebeserfahrung (wie in der passionierten Liebe), sondern auf der Selbstreferenz der Liebe. Liebe bedürfe keiner anderen Begründung mehr als der Tatsache, dass man eben liebt.

Ausgehend von Luhmanns Theorie, die ein *Nacheinander* von drei diskursgeschichtlichen Epochen der Liebe postuliert, lassen sich also drei Spielarten der höfischen Liebe unterscheiden, die im *Nebeneinander* von drei literaturgeschichtlichen Gattungen ausgehandelt werden. Luhmanns ‚höfische Liebe' lässt sich auf den Minnesang, Luhmanns ‚passionierte Liebe' auf den Liebesroman und Luhmanns ‚romantische Liebe' auf den Artusroman und andere Epen anwenden, die die höfische Liebesehe thematisieren. Zu nennen sind der *Erec* (Erec und Enite) und der *Iwein* (Iwein und Laudine) Hartmanns von Aue, der *Parzival* Wolframs von Eschenbach (Parzival und Condwiramurs), der *Lanzelet* Ulrichs von Zatzikhoven (Lanzelet und Iblis) und der *Wigalois* Wirnts von Grafenberg (Wigalois und Larie). Hinzukommen der zweite Teil des *Eneasromans* Heinrichs von Veldeke (Eneas und Lavinia), der erste Teil des *Nibelungenlieds* (Siegfried und Kriemhild) und der *Willehalm* Wolframs von Eschenbach (Willehalm und Gyburg).

Eheromane
Als Eheromane seien hier solche Erzählungen bezeichnet, die in eine *höfische Liebesehe* münden und deren Verlauf schildern. Sie sind abzugrenzen von den Liebesromanen, die von *außerehelichen* Beziehungen handeln, und von den Brautwerbungserzählungen, die *heiratspolitische* Verbindungen thematisieren.

Der *Eneasroman* Heinrichs von Veldeke ist insofern ein Sonderfall, als er zwei Ehegeschichten miteinander konfrontiert: die scheiternde zwischen Eneas und Dido und die gelingende zwischen Eneas und Lavinia. Die Ehe von Eneas und Dido scheitert an der Einseitigkeit der Liebe. Als der trojanische Flüchtling in Karthago landet und mit der libyschen Königin Dido zusammentrifft, wird diese von einem Liebeszauber ergriffen, der mit dem Minnetrank im *Tristan* vergleichbar ist. Er wird bewirkt durch den Kuss des Ascanius, des Sohnes von Eneas:

> Zû den selben zîten,
> do ze hove wolde rîten
> der jungelink Ascânjûs,
> dô rûrdin frouwe Vênûs
> mit ir fûre an sînen munt
> sâ zû der selber stunt
> ê her zûze hove rite
> unde gab im dâ mite
> solhe kraft von minnen dâ,
> swer sô in kuste dar nâ
> zû dem êrsten mâle,
> daz der von minnen quâle
> verholne und offenbâre
> da intfenget wâre
> mit der minnen fûre.

Als unterdessen der Jüngling Ascanius an den Hof reiten wollte, berührte Frau Venus mit ihrem Feuer seinen Mund in eben dem Augenblick, als er zum Hof aufbrechen wollte, und verlieh ihm damit solche Liebeszauberkraft, dass, wer immer ihn danach zum ersten Mal küsste, von Liebesleidenschaft heimlich und offen ergriffen wurde durch das Feuer der Liebe (V. 37,23–37).

Der von Venus bewirkte Liebeszauber trifft Dido, die Ascanius zur Begrüßung küsst und sich unmittelbar darauf in Eneas verliebt: *done mohte si des niht engân, / si enmûste in starke minnen* (38,22–23: „Da konnte sie nicht anders, sie musste ihn leidenschaftlich lieben"). Bald zeigt sie die Symptome ihrer Minnekrankheit: Sie wechselt immer wieder die Gesichtsfarbe, und ihr ist bald heiß, bald kalt. Doch bleibt diese Liebesehe einseitig, denn Eneas ist vom Liebeszauber nicht betroffen. Bald heiraten Dido und Eneas; doch während dies für Dido die Erfüllung ihrer Liebe ist, weiß Eneas, der sie nicht zurückliebt, immerhin die Annehmlichkeiten der

Ehe zu schätzen. Er schläft mit Dido und profitiert als Gatte von ihrer Macht und ihrem Reichtum. Nachdem sich der trojanische Flüchtling in Karthago rekonsolidiert hat, fordern ihn die Götter auf, nach Italien aufzubrechen, um dort Lavinia zu heiraten und die Herrschaft über Italien zu übernehmen. Als Eneas Dido verlässt, stirbt sie einen Liebestod: Sie, die vom Pfeil der Liebe durchbohrt worden und in Liebe zu Eneas entbrannt ist, ersticht und verbrennt sich aus Verzweiflung über die Trennung.

Die Beziehung mit Lavinia, der italienischen Königstochter, ist Eneas von den Göttern vorbestimmt. Mit ihr soll er das Geschlecht gründen, aus dem das Römische Reich hervorgehen wird. Insofern handelt es sich um einen heiratspolitischen Auftrag, der in einen kriegerischen Konflikt führt, weil Lavinia inzwischen Turnus, dem König der Rutuler, versprochen worden ist. Doch kommt die Liebe bald hinzu. Lavinia verliebt sich in Eneas, und dieser sich in sie. Beide werden liebeskrank, beide quälen sich mit dem Zweifel, ob ihre Liebe erwidert werde. Am Schluss, nachdem Eneas den Kampf gewonnen und Turnus getötet hat, heiraten sie und feiern ein Hochzeitsfest, das Heinrich von Veldeke in aller Ausführlichkeit beschreibt. Der Verlauf der Ehe wird nicht mehr geschildert; doch ist dies auch nicht mehr erforderlich, da zuvor schon ein genealogischer Ausblick gegeben worden ist.

Wie Duby mit Recht anmerkt, ist der erste Artusroman, verfasst von Chrétien de Troyes und ins Deutsche übertragen von Hartmann von Aue, der erste Roman, der ganz auf das Projekt der höfischen Liebesehe ausgerichtet ist (Duby 1993, S. 29). Die Artusromane sind Eheromane im eigentlichen Sinn. Man könnte die These vertreten, dass die Beziehung zwischen Erec und Enite mehrere Phasen durchläuft, die man mit den von Luhmann unterschiedenen Diskursen der höfischen, passionierten und romantischen Liebe beschreiben kann. In der ersten Phase geht es darum, dass Erec für die Teilnahme an einem Turnier eine Minnedame braucht, für die er den ausgelobten Preis erringen kann. Da er noch Junggeselle ist, bittet er einen verarmten Burgherrn darum, ihm zu diesem Zweck seine Tochter zur Verfügung zu stellen; im Gegenzug sei er bereit, sie zu heiraten und ihr somit zum sozialen Aufstieg zu verhelfen, denn er ist ein Königssohn. Es handelt sich also einerseits um heiratspolitische Verhandlungen zwischen dem potentiellen Brautvater und dem potentiellen Bräutigam und andererseits um die formale Konstellation der höfischen Liebe, insofern Enite im Turnier die Rolle der Minnedame übernimmt. Die Verhandlungen sind erfolgreich, Erec gewinnt das Turnier und nimmt Enite mit zum Artushof, wo Hochzeit gefeiert werden soll. Unterwegs kommt zur arrangierten Ehe die Liebe hinzu:

> alsô si dô beide
> kâmen ûf die heide,
> Êrec begunde schouwen
> sîne juncvrouwen.
> ouch sach si vil dicken an
> bliuclîchen ir man.
> dô wehselten sie vil dicke
> die vriuntlîchen blicke.
> ir herze wart der minne vol:
> si gevielen beide ein ander wol
> und ie baz unde baz.

2.3 Heterosoziale Beziehungen

Als die beiden nun auf das freie Land kamen, blickte Erec sein Mädchen an. Auch sie sah wieder und wieder schüchtern zu ihrem Freund hinüber. Sie tauschten immerzu verliebte Blicke. Ihre Herzen wurden vor Liebe erfüllt. Sie gefielen einander sehr und immer mehr und mehr (V. 1484–1494).

Am Artushof angelangt, wird die wechselseitige Zuneigung so stark, dass man von leidenschaftlicher Liebe sprechen kann:

> frouwe Ênîte reizte daz,
> diu dort al ein engel saz
> mit schœne und ouch mit güete,
> daz Êreckes gemüete
> viel herzenlîche nâch ir ranc.
> der tage dûhte in ze lanc,
> daz er ze langern zîten
> ir minne solde bîten,
> dan unz an die næhste naht.
> ouch truoc si im bedaht
> einen willen dem gelîch,
> daz ez wære wætlîch,
> und hetez nieman gesehen,
> daz dâ wære geschehen
> ein vil vriuntlîchez spil.
> zewâre ich iu daz sagen wil,
> dâ was der Minnen gewin:
> diu Minne rîchsete under in
> und vuocte in grôzen ungemach.
> dô einz daz ander ane sach,
> dô enwas in beiden niht baz
> dan einem habeche, der im sîn maz
> von geschihte ze ougen bringet,
> sô in der hunger twinget:
> und als ez im gezeiget wirt,
> swaz ers dâ vür mêre enbirt,
> dâ von muoz im wirs geschehen
> dan ob ers niht hete gesehen.
> alsô tete in daz bîten wê
> zuo der mâze und dannoch mê.
> ir beider gedanc stuont alsô:
> ‚Jâ enwirde ich nimmer vrô,
> ich engelige dir noch bî
> zwô naht oder drî.'

[Da] erreichte es Enite, die dort wie ein Engel saß, durch ihre reizende Schönheit und Anmut, dass Erec aus ganzem Herzen nach ihr verlangte. Die Tage kamen ihm zu lang vor, dass er noch länger auf ihre Liebe warten sollte als bis zur nächsten Nacht. Sie empfand heimlich ein ebensolches Verlangen, und wahrscheinlich wäre, wenn es niemand gesehen hätte, auf der Stelle ein höchst verliebtes Spiel gespielt worden. Ich versichere Euch das wahrheitsgemäß: dort hätte Frau Minne den Sieg davongetragen. Sie herrschte über sie und zwang ihnen große Entbehrungen auf. Blickte einer den anderen an, so ging es beiden nicht anders als einem Habicht, dem sein Fressen vor die Augen gebracht wird; wenn der Hunger ihn quält und er es gezeigt bekommt, es aber weiter entbehren muss, so geht es ihm dabei schlechter, als wenn er es nicht gesehen hätte. Genau so quälte sie das Warten und sogar noch mehr. Beide hatten gleichen Gedanken: „Niemals werde ich mehr glücklich sein, wenn ich nicht nächtelang bei Dir liege" (V. 1842–1875).

Dieser Zustand, in dem sich Erec und Enite hier befinden, ist dem Zustand von Tristan und Isolde durchaus vergleichbar. Die Liebenden verzehren sich nacheinander; es ist eine Qual für sie, voneinander getrennt zu sein. Die Rücksichtnahme auf die gesellschaftliche Ordnung ist ihnen nur deshalb möglich, weil der Hochzeitstag naht und ihnen die Erfüllung des Begehrens verspricht:

> untiurre gerten sie des nicht
> des si doch gewunnen sît.
> nû was ouch briutennes zît,
> wan ez wære in beiden liep getân.

Heftig verlangten sie danach, was ihnen bald zuteil wurde. Jetzt kam auch der Tag der Hochzeit, das war ihnen beiden eine große Freude (V. 1885–1888).

Nach der Hochzeitsfeier am Artushof erfüllt sich die höfische Liebesehe im metaphorischen Herzenstausch, der ein Gegenstück zur Zueignungsformel („Ich bin dein und du bist mein") darstellt, die für die Waffenbrüderschaften der Antikenromane charakteristisch ist (s. Abschn. 2.2.1):

> von den gesellen beiden
> ein getriuwiu wandelunge ergie,
> unde sage iu rehte wie:
> der vil getriuwe man,
> ir herze vuorte er mit im dan,
> daz sîn beleip dem wîbe
> versigelt in ir lîbe.

[Da] tauschten die beiden Liebenden etwas in Treue – ich sage Euch, was geschah: Der treue Mann führte ihr Herz mit sich, das seine aber behielt die Frau versiegelt in ihrer Brust (V. 2361–2367).

Danach bricht das frisch vermählte Paar nach Karnant auf, wo Erecs Vater lebt und regiert. Die beiden werden freudig empfangen, und der König überträgt die Herrschaft an Erec und Enite. An diesem Punkt könnte der Roman enden, wie ja auch der *Eneasroman* mit der Hochzeit von Eneas und Lavinia endete. Doch von den über zehntausend Versen des Romans sind erst dreitausend verbraucht.

Die restlichen siebentausend Verse handeln von dem Weg, den das Paar durchlaufen muss, bis es dem Ideal der höfischen Liebesehe tatsächlich gerecht wird. Es geht um die soziale Verantwortung, die sie für das Land tragen, an dessen Spitze sie stehen. Die ersten Wochen ihrer Ehe verbringen die Verliebten im Schlafzimmer, das sie nur für Mahlzeiten und Kirchgänge verlassen. Der Rückzug aus den gesellschaftlichen Pflichten löst eine Krise aus, die Erec dazu veranlasst, den Hof zu verlassen und mit Enite auf Reisen zu gehen. Er behandelt sie, als wären sie geschiedene Leute. Enite wird zweimal von Grafen bedrängt, die sich ihrer bemächtigen wollen. Es bedarf eines langen Weges, bis die Eheleute wieder zueinanderfinden und das Ideal der höfischen Liebesehe, das die verlässliche Ausübung ihrer

2.3 Heterosoziale Beziehungen

Herrscherpflichten einschließt, in vollkommener Weise ausüben können. Thema des Romans ist also nicht nur der Weg, der zur höfischen Liebesehe führt, sondern auch der Weg, auf dem sich die höfische Liebesehe bewährt. Die Konflikte, die die Eheleute zu überwinden haben, gehen der Ehe nicht voraus (wie im *Eneasroman*), sondern liegen in der Ehe selbst. Einen ersten Höhepunkt auf diesem Weg stellt die Totenklage dar, die Enite auf ihren scheintoten Ehemann hält. Nach ihrer Rede, in der sie ihre Liebe und Treue beschwört, erwacht Erec, und es kommt zur Versöhnung. Das Verhältnis der beiden wird auf den Punkt gebracht, als Enite auf die Frage des Grafen Oringles, ob der scheintote Erec ihr Geliebter (*âmîs*) oder Ehemann (*man*) war, antwortet, dass er beides gewesen sei (V. 6172–6173: ‚was er iuwer âmîs oder iuwer man?' / ‚beide, herre.' [...]).

Auch im *Iwein* verheiratet sich der Artusritter im ersten Teil des Romans, gerät dann in eine Krise und durchläuft im zweiten Teil einen Bewährungsweg, an dessen Ende die höfische Ehe wiederhergestellt wird. Im Unterschied zu Erec ist Iwein kein Königssohn, der bereits über eine Landesherrschaft verfügt, sondern er gewinnt eine solche erst, indem er die verwitwete Landesherrin Laudine heiratet. Iwein und Laudine gehen die Ehe unter verschiedenen Bedingungen ein. Während sich Iwein in die trauernde Laudine verliebt, lässt sich Laudine aus heiratspolitischen Erwägungen auf den Ritter ein, der zuvor ihren geliebten Ehemann im Zweikampf besiegt und getötet hat. Dass zwischen Laudine und Ascalon eine Liebesehe bestand, geht aus der Totenklage hervor, die Laudine auf *den aller liebesten man, / den wîp ze liebe ie gewan* (V. 1315–1316: „den allerliebsten Mann, den je eine Frau geliebt hat") hält. Die Entstehung der Liebe Iweins zu Laudine wird in mehreren Etappen geschildert. Der Anblick der Klagenden, die vor Kummer ihre Kleider zerrissen hat, verwirrt den Betrachter: *daz im ir minne / verchêrten die sinne, / daz er sîn selbes vergaz* (V. 1335–1337: „dass ihm die Liebe zu ihr den Verstand so verwirrte, dass er außer sich geriet"). Dann schlägt ihn die Minne in ihren Bann:

> frou minne nam die ober hant,
> daz sî in vienc und bant.
> si bestuont in mit uberkraft,
> und twanch in des ir meisterschaft,
> daz er herceminne
> truoc sîner vîendinne,
> diu im zem tôde was gehaz.

Frau Minne nämlich gewann die Oberhand, sie fing und fesselte ihn. Sie griff ihn an mit Übermacht, und ihre Überlegenheit zwang ihn, dass er tiefe Liebe für seine Feindin empfand, die ihn auf den Tod hasste (V. 1537–1543).

Laudine hingegen zeigt keine Liebe gegenüber Iwein, sie lässt sich allein von heiratspolitischen Überlegungen leiten: *des muoz ich in vil kurzen tagen / mir einen herren chiesen / ode daz lant verliesen* (V. 2318–2320: „Deshalb muss ich in aller Eile mir einen Ehemann auswählen oder das Land verlieren"). Als sie sich zur Ehe entschließt, wundert sie sich darüber: *wer hât under uns zwein / gefueget diese minne?* (V. 2341–2342: „wer hat zwischen uns diese Liebe geschaffen?"). Die Antwort, die man auf diese Frage geben kann, ist eine doppelte: Iwein ist von Frau Minne überwältigt worden, und Laudine hat sich zur Heirat des Mörders ihres Mannes überreden lassen. Die Hochzeit wird mit wenigen Worten abgetan: *dâ wâren pfaffen gnuoge: / die tâten in die ê zehant / und gâben im frouwen unde lant* (V. 2418–2420: „Mehrere Priester waren da; sie vermählten sie sogleich und gaben ihm die Herrin und das Land"). Die Eheschließung ist für Iwein also ein doppelter Erfolg: Er heiratet die Frau, die er liebt, und er gewinnt ihr Land dazu. Liebesszenen zwischen Iwein und Laudine werden nicht geschildert, doch hält der Erzähler fest, dass auch Iwein und Laudine ihre Herzen getauscht hätten. Als er sie verlässt, um mit Gawein auf Turnierfahrt zu gehen, nimmt er ihr Herz mit, während sein Herz bei ihr zurückbleibt:

> sie wehselten beide
> der herzen under in zwein,
> diu frouwe und her Îwein:
> im volget ir herze und sîn lîp
> und beleip sîn herce und daz wîp.

> Beide hatten untereinander ihre Herzen getauscht, die Dame und Herr Iwein. Ihm folgten ihr Herz und sein Leib, zurück aber blieben sein Herz und die Frau (V. 2990–2994).

Hartmann ironisiert die Metapher des Herzenstauschs, indem er sich fragt, ob Mann und Frau auf diese Weise die Geschlechterrollen gewechselt hätten:

> er muoz verzagen als ein wîp
> sît wîbes herze hât sîn lîp
> und sî mannes herce hât:
> sô uebet sî manlîche tât
> und solde wol tuornieren varn
> und er dâ heime daz hûz bewarn.

> Er muss sich fürchten wie eine Frau, weil er das Herz einer Frau hat, sie dagegen das Herz eines Mannes. Nun kann sie männliche Taten vollbringen und sollte auf Turniere reiten, er dagegen sollte daheim das Haus hüten (V. 3001–3006).

Die Krise wird durch einen Loyalitätskonflikt ausgelöst. Unmittelbar nach der Hochzeit fordert Gawein Iwein auf, mit ihm auf Turnierfahrt zu gehen, um auch als Ehemann seine Ritterehre zu behaupten. Als Iwein die mit Laudine verabredete Jahresfrist überschreitet und verspätet zurückkehrt, reicht sie die Scheidung ein. Sie vermisst nicht seine Liebe, sondern seine Loyalität. Wenn er seinen Verpflichtungen als Landesherr nicht nachkommt, gibt es keinen Grund für sie, an der Ehe festzuhalten. Als sie den Ring zurückfordert, verzweifelt Iwein und verfällt dem Wahnsinn. Erst nach einem langen Bewährungsweg wird es ihm gelingen, sich ein zweites Mal an Laudine anzunähern und sich mit ihr auszusöhnen. Die wiederhergestellte Gemeinschaft verdeckt die Asymmetrie der Beweggründe. Für Iwein handelt es sich um eine Liebesehe, für Laudine um eine heiratspolitische Allianz.

2.3 Heterosoziale Beziehungen

Im *Parzival* Wolframs von Eschenbach ist die höfische Liebesehe nicht mehr Ziel der Erzählung, sondern Station auf dem Weg des Protagonisten zur Gralsherrschaft. Die Episode beginnt mit einem ritterlichen Abenteuer. Parzival gelangt in die Stadt Pelrapeire, die von einem feindlichen Heer bedroht wird, und bietet der dort residierenden Königin seine Hilfe an. Die Begegnung findet im Schlafzimmer, das man ihm zugewiesen hat, statt. Condwiramurs schlüpft zu Parzival ins Bett, um ihm ihre Notlage zu eröffnen. Die Begegnung ist unverfänglich, denn *si heten beidiu cranken sin, / Er unt diu küneginne, / an bî ligender minne* (V. 193,2–4: „Beide, er und die Königin, wussten nicht das mindeste von der Liebe der körperlichen Vereinigung"). Am nächsten Tag besiegt Parzival einen der feindlichen Ritter, und Condwiramurs beschließt in Übereinstimmung mit den Stadtbewohnern, dass Parzival der richtige Ehemann für sie ist. Die Wahl ist also heiratspolitisch motiviert:

> nu wart gecondwieret
> Parzivâl zer künegîn.
> diu tete im umbevâhens schîn,
> si dructe in vaste an ir lîp,
> si sprach ‚ichn wirde niemer wîp
> ûf erde deheines man,
> wan den ich umbevangen hân.'
> [...]
> die burgaere sus gevuoren,
> daz si im alle hulde swuoren,
> und jâhen er müese ir hêrre sîn.
> dô sprach ouch diu künegîn,
> er solte sîn ir âmîs.

Parzival wurde nun zur Königin geführt, die ihn in die Arme schloss, fest an sich drückte und rief: „Nie werde ich eines anderen Mannes Frau als dessen, den ich in den Armen halte!" [...] [D]ie Einwohner drängten heran, huldigten ihm und baten, er möge ihr Herrscher werden. Auch die Königin bat ihn, ihr geliebter Gatte zu werden (V. 199,22–28; 200,3–7).

Wenn Wolfram mit einem eingedeutschten französischen Wort sagt, dass Parzival zu Condwiramurs *gecondwieret* („geführt") worden sei, so spielt das natürlich auf ihren Namen an: Condwiramurs, ist diejenige, die Parzival zur Liebe (*amour*) hinführt (*conduire*). Das Paar verbringt die Hochzeitsnacht, ohne miteinander zu schlafen:

> Bî ligens wart gevrâget dâ.
> er unt diu küngîn sprâchen jâ.
> er lac mit sölhen vuogen,
> des nu niht wil genuogen
> mangiu wîp, der in sô tuot.

Nun fragte man ihn und die Königin, ob sie ihr Beilager halten wollten, und beide sagten ja. Er lag aber so sittsam neben ihr, dass heutzutage viele Frauen mit solch einem Manne unzufrieden wären (V. 201,19–23).

Dennoch betrachtet Condwiramurs Parzival nun als ihren Ehemann und Landesherrn:

> die künegîn er maget liez.
> si wânde iedoch, si waer sîn wîp:
> durch sînen minneclîchen lîp
> des morgens si ir houbet bant.
> dô gap im bürge unde lant
> disiu magetbaeriu brût:
> wan er was ir herzen trût.

Er ließ die Königin unberührt. Sie aber glaubte, schon jetzt seine Frau geworden zu sein. Also setzte sich die jungfräuliche Gattin am Morgen aus Liebe zu ihm die Haube der Ehefrau auf und überließ ihrem Herzallerliebsten das ganze Reich mit allen Burgen und Städten (V. 202,22–28).

In der dritten Nacht vollziehen die Liebenden endlich die Ehe:

> si wâren mit ein ander sô,
> daz si durch liebe wâren vrô,
> zwên tage unt die dritten naht.
> von im dicke wart gedâht
> umbevâhens, daz sîn muoter riet:
> Gurnemanz im ouch underschiet,
> man und wîp waern al ein.
> si vlâhten arm unde bein.
> ob ichz iu sagen müeze,
> er vant daz nâhe süeze:
> der alte und der niuwe site
> wonte aldâ in beiden mite.
> in was wol und niht ze wê.

Zwei Tage und drei Nächte lebten sie zusammen und waren glücklich in ihrer Liebe. Er aber dachte immer öfter daran, dass seine Mutter [Herzeloyde] ihm geraten hatte, die Frau fest in die Arme zu schließen, und auch [sein Lehrer] Gurnemanz hatte ihn gelehrt, da Mann und Frau untrennbar eins wären. Sie schlangen also Arme und Beine ineinander, und wenn ich es schon sagen soll: er fand das nahe Süße, und beide übten den alten, stets neuen Brauch. Dabei war ihnen wohl und nicht wehe zumute (V. 202,29–203,11).

Die Liebespassion bleibt aus. Das Nützliche der heiratspolitischen Ehe und das Erfreuliche der körperlichen Lust fügen sich glücklich zusammen, Minnequalen bleiben dem Paar erspart. Auch dies ist eine mögliche Spielart der höfischen Liebesehe.

Weitere Beispiele für höfische Liebesehen finden sich im *Lanzelet*, im *Wigalois* und im *Willehalm*. Lanzelet wird mit Iblis glücklich, Wigalois mit Larie und Willehalm mit Gyburg. Im *Nibelungenlied* fällt hingegen ein Schatten auf das Ideal der höfischen Liebesehe. Die Anbahnung der Beziehung zwischen Siegfried und Kriemhild wird zunächst wie in einem höfischen Roman erzählt. Kriemhild spricht mit ihrer Mutter Ute über die Liebe (wie Lavinia mit ihrer Mutter Amata). Sie betrachtet Siegfried aus einem Fenster und findet Gefallen an ihm (wie Lavinia an Eneas). Als Siegfried sie zum ersten Mal erblickt, verliert er die Fassung (wie die Artusritter beim ersten Auftritt Enites am Artushof). Nach der Hochzeitsnacht ist Siegfried beglückt (wie Erec nach der Hochzeitsnacht mit Enite). Aus der Ehe geht ein Sohn

2.4 Sexualität und Reproduktion

hervor (wie bei Lanzelet und Iblis, Parzival und Condwiramurs, Wigalois und Larie). Doch relativiert das Ende der Ehe ihren glücklichen Beginn. Als Siegfried und Kriemhild Jahre später nach Worms eingeladen werden, kommt es zur Katastrophe. Kriemhild und Brünhild führen einen öffentlichen Streit darüber, wer den besseren Ehemann habe, und Kriemhild beleidigt Brünhild mit dem Vorwurf, dass diese die Mätresse Siegfrieds gewesen sei. Siegfried will den gefährlichen Konflikt aus der Welt schaffen, indem er seine Frau zur Strafe verprügelt. Doch die Gezüchtigte (V. 891,2: *ouch hât er dar umbe zerblouwen mînen lîp*, „[a]uch hat Siegfried mich deshalb verprügelt") verrät Hagen das Geheimnis seiner Verwundbarkeit und trägt somit zur Ermordung ihres Mannes bei. Fortan wird Kriemhild mit dem Wunsch leben, den Tod ihres Mannes zu rächen, und dies auch in die Tat umsetzen.

2.4 Sexualität und Reproduktion

Man kann die höfische Dichtung des Mittelalters auch als wesentlichen Beitrag zur Kultur- und Diskursgeschichte der Sexualität beschreiben, eben weil Sexualität damals noch nicht als solche konzipiert wurde (vgl. Schultz 2006). In der Theologie wurde Sexualität unter dem Stichwort der Konkupiszenz, d. h. der Begierde verhandelt. Die leitende Vorstellung war, dass das erotische Begehren eine Folge des Sündenfalls war, der durch den Geschlechtsverkehr zwischen Mann und Frau von Generation zu Generation weitergereicht wurde. Die mit der Sexualität einhergehende Reproduktion wurde also nicht nur auf die Erzeugung von Nachkommenschaft, sondern auch auf die Weitergabe der Ursünde (*peccatum originale*) bezogen, die deswegen als ‚Erbsünde' (*peccatum hereditarium*) bezeichnet wurde.

2.4.1 Homosoziale Beziehungen

In homosozialen Beziehungen stellen sich die Vorstellungen der Sexualität und Reproduktion anders dar als in heterosozialen Beziehungen.

Sexualität
Aus der Freundschaft zwischen Personen desselben Geschlechts bleibt die Sexualität als ‚Sünde wider die Natur' (*peccatum contra naturam*) ausgeschlossen. Als Grund für die angebliche Widernatürlichkeit gleichgeschlechtlicher Sexualität wurde der Sachverhalt angegeben, dass sie nicht der Fortpflanzung diene. Gleichgeschlechtliche Sexualität wurde in Anspielung auf die biblische Geschichte von Sodom als ‚Sodomie' bezeichnet, in den meisten Fällen aber eher umschrieben als benannt (vgl. Kraß 2020). Im christlichen Sündenkatalog galt ‚Sodomie' neben Mord, Unterdrückung der Armen und Vorenthaltung des Lohns als ‚himmelschreiende Sünde' (*peccatum clamans*).

In der höfischen Epik des romanischen und deutschen Mittelalters spielt der diffamierende Vorwurf der Homosexualität gegen unliebsame Ritter eine nicht unbedeutende Rolle. In der Novelle *Lanval* von Marie de France wirft die Königin dem Artusritter Lanval, der sich nicht auf eine ehebrecherische Liebesbeziehung mit ihr einlassen will, vor, dass er den Frauen die Männer vorziehe:

> ‚Lanval, fet ele, bien le quit,
> Vus n'amez gueres cel deduit.
> Asez le m'ad hum dit sovent
> Que des femmes n'avez talent!
> Vallez avez bien afeitiez,
> Ensemble od eus vus deduiez.
> Vileins cüarz, mauveis failliz,
> Mut est mis sires maubailliz,
> Ki pres de lui vus ad suffert,
> Mun escïent que Deu en pert.'

> ‚Lanval', sagt sie, ‚ich glaube es wohl, Ihr mögt dieses Vergnügen gar nicht. Man hat es mir oft genug gesagt, dass Ihr auf Frauen keine Lust habt! Wohlgestaltete junge Männer habt Ihr, zusammen mit ihnen vergnügt Ihr Euch. Gemeiner Feigling, übler Schurke, sehr übel dran ist mein Herr [Artus], dass er Euch bei sich geduldet hat, denn sicherlich verliert er Gott deswegen' (V. 277–286).

Der böswillige Sodomieverdacht richtet sich insbesondere auch auf ritterliche Freundespaare. Im Trojaroman Benoîts de Sainte-Maure reizt Hektor Achilles zum Kampf, indem er ihn bezichtigt, mit seinem Waffenbruder Patroklos geschlafen zu haben (V. 13178–13188). Herbort von Fritzlar strich diese Passage ersatzlos. Die mittelalterlichen Eneasromane formulieren den Sodomievorwurf besonders ausführlich. Amata richtet ihn gegen Eneas, um ihrer Tochter den Trojaner auszureden. In der französischen Fassung wird die Königin besonders explizit (V. 8565–8613), doch auch in der Fassung Heinrichs von Veldeke lässt sie es nicht an Deutlichkeit fehlen:

> diu werlt hât sîn schande,
> her is ein sô unreine man,
> daz ich im dîn niene gan,
> wandern hât niht gûten lîb,
> her geminnete nie wîb.
> ezn is ze sagenne niht gût,
> waz her mit den mannen tût,
> daz her der wîbe niene gert.
> dû wârest ubele zime gewert,
> wander nie wîb lieb gewan.
> phlâgen alle die man
> des bôsen sides des her phliget,
> den her vil unhôhe wiget
> der unsâlege Troiân,
> diu werlt mûste schier zergân
> inner hundert jâren.

> Er ist eine Schande für alle Menschen. Er ist ein so lasterhafter Mann, dass ich dich ihm nicht gönne; denn er ist ein verdorbener Mensch, er hat noch nie eine Frau geliebt. Es schickt sich nicht auszusprechen, was er mit den Männern macht, dass er die Frauen nicht begehrt. Du wärst schlecht mit ihm bedient, denn er hat nie eine Frau geliebt. Würden alle Männer wie er der schlechten Angewohnheit nachgeben, der er keine große Bedeutung beimisst, der unselige Trojaner, müsste die Menschheit im Verlauf von hundert Jahren aussterben (V. 282,34–283,9).

2.4 Sexualität und Reproduktion

Lavinia beginnt später tatsächlich an ihrer Liebe zu Eneas zu zweifeln, sowohl in der französischen Vorlage (V. 9130–9171), wie auch in der deutschen Bearbeitung:

> deste baz getrouwe ich des,
> daz im unmâre sîn diu wîb.
> sô hazze got sînen lîb,
> daz ich sîn kunde ie gewan.
> waz tûfels minnet her an dem man?
> ez is ein michel bôsheit.
> wiste ich des die wârheit,
> daz her des scholdich wâre,
> mir wâre vil unmâre
> sîn schade und sîn schande.
> hern sal in diseme lande
> mit êren niemer blîben,
> der vîant is den wîben.

Umso eher glaube ich nun, dass er Frauen verabscheut. Möge Gott ihn strafen dafür, dass ich ihn je kennengelernt habe. Was, zum Teufel, liebt er denn am Manne? Es ist eine große Schlechtigkeit. Wüsste ich genau, dass er dessen schuldig ist, wäre mir sein Verderben und seine Schmach gleichgültig. Er soll in diesem Land ehrenvoll nicht länger verweilen, der den Frauen feind ist (V. 302,32–303,4).

Freilich setzt der Erzähler die Vorwürfe nur ein, um Eneas davon zu entlasten. Wenn Amata aus Zorn über die Verbindung zwischen Lavinia und Eneas stirbt, nimmt sie den diffamierenden Verdacht mit ins Grab. Umso intensiver kann die Freundschaft beschrieben werden, die Eneas und Pallas miteinander verbindet.

Reproduktion

Auch das Thema der Reproduktion spielt bei den männlichen Freundespaaren eine Rolle. Wie eben gesehen, behauptet Amata, dass die Menschheit innerhalb von hundert Jahren aussterben müsse, wenn sich alle Männer so verhielten wie angeblich Eneas und seine Lieblinge. Das Verbrechen der Sodomie wird also mit der vermeintlichen Verweigerung der Fortpflanzung begründet.

Doch sind die ritterlichen Freundschaften auch positiv mit dem Thema der Reproduktion verknüpft. Freundschaft pflanzt sich in der Weise fort, dass sie von den Vätern an ihre Söhne weitergegeben wird. Sie dient also der Befestigung der patriarchalischen Gesellschaftsstruktur von Generation zu Generation. So verhält es sich bei Eneas und Pallas, deren Väter Anchises und Euander bereits miteinander befreundet waren, wie Heinrich von Veldeke in seinem *Eneasroman* erzählt (V. 170,19–39).

2.4.2 Heterosoziale Beziehungen

Doch auch in den heterosozialen Beziehungen werden Sexualität und Reproduktion nur in bestimmten Fällen miteinander verschränkt.

Sexualität
Die Bedeutung der Sexualität in heterosozialen Beziehungen wird deutlicher, wenn man das Mengendiagramm, dass die möglichen Verhältnisse von Ehe und Liebe abbildet, entsprechend erweitert:

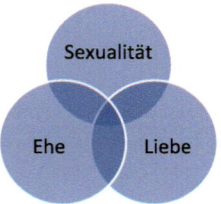

Relationen von Ehe, Liebe und Sexualität

Vier Fälle sind zu unterscheiden: die jenseits von Liebe und Ehe vollzogene Sexualität, die sexuell vollzogene Ehe ohne Liebe („Ehe ohne Liebe", s. Abschn. 2.3.1), die sexuell vollzogene Liebe innerhalb der Ehe („höfische Liebesehe", s. Abschn. 2.3.3) und die sexuell vollzogene Liebe außerhalb der Ehe („Liebe ohne Ehe", s. Abschn. 2.3.2).

Sexualität zwischen Männern und Frauen wird in der höfischen Epik sowohl als einvernehmlicher Liebesakt wie auch als Vergewaltigung (also als sexualisierte Gewalt) vorgestellt. Einvernehmliche Sexualität als Ausdruck passionierter Liebe findet sich sowohl innerhalb wie auch außerhalb der Ehe. Im ersten Fall, der vor allem im *Eneasroman* (Eneas und Lavinia) und in den Artusromanen (Erec und Enite, Iwein und Laudine, Parzival und Condwiramurs, Lanzelet und Iblis, Wigalois und Florie) anzutreffen ist, mündet die passionierte Liebe in die höfische Liebesehe, wo die Sexualität ihren legitimen Raum erhält. Im zweiten Fall, für den besonders die Tristanromane (Tristan und Isolde) stehen, hat die Liebe hingegen einen ehebrecherischen Charakter, untergräbt also die Institution der Ehe.

Sexualisierte Gewalt begegnet im *Nibelungenlied*. Gunther kann Brünhild, die sich in der Hochzeitsnacht ihrem Ehemann verweigert, nur mit Siegfrieds Hilfe überwältigen. Der Diebstahl von Ring und Gürtel, den Siegfried begeht, kann als symbolischer Raub der Jungfräulichkeit gedeutet werden – auch wenn Siegfried Gunther zuvor versprochen hat, Brünhild zwar niederzuringen, aber nicht zu penetrieren. Dies ändert freilich nichts an der Tatsache, dass Brünhild Gewalt erleidet. Sexueller Gewalt macht sich auch Parzival schuldig, wenn er Jeschute einen Kuss und einen Ring raubt. Zwar handelt er nicht aus Niedertracht, sondern aus Naivität; gleichwohl muss Jeschute den Übergriff und seine Folgen erdulden. Auch Brangäne erfährt eine Art von sexueller Gewalt, wenn sie in der Brautnacht für Isolde einspringen muss, damit Marke nicht bemerkt, dass seine Ehefrau ihre Jungfräulichkeit bereits an Tristan verloren hat. Brangäne begleicht auf diese Weise ihre Schuld daran, dass sie den Minnetrank nicht besser gehütet hat. Die Folgen sind auch für sie gravierend: Isolde will Brangäne ermorden lassen (wozu es letztlich nicht kommt), um die Zeugin aus dem Weg zu räumen.

Reproduktion

Wieder kann man verschiedene Fälle unterscheiden, ausgehend vom Verhältnis von Liebe und Ehe. Heiratspolitische Verbindungen sind auf Reproduktion angelegt, auch dann, wenn sie als Liebesehen verbrämt werden. So verhält es sich bei Eneas und Lavinia, die dem göttlichen Auftrag folgen, eine Genealogie zu begründen, aus der das Römische Reich hervorgehen wird. So verhält es sich auch bei Rother und seiner namenlosen Frau, deren Sohn Pippin der Vater Karls des Großen und somit ebenfalls Ahnherr einer Dynastie sein wird. Auch die Ehen, die im *Nibelungenlied* geschlossen werden, sind letztlich heiratspolitisch begründet und führen zu Nachkommenschaft: Siegfried und Kriemhild haben einen Sohn namens Gunther, Gunther und Brünhild einen Sohn namens Siegfried und Etzel und Kriemhild einen Sohn namens Ortlieb (der von Hagen getötet wird). Die *Nibelungenklage* erzählt, dass der von seiner Mutter Brünhild aufgezogene Siegfried die Nachfolge seines verstorbenen Vaters antreten und somit die burgundische Dynastie weiterführen wird. Dagegen bleibt die Ehe von Marke und Isolde kinderlos, obwohl sie durchaus miteinander verkehren. Auch zwei der drei Brautwerbungsepen mit heilsgeschichtlichem Bezug münden in kinderlose Ehen. Sowohl Oswald und Paug als auch Orendel und Bride verschreiben sich der Keuschheit, nachdem sie ein Engel Gottes dazu aufgefordert hat. Oswalds Mission ist die Taufe der Braut und die Bekehrung ihres Landes; Orendels Auftrag besteht darin, den Heiligen Rock nach Trier zu überführen und das Heilige Land zu verteidigen. Nur Salman und Salme haben einen Sohn miteinander, was damit zusammenhängen dürfte, dass in diesem Fall die heilsgeschichtliche Rahmung äußerlich bleibt.

> **Kinderlosigkeit**
> Wie Regina Toepfer gezeigt hat, ist es für die Liebenden vieler höfischer Romane kein Unglück, wenn sie keine Kinder haben: „Tristan und Isolde, Erec und Enite, Iwein und Laudine, die dauerhaft ohne Nachwuchs bleiben, sind länger miteinander glücklich als Riwalin und Blanscheflur, Herzeloyde und Gahmuret oder Kriemhild und Siegfried, die gemeinsam ein Kind bekommen" (Toepfer 2020, S. 361).

Im Unterschied zu den heiratspolitischen Ehen genügen passionierte Liebesbeziehungen sich selbst, seien sie ehelicher Natur wie bei Erec und Enite, Iwein und Laudine oder Willehalm und Gyburg oder außerehelicher Natur wie bei Tristan und Isolde. Eine Ausnahme sind Flore und Blanscheflur, die eine Tochter haben, die die Mutter Karls des Großen sein wird, doch erscheint dieses Motiv eine sekundäre Ergänzung zu sein. Viele passionierte Liebesbeziehungen bleiben entweder kinderlos, weil sie vorzeitig enden (so bei Sigune und Schionatulander im *Titurel*); oder sie können sich nicht gemeinsam des Kindes erfreuen, weil erst der Vater und dann die Mutter vorzeitig sterben (so bei Riwalin und Blanscheflur im *Tristan* und bei Gahmuret und Herzeloyde im *Parzival*). Erst die späteren Artusromane zeigen genealogisches Interesse. Von Parzival, Lanzelet und Wigalois werden sowohl die Elterngeschichten erzählt als auch die Geschichten der Nachkommen angedeutet. Parzival und Cundwiramurs haben zwei Söhne namens Kardeiz und Loherangrin, Wigalois und Larie einen Sohn namens Lifort Gawanides und Lanzelet und Iblis vier Kinder, die die Königreiche der Eltern erben werden.

Betrachtet man die höfischen Epen insgesamt, dann trifft also durchaus nicht zu, was der Erzähler des *Lanzelet* behauptet:

> Nuo vrumt in sælde und ir gebet
> daz Iblis und Lanzelet
> gewunnen lussamiu kint,
> als di liute alle gernde sint.

> Nun verschafften ihnen Glück und ihr Gebet, dass Lanzelet und Iblis anmutige Kinder bekamen, wie es sich die Leute wünschen (V. 9367–9370).

Einen Kinderwunsch haben in erster Linie nicht diejenigen, die sich lieben, sondern diejenigen, die einen heiratspolitischen Bund schließen. Ihr Kinderwunsch gründet nicht auf Liebe, sondern auf dynastischen Interessen.

Gattungsgeschichte I: Das System

Inhaltsverzeichnis

3.1 Mittelalterliche Stoffkreise 142
3.2 Epos und Roman 147
3.3 Legende 157
3.4 Gattungsmerkmale 163

Literarische Gattungen sind keine Naturtatsachen, sondern philologische Versuche, anhand bestimmter Unterscheidungskriterien in der Vielfalt der Literatur Ordnung zu schaffen. Dies betrifft auch die höfische Epik (s. Tab. 3.1).

Die ersten Differenzierungen wurden bereits in der Wende vom zwölften zum dreizehnten Jahrhundert vorgenommen. Der französische Dichter Jean Bodel unterschied zwischen drei Stoffkreisen, denen sich die erzählenden Werke des französischen Mittelalters zuordnen lassen: den römischen (*matière de Rome*), den bretonischen (*matière de Bretagne*) und den französischen (*matière de France*). Diese Unterscheidung, die sich mit den Gattungen des Antikenromans, der Artus- und Tristanromane und der französischen Heldenepik (*Chanson de geste*) korrelieren lässt, wurde von anderen mittelalterlichen Dichtern aufgenommen.

Im frühen neunzehnten Jahrhundert teilten Philologen und Philosophen die Gattung der mittelalterlichen Epik in Untergattungen ein, ein prominentes Beispiel bietet Georg Wilhelm Friedrich Hegel in seinen *Vorlesungen zur Ästhetik*. Im zwanzigsten Jahrhundert wurden Literaturtheorien ausgearbeitet, die die Gattungen des Romans und des Epos vergleichend beschreiben. Besonders einflussreich ist die Romantheorie des Philosophen und Literaturwissenschaftlers Georg Lukács. Diese Theorien wurden für die mittelalterliche Literatur fruchtbar gemacht, obwohl sie nicht für diese entworfen worden waren, so zum Beispiel von dem Romanisten Hans Robert Jauss, dessen Thesen auch die germanistische Mediävistik prägten.

Tab. 3.1 Das Gattungssystem der höfischen Epik um 1200

Gattung			Werk	Verfasser
Epos	Heldenepos	Französischer Stoff (*Chanson de geste*)	*Rolandslied* *Willehalm*	Pfaffe Konrad Wolfram von Eschenbach
		Deutscher Stoff	*Nibelungenlied* *Nibelungenklage*	–
	Brautwerbungsepos	Bezug zur Reichsgeschichte	*König Rother* *Herzog Ernst* *Graf Rudolf*	
		Bezug zur Heilsgeschichte	*Salman und Morolf* *Oswald* *Orendel*	
	Tierepos		*Reinhart Fuchs*	Heinrich (der Gleißner)
Roman	Antikenroman		*Alexanderlied*	Pfaffe Lambrecht
			Straßburger Alexander	–
			Eneasroman *Liet von Troye* *Metamorphosen*	Heinrich von Veldeke Herbort von Fritzlar Albrecht von Halberstadt
	Artusroman	Krisenhafter Held	*Erec* *Iwein*	Hartmann von Aue
			Parzival *Titurel*	Wolfram von Eschenbach
		Krisenloser Held	*Lanzelet*	Ulrich von Zatzikhoven
			Wigalois	Wirnt von Grafenberg
	Liebes- und Freundschaftsroman	Liebe	*Tristrant* *Tristan*	Eilhart von Oberg Gottfried von Straßburg
			Trierer Floyris *Flore und Blanscheflur*	– Konrad Fleck
		Freundschaft	*Athis und Prophilias*	–
Novelle	Legendenhafte Novelle		*Gregorius* *Der arme Heinrich*	Hartmann von Aue
	Liebesnovelle		*Mauricius von Craûn*	–

3.1 Mittelalterliche Stoffkreise

Die Unterscheidung der drei mittelalterlichen Stoffkreise lässt sich an zwei Beispielen illustrieren: dem altfranzösischen Dichter Jean Bodel und dem altprovenzalischen Liebesroman *Flamenca*. Da diese Unterscheidungen allein aus romanischer Perspektive getroffen wurden, sind sie um die Besonderheiten der deutschen Epik zu ergänzen.

3.1.1 Jean Bodel und *Flamenca*

Jean Bodel
Jean Bodel nennt im Prolog zu seinem zwischen 1180 und 1200 entstandenen *Sachsenlied* (*Chanson des saisnes*) drei verschiedene Stoffkreise. Das zentrale Unterscheidungsmerkmal sind die Räume, aus denen die betreffenden Stoffkreise stammen, nämlich Rom, die Bretagne und Frankreich:

> N'en sont que trois materes a nul home entendant:
> De France et de Bretaigne et de Romme la grant;
> Ne de ces trois materes n'i a nule samblant.
> Li conte de Bretaigne s'il sont vain et plaisant
> Et cil de Romme sage et de sens aprendant,
> Cil de France sont voir chascun jour aparant.
> Et de ces trois materes tieng la plus voir disant;
> La coronne de France doit estre si avant,
> Que tout autre roi doivent estre a li apendant
> De la loi chrestienne qui en Dieu sont creant.

Es gibt für jeden verständigen Menschen nur drei Stoffkreise: von Frankreich, der Bretagne und dem mächtigen Rom; und diese drei Stoffkreise haben nicht ihresgleichen. Wenn die Erzählungen der Bretagne eitel und gefällig und die von Rom weise und verständig sind, dann sind die von Frankreich jeden Tag, der heraufzieht, wahrhaftig. Und von diesen drei Stoffkreisen [behandele] ich den zutreffendsten [nämlich das *Sachsenlied*]. Die Krone von Frankreich muss einen solchen Rang einnehmen, dass alle anderen Könige der Christenheit, die an Gott glauben, von ihr abhängen (Quelle und Übersetzung zitiert nach Hausmann 1996, S. 58).

Bodel bewertet die Stoffkreise unterschiedlich. Die Geschichten aus der Bretagne sind für ihn „eitel und gefällig", die Geschichten aus Rom „weise und verständig" und die Geschichten aus Frankreich „wahr". Bodel scheint sich an der von Horaz geprägten Formel zu orientieren, dass Dichtung „nützen und unterhalten" (*prodesse et delectare*) solle. Dem römischen Stoffkreis käme demnach Nützlichkeit zu, dem bretonischen hingegen Unterhaltsamkeit. Der französische Stoffkreis kann laut Bodel Anspruch auf historische Wahrheit erheben. Somit ergibt sich eine dreistufige Hierarchie, an deren oberem Ende die Geschichten aus Frankreich und an deren unterem Ende die Geschichten aus der Bretagne stehen.

Flamenca
Welche Erzählungen den drei Stoffkreisen zugerechnet wurden, lässt sich einem altprovenzalischen Liebesroman des frühen dreizehnten Jahrhunderts entnehmen, der den Titel *Flamenca* trägt. In einer Szene wird ein Hoffest geschildert, bei dem auch zahlreiche Liedersänger und Geschichtenerzähler auftreten. Sie sind anhand der Themen, die sie behandeln, in drei Gruppen eingeteilt, die im Wesentlichen den von Bodel unterschiedenen Stoffkreisen entsprechen.

Die erste Gruppe umfasst vor allem Erzählungen aus der *matière de Rome*, also aus dem römischen Stoffkreis, dem auch griechische Sagen und einige biblische Geschichten zugerechnet werden:

> [E]iner erzählte über Priamos, der andere über Pyramus. Einer erzählte über die schöne Helena, die von Paris, nachdem er ihr seine Liebe erklärt hatte, entführt wurde; ein anderer über Odysseus, Hektor, Achilles; über Aneas und Dido, wie letztere unglücklich und um ihren Freund trauernd zurückblieb, und über Lavine, wie sie den am Pfeil angebundenen Brief aus einem höhergelegenen Winkel durch die Schildwache herabschießen ließ. Ein anderer erzählte über Polyneikes, über Tideus und über Eteokles. Ein anderer erzählte über Apollonius, wie er über Tyrus und Sidon regierte, ein anderer über König Alexander, ein anderer über Hero und Leander, einer über Kadmos, der, aus der Heimat geflohen, Theben gründete, ein anderer über Jason und über den Drachen, der nicht schlief, und wieder ein anderer schilderte die Kraft des Herkules. Wieder einer erzählte, wie sich Phyllis aus Liebe zu Demophonius das Leben nahm. Einer erzählte, wie der schöne Narkissos im Brunnen ertrank, in dem er sich spiegelte, andere erzählten über Pluton, wie Orpheus seine schöne Frau entführte, und über den Philister Goliath, wie ihn David durch dreimaligen Steinwurf tötete. Einer erzählte über Samson, dessen Haare, während er schlief, von Delila abgeschoren wurden, der andere über Judas Makkabäus, wie er für seinen Gott kämpfte. Ein anderer erzählte, wie Julius Cäsar ganz allein das Meer überquerte, ohne die Hilfe des Herrn zu erflehen und, glaubt mir, ohne Angst zu haben! (V. 621–660; Übersetzung hier und im Folgenden nach Hausmann 1996, S. 192–193; vgl. den Kommentar der Ausgabe von Valérie Fasseur).

Im Wesentlichen handelt es sich um Gestalten, die auf die Gattung der Antikenromane verweisen: den *Eneasroman* (Eneas, Dido, Lavinia), den *Alexanderroman* (Alexander), den *Trojaroman* (Achilles, Hektor, Helena, Odysseus, Paris, Priamos), den *Thebenroman* (Eteokles, Polyneikes, Tideus) und den *Apolloniusroman* (Apollonius von Tyrus). Hinzukommen Figuren aus Ovids *Metamorphosen* (Jason, Kadmos, Narziss, Orpheus, Phyllis, Pluton, Pyramus) und *Heroiden* (Hero und Leander, Phyllis und Demophonius). Außerdem werden Gestalten des Alten Testaments genannt, die man offenbar ebenfalls als Teil der antiken Geschichte auffasste: David und Goliath (1 Sam 17), Samson und Delila (Ri 16) sowie Judas Makkabäus (1/2 Makk).

Weiter geht es mit einer Gruppe von Erzählungen, die vornehmlich dem bretonischen Stoffkreis angehören, also aus keltischer Überlieferung schöpfen (*matière de Bretagne*):

> Einer erzählte von der Tafelrunde, wo niemand hinkam, ohne dass der König ihm nach bestem Wissen Bescheid gab, und wo Tapferkeit immer galt; der andere erzählte über Gawein und über den Löwen, der den Ritter begleitete, Lunete befreite. Einer erzählte über die bretonische Jungfrau, die Lanzelot gefangenhielt, als er ihr seine Liebe versagt hatte, ein anderer über Parzival, wie er zu Pferd an den Hof kam. Der eine erzählte über Erec und Enite, der andere über Ugonet de Perida; der eine über Gurvenal, der durch Tristan viel auszustehen hatte, der andere über Fenice, die von ihrer Amme für tot ausgegeben wurde. Einer erzählte über den Bel Inconnu, ein anderer über den roten Schild, den der Herold vor der kleinen Tür fand, ein anderer über Guiflet und wieder ein anderer über Kalogrenant. Einer erzählte, wie Délié ein Jahr lang den Truchsessen [Keie] gefangenhielt, und ein anderer erzählte über Mordret. Einer berichtete, wie Graf [Yvonet] [wegen des Ehebruchs] ins Exil geschickt und vom Fischerkönig aufgenommen wurde, und ein anderer sprach vom Stern des Merlin (V. 661–691).

Zahlreiche Figuren entstammen den Artusromanen: *Erec et Enide* (Erec, Enite), *Cligès* (Fenice), *Yvain* (Iwein, Lunete, Kalogrenant), *Lancelot (en prose)* (Guiflet,

Lanzelot, Mordret, der namenlose Herold) und *Perceval* (Parzival). Hinzukommen der *Bel Inconnu* des Renaud de Beaujeu und der *Merlin* des Robert de Boron (Délié, Keie, Merlin). Zur Gattung der Liebesromane gehört der *Tristan*, der mehrfach in französischer Sprache bearbeitet worden ist (Tristan, Gurneval). Mit Yvonet scheint ein Halbbruder Iweins gemeint zu sein, auf den einige Artusromane anspielen; Ugonet de Perida lässt sich nicht identifizieren.

Die dritte und letzte Gruppe umfasst den französischen Stoffkreis (*matière de France*):

> Der eine sagte, wie die Assassinen unter dem Einfluss von dem Alten vom Berge handelten, der andere, wie Karl der Große Deutschland in seiner Macht hielt, bis er es verteilte. Einer erzählte die ganze Geschichte von Chlodwig und Pippin, der andere, wie Luzifer wegen seines Hochmuts aus dem Himmel vertrieben wurde. Der eine erzählte über den jungen Mann von Nanteuil, der andere über Olivier von Verdun, der eine trug die Dichtung des Marcabru vor, der andere erzählte, wie gut Daidalos fliegen konnte, und, was Ikaros betraf, wie der durch seinen Leichtsinn ertrank (V. 692–705).

Die Figuren entstammen den französischen Heldenepen (*Chansons de geste*): dem *Rolandslied* (Olivier), dem Epos über *Gui de Nanteuil* und weiteren Karlsepen (Karl der Große, Chlodwig, Pippin). In diese Gruppe werden weitere Gestalten und Stoffe eingestreut, die nicht in diesen Zusammenhang gehören, darunter der Alte vom Berge (gemeint ist der Assassinenführer Raschid ad-Din Sinan), der Minnesänger Marcabru, die apokryphe Geschichte von Luzifer und die in Ovids *Metamorphosen* überlieferte Geschichte von Daidalos und Ikaros. Die zunehmende Unordnung der Aufzählung sollte vermutlich das bunte Treiben des Hoffests spiegeln.

3.1.2 Stoffkreise und Gattungssystem

Von den mittelalterlichen Stoffkreisen lässt sich ein Bogen zum heutigen Gattungssystem schlagen. Der *matière de Rome* entspricht im Wesentlichen die Gattung der Antikenromane, die sich nicht nur auf die römische, sondern auf die antike Geschichte und Mythologie insgesamt beziehen lassen. Der *matière de France* entspricht die Gattung der französischen Heldenepen (*Chansons de geste*), die vor allem in der Epoche Karls des Großen spielen. Auch Bodels *Sachsenlied* gehört in diesen Zusammenhang. Der *matière de Bretagne* entspricht die Gattung des Artusromans, aber teilweise auch die Gattung des Liebesromans, nämlich diejenigen Liebesromane, die von Tristan und Isolde handeln.

Viele französische Werke sind von mittelhochdeutschen Dichtern bearbeitet worden. Daher ist die Unterscheidung der drei Stoffkreise auch für die höfische Epik des deutschen Mittelalters relevant. Die folgende Tabelle (Tab. 3.2) gibt einen Überblick über ausgewählte Werke, die im zwölften und frühen dreizehnten Jahrhundert vom Französischen ins Deutsche übertragen wurden und sich daher der Unterscheidung der drei Stoffkreise zuordnen lassen.

Tab. 3.2 Mittelalterliche Stoffkreise

Mittelalterliche Stoffkreise	Werke (mittelalterliche deutsche Bearbeitungen französischer Vorlagen)	Neuzeitliche Gattungsbegriffe
matière de France	Pfaffe Konrad, *Rolandslied* Wolfram von Eschenbach, *Willehalm*	Heldenepos (*Chanson de geste*)
matière de Rome	Pfaffe Lambrecht, *Alexanderroman* Herbort von Fritzlar, *Trojaroman* Heinrich von Veldeke, *Eneasroman*	Antikenroman
matière de Bretagne	Hartmann von Aue, *Erec* Hartmann von Aue, *Iwein* Wolfram von Eschenbach, *Parzival* Ulrich von Zatzikhoven, *Lanzelet* Wirnt von Grafenberg, *Wigalois*	Artusroman
	Eilhart von Oberg, *Tristrant* Gottfried von Straßburg, *Tristan*	Liebesroman

Erweiterungen

Neben den zahlreichen höfischen Epen, die im Mittelalter aus dem Französischen ins Deutsche übertragen wurden, gibt es weitere, die nicht auf französischen Vorlagen basieren. Diese Werke lassen sich nicht ohne Weiteres in die drei Stoffkreise einordnen.

Dies betrifft zum einen die Heldenepen deutscher Provenienz wie insbesondere das *Nibelungenlied*. Im Unterschied zum *Rolandslied* des Pfaffen Konrad geht es nicht auf eine französische, sondern auf eine deutsche Erzähltradition zurück. Daher muss die Gattung der Heldenepik in zwei Untergattungen aufgeteilt werden: die Heldenepen französischer Provenienz, auch *Chansons de geste* genannt, und die Heldenepen deutscher Provenienz. Wenn man Bodels Terminologie weiterführen wollte, so könnte man von einem deutschen Stoffkreis oder einer *matière d'Allemagne* sprechen.

Eine weitere Gruppe von Werken, die sich den von Bodel unterschiedenen Stoffkreisen nicht ohne Weiteres zuordnen lassen, sind die sogenannten Brautwerbungsepen, die man früher als ‚Spielmannsepen' bezeichnete. Sie knüpfen an verschiedene Stofftraditionen an, die im deutschsprachigen Raum eine eigentümliche Ausprägung erhalten haben. Gemeinsames Merkmal ist das Erzählmuster der gefährlichen Brautwerbung, mit dessen Hilfe die verschiedenen Stoffe in eine neue, charakteristische Form gebracht wurden. Hierher gehören zwei Epen, die inhaltlich auf die Reichsgeschichte bezogen sind (*König Rother*, *Herzog Ernst*), und drei Epen mit legendenhaften Zügen, die auf die Heilsgeschichte bezogen sind. Ursprünglich sind dies sehr heterogene Erzählstoffe, die aber an das Narrativ der Brautwerbung angepasst und auf diese Weise vergleichbar geworden sind und somit eine eigene Gruppe bilden.

Brautwerbungsepen und Stoffkreise

Bei näherer Betrachtung der Stoffkerne, die den Brautwerbungsepen jeweils zugrundeliegen, fällt auf, dass man sie doch tendenziell an die verschiedenen Stoffkreise anknüpfen kann. Der *Herzog Ernst* handelt vom Konflikt zwischen einem bayerischen Fürsten und dem deutschen Kaiser und ließe sich daher dem deutschen Stoffkreis zuordnen. Der *König Rother* bietet eine fiktive Erzählung über den Großvater Karls des Großen und ließe sich daher auf den französischen Stoffkreis beziehen. Der *Orendel* steht mit dem römischen Trier in Verbindung und lässt sich daher in die Nähe des römischen Stoffkreises rücken. Der *Oswald* handelt von einem englischen Helden und trägt ausgesprochen märchenhafte Züge; er ließe sich daher locker an den bretonischen Stoffkreis anbinden. Das Epos von *Salman und Morolf* bezieht sich auf König Salomon und lässt sich somit dem biblischen Stoffkreis zurechnen. Wenn diese Zuordnungen zu weit gehen, so lässt sich doch immerhin festhalten, dass die Brautwerbungsepen hinsichtlich der Räume und Epochen, in denen sie spielen, ein breites Spektrum abdecken.

3.2 Epos und Roman

Im nächsten Schritt ist der geistesgeschichtliche Weg zu klären, der von den mittelalterlichen Stoffkreisen zu den neuzeitlichen Gattungskategorien führt. Zentral ist die Unterscheidung zwischen Epos und Roman. Sie wurde von dem Philosophen Georg Wilhelm Friedrich Hegel (1770–1831) maßgeblich entworfen, dem Philosophen Georg Lukács (1885–1971) ausgearbeitet und dem Literaturwissenschaftler Hans Robert Jauss (1921–1997) auf die romanistische Mediävistik bezogen.

Entscheidend ist dabei weniger die Frage, ob ein mittelalterliches Werk ein Epos *oder* ein Roman ist, sondern welche Position es im gattungsgeschichtlichen Spannungsfeld *zwischen* Epos und Roman einnimmt.

▶ **Definition** Der Gattungsbegriff **Roman** bürgerte sich erst im siebzehnten Jahrhundert im deutschsprachigen Raum ein. Im romanischen Raum hat er eine Vorgeschichte, die bis ins zwölfte Jahrhundert zurückreicht. Chrétien de Troyes bezeichnete seine Artusromane ausdrücklich als *romanz*. Der *Erec* endet mit dem Nachsatz: *Explycyt li romans de'Erec et d'Enyde* („Hier endet der Roman von Erec und Enide"), der *Yvain* mit den Versen: *Del chevalier au lion fine / Crestiiens son romanz einsi* (V. 6814–6815: „So beendet Chrestien seinen Roman vom Löwenritter"). Als Roman sind also ursprünglich literarische Werke zu verstehen, die in der romanischen Volkssprache verfasst wurden (und nicht in der Gelehrtensprache Latein). Noch Hegel spricht mit Blick auf die höfische Epik des Mittelalters von der ‚romantischen' Epoche.

3.2.1 Die geschichtsphilosophische Perspektive

Georg Wilhelm Friedrich Hegel
Hegel äußert sich in seinen *Vorlesungen über die Ästhetik* (1835–1838) ausführlich zur Gattungsgeschichte des Epos. Auch wenn die Darstellung heute überholt ist,

gibt sie doch wichtige Kriterien an die Hand, die für eine gattungssystematische Beschreibung der höfischen Epik hilfreich sind.

Für Hegel beginnt die Gattung des Romans, den er als Epos des bürgerlichen Zeitalters definiert, erst im achtzehnten Jahrhundert. Zwei Verschiebungen sind für den Übergang vom vormodernen Epos zum modernen Roman entscheidend: der ständische Wechsel vom Adel zum Bürgertum und ein grundlegender Wandel des Menschenbildes. Im Epos verstehe sich der Mensch noch als Teil einer ganzheitlichen Welt, im Roman entfremde er sich hingegen von der Welt, die ihm prosaisch geworden sei, und trete ihr als Individuum gegenüber.

Hegel teilt die vormoderne, dem Roman vorausgehende Epoche des Epos in drei historische Phasen. Dementsprechend unterscheidet er drei aufeinanderfolgende epische Typen:

> [E]*rstens* nämlich das orientalische Epos, das den symbolischen Typus zu seinem Mittelpunkte hat; *zweitens* das klassische Epos der Griechen und dessen Nachbildung bei den Römern; *drittens* endlich die reichhaltige und vielseitige Entfaltung der episch-romantischen Poesie innerhalb der christlichen Völker, welche zunächst jedoch in ihrem germanischen Heidentum auftreten, während von der anderen Seite her, außerhalb der eigentlich mittelalterlichen Rittergedichte, das Altertum wieder in einem anderen Kreise teils als allgemeines Bildungsmittel zur Reinigung des Geschmacks und der Darstellung, teils direkter als Vorbild benutzt wird, bis sich zuletzt der Roman an die Stelle des eigentlichen Epos setzt (Hegel 1986, S. 395).

Das „orientalische" Epos zeichne sich durch seinen symbolischen Charakter aus. Als Beispiel hebt Hegel die unter dem Titel *Muʿallaqāt* (6. Jh.) versammelten arabischen Heldenlieder der vorislamischen Zeit hervor. Mit dem „klassischen" Epos der Griechen und Römer sei die Gattung in ihre eigentliche Epoche getreten, wie an den Epen Homers und Vergils zu erkennen sei, die sich durch die Harmonie zwischen Mensch und Welt, Geist und Natur, Handlung und Geschehen ausgezeichnet hätten. Mit dem „romantischen" Epos ist nicht die literaturgeschichtliche Epoche der Romantik gemeint, sondern die christliche Epoche des Mittelalters, die zwischen Antike und Neuzeit liegt. Noch immer sei der epische Held von der Welt umfangen, die nun aber christlich gedeutet werde.

Hegel unterscheidet drei Typen des „romantischen", also christlich-mittelalterlichen Epos, nämlich den heroischen, religiösen und ritterlichen. Mit dem heroischen Typus ist das Heldenepos gemeint, als besonders gelungenes Werk hebt Hegel das um 1200 entstandene spanische Epos *Cantar de mio Cid* hervor. Hingegen will er das *Nibelungenlied* nicht als Heldenepos gelten lassen. Er weiß zwar den angeblichen „nationalen substantiellen Gehalt in bezug auf Familie, Gattenliebe, Vasallentum, Diensttreue, Heldenschaft und an innerer Markigkeit" zu schätzen, ist aber der Meinung, dass das *Nibelungenlied* „eher dramatisch-tragischer als vollständig epischer Art" sei (ebd., S. 405–406). Die Darstellung verliere „sich oft ins Harte, Wilde und Grausame, während die Charaktere, wenn sie auch derb und in ihrem Handeln prall erscheinen, doch in ihrer abstrakten Schroffheit mehr rohen Holzbildern ähnlich sehen, als sie der menschlich ausgearbeiteten, geistvollen Individualität der Homerischen Helden und Frauen vergleichbar sind" (ebd., S. 406).

3.2 Epos und Roman

Größere Wertschätzung bringt Hegel dem dritten, ritterlichen Typus entgegen. Damit meint er das, was wir heute als höfischen Roman bezeichnen. Auch Hegel attestiert den Ritterepen bereits eine Tendenz zum Roman, die man an der gesteigerten Individualität der Hauptfiguren ablesen könne:

> Als ein *drittes* Hauptgebiet, in welchem sich die epische Poesie des Mittelalters bewegt, können wir das *Rittertum* angeben, sowohl in seinem weltlichen romantischen Inhalt der Liebesabenteuer und Ehrenkämpfe als auch in Verzweigung mit religiösen Zwecken als Mystik der christlichen Ritterlichkeit. Die Handlungen und Begebenheiten, welche sich hier durchführen, betreffen keine nationalen Interessen, sondern es sind Taten des Individuums, die nur das Subjekt als solches, wie ich es schon oben bei Gelegenheit des romantischen Rittertums geschildert habe, zum Inhalt gewinnen. Dadurch stehen die Individuen freilich in voller Selbständigkeit auf freien Füßen da und bilden innerhalb der zu prosaischer Ordnung noch nicht befestigten Weltumgebung ein neues Heroentum, das jedoch bei seinen teils religiös-phantastischen, teils nach der weltlichen Seite hin rein subjektiven und eingebildeten Interessen jener substantiellen Realität entbehrt, auf deren Boden die griechischen Heroen vereint oder vereinzelt kämpfen, siegen oder untergehen. Zu wie mannigfach epischen Darstellungen deshalb auch dieser Inhalt Veranlassung gegeben hat, so führt doch die Abenteuerlichkeit der Situationen, Konflikte und Verwicklungen, welche aus solchem Stoffe hervorgehen können, einerseits mehr in eine romanzenartige Behandlung, so daß die vielen einzelnen Aventüren sich zu keiner strengeren Einheit zusammenflechten; andererseits zum Romanhaften, das sich jedoch hier noch nicht auf der Grundlage einer fest eingerichteten bürgerlichen Ordnung und eines prosaischen Weltlaufs hinbewegt (ebd., S. 408).

Hegel unterscheidet innerhalb des ritterlichen Typs verschiedene Stoffkreise, die tendenziell der Einteilung von Bodel entsprechen:

> Eine *erste* Hauptgestalt gibt Karl der Große mit seinen Pairs ab im Kampfe gegen die Sarazenen und Heiden. In diesem fränkischen Sagenkreise [vgl. *matière de France*] bildet das feudale Rittertum eine Hauptgrundlage und verzweigt sich mannigfaltig zu Gedichten, deren vornehmlichster Stoff die Taten irgendeines der zwölf Helden ausmachen, wie z. B. Rolands oder des Doolin von Mainz und anderer. Besonders in Frankreich während der Regierung Philipp Augusts wurden viele dieser Epopöen [Epen] gedichtet. –
> Ein *zweiter* Kreis von Sagen findet seinen Ursprung in England und hat die Taten des Königs Arthur und der Tafelrunde zum Gegenstande [vgl. *matière de Bretagne*]. Sagengeschichte, englisch-normannische Ritterlichkeit, Frauendienst, Vasallentreue mischen sich hier trübe und phantastisch mit allegorischer christlicher Mystik, indem ein Hauptzweck aller Rittertaten in der Aufsuchung des heiligen Grals besteht, eines Gefäßes mit dem heiligen Blute Christi, um welches sich die buntesten Gewebe von Abenteuern erzeugen, bis die ganze Genossenschaft zum Priester Johann nach Abessinien flüchtet. Diese beiden Stoffe fanden ihre reichste Ausbildung besonders in Nordfrankreich, England und Deutschland. [...]
> Ein letzter Kreis endlich wendet sich mit einer ungefähren Kenntnis des Homerischen und Vergilschen Epos und der antiken Sage und Geschichte den Alten zu und besingt in der unveränderten Weise der Ritterepopöe nun auch die Taten der trojanischen Helden, die Gründung Roms durch Äneas, die Abenteuer Alexanders und dergleichen mehr [vgl. *matière de Rome*] (ebd., S. 409–410).

Es lässt sich also festhalten, dass Hegel die Gattung des Romans der Moderne vorbehält, in den ritterlichen Epen des christlichen Mittelalters aber bereits romanhafte

Tab. 3.3 Hegels Gattungseinteilung

Gattung	Epochen, Typen und Stoffkreise		
Epos	Orientalisch (vor, neben und nach der klassischen Antike)		
	Klassisch (griechische und römische Antike)		
	Romantisch (christliches Mittelalter)	Heroisch	
		Religiös	
		Ritterlich	Französischer Stoffkreis
			Englischer Stoffkreis
			Antiker Stoffkreis
Roman			

Tendenzen erkennt. Bemerkenswert ist auch, dass er die höfische Epik gemäß den von Bodel unterschiedenen Stoffkreisen einteilt, das *Nibelungenlied* nicht als Heldenepos gelten lässt und die *Chansons de geste* nicht dem heroischen, sondern dem ritterlichen Epos zurechnet, also eher dem höfischen Roman als der Heldenepik.

Obige Tabelle (Tab. 3.3) gibt einen Überblick über Hegels Unterscheidungen.

Georg Lukács

George Lukács entwickelte ausgehend von Hegels Überlegungen eine Theorie des Romans (1914/15), die ebenfalls wichtige Impulse für die Bestimmung des Gattungssystems der höfischen Epik gibt. Lukács geht nur am Rande auf das Mittelalter ein; doch sind seine theoretischen Unterscheidungen zwischen Epos und Roman in der Mediävistik vielfach genutzt worden, um die Gattungen des Heldenepos und des höfischen Romans voneinander abzugrenzen und um überhaupt zu rechtfertigen, dass man die Existenz des höfischen *Romans* postulieren kann.

Auch Lukács spricht der höfischen Epik des Mittelalters bereits eine Tendenz zum Romanhaften zu. Er stellt fest, dass die Unterscheidung zwischen Epos und Roman anhand des Kriteriums der Form zu einfach sei. Zwar hielten die höfischen Epen noch an der Versform fest, die für das Epos charakteristisch sei (im Unterschied zum in Prosa verfassten Roman), doch könnte die gebundene Form nicht mehr die brüchig gewordene Einheit der Welt verbergen:

> In dieser Welt ist die Totalität eine brüchige oder ersehnte, und die Verse Wolframs oder Gottfrieds sind nur lyrischer Schmuck ihrer Romane, und die Balladenhaftigkeit des Nibelungenliedes kann nur kompositionell verdeckt, aber nicht zur weltumfassenden Totalität abgerundet werden (Lukács 1988, S. 51).

Lukács kommt im Zusammenhang der Literaturepoche der Romantik noch einmal auf die mittelalterlichen Epen zu sprechen. Das Märchenhafte, das den Riss zwischen Realität und Transzendenz markiere, sei bereits für die mittelalterlichen Epen ein charakteristisches Motiv gewesen, aber erst für Novalis, der sich kräftig bei der mittelalterlichen Epik bediente, zur Grundlage seiner Werke geworden:

3.2 Epos und Roman

> Während aber die Epiker des Mittelalters in naiv-selbstverständlicher, epischer Gesinnung geradezu auf die Gestaltung der diesseitigen Welt ausgingen und die hineinscheinende Gegenwart der Transzendenz und mit ihr die Verklärung der Wirklichkeit zum Märchen nur als Geschenk ihrer geschichtsphilosophischen Situation erhielten, wird für Novalis diese Märchenwirklichkeit, als Herstellung einer zerrissenen Einheit von Realität und Transzendenz, zum bewußten Gestaltungsziel (ebd., S. 125).

Das *Nibelungenlied* anerkennt Lukács im Unterschied zu Hegel als wirkliches Epos und begründet dies in einem Vergleich mit dem angeblich gescheiterten Versuch Friedrich Hebbels, in seinem Drama *Die Nibelungen* (1861) den Stoff für das bürgerliche Zeitalter zu aktualisieren (ebd., S. 46).

Entscheidend sind aber die theoretischen Abgrenzungen zwischen Epos und Roman, die Lukács kontrastiv herausarbeitet. Er bezeichnet den Roman nicht mehr nur als Epos des bürgerlichen, sondern als Epos „eines Zeitalters, für das die extensive Totalität des Lebens nicht mehr sinnfällig gegeben ist, für das die Lebensimmanenz des Sinnes zum Problem geworden ist, und das dennoch die Gesinnung zur Totalität hat" (ebd., S. 47). In dieser Formulierung verdichtet sich der Unterschied von Epos und Roman: Beide streben nach einer ganzheitlichen Welt; aber für den Roman ist nicht mehr selbstverständlich, was das Epos noch als gegeben voraussetzt.

Lukács erläutert den Gattungsunterschied anhand verschiedener Kriterien, von denen hier drei hervorgehoben werden sollen. Das erste betrifft die **Totalität**, d. h. die Ganzheit und Geschlossenheit des Weltbildes. Diese ist im klassisch-antiken Epos durch die Götter des Olymps, im christlich-mittelalterlichen Epos durch den einen Gott gewährleistet. Der Roman hingegen ist von jener „transzendentalen Heimatlosigkeit" (ebd., S. 52) geprägt, die seit der Aufklärung das Weltbild bestimmt. Im Epos ist die Totalität eine vorgegebene, im Roman eine aufgegebene.

Daraus folgt das zweite Kriterium, die veränderte Konzeption des **Helden**. Im Epos ist der Held in der Welt geborgen, im Roman von der Welt entfremdet. Der epische Held

> ist, strenggenommen, niemals ein Individuum. Es ist von alters her als Wesenszeichen des Epos betrachtet worden, daß sein Gegenstand kein persönliches Schicksal, sondern das einer Gemeinschaft ist. Mit Recht, denn die Abrundung und die Geschlossenheit des Wertsystems, das den epischen Kosmos bestimmt, schafft ein zu organisches Ganzes, als daß darin ein Teil sich so weit in sich abschließen, so stark auf sich gestellt sein könnte, um sich als Innerliches zu finden, um zur Persönlichkeit zu werden (ebd., S. 57).

Dagegen zeichnet sich der Romanheld durch seine Individualität aus:

> Das epische Individuum, der Held des Romans, entsteht aus dieser Fremdheit zur Außenwelt. Solange die Welt innerlich gleichartig ist, unterscheiden sich auch die Menschen nicht qualitativ voneinander [...]. Das Eigenleben der Innerlichkeit ist nur dann möglich und notwendig, wenn das Unterscheidende zwischen den Menschen zur unüberbrückbaren Kluft geworden ist; wenn die Götter stumm sind und [...] wenn die Welt der Taten sich von den Menschen ablöst und ob dieser Selbständigkeit hohl wird und unvermögend, den wahren Sinn der Taten in sich aufzunehmen, an ihnen zum Symbol zu werden und sie in Symbole aufzulösen: wenn die Innerlichkeit und das Abenteuer für immer voneinander abgetrennt sind (ebd., S. 56–57).

Entsprechend bedeutet auch das Abenteuer Unterschiedliches in Epos und Roman. Der Roman „ist die Geschichte der Seele, die da auszieht, um sich kennenzulernen, die die Abenteuer aufsucht, um an ihnen geprüft zu werden, um an ihnen sich bewährend ihre eigene Wesenheit zu finden"; dagegen schließt die „innere Gesichertheit der epischen Welt […] die Abenteuer in diesem eigentlichen Sinne aus: die Helden der Epopöe durchlaufen eine bunte Reihe von Abenteuern, daß sie sie aber innerlich wie äußerlich bestehen werden, steht nie in Frage" (ebd., S. 78).

Das dritte Merkmal betrifft die poetische **Ironie**, die im Epos noch keinen Platz habe, der im Roman aber eine bestimmende Rolle zukomme. Der Roman antworte auf die Entfremdung von der Welt, indem er durch die Erschaffung einer neuen Einheit die „Selbstkorrektur der Brüchigkeit" (ebd., S. 65) versuche:

> Diese Einheit ist jedoch eine rein formale; die Fremdheit und die Feindlichkeit der innerlichen und der äußerlichen Welten ist nicht aufgehoben, sondern nur als notwendig erkannt, und das Subjekt dieser Erkenntnis ist geradeso ein empirisches, also weltbefangenes und in der Innerlichkeit beschränktes Subjekt, wie jene, die zu seinen Objekten geworden sind (ebd., S. 64–65).

Ironie meint hier also nicht Humor, sondern eine dialektische Haltung des poetischen Subjekts, das die Entfremdung von der Welt durchschaut, anerkennt und bestehen lässt, „aber zugleich in der wechselseitigen Bedingtheit der einander wesensfremden Elemente eine einheitliche Welt erblickt und gestaltet" (ebd., S. 64).

Lukács' romantheoretische Überlegungen bieten wichtige Anhaltspunkte für die Gattungseinteilung der höfischen Epik. Die Frage, ob eine mittelalterliche Großerzählung eher als Epos oder als Roman zu werten sei, widerspricht eigentlich der Grundannahme Hegels und Lukács', dass der Roman das Epos der Neuzeit sei, dass also in der Vormoderne von Romanen noch keine Rede sein könne. Andererseits lassen Hegel und Lukács erkennen, dass sie einem Teil der höfischen Epik durchaus schon romanhafte Züge zubilligen, ohne sie deswegen schon als Romane klassifizieren zu wollen. Letztlich ist die Frage, ob ein bestimmtes Werk der höfischen Epik nun ein Epos oder ein Roman sei, unproduktiv, zumal das Mittelalter selbst diese Gattungsunterscheidung ja gar nicht kennt, sondern eher Stoffkreise unterschiedlicher Provenienz voneinander abgrenzt. Man kann aber die theoretischen Überlegungen fruchtbar machen, indem man die Frage stellt, welche Merkmale ein bestimmtes Werk hat, die man als eher episch oder als eher romanhaft bezeichnen kann.

3.2.2 Die romanistisch-mediävistische Perspektive

Der Romanist Hans Robert Jauss hat in Kenntnis der modernen Romantheorie den Versuch unternommen, die Unterscheidung zwischen Epos und Roman auf die volkssprachliche Epik des zwölften Jahrhunderts anzuwenden, um die gattungsgeschichtliche „Ablösung des höfischen Romans von der *Chanson de Geste*" genauer beschreiben zu können (Jauss 1962, S. 77). Es geht also um die Frage, ob man anhand einer gattungsgeschichtlichen Verschiebung in der Moderne (nämlich vom

Epos zum Roman) etwas über eine gattungsgeschichtliche Verschiebung des Mittelalters (vom Heldenepos zum höfischen Roman) lernen kann. Jauss stellt fest, dass Lukács und andere „der mittelalterlichen Ausprägung des Gegensatzes von Epos und Roman noch kaum Beachtung geschenkt" hätten und Hegel gefolgt seien, „der die altromanische Epik [...] nach dem Maßstab des homerischen Epos beurteilte, ihren Gegenstand unter den Begriff des *Romanhaften* oder der *Abenteuerlichkeit* faßte und sie damit schon der romantischen Kunstform einordnen konnte, die er in den Ritterromanen des Ariost und des Cervantes gipfeln läßt" (ebd., S. 77). Daher nimmt Jauss eine Perspektive hinzu, die „von dem spezifischen Erwartungshorizont des [mittelalterlichen] Publikums ausgeht, für das die uns überlieferten Texte eigentlich bestimmt waren" (ebd., S. 77). Dabei zeigt sich, dass die „Unterscheidung zwischen *Chanson de Geste* und höfischem Roman den Verfassern des XII. Jahrhunderts und ihrem Publikum noch durchaus selbstverständlich war und daß ihr in der Tat auch Unterschiede der äußeren und inneren Form entsprechen, die durch einen verschiedenen *modus dicendi* [d. h. eine verschiedene Sprechweise] der beiden Gattungen bedingt sind" (ebd., S. 77).

Als Fallbeispiele legt Jauss seiner Untersuchung ein französisches Heldenepos, den *Fierabras*, und einen französischen Artusroman, den *Bel Inconnu*, zugrunde, die beide gegen Ende des zwölften Jahrhunderts verfasst wurden. Hinsichtlich der äußeren Form stellt er fest, dass das Heldenepos in assonierenden Laisses (strophenartigen Abschnitten), der Artusroman hingegen in achtsilbigen Reimpaarversen verfasst ist.

Einfache Formen: Sage und Märchen
Vor allem kommt es Jauss auf die Unterschiede der inneren Form von Heldenepos und Artusroman an, für die ein Vergleich mit den entsprechenden „einfachen Formen" (André Jolles), nämlich Sage und Märchen, einen ersten Anhaltspunkt gibt. Bereits Jacob Grimm hatte die Opposition von Sage und Märchen auf den Punkt gebracht:

> Das märchen ist poetischer, die sage historischer; jenes stehet beinahe nur in sich selber fest, in seiner angeborenen blüte und vollendung; die sage, von einer geringern mannigfaltigkeit der farbe, hat noch das besondere, daß sie an etwas bekanntem und bewustem hafte, an einem ort oder einem durch die geschichte gesicherten namen (zitiert nach Jauss 1962, S. 78–79).

Jauss bezieht die Differenz von Märchen und Sage auf die Unterscheidung zwischen *matière de Bretagne* und *matière de France* zurück. Wie Grimm die Sage für historischer hält, so hält Bodel die Geschichten, die auf französischen Stoffen beruhen, für wahr; und wie Grimm das Märchen für poetischer hält, so hält Bodel die Geschichten, die auf bretonischen Stoffen beruhen, für eitel, nichtig und nur unterhaltsam – eben weil sie keinen Rückhalt in der historischen Wahrheit haben. Es geht also um den Gegensatz von Historizität und Fiktionalität. Während die als historische Wahrheit geglaubten Sagen und Heldenepen den Sinn in den erzählten Taten selbst finden, bedürfen die als poetische Erfindung erkannten Märchen und Artusromane der Auslegung, damit sie ihren Sinn freigeben. Der entscheidende Punkt ist, dass für das mittelalterliche Publikum die Stoffe des Artusromans nicht aus eigener Geschichte, sondern aus fremder (keltischer) Mythologie stammen und somit keine historische, sondern eine poetische Wahrheit transportieren.

Das Wunderbare
Nach der Basisunterscheidung zwischen der Historizität des Heldenepos und der Fiktionalität des Artusromans arbeitet Jauss drei weitere Differenzmerkmale heraus, nämlich „die verschiedenen Funktionen des Wunderbaren", den „Gegensatz von Ethik des Handelns und Ethik des Geschehens" und „die verschiedene Einstellung des Sängers und des Erzählers zu seinem Gegenstand" (ebd., S. 81–82).

Die konstitutive Rolle des Wunderbaren im Artusroman lässt sich wiederum aus dem Vergleich mit dem Märchen, der entsprechenden einfachen Form, ableiten. Das Wunderbare ist für das Märchen das „entscheidende Stilprinzip" (S. 82). Dies betonte schon André Jolles in seinem Buch *Die einfachen Formen* (1929): „Das Wunderbare ist in dieser Form (des Märchens) nicht wunderbar, sondern selbstverständlich" (Jolles 1974, S. 243; vgl. Jauss 1962, S. 82). Entsprechend vollzieht sich auch im Artusroman das eigentliche Geschehen „in der märchenhaften, anderen Welt der Aventüre, auf einem Weg, auf dem nicht geschieht, was nicht ein Geheimnis birgt" (Jauss 1962, S. 82). Dagegen erscheint „das Märchenwunder […] in der Welt der *Chanson de Geste* wie ein Fremdkörper" (ebd., S. 83). Das französische Heldenepos wird von einer anderen Art von Wundern bestimmt, nämlich von göttlichen Zeichen, wie sie in der christlichen Legende allgegenwärtig sind: „Diese Art des Wunderbaren unterscheidet sich indes vom Märchenwunder der Romane von vornherein dadurch, daß es die Wahrscheinlichkeit der epischen Handlung nur zeitweilig durchbricht, um ihren höheren providentiellen Sinn […] sichtbar zu machen" (ebd., S. 83). Das Wunder der französischen Heldenepik ist ein Zeichen Gottes, das in die Welt einbricht, um den göttlichen Heilsplan zu offenbaren.

Handlung und Geschehen
Das zweite Merkmal hängt mit der Opposition von Handlung und Geschehen zusammen. Vereinfacht gesagt, geht es im Heldenepos darum, was der Held *tut*, im Artusroman aber darum, was dem Held *geschieht*: „Demgemäß entspringt in der *Chanson de Geste* die Begebenheit einer entscheidenden Handlung des Helden und geht nicht einfach, wie im Artusroman, aus dem sinnreichen Zufall eines bloßen Geschehens hervor, das dem aventüresuchenden Ritter in seiner Isolierung widerfährt und nur ihm widerfahren kann" (ebd., S. 86). In beiden Fällen gibt es eine Providenz, die das Geschehen steuert und die Handlung des Helden beeinflusst, aber sie wird unterschiedlich konzipiert. In der *Chanson de geste* lenkt der christliche Gott die Geschicke des Frankenreichs, und der Held handelt im Auftrag seines Volks. Im Artusroman hingegen ist die steuernde Instanz das weltliche Glück, die spezifische Fortune des Artusritters, die auf der Aventüre im engeren Sinn, d. h. auf dem Zusammenspiel von Suche und Zufall beruht. Mit diesem Unterschied geht auch die verschiedene Funktion der jeweiligen Herrschergestalten (Karl der Große im französischen Heldenepos und Artus im Artusroman) einher: „So finden wir auf der einen Seite die Herrschergestalt, die das epische Geschick in letzter Instanz selbst

entscheidet, auf der anderen Seite die Königsfigur, die in tatenloser Idealität verharrt und auf den immer neuen Auszug eines Ritters angewiesen ist, welcher allein die Gefährdung durch das Unbekannte der Aventüre bestehen und abwenden kann" (ebd., S. 87–88).

Autor und Erzähler
Das dritte Merkmal ist die Einstellung des Autors, die in der Rolle des Erzählers zum Ausdruck kommt. In der *Chanson de geste* „tritt der [...] Autor fast ganz hinter seinen Stoff zurück, dem schon von [...] Hegel betonten Stilprinzip des Epos entsprechend, in welchen ‚sich das Werk für sich fortzusingen scheint und selbständig, ohne einen Autor an der Spitze zu haben, auftritt'" (ebd., S. 88–89). Anders verhält es sich im Artusroman, wo der Erzähler in den Vordergrund tritt und „immer wieder eine Auslegung der Fabel" (ebd., S. 89) anbietet. Die *Chanson de geste* beschwört die „emotionale Einheit" (ebd., S. 89) von Erzähler und Publikum, während im Artusroman der Erzähler dem Publikum gegenübertritt, um den Sinn der Geschichte kommentierend zu vermitteln und aufzuzeigen, wie „alles, was dem Helden auf dem Weg seiner Aventüre widerfährt, in einer impliziten, nie direkt ausgesprochenen Beziehung zu seiner Wesenssuche steht" (ebd., S. 90). In diesen Zusammenhang gehört auch das romantypische Mittel der Ironie, auf das Lukács hingewiesen hat.

3.2.3 Die germanistisch-mediävistische Perspektive

Jauss' Versuch, die typischen Gattungsunterschiede zwischen Heldenepos und höfischem Roman an zwei konkreten Fallbeispielen herauszuarbeiten, bedarf mit Blick auf das deutsche Mittelalter der Modifikation und Ergänzung.

Epos
Erstens ist festzustellen, dass aus der großen Fülle der *Chansons de geste* zunächst nur zwei Werke ins Deutsche übertragen wurden, nämlich das altfranzösische *Rolandslied* (*Chanson de Roland*) und die Vorlage für den *Willehalm* Wolframs von Eschenbach (*Chanson d'Aliscans*). Die deutschen Übertragungen der *Chanson de Roland* und der *Chanson d'Aliscans* geben die Strophenform zugunsten von Reimpaarversen auf, sind formal also nicht von den höfischen Romanen und Novellen unterschieden.
  Zweitens – diesen Punkt kann man nicht genug unterstreichen – lässt sich *nicht* von der französischen auf die deutsche Heldenepik schließen. Die deutsche Heldenepik unterscheidet sich kategorial von der französischen Heldenepik. Das *Nibelungenlied* und die *Nibelungenklage* – die einzigen deutschen Heldenepen aus der Zeit von 1170 bis 1220 – lassen sich nicht mit den Gattungsmerkmalen der *Chanson de geste* beschreiben. Zwar ist das *Nibelungenlied* in Strophen verfasst und insofern formal mit den *Chansons de geste* vergleichbar; doch greift der Verfasser auf eine einheimische Strophenform zurück, nämlich die Langzeilenstrophe. Inhaltlich weicht das *Nibelungenlied* in fast allen Punkten von den französischen Heldenepen ab. Vor allem wird es nicht religiös eingebunden: Es geht nicht um

Glaubenskämpfe zwischen Christen und ‚Heiden', es gibt keine göttlichen Wunder (nur märchenhaft Wunderbares), und heilsgeschichtliche Bezüge fehlen völlig. Im Unterschied zum *Rolandslied*, das mit einem fulminanten Sieg Karls des Großen endet, mündet das *Nibelungenlied* in die Katastrophe und zeichnet das Bild einer gottverlassenen Welt. Wenn die *Chansons de geste* vorführen, wie man mit Gottes Hilfe siegen kann, so demonstriert das *Nibelungenlied*, welches Ziel einer Welt gesteckt ist, die sich ganz der weltlichen Machtpolitik überantwortet. Es fällt schwer, diesen Sachverhalt als typisches Merkmal der deutschen Heldenepik anzusprechen, da das *Nibelungenlied* für sich steht und erst Jahrzehnte später die Tradition der Dietrichsepik einsetzt, die jedoch anderen Regeln folgt. Auch ist zu bedenken, dass das *Nibelungenlied* bereits prägnant auf die Gattung des höfischen Romans reagiert (und ihr nicht, wie die Gattung der *Chansons de geste*, vorausgeht) und den Optimismus der höfischen Romane konterkariert. Das *Nibelungenlied* zitiert den *Eneasroman* und den *Erec* Hartmanns von Aue, um die Liebesgeschichte um Siegfried und Kriemhild zu inszenieren. In dieser Hinsicht spielt das *Nibelungenlied* auf die Gattung des höfischen Romans an, ja es überschreitet die Grenze vom Epos zum Roman.

Drittens ist festzuhalten, dass die Gattung des Brautwerbungsepos in der französischen Epik des Mittelalters keine Entsprechung hat. Formal stehen die Brautwerbungsepen dem höfischen Roman nahe, da sie sich – mit Ausnahme von *Salman und Morolf* – nicht der Strophe, sondern des Reimpaarverses bedienen. Die legendenhaften Brautwerbungsepen stehen den *Chansons de geste* aufgrund ihrer heilsgeschichtlichen Tendenz nahe. Eine romanhafte Tendenz besteht darin, dass die Brautwerbungsepen immer auch von der Entstehung ehelicher Verbindungen handeln, die ursprünglich heiratspolitischer Art sind, aber – als Zugeständnis an das höfische Liebesideal – mehr und mehr als höfische Liebesehen dargestellt werden.

Roman
Hinsichtlich des höfischen Romans ist festzustellen, dass Jauss die Untergattungen des Antiken- und Liebesromans beiseitelässt. Der Antikenroman entzieht sich der Opposition von Epos und Roman. Er steht vielmehr *dazwischen*, denn die antike Vorlage, auf die sich beispielsweise der französische Eneasroman (*Roman d'Énéas*) bezieht, ist ein römisches Epos, die mittelalterliche Bearbeitung hingegen trägt Züge eines höfischen Romans. In diesem Fall findet also im Prozess der Adaptation (der bearbeitenden Aneignung) ein Gattungswechsel statt. So ist nicht die Frage zu stellen, ob der Eneasroman ein Epos *oder* ein Roman ist, sondern inwiefern er Züge eines Epos *und* eines Romans aufweist.

Auch die Gattung des Liebesromans lässt Jauss außen vor. Die Tristanromane lassen sich weitgehend mit den Artusromanen verrechnen, zumal sie ebenfalls auf der *matière de Bretagne* basieren. Wichtige Unterschiede bestehen aber darin, dass die Instanz, die das Geschehen steuert, nicht im ritterlichen Heil, sondern in der Macht der Liebe besteht und dass die Geschichte kein glückliches, sondern ein tragisches Ende nimmt. Der Artusritter bewältigt eine Krise und geht gestärkt aus ihr hervor; Tristan und Isolde hingegen sind dem Tod geweiht, da ihre passionierte Liebe in der höfischen Gesellschaft keinen Platz finden kann. Mit dem Liebesroman um Flore und Blanscheflur verhält es sich noch einmal anders. Er ist nicht an die *matière de Bretagne*, sondern die *matière de France* angebunden, ohne dabei aber jegliche heldenepischen Züge zu tragen. Wie viele andere höfische Romane steuert die Geschichte auf eine höfische Liebesehe zu, doch fehlt ihr das für den höfischen Roman konstitutive Prinzip des ritterlichen Abenteuers.

3.3 Legende

Die Opposition von Epos und Roman ist vor allem deswegen eine Verkürzung, weil sie die für die höfische Epik des Mittelalters grundlegend wichtige Gattung der Legende außer Acht lässt. Jauss bezieht die Heldenepen und höfischen Romane des französischen Mittelalters auf die ‚einfachen Formen' der Sage und des Märchens. Doch spielt noch eine dritte ‚einfache Form' eine entscheidende Rolle, nämlich die Legende. Als literarische Gattung ist sie nicht nur eine dritte neben Heldenepos und höfischem Roman. Vielmehr verhält es sich so, dass jede Gattung der höfischen Epik – Epos, Roman und Novelle – auf je eigene Weise an der Gattung der Heiligenlegende partizipiert. Wieder ist mit Blick auf die deutsche Literaturgeschichte zu unterscheiden zwischen solchen Werken, die auf französischen Vorlagen beruhen, und solchen, die einheimischer Provenienz sind.

Während man das Heldenepos auf die Sage und den höfischen Roman auf das Märchen beziehen kann, fallen bei der Legende einfache und komplexe Form begrifflich zusammen. Nach Jolles ist die Legende eine Sonderform der biographischen Erzählung, die ganz auf die Vollkommenheit des oder der Heiligen und ihre Bekräftigung durch das Wunder abgestellt ist: Die Legende „hat das Tätigwerden der Tugend zu realisieren, [und] sie hat zu zeigen, wie die Tätigkeit der Tugend durch ein Wunder bestätigt wird. Nicht der Zusammenhang des menschlichen Lebens ist ihr wichtig, nur die Augenblicke sind es, in denen das Gute sich vergegenständlicht" (Jolles 1974, S. 39–40).

Die Heiligenlegenden der christlichen Spätantike und des christlichen Mittelalters wurden zunächst nur in lateinischer Sprache verfasst. Die Fülle dieser Gattung erweist sich in der *Legenda aurea* („Goldene Legende"), einer umfangreichen Sammlung lateinischer Heiligenlegenden, die der Dominikaner Jacobus de Voragine in der zweiten Hälfte des dreizehnten Jahrhunderts zusammenstellte.

Im zwölften Jahrhundert entstanden volkssprachliche Legendenepen, die in Reimpaarversen verfasst wurden. Hervorzuheben ist das Legendenepos eines Verfassers, der sich auch in der höfischen Dichtung betätigte: der um 1160 entstandene *Servatius* Heinrichs von Veldeke. Auf einer altfranzösischen Vorlage (*La vie du pape Saint Grégoire*), die bereits um 1150 entstand, beruht die legendenhafte höfische Novelle *Gregorius*, die Hartmann von Aue vierzig Jahre später ins Deutsche übertrug. Während Servatius ein kanonischer Heiliger ist, dessen Festtag am 13. Mai gefeiert wird, handelt es sich bei Gregorius um eine fiktive Gestalt, die im Heiligenkalender nicht vertreten (und mit dem heiliggesprochenen Papst und Kirchenvater Gregor dem Großen nicht zu verwechseln) ist. Gattungsgeschichtlich betrachtet, repräsentieren der altfranzösische *Grégoire* und der mittelhochdeutsche *Gregorius* zwar das Erzählmuster der Legende, sind aber selbst nicht als Heiligenlegenden im engeren Sinn zu verstehen.

3.3.1 Epos und Legende

Heldenepen

Die enge Verflechtung von Heldenepos und Legende liegt im Fall der *Chansons de geste* auf der Hand. Im *Rolandslied* werden Roland, Olivier und Turpin, die im Kampf gegen die heidnischen Sarazenen fallen, als christliche Märtyrer dargestellt. Das von Wundern begleitete Leiden und Sterben der Gefallenen erinnert an die biblische Passionsgeschichte. Im Moment seines Todes wird Rolands Seele von Engeln in den Himmel getragen. Das Geschehen wird heilsgeschichtlich eingeordnet, die handelnden Figuren erscheinen als Werkzeuge der göttlichen Vorsehung. Die französischen Heldenepen und ihre deutschen Bearbeitungen beteiligen sich am Kult um Karl den Großen, der in der Heiligsprechung des fränkischen Kaisers im Jahr 1165 seinen Höhepunkt fand. Ähnliches gilt für den *Willehalm*. Das mit einer Anrufung Gottes beginnende Epos stellt Wilhelm von Aquitanien in den Mittelpunkt, der (wie später auch Karl der Große) im Jahr 1066 heiliggesprochen wurde.

Die deutsche Heldenepik weist hingegen keinerlei Bezüge zur Legende auf. Das *Nibelungenlied* schildert eine gottverlassene Welt, die dem Untergang geweiht ist. Siegfried, der strahlende Held des ersten Teils des *Nibelungenlieds*, versteht sich aufs Kämpfen, doch sind seine Gegner keine Gegenspieler des Christentums. Der Drache, den er erlegt, trägt keine teuflischen Züge, und die Dänen und Sachsen, die er besiegt, werden nicht als ‚Heiden' dargestellt. Siegfried geht, wie die übrige Wormser Hofgesellschaft auch, sonntags in die Kirche; doch darin erschöpft sich schon sein Bezug zum Glauben. Sein Ende ist ein profaner Mord, kein Martyrium wie im Falle Rolands. Gegenmodelle zum machtpolitischen und rachegeleiteten Handeln des *Nibelungenlieds* finden sich in dessen zweitem Teil: Rüdiger von Bechelaren und Dietrich von Bern. Doch auch auf diese Helden, so nobel sie sich verhalten mögen, fällt nicht der Glanz der Heiligkeit. Bezeichnenderweise wirft Hagen den Kaplan über Bord, als die Burgunden bei ihrer Reise zu Kriemhild und Etzel die Donau überqueren. Der Kaplan schafft es mit knapper Not ans Ufer, doch für die Burgunden gibt es keine Rettung mehr. In der *Nibelungenklage* wird die tödliche Katastrophe des *Nibelungenlieds* aufgefangen, indem die Gefallenen betrauert und bestattet werden, doch vermag ihr christliches Begräbnis und Gedächtnis die fatale Geschichte nicht in ein christliches Lehrstück zu verwandeln.

Brautwerbungsepen

Wie die *Chansons de geste* partizipieren auch einige Brautwerbungsepen am Muster der Heiligenlegende. Dies gilt vor allem für die Brautwerbungsepen mit heilsgeschichtlichem Bezug. Offensichtlich ist der legendarische Bezug im Fall des *Oswald*, der die Geschichte des angelsächsischen Heiligen gleichen Namens mit dem Narrativ der Brautwerbung verschränkt. Auch im *Orendel*, der die Geschichte des Heiligen Rocks mit einer Brautwerbungsgeschichte verknüpft, scheint das legendarische Erzählmuster durch. Anders verhält es sich bei der schwankhaften Erzählung *Salman und Morolf*, die sich zwar auf den biblischen König Salomo beruft, aber so weit vom heilsgeschichtlichen Rahmen abweicht, dass dieser kaum mehr zu erkennen ist.

Auch die Brautwerbungsepen mit reichsgeschichtlichem Bezug weisen legendenhafte Motive auf. Im *König Rother* überwindet der Protagonist einen heidnischen Tyrannen und zeugt den Vater Karls des Großen und seiner angeblichen Schwester, der heiligen Gertrud von Nivelle (gest. 659, Festtag 17. März). Im *Herzog Ernst* verteidigt der Protagonist ein christliches Volk gegen heidnische Feinde und findet unter wunderbaren Umständen jenen einzigartigen Edelstein auf, der künftig als sogenannte Waise die römisch-deutsche Kaiserkrone schmücken wird.

3.3.2 Roman und Legende

Hinsichtlich des Verhältnisses von höfischem Roman und Heiligenlegende ist zwischen Antikenromanen, Artusromanen und Liebesromanen zu unterscheiden. Die Antikenromane spielen in vorchristlicher Zeit. Sie weisen zwar eine christliche Überformung, aber keine hagiographischen Motive auf. Im *Eneasroman* Heinrichs von Veldeke treten, wie in Vergils *Aeneis*, antike Göttinnen und Götter auf, wenngleich in kleinerer Zahl und mit geringerem Handlungsspielraum. Juno sorgt für die Stürme, die Eneas' Reise behindern; und der Liebeszauber, dem Dido zum Opfer fällt, wird von der Göttin Venus bewirkt. Die Unterwelt, die Eneas in Begleitung der Prophetin Sibylle betritt, wird an christliche Vorstellungen von der Hölle angenähert, aber nicht mit dieser gleichgesetzt.

Artusroman
Die Gattung des Artusromans kann man als Antwort des weltlichen Adels auf die Gattung der Heiligenlegende verstehen, sie bietet deren laikales Gegenstück. Wie die Heiligenlegenden erzählen auch die Artusromane Lebensgeschichten vorbildlicher Männer und Frauen, die sich allerdings nicht von religiösen, sondern höfischen Werten leiten lassen. Die Heiligen erlangen das Heil, indem sie standhaft ihren Glauben an Gott bezeugen; die Artusritter (und ihre Damen) hingegen streben nach einem weltlichen Heil, das ihnen aufgrund ihrer adeligen Abstammung vorbestimmt ist. Hartmann von Aue beginnt seinen zweiten Artusroman, den *Iwein*, mit den Worten:

> Swer an rehte guete
> wendet sîn gemuete,
> dem volget sælde und êre.
> des gît gewisse lêre
> kunech Artûs der guote.

> Wer nach wahrer Vollkommenheit aus ganzem Herzen strebt, der erwirbt sich ein gesegnetes Leben und weltliches Ansehen. Ein untrügliches Beispiel dafür liefert der vollkommene König Artus (V. 1–5).

Es geht um ein weltliches, spezifisch adeliges Ethos, das zwar mit dem christlichen Ethos konvergiert, aber mit diesem nicht identisch ist. Wer sich gemäß den höfischen Werten verhält, darf auf Glück und Ansehen hoffen. Als Verkörperung höfischer Vollkommenheit wird eine mythische Gestalt vorgestellt: König Artus. Wer seinem Vorbild folge, werde das irdische Heil (*sælde*) erlangen, wie die Gläubigen, die Christus nachfolgen, das himmlische Heil gewinnen.

Zum hagiographischen Motiv der Nachfolge (*imitatio*) tritt ein weiteres hinzu, nämlich die Vorstellung der Umkehr (*conversio*) von einem sündhaften zu einem gottgefälligen Leben. Zahlreiche Heiligenlegenden handeln von Menschen, die zunächst ein Leben in Sünde führen, bevor sie von Gott berufen werden; fortan richten sie ihr Leben ganz auf Gott aus und erreichen schließlich den Stand der Heiligkeit. Die Wandlung des Römers Saulus zum Christen Paulus, von der die biblische Apostelgeschichte erzählt, gibt das Modell vor. Viele Artusromane – zu nennen sind vor allem *Erec*, *Iwein* und *Parzival* – folgen einem vergleichbaren Erzählmuster, das als „doppelter Kursus" bezeichnet wird (s. Abschn. 5.3.3). Im ersten Teil folgt der Artusritter den höfisch-ritterlichen Wertvorstellungen in äußerlicher Weise. Infolgedessen gerät er in eine persönliche Krise, die zum vorübergehenden Ausschluss aus der höfischen Gesellschaft führt. Der zweite Teil handelt von der Rehabilitation und Nobilitierung des Artusritters, der nun für Bedrohte und Bedürftige eintritt und am Ziel seines Weges als vollkommener Ritter gefeiert und in die höfische Gesellschaft reintegriert wird.

Die frühen Artusromane spielen vielfach auf biblische Motive an und halten sie zugleich ironisch auf Abstand. So wird die „Auferstehung" des scheinbar tödlich verwundeten und bereits aufgebahrten Erec als überwältigende Epiphanie dargestellt, die alle außer Enite in die Flucht treibt wie die Wächter am Grab Jesu (Mt 28,3–4). Hartmann merkt an, dass auch er davongelaufen wäre:

> nû sprechet, swâ ein tôter man,
> mit bluotigen wunden,
> gerêwet, in gewunden
> houbet unde hende,
> vüeze an ein ende,
> mit einem swerte alsô bar
> ûf ein ungewarnte schar
> in aller gæhe liefe
> und wâfen über si riefe,
> er vlühe swem eht wære
> der lîp ze ihte mære:
> und wære ich gewesen dâ bî,
> ich hete gevlohen, swie küene ich sî.

Sagt selbst, wenn ein Toter mit blutigen Wunden, in Leichentücher Kopf und Hände gewunden, bis zu den Fußspitzen eingewickelt, mit blankem Schwert sich ohne jede Warnung auf die Leute stürzte und drohende Rufe ausstieße, flöhe jeder, dem sein Leben lieb wäre. Wäre ich dagewesen, ich wäre geflohen, so tapfer ich bin (V. 6669–6681).

Auch wenn die Szene humoristisch getönt ist, markiert sie doch einen entscheidenden Wendepunkt auf dem Weg des Artusritters, der nun tatsächlich als ein Verwandelter seinem Glück zustrebt.

Das Motiv wird im zweiten Artusroman aufgegriffen. Nachdem Iwein aus Verzweiflung über den Verlust seiner geliebten Ehefrau Laudine dem Wahnsinn anheimgefallen ist, nimmt sich eine höfische Dame seiner an. Sie trägt einer der beiden Jungfrauen, die sie begleiten, auf, den Ohnmächtigen mit einer Heilsalbe zu bestreichen. Tatsächlich erlangt Iwein seinen Verstand zurück und ist ein

"Wiederauferstandener". Auch diese Szene bezieht sich auf die biblische Auferstehungsgeschichte zurück. Die drei Frauen entsprechen den drei Marien am Grab Jesu, die gekommen sind, um den Leichnam zu salben (Mk 16,1).

Der *Parzival* geht über ironische Anspielungen hinaus. Er präsentiert eine alternative Passions- und Erlösungsgeschichte, nämlich den höfischen Gralsmythos, der sich auf biblische und christliche Vorbilder bezieht, aber nicht mit diesen zu verwechseln ist. Der sakrale Kult um den Gral ist eine Erfindung, die der christlichen Heilsgeschichte eine weltliche zur Seite stellt. Der leidende Anfortas erinnert an Christus, die blutende Lanze, die in seine Wunde gelegt wird, an die Heilige Lanze, das feierliche Mahl an das Abendmahl, der Gral an ein liturgisches Gerät, Parzival an den Erlöser, der Anfortas aus seinem Leiden befreit und der neue Gralskönig wird.

Der *Wigalois* enthält zahlreiche hagiographische Motive. Der Protagonist wird vor seinem Kampf gegen den Teufelsbündler Roaz von einem Priester gesegnet und mit schützenden Gaben – einem Amulett, einer Blüte, einem Brot und einem Schwert – ausgestattet. Ein wunderbares Tier, das eine goldene Krone zwischen den Hörnern trägt, leitet den Artusritter auf seinem Weg. Es erinnert an den Hirsch aus der Eustachius-Legende, der ein Kreuz im Geweih trägt. In seinem Kampf gegen den Teufelsbündler erscheint Wigalois als Erlösergestalt. Das wunderbare Tier ist der verwandelte König Jorel, der Vater von Wigalois' Minnedame Larie, der täglich für einige Stunden aus dem Fegefeuer entlassen wird, um sich in einem paradiesischen Garten zu erholen; er wird durch Wigalois' rettende Tat aus dem Purgatorium (Fegefeuer) befreit.

Liebesroman

Hagiographische Bezüge stellt auch Gottfried von Straßburg in seinem Liebesroman von Tristan und Isolde her. Zu den legendarischen Motiven gehört die Hirschjagd, die Tristan nach seiner Ankunft in Cornwall zu Marke und die Marke später zu den Liebenden in der Minnegrotte führt. Wie im *Wigalois* handelt es sich um ein wegweisendes Tier, das zufällige Begegnungen Tristans mit Marke und Markes mit Tristan (und Isolde) herbeiführt und so die Handlung auf das vorbestimmte Ziel hinsteuert.

Im Prolog weist Gottfried den gesamten Roman als eine Art Heiligenlegende aus. Er spricht als Publikum die ‚Gemeinde der edlen Herzen' an, die man als Gegenstück zur christlichen Kirche verstehen kann. Gottfried stellt die passionierte Liebe als weltliche Religion vor, deren Märtyrer Tristan und Isolde sind. Die Lektüre des Romans wird als Gedächtnisfeier ihres Lebens und ihrer Liebe beschrieben, als eucharistisches Sakrament und Aufforderung zur Nachfolge:

> Deist aller edelen herzen brôt.
> hie mite sô lebet ir beider tôt.
> wir lesen ir leben, wir lesen ir tôt.
> und ist uns daz süeze alse brôt.
>
> Ir leben, ir tôt sind unser brôt.
> sus lebet ir leben, sus lebet ir tôt.
> sus lebet si noch und sint doch tôt
> und ist ir tôt der lebenden brôt.

> Dort finden alle edlen Herzen Brot. Hierdurch lebt ihrer beider Tod. Wir lesen von ihrem Leben, wir lesen von ihrem Tod, und es erscheint uns erquicklich wie Brot.
> Ihr Leben und ihr Tod sind unser Brot. Also lebt ihr Leben, lebt weiter ihr Tod. Also leben auch sie noch und sind doch tot, und ihr Tod ist für die Lebenden Brot (V. 233–240).

Vom Wein ist im Prolog keine Rede, doch wird dieses Motiv in der Minnetrankszene nachgereicht. Als Tristan und Isolde den Liebestrank zu sich nehmen, halten sie ihn für gewöhnlichen Wein. Prolog und Minnetrankepisode verhalten sich in dieser Hinsicht komplementär zueinander.

3.3.3 Novelle und Legende

Der Gattung der Heiligenlegende am nächsten steht der bereits erwähnte *Gregorius* Hartmanns von Aue, den man als Novelle oder auch als kurzen Roman auffassen kann. Die unerhörte Begebenheit besteht darin, dass ein höfischer Ritter und Landesherr, der unwissentlich eine inzestuöse Ehe mit seiner Mutter eingegangen ist, am Ende zum Papst berufen wird und in den Ruf der Heiligkeit gelangt. Die Berufung zum Papst wird von Wunderzeichen begleitet, die christlich konnotiert sind: In einem Fisch wird ein Schlüssel gefunden, der zu den Hand- und Fußschellen passt, mit denen sich Gregorius zur Buße für die begangene Blutschande an einen Felsen ketten lässt. Fisch, Schlüssel und Felsen sind zugleich päpstliche Symbole: Der Fisch verweist auf den Menschenfischer, der Schlüssel auf die Binde- und Lösegewalt, der Felsen auf Petrus, dem Christus seine Kirche anvertraut. Als Gregorius in Rom einzieht, beginnen die Glocken wie von Wunderhand zu läuten, um die Ankunft des neuen Papstes zu bezeugen. Zwar handelt es sich beim *Gregorius* nicht um eine Legende im eigentlichen Sinn, sondern um eine höfische Novelle mit legendenhaften Zügen. Doch sind die hagiographischen Motive und Narrative so mustergültig umgesetzt, dass man an ihr die Gattungsregeln einer christlichen Heiligenlegende ablesen kann. Der *Gregorius* folgt dem Typus jener Legenden, deren Protagonisten nicht von Anfang an im Stand der Heiligkeit sind, sondern diesen erst nach einer Abkehr vom weltlichen Leben erlangen (Typus der Sünderheiligen).

Auch die zweite Kurzerzählung Hartmanns von Aue, *Der arme Heinrich*, gehört zum Typus der legendenhaften Novelle. Im Unterschied zum *Gregorius* beruht sie nicht auf einer französischen Vorlage, sondern gilt als eigene Schöpfung Hartmanns, die sich traditioneller Legendenmotive bedient. Wie Kurt Ruh gezeigt hat, verschränkt Hartmann von Aue in seiner Erzählung, die von einem aussätzigen Freiherrn und einer opferwilligen Meierstochter handelt, zwei Spielarten der Opferlegende (vgl. Silvesterlegende): zum einen die Variante, in der das angebotene Blutopfer vollzogen, zum anderen die Variante, in der es abgelehnt wird.

3.4 Gattungsmerkmale

Wie sich zeigte, ist eine kontrastive Gegenüberstellung von Epos und Roman mit Blick auf die literaturgeschichtlichen Verhältnisse im deutschsprachigen Raum nicht möglich. Vielmehr sind jede Gattung und jedes Werk separat danach zu befragen, wie sie sich typologisch zum Epos und zum Roman (und zur Legende) verhalten. Diese Frage lässt sich nicht als Alternative stellen, sondern es ist stets mit Abstufungen und Mischungsverhältnissen zu rechnen.

Ein Kriterium der Gattungszuordnung ist zunächst die äußere Form (s. Kap. 5). Grundsätzlich gilt, dass die meisten höfischen Epen in vierhebigen Reimpaarversen verfasst wurden. Dies gilt für die höfischen Romane, die Brautwerbungsepen und die deutschen Bearbeitungen der französischen Heldenepen (*Chansons de geste*). In strophischer Form abgefasst sind nur *Nibelungenlied* (ein Heldenepos) und *Salman und Morolf* (ein Brautwerbungsepos). Die Nibelungenstrophe ist paargereimt, ähnelt in dieser Hinsicht also den nichtstrophischen Werken. Es lässt sich somit festhalten, dass die formale Differenz zwischen Epos und Roman im deutschen Mittelalter nicht so stark ausgeprägt ist wie im französischen Mittelalter.

Ein zweites Kriterium sind die Stoffkreise, auf denen die Werke beruhen (s. Abschn. 3.1). In der höfischen Epik des deutschen Mittelalters fällt die Opposition zwischen Epos und Roman weniger deutlich aus als in der höfischen Epik des französischen Mittelalters. Im deutschsprachigen Raum wird die *matière de France* nicht (wie in Frankreich) als unmittelbare Vorgeschichte des eigenen Landes aufgefasst, sondern als frühere Epoche der Reichsgeschichte. Zwar spielen die französischen Heldenepen in einer Zeit, als das fränkische Reich noch nicht geteilt war; aber dennoch wird der zeitgenössische Unterschied zwischen Frankreich (als Nachfolger des westfränkischen Reichs) und Deutschland (als Nachfolger des ostfränkischen Reichs) mitgedacht. In dieser Hinsicht stehen die deutschen Bearbeitungen der französischen Heldenepen in gewisser Nähe zum Antikenroman, und sie entsprechen auch in formaler Hinsicht eher dem höfischen Roman als der deutschen Heldenepik. Hinzukommt der Sachverhalt, dass sich im deutschen Mittelalter die Gattung des Epos nicht auf die Heldenepik beschränkt, sondern auch die Brautwerbungsepik umfasst, die auf verschiedenen Stoffkernen beruht.

Weitere Kriterien der Gattungszuordnung sind drei Aspekte, die Hegel, Lukács und Jauss in ihren gattungstypologischen Überlegungen herausgearbeitet haben: das Verhältnis von Autorschaft und Anonymität, von Historizität und Fiktionalität und von Geschehen und Geschichte.

3.4.1 Autorschaft und Anonymität

Wiedererzählen
Gattungsübergreifend gilt, dass die mittelalterlichen Dichter sich nicht als Erfinder eines neuen, sondern als gestaltende Bearbeiter eines überlieferten Stoffs verstanden (vgl. Worstbrock 1999; Bumke/Peters [Hgg.] 2005). So betont die Prologstrophe

des *Nibelungenlieds*, dass im Folgenden von *alten mæren* („alten Erzählungen") die Rede sein werde; und Hartmann von Aue schreibt im Prolog zu seiner Novelle *Der arme Heinrich* über sich selbst: *nû beginnet er iu diuten / ein rede, die er geschriben vant* („Nun beginnt er euch zu erzählen eine Geschichte, die er schriftlich aufgezeichnet fand"). Unabhängig davon, ob die Dichter ihre Geschichten (wie im *Nibelungenlied*) auf mündlichem oder (wie im *Armen Heinrich*) auf schriftlichem Weg empfingen – sie betrachteten sich ausdrücklich als *Wiedererzähler*. Ihr schöpferischer Anspruch bestand in der Übersetzung, Gestaltung und Deutung einer vorgegebenen Geschichte.

▶ **Definition** Aus erzähltheoretischer Sicht ist zwischen Autor und **Erzähler** zu unterscheiden. Der Erzähler ist eine textinterne Instanz, die vom Autor eingesetzt wird, mit diesem aber nicht identisch ist. Der Erzähler ist diejenige Funktion des Textes, die die erzählte Geschichte vermittelt. Der Autor spricht also durch den Erzähler zu seinem Publikum. Die mittelalterlichen Erzählungen neigen dazu, die Grenze zwischen Autor und Erzähler zu verwischen (vgl. Schulz 2015, S. 367–369).

Anonymität
Die Entscheidung, ob sich der Dichter namentlich nennt oder nicht, hat viel mit dem Stoff zu tun, den er bearbeitet. Wenn es sich um eine mündlich überlieferte Geschichte handelt, tritt der Dichter hinter die Erzählung zurück. Dies betrifft vor allem die Brautwerbungsepen (*König Rother*, *Herzog Ernst*, *Salman und Morolf*, *Orendel*, *Oswald*) und die deutschen Heldenepen (*Nibelungenlied* und *Nibelungenklage*).

Wie sich die Autoren der Brautwerbungsepen und deutschen Heldenepen nicht beim Namen nennen, so lassen sie auch die Instanz des Erzählers weitgehend hinter der erzählten Geschichte verschwinden. Die Verfasser erwecken den Eindruck, dass sich die Geschichte gewissermaßen selbst erzählt. Der Erzähler erscheint als Mitglied des Kollektivs, das die Geschichten empfängt und weitergibt, also als Teil einer überpersönlichen Traditionskette. Gleichwohl kann man die Instanz des Erzählers dingfest machen, vor allem in erläuternden Anmerkungen, die das Verständnis der Geschichte absichern, und in Vorausdeutungen, die gegenwärtige und künftige Ereignisse verknüpfen und so den übergreifenden Zusammenhang der erzählten Handlung deutlich machen.

Autorschaft
Die Verfasser, die sich auf schriftliterarische Vorlagen stützen, nennen in der Regel ihren Namen. Dies gilt für die Gattungen des höfischen Romans und der höfischen Novelle, aber auch für die Gattung der Heldenepik französischer Provenienz (*Chanson de geste*), obwohl die Vorlagen in diesem Fall anonym überliefert sind.

Selbstnennungen enthalten die *Chansons de geste Rolandslied* (Pfaffe Konrad) und *Willehalm* (Wolfram von Eschenbach), die Antikenromane *Alexanderroman* (Pfaffe Lambrecht), *Eneasroman* (Heinrich von Veldeke) und *Trojaroman* (Herbort von Fritzlar), die Artusromane *Iwein* (Hartmann von Aue), *Parzival* und *Titurel* (Wolfram von Eschenbach), *Lanzelet* (Ulrich von Zatzikhoven) und *Wigalois* (Wirnt von Grafenberg), die Liebesromane *Tristrant* (Eilhart von Oberg) und *Tristan* (Gottfried von Straßburg) sowie die Novellen *Gregorius* und der *Der arme Heinrich* (Hartmann von Aue) (s. Abschn. 1.2.2).

Zwei fragmentarisch überlieferte Werke weisen aufgrund des fehlenden Prologs keinen Autornamen auf (*Erec*, *Trierer Floyris*). Während der Verfasser des Artusromans *Erec* bekannt ist (Hartmann von Aue), lässt sich der Verfasser des Liebesromans *Trierer Floyris* nicht mehr ermitteln. Schließlich sind noch zwei Werke zu nennen, in denen der Autor absichtlich auf eine Selbstnennung verzichtet, obwohl er literarische Vorlagen bearbeitet. Dies betrifft den Liebesroman *Flore und Blanscheflur* und die Liebesnovelle *Mauricius von Craûn*. Der Autorname von *Flore und Blanscheflur* ist jedoch anderweitig überliefert (Konrad Fleck).

In den höfischen Romanen und Novellen tritt die Instanz des Erzählers deutlich hervor. Er schaltet sich kommentierend zwischen die erzählte Geschichte und das adressierte Publikum. In den Artusromanen kann dies so weit gehen, dass der Verfasser Apostrophen (Anreden) an das Publikum richtet oder fingierte Dialoge inszeniert, in denen er auf angebliche Fragen und Zwischenrufe reagiert, oder die erzählte Geschichte zu seiner eigenen Lebensgeschichte in Beziehung setzt. Auf diese Weise wird die Grenze zwischen Autor und Erzähler, zwischen textexterner und textinterner Kommunikationssituation verwischt.

Besonders deutlich markiert Hartmann von Aue die Instanz des Erzählers, indem er zu Beginn seines zweiten Artusromans, des *Iwein*, berichtet, wie der Artusritter Kalogreant von einem Abenteuer erzählt, das er einst erlebte. Es handelt sich also um eine Erzählung in der Erzählung. Hartmann nutzt die Gelegenheit, um auf übergeordneter Ebene über den Akt des Erzählens zu reflektieren.

3.4.2 Historizität und Fiktionalität

Die Gattungen lassen sich auch hinsichtlich ihres Verhältnisses zur Geschichte voneinander abgrenzen. Diese Unterscheidung ist bereits in der mittelalterlichen Differenzierung der drei Stoffkreise vorgegeben. Die *matière de Rome* zielt auf die Geschichte des Römischen Reichs und somit auf die Antike, die *matière de France* auf die Geschichte des Fränkischen Reichs und somit auf das frühe Mittelalter. Beide Stoffkreise erheben Anspruch auf Historizität. Die *matière de Bretagne* hingegen entzieht sich der Geschichte. Die betreffenden Romane stehen im Zeichen der Fiktionalität und machen dies auch kenntlich.

Historizität

Im Zeichen der Historizität stehen zunächst die Antikenromane: der *Trojaroman*, der *Eneasroman* und der *Alexanderroman*. Sie behandeln die Vorgeschichte des Römischen Reichs und spannen den Bogen vom Trojanischen Krieg über den trojanischen Ahnherrn des Römischen Reichs bis hin zu Alexander dem Großen, der mit dem Sieg über die Perser das Griechische Reich begründete. Daran schließen sich die französischen Heldenepen an, die in der Zeit Karls des Großen spielen: das *Rolandslied* und der *Willehalm*. Auch die Liebesromane *Trierer Floyris* und *Flore* und *Blanscheflur* fügen sich in die fränkische Geschichte ein, indem sie die Protagonisten als Eltern Bertradas, der Mutter Karls des Großen, ausgeben (Bertradas tatsächliche Eltern waren Heribert von Laon und seine Gattin). Auf das mittelalterliche Frankreich beziehen sich die teils der französischen Heldenepik, teils der Brautwerbungsepik nahestehende Erzählung *Graf Rudolf* sowie die Novellen *Gregorius* und *Mauricius von Craûn*.

Hinzukommt eine Reihe von Werken, die nicht auf französischen Vorlagen beruhen, nämlich die Brautwerbungsepen, das *Nibelungenlied* mitsamt der *Nibelungenklage* und Hartmanns von Aue Novelle *Der arme Heinrich*. Diese Epen lassen sich nicht auf die von Bodel unterschiedenen Stoffkreise zurückführen. Ordnet man sie chronologisch nach ihren historischen Bezugspunkten, so stehen an erster Stelle *Nibelungenlied* und *Nibelungenklage*, die an die burgundische Geschichte des frühen fünften Jahrhunderts anknüpfen, an zweiter Stelle der *König Rother*, der die fiktive Geburtsgeschichte Pippins des Jüngeren, des Großvaters Karls des Großen, schildert, an dritter Stelle der *Herzog Ernst*, der zur Zeit Ottos des Großen spielt, und an vierter Stelle der *Arme Heinrich*, der in der Gegenwart Hartmanns von Aue angesiedelt ist, also die Herrschaft des Staufers Heinrich VI. voraussetzt (ohne dies zu explizieren).

Die Brautwerbungsepen mit heilsgeschichtlichem Bezug bleiben historisch vage, auch wenn sie auf historische Figuren und Orte anspielen: *Salman und Morolf* auf den biblischen König Salomo, *Oswald* auf den gleichnamigen angelsächsischen Heiligen und *Orendel* auf den in Trier verehrten Heiligen Rock.

In den Prologen und Epilogen markieren die betreffenden Epen, Romane und Novellen ihren Anspruch auf Historizität in zweifacher Weise: mit Wahrheitsbeteuerungen und mit Verweisen auf die konsultierten Bücher. Der Pfaffe Lambrecht bekundet in seinem *Alexanderroman*, dass die Wahrheit der erzählten Geschichte durch den Verfasser der Buchvorlage verbürgt sei: *Louc er, so leuge ich* (Vorauer Fassung, V. 18: „Log er, so lüge auch ich"). Die Straßburger Fassung wandelt den Vers ab und formuliert denselben Sachverhalt positiv: *Alse daz bûch saget, sô sagen ouh ih* (Straßburger Fassung, V. 18: „Wie das Buch sagt, so sage auch ich"). Heinrich von Veldeke hält es wie der Pfaffe Lambrecht, wenn er über sich und seinen Eneasroman sagt: „Wenn er [Vergil] nicht gelogen hat, so ist wahr, was Heinrich danach verfasst hat" (V. 354,25–26: *ne louch her niht, sô is ez wâr, / daz Heinrîch gemachet hât dernâch*). Herbort von Fritzlar beschreibt im Prolog zu seinem *Trojaroman* die *translatio* des Buches (V. 47: *buch*) vom Griechischen über das Lateinische und Französische ins Deutsche. Ebenfalls betont er, dass nur Gelehrte über die *warheit* (V. 13) verfügen können, Ungelehrte hingegen nicht. Konrad Fleck beteuert im Prolog zu seinem Liebesroman *Flore und Blanscheflur*, dass er nicht lügen wolle (V. 106: *iedoch wil ich niht liegen*), und wiederholt dies im Epilog (V. 7973: *sô enwil er niht hân gelogen*). Ebenfalls im Epilog verweist er auf den Gelehrten, von dem er die Geschichte empfangen habe: *als ez von dem [meister] geschriben was, / alsô hât erz ouch getihtet* (V. 7976–7977: „Wie er es bei ihm geschrieben las, genauso hat er es gedichtet"). Der Pfaffe Konrad ruft im Prolog seines *Rolandslieds* Gott um Beistand an, dass „ich die Lüge meide und die Wahrheit schreibe" (V. 7–8: *daz ich die lüge vermîde / die wârheit scrîbe*). Im Epilog beruft er sich auf das Buch,

3.4 Gattungsmerkmale

in dem die von ihm weitergegebene Geschichte geschrieben steht (V. 9080: *alsô ez an dem buoche gescriben stât*). Auch Wolfram von Eschenbach eröffnet seinen *Willehalm* mit einer Anrufung Gottes. Er will die *wârheit* (V. 5,11) der Geschichte unverfälscht wiedergeben, beruft sich dabei aber nicht auf die Bücher, sondern auf seinen Verstand: *swaz an den buochen stêt geschriben, / des bin ich künstelôs beliben. / niht anders ich gelêret bin: / wan hân ich kunst, die gît mir sin* (V. 2,19–22: „Von all dem, was in Büchern steht, verstehe ich rein gar nichts. Meine ganze Gelehrsamkeit besteht darin: Das, worauf ich mich verstehe, schenkt mir der Verstand"). Hartmann von Aue verspricht im Prolog zum *Gregorius*, dass er die Wahrheit sprechen wolle (V. 36: *ze sprechenne die wârheit*). Der Verfasser der Novelle *Mauricius von Craûn* beteuert, seine Geschichte aus wahren Berichten (V. 3: *von wârlîchem mære*) und Büchern (V. 6: *buochen*) gelesen zu haben und betont, dass es sich um ein Ereignis handle, die sich vor nicht zu langer Zeit (V. 263: *deist niht lanc*) zugetragen hätten.

Auch die Epen, die nicht auf französischen Vorlagen beruhen, betonen die Authentizität der erzählten Geschichten. Der Verfasser des *König Rother* hält schlicht fest: *daz is war* (V. 4993: „das ist wahr"). Der Verfasser des *Herzog Ernst* grenzt sich von denen ab, die die überlieferte Geschichte als Lüge (V. 19: *lougen*) abtun und verfälschen (V. 16: *velschent*). Er unterstreicht den Wahrheitsanspruch seiner Geschichte damit, dass sie in den Büchern geschrieben stehe (V. 38: *in den buochen stêt geschriben*). Das *Nibelungenlied* beruft sich auf das Alter der Überlieferung (V. 1,1: *alten mæren*) und beschränkt seine Erzählung auf das, wovon es Kenntnis hat: *Ine kan iu niht bescheiden, waz sider dâ geschach* (V. 2376,1: „Ich kann euch nicht berichten, was dort noch geschehen ist"). Hartmann von Aue beruft sich in seiner Novelle *Der arme Heinrich* auf *ein rede, die er geschriben vant* (V. 17: „eine Geschichte, die er schriftlich aufgezeichnet fand") und die „wohlbekannt" (V. 47: *gar erkenlîch*) sei.

Fiktionalität

Im Zeichen der Fiktionalität stehen diejenigen Werke, die auf der *matière de Bretagne* beruhen, d. h. die Artus- und Tristanromane. Sie lassen sich nicht mit den mittelalterlichen Geschichtsmodellen vereinbaren. Der Abfolge der vier Weltreiche entziehen sie sich ebenso wie der *translatio imperii* von den Griechen über die Römer an die Franken. Zwar ordnen die *Historia regum Britanniae* und der *Roman de Brut* Artus in die Reihe der britischen Könige ein, doch ist dies eine alternative Form der Geschichtsschreibung, die sich ihres mythologischen Charakters bewusst ist. Für die Tristanromane gilt Ähnliches: Auch sie behandeln bretonische Stoffe und stellen ihre Fiktionalität aus (s. Abschn. 5.5.2).

▶ **Definition** Unter **Fiktionalität** ist die Erfundenheit einer erzählten Geschichte zu verstehen. Entscheidend ist hier nicht die Frage, ob ein Roman oder Epos erfunden ist oder nicht (sie sind allesamt fiktional), sondern ob sie sich ihrer Erfundenheit bewusst sind und sie ausstellen. Letzteres gilt vor allem für diejenigen Werke, die sich auf die *matière de Bretagne* beziehen, also für die Artus- und Tristanromane. Dichter, die Historizität und Fiktionalität gegeneinander ausspielen, unterscheiden oft zwischen Wahrheit und Lüge, werten also die erfundenen gegen die angeblich historisch verbürgten Geschichten ab (so zum Beispiel Thomasin von Zerklaere in seinem moraldidaktischen Werk *Der Welsche Gast*, s. Abschn. 5.5.1).

3.4.3 Kausalität und Finalität

Finale Motivierung
Drittens lassen sich Gattungsunterschiede am jeweiligen Verhältnis von Geschehen und Geschichte ablesen. Was Jauss als Spannung zwischen der Ethik des Handelns und der Ethik des Geschehens beschreibt, lässt sich erzähltheoretisch als Frage nach der Motivierung der erzählten Geschichte begreifen. Grundsätzlich ist zwischen Geschehen und Geschichte zu unterscheiden (vgl. Martínez/Scheffel 2012, S. 111–113). Das Geschehen ist die zeitliche Abfolge der Ereignisse, das Nacheinander der Handlungsschritte. Damit aus dem Geschehen eine Geschichte wird, muss zu der linearen Sequenz der Ereignisse ein sinnstiftender Bogen hinzutreten: Das Geschehen muss *motiviert* werden (vgl. ebd., S. 114–122).

Hauptformen der Motivierung sind Kausalität und Finalität. Die kausale Motivierung des Geschehens setzt an den Ursachen der Handlung an. Etwas geschieht, *weil* zuvor etwas anderes geschehen ist. Man spricht in diesem Fall auch von der Motivation ‚von vorne', weil die Geschichte als Handlungskette von ihrem Anfang her bestimmt ist. Der zweite Fall ist die finale Motivierung. Sie betrifft die Wirkungen einer Handlung. Etwas geschieht, *damit* ein bestimmtes Ziel erreicht wird. Man spricht in diesem Fall auch von der Motivation ‚von hinten', weil die Geschichte von ihrem Ende her bestimmt wird. In den mittelalterlichen Erzählungen überlagert die finale die kausale Motivierung. Die Handlung ist in der Regel auf ein Telos (Ziel) bezogen, man kann daher von einer ‚teleologischen Ausrichtung' sprechen.

Drei Prinzipien der finalen Motivierung lassen sich unterscheiden, die mit mittelalterlichen Vorstellungen des Glücks korrespondieren (s. Abschn. 5.3.4): die vorchristliche Instanz des Fatums (das von den Göttern verhängte Schicksal), die christliche Instanz der Providenz (die göttliche Vorhersehung) und die höfische Instanz der Aventiure (das ritterliche Charisma). Es handelt sich um drei verschiedene Aspekte dessen, was die lateinische Sprache als *fortuna* bezeichnet und die römische Mythologie als Göttin Fortuna personifiziert. Die drei Prinzipien verteilen sich auf die unterschiedlichen Stoffkreise: das Fatum begegnet in der *matière de Rome*, die Providenz in der *matière de France* und die Aventiure in der *matière de Bretagne*.

Fatum und Fortuna
Unter dem Fatum verstanden die Römer das von den Göttern verhängte Schicksal. Diese Vorstellung gelangte durch die Rezeption der antiken Literatur, insbesondere der *Aeneis* Vergils, in das christliche Mittelalter.

Vergil betont das Fatum gleich in den ersten Versen seiner *Aeneis*. Der aus Troja geflüchtete Aeneas sei schließlich durch „Schicksalsspruch" (*fato*) von Troja nach Italien gelangt, um dort dem Römischen Reich den Weg zu bereiten:

3.4 Gattungsmerkmale

> Arma virumque cano, Troiae qui primus ab oris
> Italiam fato profugus Laviniaque venit
> litora, multum ille et terris iactatus et alto
> vi superum saevae memorem Iunonis ob iram,
> multa quoque et bello passus dum conderet urbem
> inferretque deos Latio; genus unde Latinum
> Albanique patres atque altae moenia Romae.
> Musa, mihi causas memora, quo numine laeso
> quidve dolens regina deum tot volvere casus
> insignem pietate virum, tot adire labores
> inpulerit. tantaene animis caelestibus irae?

Vom Krieg singe ich und dem Helden, der als erster von Troias Küste durch Schicksalsspruch, ein Flüchtling, nach Italien kam und zum Gestade Laviniums: Weithin wurde er über Länder und Meere getrieben durch der Götter Gewalt wegen des unversöhnlichen Zorns der grausamen Iuno und erlitt auch viel durch Krieg, bis der endlich seine Stadt gründen und seine Götter nach Latium bringen konnte; daraus gingen hervor das Latinergeschlecht, die Väter von Alba und die Mauern des hochragenden Rom. Muse, berichte mir von den Beweggründen: Welches göttliche Wollen war verletzt, was schmerzte die Königin der Götter, dass sie den Helden, ein Vorbild an Ehrfurcht, dazu trieb, so viel Unglück zu bestehen, so viele Mühen auf sich zu nehmen. Sind denn die Herzen der Himmlischen fähig zu solch gewaltigen Regungen des Zorns? (V. 1–11).

Der Kommentar zur Reclam-Ausgabe der *Aeneis* erläutert den Zusammenhang: „Mit dem Wort *fatum* verweist Vergil zum frühestmöglichen Zeitpunkt auf die Mission des Aeneas, an deren Ende die Gründung eines neuen Troia stehen wird. *fatum* bedeutet ‚Spruch'; nach römischer Vorstellung ist es der von den Göttern, besonders von Iuppiter, ausgesprochene Götterwille, ein fest bestimmtes Geschick" (Vergil 2020, S. 726).

Die mittelalterlichen Eneasromane nehmen diesen Gedanken auf. Die französische Fassung umschreibt das Fatum als Götterbefehl: „und dies befehlen ihm [Eneas] die Götter" (V. 38: *et ce li comandent li deu*). Die deutsche Fassung bleibt näher an der Vorstellung des Göttersprruchs:

> dô hete der hêre Ênêas
> von den goten vernomen,
> daz her dannen solde komen
> unde den lîb vor in bewaren
> und uber mere solde varen
> ze Italjen in daz lant.

[D]a hatte der Herr Eneas von den Göttern den Spruch vernommen, dass er entkommen, das Leben vor ihnen retten und über das Meer fahren sollte in das Land Italien (V. 18,24–29).

Der Weg des Schicksals kann von einzelnen Menschen und Göttern zwar abgelenkt, nicht aber endgültig aufgehalten werden. Dies gilt für das missgünstige Wirken Junos, die den Trojanern grollt, seit Paris nicht sie, sondern Venus (die Mutter des Aeneas) zur schönsten Göttin erklärt hatte. Dass Aenaes eine Odyssee erleidet, ist Juno zu verdanken, die ungünstige Winde schickt. Im deutschen Eneasroman heißt es entsprechend:

> Dô intgalt Ênêas,
> daz ime frouwe Jûnô was
> ungenâdich unde gram.
> dô her ûf daz mere quam
> und dannen varen solde,
> swar sô her hin wolde,
> sie was im ie widere
> mit starkem ungewidere.
> diu bûch sagent uns vor wâr,
> daz sin volle siben jâr
> ûf dem mere errete
> und von dem lande verrete,
> dâ her gerne wâre.

Damals musste Eneas dafür büßen, dass ihm Frau Juno ungnädig und gram war. Als er ins offene Meer kam und wegfahren sollte, wohin er wollte, stellte sie sich ihm immer wieder entgegen mit schlimmem Unwetter. Die Bücher berichten uns wahrheitsgemäß, dass sie ihn volle sieben Jahre auf dem Meer herumirren ließ und von dem Land fernhielt, dem er zustrebte (V. 21,29–22,1).

Dass Eneas und ein Teil seiner Gefährten das Unwetter überleben, begründet der Erzähler mit dem Wirken Fortunas, der römischen Göttin des Glücks, die das Fatum vollzieht:

> dô daz Ênêas gesach,
> daz sich das mere slihte,
> sîn houbet her ûf richte
> der wol gelobete wîgant:
> her gesach von Libîâ daz lant
> und die berge vile hô.
> des was sîn herze vil vrô,
> daz in Fortûnâ sus erlôste.

Als Eneas sah, dass sich das Meer glättete, hob er den Kopf, der ruhmreiche Held; da erblickte er die libysche Küste und viele hohe Berge. Darüber war er im Herzen froh, dass ihn Fortuna so errettet hatte (V. 23,4–11).

In Libyen wird Eneas von Dido gastfreundlich aufgenommen. Er heiratet sie und wäre bei ihr geblieben, wenn die Götter ihn nicht an seine Bestimmung erinnert hätten:

> Dô der hêre Ênêas
> dâ vil gewaldeclîchen was
> unde geminnet was dâ,
> in korzen zîten dar nâ,
> do ez allez stunt ze sîme gebote,
> dô enboten ime die gote
> ein vil starkez mâre,
> daz her des sicher wâre,
> her mûste varen dannen
> mit den sînen mannen,
> des enmohte dehein rât wesen,

> ober iemer wolde genesen,
> daz her niene beite
> unde sich gereite,
> daz her daz lant rûmde
> und sich nine versûmde,
> als im der wint worde gût.

Als Herr Eneas dort sehr mächtig geworden war und zudem geliebt wurde, kurz danach, da alles in seine Verfügungsgewalt übergegangen war, schickten ihm die Götter eine sehr strenge Botschaft: Er möge wissen, dass er abziehen müsse mit seinen Leuten – dagegen gelte kein Einspruch –, wenn er am Leben bleiben wolle; er möge nicht zögern und sich fertig machen, das Land ohne Säumen zu verlassen, sowie er günstigen Wind hätte (V. 66,7–23).

Auf der Weiterreise von Libyen nach Italien geleitet ihn wieder Fortuna, die nun als *gelucke* („Glück") bezeichnet wird:

> Der hêre und sîn here
> fûren dô uber mere
> dar si gelucke sande.
> dô quâmen sie ze lande,
> da diu Tiber in daz mere gêt,
> dâ noch Montalbâne stêt.

Der Herr und sein Heeresgefolge fuhren über das Meer, wohin sie das Glück führte. Sie kamen an Land, wo der Tiber ins Meer mündet, wo noch Montalbane liegt (V. 110,31–36).

Das vorbestimmte Schicksal vollzieht sich also in mehreren Etappen. Am Anfang steht der Götterspruch Jupiters, der Eneas nach Italien schickt. Die Reise wird durch Juno verzögert, die mit einem Unwetter das Leben des Trojaners und seiner Gefährten bedroht. Es ist dem Wirken Fortunas zu verdanken, dass Eneas sich in Libyen an Land retten kann. Eneas will bei Dido bleiben, wird aber von den Göttern an seinen Auftrag erinnert. Er bricht auf, und Fortuna geleitet ihn nach Italien, wo sich der Götterspruch erfüllt.

Heilsplan und Providenz
Die Antikenromane erzählen von der vorchristlichen Geschichte. Dies gilt für die Troja-, Eneas- und Alexanderromane in gleicher Weise. Aus christlicher Perspektive lässt sich der Götterhimmel, der in den antiken Erzählungen eine zentrale Rolle spielt, nicht mehr aufrechterhalten. Dies wird besonders deutlich im *Eneasroman*, der das Wirken der Göttinnen und Götter erheblich verringert. Heinrich von Veldeke spielt den christlichen Monotheismus nicht gegen den vorchristlichen Polytheismus aus, sondern ordnet die Handlung heilsgeschichtlich ein. Im Unterschied zur französischen Vorlage, die mit einem genealogischen Ausblick auf Romulus und Remus endet, führt der deutsche Eneasroman die Linie bis zum römischen Kaiser Augustus fort, um dann auf die Geburt Christi verweisen zu können, die sich laut dem Lukasevangelium in der Regierungszeit des Kaisers Augustus ereignete:

> bî des zîten wart der gotes sun
> geboren ze Betheleêm,
> der sint gemartert wart ze Jersalêm
> uns allen ze trôste,
> wander uns erlôste
> ûz der freislîchen nôt,
> wandern êwigen tôt
> mit sînem tôde ersterbete,
> den Âdâm an uns erbete.
> alsô hât her uns erlôst.
> daz is uns ein michel trôst,
> ob wirz selbe behalden.
> sîn gnâde sal es walden
> und sal uns gesterken
> an solîchen werken,
> als uns zer sêle gût sî.
> âmen in nomine dominî.

> Zu seiner Regierungszeit wurde der Gottessohn in Bethlehem geboren, der später in Jerusalem gemartert wurde für unser aller Rettung, weil er uns aus schrecklicher Gefahr erlösen und den ewigen Tod mit seinem Tod töten wollte, den Adam uns vererbt hat. So hat er uns erlöst. Das ist uns eine große Zuversicht, wenn wir es nicht selbst wieder zunichte machen. Möge seine Gnade darüber wachen und uns stark machen in solchen Werken, wie sie unserer Seele helfen. Amen, im Namen des Herrn (V. 352,2–18).

Der deutsche Eneasroman endet also mit einem Gebet und einer liturgischen Formel, die die erzählte Geschichte christlich einordnet und mit dem Heilsplan Gottes abgleicht, der hinter dem – letzlich nur noch allegorisch zu verstehenden – Fatum der Götter steht. Ähnlich verhält es sich im *Trojaroman* Herborts von Fritzlar, der Kassandra, der Weissagerin der griechischen Mythologie, unterstellt, sie habe bereits die Geburt Christi vorhergesehen: *Wen(n)e si vil wiste / Vo(n) vnserme herren criste / Vo(n) siner kvnft vo(n) siner gebort* (V. 1697–1699: „Denn sie wusste viel von unserem Herrn Christus, von seinem Kommen, von seiner Geburt").

Während die Romane, die auf der *matière de Rome* beruhen, das Zusammenspiel von Fatum und Fortuna betonen, stellen die Epen, die auf der *matière de France* fußen, den Heilsplan Gottes und das Wirken der Vorsehung (Providenz) in den Vordergrund. Dies lässt sich am *Rolandslied* des Pfaffen Konrad aufzeigen, der die Schlacht von Roncesvalles als Sieg der Christen über die Heiden schildert. Karl der Große wird als heiliger König stilisiert, der dem Vorbild des biblischen Königs David folgt. Wie der *Eneasroman* beginnt auch das *Rolandslied* mit einem Fatum, das nun christlich geprägt ist. Wie die römischen Götter Eneas befehlen, nach Italien zu reisen, so befiehlt der christliche Gott Karl, nach Spanien zu ziehen, um die Heiden zu bekehren. Doch kommt der Spruch Gottes nicht aus heiterem Himmel, sondern folgt auf Karls Bitte um Erlösung für alle Menschen. Die Szene erinnert an das Gebet Jesu in Getsemani (Mk 14,32–42):

> Karl bette dicke
> mit tiefen herze blicken,
> sô daz liut allez entslief.
> vil tiure er hin ze gote rief
> mit trânenden ougen.

3.4 Gattungsmerkmale

> dô sach er mit flaisclîchen ougen
> den engel von himele.
> er sprach zuo dem küninge:
> ‚Karl, gotes dienestman,
> île in Yspaniam!
> got hât dich erhœret,
> daz liut wirdet bekêret.
> die dir aber wider sint,
> diu heizent des tiveles kint
> unt sint allesamt verlorn.
> die slehet der gotes zorn
> an lîbe unt an sêle.
> die helle bûwent si iemermêre.'

Karl betete unablässig, aus tiefem Herzen aufblickend, als alle Menschen eingeschlafen waren. Inbrünstig rief er zu Gott mit Tränen in den Augen. Da sah er mit seinen leiblichen Augen den Engel des Himmels. Der sprach zum König: „Karl, Diener Gottes, eile nach Spanien! Gott hat dich erhört: Das Heidenvolk wird bekehrt werden. Die sich dir aber widersetzen, werden Kinder des Teufels heißen und alle verdammt sein. Sie wird der Zorn Gottes treffen in diesem und jenem Leben. Sie werden ewig in der Hölle wohnen" (V. 47–64).

Der Engel Gottes überbringt Karl die Botschaft, und dieser zieht in der Gewissheit nach Spanien, dass sich der Wille Gottes erfüllen werde. Als er Roncesvalles erreicht, um in den Kampf gegen die Heiden einzutreten, empfängt er als göttliches Siegeszeichen ein Kreuz:

> ain criuze er an im vant
> âne menschen hant,
> daz im der engel von himel hête brâcht.
> got hête sîn wol dâ mit gedâcht.
> des erfröute sich der hêrre.
> daz fuort er iemer mêre,
> alsô lange sô er lebete,
> dâ er sich tagelîchen mite segenete,
> daz man hiute ze Ache vindet.
> mit im ist grôz heilictuom besigelet.

Er fand ein Kreuz an sich, nicht von Menschenhand gemacht, das der Engel vom Himmel ihm gebracht hatte. Gott hatte damit seiner gnädig gedacht. Darüber freute sich der Kaiser. Er trug es seitdem ständig, sein ganzes Leben lang und segnete sich damit täglich. Heute wird es in Aachen aufbewahrt. Kostbare Reliquien sind in ihm eingeschlossen (V. 7475–7484).

In einer Ansprache weist Karl auf die heilsgeschichtliche Bedeutung des bevorstehenden Kampfes hin. Der biblische König David habe den heutigen Tag vorausgesagt:

> der künc Dâvîd,
> vor unseres hêrren geburte manige zît
> ain vil hêrer wîssage,
> der scrîbet uns hiute von diseme tage:
> „küninge der erde
> stênt ûf wider ir hêrren.

> sich samnent manige fürsten
> wider unseren hêrren Cristen."
> got mit sînem gewalte
> hât unsich dâ zuo gehalten,
> daz wir daz hiute rechen.
> ir getwanc scole wir zebrechen.
> ir joch werfen wir zetal.
> der des himeles waltet über al,
> der zertailet si mit sîner craft.
> er tuot unsich lobelîchen sigehaft.
> daz hail ist von gote komen.

> König David, der lange vor unseres Herrn Geburt ein königlicher Prophet war, der schreibt uns von diesem Tag heute: „Die Könige der Erde lehnen sich auf wider den Herrn. Viele Fürsten vereinigen sich wider unsern Herrn Christus" [Ps 2,2]. Gott hat uns in seiner Macht dafür am Leben erhalten, dass wir heute dafür Rache nehmen. Wir sollen ihre Gewalt brechen und ihr Joch abschütteln. Der Herr des Himmels wird sie mit seiner starken Hand zerstreuen. Er wird uns ruhmvoll siegen lassen. Das Heil ist von Gott gekommen (V. 7707–7723).

David spricht als Prophet Gottes, der den Sieg der Christen über die Heiden vorbestimmt hat.

Vom Glauben an den Heilsplan und die Vorsehung Gottes sind neben den französischen Heldenepen (*Rolandslied*, *Willehalm*) auch die Brautwerbungsepen mit heilsgeschichtlichem Bezug (*Salman und Morolf*, *Oswald*, *Orendel*) und die legendenhaften Novellen (*Gregorius*, *Der arme Heinrich*) geprägt.

Besonders eindrücklich wird das Walten der Providenz im *Gregorius* Hartmanns von Aue und in seiner französischen Vorlage (*La vie du pape saint Grégoire*) geschildert. Der französische Dichter verweist wiederholt auf die *fortune* des Protagonisten, um die göttliche Lenkung seines Lebens zu erklären. Unter Fortuna ist hier die göttliche Providenz zu verstehen, das gesteuerte Glück, das den Heilsplan Gottes vollzieht. Wie im *Eneasroman* greift auch im *Gregorius* die göttliche Vorsehung immer dann ein, wenn sich der Held auf eine Reise über das Meer begibt. Das den Winden und Wellen ausgelieferte Boot ist eine Metapher für die Lebenssituation des Menschen, der höheren Mächten und Gewalten ausgeliefert ist, die ihn auf seinem Weg führen oder auch von seinem Weg abbringen. Im Fall von Eneas sind es von Juno geschickte Sturmwinde, die ihn und seine Gefährten in die Irre schicken und Schiffbruch erleiden lassen, und das Wirken der Fortuna, die ihn zunächst sicher nach Libyen und schließlich nach Italien führt. Im Fall von Gregorius wird dieses Motiv systematisch. Viermal führt ihn der Weg über das Wasser in eine neue Lebensform (als Klosterschüler, Ritter, Eremit und Papst), und immer ist es die nun christlich als Providenz gedeutete Fortuna, die die Richtung bestimmt. Das erste Mal greift sie ein, als die Eltern – Tochter und Sohn des verstorbenen Landesherrn von Aquitanien – das Kind im Meer aussetzen, um die Blutschande zu verbergen:

3.4 Gattungsmerkmale

> La o il en la mer esteit,
> Si com fortune le voleit,
> Molt pres de peril e de mort,
> Sans nuil conduit e sanz confort,
> Fors sol Deu qui le conduseit
> Si com li suens plaisir esteit,
> Que set tresbien tos seaus sauver
> Que li plaist, en terre e en mer.

> Da trieb es [das Boot] auf dem Meer, wie Fortuna es wollte, ganz nah an Gefahr und Tod, ohne jeden Schutz und ohne Trost, außer allein von Gott behütet, der es führte, wie es ihm gefiel, der sehr wohl all jene retten kann, die er will, zu Lande wie zu Wasser (V. 771–778, vgl. V. 803–805).

Das Boot gelangt sicher ans Ufer einer Klosterinsel, wo das Kind gerettet wird und unter Führung des Abts als vielversprechender Klosterschüler heranwächst. Doch entschließt sich der Jüngling, das Klosterdasein gegen ein Ritterleben einzutauschen und verlässt die Insel, um sein Glück zu machen. Wieder lenkt Fortuna seinen Weg:

> Cil entre en mer e vait siglant
> Enci cum fortune le meine,
> Qui or le tient en son demeine.

> Grégoire fährt auf das Meer hinaus und lässt das Schiff treiben, wie es Fortuna will, die ihn jetzt in ihrer Macht hat (V. 1222–1224).

Gregorius gelangt nach Aquitanien, wo er die von Brautwerbern bedrängte Fürstin befreit. Sie heiraten, und es stellt sich heraus, dass es sich um seine Mutter handelt. Gregorius bricht auf, um das Leben als Landesherr hinter sich zu lassen und Buße zu tun. Fortuna führt ihn zum Meer, und er begibt sich auf eine Felseninsel, um dort als Eremit zu leben:

> Or guerpis tot, e si s'en fuit
> La o fortune le conduit.
> Tant a erré que a la mer
> Vint al tierz jor; volst la passer.

> Nun verlässt er alles und flieht, wohin Fortuna ihn führt. Er lief so lange, bis er am dritten Tag zum Meer gelangte; das wollte er überqueren (V. 2021–2024).

Viele Jahre später stirbt der Papst. Als sich die Kardinäle zur Beratung über die Nachfolge versammeln, überantworten sie ihre Entscheidung der Vorsehung Gottes. Fortuna wird nicht explizit benannt, aber ihr Wirken mustergültig umschrieben:

> Vos estes ici asemblé,
> En l'enor del crestianté,
> A querre e eslire pastor
> Que dignes seit d'itiel enor;
> E Deus le nos doinst si a faire
> Que a bon chief en poissons traire,
> Que il a sa volenté seit
> Que tot governe e tot veit.

> Ihr seid hier versammelt, um zur Ehre der Christenheit einen Hirten auszusuchen und zu wählen, der einer solchen Ehre würdig ist; und Gott möge unser Tun so lenken, dass wir es zu einem guten Ende bringen und es nach seinem Willen geschehe, der alles lenkt und alles sieht (V. 2341–2348).

So kommt es, dass Gott ihnen offenbart, dass Gregorius der neue Papst sein solle. Gesandte werden ausgeschickt, um den Erwählten zu suchen; sie finden ihn auf der Felseninsel und führen ihn nach Rom.

Hartmann von Aue erzählt die Geschichte ganz ähnlich, gibt aber das Leitmotiv der *fortune* nicht wörtlich wieder, sondern umschreibt das Wirken der göttlichen Vorsehung. Bei der Aussetzung des Kindes spricht er von den Winden und Wellen, die es sicher zur Klosterinsel geleiten:

> Dô sande im der süeze Krist
> der bezzer danne gnædic ist
> den vil rehten wunschwint.
> si stiezen an, hin vlôz daz kint.
> [...]
> In zwein nehten und einem tage
> kam ez von der ünden slage
> zuo einem einlande,
> als got ez dar gesande.

> Da sandte ihm Christus, der lieblich und gnädiger als gnädig ist, den günstigsten Weind, den man sich wünschen kann. [...] Nach zwei Nächten und einem Tag kam es, getragen vom Gang der Wellen, auf eine Insel, wohin Gott es schickte (V. 785–788, 939–942).

Auch als Gregorius Abschied von der Klosterinsel nimmt, um Ritter zu werden, lenken ihn die Winde zu seinem vorbestimmten Ziel:

> er gebôt den marnæren
> daz si den winden wæren
> nâch ir willen undertân
> und daz schef liezen gân
> swar ez die winde lêrten
> und anders niene kêrten.

> Er befahl den Schiffsleuten, dass sie den Vorgaben der Winde gehorchen sollten und das Schiff treiben ließen, wohin die Winde es führten und es nirgendwo anders hinlenkten (V. 1831–1837).

Auch bei Hartmann überlassen die Kardinäle Gott die Entscheidung darüber, wer der nächste Papst sein solle:

> nû rieten si über al
> daz si liezen die wal
> an unseren herren got,
> daz sîn gnâde und sîn gebot
> erzeigete wer in wære
> guot ze rihtære.

3.4 Gattungsmerkmale

Darauf beschlossen sie alle zusammen, dass sie die Wahl unserem Herrgott überlassen wollten, auf dass er in seiner Gnade und Macht enthülle, wer seiner Ansicht nach als Oberhaupt geeignet sei (V. 3155–3160).

Gott erwählt Gregorius, und in der Retrospektive wird deutlich, dass das wechselvolle Leben des Protagonisten dem heilsgeschichtlichen Plan folgte, ihn auf das Papstamt vorzubereiten.

Saelde und Aventiure

An einer Stelle, nämlich bei der Aussetzung des Kindes, variiert der Verfasser des altfranzösischen *Gregorius* seine Begrifflichkeit für die Providenz und spricht statt von *fortune* von *aventure*:

> Puis le pristrent par les espondes
> Si l'enpeinstrent en mer, es ondes.
> A Deu le comandent itant.
> Cil vait par haute mer najant
> Si com aventure le meine
> Qui or le tient en son demeine.

Dann fassten sie es [das Boot] an den Seiten und stießen es ins Meer, in die Wellen. Und so befehlen sie es Gott an. Schwimmend treibt es auf hoher See, wie der Zufall es lenkt, der es jetzt in seiner Macht hat (V. 601–606).

Offenkundig sind *fortune* und *avanture* als Synonyme zu verstehen, doch bezeichnen sie unterschiedliche Aspekte desselben Sachverhalts. Während der erste Begriff eher auf das personifizierte Glück zielt, meint der zweite den gelenkten Zufall. Das altfranzösische Wort *avanture* und seine mittelhochdeutsche Entsprechung *aventiure* begegnet besonders häufig in Romanen, die auf der *matière de Bretagne* beruhen, insbesondere in den Artus- und Tristanromanen. Dass *aventiure* mehr ist als ein bloßes Abenteuer, macht Hartmann von Aue in seinem *Iwein* auf ironische Weise deutlich. Der Ritter Kalogreant erzählt von einer Niederlage, die er auf der Suche nach einem Abenteuer erlitt. Als er unterwegs gefragt wird, was darunter zu verstehen sei, antwortet er mit folgender Definition:

> „âventiure, waz ist daz?"
> „daz wil ich dir bescheiden baz.
> Nû sich wie ich gewâfent bin.
> ich heizze ein rîter und hân den sin,
> daz ich suochende rîte
> einen man, der mit mir strîte,
> und der gewâfent sî als ich.
> daz prîset in und sleht er mich
> gesige aber ich im an,
> sô hât man mich für einen man
> und wirde werder danne ich sî "

„Aventiure? Was ist denn das?" „Das will ich dir genauer erklären. Sieh, wie ich bewaffnet bin. Ich bin ein Ritter und habe die Absicht, umherzureiten auf der Suche nach einem Mann, der mit mir kämpft und der ebenso bewaffnet ist wie ich. Wenn er mich besiegt, trägt es ihm Ruhm ein. Wenn aber ich ihn schlage, dann hält man mich für einen ganzen Kerl, und mein Ansehen ist noch größer als jetzt" (V. 527–537).

Für Kalogreant ist das Abenteuer nicht mehr als ein Zweikampf zwischen zwei Rittern, der dem Sieger Ruhm und dem Verlierer Schande einbringt. Die Ironie besteht darin, dass Kalogreant an seiner unzureichenden Einsicht in das Wesen des Abenteuers scheitert. Es geht nicht allein um den Beweis überlegener Stärke, sondern um die Bewältigung einer Aufgabe, die für den Ritter bestimmt ist. Erst Iwein wird das von Kalogreant unbewältigte Abenteuer bestehen – aber nicht, weil er stärker wäre als Kalogreant, sondern weil es ‚sein' Abenteuer ist. Die Aufgabe eines Ritters besteht darin, sein Abenteuer, d. h. sein Glück zu suchen. So heißt es im *Erec* Hartmanns von Aue: *nâch âventiure wâne / reit der guote kneht Êrec* (V. 3111–3112: „Aufs Geratewohl ritt [der gute] Ritter Erec").

▶ **Definition** Das nhd. Wort ‚**Abenteuer**' geht auf das mhd. Wort *aventiure* zurück. Es bedeutet ‚Begebenheit, gewagtes Beginnen mit ungewissem Ausgang, Schicksal'. Das Wort wurde im zwölften Jahrhundert aus dem gleichbedeutenden altfranzösischen Wort *aventure* entlehnt, dem wiederum das vulgärlateinische Wort *adventura* mit der Bedeutung ‚Ereignis, Geschehnis' vorausgeht. Hierbei handelt es sich um die substantivierte Form des lateinischen Verbs *advenire*, das ‚herankommen, ankommen' bedeutet. Folglich ist das Abenteuer als das ‚was sich ereignen wird, das sich Ereignende' zu erklären (vgl. Ehrismann 1995, S. 22–24).

Auch der *Tristan* Gottfrieds von Straßburg versteht unter *aventiure* den gelenkten Zufall. Wiederum greift das Schicksal oft dann ein, wenn Tristan mit dem Schiff unterwegs ist. Dies zeigt sich bei seiner ersten Reise. Norwegische Kaufleute entführen ihn mit ihrem Schiff, geraten in einen Seesturm und überantworten sich reumütig der *aventiure* (dem Zufall):

> si haeten sich mitalle ergeben
> an die vil armen stiure,
> diu dâ heizet âventiure.
> si liezen ez an die geschiht,
> weder si genaesen oder niht.

> Sie hatten sich allesamt ergeben dem armseligen Ruder, das da ‚Zufall' heißt. Sie überließen es dem Schicksal, ob sie davonkamen oder nicht (V. 2420–2424).

Als sich die Kaufleute entscheiden, Tristan freizulassen, legt sich der Sturm sogleich. Das Unwetter ist nicht geschickt worden, um die Entführer zu bestrafen, sondern um Tristan nach Cornwall an den Hof seines Onkels Marke zu führen. Schon Tristans Vater Riwalîn hatte mit der Aventiure Bekanntschaft gemacht, als er einst Markes Hof aufsuchte. Dort traf er auf Blanscheflur, Markes Schwester, mit der er Tristan zeugte: *dô kam es von âventiure alsô, / daz Riwalîn gekêrte dô, / dâ Blanscheflûr diu schoene saz* (V. 737–739: „da wollte es der Zufall, dass Riwalin sich dorthin wandte, wo die schöne Blanscheflur saß").

Weitere Begriffe, die Gottfried von Straßburg wählt, um das Schicksal zu bezeichnen, sind *geschiht*, *billîch* und *schîbe*. Die *geschiht* meint die vorbestimmte Geschichte. Das Wort begegnet in der oben zitierten Szene, in der sich die Kaufleute

3.4 Gattungsmerkmale

dem Schicksal überlassen (V. 2423). Ähnlich heißt es auch im *Erec* Hartmanns von Aue, dass die *geschiht* den Grafen Oringles geschickt habe, um die lebensmüde Enite vom Suizid abzuhalten. Die *geschiht* wirkt also mit der göttlichen Providenz zusammen:

> den hâte got dar zuo erkorn
> daz er si solde bewarn.
> [...]
> von geschihte in truoc
> in den walt der selbe wec.

Den hatte Gott dazu erwählt, sie zu erretten. [...] Das Geschick führte ihn auf den gleichen Weg (V. 6123–6134).

Unter dem *billîch* ist das einer Person gemäße Schicksal zu verstehen, dasjenige, das für sie ‚recht und billig' ist. Als Tristan zum ersten Mal nach Irland reist, trifft er auf die junge Isolde:

> nu ergieng ez, alse ez solte
> und alse der billîch wolte,
> diu junge künigîn Îsôt
> daz sî ir leben unde ir tôt,
> ir wunne unde ir ungemach
> ze allerêrste gesach.

Nun geschah es, wie es sollte und das Schicksal wollte, dass die junge Königin Isolde ihr Leben und ihren Tod, ihr Glück und ihren Kummer als allererste sah (V. 9369–9374).

Wenig später greift das Schicksal erneut in die Geschichte ein, als Isolde die wahre Identität Tristans entdeckt: *Nu erging es aber Îsolde, / alsô der billîch wolde* (V. 10058–10059: „Und abermals erging es Isolde so, wie das Schicksal es wollte"). Das Wort *billîch*, eine Substantivierung des gleichlautenden Adjektives, scheint eine Prägung Gottfrieds von Straßburg zu sein; es ist in der höfischen Dichtung sonst nicht belegt.

Mit der *schîbe* („Scheibe") ist das Rad der Fortuna gemeint, die das beherrschende Kompositionsprinzip von Gottfrieds *Tristan* darstellt (s. Abschn. 5.3.4). Es kommt zweimal vor, zunächst auf eine Nebenfigur (V. 7161), dann auf Tristan bezogen. Als dieser mit seinem Unglück hadert, führt er sein Schicksal auf das Glücksrad zurück. Er verspricht Brangäne, der Zofe Isoldes, die ihre heimlichen Begegnungen ermöglicht:

> solte ich dekeine saelde haben,
> die solte ich iu wol kêren
> ze vröuden unde z'êren.
> swie kumberlîche ez aber nu stê,
> swie kûme sô mîn schîbe gê,
> wiste ich, wie ich nu kunde
> mîne tage und mîne stunde
> ze iuwern vröuden hin gegeben,
> ich wolte ouch deste kurzer leben.

Wenn ich jemals Glück haben sollte, würde ich es gerne verwenden für Eure Freude und Euer Ansehen. Wie schlimm es mir jetzt auch ergeht, wie sehr auch mein Glücksrad stockt – wenn ich wüsste, wie ich meine Tage und Stunden Euch zur Freude verwenden könnte, dann wollte ich dafür kürzer leben (V. 14466–14474).

Diese Szene ist auch deswegen von zentraler Bedeutung, weil hier zwei Formen des Glücks aufeinander bezogen werden: das als Glücksrad metaphorisierte Schicksal und die *sælde* (V. 14466).

Das mit dem neuhochdeutschen Adjektiv ‚selig' verwandte Substantiv *sælde* bedeutet ‚Glück', ‚Segen' und ‚Heil', je nach Zusammenhang in einem weltlichen oder geistlichen Sinn (vgl. Ehrismann 1995, S. 181–184). In den Artusromanen ist *sælde* in der Regel das charismatische Heil, über das der höfische Ritter verfügt. In Hartmanns Prolog zum *Iwein* heißt es programmatisch:

> Swer an rehte guete
> wendet sîn gemuete,
> dem volget sælde und êre.
> des gît gewisse lêre
> kunech Artûs der guote,
> der mit rîters muote
> nâch lobe kunde strîten.

Wer nach wahrhafter Vollkommenheit aus ganzem Herzen strebt, der erwirbt sich ein gesegnetes Leben und weltliches Ansehen. Ein untrügliches Beispiel dafür liefert der vollkommene König Artus, der mit ritterlicher Gesinnung Ruhm zu erwerben wusste (V. 1–7).

Am Beispiel von König Artus kann man erkennen, was *sælde* ist. Wie das gesellschaftliche Ansehen (*êre*) folgt sie dem Ritter auf Schritt und Tritt, wenn er sich um Vollkommenheit (*rehte güete*) bemüht. Entsprechendes gilt auch für die höfische Dame. Hartmann von Aue erzählt in seinem *Erec*, wie Graf Oringles Enite die Ehe verspricht, nachdem Erec scheinbar gestorben ist. Es steht außer Frage, dass Enite und Erec füreinander bestimmt sind. Wenn der Graf also behauptet: ‚ê vuoret ir wîselôs, / unz iuwer sælde mich erkôs' (V. 6480–6481: „Ihr rittet vorher ohne Schutz und Ziel, bis Euer Glück mich fand"), so trifft dies in Wahrheit auf Erec und Enite zu: Enites Heil liegt in Erec, Erecs Heil in Enite.

Wie die oben zitierte Passage zeigt, bleibt den Liebenden im *Tristan* Gottfrieds von Straßburg die *sælde* vorenthalten. Sie können nicht wie Erec und Enite heiraten und ein glückliches Leben führen. Heil kann es für Tristan und Isolde nur dann geben, wenn sie in Liebe vereint leben können wie vorübergehend in der utopischen Minnegrotte. Auf die rhetorische Frage Tristans, ob er jemals *sælde* haben könne, gibt es nur eine abschlägige Antwort. Das Heil, das nur erfüllte Liebe schenken kann, hat ihm das Schicksal versagt.

Gattungsgeschichte II: Die Phasen

4

Inhaltsverzeichnis

4.1	Vorhöfische Epik	183
4.2	Frühhöfische Epik	192
4.3	Hochhöfische Epik	199
4.4	Späthöfische Epik (Ausblick)	233

Französische Vorlagen

Zwei Drittel der deutschen höfischen Epen aus der Zeit zwischen 1170 und 1220 basieren auf französischen Vorlagen (s. Tab. 4.1). Die Rezeption erfolgte selektiv. Aus der Fülle der französischen Heldenepen (*Chansons de geste*) wurden nur zwei Werke übernommen: die *Chanson de Roland* und die *Chanson d'Aliscans*. Von den Antikenromanen fanden der *Alexander*-, der *Troja*- und der *Eneasroman* den Weg ins Deutsche, nicht aber der *Thebenroman*. Von den Artusromanen Chrétiens de Troyes wurden der *Erec*, *Yvain* und *Perceval* adaptiert, nicht aber der *Lancelot* (der deutsche *Lanzelet* beruht auf anderen Vorlagen) und zunächst nicht der *Cligès* (überliefert sind Fragmente einer späthöfischen Bearbeitung Ulrichs von Türheim, s. Abschn. 4.4). Der *Titurel* ist eine Erfindung Wolframs von Eschenbach, knüpft aber an die Figuren- und Handlungskonstellation des *Perceval* bzw. *Parzival* an. Ohne französische Vorbilder sind allein die fünf Brautwerbungsepen, das *Nibelungenlied* und die *Nibelungenklage* sowie Hartmanns von Aue Novelle *Der arme Heinrich*.

Die französischen Werke wurden im deutschsprachigen Raum zeitversetzt rezipiert. Die Reihenfolge, in der die deutschen Bearbeitungen entstanden, stimmt nicht mit der Reihenfolge überein, in der die französischen Bearbeitungen verfasst worden waren. Dies führt dazu, dass die Chronologie der deutschsprachigen Werke die Genealogie der französischen Werke verwischt. So steht beispielsweise die altfranzösische Novelle *La vie du pape Saint Grégoire*, die Heiligenlegende und

Tab. 4.1 Französische Vorlagen

Datierung	Verfasser	Werk	Gattung
Vor 1115	Anonym	*Chanson de Roland*	Chanson de geste
Um 1120	Albéric de Pisançon	*Roman d'Alexandre*	Antikenroman
Um 1150	Anonym	*La vie du pape Saint Grégoire*	Novelle
Um 1160	Robert d'Obigny	*Floire et Blancheflur*	Liebesroman
Um 1160	Anonym	*Roman d'Énéas*	Antikenroman
Um 1165	Benoît de Sainte-Maure	*Roman de Troie*	Antikenroman
Um 1170	Chrétien de Troyes	*Erec et Enide*	Artusroman
1170er	Béroul	*Tristan*	Liebesroman
1170/80	Anonym	[Vorlage des *Lanzelet*]	Artusroman
1172/75	Thomas von England	*Tristan*	Liebesroman
1174/76	Pierre de Saint-Cloud	*Roman de Renart*	Tierepos
1175/1200	Alixandre	*Li Romanz d'Athis et Prophilias*	Freundschaftsroman
1177/81	Chrétien de Troyes	*Yvain*	Artusroman
1180/90	Chrétien de Troyes	*Perceval*	Artusroman
1180/90	Anonym	*Chanson d'Aliscans*	Chanson de geste
Um 1200	Renaut de Beaujeu	*Bel Inconnu* (vgl. *Wigalois*)	Artusroman

Rittergeschichte amalgamiert, am Anfang der höfischen Epik des französischen Mittelalters (um 1150); sie ist aber erst rund vierzig Jahre später von Hartmann von Aue in mittelhochdeutscher Sprache adaptiert worden (*Gregorius*). Will man die Entstehungs- und Entwicklungsgeschichte der Gattungen nachvollziehen, muss man also die zeitliche Abfolge der altfranzösischen Vorlagen berücksichtigen.

Literaturgeschichtliche Phasen
Die höfische Epik des deutschen Mittelalters lässt sich in vier Phasen einteilen, die in Helmut de Boors Literaturgeschichte als „vorhöfisch", „frühhöfisch", „hochhöfisch" und „späthöfisch" bezeichnet werden. Spätere Literaturgeschichten haben diese Einteilung implizit beibehalten, aber nicht mehr so benannt. Die von Joachim Heinzle herausgegebene *Geschichte der Literatur von den Anfängen bis zum Beginn der Neuzeit* nennt die vorhöfische Phase „Wiederbeginn im hohen Mittelalter" (Vollmann-Profe 1986), die früh- und hochhöfische Phase „Die höfische Literatur der Blütezeit" (Johnson 1999), eingeteilt in „Der höfische Roman I" und „Der höfische Roman II" (mit dem *Nibelungenlied* als Scheidepunkt), und die späthöfische Phase „Wandlungen und Neuansätze im 13. Jahrhundert" (Heinzle 1984). Oft wird die „vorhöfische Epik" der „frühhöfischen Epik" zugerechnet. Im Folgenden werden die von de Boor benutzten Formulierungen beibehalten, weil sie den Vorzug der Griffigkeit haben. Doch sind die literaturgeschichtlichen Definitionen und Beschreibungen, die er damit verbindet, zu revidieren und zu aktualisieren.

In einer Tabelle zusammengefasst (s. Tab. 4.2), stellen sich die vier Phasen wie folgt dar. Die den Phasen zugeordneten Jahrzehnte sind als Kernzeiten zu verstehen. Jede Phase setzt einen eigenen gattungsgeschichtlichen Schwerpunkt: die vorhöfische Phase auf die Brautwerbungsepik, die frühhöfische Phase auf den Liebes- und Antikenroman und die hochhöfische Phase auf den Artusroman. Die gattungsgeschichtlichen Phasen der höfischen Epik korrespondieren zeitlich ungefähr mit den gattungsgeschichtlichen Phasen der höfischen Lyrik, insbesondere des

Tab. 4.2 Gattungsgeschichtlicher Überblick (vor- bis hochhöfische Phase)

Phasen	Werke	Gattungen
„vorhöfisch" (ca. 1150–1170)	Pfaffe Lambrecht, *Alexanderlied* (1150/60)	Antikenroman
	Pfaffe Konrad, *Rolandslied* (1175/80)	Chanson de geste
	König Rother (vor 1165)	Brautwerbungsepos
	Herzog Ernst (Fassung A: 1150/60)	Brautwerbungsepos
	Graf Rudolf (nach 1170)	Brautwerbungsepos
	Salman und Morolf (1150/75)	Brautwerbungsepos
	Münchner Oswald (um 1170)	Brautwerbungsepos
	Orendel (um 1190)	Brautwerbungsepos
„frühhöfisch" (ca. 1170–1190)	Eilhart von Oberg, *Tristrant* (um 1170)	Liebesroman
	Trierer Floyris (um 1170)	Liebesroman
	Heinrich von Veldeke, *Eneasroman* (um 1170/84)	Antikenroman
	Straßburger Alexander (um 1185)	Antikenroman
	Albrecht von Halberstadt, *Metamorphosen* (1190)	Antikenroman
	Herbort von Fritzlar, *Liet von Troye* (um 1195)	Antikenroman
„hochhöfisch" (ca. 1190–1220)	Hartmann von Aue, *Erec* (um 1185)	Artusroman
	Hartmann von Aue, *Gregorius* (vor 1190)	Novelle
	Hartmann von Aue, *Der arme Heinrich* (nach 1190)	Novelle
	Ulrich von Zatzikhoven, *Lanzelet* (nach 1193)	Artusroman
	Hartmann von Aue, *Iwein* (nach 1191/vor 1203)	Artusroman
	Heinrich, *Reinhart Fuchs* (nach 1192 [um 1200?])	Tierepos
	Nibelungenlied (um 1200)	Heldenepos
	Nibelungenklage (bald nach 1200)	Heldenepos
	Konrad Fleck, *Flore und Blanscheflur* (vor 1205)	Liebesroman
	Wolfram von Eschenbach, *Parzival* (1200/10)	Artusroman
	Gottfried von Straßburg, *Tristan* (um 1210)	Liebesroman
	Athis und Prophilias (um 1210)	Freundschaftsroman
	Wolfram von Eschenbach, *Willehalm* (1210/20)	Chanson de geste
	Wirnt von Grafenberg, *Wigalois* (1210/20)	Artusroman
	Mauricius von Craûn (nach 1210/15)	Novelle
	Wolfram von Eschenbach, *Titurel* (nach 1217)	Artusroman

Minnesangs (vgl. Kraß 2024). Die Datierungen sind aus der Forschungsliteratur übernommen; sie sind oft umstritten und eher Richtwerte als gesicherte Fakten. Entscheidender als die absolute ist die relative Chronologie, d. h. die Abfolge der Werke, die sich oft aus intertextuellen Bezügen erschließen lässt.

4.1 Vorhöfische Epik

In der ersten Hälfte des zwölften Jahrhunderts war volkssprachliche Dichtung vor allem religiöse Dichtung, die auf biblischen und lateinischen Grundlagen beruhte. Kleriker schrieben geistliche Dichtung für ein geistliches Publikum, das auch Laien in geistlichen Lebensformen umfasste, die selbst keinen Zugang zu lateinischer Literatur und Bildung hatten. Zu nennen sind frühmittelhochdeutsche Werke wie zum Beispiel die Dichtungen der Frau Ava, der ersten namentlich bekannten Dichterin deutscher Sprache, über Johannes den Täufer, das Leben Jesu, den Antichrist und das Jüngste Gericht.

In der zweiten Hälfte des zwölften Jahrhunderts, in den Jahrzehnten von 1150 bis 1170 und darüber hinaus, kommt eine neue Form der volkssprachlichen Literatur hinzu, die vorhöfische Literatur. Erstmals greifen die geistlichen Dichter weltliche Stoffe auf und adressieren ein weltliches Publikum, nämlich den Adel. Sie erzählen Geschichten, die eine ritterliche Welt entfalten, aber noch kaum höfisch geprägt sind. ‚Vorhöfisch' meint also nicht ‚unhöfisch', sondern bezeichnet die literaturgeschichtliche Phase, die der höfischen Literatur unmittelbar vorausgeht und in der sich die höfische Literatur bereits ankündigt.

Die betreffenden Epen beruhen teils auf französischen Buchvorlagen, teils knüpfen sie an Stoffe der mündlichen Erzähltradition und andere Quellen an. In diesen Werken wird vornehmlich eine männlich-homosoziale Welt dargestellt, die von militärischen Konflikten und wunderbaren Reisen in den Orient geprägt ist. Wenn eheliche Verbindungen thematisiert werden, sind sie vornehmlich heiratspolitischer Natur. Liebesgeschichten spielen keine oder eine untergeordnete Rolle. Darüber hinaus lassen die Werke ein historisches Interesse erkennen, das sich auf die Welt- und Reichsgeschichte bezieht.

Eingeläutet wird die vorhöfische Epik von der um 1150 in Regensburg entstandenen *Kaiserchronik*, die auf der Schwelle von der geistlichen Dichtung der ersten Hälfte des zwölften Jahrhunderts zur weltlichen Dichtung der zweiten Hälfte des zwölften Jahrhunderts steht. Sie schlägt einen Bogen vom Römischen über das Fränkische zum römisch-deutschen Reich. Diese Abfolge wird als reichsgeschichtliches Kontinuum vorgestellt und das jeweilige Verhältnis zwischen Kaiser und Papst fokussiert. Die *Kaiserchronik* hat in den vorhöfischen Epen Spuren hinterlassen, insbesondere im *Rolandslied* des Pfaffen Konrad.

4.1.1 Antikenroman

Zwei Epen der vorhöfischen Phase beruhen auf französischen Vorlagen: das *Alexanderlied* des Pfaffen Lambrecht und das *Rolandslied* des Pfaffen Konrad (zur Gattung des Antikenromans vgl. Lienert 2001). Beide Verfasser sind Kleriker (*pfaffen*), also geistliche Dichter (s. Abschn. 1.2.2). Im Mittelpunkt dieser Epen stehen bedeutende Herrscher: Alexander der Große (*Alexanderlied*) und Karl der Große (*Rolandslied*). Beiden wird eine weltgeschichtliche Rolle zugesprochen: Alexander als Begründer des dritten Weltreichs, Karl als Erneuerer des vierten Weltreichs. Der zentrale Unterschied besteht im jeweiligen Verhältnis zum Christentum. Während der makedonische König noch aus der vorchristlichen Epoche stammte, war der fränkische Kaiser Christ und galt seit seiner von den Staufern betriebenen Kanonisierung im Jahr 1165 vorübergehend als Heiliger.

Das *Alexanderlied* des Pfaffen Lambrecht (*Vorauer Alexander*)
Die Gattung des Antikenromans beginnt in Deutschland mit dem zwischen 1150 und 1160 entstandenen *Alexanderlied* des aus Trier stammenden Pfaffen Lambrecht. Es handelt sich um eine Bearbeitung des um 1120 verfassten *Roman d'Alexandre* des Franzosen Albéric de Pisançon, der seinerseits auf die lateinische

4.1 Vorhöfische Epik

Übersetzung eines griechischen Alexanderromans zurückgriff. Lambrecht hatte zuvor schon den *Tobias* verfasst, eine auf dem alttestamentlichen Buch *Tobit* beruhende Bibeldichtung. Die älteste überlieferte Fassung des *Alexanderlieds*, der *Vorauer Alexander*, entstand um 1160. Das nur 1533 Reimpaarverse umfassende Werk ist zwischen der *Kaiserchronik* (aus der Lambrecht zitiert) und dem *Rolandslied* des Pfaffen Konrad (der Lambrecht zitiert) entstanden. Der Verfasser erlaubt sich metrische Freiheiten und unreine Reime, die für die vorhöfische Epik charakteristisch sind. Der Auftraggeber ist unbekannt.

An Alexanders Beispiel demonstriert der geistliche Dichter das Wirken der göttlichen Providenz und die Wechselhaftigkeit des Schicksals. Alexander ist „der vom Glück begünstigte Erfolgsmensch" (Vollmann-Profe 1986, S. 207), der in der Blüte seines Lebens von einem plötzlichen Tod ereilt wird. Entsprechend betont Lambrecht im Prolog die Vergänglichkeit des menschlichen Lebens. Sein Vorgänger Albéric de Pisançon habe in der Bibel die Worte gelesen: *vanitatum vanitas: / Daz ist allez ein îtelcheit, / daz diu sunne umbe geit* (V. 22–24: „‚vanitatum vanitas': Alles ist eitel, was die Sonne umkreist"). Das vollständige biblische Zitat lautet:

> Windhauch, Windhauch, sagte Kohelet, Windhauch, Windhauch, das ist alles Windhauch. Welchen Vorteil hat der Mensch von all seinem Besitz, für den er sich anstrengt unter der Sonne? Eine Generation geht, eine andere kommt. / Die Erde steht in Ewigkeit. Die Sonne, die aufging und wieder unterging, / atemlos jagt sie zurück an den Ort, wo sie wieder aufgeht (Pred 1,2–5; zitiert nach der Einheitsübersetzung 2016).

Alexanders Leben bestätigt die Wechselhaftigkeit der menschlichen Existenz. Der Mensch kann seinen erlangten Besitz nicht festhalten. Die Generationen kommen und gehen, wie die Sonne beständig auf- und untergeht. Alexander dreht das Rad der Weltgeschichte weiter, ist selbst aber nur eine Episode im heilsgeschichtlichen Plan Gottes. Er erscheint „in seiner biblischen Rolle als derjenige, der der persischen Weltherrschaft ein Ende setzt. Er fungiert damit, auch ohne daß dies ausdrücklich formuliert würde, als *instrumentum Dei*, Werkzeug im Rahmen von Gottes Heilsplan" (Lienert 2001, S. 35). Biblischer Bezugspunkt ist das erste Buch der Makkabäer, das Alexanders Leben wie folgt zusammenfasst:

> Und es geschah: Als der Mazedonier Alexander, Sohn des Philippus, damals vom Land der Kittäer ausgezogen war, besiegte er Darius, den König der Perser und Meder, und wurde als erster König von Griechenland sein Nachfolger. Er führte viele Kriege, eroberte Festungen und ließ die Könige der Erde erschlagen; er kam bis an das Ende der Welt, plünderte viele Völker aus und die ganze Erde lag ihm wehrlos zu Füßen. Da wurde sein Herz stolz und überheblich. Er stellte ein sehr großes Heer auf, herrschte über Länder, Völker und Fürsten und machte sie sich tributpflichtig. Doch dann sank er aufs Krankenlager und fühlte seinen Tod nahen. Er rief seine höchsten Offiziere zusammen, die mit ihm aufgewachsen waren, und verteilte sein Reich unter sie, während er noch lebte. Zwölf Jahre hatte Alexander regiert, als er starb (1 Makk 1–7; zitiert nach der Einheitsübersetzung 2016).

Am Beispiel Alexanders erzählt Lambrecht beispielhaft das Leben eines Königs und Kriegers, das den zeitgenössischen Fürsten und Rittern einen Spiegel vorhält. Die Schilderung der Schlacht zwischen Alexander und Darius ist Fluchtpunkt der Erzählung. Sie wirft einen kritischen Blick auf die Brutalität der von Hochmut und

Machtstreben getriebenen Kämpfe. Eine Liebesgeschichte, wie sie später für die höfische Epik charakteristisch ist, wird noch nicht erzählt. Auch Darstellungen höfischer Kultur haben in Lambrechts *Alexanderlied* noch keinen Platz.

4.1.2 Chanson de geste

Das *Rolandslied* des Pfaffen Konrad
Auf das *Alexanderlied* des Pfaffen Lambrecht folgte das um 1172 entstandene *Rolandslied* des Pfaffen Konrad. Es beruht auf der anonym überlieferten *Chanson de Roland*, die vor 1115 verfasst wurde, also noch vor dem altfranzösischen Alexanderroman Albérics de Pisançon. Im Unterschied zum Pfaffen Lambrecht nennt der Pfaffe Konrad seine Auftraggeber. Es sind Heinrich der Löwe und seine Gattin Mathilde, die Tochter Heinrichs II. von England. Konrad dürfte sein Werk am welfischen Hof in Regensburg verfasst haben, wo auch die *Kaiserchronik* entstand.

Während die Vorlage 4002 assonierende Verse umfasst, die in Strophen (Laisses) ungleicher Länge gegliedert sind, erweitert Konrad das Werk auf 9094 Reimpaarverse und gibt die strophische Einteilung auf. Die Erweiterung des Umfangs erlaubt es ihm, eigene Gestaltungs- und Deutungsleistungen umzusetzen. Die Umprägung in durchgehende Reimpaarverse stellt eine Anpassung an die Formtraditionen der deutschsprachigen Epik dar. Das *Rolandslied* behandelt eine Episode aus dem Leben Karls des Großen, nämlich die Schlacht von Roncesvalles (778), von der auch Einhard, der Biograph Karls des Großen, in seiner *Vita Karoli Magni* (9. Jh.) berichtet. Das *Rolandslied* schildert das historische Ereignis in mythisch-legendarischer Überformung. Der realgeschichtliche Sachverhalt besteht darin, dass der fränkische König mit seinem Heer nach Spanien gezogen war, um die Sarazenen zurückzudrängen. Als er den Rückzug unverrichteter Dinge antrat, wurde die Nachhut des fränkischen Heers in den Pyrenäen von den Basken überfallen. Das Hauptheer kehrte um, gelangte aber zu spät zum Schlachtfeld. Das *Rolandslied* schreibt die historische Niederlage in einen fulminanten Sieg Karls des Großen über die ‚Heiden' um. Der erste Teil des Werks schildert, wie Graf Roland, der von Karl eingesetzte Führer der Nachhut, im Kampf gegen das Heer des muslimischen Königs Marsilie als Märtyrer stirbt. Der zweite Teil erzählt, wie Karl der Große mit dem Hauptheer zurückkehrt und seinen Widersacher, den von Marsilie zu Hilfe gerufenen babylonischen Herrscher Baligant, besiegt.

Das *Rolandslied* spielt zur Zeit des noch ungeteilten Frankenreichs, doch dürfte der französische Dichter es als Teil der ‚nationalen' Geschichtsschreibung Frankreichs aufgefasst haben. Das deutsche Interesse dürfte hingegen mit der Heiligsprechung Karls des Großen im Jahr 1165 auf Betreiben des römisch-deutschen Kaisers Friedrich I. Barbarossa zusammenhängen. In beiden Fällen geht es um eine religiös verklärte Geschichte des eigenen Landes, die als zentraler Teil der göttlichen Heilsgeschichte wahrgenommen wird. Aufgrund der *translatio imperii* war die römische Herrschaft auf die Franken übergegangen, auf die sich sowohl Frankreich als auch das römisch-deutsche Reich berufen konnten. Die Karl dem Großen zugemessene Bedeutung entspricht seinem zentralen Rang in der *Kaiserchronik*. Im Unterschied zu Alexander dem Großen ist er nicht nur Vorbote, sondern herausragender Repräsentant des christlichen Reichs, das in Rom sein geistliches Zentrum hat. Alexander erscheint als Herrscher *ante gratiam* (vor der Gnade, d. h. vor Christi Geburt), Karl als Herrscher *sub gratia* (unter der Gnade, d. h. nach Christi Geburt). Jener steht am Anfang des dritten Weltreichs, dieser an einem der Höhepunkte des vierten Weltreichs und letzten Weltzeitalters (gemäß der von Augustinus entfalteten Lehre von den sechs Weltzeitaltern).

Das altfranzösische *Rolandslied* gehört noch ganz in die geistlich und patriarchal geprägte vorhöfische Phase der volkssprachlichen Dichtung. Davon zeugen die legendenhaften Züge, mit denen die erzählte Geschichte überformt wird, und die Abwesenheit eines höfischen Liebesdiskurses. Zwar wird dem Protagonisten Roland eine weibliche Figur zugeordnet. Er ist mit Aude (bei Konrad: Alda), der Schwester seines Freundes Olivier, verlobt, doch zur Heirat kommt es nicht mehr, weil Roland im Kampf fällt (s. Abschn. 2.2.1). Dies wird aber nicht als Liebesgeschichte erzählt; vielmehr geht es darum, die Freundschaftsgeschichte Rolands und Oliviers zu untermauern. Mit der Hochzeit wären aus den Freunden Schwäger geworden, ihre Bindung hätte somit den Charakter einer verwandtschaftlichen Beziehung angenommen. Als Konrad Jahrzehnte später seine Vorlage bearbeitet, hat die höfische Dichtung schon Fuß gefasst. Folglich stärkt Konrad die höfischen Züge. Gleichwohl gehört sein Werk typologisch betrachtet noch in die vorhöfische Phase.

4.1.3 Brautwerbungsepos mit reichsgeschichtlichem Bezug

Parallel zu den ersten Adaptationen altfranzösischer Vorlagen, dem *Alexanderlied* und dem *Rolandslied*, entstand im deutschsprachigen Raum eine Reihe von Werken, die sich als Gegenentwurf verstehen lassen. Die vermutlich ebenfalls von Klerikern verfassten Werke sind anonym überliefert, haben keine französischen Vorlagen und basieren auf dem Narrativ der gefährlichen Brautwerbung, weswegen diese Gruppe heute als ‚Brautwerbungsepik' bezeichnet wird (vgl. Schröder 1962; Bowden 2012a, 2012b).

Zwei Untergruppen lassen sich unterscheiden: Brautwerbungsepen mit reichsgeschichtlichem Bezug (*König Rother, Herzog Ernst, Graf Rudolf*) und Brautwerbungsepen mit heilsgeschichtlichem Bezug (*Oswald, Orendel, Salman und Morolf*). Die erste Gruppe teilt das reichsgeschichtliche Interesse mit dem *Alexander-* und *Rolandslied*, die zweite das heilsgeschichtliche Interesse mit dem *Rolandslied*. Im Unterschied zu den Brautwerbungsepen mit reichsgeschichtlichem Bezug sind die Brautwerbungsepen mit heilsgeschichtlichem Bezug erst sehr spät (im 15. Jh.) überliefert und stark überformt. Gleichwohl lassen auch sie den vorhöfischen Charakter, der ihnen zur Zeit ihrer Abfassung eignete, noch deutlich erkennen.

Die Brautwerbungsepen mit reichsgeschichtlichem Bezug kann man aufgrund ihrer historischen Ausrichtung als deutsches Pendant zur Gattung der französischen Heldenepik (*Chansons de geste*) auffassen. Der *König Rother* erinnert in zweifacher

Hinsicht an das *Rolandslied*: durch den Fokus auf Karl dem Großen und durch das Motiv des Hornrufs, mit dem der vom Tod bedrohte Held die Hilfe des Heers herbeiruft.

König Rother

Das älteste Brautwerbungsepos, *König Rother*, dürfte zwischen dem *Alexanderlied* des Pfaffen Lambrecht und dem *Rolandslied* des Pfaffen Konrad entstanden sein. Es umfasst 5185 Reimpaarverse, der Schluss ist nicht überliefert. Das Epos hat mit dem *Rolandslied* den Fokus auf Karl dem Großen gemeinsam. Da dessen Heiligsprechung nicht erwähnt wird, dürfte das Werk vor 1165 verfasst worden sein. Die häufige Betonung des bayerischen Adels lässt darauf schließen, dass der Auftraggeber des *König Rother* in Bayern zu suchen ist. Die größte Wahrscheinlichkeit hat die These, dass der *König Rother* im Auftrag des Regensburger Welfenhofs entstand, der auch hinter der *Kaiserchronik* und dem *Rolandslied* des Pfaffen Konrad steht (vgl. Bumke 1979, S. 95).

Der *König Rother* erzählt eine Vorgeschichte der karolingischen Herrschaft, insofern er Rother als Vater Pippins und Großvater Karls des Großen ausgibt. Dies ist freilich eine Fiktion, der tatsächliche Vater Pippins war Karl Martell. Die Bezüge zur zeitgenössischen Reichsgeschichte sind unverkennbar. Rother wird als römisch-deutscher König vorgestellt, der im italienischen Bari residiert und um die Tochter des Königs von Konstantinopel wirbt. Als Vorbild für Rother hat man den normannischen König Roger II. in Betracht gezogen, der von 1130 bis zu seinem Tod 1154 König von Sizilien war. Sein Herrschaftsgebiet schloss den Süden Italiens und somit auch Bari ein. Roger hatte 1143/44 vergeblich versucht, seinen Sohn Wilhelm an die Tochter des byzantinischen Kaisers Konstantin IX. zu verheiraten (vgl. Panzer 1925, S. 41). Diese historischen Erinnerungen wurden offenbar mit mündlichen Erzähltraditionen verknüpft und zu einer fiktiven Geschichte ausgeformt, an der man in einer Zeit, als die Heiligsprechung Karls des Großen betrieben wurde, großes Interesse zeigte. Die Geschichte um König Rother ist in der Tat brisant: Hätte er die byzantinische Prinzessin an die Herrscher von Konstantinopel und Babylon verloren, als sie bereits mit Pippin schwanger war, wäre die Geschichte anders verlaufen, und es gäbe keine Verbindung, die von den Franken zum römisch-deutschen Reich führt.

Herzog Ernst

Auf den *König Rother* folgt ein weiteres Brautwerbungsepos mit reichsgeschichtlichem Bezug, nämlich der ebenfalls anonym überlieferte *Herzog Ernst*. Auch er beruht nicht auf einer französischen Vorlage, auch er verschränkt historische Figuren und aus der mündlichen Dichtung stammende Erzählmuster. Der zwischen 1160 und 1170 verfasste *Herzog Ernst* könnte ebenfalls im Auftrag des Welfen Heinrich der Löwe entstanden sein. Das Epos umfasst 6022 Reimpaarverse.

Der reichsgeschichtliche Bezug des *Herzog Ernst* besteht zu Kaiser Otto dem Großen, dessen zweite Ehefrau Adelheid als Mutter des Protagonisten ausgegeben wird. Es wird erzählt, dass der bayerische Herzog vom rheinischen Pfalzgrafen Heinrich verleumdet und um die Gunst seines Stiefvaters gebracht wird. Ernst ermordet seinen Gegenspieler, wird geächtet und geht nach aussichtslosen Kämpfen ins Exil.

4.1 Vorhöfische Epik

Auf der Fahrt nach Jerusalem verschlägt ihn ein Seesturm in einen fabulösen Orient, wo er zahlreiche Abenteuer erlebt. Schließlich kämpft er im Heiligen Land gegen die Nichtchristen, kehrt in die Heimat zurück, wo er die Gunst des Kaisers und sein Herzogtum wiedergewinnt. Die Erzählung führt vor, in welche Krisen das Zerwürfnis zwischen Kaiser und Fürsten führen und welchen Gewinn ihr Einvernehmen erbringen kann. Dafür steht im *Herzog Ernst* das Motiv, dass der aus dem Reich vertriebene Herzog im Orient den berühmten Waisen erwirbt, einen Edelstein, der fortan die römisch-deutsche Kaiserkrone schmücken wird. Die märchenhafte Herkunft dieses Herrschaftszeichens bietet eine Parallele zur fabulösen Provenienz des Vaters Karls des Großen aus der Ehe Rothers mit der byzantinischen Königstochter.

Der große Unterschied zum *König Rother* besteht darin, dass das Brautwerbungsmotiv nicht an die Figur des Protagonisten geknüpft wird. Vielmehr wird erzählt, wie Ernst eine indische Prinzessin, die von grausamen Kranichmenschen entführt worden ist, zu befreien versucht. Ernst greift zu spät ein, und die Prinzessin stirbt, doch kurz vor ihrem Tod bietet sie ihm noch ihre Hand an. An die Stelle der Braut des – schließlich unverheiratet bleibenden – Protagonisten tritt dessen Freund und Vasall Wetzel; die beiden verbringen eine ‚Hochzeitsnacht' in dem Brautbett, das für den König der Kranichmenschen und die indische Prinzessin vorbereitet worden war. Die zweite Brautwerbungsgeschichte, die im *Herzog Ernst* erzählt wird, betrifft die Eheschließung zwischen Kaiser Otto und Ernsts Mutter Adelheid in der Vorgeschichte. Anstelle des Narrativs der gefährlichen Brautwerbung, das für den *König Rother* bestimmend ist, treten im *Herzog Ernst* fantastische Abenteuer, die stoffgeschichtlich mit jenen verwandt sind, die in *Tausenundeiner Nacht*, einer Märchensammlung des arabischen Mittelalters, erzählt werden.

Graf Rudolf

Die anonym überlieferte, wohl nach 1170 entstandene Erzählung *Graf Rudolf* ist nur fragmentarisch erhalten (rund 1400 Verse, vermutlich ein Drittel des Gesamtumfangs). Eine französische Vorlage wird vermutet, lässt sich aber nicht fassen. Aufgrund der bruchstückhaften Überlieferung fällt eine eindeutige Gattungszuordnung schwer. Vielfach wird die Erzählung der französischen Heldenepik (*Chansons de geste*) zugerechnet und mit dem *Rolandslied* verglichen, doch gibt es auch Stimmen (denen ich mich anschließe), die das Werk in die Nähe der Brautwerbungsepik rücken. Der reichsgeschichtliche Bezug besteht darin, dass sich der überhebliche König von Jerusalem mit dem römisch-deutschen Kaiser vergleicht, dann aber von Graf Rudolf in die Schranken verwiesen wird, *wande keisers genoz / ne wart noch nie nechein geborn* (Fragment Db, V. 58–59: „denn einer, der sich dem Kaiser vergleichen könnte, erblickte noch nicht das Licht der Welt").

Graf Rudolf bietet eine weitere reizvolle Variante des Brautwerbungsnarrativs. Wie im *König Rother* erwirbt der Protagonist, Rudolf von Arras, Graf von Brabant, eine im Osten lebende Königstochter; wie im *Herzog Ernst* begibt er sich auf eine Reise ins Heilige Land. Die doppelte Motivation verbindet sich mit zwei Gegenspielern und gibt der Geschichte eine dialektische Note. Als Kreuzritter geht es Graf Rudolf um die Verteidigung Jerusalems gegen die ‚Heiden'; als Brautwerber erlangt er die Hand der Tochter des Sultans Halap und gerät in einen Konflikt mit dem christlichen König Gilot von Jerusalem, auf den sich ein Aspekt der Handlungsrolle des Brautvaters verschiebt. Auch der König von Konstantinopel (vgl. *König Rother*) spielt eine doppelte Rolle, nämlich zum einen als konkurrierender Brautwerber, den der Sultan, der seine Tochter bereits Rudolf versprochen hat, zurückweist, und zum anderen als derjenige, der die Taufe der Tochter des Sultans auf den Namen Irmengart bewirkt. Auf die Gattung der Brautwerbungsepik verweisen ferner die Kemenatenszene zwischen Rudolf und Irmengart sowie die Beziehung zwischen Irmengard und ihrer Zofe Beatrise (vgl. *Herzog Ernst*).

Im Unterschied zur Gattung der frühen *Chansons de geste*, wie sie im *Rolandslied* repräsentiert ist, wird die Opposition von Christen und ‚Heiden' umgekehrt. Der christliche König wird ins Zwielicht gerückt, der ‚heidnische' König hingegen als ehrenwerter Herrscher charakterisiert. Gleichwohl gibt es Szenen, die an das *Rolandslied* erinnern, insbesondere die Klage Rudolfs um seinen Neffen Bonifait, der im Kampf gegen zwölf Räuber stirbt (vgl. Karls Klage um seinen Neffen Roland). Oft wird der *Graf Rudolf* als Vorbote jener Themen angesehen, die einige Jahrzehnte später Wolfram von Eschenbach in seinem *Willehalm* behandelte. Vor allem teilen diese beiden Erzählungen den relativ respektvollen Blick auf die Nichtchristen. Es scheint, dass der Verfasser des *Grafen Rudolf* die klerikale Kreuzzugspropaganda seiner Zeit nicht teilen wollte.

4.1.4 Brautwerbungsepos mit heilsgeschichtlichem Bezug

Auch die Brautwerbungsepen mit heilsgeschichtlichem Bezug lassen sich als Pendant zur französischen Heldenepik auffassen, nur dass hier die Entsprechung weniger in der historischen als in der legendarischen Ausrichtung besteht, wie sie auch für das *Rolandslied* konstitutiv ist.

Salman und Morolf
Die im dritten Viertel des zwölften Jahrhunderts im Rheinland entstandene Brautwerbungserzählung umfasst 784 meist fünfzeilige Strophen (ca. 4000 Verse). Die handschriftliche Überlieferung beschränkt sich auf das fünfzehnte Jahrhundert.

Das Epos erzählt eine Geschichte, die sich locker auf den biblischen König Salomo bezieht. Salman, wie er hier heißt, wird als christlicher König von Jerusalem vorgestellt, der in einen Konflikt mit König Fore von Wendelsee gerät, dessen Gestalt sich an die Vorstellung eines ägyptischen Pharaos anlehnt. Es kommt zu einer Art Frauentausch zwischen den Rivalen. Fore entführt Salmans Ehefrau Salme und macht sie sich mit einem Liebeszauber gefügig. Bei der Rückentführung Salmes nimmt Salman auch Fores Schwester Affer mit nach Jerusalem, die er am Ende taufen lassen und heiraten wird. Zuvor wird Salme ein zweites Mal ihre Untreue beweisen, indem sie sich auf den König Princian von Akers einlässt. Der eigentliche Protagonist ist Salmans Bruder Morolf, der die zweimal entführte Braut zweimal heimholt, die Gegenspieler sowie Salme tötet und für die Wiederverheiratung seines Bruders mit Affer sorgt. Die Handlung wird in Form einer makabren Schwankgeschichte präsentiert, in der Morolf, ein grausamer Trickster, die Geschicke des Königs von Jerusalem und seiner Ehefrauen lenkt.

Im Unterschied zum *König Rother* und *Herzog Ernst* bietet *Salman und Morolf* keine reichsgeschichtlich relevante und im Unterschied zum *Oswald* und *Orendel* auch keine heilsgeschichtlich relevante Erzählung. Bestenfalls kann man gelten lassen, dass es um die Zeit der Kreuzzüge und insbesondere um die Verteidigung des christlichen Königreichs Jerusalem geht. Wenn man annimmt, dass die Geschichte vor 1187, der Eroberung Jerusalems durch den ägyptischen Sultan Saladin, entstand, könnte man sie als mythische Verschiebung des historischen Konflikts ansehen: Die Entführung der untreuen Braut stünde dann für Versuche muslimischer Machthaber, Jerusalem der christlichen Herrschaft zu entwinden. Ein judenfeindlicher Zug liegt darin, dass Morolf sich in seiner ersten Maskerade als jüdischer Pilger ausgibt und zu diesem Zweck einen alten Juden tötet und beraubt.

Münchner Oswald

Die um 1170 vermutlich in Regensburg im Auftrag der Welfen, vielleicht Heinrichs des Löwen, entstandene Brautwerbungserzählung umfasst 3564 Reimpaarverse. Die Überlieferung beschränkt sich auf das fünfzehnte Jahrhundert. Typologisch lässt sie sich noch der vorhöfischen Epik zurechnen.

Die Erzählung verschränkt die Legende des englischen Heiligen gleichen Namens mit dem Narrativ der gefährlichen Brautwerbung. Sie bietet eine alternative Legende, die weltliche Erzählmuster bemüht, um ein weltliches Publikum zu erreichen. An die Stelle der kanonischen Legende tritt eine Brautwerbungsgeschichte, deren hagiographische Züge ins Komische gewendet, aber nicht entkräftet werden. Am Anfang der Erzählung steht die Absicht des englischen Königs, sich zu verheiraten, um einen Thronfolger zu zeugen. Die Motivation zur Eheschließung ist also nicht Liebe, sondern Heiratspolitik. Am Ende wird die Ehe nicht vollzogen, sondern das heiratspolitische durch ein religionspolitisches Interesse ersetzt. Ziel der Geschichte ist die Heidenmission. Diesem Zweck dient die Werbung um die – bereits dem christlichen Glauben zugeneigte – Tochter eines an Mahmet (Mohammed) glaubenden Königs. Am Ende wird nicht nur die Braut getauft, sondern auch der Brautvater mitsamt seinem Gefolge zum Glauben an den christlichen Gott bekehrt. Damit ist der heilsgeschichtliche Auftrag erfüllt. Die Ehe wird nicht vollzogen und bleibt kinderlos. Die Brautleute vereint nicht die Geschlechterliebe, sondern die gemeinsame Liebe zu Gott.

Orendel (Der Graue Rock)

Das 3895 Reimpaarverse umfassende Epos dürfte um 1190 im Auftrag des Trierer Episkopats entstanden sein, der aus dem angeblichen Besitz des 1196 im Hochaltar des Trierer Doms deponierten Heiligen Rocks, den der Erlöser am Kreuz trug, eine Vorrangstellung über die Bistümer nördlich der Alpen ableitete. Die einzige (1870 in Straßburg verbrannte) Handschrift, die den *Orendel* überliefert, stammt aus dem Jahr 1477; hinzukommt ein Augsburger Druck des Jahres 1512.

Wie der *Oswald* verbindet der – ein propagandistisches Interesse verfolgende – *Orendel* das Brautwerbungsnarrativ mit legendarischem Erzählen. Die offizielle Erklärung für den Besitz der kostbaren Reliquie lautete, dass die heilige Helena, die Mutter des römischen Kaisers Konstantin, den Heiligen Rock von Jerusalem nach Trier überführt hätte.

Im *Orendel* wird hingegen behauptet, Helena habe das heilige Textil zwar erworben, nicht aber nach Trier gebracht. Die Rolle des Überbringers wird mit dem fiktiven Trierer Königssohn Orendel neu besetzt. Er erlangt den Heiligen Rock während seiner Reise nach Jerusalem, wo er um Bride, die unverheiratete Königin von Jerusalem, werben will. Entsprechend dem Gattungswechsel von der Legende zur Brautwerbungsgeschichte wird dem Heiligen Rock eine magische Eigenschaft zugeschrieben: Er macht seinen Träger unverwundbar. Später wird Orendel den Heiligen Rock auf Geheiß Gottes im Trierer Dom deponieren, dann aber wieder ins Heilige Land zurückkehren und dort bis zu seinem frühen Tod an Brides Seite leben und herrschen.

Die alternative Legende scheint auf ein Laienpublikum zugeschnitten zu sein, das sich von profanen Dichtungen im Stil der Brautwerbungsepik eher beeindrucken ließ als von klerikalen Hagiographien. Die Handlung ist frei erfunden, montiert aber vertraute Versatzstücke der Brautwerbungs- und Legendendichtung. Der *Orendel* weist charakteristische Gemeinsamkeiten mit dem *Gregorius* auf; Parallelen sind nicht nur die novellenhafte Kürze (knapp 4000 Verse), sondern auch das Motiv der Werbung um die bedrängte Königin, die zentrale Rolle der Fischer, die symbolisch auf das Papstamt verweisen, und das Wundermotiv des Fischs, dessen geöffneter Bauch einen verschollenen Gegenstand freigibt (im Fall des *Gregorius* einen Schlüssel, im Fall des *Orendel* den Heiligen Rock).

4.2 Frühhöfische Epik

In der frühhöfischen Epik verschiebt sich die Position des Dichters vom geistlichen ins weltliche Milieu. Bei Herbort von Fritzlar und Albrecht von Halberstadt ist nicht zu entscheiden, ob sie den Chorherrenstiften in Fritzlar bzw. Jechaburg oder dem thüringischen Hofklerus angehörten. In jedem Fall standen sie dem Hof des Landgrafen Hermann I. von Thüringen nahe. Eilhart von Oberg und Heinrich von Veldeke entstammten Ministerialengeschlechtern und verfügten zweifellos über klerikale Bildung. Heinrich von Veldeke hatte vor seinem *Eneasroman* bereits eine deutsche Bearbeitung der lateinischen Servatiuslegende verfasst.

Die neue Phase, deren Kernzeit zwischen den Jahren 1170 und 1190 liegt, setzt mit der Gattung des Liebesromans ein. Parallel wird die Gattung des Antikenromans, die im kurzen *Alexanderlied* des Pfaffen Albrecht ein frühes Vorbild hat, ausgebaut. Sie überschneidet sich thematisch teilweise mit dem Liebesroman.

4.2.1 Liebesroman

Während die Werke der vorhöfischen Epik von einer männlich-homosozialen Welt geprägt sind, tritt in der frühhöfischen Epik das Interesse an passionierten Liebesgeschichten zwischen Mann und Frau in den Vordergrund. Liebe und Ehe bleiben vorerst getrennte Sphären; geheiratet wird aus politischen, nicht aus affektiven

4.2 Frühhöfische Epik

Gründen. Zu nennen sind die Romane um die Liebespaare Tristan und Isolde (Eilhart von Oberg, *Tristrant*) und Flore und Blanscheflur (*Trierer Floyris*).

Die Anfänge des deutschen Liebesromans liegen im niederrheinischen Raum. Hier entstanden jeweils nach französischen Vorlagen Eilharts *Tristrant* und der *Trierer Floyris*, aber auch der *Eneasroman* Heinrichs von Veldeke, ein Antikenroman, der ebenfalls eine Liebesgeschichte (Eneas und Lavinia) in den Vordergrund rückt.

Eilhart von Oberg, *Tristrant*

Der erste Liebesroman ist der um 1170 wohl im Auftrag Heinrichs des Löwen verfasste *Tristrant*. Der Verfasser, Eilhart von Oberg, bearbeitete eine Vorlage, an der sich auch der französische Dichter Béroul orientierte. Es handelt sich um die *version commune* („spielmännische Fassung"), die von der *version courtoise* („höfische Fassung") zu unterscheiden ist, auf die sich später Gottfried von Straßburg und sein Vorgänger Thomas von England beziehen. Mit fast 10.000 Versen hat Eilharts *Tristrant* den doppelten Umfang der meisten früheren Epen.

Der Roman greift auf das Narrativ der gefährlichen Brautwerbung zurück und wandelt es in signifikanter Weise ab. Aufgrund des fehlgeleiteten Minnetranks verliebt sich der Bote selbst in die Braut, die er für seinen Herrn erwerben sollte. So entsteht das zentrale Figurendreieck: Tristrant und Marke rivalisieren um Isalde. Ehe (Marke/Isalde) und Liebe (Tristrant/Isalde) treten auseinander. Die aus heiratspolitischen Erwägungen geschlossene Ehe hat das Recht der Gesellschaft auf ihrer Seite, die passionierte Liebe, die ihre Opfer überwältigt, hingegen das Recht der Leidenschaft. Der Roman steht auf der Seite der Liebenden, auch wenn sie an der Gesellschaft scheitern. Am Ende siegt die Liebe über die Ehe, aber um den Preis des Todes. Eilharts *Tristrant* ist ein tragischer Liebesroman, auch wenn er im zweiten Teil, der Serie der Rückkehrepisoden, schwankhafte Züge trägt.

Dass die Liebenden füreinander bestimmt sind, wird an ihrer Ähnlichkeit offenbar. Sie sind als Ritter und Dame, Mann und Frau vollkommene Exemplare der höfischen Gesellschaft. Von der Geschlechterdifferenz abgesehen gibt es zwischen ihnen keine Unterschiede. Sie teilen den Stand (Adel), die Religion (Christentum) und das Alter (Jugend). Die Ehe ist hingegen von der Differenz des Alters geprägt. Als Tristrants Onkel ist Marke eine Generation älter als die Liebenden.

> **Tristanroman und Artusroman**
> Eilharts Tristanroman steht in gewisser Nähe zur Gattung des Artusromans, mit dem er die stoffgeschichtliche Herkunft aus der *matière de Bretagne* teilt. Wie die Artusritter ist Tristrant ein aktiver Held, der zahlreiche Kämpfe und Abenteuer besteht. In dieser Hinsicht ähnelt er den Artusrittern. Tatsächlich kommt es zu einer Begegnung mit dem Artushof. Die Serie der Rückkehrabenteuer wird mit einer Episode eröffnet, in der die Artusritter Tristrant in der Not beistehen. Als sich Tristrant an einer Wolfsfalle, die Marke vor Isaldes Bett aufgestellt hat, verletzt, fügen sich alle Artusritter dieselbe Wunde zu und lenken so den Verdacht von Tristrant ab.

Trierer Floyris
Als zweiter Liebesroman wurde um 1170 der französische Roman *Floire et Blancheflur* (um 1160) von einem unbekannten niederrheinischen Dichter ins Deutsche übersetzt. Erhalten sind nur 368 Reimpaarverse aus dem Schlussteil des Romans, die vollständige Handlung lässt sich jedoch aus der französischen Vorlage erschließen. Die Figurenkonstellation ist mit den Tristanromanen vergleichbar. Wie der englische König Marke mit Tristan um Isolde rivalisiert, so der babylonische Emir mit Flore um Blanscheflur. Im Unterschied zu den Tristanromanen endet die Liebesgeschichte von Flore und Blanscheflur nicht tragisch, sondern mit einem Komödienschluss: Der Emir gibt Blanscheflur frei und heiratet stattdessen ihre Freundin Claris.

Die Zahl der erhaltenen Verse ist so gering, dass sich kaum nähere Aussagen über die Eigenarten des Werks treffen lassen. Daher sei auf Konrad Flecks Roman *Flore und Blanscheflur* verwiesen, eine hochhöfische Bearbeitung derselben französischen Vorlage, auf die sich auch der *Trierer Floyris* stützt (s. Abschn. 4.3.3.2).

4.2.2 Antikenroman

Die frühhöfische Epik zeichnet sich auch durch die Wiederaufnahme der Gattung des Antikenromans aus, deren Auftakt bereits das *Alexanderlied* des Pfaffen Lambrecht (*Vorauer Alexander*) geliefert hatte. Drei frühhöfische Antikenromane sind zu nennen: der auf dem französischen *Roman d'Énéas* beruhende *Eneasroman* Heinrichs von Veldeke, der *Straßburger Alexander* (eine stark erweiterte Fassung des *Alexanderlieds*) und der ebenfalls auf einer französischen Vorlage (Benoît de Sainte-Maure, *Roman de Troie*) basierende *Trojaroman* Herborts von Fritzlar. Während Heinrichs *Eneasroman* sehr einflussreich war, blieb die Wirkung des *Straßburger Alexander* und von Herborts *Trojaroman* gering.

Die Trias dieser Antikenromane hat ihren Ursprung am normannischen Königshof in England, wo man sich für antike Epen in höfischer Gestalt interessierte. Im deutschsprachigen Raum setzte sich Landgraf Hermann I. von Thüringen für diese Gattung ein. Er beauftragte Heinrich von Veldeke mit der Fertigstellung des *Eneasromans*, Herbort von Fritzlar mit der Abfassung des *Liet von Troye*, das die Vorgeschichte zum *Eneasroman* bietet, und Albrecht von Halberstadt mit den *Metamorphosen*. Albrechts *Metamorphosen* gehen direkt auf Ovid zurück; sie bilden wie ihre Vorlage einen Kranz zahlreicher Einzelgeschichten, aber kein Epos bzw. keinen Roman im eigentlichen Sinn.

Heinrich von Veldeke, *Eneasroman*
Der *Eneasroman* Heinrichs von Veldeke, der zweite Antikenroman in deutscher Sprache, unterscheidet sich grundlegend von seinem Vorgänger. Das kurze *Alexanderlied* des Pfaffen Konrad fokussiert den Konflikt zwischen dem Griechen Alexander und dem Perser Darius. Der umfangreiche *Eneasroman* berichtet nicht nur von der Schlacht zwischen dem Trojaner Eneas und dem Rutuler Turnus um die Macht in Italien, sondern auch und vor allem von der Liebesgeschichte zwischen Eneas

und Lavinia. Insofern erzählt Heinrich von Veldeke (darin seiner Vorlage folgend) den Antikenroman *als Liebesroman*. Wie Tristan und Isolde von einem Liebeszauber ereilt werden, so auch Dido und Lavinia, als sie ihr Herz an Eneas verlieren. In beiden Fällen führt Venus, die Verkörperung der Minne, die Regie: Didos Liebe wird durch einen Kuss erweckt, den Venus mit einem Zauber belegt hat, Lavinias Liebe durch einen Pfeil, den Venus in ihr Herz schießt: *sô daz si mûste minnen, / sie wolde oder enwolde* (V. 267,30–31: „so dass sie lieben musste, ob sie nun wollte oder nicht"). Folglich lässt sich der *Eneasroman* nicht nur mit den Antikenromanen, sondern auch mit den etwa zeitgleich entstandenen Liebesromanen verbinden: Eilharts *Tristrant* und dem *Trierer Floyris*.

Heinrich von Veldeke begann um 1170 mit der Niederschrift des *Eneasromans*. Er musste sie 1174 für neun Jahre unterbrechen, da ihm das bereits zu drei Vierteln fertiggestellte Werk bei der Hochzeit der Gräfin Margarethe von Kleve mit dem Landgrafen Ludwig III. von Thüringen entwendet wurde. Der spätere Landgraf Hermann I. von Thüringen veranlasste 1183 die Rückgabe des Manuskripts, sodass Heinrich das Werk in den folgenden Jahren fertigstellen konnte. Als Vorlage diente ihm der um 1160 entstandene altfranzösische Eneasroman (*Roman d'Énéas*), dessen rund 10.000 Reimpaarverse er um ein Drittel erweiterte.

Die Bearbeitungstendenzen, die den altfranzösischen und mittelhochdeutschen Eneasroman gegenüber Vergils *Aeneis* verbinden, sind die Zurückdrängung des nationalrömischen Charakters und die Verkleinerung des antiken Götterhimmels. Venus, die Mutter des Eneas, erscheint nun weniger als römische Göttin denn als Verkörperung der Minne. Der Konflikt zwischen der römischen Religion der Antike und der christlichen Religion des Mittelalters wird nicht aufgelöst, obwohl die erzählte Welt an die zeitgenössische Lebenswelt angenähert wird. Aus dem trojanischen Krieger wird ein höfischer Ritter; der Mittelpunkt seines Lebens ist nicht nur der Kampf um Italien, sondern auch seine Liebe zu Lavinia. Heinrich von Veldeke ordnet die Handlung in reichsgeschichtliche Vorstellungen ein, wenn er die Hochzeit von Eneas und Lavinia mit dem Mainzer Hoffest des staufischen Kaisers Friedrich I. Barbarossa vergleicht. Auf diese Weise deutet er die Kontinuität des römisch-deutschen Reiches mit dem Römischen Reich an, die außerhalb des Interesses seines französischen Vorgängers lag.

Die Eneasromane entwerfen eine Genealogie des Begehrens, die vier Stationen umfasst. Wie knapp berichtet wird, hat Eneas seine erste Gattin Kreusa in Troja zurückgelassen. Die vakante Position wird von Dido gefüllt, die sich in Eneas verliebt und ihn heiratet, ohne dass dieser ihre Liebe erwidert. Nachdem die Götter Eneas zur Weiterreise aufgefordert und die verzweifelte Dido sich das Leben genommen hat, ist Eneas wieder allein. An seine Seite tritt nun sein Freund und Waffenbruder Pallas, der Eneas im Kampf um Italien unterstützt, aber von Turnus getötet wird. In seiner Totenklage um Pallas offenbart Eneas eine Leidenschaft, die er gegenüber Dido vermissen ließ. Die vierte und letzte Person, die mit Eneas das Leben teilt, ist Lavinia. Ihre Liebe beginnt so leidvoll, wie die Freundschaft mit Pallas endete, denn die Liebenden kommen zunächst nicht zusammen. Die mittelalterlichen Eneasromane nutzen also den Plot ihrer antiken Vorlage, um das neue Phänomen der höfischen Liebe von allen Seiten zu beleuchten.

Wie bereits angedeutet, lässt sich an den mittelalterlichen Eneasromanen die heterosoziale Wende der höfischen Epik nachvollziehen, also der Übergang von einer männlich-homosozial bestimmten zu einer nun auch heterosozial geprägten Geschlechterordnung (s. Kap. 2). Bei Vergil ist Lavinia eine Nebenfigur, die für die künftige Herrschaft in Italien steht. Die Rivalität zwischen Aeneas und Turnus um Lavinia ist eine Rivalität um die Macht. Erst die mittelalterlichen Eneasromane bauen Lavinia zu einer eigenständigen weiblichen Hauptfigur aus, die mit ihrer Mutter Amata über die Liebe spricht, mit Eneas Kontakt aufnimmt, nachdem sie sich in ihn verliebt hat, und in Selbstgesprächen ihre Gefühle für Eneas auslotet. Da sich die Erweiterung weitestgehend auf Monologe und Dialoge beschränkt, ist ein Eingriff in den von Vergil vorgegebenen Plot nicht erforderlich. Hauptthema der Eneasromane ist die höfische Liebe, die im Kontrast einer tragischen (Teil 1: Dido/ Eneas) und einer gelingenden (Teil II: Lavinia/Eneas) Liebes- und Ehegeschichte erzählt wird. Heiratspolitik und Liebespassion werden verschränkt, das Ideal der höfischen Liebesehe bildet den Schluss- und Höhepunkt der Eneasromane. Die Lösung liegt (wie schon im *König Rother*) darin, dass sich die Braut in den Brautwerber verliebt – vor der heterosozialen Wende ist dies nicht erforderlich, danach aber zwingend.

Straßburger Alexander

Zur Trias der frühhöfischen Antikenromane gehören auch der *Straßburger Alexander*, eine um 1185 fertiggestellte Neufassung des *Alexanderlieds* des Pfaffen Konrad, und der um 1195 verfasste *Trojaroman* Herborts von Fritzlar. Diese beiden Antikenromane unterscheiden sich grundlegend vom *Eneasroman* Heinrichs von Veldeke. Während Letzterer mit seiner affirmativen Darstellung höfischer Kultur und Liebe schon in die hochhöfische Epik ausgreift, zeichnen sich der *Straßburger Alexander* und Herborts *Trojaroman* durch eine geistlich geprägte Zurückhaltung gegenüber dem Höfischen aus. Beide Werke weisen geradezu antihöfische Tendenzen auf, indem sie die Vergänglichkeit königlicher Macht und Pracht (*Straßburger Alexander*) und die sinnlose Grausamkeit ritterlicher Schlachten (Herborts *Trojaroman*) in den Vordergrund rücken.

Der *Straßburger Alexander* ist in nur einer Handschrift überliefert, die in Straßburg aufbewahrt wurde, wo sie 1870 verbrannte. Er vervollständigt die Lebensbeschreibung des griechischen Herrschers bis zu seinem Tod. Während das *Alexanderlied* des Pfaffen Lambrecht nur rund 1500 Verse umfasst und mit dem Sieg über Darius endet, erzählt der fast 7000 Verse lange *Straßburger Alexander* zusätzlich vom Kampf Alexanders gegen den indischen König Porus sowie von einer abenteuerlichen Orientreise, die ihn bis an die Grenze des Paradieses führt. Der fast fünffache Umfang verdankt sich nicht nur den zusätzlichen Episoden, sondern auch dem Sachverhalt, dass die Schilderung des Kampfes gegen die Perser erheblich ausgeschmückt wird. Der Verfasser des *Straßburger Alexanders* bediente sich zahlreicher lateinischer Quellen. Neben dem *Alexanderlied* des Pfaffen Lambrecht griff er auf die lateinischen Übersetzungen des griechischen Alexanderromans durch Julius Valerius (4. Jh.) und Leo von Neapel (10. Jh.), auf eine erweiterte Bearbeitung von Leos Übersetzung mit dem Titel *Historia de preliis* (11. Jh.) und auf das *Iter ad*

Paradisum (12. Jh.) zurück, das Alexanders Weg zum Paradies beschreibt. Mit der Erweiterung des *Alexanderlieds* gehen zwei Tendenzen einher, die den frühhöfischen Charakter des *Straßburger Alexanders* prägen: in inhaltlicher Hinsicht die Betonung der höfischen Kultur, in formaler Hinsicht die Glättung der Reimpaarverse.

Durch die Erweiterungen ändert sich die Komposition des Romans. Die ausgedehnte Darstellung der Ereignisse von der Kindheit bis zum Sieg Alexanders über Darius bildet den ersten Teil des Romans, der mit der Erfüllung des heilsgeschichtlichen Auftrags – der Ablösung des persischen durch das griechische Weltreich – und der Eheschließung Alexanders mit Darius' Tochter Roxane endet. Der zweite Teil umfasst die fortgesetzte Reise in den Osten, zu deren herausragenden Episoden der Kampf gegen den indischen König Porus, die Begegnungen mit weiblichen Wesen im Orient (Blumenmädchen, Candacis, Amazonen) und der Weg zum Paradies gehören; er schließt mit Umkehr, Friedensherrschaft und Tod des griechischen Königs.

Der Roman endet mit der Deutung eines geistlichen Dingsymbols. Vor den Mauern des Paradieses empfängt Alexander einen kostbaren Edelstein, der nicht mit Gold aufgewogen werden kann, wohl aber mit einer Feder, die mit etwas Erde bedeckt ist. Das Motiv verweist auf die Nichtigkeit der menschlichen Existenz: Im Leben ist der König so wertvoll wie ein Edelstein, im Tod so wertlos wie eine Feder. Diese Einsicht bewegt Alexander zur Umkehr, und so schert der Roman am Schluss in das legendarische Erzählmuster eines Sünderheiligen ein. Gott hat Alexander zu seinem heilsgeschichtlichen Werkzeug erwählt, aber das enthebt diesen nicht seiner Angewiesenheit auf die göttliche Gnade. An Alexander lässt sich in gesteigerter Form das Schicksal der Menschen ablesen: Höhe kommt vor dem Fall, aber wer rechtzeitig umkehrt, fällt in den Schoß Gottes.

Das an Alexander illustrierte Thema des menschlichen Schicksals steht so sehr im Vordergrund, dass für Fragen der höfischen Liebe wenig Platz bleibt. Der Verfasser des *Straßburger Alexanders* verzichtet darauf, die Eheschließung zwischen Alexander und Roxane als Liebesgeschichte zu erzählen, wie es nach dem Vorbild von Eneas und Lavinia durchaus möglich gewesen wäre. Es handelt sich um einen heiratspolitischen Bund, nicht um eine passionierte Liebe. Im zweiten Teil des Romans begegnet Alexander auf seiner Orientreise weiblichen Wesen, die man als erotische Phantasien deuten kann: auf der einen Seite die zarten Blumenmädchen, die im Frühling erblühen und im Herbst verwelken; auf der anderen Seite die forsche Königin Candacis, eine Minnedame, die sich nimmt, was sie begehrt.

Herbort von Fritzlar, *Liet von Troye*
Hermann I. von Thüringen gab einen weiteren Roman in Auftrag, der die Vorgeschichte des Eneasromans nachreichte, nämlich die Geschichte des Trojanischen Kriegs. Diese Aufgabe übernahm Herbort von Fritzlar, der um 1195 auf der Grundlage des französischen Trojaromans Benoîts de Sainte-Maure (*Roman de Troie*, um 1165) sein *Liet von Troye* verfasste. Als Magister am Chorherrenstift in Fritzlar oder Mitglied des Thüringer Hofklerus verfügte Herbort über eine Schulbildung, die es ihm erlaubte, bei seiner Bearbeitung der französischen Vorlage auch auf die lateinischen Quellen zurückzugreifen, derer sich bereits Benoît bedient hatte,

nämlich auf spätantike lateinische Kurzfassungen von Homers *Ilias*, die selbst nicht bekannt war. Zu nennen sind drei Prosaschriften: das als Augenzeugenbericht aus griechischer Perspektive geltende Werk *Ephemeris belli Troiani* („Tagebuch des Trojanischen Kriegs", 3./4. Jh.) des Dictys Cretensis, das als Augenzeugenbericht aus trojanischer Perspektive geltende Werk *De excidio Troiae historia* („Geschichte des Untergangs Trojas", 5. Jh.) des Dares Phrygius und das von Dares und Dictys unabhängige Werk *Excidium Troie* („Der Untergang Trojas", 4./6. Jh.).

Herbort kürzte seine rund 30.000 Verse umfassende Vorlage um fast die Hälfte, indem er die detaillierten Beschreibungen von Figuren und Dingen zusammenstrich und sich auf die Handlungsfolge konzentrierte. Während Benoît das Geschehen als höfischen Roman gestaltete und dabei auch großen Wert auf die Liebesgeschichten legte, nahm Herbort eine eher antihöfische Haltung ein. Sein Interesse gilt nicht der höfischen Überformung der Kampf- und Liebeshandlungen, sondern der schonungslosen Herausarbeitung der Mechanik des Krieges, an der auch die fatalen Liebesgeschichten ihren Anteil haben. Eine höfische Liebesehe, wie sie am Schluss des *Eneasromans* Heinrichs von Veldeke steht, hat in Herborts *Liet von Troye* keinen Platz. Jasons Untreue löst Medeas verheerende Rache aus, Paris' und Helenas ehebrecherische Liebe führt zum Trojanischen Krieg, Achill geht an seiner Liebe zur trojanischen Königstochter Polyxena zugrunde, Agamemnon wird von seiner Frau Klytaimnestra getötet. Freilich wird die fatale Stoßrichtung des Trojaromans vom Eneasroman, mit dem er als Einheit zu verstehen ist, abgefangen: Der Trojaner Eneas kann fliehen und die Gründung eines neuen Trojas vorbereiten, nämlich des Römischen Reichs, in dessen Kontinuität sich das römisch-deutsche Reich sieht. Und doch wird der Fatalismus des Trojaromans nicht durch den Optimismus des Eneasromans aufgehoben. Vielmehr wirkt er wie ein Korrektiv, jedenfalls aus Herborts illusionsloser Sicht auf die Welt, die bereits auf das *Nibelungenlied* vorausweist.

Albrecht von Halberstadt, *Metamorphosen*

Die *Metamorphosen* Albrechts von Halberstadt sind das einzige Werk der frühhöfischen Epik, das nicht auf einer französischen Vorlage beruht. Albrecht übersetzte im Jahr 1190 (nach anderer Auffassung im Jahr 1210) Ovids *Metamorphosen* direkt aus dem Lateinischen ins Deutsche. Als Magister im thüringischen Chorherrenstift Jechaburg bei Sondershausen verfügte er über die erforderlichen Sprach- und Literaturkenntnisse. Es handelt sich um eine Auftragsarbeit des thüringischen Landgrafen Hermann I., der auch hinter der Fertigstellung des *Eneasromans* Heinrichs von Veldeke und der Abfassung des *Trojaromans* Herborts von Fritzlar steht. Das Original ist nur in wenigen Bruchstücken (knapp 800 Reimpaarverse) überliefert, doch liegt das ursprünglich rund 20.000 Verse umfassende Werk vollständig in einer Bearbeitung des frühneuhochdeutschen Dichters Jörg Wickram (16. Jh.) vor.

Wie Ovid bietet Albrecht ein aus zahlreichen Einzelgeschichten geflochtenes Kompendium der antiken Mythologie. Seine Nacherzählung ist im Großen und Ganzen vorlagengetreu. Albrecht streicht unverständliche Passagen und gibt einige mythische Wesen mit einheimischen Entsprechungen wieder, z. B. Nymphen, Faune und Satyrn als *Dergleich Waldmenlin und gezwergen / So wonen thun inn welden / bergen / Darzů vil Ewinnen und freyen* (Wickram, Buch I, V. 367–369: „Auch

Waldmännlein und Zwerge, die in Wäldern und Bergen wohnen, außerdem viele Elfen und Feen"; vgl. Ovid, Buch I, V. 192–193). Er rückt das Werk in einen christlichen Horizont. Im Prolog distanziert er sich von den antiken Göttern: *Sie betten an die Abgoette / Inn der Teüffel gebotte / Stunden sie gemeyn* (V. 23–25: „Sie beteten die Götzen an und standen gemeinsam unter dem Gebot der Teufel") und stellt heilsgeschichtliche Bezüge zu Adam, Abraham und Christus her. Am Schluss des fünfzehnten Buches ist nicht, wie bei Ovid, die Friedensherrschaft des römischen Kaisers Augustus das Ziel der Geschichte, sondern die sich in dieser Zeit ereignende Geburt Christi.

Die heilsgeschichtliche Rahmung knüpft an die historische Anlage der *Metamorphosen* Ovids an, die mit der Urgeschichte beginnen, dann im Hauptteil die mythologische Geschichte präsentieren, um gegen Ende mit einem Brückenschlag von Troja zu Rom in die historische Zeit einzuscheren.

4.3   Hochhöfische Epik

In der hochhöfischen Phase setzt sich der Typus des weltlichen Dichters durch. An erster Stelle sind zwei Verfasser zu nennen, die ihrem Selbstverständnis nach Ritter waren: der schwäbische Ministeriale Hartmann von Aue mit vier epischen Werken und der fränkische Ministriale Wolfram von Eschenbach mit drei epischen Werken. In dieser Phase erweitert sich das Gattungsspektrum um die von Chrétien de Troyes begründete Gattung des Artusromans. Die Artusromane handeln von krisenhaften Helden wie Hartmanns *Erec* und *Iwein* und Wolframs *Parzival* oder von krisenlosen Helden wie der *Lanzelet* Ulrichs von Zatzikhoven und der *Wigalois* Wirnts von Grafenberg. Ebenfalls neu ist die Gattung der höfischen Novelle, die, wie im *Gregorius* und *Armen Heinrich* Hartmanns von Aue, um Themen des ritterlichen Heils oder, wie im anonym überlieferten *Mauricius von Craûn*, der ritterlichen Liebe kreist. Die bereits in der frühhöfischen Epik eingeführte Gattung des Liebesromans wird noch einmal aufgegriffen und unter hochhöfischen Vorzeichen neu gedeutet. So liefert Gottfried von Straßburg eine eigene Version des Romans von Tristan und Isolde und Konrad Fleck eine eigene Version des Romans von Flore und Blanscheflur. Hinzu kommt als Gegenstück zum Liebesroman die Gattung des Freundschaftsromans, vertreten durch das anonym überlieferte Werk *Athis und Prophilias*. Die Gattung des Antikenromans bricht hingegen ab. Die Gattung der französischen Heldenepik rückt, abgesehen von einem bedeutenden Beispiel, dem *Willehalm* Wolframs von Eschenbach, in den Hintergrund.

Zum ersten Mal betritt die deutsche Heldenepik die literarische Bühne, und zwar in der Doppelgestalt von *Nibelungenlied* und *Nibelungenklage*. Das *Nibelungenlied* stellt innerhalb der hochhöfischen Phase eine Zäsur dar, denn es ist nicht nur als kritische Antwort auf die früheren höfischen Romane lesbar, sondern hat auch die späteren höfischen Romane nachhaltig geprägt.

Die große Mehrheit der hochhöfischen Epen beruht auf französischen Vorlagen. Ausnahmen sind Hartmanns Novelle *Der arme Heinrich* und Wolframs Artusdichtung *Titurel*. Doch behauptet Hartmann, dass er seine Novelle nach einer Buchvorlage gedichtet habe. Und Wolfram gestaltet die Geschichte von Sigune und Schionatulander aus, die bereits im *Parzival*, der wiederum auf Chrétiens *Perceval* beruht, angelegt ist. Folglich ist das *Nibelungenlied* das einzige Werk der hochhöfischen Phase, das sich nicht auf schriftliterarische Quellen französischer Herkunft beruft, sondern Anschluss an die mündliche Sagenüberlieferung einheimischer Provenienz sucht.

4.3.1 Vor dem *Nibelungenlied*: Artusroman, Novelle, Tierepik

Die zentrale Gestalt der hochhöfischen Phase vor dem *Nibelungenlied* ist Hartmann von Aue. Von ihm stammen vier der sechs Werke, die in diesem Zusammenhang zu nennen sind: zwei Artusromane (*Erec, Iwein*) und zwei legendenhafte Novellen (*Gregorius, Der arme Heinrich*). Hinzu kommt ein weiterer Artusroman, der *Lanzelet* Ulrichs von Zatzikhoven. Als ideeller Vorläufer des *Nibelungenlieds* kann das Tierepos *Reinhart Fuchs* gelten, das mit dem Heldenepos die negative Sicht auf die höfische Gesellschaft teilt.

4.3.1.1 Artusroman

Chrétien de Troyes begründete die Gattung des Artusromans mit seiner um 1170 verfassten Erzählung *Erec et Enide* (vgl. Mertens 1998). Sie handelt von einem jungen Königssohn und Artusritter, der auszieht, um die verletzte Ehre des Artushofes wiederherzustellen und dabei seine künftige Frau Enide kennenlernt. Er scheitert zunächst an der Aufgabe, Liebe und Herrschaft miteinander zu vereinbaren, bewältigt sie aber mit Enides Hilfe in einer Reihe von Abenteuern, aus denen er schließlich als vorbildlicher Landesherr und Ehemann hervorgeht.

Chrétien konnte auf Vorbilder zurückgreifen, insbesondere auf den 1155 entstandenen *Roman de Brut* („Roman über Brutus") eines anglonormannischen Dichters namens Wace. Der im Auftrag des englischen Königshauses verfasste Geschichtsroman beruht seinerseits auf der 1136 entstandenen *Historia Regum Britanniae* („Geschichte der Könige Britanniens"), einer lateinischen Chronik Geoffreys von Monmouth, die Wace in französische Reimpaarverse übertrug und somit auch für ein laikales, des Lateinischen nicht mächtiges Adelspublikum zugänglich machte. Wace erzählt eine fiktive Geschichte der britischen Könige von den Anfängen bis zur Eroberung Britanniens durch die Sachsen. Am Anfang steht der Trojaner Brutus, Urenkel des Aeneas und Begründer des späteren London, der der Insel angeblich seinen Namen gab. Den Höhepunkt bildet die rund 5000 Verse (und somit ein Drittel des Gesamtwerks) umfassende Geschichte von König Arthur, die Wace höfisch überformt. Arthur erscheint als Protagonist der ihm gewidmeten Erzählung, er kämpft selbst gegen Riesen und feindliche Heere. Die arthurische Hofgesellschaft ist bei Wace schon in differenzierter Weise ausgestaltet. Arthur ist mit Genièvre (Ginover) verheiratet. An seinem Hof nehmen sein Neffe Gauvain (Gawein) und sein Truchsess Keu (Keie) eine Vorzugsstellung ein, auch Yvain (Iwein) wird bereits erwähnt. Zudem ist das Motiv der Tafelrunde bei Wace schon vorhanden:

> Für die adligen Ritter, die er an seinem Hof hatte und von denen jeder meinte, er sei besser als die anderen – jeder hielt sich für den vortrefflichsten, und keiner hätte sagen können, wer der geringste unter ihnen war –, schuf Artus die Tafelrunde, von der die Briten viele Geschichten erzählen. Dort saßen seine Vasallen alle in demselben ritterlichen Rang und ohne Abstufung voneinander, ganz gleich saßen sie bei Tisch, und alle wurden in gleicher Weise bedient; niemand unter ihnen konnte sich rühmen, einen besseren Platz innezuhaben als ein ihm Ebenbürtiger, alle saßen in dem Kreis, und keiner abseits (Langosch, S. 95).

Chrétien übernahm also wesentliche Vorgaben: die zentrale Figurenkonstellation (Artus, Ginover, Gawein, Keie), den Ritter Iwein, den er zum Protagonisten seines zweiten Artusromans machte, die Motive der Tafelrunde und der höfischen Feste, die am Artushof gefeiert werden, aber auch die Szenen, in denen Provokateure den Frieden des Hofes stören und Riesen ihr Unwesen treiben. Die gattungsstiftende Idee Chrétiens bestand darin, dass er in jedem seiner Artusromane einen neuen Ritter der Tafelrunde in den Vordergrund rückte und die Rolle der handelnden Hauptfigur, die zuvor Artus vorbehalten war, auf Erec, Iwein, Parzival usf. übertrug, während der König im Hintergrund bleibt. Neu ist auch die charakteristische Handlungsstruktur, die mindestens für den *Erec*, den *Iwein* und den *Parzival* gilt: der „doppelte Kursus", der in der Gattung der Heiligenlegende vorgeprägt ist. Der Artusheld durchläuft einen doppelten Weg: Der erste führt ihn zu einem vorläufigen Erfolg und in die Krise, der zweite dient der Krisenbewältigung und führt den Helden zum endgültigen Erfolg (s. Abschn. 5.3.3).

Serielles Erzählen
Die Gattung des Artusromans zeichnet sich durch das Prinzip des seriellen Erzählens aus. In jedem Roman zieht ein anderer Ritter der Tafelrunde aus, um sich einen Namen zu machen. Chrétien verfasste fünf Werke dieser Gattung, von denen zunächst drei ins Deutsche übertragen wurden: erst der *Erec* und der *Iwein* durch Hartmann von Aue, dann der *Parzival* durch Wolfram von Eschenbach. Hinzukommen der *Lancelot* Ulrichs von Zatzikhoven, der nicht auf Chrétiens *Lancelot*, sondern einer anderen Quelle beruht, und fünftens der *Wigalois* Wirnts von Grafenberg, der sich (wie Ulrichs *Lanzelet*) zum Teil an den *Bel Inconnu* Renauts de Beaujeu anlehnt. Somit kann man die Gattung des Artusromans als „Werkreihe" (Grubmüller 1999) definieren.

Während Erec, Iwein und Parzival den Typus des Artusritters repräsentieren, der eine Krise und eine Rehabilitation durchläuft, handelt es sich bei Lanzelet und Wigalois um Artushelden, die von Anfang an vollkommen sind. Diesen beiden, die aus Feenreichen stammen und somit unter dem Einfluss des Übernatürlichen stehen, ist die ritterliche Idealität nicht auf-, sondern vorgegeben.

Hartmann von Aue, *Erec*
Um 1180 bearbeitete Hartmann von Aue wohl im Auftrag des Herzogs von Zähringen, der ihm die französische Vorlage beschaffte, Chrétiens Artusroman *Erec*

et Enide (entstanden um 1165) für das deutschsprachige Publikum. Wie ein Vergleich zeigt, hat Hartmann Chrétiens Roman inhaltlich und strukturell vollständig durchdrungen und in der Gestaltung und Deutung eigene Akzente gesetzt. Die Eigenleistung lässt sich auch daran ablesen, dass Hartmanns Bearbeitung um ein Drittel umfangreicher ist als seine Vorlage. Er nutzte vor allem die poetischen Mittel der Beschreibung (Descriptio) und Figurenrede (Apostrophatio), um die Geschichte deutend zu erweitern, ohne dabei in die Handlungsfolge einzugreifen. Beispiele sind die Beschreibung des prachtvollen Pferdes, das Enite geschenkt wird, und die Klagerede, die Enite auf den scheintoten Erec hält (s. Abschn. 5.4).

Erec vertritt den Typus des Artusritters, der als Königssohn Anpruch auf die Herrschaft im väterlichen Reich hat. Zuvor lebt er für einige Zeit am Artushof, um sich als Ritter zu vervollkommnen. Seine Chance kommt, als die Königin Ginover in seiner Gegenwart beleidigt wird. Er reitet aus, um die verletzte Ehre des Artushofs wiederherzustellen, was ihm auch bravourös gelingt. Zugleich verlobt er sich mit der Tochter eines verarmten Grafen, die er nach seiner Rückkehr an den Artushof heiratet, um schließlich mit ihr in das väterliche Königreich zurückzukehren. Indem er die Herrschaft in Karnant übernimmt, weitet sich der Geltungsbreich des Artushofes aus. Der Roman wäre trivial, wenn er an dieser Stelle endete. Doch setzt auf dem scheinbaren Höhepunkt des ritterlichen Erfolgs die Krise des Helden ein. Sie wird durch ein Defizit des Helden ausgelöst, der sich dem vorzeitig Erreichten noch nicht gewachsen zeigt. Es gelingt ihm nicht, Liebe, Ehe und Herrschaft zum Ausgleich zu bringen. Indem er sich ganz der Minne zu Enite hingibt, vernachlässigt er seine landesherrlichen Pflichten und kommt in der Hofgesellschaft ins Gerede. Nun muss der Held ein zweites Mal ausziehen, diesmal gemeinsam mit seiner Ehefrau, um sich zu rehabilitieren. In einer Serie von Abenteuern, die auf sein Defizit antworten und ihm so die Gelegenheit der Wiedergutmachung bieten, läutert sich Erec. Am Ende führt er mit Enite, die ihm mit ihrer bedingungslosen Loyalität (*triuwe*) stets einen Spiegel vorhält, eine höfische Liebesehe, die er nun mustergültig mit den Ansprüchen der Landesherrschaft vereinbart. Diese Handlungsstruktur, die einen ersten, zum vorläufigen Erfolg führenden Weg, eine Krise und einen zweiten, zum endgültigen Erfolg führenden Weg umfasst, bezeichnet man als doppelten Kursus (s. Abschn. 5.3.3). Beide Abenteuerwege weisen ihrerseits Binnenstrukturen auf, die auf dem Prinzip der episodischen Schachtelung (s. Abschn. 5.3.2) oder Doppelung (s. Abschn. 5.3.1) beruhen.

Chrétien und Hartmann präsentieren im Medium der Literatur ein Verhaltensmodell, an dem sich die ritterliche Gesellschaft orientieren konnte. Wie der gläubige Christ sein Leben an den Heiligenlegenden ausrichten sollte, so das höfische Publikum an den Artusromanen. Doch geht es weniger um Imitation als Reflexion. Der Artusroman, dessen krisenhafter Held Brüche und Widersprüche erlebt, dient nicht zuletzt der kritischen Selbsterfahrung der höfischen Gesellschaft. Die Artusromane können diese Funktion deswegen so gut erfüllen, weil sie keinen realgeschichtlichen Anspruch haben, sondern in einer Märchenwelt angesiedelt sind, die, wie Jean Bodel mit Verweis auf die *matière de Bretagne* betont, „eitel und

4.3 Hochhöfische Epik

gefällig", also, wie man heute sagen würde, fiktional ist. Die Artusromane vermitteln keine historische, sondern eine poetische Wahrheit, die sich hinter der erzählten Geschichte verbirgt.

In der Gattung des Artusromans finden die höfische Gesellschaft und die höfische Dichtung des Hochmittelalters gewissermaßen zu sich selbst. Die Artusromane stehen nicht mehr im Schatten klerikaler Dichter, die das Feld der vor- und frühhöfischen Epik dominierten, sondern sind weltliche Literatur von weltlichen Autoren für ein weltliches Publikum. Die Artusromane vertreten nicht mehr das heilsgeschichtliche Denken des Christentums, sondern bieten laikale Heilsgeschichten an, Geschichten eines genuin ritterlichen Glücks, das als *sælde* (*felicitas*) bezeichnet wird. Es konkurriert mit dem christlichen Heil (*beatitudo*), ohne mit ihm in Konflikt zu geraten. Auch Erec, Iwein und Parzival gehen in die Kirche, doch ihr eigentlicher Auftrag liegt in einer Ritterschaft, die sich zunächst als herausfordernd und schließlich als beglückend erweist.

Ulrich von Zatzikhoven, *Lanzelet*

Wenn die frühe Datierung des *Lanzelet* Ulrichs von Zatzikhoven zutreffend ist, hat das Gegenmodell zum krisenhaften Artushelden nicht lange auf sich warten lassen. Der auf einer nicht überlieferten französischen Vorlage basierende, vielleicht ebenfalls von den Zähringern in Auftrag gegebene Roman zeichnet sich durch einen Helden aus, der keine Krise durchlaufen muss, weil er von Anfang an mit Glück und Heil gesegnet ist. Der Grund dafür ist nicht göttliche Erwählung, sondern die in einem Feenreich verbrachte Kindheit des Helden. Dass der *Lanzelet* eine Antwort auf den Typus des krisenhaften Artushelden bietet, lässt sich daran ablesen, dass er der Struktur des doppelten Kursus folgt, aber die Position der Krise durch eine Szene ersetzt, in der dem Helden seine Identität enthüllt wird. Auch die Episoden, aus denen sich die Handlungsstruktur zusammensetzt, verweisen intertextuell auf die Artusromane, die von krisenhaften Helden erzählen. Sie lesen sich wie variierte Dubletten entsprechender Episoden des *Erec*, *Iwein* und *Parzival*. Daraus lässt sich der Schluss ziehen, dass der Verfasser der französischen Vorlage (und wohl auch der deutsche Bearbeiter) die betreffenden Romane Chrétiens de Troyes bereits kannte. Dies stellt kein chronologisches Problem dar, denn der *Perceval* dürfte bereits zwischen 1180 und 1190 entstanden sein, also deutlich früher als Ulrichs *Lanzelet* und entsprechend früher als seine Vorlage.

Wie Erec vertritt Lanzelet den Typus des Artusritters, der zugleich ein Königssohn ist. Im Unterschied zu Erec heiratet er nicht eine mittellose Grafentochter, die erst durch die Heirat zur Königin aufsteigt, sondern (neben anderen Frauen) die Tochter eines mächtigen Landesherrn, die drei Königreiche mit in die Ehe einbringt. Dies ist wiederum eine Parallele zu Iwein, der ebenfalls eine alleinstehende Landesherrin heiratet. Als namenloser Ritter, der anfangs nicht um seine Herkunft weiß, erfüllt Lanzelet im Laufe der Geschichte drei Missionen, die auf drei verschiedene Rollen verweisen, die er in sich vereint: als Königssohn von Genewis, als Pflegesohn einer Meerfee und als Neffe des Königs Artus. In der ersten Rolle spiegelt sich der historische, in der zweiten der elitäre und in der dritten der ethische Anspruch des Rittertums.

Hartmann von Aue, *Iwein*

Um das Jahr 1200 legte Hartmann von Aue seinen zweiten Artusroman vor, den *Iwein*. Dieser basiert wieder auf einer Vorlage Chrétiens de Troyes, nämlich auf dessen viertem Artusroman *Yvain ou le Chevalier au lion* („Yvain oder der Löwenritter"). Dass Hartmann zwei Artusromane übersprang und nach dem *Erec* gleich den *Iwein* in Angriff nahm, dürfte mit ihrer typologischen Ähnlichkeit zusammenhängen. Beide Romane handeln von krisenhaften Artusrittern, und sie beziehen sich intertextuell aufeinander. Bei Hartmann fordert Gawein Iwein zu einer gemeinsamen Turnierfahrt auf, weil er ihn vor Erecs Versäumnis in Karnant bewahren will. Iwein solle aus Liebe zu Laudine nicht untätig werden, *als dem herren Êreke geschach / der sich ouch sô manigen tac / durch frouwen Ênîten verlac* (V. 2792–2794: „wie es dem Herrn Erec geschah, der sich ebenfalls über Tage wegen Frau Enite verlag"). Freilich stellt sich Gaweins Rat schließlich als kontraproduktiv heraus, denn Iwein wird wegen der gemeinsamen Turnierfahrt seine landesherrlichen Pflichten vernachlässigen und bei Laudine in Ungnade fallen.

Der *Iwein* spielt den doppelten Kursus, der im *Erec* grundgelegt ist, erneut durch. Iwein vertritt nicht mehr den Typus des Königssohns, der ein väterliches Reich erbt, sondern erwirbt seine Landesherrschaft erst durch die Heirat einer Königin. Das Laudinereich stellt ein autonomes, mit dem Artushof konkurrierendes Machtzentrum dar. Laudine trägt Züge einer Fee, ihr Reich Züge eines Feenreichs. Um es zu betreten, muss man einen Brunnenzauber absolvieren. Zwischen diesen Zentren, dem arthurischen und dem feenhaften, pendelt Iwein hin und her. Der Artushof stellt Ansprüche an ihn, die von Gawein artikuliert werden (der im *Iwein* eine viel größere Rolle spielt als im *Erec*); und das Laudinereich stellt Ansprüche an ihn, die von Laudine ausgehen und durch ihre Zofe und Botin Lunete vermittelt werden. Chrétien und Hartmann nutzen das Narrativ der gestörten Mahrtenehe, um Laudines Ansprüche an Iwein zu inszenieren (s. Abschn. 5.2.2). Der doppelte Anspruch manifestiert sich in einer triangulären Figurenkonstellation: Iwein steht zwischen Gawein, dem Freund und Artusritter, und Laudine, der Ehefrau und Landesherrin. Entsprechend ist die Abenteuerreihe des zweiten Kursus organisiert (s. Abschn. 5.3.2). Das erste Doppelabenteuer des zweiten Kursus spielt sich in der Sphäre des Laudinereichs ab, das zweite Doppelabenteuer in der Sphäre des Artusreichs. Die Sonderstellung des Laudinereichs kommt auch darin zum Ausdruck, dass die charakteristische Zwischeneinkehr in der Mitte des zweiten Kursus den Helden nicht, wie im ersten Artusroman, an den Artushof, sondern an den Laudinehof führt.

Das zentrale Thema des zweiten Artusromans ist wiederum die Vereinbarkeit von Liebe, Ehe und Herrschaft, jedoch in neuer Konstellation. Iwein heiratet Laudine, weil er Liebe für sie empfindet; Laudine heiratet Iwein aus machtpolitischen Erwägungen. Wenn Laudine nach Iweins Terminversäumnis die Scheidung einreicht, so liegt es nicht daran, dass sie Iwein nicht mehr liebt, sondern dass er seine Herrscherpflicht vernachlässigt und sich somit als Beschützer des Landes disqualifiziert hat. Iwein hingegen verzweifelt an der Trennung von Laudine und verliert buchstäblich seinen Verstand. Nachdem er gesundet und in zahlreichen Abenteuern beweist, dass er ein verlässlicher Schutzherr ist, der eingegangene Verpflichtungen einzuhalten vermag, erklärt sich Laudine schließlich bereit, den Ehebund mit Iwein zu erneuern. Die Ehe, die Erec und Enite miteinander schließen, ist symmetrisch, denn beide sind einander in Liebe zugetan. Die Ehe, die Iwein und Laudine schließen, ist hingegen asymmetrisch, denn während Iwein für Laudine passionierte Liebe empfindet, heiratet Laudine Iwein in erster Linie aus machtpolitischen Erwägungen.

4.3.1.2 Novelle

Die Novellen Hartmanns von Aue entstanden zwischen seinen Artusromanen. Es gilt als gesichert, dass der *Gregorius* nach dem *Erec* und der *Arme Heinrich* vor dem *Iwein* entstand. Beide Novellen zeichnen sich durch legendenhafte Züge aus. Der *Gregorius* beruht auf einer französischen Vorlage; der *Arme Heinrich* gibt vor, auf einer schriftliterarischen Quelle zu beruhen, scheint aber von Hartmann in Anlehnung an vorgegebene Erzählmuster eigenständig konzipiert worden zu sein.

Hartmann von Aue, *Gregorius*

Hartmanns Novelle *Gregorius* basiert auf der bereits um 1150 entstandenen legendenhaften Erzählung *La vie du pape Saint Grégoire*. Hartmann erweitert den Umfang der Vorlage um die Hälfte (4006 statt 2740 Verse), sodass die Bearbeitung die Grenze von der Novelle zum Roman fast überschreitet. Zu betonen ist, dass Vorlage und Bearbeitung zwar legendenhafte Züge tragen, aber keine Heiligenlegenden im eigentlichen Sinn sind. Hartmann formt eine höfische Novelle, die zwar im Register einer Legende erzählt wird, aber eine genuin laikale Problematik verhandelt, nämlich die Frage nach der Heilserwartung des weltlichen Adels.

In den Artusromanen, die Hartmann verfasste, wird vorausgesetzt, dass die Protagonisten nach einigen Irrungen und Wirrungen zu einem diesseitigen Heil finden, das sich in der Verbindung von Liebesehe und Landesherrschaft erweist. Hartmann erklärt im Prolog zum *Iwein*, dass ein Ritter, der sich auf *rehte guete* („wahre Vollkommenheit") ausrichtet, *sælde und êre* („ein gesegnetes Leben und weltliches Ansehen") erlangt. Dass mit *sælde* nicht das geistliche Seelenheil, sondern ein weltliches Adelsheil gemeint ist, geht daraus hervor, dass als Maßstab nicht Gott oder ein Heiliger, sondern *künech Artûs der guote* („der vollkommne König Artus") genannt wird, also eine mythische Gestalt, in der sich der ideale Selbstanspruch der höfisch-ritterlichen Gesellschaft verkörpert.

Diese Gewissheit wird in den höfischen Novellen relativiert. Der *Gregorius* stellt die Frage nach der Heilsfähigkeit des Ritters in radikaler Weise neu. Der Protagonist entstammt einem aquitanischen Fürstengeschlecht, das über drei Generationen hinweg im Zeichen des Inzests steht. Zunächst versäumt der verwitwete Landesherr, Vater eines Sohnes und einer Tochter, letztere rechtzeitig zu verloben (er scheint sie also für sich selbst zu beanspruchen). Nach seinem Tod haben die elternlosen Kinder nur noch sich selbst, was zu inzestuöser Nähe führt. Aus der Geschwisterliebe geht ein Kind hervor, das sie nach der Geburt aussetzen, um die Blutschande zu verbergen. Doch der Knabe wächst heran und wird später, ohne es zu wissen und zu wollen, den Inzest, aus dem er hervorgegangen ist, mit seiner Mutter wiederholen. Die weibliche Hauptfigur wird somit dreifach zum Objekt des inzestuösen Begehrens: ihres Vaters, ihres Bruders und ihres Sohnes. Dieser Sachverhalt lässt sich als übersteigerte Darstellung der Problematik verstehen, die darin besteht, dass Adelige zwar außerhalb ihres Geschlechts, aber innerhalb ihres Standes heiraten sollten. Der Inzest steht somit für das Dilemma des Adels, dass er das Exogamiegebot aufgrund seiner vielfältigen verwandtschaftlichen Verflechtungen nur mit Mühe einhalten kann. Die Novelle erzählt nun, dass ein Ritter und Fürst, in dessen Person die Erbsünde des Inzests kulminiert, dennoch das Heil erreichen kann, und zwar in wiederum übersteigerter Weise. Gregorius nimmt eine exzessive Buße auf sich: Er lässt sich an eine Felseninsel ketten und lebt dort von nichts anderem als Regenwasser, das in eine Steinmulde tropft. Nach siebzehn Jahren wird er befreit und zum Papstamt berufen, das ihm schon zu Lebzeiten den Ruf der Heiligkeit einbringt. Der Weg des Protagonisten wird also im legendarischen Register erzählt: Auf maximale Sünde folgt maximale Buße, auf maximale Buße maximale Gnade, auf maximale Gnade maximales Heil. Nimmt man die Übersteigerung ins Wunderbare zurück, so bleibt die Botschaft übrig, die Hartmann im *Iwein*-Prolog zum Besten gibt: Wer sich um ritterliche Tugend bemüht (wie Gregorius in Aquitanien), darf auch mit ritterlichem Heil rechnen. Dies ist ein genuin laikales Versprechen, das im *Gregorius* klerikal verkleidet wird. Die höfische Novelle maskiert sich als fromme Legende.

Der *Gregorius* ist auch deswegen von besonderer literaturgeschichtlicher Bedeutung, weil er drei zentrale Elemente der Poetik des höfischen Romans vorwegnimmt. Dabei ist zu bedenken, dass Hartmanns Novelle zwar erst um 1190 entstand, seine Vorlage aber bereits um 1150, also in der Geburtsstunde der höfischen Epik. Erstens kündigt sich im *Gregorius* bereits der doppelte Kursus an (s. Abschn. 5.3.3), der für die Gattung der Artusromane konstitutiv ist, denn der Held durchläuft einen ersten Weg, der ihn zum vorläufigen Erfolg als Landesfürst führt, und dann einen zweiten Weg, der ihn zum endgültigen Erfolg als Papst (der auch ein Landesfürst ist) führt. Dazwischen liegt eine Krise, nämlich die Entdeckung des Inzests und die Buße auf der Felseninsel. Zweitens zeichnet sich im *Gregorius* das Prinzip der Providenz ab (s. Abschn. 5.3.4), die den Weg des Helden durch scheinbare Zufälle lenkt. In dieser Hinsicht offenbaren sich Parallelen zwischen Gregorius und Tristan, deren Leben jeweils von Glücks- und Rollenwechseln geprägt ist, die durch schicksalshafte Entdeckungen ausgelöst werden. Drittens weist der *Gregorius* bereits die Präfiguration der Hauptgeschichte in einer Vorgeschichte auf, wie man das später von Tristan, Lanzelet, Parzival und Wigalois kennt, deren Schicksal jeweils auch durch die Geschichte der Eltern vorgezeichnet wird.

Hartmann von Aue, *Der arme Heinrich*

In seiner zweiten Novelle spielt Hartmann von Aue die Versuchsanordnung des *Gregorius* ein zweites Mal durch, nun aber nicht anhand einer literarischen Vorlage (obwohl er dies im Prolog behauptet), sondern einer Geschichte, die er selbst konzipiert hat. Der Protagonist, ein schwäbischer Freiherr, der ein vorbildliches Leben führt, erkrankt plötzlich an Aussatz, hadert mit seinem Schicksal, sucht vergeblich Hilfe bei ausländischen Ärzten und zieht sich schließlich auf einen Meierhof zurück, um dort den Tod zu erwarten. Wie in der ersten Novelle handelt es sich um eine unverschuldete Krise: Heinrich wird (wie der biblische Hiob) nicht für eine begangene

Sünde bestraft, sondern von Gott auf die Probe gestellt. Die Rettung erfolgt erneut durch ein Wunder: Wie Gregorius nach siebzehnjährigem Rückzug von Gott zum Papstamt berufen wird, so wird Heinrich nach dreijährigem Rückzug durch Gottes Gnade geheilt. In beiden Fällen geht eine innere Umkehr voraus: Der vormalige Landesherr Gregorius büßt als Einsiedler, der vormalige Freiherr Heinrich ergibt sich in der Bescheidenheit des Meierhofs seinem Schicksal. In beiden Fällen wird auch eine Ehegeschichte erzählt: Gregorius heiratet die Landesherrin von Aquitanien (die sich später als seine Mutter erweist), Heinrich die Tochter des Meierpaars, das ihn aufgenommen hat.

Wieder wird die Geschichte hagiographisch verkleidet, nun aber auf andere Weise. Die legendenhafte Figur ist nicht die männliche, sondern die weibliche Hauptfigur. Die religiös begeisterte Meierstochter ist bereit, für Heinrich ihr Leben zu opfern, da sie sich von ihrem Martyrium die geistliche Hochzeit mit Christus verspricht. Ein Arzt hatte Heinrich mitgeteilt, dass ihn nur das freiwillige Blutopfer einer heiratsfähigen Jungfrau von seinem Leiden erlösen könne. In diese Rolle wächst das Mädchen in den drei Jahren, die Heinrich auf dem Meierhof verbringt, hinein. Sie überzeugt ihre Eltern, Heinrich und schließlich auch den Arzt davon, dass sie sterben will, damit Heinrich leben kann. Heinrichs Umkehr besteht darin, dass er angesichts des Mädchens, das bereits entkleidet auf dem Operationstisch liegt, seine Meinung ändert und das Opfer in letzter Sekunde zurückweist. Lieber will er selbst sterben, als dass ein unschuldiger Mensch sein Leben für ihn hingibt. An dieser Stelle springt die Erzählung vom Register der Legende in das Register der höfischen Novelle zurück. Heinrich, der aufgrund seiner inneren Umkehr spontan geheilt wird, heiratet das Mädchen und verhilft ihr so zum sozialen Aufstieg. Die Pointe besteht darin, dass Heinrich die (potenzielle) Braut Christi zur Frau nimmt: Gregorius wird selbst zum Heiligen, Heinrich heiratet eine Heilige. So gewinnt er beides: gesellschaftliches Ansehen als nunmehr verheirateter Freiherr (*ére*) und göttlichen Segen (*sælde*) als Ehemann einer Gattin, die das Prinzip wahrer Vollkommenheit (*rehte guete*) verkörpert. Wieder also wird ein adeliger Heilsanspruch mit den erzählerischen Mitteln der Legende verbrämt.

Auch diese Novelle weist eine komplexe Komposition auf. Vorderhand erkennt man den Zeitsprung von drei Jahren, der die Erzählung in zwei Hauptteile gliedert, und die spiegelsymmetrische Raumstruktur, die beide Teile in jeweils drei Episoden auffächert. Wichtiger noch ist der Sachverhalt, dass die Novelle nicht durchgängig aus der Perspektive des männlichen Protagonisten erzählt wird, sondern die Figur des Mädchens in der zweiten und dritten Episode des zweiten Teils vorübergehend zur Hauptfigur avanciert. Wie Kurt Ruh (1984) gezeigt hat, schiebt Hartmann zwei Varianten der Gattung der Blutopferlegende ineinander. Die erste Variante, die zum Beispiel in der Legende des heiligen Silvester repräsentiert ist, wird aus der Perspektive des Kranken erzählt, der das Heilmittel, ein Bad im Blut unschuldiger Menschen, ablehnt, und gerade deswegen von Gott geheilt wird. Die zweite Variante, die zum Beispiel in der Legende von Amicus und Amelius repräsentiert ist, wird aus der Perspektive des Opfers erzählt, das das Leben (nicht das eigene, sondern das seiner Kinder) freiwillig hingibt, um den Kranken zu retten. Hartmann beginnt seine Novelle in Anlehnung an die erste Variante (Perspektive Heinrichs), wechselt im zweiten Teil vorübergehend zur zweiten Variante (Perspektive des Mädchens), um schließlich wieder zur ersten Variante zurückzukehren.

Am Ende bleibt doch die Dominanz der männlichen Perspektive bestehen. Vorübergehend scheint das Mädchen über einen eigenen Handlungsspielraum und eine eigene Entscheidungsfreiheit zu verfügen. Dies ist aber insofern nicht der Fall, als der Erzähler zunächst die abstrakte Handlungsrolle der opferwilligen Jungfrau definiert (mit den Worten des Arztes), in die die Figur des Mädchens hineinwächst. Der dreijährige Zeitsprung überspielt die Inkubationszeit, derer es bedarf, damit das zunächst achtjährige Mädchen die vom Arzt formulierte Bedingung der Heiratsfähigkeit (also der Geschlechtsreife) erfüllt. Man könnte diese narrative Konstruktion durchaus als zynisch bezeichnen: Das Mädchen, das bis zum Schluss keinen Namen erhält, läuft gewissermaßen in die Falle, die der Erzähler ihr gestellt hat. Wenn Heinrich sie am Ende heiratet, hat sie kein Mitspracherecht mehr. Der höfischen Liebesehe, die hier suggeriert wird, mangelt der explizite Konsens der Braut mit dem Bräutigam.

4.3.1.3 Tierepik
Die Gattung der Tierepik ist nur in einem Werk repräsentiert, das aber Teil einer breiten und langanhaltenden Tradition ist.

Heinrich (der Gleißner), *Reinhart Fuchs*
Nach dem Jahr 1192, vielleicht um 1200, verfasste ein Dichter namens Heinrich, der sich in Anlehnung an seine Hauptfigur, den heuchlerischen Fuchs, den Beinamen *der glîchezâre* („der Gleißner") gab, das auf dem französischen *Roman de Renart* beruhende Tierepos *Reinhart Fuchs*. Heinrich, vermutlich ein Kleriker, schrieb das kurze Werk (2266 Reimpaarverse) für ein elsässisches Publikum; als Auftraggeber kommen die Grafen von Dagsburg in Frage.

Heinrichs literarische Leistung besteht darin, dass er den Stoff, der in den französischen Fassungen als frei erweiterbare Episodenfolge vorlag, so anordnete und ergänzte, dass daraus ein in sich abgeschlossenes Buchepos entstand, das er (so steht es jedenfalls in der ältesten überlieferten Handschrift S) als *Isingrines not* bezeichnet (V. 1790: „Isengrins Not"). Diese Formulierung erinnert an den Titel *der Nibelunge nôt* (V. 2376,4: „Der Nibelungen Not"), mit dem das *Nibelungenlied* endet. In der Tat gibt es inhaltliche Parallelen. Der tierepische *Reinhart Fuchs* führt am Beispiel der Tiere allegorisch vor, was das heldenepische *Nibelungenlied* am Beispiel der Menschen zeigt: eine Gesellschaft, die der rücksichtslosen Verfolgung eigener Interessen zum Opfer fällt. Mit der ‚Not der Nibelungen' ist der Untergang der Burgunden gemeint, mit ‚Isengrins Not' der Untergang des Wolfs, der hier stellvertretend für alle Tiere genannt wird. Wollte man Analogien herstellen zwischen dem Personal des *Nibelungenlieds* und dem Personal des *Reinhart Fuchs*, dann könnte man die listige Titelfigur mit Hagen vergleichen, den leichtgläubigen Wolf mit Siegfried und den manipulierbaren Löwen – den König der Tiere, der bei Heinrich entgegen der französischen Tradition nicht *Noble* (‚Edler'), sondern *Vrevel* (‚Frevel') heißt – mit dem burgundischen König Gunther. Freilich ist zu bedenken, dass das Tierepos typenhafte Figuren entwirft, während das *Nibelungenlied* die Charaktere vergleichsweise komplex ausarbeitet. Und während der bösartige Fuchs nur seine eigenen Interessen vertritt, handelt Hagen im machtpolitischen Interesse der Burgunden.

Heinrich hat die freie Episodenfolge seiner Vorlage zu einem kohärenten Ganzen komponiert, indem er sie in einer dreistufigen Klimax gestaltet. Auf der ersten Stufe stellt der Fuchs kleinen Tieren wie Hahn, Meise, Rabe und Kater nach, die ihm zwar unterlegen sind, aber aufgrund ihrer Klugheit entwischen können. Auf der zweiten Stufe drangsaliert der Fuchs den Wolf und seine Frau: Isengrin wird verprügelt, kastriert und tonsuriert, seine Frau vergewaltigt. Auf der dritten Stufe richtet sich die Bösartigkeit des Fuchses auf den Löwen, der seinerseits das Volk der Ameisen attackiert und sich dabei heftige Kopfschmerzen zuzieht (der Burgherr der Ameisen ist ihm zur Gegenwehr ins Ohr gekrochen und zwickt ihn nun ins Hirn). Reinhart wird von den geschädigten Tieren angeklagt und vor das königliche Gericht gestellt, doch er kann seine Haut retten, indem er seine Gegenspieler der Reihe nach mit Körper- und Todesstrafen ausräumt. Er verspricht dem Löwen, ihn von seiner Pein zu befreien, indem er ein Heilmittel aus den Körperteilen der anderen Tiere zubereitet. Der Löwe stellt sein eigenes Interesse über das Interesse seines Volks und führt alles aus, was der Fuchs ihm anrät, um ihm am Schluss selbst durch Vergiftung zum Opfer zu fallen. Der Fuchs aber flieht mit seinem Verbündeten, dem Dachs.

4.3.2 *Nibelungenlied* und *Nibelungenklage*

Mit den Werken Hartmanns von Aue, die ein ideales Selbstbild der höfischen Gesellschaft entwerfen, erreicht die höfische Epik ihren ersten Höhepunkt. Hartmann propagiert den Heils- und Glücksanspruch des weltlichen Rittertums. Zwar durchlaufen seine Helden allesamt Krisen, doch steht immer außer Frage, dass sie am Ende einen Zustand der Vollkommenheit erreichen werden: Heinrich als Freiherr, Erec und Iwein als Landesherren, Gregorius als Papst. In verschiedener Weise werden die Helden mit magischen und sakralen Zügen ausgestattet: Iwein heiratet eine feenhafte Königin, Heinrich ein heiligmäßiges Mädchen, Gregorius wird in das höchste kirchliche Amt berufen. Während viele Kleriker das Hofleben (z. B. die höfische Mode, vgl. Kraß 2006) als sündhaft verdammten und scharfer Kritik unterzogen, behauptet die höfische Dichtung, dass man auch als Ritter und Landesherr eine gelingende, heilbringende Existenz führen könne.

Schon der *Eneasroman* Heinrichs von Veldeke kreiste um einen Helden, den das Fatum der Götter dazu bestimmte, Ahnherr des Römischen Reiches zu werden. Die Geschichte ist bei Vergil vorgegeben und somit als Zeugnis der Antike legitimiert. Doch holen die mittelalterlichen Eneasromane die vergangene Welt in ihre Gegenwart und stilisieren den trojanischen Krieger als höfischen Ritter, der das Glück auf seiner Seite hat. Diese Tendenz setzt sich in den höfischen Romanen und Novellen fort, die von der Verbindlichkeit antiker Vorlagen entbunden sind.

Das *Nibelungenlied*
Vor diesem Hintergrund lässt sich das um 1200 verfasste *Nibelungenlied* als Intervention lesen, deren literaturgeschichtliche Bedeutung kaum zu überschätzen ist (vgl. Schulze 1997; Müller 2015). Im Unterschied zu den höfischen Romanen und Novellen, die von weltlichen Fürsten in Auftrag gegeben und von weltlichen Dichtern ausgeführt worden waren, gilt das fast 2400 Strophen (bzw. 9600 Langverse) umfassende *Nibelungenlied* als Auftragswerk Wolfgers von Erla, des Bischofs von Passau, das wahrscheinlich von einem Kleriker verfasst wurde. Im *Nibelungenlied* stößt die höfische Epik auf klerikalen Widerspruch – aber nicht in Form von Predigten, Bußreden und Morallehren, sondern im Medium der höfischen Epik selbst.

> **Die Nibelungen**
> Die Nibelungen sind Angehörige eines mythischen Volks, deren Land in Norwegen gedacht wird. Der Name dürfte etymologisch mit dem Wort ‚Nebel' verwandt sein. Er wird jeweils an diejenigen weitergegeben, die im Besitz des Nibelungenschatzes sind. Dies ist zunächst König Nibelung. Nachdem Siegfried dessen Söhnen den Schatz geraubt hat, übernimmt er den Namen. Schließlich werden die Burgunden als ‚Nibelungen' bezeichnet, nachdem sie sich nach Siegfrieds Tod ihrerseits den Schatz angeeignet haben.

Im Hintergrund des *Nibelungenlieds*, das die „Spielregeln für den Untergang" (Müller 1998) der Gesellschaft vorführt, scheint das Geschichtsbild Ottos von Freising zu stehen, das auf der Gegenläufigkeit von Gottesstaat und irdischem Staat basiert. Während der Gottesstaat durch die zunehmende Christianisierung der Welt immer mehr Raum gewinne, ruiniere sich der irdische Staat aufgrund menschlichen Fehlverhaltens stets aufs Neue und strebe dem Elend entgegen. Otto bringt seine Weltsicht anlässlich seines Berichts über die Ermordung Cäsars auf den Punkt:

> An dieser Stelle müssen wir laute Klage erheben über den Jammer der wechselnden Schicksale. Sehen wir doch, unter welch schweren Opfern nicht nur der Feinde, sondern auch der Bürger der römische Staat seine Macht ausgedehnt hat. In ständigem Wechsel wie das Meer, das bald durch die Regengüsse hoch anschwillt, bald durch natürlichen Abfluss und Verlust absinkt, sah man den römischen Staat bald, Völker und Könige angreifend und unterwerfend, hoch zum Himmel emporsteigen, bald wieder glaubte man, er werde, von jenen vernichtet oder von Seuchen und Krankheiten entvölkert, im Abgrund versinken, und was noch schlimmer ist: als alles wohl geordnet und geschlichtet war, wütete er in Bürgerkriegen gegen sich selbst und zerfleischte sich elendiglich. All diese unheilvollen Schwankungen, dieses sozusagen tägliche Sterben der Sterblichen sollte uns auf das wahre, unvergängliche Leben der Ewigkeit hinweisen (Buch II, Kap. 51; S. 203).

Was Otto über die Ermordung Cäsars schreibt, lässt sich auch auf die Ermordung Siegfrieds und den daraus resultierenden Krieg zwischen Burgunden und Hunnen beziehen. Im *Nibelungenlied* unterstreichen die permanenten Vorausdeutungen auf das drohende Unheil den Hang des irdischen Staats zur Katastrophe. Sie konterkarieren die göttliche Providenz, die die Welt ihrem heilsgeschichtlichen Ziel zuführt. Dies ist freilich kein Widerspruch, denn Otto betont ja ausdrücklich, dass das irdische Elend auf die himmlische Ewigkeit hinweisen soll.

Vor dem *Nibelungenlied* gab es nur zwei Stimmen, die eine ähnliche Weltsicht vertraten: das *Alexanderlied* des Pfaffen Lambrecht, das am Beispiel des früh verstorbenen Weltherrschers die Vergänglichkeit des Lebens demonstriert, und der *Reinhart Fuchs*, der am allegorischen Beispiel der Tierwelt zeigt, wie ein König und sein Hofstaat der Niedertracht eines Gegenspielers zum Opfer fallen. Es ist nicht ausgeschlossen, dass beide Verfasser mit dem Geschichtsverständnis Ottos von Freising vertraut waren, zumal Lamprecht und wahrscheinlich auch Heinrich Kleriker waren.

Otto von Freising
Otto erwähnt in seiner Weltchronik einige zentrale Gestalten des *Nibelungenlieds* – freilich nicht die mythischen Figuren, sondern die historischen Personen, die hinter ihnen stehen: die fränkische Königin Brunichilde (Brünhild), den hunnischen König Attila (Etzel) und seinen Bruder Bleda (Blödel) sowie den ostgotischen König Theoderich (Dietrich von Bern). Sie stehen ihrerseits für den verhängnisvollen Lauf der irdischen Welt: Brunichilde, so erzählt Otto, habe den heiligen Kolumban verfolgt und sei später von König Chlothar auf grausame Weise hingerichtet worden (Buch V, Kap. 7); Attila habe seinen Bruder Bleda ermordet, um die Alleinherrschaft zu erringen, und sei während der Liebesnacht mit einer Mätresse am Blutsturz gestorben (Buch IV, Kap. 25–28); Theoderich habe die ihm von Kaiser Zeno verliehene Herrschaft über Italien missbraucht und zahlreiche Gottesmänner verfolgt und sei schließlich in den Schlund des feuerspuckenden Ätna gestürzt (Buch V, Kap. 1–3). Das *Nibelungenlied* erzählt über Brünhild, Etzel und Dietrich andere Geschichten, neigt aber in seiner Sicht auf die irdische Welt Ottos Weltchronik durchaus zu.

Literaturgeschichtlich betrachtet, bricht das *Nibelungenlied* in vielfacher Hinsicht mit den Konventionen der deutschen höfischen Epik. Dies betrifft die Sprache der Vorlage (Deutsch vs. Französisch), die Form (Strophen vs. Reimpaarverse), die Stoffgeschichte (,deutscher' vs. ,ausländische' Stoffe), die Medialität (Mündlichkeit vs. Schriftlichkeit), die Sprecherposition (,wir' vs. ,ich') und das Geschlecht der Hauptfigur. Die deutschen Epen vor dem *Nibelungenlied* beruhen weitestgehend auf buchliterarischen Vorlagen – das *Nibelungenlied* hingegen greift auf mündlich tradierte Sagen zurück. Die Vorlagen der deutschen Epen sind in französischer Sprache verfasst – das *Nibelungenlied* hingegen knüpft an einheimische Überlieferungen an. Die deutschen Epen sind zum größten Teil in Reimpaarversen verfasst – das *Nibelungenlied* hingegen übernimmt die Langzeilenstrophe, die man aus dem donauländischen Minnesang kennt. Die deutschen Epen bewegen sich in den Bahnen der Stoffkreise, die Jean Bodel als *matière de France*, *matière de Rome* und *matière de Bretagne* bezeichnete – das *Nibelungenlied* hingegen gestaltet einen genuin ‚deutschen' Stoff. Fast alle deutschen Epen (auch das heldenepische *Rolandslied*) nennen im Prolog den Namen des Verfassers, der dann auch als Ich-Erzähler in Erscheinung tritt – das *Nibelungenlied* hingegen bleibt anonym und spricht in der Prologstrophe als Repräsentant eines Kollektivs: „*Uns* ist in alten Geschichten viel Wunderbares erzählt worden". Die deutschen Epen erzählen allesamt von männlichen Helden – das *Nibelungenlied* hingegen stellt eine weibliche Protagonistin in den Mittelpunkt, deren Lebensgeschichte von den Mädchenjahren bis zum Tod erzählt wird und die als einzige Figur im gesamten Werk vom Anfang bis zum Schluss präsent ist.

Die ausführlichen Kampfschilderungen im zweiten Teil des *Nibelungenlieds* kann man am ehesten mit den Schlachten vergleichen, von denen das *Rolandslied* des Pfaffen Konrad (und der *Eneasroman* Heinrichs von Veldeke) erzählt. Doch auch hier besteht ein kategorialer Unterschied. Zwar ist das *Rolandslied* des Pfaffen Konrad das einzige Heldenepos deutscher Sprache, das dem *Nibelungenlied* vorausgeht, aber es ist ein Heldenepos französischer Provenienz, eine *Chanson de geste*. Das *Rolandslied* erzählt eine christlich durchdrungene, heilsgeschichtlich motivierte Geschichte, die den triumphalen Sieg der Christen über die ‚Heiden' feiert. Davon kann im *Nibelungenlied* keine Rede sein, denn die christlichen Burgunden gehen allesamt zugrunde. Die Toten des *Rolandslieds* sind, soweit sie auf Gottes Seite stehen, Märtyrer, die das himmlische Heil erlangen – die Toten des *Nibelungenlieds* hingegen sind Opfer eines sinn- und heillosen Kriegs, der nur Verlierer kennt und jeglicher metaphysischer Rechtfertigung entbehrt.

Der geniale Schachzug des *Nibelungenlieds* besteht darin, dass es die höfische Dichtung mit ihren eigenen Waffen schlägt. Es ist nämlich nicht als reines Heldenepos, sondern als hybride Mischung aus Heldenpos und höfischem Roman konzipiert. Es nimmt die Gattung, gegen die es sich positioniert, paradoxerweise in sich auf. Dies lässt sich an zahlreichen intertextuellen Anspielungen auf die höfische Lyrik und Epik ablesen. Der Falkentraum Kriemhilds verweist auf das Falkenlied des Kürenbergers. Das Motiv der Fernliebe Siegfrieds bezieht sich auf ein Minnelied Meinlohs von Sevelingen. Das Motiv des Mutter-Tochter-Gesprächs über die Liebe (Ute/Kriemhild) hat ein Vorbild im *Eneasroman* Heinrichs von Veldeke (Amata/Lavinia). Der erste öffentliche Auftritt Kriemhilds, die von Ute in den Festsaal geführt wird, ist der Szene in Hartmanns *Erec* nachgestaltet, in der Ginover Enite erstmals dem Artushof vorstellt. Das Motiv der Bahrprobe (in Hagens Gegenwart beginnen die Wunden von Siegfrieds Leichnam wieder zu bluten) erinnert an Hartmanns *Iwein*, der eine ähnliche Szene über Iwein und den toten Ascalon erzählt. Die intertextuellen Bezüge bedeuten also nicht, dass die höfische Dichtung auf das Heldenepos abgefärbt hätte; vielmehr arbeitet sich das Heldenepos an der höfischen Dichtung ab, um diese zu dekonstruieren.

Das stilistische Hauptmerkmal des *Nibelungenlieds* ist die fingierte Mündlichkeit. Damit ist gemeint, dass die Formelhaftigkeit (z. B. stereotype Attribute, die den Rittern und Damen zugeordnet werden) und Redundanz (abgewandelte Wiederholung von bereits Gesagtem) nicht unbewältigte Rückstände der oralen Überlieferung sind, aus der das *Nibelungenlied* schöpft, sondern ein bewusst gewählter

4.3 Hochhöfische Epik

poetischer Stil, der dem schriftliterarischen, durchkomponierten Werk den *Effekt* der Mündlichkeit verleiht. Man könnte von einem zwieschlächtigen Stil sprechen, der zwischen höfischem Roman und Heldenepos schillert und somit als solcher den Sachverhalt markiert, dass das *Nibelungenlied* auf die Werke Heinrichs von Veldeke und Hartmanns von Aue antwortet.

Die Zwieschlächtigkeit betrifft auch die Konzeption der Hauptfiguren. Siegfried wird zweimal exponiert: einmal als höfische Figur aus der Perspektive des Erzählers in der zweiten Aventiure, einmal als heroische Figur aus der Perspektive Hagens in der dritten Aventiure. Dass Siegfried zwischen beiden Rollen hin und her springt, bedeutet nicht, dass es dem Verfasser des *Nibelungenlieds* nicht gelungen wäre, eine konsistente Figur zu erschaffen. Vielmehr demonstriert er an Siegfrieds Doppelnatur die Widersprüchlichkeit des mittelalterlichen Rittertums, das den gegenläufigen Ansprüchen kriegerischer Brutalität und höfischer Kultiviertheit zugleich genügen soll. Diese Doppelnatur weitet das *Nibelungenlied* auf die weiblichen Hauptfiguren aus: Brünhild wird zunächst als heroische Kämpferin und dann als höfische Dame vorgestellt, Kriemhild umgekehrt zunächst als höfische Dame und dann als heroische Kämpferin, die schließlich selbst zum Schwert greift, um Hagen zu enthaupten. Es findet ein Rollentausch statt: Kriemhild tritt Brünhilds heroisches Erbe an. Gunther hingegen bleibt stets eine höfische Figur, die mangels heroischer Qualitäten darauf angewiesen ist, machtpolitisch zu agieren und Siegfrieds Stärke zu instrumentalisieren.

Als Reaktion auf den höfischen Roman lässt sich auch die Komposition des *Nibelungenlieds* deuten, die dem Prinzip der parallelen Handlungsführung (s. Abschn. 5.3.1) folgt. Das Epos umfasst zwei Hauptteile, die beide dieselbe Stationenfolge durchlaufen: zunächst (1) Werbung und (2) Hochzeit und dann, nach einem Zeitsprung, (3) Einladung, (4) Fest und (5) Katastrophe. Im ersten Teil wirbt Siegfried um Kriemhild und Gunther um Brünhild. Es kommt zur Doppelhochzeit, die eine langjährige Phase des Friedens und Glücks einleitet. Doch dann bricht ein latenter Konflikt auf, der in Brünhild schwelt. Sie, die im Unklaren über Siegfrieds Rolle bei Gunthers Brautwerbung gelassen wurde, will die Wahrheit wissen. Auf die Einladung Siegfrieds und Kriemhilds nach Worms zu einem Hoffest folgt die Katastrophe: Siegfried wird mit Gunthers Zustimmung von Hagen hinterrücks ermordet. Kriemhild verliert nicht nur ihren Mann, sondern auch den Nibelungenschatz, den Hagen im Rhein versenkt. Für einige Jahre kehrt wieder Ruhe ein, aber es ist die Ruhe vor dem Sturm.

Im zweiten Hauptteil, einer steigernden Reprise des ersten Teils, wiederholt sich dasselbe Spiel. Nun führt es aber nicht nur in eine individuelle, sondern in eine kollektive Katastrophe. Etzel lässt durch Rüdiger von Bechelaren um Kriemhild werben und heiratet sie. Wieder folgt eine mehrjährige Phase scheinbaren Glücks. Doch nun ist es Kriemhild, in der ein latenter Konflikt schwelt, nämlich der Rachewunsch gegen Hagen, den Mörder Siegfrieds. Erneut wird eine Einladung zu einem Fest ausgesprochen. Die Burgunden reisen mit einem großen Heer an den Etzelhof, wo der Konflikt aufbricht. Es kommt zum totalen Krieg, der die völlige Vernichtung der Burgunden zur Folge hat.

Dieses fatalistische Kompositionsprinzip kann als Antwort auf den Optimismus des doppelten Kursus gelesen werden. Das *Nibelungenlied* ahmt ihn zweimal nach: Dem ersten Kursus entsprechen die Stationen Werbung und Hochzeit, dem zweiten Kursus die Stationen Einladung, Fest und Katastrophe. Dazwischen liegt die Krise, die auf einem unbewältigten Konflikt beruht. In den Artusromanen ist die Krise eine Chance, denn sie löst den Rehabilitationsweg des Protagonisten aus, der am Ende des zweiten Kursus noch glänzender dasteht als am Ende des ersten. Im *Nibelungenlied* hingegen führt die Krise in die Katastrophe. Auf das vorläufige Glück am Ende des ersten Kursus folgt das vollkommene Unglück. Beim ersten Mal wird der doppelte Kursus im individuellen Register (Siegfrieds Tod), im zweiten Hauptteil im kollektiven Register (Untergang der Burgunden) durchgespielt. Auch in der Komposition dementiert das *Nibelungenlied* die Artusromane.

Der scharfe Kontrast des *Nibelungenlieds* gegenüber der höfischen Epik betrifft auch den Diskurs der höfischen Liebe. Während die höfischen Romane entweder auf eine höfische Liebesehe (Artusromane) oder einen tragischen Liebestod (Tristanromane) zulaufen, ist die höfische Liebesehe, die Siegfried und Kriemhild miteinander schließen, der Ausgangspunkt der doppelten Katastrophe des *Nibelungenlieds*. Wenn Siegfried stirbt, stirbt Kriemhild ihm nicht nach, sondern verwandelt ihre Liebe in Rache, der am Ende zahllose Menschen zum Opfer fallen.

In der heillosen Welt des *Nibelungenlieds* gibt es nur drei Figuren, denen es in je verschiedener Weise gelingt, sich dem Verhängnis zu entziehen: Rüdiger von Bechelarn, Dietrich von Bern und Etzel. Etzel nimmt die Burgunden gastfreundlich an seinem Hof auf und wird erst durch Hagen, der seinen Sohn Ortlieb erschlägt, in den Konflikt hineingezogen. Etzel greift selbst nicht zum Schwert und überlebt die Schlacht. Dietrich von Bern warnt die Burgunden vor ihrer Ankunft am Etzelhof und befiehlt seinen Leuten, sich aus dem Konflikt herauszuhalten. Als sie dennoch in den Kampf eingreifen, fallen sie allesamt, nur Dietrich und sein Waffenmeister Hildebrand überleben. Rüdiger hingegen kann zwar nicht sein Leben, wohl aber seine Seele retten. Er ist allen Seiten gegenüber verpflichtet: Kriemhild durch einen Eid, Etzel als Vasall und den Burgunden aufgrund der Gastfreundschaft, die er ihnen bei der Anreise gewährte, und der Verlobung seiner Tochter mit Giselher. In einer tragischen Geste überlässt er Hagen, der seinen Schild verloren hat, seinen eigenen Schild und liefert sich somit dem sicheren Tod aus.

Schließlich sind noch zwei Nebenfiguren zu nennen, die die klerikale Perspektive repräsentieren: der Bischof Pilgrim von Passau und der namenlose Hofkaplan der Burgunden. Der Bischof wird als Onkel Kriemhilds eingeführt, die ihn während ihrer Reise nach Wien, wo die Hochzeit mit Etzel stattfinden soll, besucht. Es ist Konsens der Forschung, dass dies eine literarische Ehrenbezeugung gegenüber dem Auftraggeber des *Nibelungenlieds*, Wolfger von Erla, dem damaligen Bischof von Passau, ist. Der Hofkaplan, der die Burgunden auf der Reise zum Etzelhof begleitet, überlebt die Katastrophe auf ironische Weise. Bei der Überfahrt über die Donau wird Hagen von Wasserfrauen prophezeit, dass niemand nach Worms zurückkehren werde außer dem Kaplan. Hagen stößt ihn in den Fluss, um die Weissagung zu überprüfen, und tatsächlich gelingt es dem Hofgeistlichen, sich ans Ufer zu retten. Damit ist das Schicksal der Burgunden besiegelt.

Die Nibelungenklage

In fast allen Handschriften, die das *Nibelungenlied* vollständig überliefern, schließt sich nahtlos die *Nibelungenklage* an. Sie bietet eine Fortsetzung des *Nibelungenlieds*, die bald nach diesem entstanden sein dürfte, wohl ebenfalls im Auftrag Wolfgers von Erla, des Bischofs von Passau. In 4360 Reimpaarversen rekapituliert sie zunächst die Ereignisse des *Nibelungenlieds* und erzählt dann davon, wie die Überlebenden, vor allem Etzel, Dietrich von Bern und dessen Waffenmeister Hildebrand, die Toten bergen, betrauern und bestatten. Anschließend wird ein Bote über Bechelaren und Passau nach Worms geschickt, um Brünhild über das Schicksal Gunthers und der Burgunden zu unterrichten. Ute stirbt aus Kummer über den Tod ihrer Söhne. Dietrich reist nach Bechelaren, um die Todesnachricht zu überbringen, doch Rüdigers Frau Gotelind ist bereits aus Trauer um ihren Mann gestorben. Hoffnungsvolle Zukunftsperspektiven gibt es für die Burgunden in Worms (Brünhilds und Gunthers Sohn Siegfried wird zum König gekrönt), für die Markgrafschaft Bechelaren (Dietrich wird Dietlind angemessen verheiraten, um die Herrschaft zu sichern) und für die Amelungen in Oberitalien (Dietrich kehrt mit seiner Frau Herrat und seinem Waffenmeister Hildebrand dorthin zurück). Nur Etzel bleibt einsam und verzweifelt zurück.

Die oft als angeblich minderwertige Dichtung vernachlässigte *Nibelungenklage* steht in einem komplementären Zusammenhang mit dem *Nibelungenlied*. Wiederum lässt sich ein Bezug zur Weltchronik Ottos von Freising herstellen. Wenn das *Nibelungenlied* das heillose Verhängnis und den selbstverschuldeten Niedergang der *civitas terrena* demonstriert, dann zeigt die *Nibelungenklage* eine christlich-ethische Haltung auf, die hilft, die tödlichen Katastrophen des irdischen Staats zu bewältigen: eine Kombination aus Trauerarbeit und Daseinsfürsorge, die Voraussetzungen für eine bessere Zukunft schafft. So wird das *Nibelungenlied* zwar nicht heilsgeschichtlich eingeordnet, aber doch mit einer Perspektive versehen, die Trost und Hoffnung gibt. Diese Zuversicht ist freilich von anderer Art als der aristokratische Idealismus der höfischen Romane und Novellen, die vor dem *Nibelungenlied* entstanden. Die *Nibelungenklage* ist, so könnte man im Anschluss an literaturtheoretische Positionen (vgl. Sedgwick 2003) formulieren, eine ‚reparative Lektüre' (*reparative reading*) des *Nibelungenlieds*.

Die *Nibelungenklage* schließt sich in vielfacher Hinsicht wieder an die frühere höfische Epik an (Mertens 1996). Während das *Nibelungenlied* in Strophen verfasst ist, kehrt die *Nibelungenklage* zu Reimpaarversen zurück. Während das *Nibelungenlied* Mündlichkeit fingiert, betont die *Nibelungenklage* wieder die Schriftlichkeit: *diz alte mære / bat ein tihtære / an ein buoch schrîben* (V. 17–19: „Diese alte Geschichte hat ein Dichter schriftlich niederlegen lassen"). Während sich der Erzähler des Nibelungenlieds hinter einem kollektiven ‚Wir' verbirgt, tritt im Prolog der *Nibelungenklage* das Ich des Dichters auf, der in einer Bescheidenheitsgeste seiner Hoffnung auf ausreichende Kunstfertigkeit zum Ausdruck bringt: *hête ich nû die sinne* (V. 9: „Hätte ich doch jetzt die Kunst ..."). Während sich das *Nibelungenlied* als Fortsetzung einer einheimischen, genuin ‚deutschen' Sagentradition geriert, bezieht sich die *Nibelungenklage* auf eine lateinische Buchvorlage, die angeblich der Bischof von Passau anhand von Augenzeugenberichten anfertigen ließ und die als Grundlage für verschiedene deutsche Bearbeitungen diente: *von Pazzouwe der bischof Pilgrîn / [...] / hiez schrîben diz maere, / wie ez ergangen waere, / in latînischen buochstaben, / daz man'z vür wâr solde haben* (V. 4295–4300: „Bischof Pilgrim von Passau befahl [...], diese Geschichte aufzuzeichnen, wie sie sich ereignet hatte, in lateinischer Sprache, dass sie als wahr verbürgt sein sollte"). Sogar der Name des Schreibers wird genannt: *daz maere brieven dô began / sîn schrîber, meister Kuonrât. / getihtet man ez sît hât / dicke in tiuscher zungen* (V. 4314–4317: „Da begann sein Schreiber, Meister Konrad, die Geschichte aufzuzeichnen. Man hat sie seither oft auf deutsch gedichtet").

Bezeichnend ist, dass die *Nibelungenklage* Partei für Kriemhild, die Protagonistin des *Nibelungenlieds*, ergreift. Ihr Verhalten wird mit dem Hinweis auf ihre Treue (*triuwe*) zu Siegfried gerechtfertigt; außerdem wird ihr zugutegehalten, dass sie nur an Hagen habe Rache üben wollen. Für den Erzähler steht außer Frage, dass Kriemhild mit Gottes Gnade rechnen darf: *sît si durch triuwe tôt gelac, / in gotes hulden manegen tac / sol si ze himele noch geleben* (V. 571–573: „Da sie aus Treue starb, wird sie in der Gnade Gottes ewig im Himmel leben"). Hagen wird hingegen in kritisches Licht gerückt. Als die Todesnachricht nach Worms gelangt, stellt Rumold, der das Hofamt des Küchenmeisters bekleidet, in einer langen Rede fest, dass die Katastrophe hätte vermieden werden können: Zum einen sei es Unrecht gewesen, dass Hagen Siegfried getötet habe; zum anderen habe er, Rumold, Gunther ausdrücklich davor gewarnt, Kriemhilds Einladung anzunehmen, und ihm geraten, Hagen in Worms zurückzulassen, falls er doch an den Etzelhof reisen wolle (V. 4028–4081).

Als Hauptfigur der *Nibelungenklage* lässt sich Dietrich von Bern identifizieren, der bereits im *Nibelungenlied* eine zentrale Rolle spielt. Er war es, der die Burgunden bei ihrer Ankunft am Etzelhof vor Kriemhilds Rache gewarnt hatte; er war es, der mit diplomatischen Strategien vergeblich versucht hatte, das drohende Unheil abzuwenden. Im Unterschied zur historischen Figur, die hinter ihm steht (Theoderich der Große, der der christlichen Sekte des Arianismus angehörte), wird Dietrich als guter Christ dargestellt, der Verantwortung für alle Beteiligten übernimmt. Er befiehlt seinen Leuten, sich aus der Schlacht herauszuhalten; diese missachten aber sein Gebot und kommen allesamt um. Nur Dietrich, seine Frau Herrat und sein Waffenmeister Hildebrand überleben – neben Etzel – den Krieg. So ist es Dietrich, der sich darum kümmert, dass die Toten geborgen, betrauert und bestattet werden und dass die Angehörigen über den Tod ihrer Verwandten informiert werden. Die *Nibelungenklage* steht also nicht im Gegensatz zum *Nibelungenlied*, sondern führt eine Tendenz weiter, die bereits im *Nibelungenlied* angelegt ist. Dietrich bildet die Gelenkstelle zwischen beiden Werken.

Für den inneren Zusammenhang der *Nibelungenklage* mit dem *Nibelungenlied* sprechen weitere Beobachtungen. So ist das Motiv der Totenklage, das den zweiten Teil der *Nibelungenklage* beherrscht, bereits im *Nibelungenlied* vorgeprägt, wo Siegfried im ersten Teil und Rüdiger im zweiten Teil beklagt werden. Auch die Raumstruktur ist analog. Wenn der Bote Swemmel und nach ihm Dietrich von Bern von der Etzelburg (Gran/Esztergom) über Bechelaren (Pöchlarn) und Passau nach Worms reisen, machen sie an denselben Stationen Halt wie im *Nibelungenlied*

Kriemhild und die Burgunden hin zu Etzel und die Boten Wärbel und Swemmel in umgekehrter Richtung, als sie den Burgunden Etzels und Kriemhilds Einladung überbringen.

Wenn die *Nibelungenklage* die Ereignisse, die zum Untergang der Burgunden führten, zweimal rekapituliert – zunächst aus der Perspektive des Erzählers, dann aus der Perspektive Swemmels, der vor Brünhild Bericht erstattet –, so ist dies nicht eine bloße Wiederholung, sondern eine Retrospektive, die die Geschehnisse bewertet und einordnet, und ein Akt der Memoria, d. h. des Gedächtnisses. Das Wiedererzählen der traumatischen Ereignisse ist eine Form ihrer Bewältigung, ist Trauerarbeit, die Raum schafft für die Zukunftsperspektiven, die die *Nibelungenklage* am Ende für Worms, Bechelaren und Bern entwirft.

> **Totenklagen**
> Die Totenklagen sind wohl nicht nur im Zusammenhang der heroischen Klagen zum Beispiel des *Rolandslieds*, sondern auch im Licht der literarischen Gattung des christlichen Planctus zu betrachten, insbesondere der Marienklagen, in denen die Gottesmutter den Tod ihres Sohnes betrauert und die Gläubigen zum Mitleiden einlädt (vgl. Bernt 1993). Während es im *Rolandslied* darum geht, Roland und Olivier als christliche Märtyrer zu stilisieren, zielt die *Nibelungenklage* darauf, den Toten, auch wenn sie keine Heiligen waren, im Rahmen christlicher Trauerrituale, zu denen auch die Totenmesse des Bischofs von Passau zählt, die Würde zurückzugeben.

4.3.3 Nach dem *Nibelungenlied*: Artusroman, Liebesroman, Novelle, *Chanson de geste*

Das *Nibelungenlied* und die *Nibelungenklage* übten große Wirkung auf die nachfolgende höfische Epik aus. Zwar sind die französischen Vorlagen, auf die sich die späteren Werke beziehen, vor dem *Nibelungenlied* und der *Nibelungenklage* entstanden, doch hinderte dies die Bearbeiter nicht daran, sie in deren Licht zu interpretieren – sei es als Widerspruch gegen die dekonstruktive Tendenz des *Nibelungenlieds* oder als Anschluss an die reparative Tendenz der *Nibelungenklage*.

4.3.3.1 Artusroman
Die höfischen Romane, die nach dem *Nibelungenlied* verfasst wurden, verteidigen den Anspruch der höfischen Dichtung, dass das Rittertum über ein eigenes Heil verfügt. Dabei gehen sie verschiedene Wege. Wolframs *Parzival* entwickelt eine pseudochristliche Gralsreligion, die bereits in seiner Vorlage, dem *Perceval* Chrétiens de Troyes, vorgeprägt ist. Wirnts *Wigalois* stilisiert den Artushelden in Anlehnung an den *Bel Inconnu* Renauts de Beaujeu als heilsgeschichtliche Erlöserfigur. Wolframs *Titurel* und deutlicher noch Gottfrieds *Tristan* erzählen Geschichten, die das Heil im tragischen Liebestod der Hauptfiguren suchen. Der *Titurel* arbeitet die Minne in die Gralsreligion ein, der *Tristan* entwirft eine laikale Liebesreligion.

Wolfram von Eschenbach, *Parzival*
Der dritte deutsche Artusroman, der auf einer Vorlage Chrétiens de Troyes basiert, ist der *Parzival* Wolframs von Eschenbach. Er entstand zwischen 1200 und 1210 im Auftrag des thüringischen Landgrafen Hermann I. Die Vorlage, der *Perceval*, war bereits zwischen 1180 und 1190 verfasst worden. Dass Wolfram das *Nibelungenlied* kannte, geht aus einer Anspielung im achten Buch des *Parzival* hervor, wo sich ein Herzog Rumolds Rat zu Herzen nimmt, die Küche dem Krieg vorzuziehen: *ich tæte ê als Rûmolt, / der künec Gunthere riet, / do er von Wormz gein Hiunen schiet: / er bat in lange sniten baen / und inme kezzel umbe draen* (V. 420,26–30: „Ich mache es wie Rumolt, der König Gunther, bevor er aus Worms zu den Hunnen zog, den Rat gab, lieber über den ganzen Laib Brotschnitten zu schneiden und sie im Soßenkessel auf beiden Seiten zu schmoren").

Wolframs *Parzival* ist, gemessen an der Zahl der überlieferten Handschriften, der erfolgreichste höfische Roman des deutschen Mittelalters. Mit fast 25.000 Versen ist der *Parzival* dreimal so lang wie Hartmanns Artusromane und mehr als doppelt so lang wie die gut 9000 Verse umfassende französische Vorlage. Der monumentale Umfang hat verschiedene Gründe: Wolfram vervollständigt die von Chrétien nicht fertiggestellte Geschichte, fügt ihr eine um Parzivals Eltern und Jugend kreisende Vorgeschichte hinzu und baut die Handlung insgesamt erheblich aus.

Wolframs *Parzival* steht in vielfältigen intertextuellen Bezügen zu den früheren Artusromanen (dasselbe gilt für Chrétiens *Perceval*). Mit dem *Erec* und dem *Iwein* teilt er die Struktur des doppelten Kursus und die Krisenhaftigkeit des Helden. Mit dem *Lanzelet* hat er die vorangeschaltete Eltern- und Kindheitsgeschichte sowie die anfängliche Namenlosigkeit des Helden gemeinsam. Zum *Iwein* weist der *Parzival* die meisten Parallelen auf. Erstens muss Parzival wie Iwein eine Landesherrschaft erst erwerben, da er, anders als Erec, kein väterliches Königreich erben wird. Zweitens gibt es neben dem Artushof wieder ein konkurrierendes Machtzentrum, nämlich das (in dieser Hinsicht dem Laudinereich entsprechende) Gralsreich. Drittens absolviert Gawan (wie Gawein bei Wolfram heißt) einen eigenen Abenteuerweg, der sich aber nicht, wie im *Iwein*, im Hintergrund vollzieht, sondern in voller Länge und Breite auserzählt wird. Viertens wird in beiden Romanen der Held aufgrund eines Versäumnisses verdammt: Im *Iwein* überbringt Lunete die Botschaft, dass Laudine Iwein verstößt; im *Parzival* überbringt Kundrie die Botschaft, dass das Gralsreich Parzival verstößt. Fünftens erlebt Parzival eine Krise, die nicht, wie im *Iwein*, als Selbstverlust, sondern als Gottesferne vorgestellt wird, die man aus christlicher Perspektive aber als Selbstverlust deuten kann. Sechstens weist ihm ein frommer Einsiedler den Weg aus der Krise; wie Iwein durch die Begegnung mit einem Eremiten ins Leben zurückfindet, so findet Parzival durch die Begegnung mit seinem ebenfalls eremitisch lebenden Onkel Trevrizent zum Glauben zurück.

Die Doppelung der Handlungsstränge im zweiten Kursus, die aus der zunehmenden Bedeutung der Gawein-Figur resultiert, ist im *Parzival* jedoch anders organisiert als im *Iwein*. Im *Iwein* durchläuft der Protagonist alle Etappen des zweiten Weges selbst. Die Gawein-Handlung ist im Hintergrund angesiedelt. Gawein fehlt dort, wo man seine Hilfe sucht, weil seine Mission die Befreiung der entführten Königin Ginover ist. Iwein springt jedes Mal für Gawein ein und offenbart

4.3 Hochhöfische Epik

so seine Ebenbürtigkeit mit ihm. Im *Parzival* hingegen wird der zweite Weg an Gawan deligiert, während sich umgekehrt Parzival im Hintergrund hält. Statt Parzival absolviert Gawan die Abenteuer, die vor und nach der Zwischeneinkehr liegen; Parzival hingegen bleibt die Zwischeneinkehr vorbehalten, die ihn in diesem Roman zu Trevrizent und somit wieder in die Nähe des Gralsreichs führt.

An dieser Verschiebung lässt sich aufzeigen, dass der *Parzival* ein kategorial anderes Thema verhandelt als die vorausgegangenen Artusromane. Es geht nicht mehr um die Vereinbarung von Ehe, Liebe und Herrschaft. In dieser Hinsicht hat Parzival keine Krise zu bewältigen. Seine Beziehung zu Condwiramurs bahnt sich umstandslos an, und das Paar bleibt einander stets zugetan, auch wenn Parzival seine Ehefrau vorübergehend verlassen muss. Am Ende wird er zu ihr zurückkehren, und sie werden gemeinsam die Herrschaft im Gralsreich antreten. Das Problem, dem sich Parzival zu stellen hat, ist, abstrakt gesprochen, die Vereinbarkeit weltlicher und geistlicher Ansprüche an das Rittertum. Dieses Thema ist bereits bei Chrétien vorgegeben, aber es erhält durch das *Nibelungenlied*, das das höfische Rittertum entzaubert hat, eine neue Relevanz. Die Antwort, die Wolfram auf das *Nibelungenlied* findet, ist die Verklärung des Ritterums durch die Vorstellung des Gralskönigtums, die zwar an das Christentum angelehnt, aber ihm dennoch wesensfremd, nämlich genuin laikal ist.

Auf seinem ersten Abenteuerweg bewährt sich Parzival zunächst als weltlicher Ritter. Dieser Weg wird durch eine Reihe von Einkleidungsszenen markiert, die Parzival in seiner Entwicklung vom einfältigen Knaben zum mustergültigen Ritter durchläuft (Kraß 2006, S. 121–132). Seine Mutter Herzeloyde kleidet ihren in die Welt aufbrechenden Sohn in ein Narrengewand, um ihn vom Rittertum fernzuhalten. Der Knappe Iwanet legt Parzival die Rüstung des Ritters Ither an, den Parzival zuvor getötet hat. Parzival trägt die Rüstung über dem Narrengewand, was die Oberflächlichkeit seines ritterlichen Selbstverständnisses anzeigt. Erst bei seinem Onkel Gurnemanz, der ihn zum vollkommenen Ritter ausbildet, empfängt Parzival höfische Gewänder. Als Parzival mit Condwiramurs zusammenkommt, legt man ihm einen Mantel an, der die ihm übertragene Herrschaft über Belrapeire symbolisiert. Damit hat Parzival zwar sein Ziel als weltlicher Ritter erreicht, aber seine Bestimmung ist die geistliche Gralsherrschaft. Diese Bestimmung wird deutlich, als ihm beim ersten Besuch in der Gralsburg ein weiterer Mantel gereicht wird, der auf seine künftige Rolle als Gralskönig verweist. Doch fehlen Parzival noch die Voraussetzungen, diese Rolle zu erfüllen. Dies zeigt sich, als er es versäumt, dem leidenden Gralskönig Anfortas die erlösende Mitleidsfrage zu stellen, und deswegen von der Gralsbotin Kundrie öffentlich geschmäht wird. Die Krise, in die Parzival nun gerät, hat ihren Grund also nicht in seiner weltlichen, sondern in seiner geistlichen Bestimmung. Als Artusritter, Landesherr und Ehemann hat er sich schon ausreichend bewährt, aber noch nicht als künftiger Gralskönig. Es ist also nicht erforderlich, dass er eine zweite Abenteuerreihe durchläuft. Deswegen wird der zweite Kursus auf Gawan übertragen. Parzival bedarf nur noch der inneren Umkehr, und für diesen Zweck wird die strukturelle Position der Zwischeneinkehr genutzt, die Parzival zu Trevrizent führt. Hier erhält er wiederum ein neues Gewand, nämlich einen schlichten Rock als Zeichen der Demut und Buße. Trevrizent hält Parzival seine

Sünden vor, klärt ihn über die Geheimnisse des Grals auf und unterweist ihn im Glauben. Damit sind die Voraussetzungen erfüllt, dass Parzival zum Gralskönig berufen werden kann, was auch sogleich erfolgt. Die obligatorischen Abenteuer, die sich gemäß der Logik des doppelten Kursus an die Zwischeneinkehr anschließen, werden wiederum nicht von Parzival, sondern von Gawan absolviert.

Dies ist die logische und strukturelle Operation, die im *Parzival* durchgeführt wird. Im ersten Kursus wird Parzival an die weltliche Ritterschaft und Herrschaft herangeführt, im zweiten Kursus an die geistliche Ritterschaft und Herrschaft. Da die Krise nur die geistliche Disposition des Helden betrifft, hat er nur die Station der Zwischeneinkehr zu durchlaufen, nicht aber die Abenteuer, die im zweiten Kursus vor und nach der Zwischeneinkehr liegen. Diese Abenteuer werden nun von Gawan übernommen, aber auch mit neuem Sinn erfüllt. Es wird also eine Opposition aufgebaut zwischen Parzival und Gawan, die thematisch relevant ist. Gawan steht für ein höfisches Rittertum, das der weltlichen Sphäre verhaftet bleibt. An den verwickelten Abenteuern, die er zu bestehen hat, werden die Paradoxien und Absurditäten eines Rittertums vorgeführt, das Parzival überwindet, indem er sich durch innere Umkehr für die Herrschaft über das sakrale Gralsreich qualifiziert. Diese Opposition wird besonders deutlich durch die paradigmatische Entsprechung zwischen dem Zauberer Klinschor und dem magischen Schastel marveile („Wunderburg") auf Gawans Seite und dem Gralskönig Anfortas und dem sakralen Munsalvaesche („Heilsberg") auf Parzivals Seite unterstrichen. Der Gegensatz tritt auch hervor, wenn man die zunächst keusche Liebesehe, die Parzival mit Condwiramurs führt, mit den bizarren Spielarten der höfischen Minne vergleicht, die Gawan mit der kindlichen Obilot, der spottlustigen Orgeluse und der unbeherrschten Antikonie eingeht.

Der *Parzival* propagiert die sakrale Rechtfertigung des Rittertums. Zu diesem Zweck erfindet Wolfram in Anlehnung an Chrétien einen Kult, der zwar auf christliche Motive wie die Passion (blutende Lanze, Sigune als Pietà) und die Eucharistie (Oblate) verweist, aber letztlich nicht mit dem Christentum vereinbar ist. Der Gralskult erweist sich als laikale Parallelbildung zur christlichen Religion, ist aber mit dieser nicht zu verwechseln. So tritt im *Parzival* die Nähe der Gattung des Artusromans zur Gattung der Legende (s. Abschn. 3.3) besonders deutlich hervor. Parzival wird als Erlöserfigur stilisiert, der in seiner Begegnung mit dem Einsiedler Trevrizent zur Umkehr gelangt und sich so für die ihm vorbestimmte Rolle als Gralskönig qualifiziert. Parzival ist, wenn man so will, der Heiland der höfisch-ritterlichen Gesellschaft. Dieser Sachverhalt dürfte den immensen Erfolg des *Parzival* am ehesten erklären.

Wirnt von Grafenberg, *Wigalois*

Auch der *Wigalois* Wirnts von Grafenberg lässt sich als Reaktion auf das *Nibelungenlied* lesen, wenngleich er keine offensichtlichen intertextuellen Anspielungen darauf enthält wie Wolframs *Parzival*. Immerhin lässt sich festhalten, dass Wigalois neben Iwein, Siegfried und Tristan zur Gruppe der ritterlichen Drachentöter zählt.

Wirnts *Wigalois* ist der fünfte deutsche Artusroman und nach dem *Lanzelet* der zweite mit einem krisenlosen Helden. Das zwischen 1210 und 1220 wohl im Auftrag

4.3 Hochhöfische Epik

des Herzogs Otto VII. von Andechs-Meranien und seiner Gattin, der Stauferin Beatrix von Burgund, entstandene Werk folgt zum Teil einer französischen Vorlage, nämlich dem kurz zuvor entstandenen Artusroman *Le Bel Inconnu* Renauts de Beaujeu, der für den zweiten Kursus Pate stand. Der fast 12.000 Verse umfassende *Wigalois* steht in der Rangfolge der am häufigsten überlieferten Artusromane nach Wolframs *Parzival* an zweiter Stelle.

Der doppelte Kursus als kompositorisches Prinzip des Artusromans ist auch im *Wigalois* nicht zu leugnen. Die konstitutiven Bestandteile liegen vor: zwei Abenteuerreihen, Szenen der Einkehr am Artushof bzw. bei der dem Protagonisten zugeordneten Dame, eine Episode, die strukturell auf die Krise verweist, die aber nicht als ethisches Defizit, sondern als physische Schwäche (nämlich als vorübergehende Ohnmacht) vorgestellt wird. Der erste Kursus umfasst eine Reihe von arthurischen Bewährungsabenteuern, die Dubletten früherer höfischer Romane darstellen; der zweite, als heilgeschichtlicher Kampf gegen das Böse inszenierte Kursus verarbeitet die genannte französische Vorlage. Das bestätigende Schlussabenteuer, das sich nicht mehr mit dem doppelten Kursus verrechnen lässt, wechselt das Register vom höfischen Roman zum Heldenepos; es zeigt den Helden als Anführer einer Heerfahrt, die an die an die französischen Heldenepik (*Chanson de geste*) erinnert. Wie im *Lanzelet* und im *Parzival* wird eine Vorgeschichte erzählt, die vom Schicksal der Eltern und der Kindheit des Helden handelt. Wie Lanzelet wächst Wigalois in einem Feenreich auf, weswegen er über unverlierbares Glück verfügt. Als Symbole dienen der magische Gürtel, den Wigalois aus dem mütterlichen Feenreich mitbringt, und das Wappenzeichen, das er mit sich führt. Dabei handelt es sich um das Rad der Fortuna, dessen fortwährende Drehung nicht mehr als Zeichen der Unbeständigkeit, sondern im Gegenteil der Beständigkeit des Glücks gedeutet wird. Zu den magischen Gaben, die dem Artusritter auf seinem ersten Abenteuerweg helfen, tritt auf dem zweiten Abenteuerweg das Wirken Gottes hinzu, der dem Helden zum Sieg über seinen teuflischen Gegner verhilft. Die Episoden des zweiten Kursus sind als Klimax angeordnet, als Reihe von Kämpfen gegen zunehmend dämonische Widersacher (darunter ein Drache, eine wilde Frau, ein Monster, ein mit Schwertern gespicktes Rad und ein Teufel).

Im Unterschied zu Erec, Iwein und Parzival muss Wigalois keine Entwicklung durchlaufen. Es ist bezeichnend, dass in diesem Artusroman weniger die Kleider als die Rüstungen betont werden, die gewissermaßen auf die geronnene Identität des Protagonisten verweisen (vgl. Kraß 2006, S. 132–138). Im Unterschied zum *Parzival* geht es nicht um eine laikale Sakralisierung des Rittertums, sondern um ein Schichtenmodell, das verschiedene Komponenten vereint. Der Weg des Helden ist nicht als Prozess, sondern als Kumulation von Eigenschaften konzipiert, die einen idealen Ritter und König ausmachen: das seinem Stand anhaftende Glück (Vorgeschichte), die mustergültige Bewährung als Ritter (erster Kursus), der dem Glauben entspringende Schutz Gottes (zweiter Kursus) und die militärische Kompetenz als Heerführer (Schlussabenteuer). Der märchenhafte Held wird mit den Eigenschaften des christlichen Ritters überformt, der christliche Held mit den Eigenschaften des militärischen Strategen. Zugleich durchschreitet der Protagonist verschiedene Gattungen: den Feenroman, den Artusroman, den Legendenroman und das Heldenepos.

Wie schon für den *Parzival* dient auch für den *Wigalois* der *Iwein* als Modell. Doch ist die Stoßrichtung der Modifikationen unterschiedlich. Dies zeigt sich vor allem an der Ausarbeitung der Gawein-Figur. In beiden Romanen erhält Gawein eine eigene Geschichte, doch wird er der Hauptfigur im *Parzival* horizontal, im *Wigalois* vertikal zugeordnet: Für Parzival ist Gawein der brüderliche Freund, für Wigalois der väterliche Lehrer. Im ersten Fall durchläuft Gawein stellvertretend für den Helden den zweiten Kursus, im zweiten Fall steht er im Mittelpunkt der Vorgeschichte, die den Helden maßgeblich prägt.

Die Distanz zum *Nibelungenlied* lässt sich schon daran erkennen, dass Wirnt das sich unablässig drehende Glücksrad nicht, wie Otto von Freising, als Symbol der Wechselhaftigkeit des irdischen Daseins wertet, sondern im Gegenteil als Symbol der Beständigkeit des ritterlichen Glücks. Wigalois wird in zweifacher Weise zum Heilsbringer erhoben: einerseits als Sohn einer Fee und Träger eines Glücksgürtels, andererseits als unter Gottes Schutz und Segen stehender Ritter, der sich mit einem Gebet aus jeglicher Notlage zu befreien vermag. Wigalois wird als heilsgeschichtlicher Erlöser stilisiert, der einen Teufelsbündler besiegt und das von ihm usurpierte Reich aus den Fängen des Bösen befreit. Hier wird das Verhältnis von *civitas Dei* und *civitas terrena* umgedeutet in einen dualistischen Widerstreit zwischen guten und bösen Mächten um die Vorherrschaft innerhalb der *civitas terrena*. Als Antwort auf das *Nibelungenlied* lässt sich vielleicht auch der heldenepische Schluss deuten, der Wigalois nicht mehr als märchenhaften Artusritter, sondern als militärischen Führer im Kampf gegen die Ungerechtigkeit zeigt.

Wolfram von Eschenbach, *Titurel*

Auch der *Titurel* Wolframs von Eschenbach lässt sich als Reaktion auf das *Nibelungenlied* lesen. Wolfram verfasste das zwischen den Gattungen des höfischen Romans und des heroischen Epos schillernde Werk im Auftrag des thüringischen Landgrafen Hermann I., der 1217 starb und dessen Tod im folglich nach 1217 fertiggestellten *Titurel* beklagt wird. Im Unterschied zu Wolframs *Parzival* und *Willehalm*, den meistüberlieferten Werken der höfischen Epik, hat der nicht in Reimpaarversen, sondern in Strophen abgefasste *Titurel* eine geringe Wirkung entfaltet. In einer Mitte des dreizehnten Jahrhunderts verfassten Handschrift folgt er unmittelbar auf den *Parzival*.

Wolfram hat zwei Episoden ausgearbeitet, die insgesamt 175 Strophen (I: 136 Str., II: 39 Str.) umfassen und vielleicht nur Teile einer geplanten Gesamtdichtung darstellen. Figurenkonstellation und Handlungsverlauf sind vollständig aus dem *Parzival* abgeleitet. Es geht um die tragische Liebesgeschichte von Sigune und Schionatulander, die im *Parzival* nur angedeutet wird. Als Parzival seiner Cousine Sigune zum ersten Mal begegnet, erklärt sie ihm, dass ihr Geliebter wegen einer Hundeleine gestorben sei: *ein bracken seil gap im den pîn* (V. 141,16: „Ein Hundehalsband stürzte ihn ins Verderben"). Der erste Teil des *Titurel* handelt von der Anbahnung der Liebe zwischen Sigune und Schionatulaner, der zweite erzählt die Episode mit der Hundeleine, die zu Schionatulanders Tod und Sigunes Klage führt.

4.3 Hochhöfische Epik

Die Bezugnahme auf das *Nibelungenlied* lässt sich schon an der Form ablesen. Die von Wolfram konzipierte Strophenform lehnt sich an die Nibelungenliedstrophe an, wird aber sprachlich in so komplexer Weise gefüllt, dass sie die heldenepischen Konventionen verlässt und sich wieder dem höfischen Roman annähert. Auch in inhaltlicher Hinsicht sind die Parallelen zwischen *Titurel* und *Nibelungenlied* offenbar. Der erste Teil, der die Liebesgeschichte zwischen Sigune und Schionatulander exponiert, ahmt das *Nibelungenlied* nach, das zunächst Kriemhild und dann Siegfried vorstellt. Entsprechend führt der *Titurel* zunächst Sigune (Str. 25–36) und anschließend Schionatulander (Str. 37–43) ein und begründet dies mit dem Argument, dass Schionatulander zwar der Protagonist (Str. 39: *dirre âventiure hêrre*: „der Held dieser Geschichte") sei, Sigune aber aufgrund ihrer überlegenen Herkunft (Str. 43: *hôchgeburt*) aus dem Gralsgeschlecht über ihm stehe. Weitere Parallelen kommen hinzu. Wie im *Nibelungenlied* Kriemhild eingangs ein Minnegespräch mit ihrer Mutter Ute führt, so im *Titurel* Sigune mit ihrer Tante Herzeloyde (Str. 113–136, und zuvor schon Schionatulander mit Gahmuret: Str. 97–112). Wie im *Nibelungenlied* sentenzenhaft die Untrennbarkeit von Liebesfreude und Liebesleid betont wird (Str. 15,3: *wie liebe mit leide ze jungest lônen kan*: „wie schließlich Liebe mit Leid belohnt wird"), so auch im *Titurel*: *unser aller süeze an dem orte ie muoz sûren* (Str. 17,4: „Unser aller Freude muss ich am Ende stets in Bitternis verkehren"). Wie das *Nibelungenlied* das düstere Ende in häufigen Vorausdeutungen antizipiert, so auch der *Titurel* den tragischen Ausgang der Liebesgeschichte von Sigune und Schionatulander.

Auch der zweite Teil weist Parallelen zum *Nibelungenlied* auf. In beiden Fällen trägt die weibliche Hauptfigur Mitschuld am Tod des geliebten Mannes: Kriemhild verrät Hagen Siegfrieds verwundbare Körperstelle, Sigune verlangt von Schionatulander, dass er den entlaufenen Hund fängt. Zugleich scheint sich Wolfram auf das Falkenlied des Kürenbergers zu beziehen, das in Kriemhilds Falkentraum eine Entsprechung hat. Wie sich im Falkenlied die Dame um den geliebten Ritter kümmert, der sich später von ihr trennt, so widmet sich Sigune Schionatulander, der seinerseits in fremde Länder zieht (nämlich mit Gahmuret in den Orient). Wolfram spielt auf den Falken als Liebessymbol an, wenn er Sigune sagen lässt: *oder fliuget minne ungerne ûf hant durh die wilde? ich kan minne wol locken?* (Str. 64,4: „Sträubt sich die Minne, mir auf die Hand zu fliegen wegen ihrer Wildheit? Oder kann ich sie leicht anlocken?")

Wolfram reflektiert das Thema der Minne, das in den Gattungen des Minnesangs und des höfischen Romans entworfen wird, im Register des *Nibelungenlieds*. Im Unterschied zu diesem erscheint im *Titurel* der Tod nicht als Auslöser einer katastrophalen Rachehandlung, sondern als intrinsisches Wesensmerkmal der Liebe. Wolfram setzt dem fatalistischen Minnekonzept des *Nibelungenlieds* ein ambivalentes Minnekonzept entgegen, das schon im *Parzival* vorgezeichnet ist. Die tragische Liebe betrifft nicht nur Sigune und Schionatulander, sondern auch Sigunes Tante Herzeloyde und Schionatulanders Mentor Gahmuret, aus deren Beziehung Parzival hervorgehen wird; sie wird zudem in der Liebesgeschichte von Clauditte und Ehkunat gespiegelt, die auf dem Brackenseil geschrieben steht. Dieses

Liebeskonzept basiert auf der hohen Minne, wird aber noch weiter spezifiziert als *wâre minne mit triwen* (Str. 4,4: „echte Minne und Treue"), die für die Gralsgesellschaft spezifisch ist.

In der *Nibelungenklage* wird Kriemhild für ihre wahre Liebe und Treue gepriesen, ja geradezu seliggesprochen. Der Unterschied zum *Titurel*, aber auch zum *Tristan*, besteht darin, dass Sigune und Isolde nach dem Tod ihrer geliebten Männer nicht weiterzuleben vermögen. Isolde stirbt Tristan sogleich nach, und auch Sigunes exzessive Trauer, die Wolfram im *Parzival* in mehreren Stationen erzählt, ist nichts anderes als ein langsamer Liebestod.

4.3.3.2 Liebes- und Freundschaftsroman

In der hochhöfischen Phase werden auch Stoffe der frühhöfischen Liebesromane noch einmal aufgenommen und aktualisiert. Konrad Fleck widmet sich der Geschichte von Flore und Blanscheflur, die vor ihm schon ein unbekannter Dichter behandelt hatte, und Gottfried von Straßburg nimmt sich der Geschichte von Tristan und Isolde an, die vor ihm schon Eilhart von Oberg bearbeitet hatte. Neben den Liebesromanen entstehen Freundschaftsromane, die Beziehungen zwischen zwei Männern in den Vordergrund stellen. Ein Beispiel hierfür ist die anonym überlieferte Erzählung von Athis und Prophilias.

Konrad Fleck, *Flore und Blanscheflur*

Konrad Fleck stellt mit seinem wohl schon vor 1205 entstandenen Liebesroman *Flore und Blanscheflur* einer früheren Bearbeitung desselben Stoffs (dem *Trierer Floyris*) eine neue Fassung zur Seite, die das Thema der höfischen Liebe vertieft. Fleck baut die französische Vorlage, die mit 3348 Versen eher eine Novelle darstellt, zu einem Roman im Umfang von rund 8000 Versen aus. Er bedient sich der in den mittelalterlichen Poetiken empfohlenen Techniken, um die Geschichte auszuweiten, ohne die Handlung zu verändern: Beschreibungen, Figurenreden und Exkurse (s. Abschn. 5.4).

Wie in den Tristanromanen geht es auch in Flecks Roman um die Unvereinbarkeit von Liebe und Ehe. Blanscheflur liebt Flore, soll aber den babylonischen Emir heiraten. Dessen Eheverständnis ist aus höfischer Sicht pervertiert. Er lässt seine Ehefrauen jeweils nach einem Jahr töten, um dann erneut zu heiraten. Der Vorstellung einer heiratspolitischen Ehe wird hier die Phantasie einer seriellen Haremsehe entgegengesetzt, die in übersteigerter Form illustriert, dass Ehe und Liebe zweierlei sind. Am Ende setzt sich das Ideal der höfischen Liebesehe doch noch durch, wenn der Emir auf die Ehe verzichtet und den Weg frei macht für die Liebe zwischen Flore und Blanscheflur.

Trotz der prinzipiell analogen Problematik unterscheidet sich der Floreroman in vielen Punkten von den Tristanromanen. Während die Liebe Tristans und Isoldes auf ihrer Ähnlichkeit beruht, geht es bei Flore und Blanscheflur um den Ausgleich von Differenzen: Flore ist ein muslimischer Königssohn, Blanscheflur eine christliche Sklaventochter. Am Ende bekehrt sich Flore zum Christentum, und Blanscheflur steigt durch ihre Hochzeit zur Königin auf. Hinsichtlich der Religion bewegt sich also Flore auf Blanscheflur, hinsichtlich des sozialen Standes Blanscheflur auf Flore zu. Ein wichtiger Unterschied ist auch die Begründung der passionierten

Liebe. Im Fall von Tristan und Isolde wird ein Zauber bemüht, nämlich der von Isoldes Mutter gebraute Minnetrank. Im Fall von Flore und Blancheflur beginnt die Liebesgeschichte hingegen mit einem Omen: Sie werden am selben Tag, ja sogar im selben Augenblick geboren und wachsen miteinander auf. Die Liebe ist ihnen von Geburt an vorbestimmt.

Ein weiterer Unterschied zu den Tristanromanen besteht darin, dass die Handlung weniger dem Prinzip des Abenteuers als dem der Reise folgt. Der spanische Königssohn Flore muss keine Herausforderungen bestehen. Freundliche Helferfiguren weisen ihm den Weg nach Babylon, wohin Blancheflur verkauft wurde. Die List, Flore in einem Blumenkorb in jenen Turm zu schmuggeln, in dem der Emir Blancheflur gefangen hält, stammt nicht von ihm selbst. Die Wiedervereinigung der Liebenden wird durch die Einsicht des Emirs, nicht durch eine Heldentat Flores herbeigeführt.

Die Erzählung bietet insofern ein Gegenstück zum *König Rother*, als auch hier eine fiktive Vorgeschichte Karls des Großen erzählt wird. Die Tochter Flores und Blancheflurs wird als die künftige Mutter des fränkischen Kaisers vorgestellt.

Auffällig ist ferner ein intertextueller Bezug zum *Eneasroman*. Der Kaufpreis für Blancheflur umfasst eine Trinkschale, die Eneas bei seiner Abreise aus Troja mitnahm und später Lavinia schenkte. Wie dem Trojaner Eneas von den Göttern vorbestimmt war, die italienische Prinzessin Lavinia zu heiraten, so ist es dem Spanier Flore vorbestimmt, seine nach Babylon entführte Geliebte wiederzufinden und zu heiraten.

Eine weitere Besonderheit ist die selbstreflexive Dimension, die Flecks Roman mit Gottfrieds Roman verbindet. In beiden Fällen sind die Liebenden nicht nur Hauptfiguren einer Liebesgeschichte, sondern setzen sich auch mit Liebesgeschichten auseinander. Bei Gottfried gehört das Erzählen von *senemaere[n]* (V. 17184) zu den Beschäftigungen Tristans und Isoldes in der Minnegrotte. Bei Fleck wird die aufkeimende Liebe Flores und Blancheflurs dadurch befördert, dass sie als Kinder während des gemeinsamen Schulunterrichts *diu buch von minnen* (V. 713: „Bücher über die Liebe") lesen.

Athis und Prophilias

Die Erzählung von Athis und Prophilias ist – neben der von Amicus und Amelius, die Konrad von Würzburg in der zweiten Hälfte des dreizehnten Jahrhunderts in seinem Freundschaftsroman *Engelhard* aufgreift (vgl. Winst 2009) – die wichtigste mittelalterliche Gestaltung des Themas der wechselseitigen Freundschaftsprobe. Der unbekannte deutsche Verfasser formte die Geschichte um 1210 nach einer im letzten Viertel des zwölften Jahrhunderts entstandenen altfranzösischen Vorlage (Alixandre, *Li Romanz d'Athis et Prophilias*). Die Handschriftenfragmente, in denen der deutsche Roman überliefert ist, enthalten nur rund 1550 Reimpaarverse.

Erzählt wird eine Freundschaftsgeschichte, die ähnlich radikal ist wie die Liebesgeschichte von Tristan und Isolde. Die Beziehung zwischen Athis und Prophilias steht über allen anderen sozialen Bindungen. Athis ist bereit, seine Ehefrau an Prophilias abzutreten, der an Liebeskrankheit zu sterben droht. Umgekehrt rettet

Prophilias seinen lebensmüden Freund Athis aus Todesgefahr. Dieser hat einen Mord auf sich genommen, den er nicht begangen hat, um ein Todesurteil für sich zu erwirken. Der Grund seiner Verzweiflung ist, dass Prophilias zuvor seinen inzwischen verarmten Freund nicht erkannt hatte, als dieser ihn aufsuchte, um ihn um Hilfe zu bitten.

Im Unterschied zu den zahlreichen Freundschaftsgeschichten, die in höfischen Romanen und Heldenepen erzählt werden, ist die Freundschaft der Männer nicht nur ein neben- oder untergeordneter Handlungsstrang, sondern das hauptsächliche Sujet der Erzählung. Das antike Freundschaftsideal ragt in die höfische Epik hinein, ohne dass der Konflikt zwischen Freundschaft und Liebe aufgelöst würde. Höfische Liebe hat in diesem Freundschaftsroman keinen Platz. Bezeichnenderweise führen Athis und Prophilias die Freundschaft ihrer Väter fort. Die Ehen, die sie eingehen, dienen der sozialen Institutionalisierung der Männerfreundschaft. Athis übergibt seine Ehefrau an Prophilias, dieser seine Schwester an Athis. Sie sind also einerseits nacheinander mit derselben Frau verheiratet und andererseits verschwägert.

Gottfried von Straßburg, *Tristan*

Gottfried von Straßburg verfasste um 1210 nach der französischen Vorlage von Thomas von England (um 1170) seinen Liebesroman über *Tristan und Isolde*. Das Werk, dessen Schluss (den Tod der Liebenden) Gottfried nicht mehr ausführen konnte, war ein Erfolg. Mit dreißig Handschriften steht der *Tristan* hinsichtlich seiner Überlieferungshäufigkeit an sechster Stelle nach Wolframs *Parzival* und *Willehalm*, Wirnts *Wigalois*, dem *Nibelungenlied* und Hartmanns *Iwein*.

Im Unterschied zu Eilhart, der sich an die *version commune* hielt, repräsentieren Thomas und Gottfried die *version courtoise*, also die höfische Fassung des Tristanstoffs, der zur *matière de Bretagne* gehört. Überschneidungen mit den Artusromanen weist Gottfrieds Roman nicht auf, ist aber gleichwohl als Reaktion auf das Konzept der höfischen Liebesehe zu verstehen, wie es insbesondere im *Erec* entfaltet wird. Während die Artusromane die Vereinbarkeit von Liebe und Ehe in der höfischen Liebesehe propagieren, ist der Blick, den Gottfried auf diese Frage richtet, desillusioniert. Sein *Tristan* demonstriert, dass die Ehe eine heiratspolitische Angelegenheit ist, die vor allem der Erzeugung von Nachkommenschaft dient, während die passionierte Liebe einem unkontrollierbaren Affekt entspringt, wie das Symbol des fehlgeleiteten Minnetranks deutlich genug zeigt. Man kann sich wünschen, dass zur Ehe die Liebe hinzukommt; wahrscheinlicher ist aber, dass sie jenseits der Ehe erblüht. Während die Ehe zwischen Marke und Isolde den Zweck erfüllen soll, die gesellschaftliche Ordnung zu stabilisieren und ihr eine Zukunftsperspektive zu geben, erweist sich die Liebe als destruktive Kraft, die die gesellschaftliche Ordnung untergräbt – aber doch auch nicht ohne sie auskommen kann. So sehr Tristan und Isolde die idyllische Zweisamkeit der Minnegrotte, die Gottfried als Allegorie der Liebe auslegt, genießen, zieht es sie doch zurück in die Gemeinschaft des Markehofs.

> **Die Baumgartenepisode**
> Gottfried inszeniert die trianguläre Konstellation zwischen Tristan, Marke und Isolde in der Baumgartenepisode. Tristan und Isolde befinden sich unter einem Olivenbaum, Marke kauert über ihnen in der Baumkrone. Deutlicher wird die Dreiecksbeziehung der um dieselbe Frau rivalisierenden Männer, wenn man Tristan und Marke die horizontale Achse zuweist und Isolde vertikal mittig über sie stellt. Die Achse zwischen Tristan und Isolde steht für die Liebe, die Achse zwischen Marke und Isolde für die Ehe. Eine Pointe besteht darin, dass Marke Isolde nur durch Tristan begehren kann, dass er dessen Begehren geradezu nachahmt. Dies ist der Grund, warum Marke immer wieder zögert, den Ehebruch anzuerkennen. Täte er dies, müsste er die Liebenden fortschicken und verlöre beide: seinen Freund und Neffen Tristan ebenso wie seine Ehefrau Isolde.

Die Eigengesetzlichkeit der Minne wird mit verschiedenen Mitteln instrumentiert:

(1) Während die Anbahnung der Ehe zwischen Marke und Isolde dem Narrativ der gefährlichen Brautwerbung (s. Abschn. 5.2.1) folgt, orientiert sich die Liebesgeschichte von Tristan und Isolde am Narrativ der gestörten Mahrtenehe (s. Abschn. 5.2.2). Isolde werden Züge einer Fee und Sirene zugeschrieben, deren Bann Tristan schließlich erliegt.
(2) Hinzukommt die zyklische Poetik des Fortunarads, die den Roman regiert. In Abwandlung der Vorstellung der göttlichen Providenz, die das Schicksal der Menschen lenkt, ist es die Vorsehung der Minne, die das Leben Tristans und Isoldes bestimmt. Die erste Hälfte des Romans beschreibt die Annäherung der künftigen Liebenden, die ihren Höhepunkt im Verzehr des Minnetranks findet (Aufwärtsbewegung). Die zweite Hälfte des Romans beschreibt die zunehmende Entfernung der Liebenden, die zum Tiefpunkt des tragischen Liebestodes führt (Abwärtsbewegung).
(3) Auch die Vorgeschichte, die vom traurigen Schicksal der Eltern Tristans erzählt, illustriert die Autonomie der Minne. Sie ist eine Präfiguration der Hauptgeschichte: In Tristan und Isolde wiederholt sich zwangsläufig das Schicksal Riwalins und Blanscheflurs.
(4) Entscheidend ist auch die Umdeutung des Minnetranks. Während dessen Wirkung in Eilharts Fassung nach einer gewissen Zeit nachlässt, bleibt sie in Gottfrieds Fassung absolut. Wenn die Liebenden getrennt sind, leiden sie, auch wenn es ihnen vorübergehend gelingen mag, durch die narkotische Wirkung eines Zauberhündchens (Peticreü) oder die Selbsttäuschung mit einer gleichnamigen Frau (Isolde Weißhand) den Trennungsschmerz zu betäuben.

Die Pointe des Tristanromans besteht darin, dass die ehebrecherische Liebe Tristans und Isoldes nicht als Sünde verurteilt, sondern im Prolog in einer pseudo-christlichen

Geste der Gemeinde der „edlen Herzen" zum Gedenken anempfohlen wird. Stets haben die Liebenden Gott auf ihrer Seite, der sich in der Gottesurteil-Episode als ihr Komplize erweist. Tristan und Isolde sind ein Beispiel für ‚wahre' Liebe, während für Marke, wie der Erzähler im Rahmen des Brautnachtbetrugs nüchtern feststellt, eine Frau wie die andere ist. Dass man ihm statt Isolde deren Zofe Brangäne untergeschoben hat, fällt ihm nicht auf.

Die Bedeutung des Romans erschöpft sich nicht im Thema der passionierten Liebe. Über die erzählte Handlung wölbt sich eine allegorische Bedeutungsschicht, die das Dichten und die Dichtung selbst betrifft (vgl. Kraß 2013). Gottfried entwirft eine poetologische Metaebene, wie es sie in der Geschichte der höfischen Epik bislang nicht gegeben hat. Einige Beispiele: Wenn Gottfried in der Vorgeschichte die Harmonie der Frühlingsnatur beim Markefest schildert, so ist dies zugleich ein Bild für den ästhetischen Einklang einer gelungenen Dichtung. Wenn er zu Beginn der Hauptgeschichte die Jagdprozession mit dem kunstvoll zergliederten Hirsch präsentiert, verweist dies auf den rhetorischen Sachverhalt der *dispositio*, d. h. der proportional stimmigen Gliederung des Ganzen in seine Teile. Wenn er die schillernde Vielfarbigkeit des Zauberhündchens und die beglückende Wirkung der Schelle am Halsband beschreibt, lässt sich dies als Symbol für das Wesen und die Wirkung der Poesie lesen. Wenn Marke im Baum hockt und den täuschenden ‚Text' zu ‚lesen' versucht, den die Liebenden in ihrem Gespräch produzieren, so wird die Kommunikationssituation eines fiktionalen Romans in Szene gesetzt. Für die Stichhaltigkeit der poetologischen Deutungshypothese spricht vor allem der berühmte Literaturexkurs, den Gottfried anlässlich von Tristans Schwertleite in seine Erzählung einfügt. Er schlägt eine Brücke vom Textil (den Gewändern, in die Tristan gehüllt wird) zum Text, nämlich zu den Dichtern seiner Zeit, die er preist und tadelt, darunter Heinrich von Veldeke, Hartmann von Aue und Wolfram von Eschenbach (Kraß 2006, S. 365–373). Wie Tristan alle anderen Knappen überstrahlt, die mit ihm die Schwertleite empfangen, so nimmt Gottfried implizit für sich in Anspruch, die Dichterkollegen seiner Zeit zu übertreffen.

Auch zwischen dem *Tristan* Gottfrieds von Straßburg und dem *Nibelungenlied* gibt es zahlreiche Parallelen (Kuhn 1973). Diese sind zwar schon in den französischen Tristanromanen angelegt; doch für die deutsche Rezeptionsgeschichte ist entscheidend, dass Gottfrieds *Tristan* nach dem *Nibelungenlied* verfasst wurde. In beiden Werken werden umfangreiche Brautwerbungsgeschichten erzählt (Siegfried hilft Gunther bei der Werbung um Brünhild, Tristan wirbt für Marke um Isolde), die mit einem Brautnachtbetrug einhergehen (Siegfried überwältigt Brünhild an Gunthers statt, Marke wird statt Isolde die jungfräuliche Brangäne untergeschoben). In beiden Werken tritt ein fremder Ritter auf, der sich in den Hof des Königs integriert und für ihn militärische Aufgaben übernimmt (Siegfried kämpft für Gunther gegen die Sachsen, Tristan kämpft für Marke gegen den Iren Morold).

Diese Parallelen legen einen Vergleich nahe, machen aber auch auf die entscheidende Differenz aufmerksam. Das *Nibelungenlied*, so hatte sich gezeigt, dekonstruiert den weltlichen Heilsoptimismus der frühen Artusromane. Die späteren Artusromane hingegen insistieren auf dem ritterlichen Heilsanspruch, indem sie ihm sakrale Züge verleihen. Dem entspricht die Sakralisierung der Liebe Tristans und Isoldes, die – wie der Kult um den Gral – als alternative, laikale Religion dargeboten wird. Wie beim Gral ist es eine Religion, die eucharistische Züge trägt, also am höchsten Mysterium des Christentums partizipiert, ohne mit ihm identisch zu sein. Der kultischen Mahlgemeinschaft im *Parzival* entspricht die Verklärung Tristans und Isoldes im Prolog als Minneheilige, deren Tod die Gemeinschaft der edlen Herzen wie eine Messfeier zelebrieren soll: *Ir leben, ir tôt sint unser brôt* (V. 237: „Ihr Leben und ihr Tod sind unser Brot"); sie sind aber auch, wenn man den Minnetrank hinzunimmt, ‚unser Wein'. Dagegen führen die Mahlgemeinschaften des *Nibelungenlieds* bekanntlich in die Katastrophe (Pychlau-Ezli 2018, S. 240–251).

Dass die höfische Minnereligion den christlichen Glauben noch übersteigt, lässt sich daran ablesen, dass Gott als Komplize der Liebenden erscheint. In der Episode des Gottesurteils stellt er sich auf Isoldes Seite, obwohl sie mit Tristans Hilfe ihren Eid gefälscht hat. Sarkastisch kommentiert der Erzähler, dass sich hier wieder einmal offenbare, *daz der vil tugenthafte Crist / wintschaffen alse ein ermel ist* (V. 15735–15736: „dass der allmächtige Christus nachgiebig wie ein Mantel im Wind ist"). Gottfried nimmt die Liebe ernster als das Christentum, erklärt sie zur eigentlichen höfischen Religion und macht dies auch deutlich, indem er – im Unterschied zum *Tristrant* Eilharts von Oberg – die Wirkung des Minnetranks entfristet und aus dem entbehrungsreichen Waldleben Tristans und Isoldes eine Liebesfeier in der Minnegrotte macht, in der das Bett so platziert ist wie in einer Kirche der Altar.

4.3.3.3 Novelle

In der literaturgeschichtlichen Phase nach dem *Nibelungenlied* entstand zunächst nur noch eine Novelle (also die dritte nach dem *Gregorius* und dem *Armen Heinrich* Hartmanns von Aue). Sie dekonstruiert den Liebesdiskurs des hohen Minnesangs.

Mauricius von Craûn

Die nach 1210 oder 1215 entstandene Liebesnovelle, die um den Ritter Mauricius von Craûn kreist, stammt von einem unbekannten, wohl rheinfränkischen Verfasser. Vermutlich bearbeitete er eine französische Vorlage, die aber nicht überliefert ist. Eine ähnliche Geschichte, allerdings mit glücklichem Ausgang, erzählt eine französische Novelle des dreizehnten Jahrhunderts (*Du chevalier qui recovra l'amour de sa dame*). Die mit 1784 Reimpaarversen sehr kurze Novelle ist nur einmal und sehr spät überliefert, nämlich im *Ambraser Heldenbuch* (16. Jh.). Die Geschichte lehnt sich an zeitgenössische historische Personen, nämlich an Maurice II. de Craon (gest. 1196), der als Trouvère (Minnesänger) hervortrat, und die Gattin des Vizegrafen Richard von Beaumont (gest. 1201).

Der Sachverhalt, dass der Verfasser in einem langen Prolog den Gedanken der *translatio imperii*, der Weitergabe der Herrschaft von den Griechen über die Römer an die Franken, entfaltet und dabei die Dekadenz und Grausamkeit des römischen Kaisers Nero besonders ausführlich beschreibt, legt die Vermutung nahe, dass er auch die in der eigentlichen Geschichte erzählte Handlung in diesem Licht verstanden wissen wollte, nämlich als Perversion der höfischen Liebe. Der Wechsel von Cäsar zu Nero, von einem Höhe- zu einem Tiefpunkt des Römischen Reichs, dient auch in der Weltchronik Ottos von Freising als Exempel für die Unbeständigkeit der *civitas terrena*. Nero wird beschuldigt, mit Männern geschlafen, mithilfe eines Arztes eine Schwangerschaft simuliert und seine Mutter aufgeschnitten zu haben, um eine Gebärmutter von innen zu sehen. Der Protagonist der Erzählung handelt weniger grotesk, aber auch er führt die höfische Liebe *ad absurdum*. Als seine verheiratete Minnedame, die ihm als Lohn für ein in ihrem Namen veranstaltetes Turnier die Erfüllung seiner Liebeswerbung verspricht, das Versprechen nicht einlöst, vergewaltigt er sie und lässt sie als entehrte Minnedame und Ehebrecherin in doppelter Schande zurück.

Man kann hier an das *Nibelungenlied* und insbesondere an Brünhild denken, die ebenfalls ein Versprechen bricht, als sie sich weigert, mit Gunther in der Hochzeitsnacht die Ehe zu vollziehen, und die ebenfalls (mit Siegfrieds Hilfe) gewaltsam zum sexuellen Verkehr gezwungen wird. Auch im Motiv des Ehebruchs besteht eine Parallele, denn Kriemhild wirft Brünhild vor, die Mätresse ihres, Kriemhilds, Ehemanns gewesen zu sein.

4.3.3.4 Chanson de geste

Der *Willehalm* Wolframs von Eschenbach ist, nach dem vorhöfischen *Rolandslied* des Pfaffen Konrad, erst das zweite französische Heldenepos, das im Mittelalter in die deutsche Sprache übertragen wurde.

Wolfram von Eschenbach, *Willehalm*

Wolframs Vorlage ist die bereits um 1185 entstandene *Chanson d'Aliscans*, die zu einem Zyklus von Heldenepen gehört, die von Wilhelm von Oranien handeln. Diese Figur basiert auf Wilhelm von Aquitanien, der von 790 bis 806 als Graf von Toulouse herrschte und sich dann in ein Kloster zurückzog. Er wurde 1066 heiliggesprochen. Im Mittelpunkt der Erzählung steht eine fiktive Schlacht zwischen Franken und Sarazenen im südfranzösischen Aliscans (bei Wolfram: Alischanz). Der Ortsname geht wohl auf die römische Nekropole Alyscamps am Stadtrand von Arles zurück. Wolframs *Willehalm* ist – nach seinem *Parzival* – das am zweithäufigsten überlieferte Werk der höfischen Epik des deutschen Mittelalters. Es entstand zwischen 1210 und 1220 wiederum im Auftrag des Landgrafen Hermann I. von Thüringen. Wieder hat Wolfram seine Vorlage erheblich erweitert. Aus den rund 8300 Versen des französischen Epos werden in der deutschen Fassung, deren Schluss nicht ausgeführt wurde, 14.000 Verse.

Anlass der Schlacht zwischen Franken und Sarazenen ist der Streit um Arabel, die Tochter des sarazenischen Königs Terramer, die sich aus Liebe zum Christentum bekehrt, den Taufnamen Gyburg annimmt und Willehalm heiratet. In der ersten Konfrontation erleiden die Franken eine bittere Niederlage, dabei wird Willehalms Neffe Vivienz getötet. Daraufhin reist Willehalm durch das Königreich, um neue Truppen zu sammeln, während Gyburg das belagerte Oransche (Orange) verteidigt. In der zweiten Konfrontation, die wiederum in Alischanz stattfindet, besiegt das von Willehalm angeführte Heer mit Unterstützung des riesenstarken Rennewart die Sarazenen. Rennewart verschwindet im Kampf und wird von Willehalm, der ihn für tot hält, beklagt.

4.3 Hochhöfische Epik

Die Parallelen zum *Rolandslied*, an dessen Ereignisse der *Willeham* zeitlich anknüpft, sind deutlich zu erkennen. In beiden Fällen folgt auf eine vorläufige Niederlage der endgültige Sieg der Franken, in beiden Fällen werden tote Ritter ausgiebig beklagt. Willehalm übernimmt im ersten Teil die Rolle Rolands, im zweiten Teil die Rolle Karls des Großen. Im Unterschied zum *Rolandslied* steht im *Willeham* an der Seite des männlichen Protagonisten eine Frau, die sich ihrerseits an der Schlacht beteiligt, indem sie die von den Sarazenen belagerte Burg von Oransche verteidigt. Im Unterschied zu Alda, der nur am Rand erwähnten Verlobten Rolands, stellt Gyburg für Willehalm eine wirkliche Partnerin dar, mit der ihn eine höfische Liebesehe verbindet.

Wolframs überaus komplexes Werk lässt sich aus sieben Perspektiven erschließen:

(1) Wolfram überformt die vorgegebene **Gattung** des Heldenpos (*Chanson de geste*) mit der Gattung des höfischen Romans und gestaltet somit ein ähnlich hybrides Werk wie das *Nibelungenlied*. Das Thema der höfischen Liebe fungiert als treibende Kraft der Handlung. Fast alle Ritter, die im *Willehalm* auftreten, werden als Minneritter stilisiert, die im Dienst einer Dame kämpfen. Die Bezüge zu den Gattungen des Artus-, Antiken- und Liebesromans sind unverkennbar.

(2) Mit der Gattungsmischung geht die Verschränkung homosozialer und heterosozialer **Geschlechterverhältnisse** einher. Während das *Rolandslied* von ‚monologischer Männlichkeit' geprägt ist, treten im *Willehalm* weibliche Figuren und heterosoziale Beziehungen hervor. Gyburg steht als weibliche Hauptfigur im Mittelpunkt des Konflikts zwischen Christen und ‚Heiden'. Im Unterschied zum *Nibelungenlied* erscheint sie nicht als Rächerin, sondern ruft im Gegenteil die Christen zur Barmherzigkeit gegenüber den Besiegten auf. Sie wird, wie Willehalm, vom Erzähler heiliggesprochen, während Kriemhild im *Nibelungenlied* mehrfach als Teufelin dämonisiert wird.

(3) Während das *Rolandslied* eine binäre Opposition zwischen christlichen Gotteskriegern und ‚heidnischen' Feinden aufbaut, relativiert der *Willehalm* die **religiöse Differenz**. Auf beiden Seiten kämpfen die Ritter im Dienst höfischer Damen. Aus der Sicht der Minne gibt es nur zwei Spielarten höfischer Ritter, die sich zwar im Glauben an Gott unterscheiden, aber im Glauben an die Minne übereinstimmen. Die Grenze zwischen Christen und ‚Heiden' wird durch den Glaubens- und Seitenwechsel Arabels/Gyburgs überschritten. Bemerkenswert ist die Analogie zwischen der christlichen Trinität und der Dreiheit der ‚heidnischen' Götter Tervagant, Mahomet und Apoll, die freilich als polytheistisch zu verstehen (und nicht mit dem Islam zu verwechseln) ist.

(4) Wie schon im *Parzival* baut Wolfram die **Verwandtschaftsverhältnisse** aus. Auf fränkischer Seite sind fast alle Figuren miteinander verwandt und verschwägert. Sein Neffe Vivianz stirbt in der ersten Schlacht und wird als christlicher Märtyrer stilisiert. Die ‚heidnische' Welt schart sich um eine Großfamilie, an deren Spitze der Herrscher Terramer steht. Er hat zwölf Söhne und (mindestens) eine Tochter, nämlich Arabel/Gyburg. Diese verbindet Franken und

Sarazenen durch ihre Verwandtschafts- und Ehebeziehungen: Sie ist die Tochter Terramers und die Schwester Rennewarts, und sie ist zunächst die Ehefrau Tybalts von Arabien und dann die Gattin Willehalms. Hinzukommt der Gedanke der geistlichen Verwandtschaft: Alle Christen werden als Kinder Gottes vorgestellt, darüber hinaus auch alle Nichtchristen als Geschöpfe Gottes und somit als Kinder Gottes im weiteren Sinn. Die prinzipielle Verwandtschaft aller Menschen wird als Argument gegen den Krieg geltend gemacht.

(5) Sowohl das *Rolandslied* wie auch der *Willehalm* beziehen sich auf die **Reichsgeschichte**. Im *Rolandslied* ist Karl der Große Herrscher über das fränkische Reich, im *Willehalm* dessen Sohn und Nachfolger Ludwig der Fromme (König Loys). König Loys und seine Frau kommen nach anfänglichem Zögern Willehalm zu Hilfe, da das Reich selbst auf dem Spiel steht. Die Königin unterstützt Willehalms Heer materiell, der König setzt ihn als Oberbefehlshaber ein. Der Besuch am Königshof in Laon ist das kompositorische Zentrum der Erzählung. Der Sinneswandel des Königs bringt die Wende von der Niederlage zum Sieg.

(6) Im *Willehalm* übt Wolfram **Kritik am Krieg**. Die im *Rolandslied* ungebrochene Vorstellung des Heiligen Kriegs, der die Tötung der Feinde legitimiert, wird durch Wolframs Verdikt in Frage gestellt, dass Krieg *mort* sei, ein heilloses Gemetzel, das gegen das fünfte Gebot des Dekalogs verstößt. Die Toten werden – mit wörtlichen Anspielungen auf das *Rolandslied* und die *Nibelungenklage* (Bumke 2004, S. 374) – betrauert: im ersten Teil Vivianz (ein Christ), im zweiten Teil Rennewart (ein ‚Heide' auf Seiten der Christen). Am Ende lässt Willehalm die einbalsamierten Leichen der gefallenen ‚Heiden' in ihre Heimat geleiten, damit sie dort bestattet werden können. Somit anerkennt er, dass auch auf der gegnerischen Seite verlorene Menschenleben zu beklagen sind. Der Erzähler verurteilt den Krieg als Sünde: *die nie toufes künde / enpfiengen, ist daz sünde, / daz man die sluoc alsam ein vihe? / grôzer sünde ich drumbe gihe: / ez ist gar gotes hantgetât, / zwuo und sibenzec sprâche, die er hât* (V. 450,15–20: „Ist das Sünde, dass man die wie Vieh erschlug, die niemals etwas von der Taufe erfahren hatten? Ich behaupte, dass das eine große Sünde ist. Alle zweiundsiebzig Völker, die ihm gehören, sind samt und sonders Gottes Schöpfung").

(7) Wie im *Rolandslied* spielt auch im *Willehalm* die **Heiligkeit** der christlichen Figuren eine große Rolle. Vivianz erleidet einen Märtyrertod, der von einem Duftwunder begleitet wird. Willehalm wird im Prolog als Fürsprecher der christlichen Ritter bei Gott empfohlen: *ieslîch rîter si gewis, / swer sîner helfe in angest gert, / daz er der niemer wirt entwert, / ern sage die selben nôt vor gote* (V. 3,12–15: „Jeder Ritter, der in Angst seine Hilfe begehrt, sei versichert, dass ihm die niemals versagt wird: Er wird sein Anliegen vor Gott bringen"). Zu Beginn des neunten Buchs wird Gyburg vom Dichter als Heilige und Fürbitterin angerufen: *Ei Gŷburg, heilic vrouwe, / dîn sælde mir die schouwe / noch vüege, daz ich dich gesehe / aldâ mîn sêle ruowe jehe* (V. 403,1–4: „Ach, Gyburc, heilige Herrin, deine Glückseligkeit erwirke mir, dich dort zu erblicken, wo meine Seele sich ewige Ruhe erhofft"). So partizipiert Gyburg an der Heiligkeit Willehalms wie die Himmelskönigin Maria an der Heiligkeit des Himmelskönigs Christus.

Auch der *Willehalm* lässt sich in mehrfacher Weise als Reaktion auf das *Nibelungenlied* verstehen. Mit diesem teilt er die höfische Überformung eines heroischen Stoffs; von diesem trennt ihn die christliche Rechtfertigung des Rittertums, ja die Heiligsprechung der Hauptfiguren Willehalm und Gyburg. Letztere erscheint im Unterschied zu Kriemhild (die ebenfalls die Seiten wechselt, nämlich von den Burgunden zu den Hunnen) nicht als rachsüchtige Teufelin, sondern als barmherzige Fürsprecherin der besiegten ‚Heiden'. Die *Nibelungenklage* hat ihre Spuren in der Gestaltung der Totenklagen des *Willehalm* hinterlassen.

4.4 Späthöfische Epik (Ausblick)

Der folgende Überblick über die Phase der späthöfischen Epik (1220 bis 1300) beschränkt sich auf die Frage, wie sich die epischen Gattungen der hochhöfischen Phase weiterentwickelten (vgl. Heinzle 1984; Cramer 1990).

4.4.1 Romane

Hinsichtlich der späthöfischen Romane sind drei Gruppen zu unterscheiden: die Fortsetzung hochhöfischer Werke, die von ihren Verfassern nicht fertiggestellt worden waren; die Weiterentwicklung bestehender Gattungstraditionen wie zum Beispiel des Artusromans und die Ausprägung neuer Gattungstypen. Die produktivsten Epiker dieser Zeit sind in der ersten Hälfte des dreizehnten Jahrhunderts Ulrich von Türheim, Rudolf von Ems und der Stricker und in der zweiten Hälfte des dreizehnten Jahrhunderts Konrad von Würzburg und der Pleier. Weitere epische Dichter kommen hinzu.

Fortsetzungen
Ulrich von Türheim (1230/35) und Heinrich von Freiberg (1285/90) schrieben konkurrierende Tristanfortsetzungen. Während Ulrich auf den *Tristrant* Eilharts von Oberg zurückgreift, um Gottfrieds *Tristan* zu ergänzen, geht Heinrich ambitionierter vor. Auf der Grundlage verschiedener Vorlagen – darunter Eilharts *Tristrant*, Ulrichs Tristanfortsetzung und die Tradition der Artusromane – komponiert er einen stilistisch anspruchsvollen Romanschluss. Heinrich hält an der Idealisierung der passionierten Liebe fest, nimmt ihren gesellschaftszersetzenden Charakter zurück und fügt eine geistliche Deutungsperspektive hinzu. Von Ulrich stammt auch ein rund fünfhundert Verse umfassendes Bruchstück einer deutschen Bearbeitung des von Chrétien de Troyes verfassten Artusromans *Cligès*; ob es sich bei diesem *Kliges* um eine eigene Übertragung oder die Fortsetzung einer verlorenen früheren Fassung handelt, ist ungewiss.

Ein Dichter namens Albrecht (in der früheren Forschung Albrecht von Scharfenberg genannt) erweiterte zwischen 1260 und 1275 Wolframs *Titurel*, dessen Text er vollständig einbezog, zu einem rund 6300 Strophen umfassenden Gralsroman arthurischer Prägung, der zahlreiche lehrhafte Passagen enthält. Der sogenannte

Jüngere Titurel erzählt in kunstvoller Sprache die Geschichte von Sigune und Schionatulander anhand der Vorgaben aus Wolframs *Parzival* weiter und schließt mit einem Ausblick auf das Gralskönigtum. Er identifiziert den Gral, der bei Wolfram unbestimmt bleibt, mit der Schüssel, die Jesus beim letzten Abendmahl benutzte.

Artusromane

Einen Überblick über die Gattungsgeschichte des deutschen Artusromans, der auch die späthöfischen Artusromane ausführlich vorstellt, bietet Volker Mertens (1998). Zu nennen sind *Die Krone* Heinrichs von dem Türlin (um 1230), der *Daniel vom Blühenden Tal* des Stricker (um 1230/35), die drei Romane *Garel von dem Blühenden Tal, Tandareis und Flordibel* und *Meleranz* des Pleiers (1250/70), der anonym überlieferte *Wigamur* (1250/70) und der *Gauriel von Muntabel* Konrads von Stoffeln (Ende 13. Jh.). Die Protagonisten dieser Romane sind, wie zuvor schon Lanzelet und Wigalois, krisenlose Helden: Gawein (in der *Crône*), Daniel, Garel, Tandareis, Meleranz, Wigamur und Gauriel. Im Unterschied zu den hochhöfischen Artusromanen beruhen die späthöfischen Artusromane meist nicht mehr auf bestimmten französischen Vorlagen, sondern wählen Motive, Szenen und Narrative der vorausgehenden höfischen Epik aus, um sie in neuer Weise zu montieren und zu gestalten. Aufgrund ihres vermeintlich epigonalen Charakters wurden sie in der Forschung lange vernachlässigt. Es lohnt sich aber, einen Blick auf sie zu werfen, der ihre Eigengesetzlichkeit anerkennt. Der folgende Überblick kann dies freilich nicht leisten, er beschränkt sich auf kurze Skizzen der betreffenden Romane.

In der *Krone* wird Gawein, der bereits im *Parzival* die Rolle einer parallelen Hauptfigur spielte, zum Protagonisten befördert. Heinrich von dem Türlin erzählt in seiner rund 30.000 Verse umfassenden Geschichte, wie nicht Parzival, sondern Gawein die Gralsgesellschaft erlöst. Der mit knapp 6500 Versen wesentlich kürzere *Daniel* des Strickers, der zu den produktivsten Dichtern der späthöfischen Phase zählt, lässt den Titelhelden an der Seite von König Artus kämpfen, der im Unterschied zu den früheren Artusromanen wieder als handelnde Figur hervortritt. Der Sakralisierung der Artusritter im *Parzival* und *Wigalois* setzt der Stricker einen Helden entgegen, der seine Erfolge nicht metaphysischer Hilfe, sondern seinem listigen Verstand und strategischem Handeln verdankt.

Die drei Artusromane des Pleiers (es handelt sich wie beim Stricker um einen Künstlernamen) rücken wieder das Motiv der höfischen Liebe in den Vordergrund. Der *Garel* lässt sich als Revision von Strickers *Daniel* lesen, an dessen Handlung sich der Verfasser orientiert. Doch nähert der Pleier den Roman wieder an die arthurische Tradition an, indem er das Motiv der List zurücknimmt und den Artusritter wieder in eine höfische Liebesehe schickt. Die Geschichte von *Tandareis und Flordibel* mischt die Gattungen des Artus- und Liebesromans. Die indische Prinzessin Flordibel sucht Schutz am Artushof und nimmt dem König das Versprechen ab, dass er jeden Artusritter, der ihr nachstelle, mit dem Tod bestrafe. Doch verliebt sie sich in Tandareis, und die beiden fliehen, um der Strafe zu entgehen. Artus verfolgt und trennt das Paar; doch nachdem sich Tandareis als mustergültiger Artusritter bewährt hat, werden die Liebenden wieder vereint. Der *Meleranz* erzählt von der Liebe des gleichnamigen Helden zu einer feenhaften Landesherrin, folgt aber nicht dem

4.4 Späthöfische Epik (Ausblick)

Narrativ der gestörten Mahrtenehe (s. Abschn. 5.2.2). Meleranz wartet mit der Hochzeit, bis er sich in zahlreichen Abenteuern als Artusritter bewährt hat.

Der Held des anonym überlieferten, gleichzeitig mit den Artusromanen des Pleiers entstandenen *Wigamur* variiert den *Parzival*, dessen Fehler der Held nicht wiederholt. Wigamur, der in seiner Kindheit von Meermenschen entführt wird, bewährt sich zwar als Artusritter, findet sein Ziel aber nicht dort, sondern in der Rückkehr in seine Heimat, wo er die väterliche Herrschaft übernimmt, heiratet und einen Sohn zeugt. Der *Gauriel von Muntabel* Konrads von Stoffeln beschließt die Reihe der in Reimpaarversen verfassten Artusromane. Wie Meleranz verliebt sich Gauriel in eine Fee und setzt damit das (hier an den *Iwein* angelehnte) Narrativ der gestörten Mahrtenehe in Gang. Die Strafe für den Bruch des Schweigegebots ist der vorübergehende Verlust seiner Schönheit. Artus- und Feenreich rivalisieren nicht, sondern bewegen sich aufeinander zu.

Dem Kreis der späthöfischen Artusromane lässt sich auch der *Lohengrin* zurechnen, eine strophische Dichtung, die an Wolframs *Parzival* anknüpft. Wolfram hatte Parzivals Sohn Loherangrin zum Helden der Schwanrittersage gemacht (die auch Konrads von Würzburg Novelle *Der Schwanritter* zugrundeliegt). Stilistisch schließt sich der *Lohengrin* an Wolframs *Titurel* an. Die Geschichte weist reichsgeschichtliche Bezüge auf, die darauf schließen lassen, dass es dem Verfasser um die Verherrlichung des Kaisertums ging. Erzählt wird, wie der Gral Parzivals Sohn dazu bestimmt, der bedrängten Herzogin von Brabant beizustehen. Während Kaiser Heinrich in Frankfurt einen Reichstag abhält, findet ein Gerichtskampf statt, den Lohengrin zugunsten der Herzogin entscheidet. Er heiratet sie und wird vom Kaiser mit Brabant belehnt. In Umkehrung des Narrativs der gestörten Mahrtenehe darf die Herzogin Lohengrin nicht nach seiner Herkunft fragen. Als sie das Versprechen bricht, offenbart Lohengrin seine Identität und verschwindet mit dem Schwan, mit dem er gekommen war. Die Erzählung schließt mit einem Ausblick auf die Geschichte der ottonischen Kaiserherrschaft.

Eine Besonderheit stellt auch der monumentale *Prosa-Lancelot* dar, eine wörtliche Übersetzung des französischen *Lancelot en prose*. Der anonym überlieferte, mehrere Bücher umfassende Zyklus beginnt mit dem *Lancelot propre*, der – in Anlehnung an Chrétiens Artusroman *Lancelot ou le Chevalier de la charrette* („Lancelot oder der Karrenritter") – die Geschichte der ehebrecherischen Liebe zwischen Lancelot und Guenièvre erzählt. Das zweite Buch (*Queste*) handelt von Lancelots vergeblicher Suche nach dem Gral, das dritte (*Mort Artu*) vom Tod des Königs und dem Untergang der Tafelrunde. Um 1240 wurde der erste Teil des ersten Buchs bearbeitet, ab 1300 folgten der zweite Teil des ersten Buchs sowie das zweite und dritte Buch.

Liebesromane und Freundschaftsromane

Die hochhöfische Tradition der Liebesromane wird in verschiedener Weise weitergeführt. Erstens wurde, wie schon besprochen, der *Tristan* Gottfrieds von Straßburg von zwei Dichtern vervollständigt. Zweitens nähert sich einer der späthöfischen Artusromane, nämlich *Tandareis und Flordibel*, an die bereits im *Trierer Floyris* und Konrad Flecks *Flore und Blanscheflur* repräsentierte Tradition der Liebesromane an, die von der Trennung und Wiedervereinigung der Liebenden erzählen. Weitere Liebesromane kommen hinzu: *Mai und Beaflor* (1270/80) sowie *Partonopier und Meliur* (1277).

Die Liebesgeschichte von *Mai und Beaflor* trägt legendenhafte Züge. Sie handelt von der römischen Königstochter Beaflor, die den inzestuösen Nachstellungen ihres Vaters entflieht. Sie gelangt nach Griechenland, wo sie den tugendhaften Grafen Mai heiratet. Während dieser gegen die ‚Heiden' kämpft, verübt seine Mutter einen Mordanschlag auf Beaflur und ihren inzwischen geborenen Sohn. Die beiden fliehen. Als Mai von dem Mordanschlag erfährt, tötet er seine Mutter und büßt für diese Tat. In Rom wird die Familie wieder vereint, und Beaflors inzwischen reumütiger Vater überträgt Mai die Herrschaft. Im Unterschied zu *Flore und Blanscheflur* gehen die Gefahren nicht mehr von einem ‚heidnischen' Tyrannen aus, sondern von den Eltern der Liebenden selbst.

Konrad von Würzburg, neben dem Stricker der wohl bedeutendste Dichter der späthöfischen Phase, orientierte sich stilistisch an Gottfried von Straßburg. Er verfasste (neben zahlreichen weiteren Werken) einen Liebes- und einen Freundschaftsroman. In seinem Roman *Partonopier und Meliur*, der auf einer französischen Vorlage beruht, erzählt er eine Liebesgeschichte, die wieder dem Narrativ der gestörten Mahrtenehe folgt. Die zauberkundige Meliur entführt einen jungen französischen Grafensohn in ihr byzantinisches Inselreich und macht ihn zu ihrem Geliebten. Meliur bleibt für Partonopier unsichtbar, der sie erst sehen darf, wenn er Ritter geworden ist. Partonopier bricht das Tabu mithilfe einer Laterne, wird verstoßen, aber nach einer Zeit ritterlicher Bewährung aus seiner Verzweiflung gerettet, wieder aufgenommen und schließlich zum Kaiser von Konstantinopel gekrönt.

Von Konrad stammt auch der Roman *Engelhard*, der nach dem Vorbild der Legende von Amicus und Amelius die Geschichte des unverbrüchlichen Freundesbundes zwischen den Doppelgängern Engelhard und Dietrich erzählt, die am dänischen Königshof Aufnahme finden. In die Freundschaftsgeschichte schiebt sich eine Liebesgeschichte, die sich zwischen Engelhard und Engeltrut, der Tochter des dänischen Königs, entspinnt. Die Freunde retten sich wechselseitig das Leben: Dietrich, indem er an Engelhards Stelle einen Gerichtskampf gewinnt, Engelhard, indem er den am Aussatz erkrankten Dietrich im Blut seiner Kinder baden lässt (die Kinder werden von Gott wieder ins Leben zurückgerufen).

Antikenromane
Auch die Gattung des Antikenromans wird in der späthöfischen Phase mit neuen Fassungen des Alexanderromans und des Trojaromans weitergeführt. Der *Eneasroman* Heinrichs von Veldeke wurde nicht erneuert. Einen gattungsgeschichtlichen Überblick, der auch die späthöfischen Werke vorstellt, bietet Elisabeth Lienert (2001).

Rudolf von Ems (1235/40) schuf auf der Grundlage zweier lateinischer Geschichtswerke, nämlich der *Historiae Alexandri Magni* („Geschichten Alexanders des Großen") des antiken Historikers Curtius Rufus und der mittelalterlichen *Historia de preliis Alexandri Magni* („Geschichte der Kämpfe Alexanders des Großen") einen Alexanderroman, der wohl auf zehn Bücher angelegt war, aber im sechsten Buch abbricht. Der Sieg über den persischen König Darius wird noch erzählt, die

Kämpfe gegen den indischen König Porus und die wunderbaren Reisen nicht mehr. Das Werk ist als lehrhafte Dichtung konzipiert, die vermutlich für die Söhne des Staufers Friedrich II. bestimmt war.

Ulrich von Etzenbach (um 1290) gründete seinen fast 30.000 Verse umfassenden *Alexander* ebenfalls auf lateinische Quellen, nämlich die *Alexandreis* Walthers von Châtillon und die *Historia de preliis*. Ulrich, der sich an Wolfram von Eschenbach orientiert, nähert den Stoff dem höfischen Roman an. Der Protagonist changiert zwischen heilsgeschichtlichem Werkzeug und höfischem Helden. Auch Ulrich konzipiert den Erzähler als didaktische Instanz, die ihr Publikum über die weltliche Hofkultur belehrt.

Konrad von Würzburg verfasste einen monumentalen Trojaroman, den *Trojanerkrieg*, der trotz seines Umfangs von mehr als 40.000 Versen Torso blieb. Konrad zog einerseits alle verfügbaren lateinischen und französischen Quellen heran und setzte sich andererseits mit der gesamten höfischen Epik auseinander, die er im Licht des Trojaromans neu deutete. So erscheint beispielsweise Achill als ein zweiter Siegfried oder Helena als eine zweite Isolde. Die implizite Intertextualität macht diesen Roman zu einem überaus komplexen und lesenswerten Werk.

Der *Göttweiger Trojanerkrieg*, dessen unbekannter Verfasser sich als Wolfram von Eschenbach ausgibt, formt aus dem Trojastoff einen höfischen Abenteuerroman, der Paris als Minneritter auftreten lässt. Als Quelle zieht er auch Konrads Trojaroman heran. In rund 25.000 Versen wird erzählt, wie sich Paris bereits durch heldenhafte Jugendtaten als adäquater Partner Helenas und ebenbürtiger Freund Hectors, der eine Gaweinrolle einnimmt, qualifizierte. Die Geschichte ist mit Episoden durchsetzt, in denen die Helden gegen Riesen, Drachen und andere Feinde kämpfen; zugleich werden traditionelle Episoden wie das Parisurteil verdreht.

Neue Gattungen

In der späthöfischen Epik zeichnen sich zwei neue Gattungen ab, zum einen die sogenannten Liebes- und Abenteuerromane und zum anderen die Legendenromane. Freilich gibt es für beide Gattungstypen Vorläufer in der vor-, früh- und hochhöfischen Epik, und nicht immer ist die Zuordnung klar. Vielleicht kann man die These vertreten, dass das spannungsvolle Ringen um den geistlichen Heilsanspruch des weltlichen Adels, das für die hochhöfische Phase kennzeichnend ist, in zwei Richtungen aufgelöst wird: die weltlichen Liebes- und Abenteuerromane auf der einen und die geistlich geprägten Legendenromane auf der anderen Seite.

Liebes- und Abenteuerromane

Die als Liebes- und Abenteuerroman bezeichnete Gruppe steht dem Liebesroman nahe, interessiert sich aber weniger für das Wesen der passionierten Liebe als für die abenteuerlichen Wirrungen, in deren Verlauf die Liebenden getrennt und wieder vereint werden. Eine einheitliche Handlungsstruktur weist diese Gattung, deren Romane vielfach auf französischen Vorlagen beruhen, nicht auf. Im Unterschied zu den Artus- und Tristanromanen ist das Geschehen in einer historischen Welt angesiedelt. Ihre Protagonisten sind vielfach Fürsten, weswegen man auch von Fürsten- und Herrschaftsromanen sprechen könnte.

Als Liebes- und Abenteuerromane werden oft auch Konrad Flecks *Flore und Blanscheflur* und Konrads von Würzburg *Partonopier und Meliur* gewertet. Als typische Liebes- und Abenteuerromane gelten folgende sechs Werke: der *Wilhelm von Orlens* Rudolfs von Ems (1235/40), der *Demantin* und *Crane* Bertholds von Holle (um 1250/60), der *Reinfried von Braunschweig* eines unbekannten Dichters (nach 1291), der *Apollonius von Tyrlant* Heinrichs von Neustadt (nach 1300) und der *Wilhelm von Österreich* Johanns von Würzburg (1314).

Legendenromane
Legendenepen verfassten bereits der Pfaffe Lambrecht in vorhöfischer Zeit (*Tobias*) und Heinrich von Veldeke in frühhöfischer Zeit (*Servatius*). In der hochhöfischen Zeit schrieb Hartmann von Aue zwei legendenhafte Novellen (*Gregorius, Der arme Heinrich*). In der späthöfischen Phase kommen zahlreiche Legendenromane hinzu, die sich durch ihre höfische Prägung auszeichnen. Hervorzuheben sind der *Laubacher Barlaam* Ottos II. von Freising (um 1200), eine christlich umgearbeitete Lebensgeschichte Buddhas, und sein Gegenstück, der Legendenroman *Barlaam und Josaphat* von Rudolf von Ems (1225/30). Der Gattung des höfischen Romans besonders nahe kommt der schillernde *Heilige Georg* Reinbots von Durne (um 1240). Konrad von Würzburg verfasste drei Legendenromane: den *Silvester*, den *Alexius* und den *Pantaleon* (1270er).

Im weiteren Sinne legendenhaft ist Rudolfs von Ems Roman *Der guote Gêrhart* (um 1220). Es handelt sich um den ersten höfischen Roman, dessen Protagonist nicht ein Ritter, sondern ein Kölner Kaufmann ist, der mit seinem vorbildlich christlichen Lebenswandel den Kaiser Otto beeindruckt.

4.4.2 Novellen

In späthöfischer Zeit führt Konrad von Würzburg die von Hartmann von Aue begründete Gattung der höfischen Novelle weiter, die er thematisch weiter ausdifferenziert. Schon vorher führt der Stricker die Gattung der Novelle – Märe genannt – ein und verfasst einen kurzen Schwankroman, der aus mehreren Schwankepisoden besteht.

Höfische Novellen
Die Kurzerzählung *Der Welt Lohn* kann man den legendenhaften Novellen zurechnen. Ein Ritter, der den Namen des Dichters Wirnt von Grafenberg trägt, führt ein prächtiges weltliches Leben. Als er eines Abends in seiner Kemenate eine Minnegeschichte liest, erscheint ihm die allegorische Frau Welt in Person. Von vorn ist sie eine wunderschöne Dame, von hinten ist sie von Ungeziefer und Geschwüren zerfressen. Um sein Seelenheil zu retten, kehrt Wirnt um und tut Buße, indem er als Kreuzritter gegen die ‚Heiden' kämpft.

Die Kurzerzählung *Das Herzmaere* ist eine tragische Liebesnovelle. Ein Ritter, der mit einer verheirateten Dame ein Liebesverhältnis hat, verlässt die Geliebte, um sie vor dem Verdacht des Ehemanns zu schützen, reist ins Heilige Land und

4.4 Späthöfische Epik (Ausblick)

stirbt unterwegs aus Liebeskummer. Zuvor hat er seinem Knappen aufgetragen, der Dame als Zeichen seiner Liebe sein einbalsamiertes Herz und einen Ring zu bringen. Der Ehemann fängt beides ab und lässt seiner Frau das Herz als Speise vorsetzen. Als sie erfährt, was sie gegessen hat, bricht ihr Herz, und sie stirbt ihrem Geliebten nach.

Die mit dem *Herzog Ernst* vergleichbare Novelle *Heinrich von Kempten* erzählt eine politische Anekdote mit reichsgeschichtlichem Bezug. Heinrich wird als vorbildlich kühner Ritter vorgestellt, der einmal gegen und einmal für Kaiser Otto eintritt. Im ersten Teil erzwingt er bei einem Bamberger Hoftag vom Kaiser, der ihn wegen Totschlags zum Tod verurteilt hat, seine Begnadigung. Im zweiten Teil rettet er dem Kaiser das Leben, indem er nackt aus dem Bad springt und ihn gegen die angreifenden Meuchelmörder verteidigt. Aus Dankbarkeit versöhnt sich Otto mit seinem Lebensretter.

Die Novelle *Der Schwanritter* steht zwischen politischer und Liebesnovelle. Die Witwe des Herzogs Gottfried von Brabant klagt vor Karl dem Großen gegen ihren Schwager, den Herzog von Sachsen, der ihr Herzogtum mit Gewalt eingenommen hat. Da erscheint in einem Boot, das von einem Schwan gezogen wird, ein unbekannter Ritter, tritt im Gerichtskampf gegen den Herzog an, besiegt ihn und heiratet Gottfrieds Tochter. Gemäß dem Narrativ der gestörten Mahrtenehe, das hier mit vertauschten Geschlechterrollen durchgespielt wird, steht die Eheschließung unter der Bedingung, dass niemand den Schwanritter nach seinem Namen und seiner Herkunft fragen darf. Jahre später bricht die Herzogin das Verbot, und der Ritter verschwindet in dem Boot, das ihn einst hergebracht hatte.

Ebenfalls aus der zweiten Hälfte des dreizehnten Jahrhunderts stammt die Novelle *Helmbrecht*, die von Wernher dem Gärtner verfasst wurde. Helmbrecht, der Sohn eines Meiers, will das bäuerliche Leben hinter sich lassen und das Ritterhandwerk erlernen. Widerwillig stattet ihn der Vater aus. Helmbrecht schließt sich einer Schar von Raubrittern an, die marodierend durchs Land ziehen. Nach einem Jahr kehrt er stolz ins Vaterhaus zurück und überredet seine Schwester Gotelind, einen seiner Kumpane zu heiraten. Während der Hochzeitsfeier erscheint der Richter mit seinen Schergen und bestraft Helmbrecht, indem er ihn blenden und verstümmeln lässt. Helmbrecht sucht bei seinem Vater Schutz, wird aber abgewiesen. Bauern, die einst von Helmbrecht geschädigt wurden, ergreifen den Vogelfreien und knüpfen ihn auf.

Mären

Im Unterschied zu den höfischen Novellen Hartmanns von Aue und Konrads von Würzburg zeichnen sich die Novellen des Strickers vielfach durch ihren komischen Charakter aus. Die als ‚Märe' bezeichnete Gattung breitete sich im Spätmittelalter stark aus. Der Stricker verfasste mindestens sechzig dieser schwankhaft-belehrenden Kurzgeschichten.

In seinem Roman *Der Pfaffe Amis* fasste der Stricker zwölf Schwankepisoden zusammen. Der Titelheld kann als mittelalterlicher Vorläufer Eulenspiegels gelten. Amis, ein entlaufener Kleriker, setzt seine intellektuelle Überlegenheit ein, um Personen aller Stände vom König bis zum Bauern zu betrügen und sich an ihnen zu bereichern. Auf diese Weise hält er zugleich der Welt einen moralischen Spiegel vor. Schließlich tritt er mit seinem unrechtmäßig erworbenen Reichtum in ein Zisterzienserkloster ein und erlangt zuletzt das Seelenheil.

4.4.3 Heldenepen

Sowohl die Heldenepik französischer Provenienz (*Rolandslied*, *Willehalm*) als auch die deutsche Heldenepik (*Nibelungenlied*) wurden in der späthöfischen Phase weitergeführt.

Französische Heldenepen (*Chansons de geste*)
Einen Überblick über die Gattungsgeschichte der *Chansons de geste* bietet Bernt Bastert (2010). Auf das vorhöfische *Rolandslied* des Pfaffen Konrad und den hochhöfischen *Willehalm* Wolframs von Eschenbach folgen weitere Heldenepen, die sich an diese beiden Vorbilder anschließen.

Nachfolger des *Rolandslieds*
Der Stricker legte nach 1220 eine Neudichtung des *Rolandslieds* vor, die dem Handlungsverlauf der Vorlage folgt, aber Anfang und Schluss erweitert. Das *Karl* genannte Epos beginnt mit einem Rückblick auf die Jugend Karls des Großen und erweitert am Ende die Handlungen um die getaufte Heidenkönigin Juliane (Brechmunda), Rolands Verlobte Alite (Alda) und den Verräter Genelun. Stricker bemüht sich, das Rolandslied formal und inhaltlich zu glätten und unterstreicht die Hauptrolle Karls des Großen.

Nach Strickers *Karl* entstanden zwei weitere Epen, die auf der französischen Karlsepik basieren. *Karl und Galie* erzählt eine Liebesgeschichte aus der Jugend Karls des Großen. Nach dem Tod seines Vaters wird er um die Herrschaft betrogen und flieht nach Spanien, wo er sich in Galie, die Tochter des muslimischen Königs von Toledo, verliebt. Als Bettler verkleidet, entführt er sie nach Paris, wo Galie getauft wird und das Paar heiratet. *Morant und Galie* schließt an diese Geschichte an. Morant, der Bannerträger Karls des Großen, wird beschuldigt, ein Liebesverhältnis mit Königin Galie zu unterhalten. Karl beraumt ein Gerichtsurteil an, in dem sich Morant als unschuldig erweist. Ein Versöhnungsfest beschließt die Geschichte. Während *Karl und Galie* Motive der Brautwerbungsepik aufweist, erinnert *Morant und Galie* an die Tristanromane.

Die beiden Geschichten sind vollständig nur im *Karlmeinet* enthalten, einer Kompilation aus der zweiten Hälfte des vierzehnten Jahrhunderts, die alle epischen Stoffe um Karl den Großen, darunter auch das *Rolandslied*, zu einer biographischen Gesamtdichtung zusammenführt.

Nachfolger des *Willehalm*
Ulrich von dem Türlin verfasste um 1260/70 eine Vorgeschichte zum *Willehalm* mit dem Titel *Arabel*. Er trägt nach, was Wolfram voraussetzt, aber nicht ausführt, nämlich Willehalms Jugend am Hof Karls des Großen, seine Gefangenschaft bei dem

4.4 Späthöfische Epik (Ausblick)

Heiden Tybald, seine Liebe zu dessen Gattin Arabel, die gemeinsame Flucht der Liebenden, Arabels Taufe auf den Namen Gyburg und ihre Eheschließung mit Willehalm. Ulrich von Türlin leitet seine Geschichte aus Wolframs Text ab und betont das Thema der Liebe. Arabels Taufe wird nicht nur als Initiation in die christliche Religion, sondern auch als erotisches Ereignis inszeniert, das einen voyeuristischen Blick auf die Schönheit der Entkleideten gewährt.

Etwa zeitgleich verfasste Ulrich von Türheim eine Nachgeschichte zum *Willehalm* mit dem Titel *Rennewart*, der mit über 36.000 Versen mehr als doppelt so lang ist wie Wolframs Werk. Im ersten Teil schildert Ulrich das siegreiche Ende der zweiten Alischanzschlacht, Rennewarts Taufe und dessen Hochzeit mit der französischen Königstochter Alise. Der zweite Teil kreist um ihren Sohn Malefer, der als Kind in den Orient entführt wird und bei seinem Großvater Terramer aufwächst. Nach seiner Konversion zum Christentum kämpft er gegen Terramer und erobert dessen Reich. Mit der christlichen Amazonenkönigin Penteselie zeugt er einen Sohn namens Johannes, der sich als großer Glaubenskämpfer erweist. Der dritte Teil kehrt zu Willehalm zurück, der inzwischen einen geistlichen Lebenswandel führt. Für einen letzten Kampf gegen die Sarazenen verlässt er seine Klause und gründet schließlich ein Kloster, in dem er als Heiliger stirbt.

In vielen Handschriften werden die drei Werke – *Arabel*, *Willehalm* und *Rennewart* – im Verbund überliefert und somit in ähnlicher Weise als Gesamtdichtung rezipiert wie der *Karlmeinet*. Wolframs französische Vorlage ist Anfang des vierzehnten Jahrhunderts noch einmal ins Deutsche übertragen worden. Von diesem Werk, das den Titel *Alischanz* trägt, sind nur Fragmente erhalten.

Deutsche Heldenepen

Die Gattung der deutschen Heldenepik trat erst nach dem *Nibelungenlied* in ihre eigentliche Epoche. Im Vordergrund steht die Dietrichsage, die bereits (als mündliche Überlieferung) im *Nibelungenlied* ihre Spuren hinterlassen hat. Dietrich von Bern (hinter dem der historische König Theoderich der Große steht) spielt eine bedeutende Nebenrolle im zweiten Teil des *Nibelungenlieds* und dann noch einmal eine Hauptrolle in der *Nibelungenklage*. Die Dietrichepik teilt sich in zwei Gruppen: die ‚historische' und die ‚märchenhafte'. Letztere weist teilweise Überschneidungen mit der Nibelungensage auf. Einen einführenden Überblick über die Dietrichepik bietet Joachim Heinzle (1999).

Historische Dietrichepik

Zur sogenannten ‚historischen' Dietrichepik werden drei Werke gerechnet, die in der zweiten Hälfte des dreizehnten Jahrhunderts entstanden: *Dietrichs Flucht*, die *Rabenschlacht* und *Alpharts Tod*. Sie handeln von dem Konflikt zwischen Dietrich von Bern (Verona), der über Norditalien herrscht, und seinem Onkel Ermenrich, der als römischer König die Macht über ganz Italien anstrebt und mehrfach in Raben (Ravenna) gegen seinen Neffen kämpft.

Dietrichs Flucht (10.152 Reimpaarverse) erzählt von Dietrichs Weg ins Exil beim Hunnenkönig Etzel. Während einer Schlacht zwischen Dietrich und Ermenrich entführt dieser Dietrichs Erzieher Hildebrand. Um diesen auszulösen, verzichtet Dietrich auf seine Herrschaft und zieht sich an den Hof von König Etzel zurück. In einer erneuten Schlacht besiegt er Ermenrich, wird aber durch den Verrat des früheren Gefährten Witege um den Erfolg gebracht und kehrt an Etzels Hof zurück.

Die *Rabenschlacht* (1140 Strophen) schließt sich unmittelbar an. Dietrich versucht erneut, die Herrschaft über Norditalien zurückzuerobern. Witege erschlägt Etzels Söhne, die Dietrich begleitet haben. Dieser siegt über Ermenrich und verfolgt vergeblich Witege, nachdem er vom Tod der Kinder erfahren hat. Dietrich kehrt an den Etzelhof zurück, Etzel und seine Frau Helche beklagen den Tod ihrer Söhne.

Alpharts Tod (469 Strophen) schildert, wie Hildebrands Neffe Alphart im Kampf gegen Witege und Heime fällt. Er besiegt sie zwar einzeln, wird dann aber von ihnen gemeinsam erschlagen. Hildebrand greift ein und besiegt Ermenrich. Witege und Heime entziehen sich Dietrichs Rache, indem sie ihre Waffenzeichen unkenntlich machen.

Märchenhafte Dietrichepik

Die ‚märchenhaften' (oder auch: ‚aventiurehaften') Dietrichepen weisen keine historische Anbindung mehr auf. Sie sind oft in verschiedenen Fassungen überliefert, deren Handlung unterschiedlich verlaufen kann. Zu dieser Gruppe, die im Laufe des dreizehnten Jahrhunderts entstand, zählen folgende Epen: das *Eckenlied*, *Sigenot*, *Goldemar*, *Virginal*, *Laurin*, *Der Rosengarten zu Worms*, *Biterolf und Dietleib*. Die Erzählungen dienten vor allem der Unterhaltung.

Das *Eckenlied* handelt von Dietrichs Kämpfen gegen Riesinnen und Riesen. Er besiegt den jungen Riesen Ecken und nimmt ihm die Waffen ab, die er fortan selbst führt. Der *Sigenot* erzählt davon, wie der Riese Sigenot Dietrich niederschlägt und in ein Loch wirft. Hildebrand tötet den Riesen und befreit Dietrich mithilfe des Zwergenfürsten Eggerich. Im nur fragmentarisch überlieferten *Goldemar* trifft Dietrich im Wald auf Zwerge, die ein Mädchen wegführen; der Zwergenkönig Goldemar weigert sich, gegen Dietrich zu kämpfen. Die Erzählung *Virginal* kreist um die gleichnamige Zwergenkönigin, die von König Orkise angegriffen wird. Hildebrand tötet ihn, Dietrich muss sich Orkises Gefolge erwehren. Virginal lädt beide Männer zu sich ein, und Dietrich und Hildebrand müssen auf dem Weg zu ihr Kämpfe gegen Drachen und Riesen bestehen. An Virginals Hof wird ein Fest gefeiert. In einer Fassung heiratet Dietrich Virginal, in einer anderen kehrt er nach Bern zurück. Im *Laurin* zerstört Dietrich mutwillig den Rosengarten des Zwergenkönigs Laurin. Dieser will sich im Kampf rächen, unterliegt aber Dietrich. Laurin lädt Dietrich und seine Gesellen in sein Reich ein, die dort eine entführte Frau befreien. Sie kehren nach Bern zurück und führen Laurin als Gefangenen mit sich. In einer Fassung wird Laurin in Bern getauft und Dietrichs Freund.

Der Rosengarten zu Worms überschneidet sich mit der Nibelungensage. Kriemhild hat in Worms einen Rosengarten. Sie fordert Dietrich und seine Gesellen auf, gegen die zwölf Recken zu kämpfen, die den Garten bewachen, und verspricht jedem Sieger einen Rosenkranz und einen Kuss. Die Berner Helden sind erfolgreich. Der Höhepunkt ist der Kampf zwischen Dietrich und Siegfried, den Dietrich für sich entscheidet. Das Epos *Biterolf und Dietleib* bietet teilweise eine Kontrafaktur auf das *Nibelungenlied*. König Biterolf verlässt Frau und Kind, um an Etzels Hof zu leben. Als sein Sohn Dietleib herangewachsen ist, begibt dieser sich auf die Suche nach dem Vater. Er gelangt erst nach Worms, wo er von Gunther und Hagen angegriffen wird, und danach zu Etzel, wo Rüdiger Vater und Sohn zusammenführt. Etzel unternimmt einen Rachefeldzug gegen Worms, Dietrich und seine Gefährten begleiten ihn. Im Kampf tritt Dietleib gegen Gunther und Dietrich gegen Siegfried an. Die Wormser Damen schlichten den Konflikt, und es kommt zur Versöhnung.

Weitere Sagenkreise
Mit der Nibelungensage verflochten sind zwei weitere strophische Heldenepen: *Walther und Hildegund* und *Kudrun*. *Walther und Hildegund* ist eine Ausgestaltung des lateinischen *Waltharius* (9./10. Jh.), dessen Geschichte mündlich in der Volkssprache weitererzählt wurde. Walther und Hildegund fliehen aus dem Hunnenland, kämpfen gegen Gunther und die Wormser Helden und kehren glücklich in ihre Heimat zurück. Wie die Geschichte im Einzelnen verläuft, lässt sich nicht mehr rekonstruieren, da das Epos nur in wenigen Fragmenten überliefert ist.

In der *Kudrun* (um 1240) wird zunächst die Geschichte Hagens erzählt, der als Kind von Greifen auf eine Insel entführt wird. Nachdem er herangewachsen ist, tötet er die Greifen, kehrt nach Irland zurück, heiratet Prinzessin Hilde von Indien und wird ein mächtiger König. Seine Tochter heiratet den König von Dänemark. Sie haben eine Tochter namens Kudrun, die von drei Königen umworben wird: Siegfried von Morland, Hartmut von Ormanie und Herwig von Seeland. Alle drei werden abgewiesen. Herwig will die Hochzeit mit einem Krieg erzwingen, doch Hartmut kommt ihm zuvor, indem er Kudrun entführt. In einer Schlacht wird Kudruns Vater getötet, während Hartmut entkommt. Als Kudrun sich weigert, Hartmut zu heiraten, zwingt dessen Mutter sie zu Magddiensten. Nach dreizehn Jahren kommt Herwig, entführt Kudrun und heiratet sie. Die duldsame Kudrun wird oft als Gegenbild zur gnadenlosen Kriemhild gedeutet.

Mit der ‚märchenhaften' Dietrichsepik verflochten sind zwei weitere strophische Epen, die unterschiedliche stoffgeschichtliche Hintergründe haben: *Ortnit* und *Wolfdietrich* (um 1230). Der *Ortnit* handelt vom gleichnamigen König von Lamparten, der um die Tochter des ‚heidnischen' Königs Machorel wirbt. Mit der listigen Hilfe seines Vaters, des Zwergenkönigs Alberich, entführt er die Prinzessin. Machorel rächt sich, indem er zwei Dracheneier nach Lamparten schickt, aus denen Drachen schlüpfen, die das Land verwüsten. Ortnit, der die Drachen bekämpfen will, wird von ihnen im Schlaf aus der Rüstung gesaugt. Hier setzt der *Wolfdietrich* an. Der gleichnamige Held, Sohn des Königs von Konstantinopel, der von seiner Familie verstoßen wurde, kommt nach Lamparten, tötet die Drachen und heiratet Ortnits Witwe. Er kehrt mit einem Heer nach Konstantinopel zurück, übt Rache und tritt ins Kloster ein.

Formgeschichte 5

Inhaltsverzeichnis

5.1 Vers und Strophe 245
5.2 Narrative 251
5.3 Komposition 260
5.4 *Dilatatio materiae* 269
5.5 Fiktionalität 272

Die folgenden Abschnitte stellen die Formgeschichte der höfischen Epik unter fünf Gesichtspunkten vor: Vers und Strophe, Narrative, Komposition, Techniken der *Dilatatio materiae* und Fiktionalität.

5.1 Vers und Strophe

In der höfischen Epik des deutschen Mittelalters dominieren vierhebige Reimpaarverse. Nur drei der in dieser Einführung besprochenen Epen sind in Strophen verfasst: *Salman und Morolf*, das *Nibelungenlied* und der *Titurel* Wolframs von Eschenbach. Im ersten Fall handelt es sich um ein Brautwerbungsepos, im zweiten um ein Heldenepos deutscher Provenienz, im dritten um eine Artusdichtung, die einen Bogen vom höfischen Roman zum Heldenepos schlägt. Man kann also festhalten, dass strophische Formen nur in der Gattung des Epos vorkommen, aber nicht jedes Epos in Strophen verfasst ist. Die übrigen vier Brautwerbungsepen (*König Rother*, *Herzog Ernst*, *Oswald*, *Orendel*) sind in Reimpaarversen verfasst, ebenso die stets mit dem *Nibelungenlied* im Verbund überlieferte *Nibelungenklage*. Romane und Novellen sind ausnahmslos in Reimpaarversen verfasst, und auch die aus dem Französischen übertragenen Heldenepen (*Chansons de geste*) werden in Reimpaarversen wiedergegeben.

5.1.1 Reimpaarverse

Die vierhebigen Reimpaarverse der höfischen Epen des deutschen Mittelalters geben die achtsilbigen Reimpaarverse ihrer altfranzösischen Vorlagen wieder. Sie lassen sich auf die Kurzverse der deutschen Dichtung des frühen Mittelalters zurückführen, die ebenfalls in der Regel vierhebig sind (Wagenknecht 2007, S. 48–53; Hoffmann 1981, S. 64–80). Bereits für die geistlichen Dichtungen der frühmittelhochdeutschen Literaturepoche, die von der Mitte des elften bis zur Mitte des zwölften Jahrhunderts reicht, ist der vierhebige Reimpaarvers die übliche epische Form. Grundsätzlich gilt das Prinzip der Alternation, d. h. des regelmäßigen Wechsels von Hebung und Senkung. Die Hebungen liegen in der Regel auf den betonten, die Senkungen auf den unbetonten Silben.

In der vor- und frühhöfischen Epik wird das Prinzip der vierhebigen Reimpaarverse noch verhältnismäßig locker gehandhabt. Dies betrifft insbesondere die Reimtechnik, die zu Beginn vielfach mit Assonanzen und Halbreimen arbeitet. Erst in der Wende zur hochhöfischen Epik setzen sich regelmäßige Verse mit reinen Reimen durch. Diese Entwicklung hat mit den zunehmenden formkünstlerischen Ansprüchen der höfischen Dichter zu tun, aber auch mit dem größeren Repertoire an Dichtungen, aus denen man die Reimwörter schöpfen konnte.

Ein Beispiel für die lockere Versform und Reimtechnik der vorhöfischen Phase bieten die ersten Verse des *König Rother*:

> Bi deme westeren mere
> saz ein kuninc der heiz Rôther.
> in der stat zu Bare
> da lebete er zu ware
> mit vil grozen erin.
> ime dientin andere heren.

An der Küste des Adriatischen Meeres residierte ein König, der hieß Rother. In der Stadt Bari lebte er wahrhaftig in großem öffentlichen Ansehen (V. 1–6).

Das alternierende Prinzip hat sich noch nicht durchgesetzt, oft folgen zwei betonte Silben aufeinander. Neben reinen Reimen wie *Bare* und *ware* stehen Halbreime wie *mere* und *Rôther* oder *erin* und *heren*.

Als Beispiel für die weitgehend regulierte Versform und Reimtechnik der frühhöfischen Phase lässt sich der *Eneasroman* Heinrichs von Veldeke anführen:

> Ir habet wol vernomen daz,
> wi der kunich Menelaus besaz
> Troien die rîchen
> vil gewaldechlîchen,
> do er sie zefûren wolde
> dorch Pârîses scholde,
> der im sîn wîb hete genomen.

Ihr habt sicher schon davon gehört, wie König Menelaus das mächtige Troja mit gewaltiger Heeresmacht belagerte, als er es zerstören wollte wegen Paris, der ihm seine Frau geraubt hatte (V. 17,1–7).

5.1 Vers und Strophe

Die Reime sind durchgehend rein. Das Metrum ist regelmäßiger; aber immer noch gibt es zahlreiche Fälle, in denen zwei betonte oder unbetonte Silben aufeinander folgen.

Welche Kunstfertigkeit die Dichter der hochhöfischen Phase erlangt haben, lässt sich am Beispiel des *Tristans* Gottfrieds von Straßburg demonstrieren:

> Ein hêrre in Parmenîe was,
> der jâre ein kint, als ich ez las,
> der was, als uns diu wârheit
> an sîner âventiure seit,
> wol an gebürte künege genôz
> an lande vürsten ebengrôz,
> des lîbes schoene und wunneclîch,
> getriuwe, küene, milte, rîch.

In Parmenien lebte ein Herrscher, noch jung an Jahren, wie ich las. Der war, wie uns wahrheitsgemäß seine Geschichte berichtet, seiner Herkunft nach Königen ebenbürtig, an Landbesitz Fürsten vergleichbar, schön und herrlich von Gestalt, zuverlässig, tapfer, freigebig und mächtig (V. 245–252).

Die Verse alternieren regelmäßig und mühelos. Gottfried nutzt die Möglichkeit der Elision, d. h. der phonetischen Auslassung eines unbetonten Vokals am Ende eines Wortes, wenn das nächste Wort mit einem Vokal beginnt. So werden in der Formulierung *der jâre ein kint* die Wörter *jâre* und *ein* übergebunden, wobei das auslautende *e* in *jâre* nicht artikuliert wird. Wenn zwei betonte Silben aufeinander folgen, so dient dies der Hervorhebung des betreffenden Worts (zum Beispiel *wârheit*). Mit großer Gewandtheit gelingt es Gottfried den vierhebigen Vers zu füllen, wenn er zum Beispiel im letzten zitierten Vers zwanglos vier Adjektive reiht.

Seit dem *Wigalois* Wirnts von Grafenberg werden auch Dreireime eingesetzt, um Abschnitte zu markieren. So hat Wirnt den Prolog zu seinem Artusroman mithilfe von Dreireimen (V. 17–19: *klagen/tragen/bejagen*, 30–32: *gegeben/leben/streben*, 51–53: *man/kan/getân*, 72–74: *gemach/übersach/swach*, 87–89: *dâ/sâ/anderswâ*, 102–104: *walt/tagalt/erschalt*, 121–123: *tuot/muot/guot*, 142–144: *minnen/sinnen/gewinnen*) in acht Abschnitte eingeteilt.

5.1.2 Strophen

Strophen sind charakteristisch für die französischen Heldenepen (*Chansons de geste*). Diese bestehen aus sogenannten **Laisses**, d. h. aus Versgruppen unterschiedlichen Umfangs, die durch Assonanzen verbunden sind. Sie werden in den deutschen Übertragungen in vierhebige Reimpaarverse aufgelöst.

Strophen finden sich auch in einigen Werken, die nicht auf französischen Vorlagen beruhen und nicht zur Gattung des Romans oder der Novelle gehören, nämlich im Brautwerbungsepos *Salman und Morolf*, im *Nibelungenlied* und im *Titurel* Wolframs von Eschenbach. Gelegentlich dienen besonders kunstvolle Strophen als formaler Prologschmuck, so im *Nibelungenlied* und im *Tristan* Gottfrieds von Straßburg, der ansonsten aus vierhebigen Reimpaarversen besteht.

Die Strophen verweisen darauf, dass die betreffenden Werke gesungen wurden. Die Melodien zu *Salman und Morolf* und zum *Nibelungenlied* sind nicht überliefert, wohl aber die Melodie der Titurelstrophe (abgedruckt in der Ausgabe von Brackert/ Fuchs-Jolie, S. 141).

Morolfstrophe
Die dem Brautwerbungsepos *Salman und Morolf* zugrundeliegende Morolfstrophe umfasst fünf vierhebige Kurzverse (Wagenknecht 2007, S. 57; Hoffmann 1981, S. 94). Sie gliedert sich in zwei Abschnitte: Der erste umfasst zwei paargereimte Verse, der zweite eine Waisenterzine. Unter einer Waise ist ein ungereimter Vers zu verstehen, der mit einem x markiert wird. Das Reimschema lautet aa bxb. Die Waise weist häufig eine klingende Kadenz auf. Eine klingende Kadenz liegt vor, wenn ein Vers mit zwei betonten Silben endet, wobei die erste den Haupt- und die zweite den Nebenton trägt, in diesem Fall *Sálmòn*. Dieser Formtyp lässt sich an der ersten Strophe aufzeigen:

Zu Jherusalem wart ein kint geborn,	4	voll	a	gereimtes Verspaar
das sich zu faugte wart erkorn	4	voll	a	_____
uber alle cristen diet.	4	voll	b	Waisenterzine
das was der kunig Salmon,	4	klingend	x	
der manig wißheit gerfet.	4	voll	b	

In Jerusalem ward ein Kind geboren, das später zum Herrscher über die gesamte Christenheit berufen werden sollte. Es war dies der weise König Salman (V. 1–5; zitierte Ausgabe: Karnein, zitierte Übersetzung: Spiewok).

Zählt man, wie es inzwischen oft üblich ist, nur die tatsächlich realisierten Hebungen und beschränkt sich auf die Unterscheidung von ‚männlichen' (der Vers endet mit einer betonten Silbe) und ‚weiblichen' (der Vers endet mit einer unbetonten Silbe) Kadenzen, so lautet das Schema: 4ma 4ma 4mb 3wx 4mb.

Nibelungenstrophe
Im Unterschied zur Morolfstrophe, die sich aus Kurzversen zusammensetzt, besteht die Nibelungenstrophe aus Langzeilen (Wagenknecht 2007, S. 56–57; Hoffmann 1981, S. 81–89). Die Langzeile ist ein Formtyp, der bereits in der althochdeutschen Dichtung anzutreffen ist; sie besteht aus zwei vierhebigen Kurzversen, die durch eine Zäsur getrennt sind: dem Anvers und dem Abvers. Je zwei paargereimte Langverse schließen sich zu einer Strophe zusammen. Die Anverse weisen in der Regel eine klingende Kadenz auf. Die ersten drei Abverse enden mit einer stumpfen Kadenz, d. h. die vierte Hebung wird nicht realisiert. Der vierte Vers hingegen weist eine volle Kadenz auf, d. h. alle vier Hebungen sind realisiert. Folglich ist er länger als die ersten drei Abverse und betont somit den Schluss der Strophe:

Ez wuohs in Burgonden	ein vil edel magedîn,	4	klingend	4 stumpf	a
daz in allen landen	niht schœners möhte sîn,	4	klingend	4 stumpf	a
Kriemhild geheizen.	Si wart ein schœne wîp.	4	klingend	4 stumpf	b
dar umbe muosen degene	vil verliesen den lîp.	4	klingend	4 voll	b

> Es wuchs im Burgundenland ein junges Edelfräulein heran, so schön wie keine andere auf der Welt, Kriemhild hieß sie. Später wurde sie eine schöne Frau. Ihretwegen mussten viele Ritter ihr Leben verlieren (Str. B 1).

Auch innerhalb der Verse können zwei betonte Silben aufeinander folgen, so im ersten (*wúohs ìn*), zweiten (*Kríemhìld*) und vierten (*verlíesèn*) Vers. Beschreibt man die Nibelungenstrophe in vereinfachter Form, indem man wiederum nur die realisierten Hebungen berücksichtigt und sich auf die Unterscheidung von männlicher und weiblicher Kadenz beschränkt, so lautet das Schema: 3w3ma 3w3ma 3w3mb 3w4mb.

Die Nibelungenstrophe findet sich auch im frühen Minnesang; sie ist identisch mit der Kürenbergerstrophe, die nach dem ersten namentlich bekannten deutschen Minnesänger benannt ist. Eine Besonderheit weist die Prologstrophe des *Nibelungenlieds* auf, die sich nur in den Handschriften A und C findet. Hier liegt ein Zäsurreim vor, d. h. nicht nur die Abverse, sondern auch die Anverse reimen sich paarweise:

Uns ist in alten mæren	wunders vil geseit	ab
von helden lobebæren,	von grôzer arebeit,	ab
von fröuden, hôchgezîten,	von weinen und von klagen,	cd
von küener recken strîten	muget ir nur wunder hœren sagen.	cd

> Uns wird in alten Erzählungen viel Wunderbares berichtet von berühmten Helden, großer Mühsal, von glücklichen Tagen und Festen, von Tränen und Klagen und vom Kampf tapferer Recken könnt Ihr jetzt Erstaunliches erfahren (Str. C 1).

Der Zäsurreim dient dem Schmuck der Prologstrophe, ein vergleichbares Mittel nutzt Gottfried von Straßburg im Prolog zu seinem *Tristan*.

Titurelstrophe
Der Strophentyp, den Wolfram von Eschenbach seiner zwischen Roman und Epos changierenden Artusdichtung zugrunde legt, lehnt sich an die Nibelungenstrophe an, modifiziert sie aber zu einem komplexeren Gebilde (Wagenknecht 2007, S. 58–59; Hoffmann 1981, S. 92–93). Das Grundprinzip sind wieder paargereimte Langzeilen, das aber zweifach abgewandelt wird: Im zweiten und vierten Vers umfasst der Abvers sechs statt vier Hebungen (die betreffenden Langzeilen sind also zehnhebig), und der dritte Vers weist nur sechs Hebungen auf, steht also quantitativ zwischen Kurzvers und Langzeile:

Dô sich der starke Tyturel	mohte gerüeren	8 (4 + 4)	klingend	a
er getorste wol sich selben	unt die sîne in sturme gefüeren:	10 (4 + 6)	klingend	a
sît sprach er in alter ‚ich lerne		6	klingend	b
daz ich schaft muoz lâzen:	des pflac ih schône unt gerne.'	10 (4 + 6)	klingend	b

> Als sich der starke Titurel noch rühren konnte, getraute er sich wohl, sich und die Seinen auf vorbildliche Weise in die Schlacht zu führen. Später, im Alter, sprach er: „Ich sehe ein, dass ich den Schaft lassen muss. Den pflegte ich gewandt und mit Freuden zu schwingen" (Str. 1).

Das zweite Verspaar lässt sich auch – der Morolfstrophe entsprechend – als Waisenterzine auffassen, wenn man die letzte Langzeile teilt. Dann lautet das Reimschema nicht aa bb, sondern aa bxb. In diesem Fall lässt sich die Strophe auch der Kanzonenstrophe des hohen Minnesangs mit Auf- und Abgesang vergleichen. Wolfram handhabt die Titurelstrophe sehr flexibel. Oft ist anhand des Textes kaum erkennbar, wo die Hebungen anzusetzen sind. So muss in der hier zitierten Anfangsstrophe der dritte Vers stark gedehnt werden, um die sechs Hebungen samt klingender Kadenz zu erzielen (*sît sprach ér in áltèr ich lérnè*). In vereinfachter Form lautet das metrische Schema: 6wa 8wa 5wb 8wb.

Prologstrophen im *Tristan* Gottfrieds von Straßburg
Während die Morolf-, Nibelungen- und Titurelstrophe sangbar waren, gilt dies nicht für die fünfzehn Prologstrophen im *Tristan* Gottfrieds von Straßburg. Der Prolog beginnt mit elf Strophen (V. 1–44), geht dann in Reimpaarverse über (V. 45–130), schiebt eine Zwischenstrophe ein (V. 131–134), kehrt zu den Reimpaarversen zurück (V. 135–232) und schließt mit drei Gipfelstrophen (V. 233–244). Gottfried leitet die Prologstrophen aus den Reimpaarversen ab. Die Strophen weisen nur einen Reimklang auf, der in zwei sich wiederholenden Reimwörtern realisiert wird. Die Reimwörter erscheinen in den Strophen 1 bis 5 und 11 bis 12 in gekreuzter (xyyx) und in den Strophen 6 bis 10 und 13 bis 14 in umarmender Form (xyyx). Die fünfzehnte Strophe leitet mit einem regulären Paarreim vom Prolog in die Erzählung über. Die erste Prologstrophe lautet wie folgt:

> Gedachte mans ze guote niht,
> von dem der werlde guot geschiht,
> sô waere ez allez alse niht,
> swaz guotes in der werlde geschiht.

Wollte man den nicht hochachten, von dem der Welt Gutes widerfährt, so wäre alles so viel wie nichts, was Gutes in der Welt geleistet wird.

In dieser Strophe werden die paargereimten Wörter *niht* und *geschiht* wiederholt, außerdem die leitmotivischen Wörter *guot* und *werlde*. Die Anfangsbuchstaben der Prologstrophen und der jeweils folgenden paargereimten Partien leiten ein komplexes, sich über den gesamten Roman erstreckendes Akrostichon ein, das aus den Namen des Autors (*Gotefrid*), des Auftraggebers (*Dieterich*) und der Hauptfiguren (*Tristan, Isolden*) gebildet ist. Da der Roman ein Fragment geblieben ist, bleibt das Akrostichon unvollständig, es lässt sich aber leicht ergänzen: *G DIETERICH TIIT O RSSR T IOOI E SLLS (F TDDT R AEEA I NNNN T)*. Der Name des Autors verklammert die Namen des Auftraggebers (im Prolog) und der Hauptfiguren (in der Erzählung). Die Anordnung der Buchstaben, die die Namen der Hauptfiguren wiederholen, ergibt einen fortschreitenden Chiasmus und unterstreicht so das Liebesmotiv.

5.2 Narrative

Zur Form der höfischen Epik gehören im weiteren Sinne auch zwei Narrative (Erzählmuster), die die Anbahnung ehelicher Beziehungen betreffen (s. Tab. 5.1). Im Narrativ der **gefährlichen Brautwerbung** geht es um heiratspolitische Verbindungen, die zwischen dem Brautwerber und dem Brautvater ausgehandelt werden. Im Narrativ der **gestörten Mahrtenehe** steht die passionierte Liebe eines Mannes zu einer als Fee imaginierten Frau im Vordergrund, die ihn unter bestimmten Bedingungen heiratet. Im Narrativ der gefährlichen Brautwerbung geht die Initiative vom Mann aus, im Narrativ der gestörten Mahrtenehe von der Frau. Beiden Narrativen eignet ein krisenhaftes Moment: Im ersten Fall sind es Gefahren, die der Brautwerber vor der Eheschließung überwinden muss, im zweiten Fall sind es Störungen, die nach der Eheschließung auftreten, weil der Mann eine von der Frau gesetzte Bedingung missachtet.

5.2.1 Gefährliche Brautwerbung

Das Narrativ der gefährlichen Brautwerbung findet sich häufig in der ‚einfachen Form' des Märchens (Jolles 1974, S. 218–246). Ein bekanntes Beispiel ist Grimms Märchen vom tapferen Schneiderlein. Hier muss der listige Brautwerber gegen Riesen, Einhörner und Wildschweine kämpfen, bevor der Brautvater ihm die versprochene Braut überlässt. Als komplexe Form begegnet das Narrativ in der Gattung der Brautwerbungsepik, vor allem in den Epen *König Rother*, *Oswald*, *Orendel* und *Salman und Morolf* (nur ansatzweise im *Herzog Ernst*). Auch in der Heldenepik und im höfischen Roman kommt das Narrativ vor, ist dort aber auf einzelne Episoden beschränkt.

Das Schema
Der Philologe Vladimir Propp rekonstruierte in seiner erstmals 1927 erschienenen *Morphologie des Märchens* anhand von russischen Zaubermärchen sieben Handlungskreise, die mit einem oder mehreren Aktanten (Handlungsträger) verknüpft sind: dem Helden, der Zarentochter und ihrem Vater, dem Gegenspieler, dem

Tab. 5.1 Narrative und Gattungen

Gattung		Gefährliche Brautwerbung	Gestörte Mahrtenehe
Epos	Brautwerbungs-epen	*König Rother* (*Herzog Ernst*) *Salman und Morolf* *Oswald* *Orendel*	
	Heldenepen	*Nibelungenlied*	
Roman	Artusromane		Hartmann von Aue, *Iwein*
	Liebesromane	Gottfried von Straßburg, *Tristan*	Gottfried von Straßburg, *Tristan*

Schenker, dem Helfer, dem Sender und dem falschen Helden (Propp 1982, S. 79–83). Propp betont, dass sich hinsichtlich ihrer Funktion für die Handlung „die Zarentochter und ihr Vater nicht völlig voneinander abgrenzen" lassen (ebd., S. 79). Die Braut spielt keine eigenständige Rolle, sondern ist ein Attribut, das im Lauf der Handlung vom Brautvater zum Brauthelden wechselt.

In der komplexen Form umfasst das Narrativ der gefährlichen Brautwerbung, das oft auch als ‚Brautwerbungsschema' bezeichnet wird, eine Abfolge typischer Szenen, nämlich erstens die Beratung zur Auswahl der rechten Braut; zweitens die Bestimmung eines Boten, der als stellvertretender Brautwerber auftritt; drittens die heimliche Landung des Boten im fremden Reich; viertens das Zusammentreffen des Boten mit der Braut (Kemenatenszene); fünftens die Entführung der Braut; sechstens die kämpferische Auseinandersetzung mit dem Brautvater und siebtens die Heimführung der Braut und die Hochzeit (vgl. Schmid-Cadalbert 1985, S. 40–100; Martínez/Scheffel 2012, S. 129–132; Schulz 2015, S. 191–214).

▶ **Definition** Das Wort **Kemenate** (mhd. *kemenâte*) ist mit dem Wort ‚Kamin' verwandt. Unter einer Kemenate ist ein beheizbarer Raum in einer Burg zu verstehen. Hier ist damit der Wohnraum der Braut gemeint, in dem eine heimliche Begegnung mit dem Brautwerber oder seinem Boten stattfindet, die Kemenatenszene.

Das Brautwerbungsschema ist eine philologische Rekonstruktion. Aus der Fülle der überlieferten Erzählungen werden häufig vorkommende Elemente abstrahiert und in ihrer typischen Reihenfolge angeordnet. Das Schema existiert nur in seinen konkreten Anwendungen und somit in einer Vielzahl unterschiedlicher Ausprägungen.

König Rother
Besonders deutlich lässt sich das Narrativ der gefährlichen Brautwerbung am *König Rother* ablesen. Dieses Brautwerbungsepos gewinnt seine Komplexität aus der Vervielfachung typischer Elemente des Brautwerbungsschemas (Kraß 2021a). Die erste Vervielfachung betrifft die Werbungsfahrt: Beim ersten Versuch wird ein Bote ausgeschickt, diese Fahrt führt zum Misserfolg. Beim zweiten Versuch bricht der Protagonist selbst auf; diese zweite Fahrt führt zu einem vorläufigen Erfolg. Schließlich fährt der Protagonist zum dritten Mal aus, diesmal mit endgültigem Erfolg. Die zweite Vervielfachung betrifft das Motiv der Entführung. Zunächst wird die Braut vom Protagonisten entführt, danach vom Brautvater zurückentführt und schließlich vom Protagonisten endgültig heimgeführt. Die dritte Vervielfachung betrifft die Handlungsrolle des Brautwerbers. Als solcher tritt nicht nur der Protagonist auf, sondern auch der Sohn des Königs von Babylonien (falscher Held).

Räumlich betrachtet führen die Vervielfachungen zu einer Pendelbewegung. Der Protagonist pendelt zwischen dem Westen (Bari) und dem Osten (Konstantinopel). Hinzukommt eine gegenläufige Bewegung. Der rivalisierende Brautwerber pendelt zwischen dem Osten (Babylon) und dem Westen (Konstantinopel).

Die Gefahren, die König Rother und seine Gefolgsleute bestehen müssen, sind vielfältig. Sie gehen vom Brautvater aus, der bei der ersten Brautwerbungsfahrt die Boten des Brautwerbers einkerkert und bei der dritten Brautwerbungsfahrt den Brautwerber gefangen nimmt, zum Tode verurteilt und beinahe hinrichten lässt. Bei der ersten Fahrt sind die Boten schutzlos, bei der zweiten Fahrt nimmt König Rother vorsichtshalber drei Riesen mit und bei der dritten Fahrt rückt er mit einem großen Heer an.

Oswald

Der *Oswald* varriert das Narrativ der gefährlichen Brautwerbung. Diese wird, wie im *König Rother*, einmal diplomatisch und einmal militärisch durchgeführt. Der englische König Oswald will Paug, die Tochter des ‚heidnischen' Königs Aron heiraten. Als Bote wird ein sprechender Rabe ausgeschickt, der, mit Ring und Brief ausgestattet, in Arons Reich fliegt. Unterwegs steigt er in das Reich der gastfreundlichen Meerfrauen hinab, die ihn für einen Engel halten. Der empörte Aron, der seine Tochter selbst heiraten will, lässt den Raben gefangen nehmen. Dieser wird auf Paugs Bitte hin wieder freigelassen, die ihn nun ihrerseits mit Ring und Brief zurückschickt. Der Unglücksrabe verliert den Ring im Meer, doch ein wundertätiger Einsiedler auf einer Insel schickt einen Fisch aus, der den Ring zurückholt. Nach der Rückkehr des getreuen Vogels bricht Oswald mit Heeresmacht auf, um die Königstochter zu erwerben. Die Brautwerbungsfahrt ist zugleich ein Kreuzzug, der auf die Bekehrung und Taufe der ‚Heiden' zielt.

Orendel

Das Narrativ der gefährlichen Brautwerbung strukturiert auch den *Orendel*, aber in abgewandelter Form. Die Erzählung hat zwei Protagonisten, die vorübergehend deckungsgleich sind: ein Ding, den Heiligen Rock, und eine Person, den Trierer Prinzen Orendel. Beide erhalten eine eigene Vorgeschichte. Die eine beginnt mit dem Weg, der den Rock über mehrere Stationen von Christus bis zu Orendel führt, die andere mit dem Heiratsentschluss des Prinzen, der sich mit seinem Vater über die rechte Braut berät. Auf dem Weg zur Erwählten, zu Bride, der Königin von Jerusalem, gelangt Orendel in den Besitz des Gewands und wird fortan mit diesem identifiziert. Aus Orendel wird der Graue Rock, wie der Heilige Rock in der Erzählung heißt. Schließlich trennen sich die Wege wieder: Orendel kehrt vorübergehend von Jerusalem nach Trier zurück und lässt dort auf göttliches Geheiß den Rock zurück, der im Dom deponiert wird.

Die Wege werden gemäß dem Brautwerbungsschema koordiniert, ohne diesem durchgängig zu folgen. Zwar nimmt die Handlung schemagerecht ihren Ausgang mit der Reise des Brautwerbers zur Braut, doch verläuft die Werbung komplikationslos, da es keinen widerstrebenden Brautvater gibt und die Braut ihrerseits den Brautwerber als künftigen Gatten erwählt. Gefährlich ist die Brautwerbung nur in dem Sinne, dass sich Orendel mehrfach gegen nichtchristliche Gegner zu Wehr setzen muss, was ihm stets mit Gottes Hilfe gelingt. Dass das Handlungszentrum noch einmal von Jerusalem nach Trier und dann wieder von Trier nach Jerusalem pendelt, wird nicht, wie im *König Rother*, mit der Rückentführung der Braut durch den Brautvater begründet, sondern mit der Bedrohung der beiden Städte durch feindliche ‚Heiden'. Einige der Gegenspieler beanspruchen ebenfalls die Braut für sich, darunter (wie im *König Rother*) ein babylonischer König; doch sind dies Begleitumstände der Reisen, nicht ihr Anlass. Der Doppelweg des Helden, der zweimal von Trier nach Jerusalem führt, folgt zwar strukturell, nicht aber inhaltlich dem Schema der Brautwerbung.

Eine Parallele zum *Herzog Ernst* besteht darin, dass die Position der Braut durch einen Gegenstand verdoppelt wird, der für den Herkunftsort des Helden von besonderer Bedeutung ist: im Fall des Herzog Ernst durch den unvergleichlichen Edelstein, der künftig die Reichskrone ziert, in Fall Orendels durch den Heiligen Rock, der künftig den Trierer Dom bereichert.

Salman und Morolf
Salman und Morolf weist zahlreiche Entsprechungen zum *König Rother* auf. Auch hier wird das Narrativ der gefährlichen Brautwerbung zweifach durchgeführt, nun aber in invertierter Form. Nicht Salman wirbt zweimal um seine Braut, sondern zweimal wird sie ihm von Gegenspielern, Fore und Princian, geraubt. In dieser Hinsicht befindet sich Salman eher in der Rolle des Brautvaters, der seine Tochter an feindliche Brautwerber verliert. Auch der Schluss der ersten Rückentführungsepisode erinnert an *König Rother*. Wie dieser kann sich Salman im letzten Augenblick vor dem drohenden Tod am Galgen retten, indem er mit einem Hornruf das in der Nähe lagernde Heer herbeiruft.

Nibelungenlied
Das *Nibelungenlied* umfasst drei Brautwerbungsgeschichten. Gunther wirbt um Brünhild, Siegfried um Kriemhild, Etzel ebenfalls um Kriemhild. Gunthers Werbung um Brünhild folgt in abgewandelter Form dem Narrativ der gefährlichen Brautwerbung. Die Alleinherrscherin von Island fordert alle Brautwerber zum Dreikampf heraus. Wer im Steinwurf, Lanzenwurf und Weitsprung gegen sie gewinnt, darf sie heiraten; wer unterliegt, muss mit seinem Leben dafür zahlen. Gunther gelingt die Werbung mit unlauteren Mitteln. Siegfried – der einzige Mensch, der Brünhild bezwingen kann, und unter diesem Gesichtspunkt der einzige adäquate Partner für sie wäre – steht ihm heimlich bei, indem er, unter der Tarnkappe verborgen, die Kampfhandlungen für Gunther ausführt, der die Bewegungen nur mimt. Der Brautwerbungsbetrug wiederholt sich in der Brautnacht, wenn Siegfried Gunther hilft, die widerspenstige Braut zu überwältigen.

Mit Gunthers gefährlicher Brautwerbung um Brünhild ist Siegfrieds höfische Brautwerbung um Kriemhild verschränkt. Gunther hat Siegfried die Hand Kriemhilds unter der Bedingung versprochen, dass er gefährliche Unternehmungen für ihn besteht. Dazu zählt neben den Kämpfen gegen Brünhild auch die Schlacht gegen die Dänen und Sachsen, die Siegfried für Gunther gewinnt. Insofern partizipieren Siegfrieds Bemühungen um Kriemhild mittelbar am Narrativ der gefährlichen Brautwerbung. Außerdem weisen Siegfrieds Eltern auf die Gefährlichkeit seines Unterfangens hin, als er ihnen eröffnet, um Kriemhild werben zu wollen.

Tristanromane
In den Tristanromanen Eilharts von Oberg und Gottfrieds von Straßburg tritt Tristan als Brautwerber für Marke, den König von Cornwall, um Isolde, die Königstochter von Irland, auf. Die Werbung ist in mehrfacher Hinsicht gefährlich. Tristan hat zuvor Isoldes Onkel im Kampf getötet, um dessen Tributansprüche gegen Marke abzuwehren, muss also inkognito auftreten, um nicht der Rache anheimzufallen. Außerdem muss er gegen einen Drachen kämpfen, der Irland verheert; dem Drachentöter ist die Hand der Prinzessin versprochen, die Tristan auf diese Weise für Marke gewinnen kann.

5.2.2 Gestörte Mahrtenehe

Der von Friedrich Panzer (1902, S. LXXII–LXXXIX; vgl. Simon 1990, S. 35–46; Schulz 2015, S. 214–241) geprägte Begriff ‚Mahrtenehe' bezeichnet die Verbindung zwischen einem Mann und einer Fee. „Gestört" ist die Mahrtenehe insofern, als der Mann gegen eine Regel verstößt, die ihm die Fee als Vorbedingung für die Eheschließung auferlegt hat, und die verhängnisvollen Folgen des Regelverstoßes erdulden muss. Im Grunde handelt es sich um eine patriarchalische Phantasie von Weiblichkeit. Die Fee ist das ins Übernatürliche gesteigerte Angst- und Wunschbild einer begehrenswerten Frau, die Macht über den ihr verfallenen Mann ausübt und die Bedingungen für die unwahrscheinliche Beziehung setzt. Während das Narrativ der gefährlichen Brautwerbung auf heiratspolitischen Vorstellungen beruht, die die Vorherrschaft des Mannes über die Frau bestätigt, gestaltet das Narrativ der gestörten Mahrtenehe die Unberechenbarkeit einer passionierten Liebe, in der sich der Mann an die übermächtige Frau zu verlieren droht. Oft ist die Fee mit einem Wasserort – einem Brunnen, einem Fluss, einem See – verbunden, der als Symbol für die lockende Gefahr des als überwältigend empfundenen Weiblichen lesbar ist (Kraß 2010).

▶ **Definition** Das Wort **Mahrte** ist die weibliche Form von ‚Mahr' (mhd. *mar*), der alten Bezeichnung für ein quälendes Nachtgespenst (vgl. ‚Nachtmahr', engl. *nightmare*). Synonym kann man auch von einer Fee (mhd. *feie*, *feine*) oder einer Dämonin sprechen.

Das Schema
Nach Panzer umfasst das Schema, das dem Erzählmuster der gestörten Mahrtenehe zugrunde liegt, sechs Handlungsschritte: (1) die Verbindung von Fee und Held in der Anderwelt; (2) die Auferlegung eines Verbots; (3) die Trennung und Rückkehr des Helden in die Menschenwelt; (4) die Übertretung des Verbots und den Verlust der Fee; (5) die Suche des Helden nach der Fee und (6) die mit magischer Hilfe erfolgende Rückkehr des Helden in die Anderwelt und die dauerhafte Erneuerung seiner Bindung mit der Fee.

Tab. 5.2 ‚Funktionen' des Narrativs der gestörten Mahrtenehe nach Ralf Simon

‚Funktionen' des Narrativs der gestörten Mahrtenehe	
F1	„Der Held gelangt zum Feenreich, oft allerdings durch Berechnung der Fee, die ihn auf geheimnisvolle Weise zur ersten Zusammenkunft führt."
F2	„Der Held muss sich durch Initiationsproben für den Eintritt ins Feenreich qualifizieren. Diese Initiationen sind meist Kämpfe oder höfisch angemessenes Verhalten".
F3	„Der Held begegnet der Fee und handelt mit ihr einen Kommunikationskontrakt aus. Für ihre Liebe muss der Held eine Bedingung, meist ein Schweigegebot, einhalten. Oft bekommt er ein Zaubergeschenk."
F4	„Nach einer kurzen, konfliktlosen Zeit verstößt der Held gegen den Kommunikationskontrakt".
F5	„Der Held wird aus dem Feenreich verstoßen."
F6	„Der Held erleidet eine schwere, todesähnliche Krise."
F7	„Der Held erholt sich, meist durch Hilfe der Fee oder ihrer Botinnen."
F8	„Der Held versucht, die Gunst der Fee wieder zu gewinnen."
F9	„Der Held wird schließlich wieder von der Fee aufgenommen; es folgt die Festlegung des endgültigen Zustands."

Simon hat das Narrativ der gestörten Mahrtenehe ausführlich rekonstruiert. In Anlehnung an Panzers sechs Handlungsschritte unterscheidet er neun ‚Funktionen' (Simon 1990, S. 37–40; s. Tab. 5.2).

Ein Musterbeispiel ist die altfranzösische Artusnovelle *Lanval* der Dichterin Marie de France. Sie wurde nicht ins Mittelhochdeutsche übersetzt. Eine gewisse Parallele bietet, vermittelt über den Artusroman *Yvain* von Chrétien de Troyes, der *Iwein* Hartmanns von Aue. Lanval gelangt bei einem Ausritt in eine Flusslandschaft (F1), erweist sich aufgrund seines höfischen Benehmens als geeigneter Partner der Fee und wird von ihr beschenkt (F2), muss versprechen, ein Schweigegebot einzuhalten (F3), verstößt gegen das Gebot, als ihm Königin Guenièvre, die Ehefrau von König Artus, nachstellt (F4), verliert die Gunst der Fee (F5), grämt sich darüber fast zu Tode (F6) und wird schließlich von der Fee erlöst, die ihn am Artushof aufsucht und mit sich in ihr Reich fortnimmt (F9).

Hartmann von Aue, *Iwein*

Wie im *Lanval* steht auch in Hartmanns *Iwein* dem Artusreich ein Feenreich gegenüber, in das der Held eintritt. Laudine ist die Fee, der Wasserort ein Brunnen, in dessen Nähe es zur Begegnung kommt. Wunderbare Dinge, Figuren und Ereignisse bestimmen die Handlung: ein Zauberring, der unsichtbar macht; ein Naturwunder, das durch einen Wasserguss ausgelöst wird; eine Feensalbe, die Iwein vom Wahnsinn heilt; ein Löwe, der ihn als treuer Freund begleitet. Doch ist die Fee in diesem Roman an die höfische Lebenswelt angeglichen. Laudine erscheint als höfische Dame, die sozusagen nur noch den Schatten einer Fee wirft. Ein Vergleich mit Enite verdeutlicht ihre Sonderrolle: Enite ist die Tochter eines verarmten Grafen, Laudine hingegen eine mächtige Landesherrin. Enite steigt auf, indem sie einen künftigen König (Erec) heiratet; Iwein steigt auf, indem er eine Fürstin (Laudine) heiratet.

Wie Ralf Simon gezeigt hat, verschränkt der Iwein den für den Artusroman typischen doppelten Kursus mit dem Narrativ der gestörten Mahrtenehe (Simon 1990,

5.2 Narrative

S. 47–64). Die realisierten Funktionen sind: „Iwein gelangt nach Durchquerung des Waldes an die Quelle" (F1). Er „besiegt zunächst den Brunnenritter und überwindet dann mit Hilfe Lunetes weitere Eingangsschwierigkeiten" (F2). Er „trifft Laudine, der Kommunikationskontrakt besteht in der einzuhaltenden Jahresfrist" (F3). Er „verspätet sich" und bricht somit seinen Eid (F4). Er wird „von [der Fee] verstoßen" (F5). Er „geh[t] in den Wald und verwilder[t]" (F6). Er „wird von der Dame von Narison durch eine Salbe der Fee Morgane gerettet" (F7). Er „hilft der Dame von Narison und auch Lunete, die hier in der Gerichtssache wohl nur stellvertretend für Laudine erscheint" (F8). Er „wird durch Lunetes Vermittlung mit Laudine ausgesöhnt" (F9).

Gottfried von Straßburg, *Tristan*
Gottfried von Straßburg verschränkt die Narrative der gestörten Mahrtenehe und der gefährlichen Brautwerbung miteinander (Simon 1990, S. 92–122). Tristans erste Irlandfahrt (eine Heilfahrt) gehört zum Erzählmuster der Mahrtenehe, die zweite Irlandfahrt (eine Werbungsfahrt) zum Erzählmuster der Brautwerbung. Beide Narrative werden durch das Motiv des Minnetranks zusammengeschlossen, der den Werbungshelfer (Tristan wirbt für Marke um Isolde) in den Liebhaber (Tristan verliebt sich in Isolde) verwandelt.

Tristan gelangt von Cornwall nach Irland. Zu diesem Zweck muss er ein Meer überqueren. Das Ziel ist ihm vorbestimmt (F1). Tristan muss gegen Isoldes Onkel Morolt und später gegen einen Drachen kämpfen (F2). Tristan und Isolde trinken den Minnetrank. Dem Schweigegebot entspricht die Geheimhaltung der verbotenen Liebe am Markehof (F3). Tristan gelingt es wiederholt, Isolde heimlich nachts im Baumgarten zu treffen, doch wird ihre Liebe ruchbar und somit die Einhaltung des Sicht- und Schweigegebots gegenüber der Hofgesellschaft gefährdet (F4). Nachdem die Liebesbeziehung offenbar geworden ist, muss Tristan den Markehof verlassen (F5). Tristan leidet unter der Trennung. Er schickt Isolde das Zauberhündchen Petitcreiu, um ihren Schmerz zu lindern. Auch er leidet unter der Trennung und sucht Zuflucht bei Isolde Weißhand (F6). Als Botin der Fee agiert Isoldes Zofe Brangäne, und auch Isoldes Mutter spielt eine Feenrolle. Es gibt mehrere Szenen im Verlauf des Romans, in denen Tristan gerettet wird, insbesondere bei der Heilung nach dem Moroltkampf und beim Brautnachtbetrug gegenüber Marke (F7). Tristan versucht mehrfach, in die Nähe Isoldes zurückzukehren (F8). In der Minnegrotte, einer Art Feenschloss, können Tristan und Isolde ihrer Liebe leben (F9).

Beide Isolden, Mutter und Tochter, werden als Feen stilisiert. Die Mutter trägt Züge einer heilkundigen Fee. Sie erinnert an die Fee Morgane, die im *Erec* ein Zauberpflaster und im *Iwein* eine Zaubersalbe bereitstellt, mit der die Helden jeweils geheilt werden. Morolt, der Tristan tödlich verwundet hat, teilt ihm mit, dass nur die ältere Isolde ihn heilen könne:

> diu erkennet maneger hande
> wurze und aller crûte craft
> und arzâtlîche meisterschaft.
> diu kan eine disen list
> und anders nieman, der der ist.

Sie kennt zahlreiche Wurzeln und die Heilkraft der Kräuter und verfügt über ärztliche Meisterschaft. Sie allein beherrscht diese Kunst, sonst niemand auf der Welt (V. 6948–6952).

Außerdem wird die ältere Isolde als Zauberin vorgestellt, die den Liebestrank braut (V. 11432–11444). Auch die jüngere Isolde wird als Fee inszeniert, und zwar als bezaubernde Sirene:

> Wem mag ich sî gelîchen
> die schoenen, saelderîchen
> wan den Syrênen eine,
> die mit dem agesteine
> die kiele ziehent ze sich?
> als zôch Isôt, sô dunket mich,
> vil herzen unde gedanken în,
> die doch vil sicher wânden sîn
> von senedem ungemache.
> ouch sint die zwô sache,
> kiel âne anker unde muot,
> ze ebenmâzene guot.
> si sint sô selten beide
> an staeter wegeweide
> sô dicke in ungewisser habe,
> wankende beidiu an und abe,
> ündende hin unde her.
> sus swebet diu wîselôse ger,
> der ungewisse minnen muot,
> rehte als daz schif âne anker tuot
> in ebengelîcher wîse.
> diu gevüege Isôt, diu wîse,
> diu junge süeze künigîn
> alsô zôch sî gedanken în
> ûz maneges herzen arken,
> als der agestein die barken
> mit der Syrênen sange tuot.
> si sanc in maneges herzen muot
> offenlîchen unde tougen
> durch ôren und durch ougen.
> ir sanc, den s'offenlîche tete
> beide anderswâ und an der stete,
> daz was ir süeze singen,
> ir senftez seiten clingen,
> daz lûte und offenlîche
> durch der ôren künicrîche
> hin nider in diu herzen clanc.
> sô was der tougenlîche sanc
> ir wunderlîchiu schoene,
> diu mit ir muotgedoene
> verholne unde tougen
> durch diu venster der ougen
> in vil manic edele herze sleich
> und daz zouber dar în streich,
> daz die gedanke zehant
> vienc unde vâhende bant
> mit sene und mit seneder nôt.

5.2 Narrative

> Mit wem kann ich vergleichen das schöne, begnadete Mädchen außer mit den Sirenen allein, die mit dem Magnetstein die Schiffe zu sich ziehen? Ebenso zog Isolde, meine ich, viele Gedanken und Herzen an, die sich ganz sicher fühlten vor Liebeskummer. Zudem sind ein Schiff ohne Anker und Verliebtsein gut vergleichbar. Niemals bewegen sie sich auf geradem Wege. Häufig sind sie in einem unsicheren Hafen, schwanken auf und ab, werden von den Wellen hin und her geworfen. So treibt das vage Verlangen, die ungewisse Liebessehnsucht sie umher, wie es das Schiff ohne Anker auch tut, ganz genauso. Die kunstfertige, kluge Isolde, die liebliche junge Königin, zog so die Gedanken an aus vielen fest verriegelten Herzen, so wie der Magnetstein die Schiffe mit dem Gesang der Sirenen anzieht. Sie sang sich in viele Herzen, offen und heimlich, durch die Augen und die Ohren. Ihr Gesang, den sie öffentlich anstimmte, war ihr liebliches Singen, ihr angenehmes Saitenspiel, das laut und vernehmlich durch das Königreich der Ohren ins Herz drang. Ihr heimlicher Gesang dagegen war ihre wundervolle Schönheit, die mit ihrem herrlichen Klang heimlich und verborgen durch die Fenster der Augen in viele vornehme Herzen schlich und dort einen Zauber bewirkte, der die Gedanken sofort einfing und fesselte mit Sehnsucht und Liebesschmerz (V. 8085–8130).

Bezeichnend ist die Analogie zwischen Wasser und Liebe. Die Sirene ist eine Wasserfee, die die Männer mit dem Zauber ihrer Schönheit und ihres Gesangs magnetisch anzieht. Die Liebe gleicht einem ankerlosen Schiff, das dem Meer ausgeliefert ist. Der Verzehr des Minnetranks findet im Schiff statt und die heimlichen Treffen der Liebenden im Baumgarten an einem Brunnen.

5.2.3 Freundliche Übernahme

Hinzu kommt als drittes Narrativ die „freundliche Übernahme" (Lembke 2020a, 2020b). Gemeint ist die Eheanbahnung durch den Beistand eines Ritters für eine bedrohte Landesherrin, die unverheiratet oder verwitwet ist. Indem der Ritter in den Konflikt interveniert und den Gegner der Dame besiegt, gewinnt er „Hand und Land", d. h. sowohl die Ehe mit der befreiten Fürstin, als auch die Herrschaft über ihr Territorium.

Dieses Narrativ findet sich beispielsweise im *Gregorius* Hartmanns von Aue (Gregorius und die Landesherrin von Aquitanien), im *Parzival* Wolframs von Eschenbach (Gahmuret und Belakane, Parzival und Condwiramurs) sowie, allerdings ohne anschließende Heirat, im *Iwein* Hartmanns von Aue (Iwein und die Dame von Narison) und im *Herzog Ernst* (Herzog Ernst und die indische Prinzessin).

Dieses dritte Narrativ hat nicht die mythische Tiefe der ersten beiden Narrative. Es steht in gewisser Nähe zum Narrativ der gefährlichen Brautwerbung; gemeinsame Motive sind die zu bestehende Gefahr und die heiratspolitische Dimension. Im Unterschied zum Narrativ der gestörten Mahrtenehe fehlt das Motiv der passionierten Liebe.

5.3 Komposition

Die meisten höfischen Epen des Mittelalters sind gemäß dem Prinzip des Doppelwegs komponiert (Fromm 1969). Gemeint ist damit die grundsätzliche Zweiteiligkeit der Handlung, die die Hauptfigur durchläuft. Dieses Merkmal findet sich in allen Gattungen: den Brautwerbungs- und Heldenepen, den Antiken- und Artusromanen und den Novellen. Doch lassen sich gattungsspezifische Ausprägungen des Doppelwegs unterscheiden. Am bekanntesten ist der für die Artusromane Hartmanns von Aue und Wolframs von Eschenbach charakteristische ‚doppelte Kursus'. Doch auch die Abfolge zweier Liebes- und Ehegeschichten (Dido/Lavinia) im *Eneasroman* Heinrichs von Veldeke, der Parallelismus der in Katastrophen führenden Episodenfolgen des ersten und zweiten Teils des *Nibelungenlieds* oder die Pendelbewegung der Entführungen und Rückentführungen im *König Rother* sind Spielarten einer Doppelwegstruktur.

▶ **Definition** Erzähltheoretisch betrachtet, lassen sich die Doppelwege aus syntagmatischer und paradigmatischer Perspektive betrachten. Die **syntagmatische Ordnung** einer erzählten Handlung ist das lineare, chronologische Nacheinander der Szenen (A B C), die **paradigmatische Ordnung** hingegen die Wiederholung von Szenen, die chronologisch getrennt sind, sich aber aufgrund charakteristischer Parallelen dennoch aufeinander beziehen lassen (A B C | A′ B′ C′). Die Motiventsprechungen weisen auf die paradigmatischen Beziehungen hin; aber es sind die signifikanten Differenzen, die den Sinn stiften und die paradigmatischen Beziehungen mehr sein lassen als bloße Dubletten.

5.3.1 Doppelung

Die schlichteste Form des Doppelwegs ist die parallele Handlungsführung. In diesem Fall durchlaufen der erste und zweite Weg jeweils dieselbe Episodenfolge.

Dieses Prinzip begegnet im *König Rother*, um ein Beispiel für die Brautwerbungsepik zu geben. Der erste Teil erzählt, wie Rother um die Prinzessin von Konstantinopel wirbt und sie gegen den Willen des Brautvaters entführt. Der zweite Teil wiederholt dieses Schema, nachdem der Brautvater die Entführung durch eine Rückentführung rückgängig gemacht hat. Rother zieht ein zweites Mal aus, um die Braut endgültig heimzuführen und überdies aus dem Zugriff eines konkurrierenden Brautwerbers, der inzwischen ins Geschehen eingetreten ist, zu befreien.

Ein Beispiel für die Gattung des Antikenromans bietet der *Eneasroman* Heinrichs von Veldeke. Er konfrontiert zwei Liebes- und Ehegeschichten miteinander. Im ersten Teil des Romans gelangt der dem Trojanischen Krieg entflohene Eneas nach Karthago, wo er von der Königin Dido gastfreundlich aufgenommen wird. Die beiden heiraten, doch verlässt Eneas Dido wieder, nachdem die Götter ihn an seinen Auftrag erinnert haben, nach Italien zu ziehen, die latinische Prinzessin Lavinia zu heiraten und mit ihr das Geschlecht zu begründen, aus dem die Gründer des Römischen Reichs hervorgehen werden. Diesen Auftrag erfüllt Eneas im zweiten Teil des Romans, nachdem er eine Unterweltfahrt angetreten hat, die als Schwellenepisode fungiert.

Das *Nibelungenlied* folgt dem Prinzip der parallelen Handlungsführung in besonders komplexer Weise. Die zwei Teile dieses deutschen Heldenepos durchlaufen jeweils dieselbe Episodenfolge: Werbung, Hochzeit, Einladung, Fest, Katastrophe. Im ersten Teil geht es um Kriemhild und Siegfried sowie Gunther und Brünhild, im zweiten Teil um Kriemhild und Etzel. Der erste Teil läuft auf den Tod Siegfrieds und den Hortraub zu, der zweite Teil auf den Untergang der Burgunden. Der Verfasser des *Nibelungenlieds* hat diese Wiederholungsstruktur genutzt, um zwei ursprünglich separate Sagenstoffe miteinander zu verknüpfen und in ein paradigmatisches Verhältnis zueinander zu setzen.

Während in den genannten Fällen die parallele Handlungsführung das übergreifende Kompositionsprinzip abgibt, kann es auch der Binnenstrukturierung der Teile dienen. Dies ist insbesondere in der Gattung des Artusromans der Fall. Das übergreifende Prinzip ist hier der doppelte Kursus (s. Abschn. 5.3.3); aber einer der beiden Teile kann zusätzlich dem Prinzip der parallelen Handlungsführung folgen. Dies ist der Fall im ersten Kursus des *Iwein* und im zweiten Kursus des *Erec* Hartmanns von Aue.

Im ersten Kursus des *Iwein* verhält es sich so, dass die Abenteuerreihe, die vom Artushof zum Laudinehof führt (Begegnung mit dem gastfreundlichen Burgherrn, Begegnung mit dem wilden Mann, Kampf gegen den Brunnenritter), zweimal durchlaufen wird: zunächst von Kalogreant, danach von Iwein. Während Kalogreant eine Niederlage erleidet, besiegt und tötet Iwein den Brunnenritter, heiratet dessen Witwe und wird Landesherr ihres Reichs.

Im zweiten Kursus des *Erec* absolviert der Protagonist zwei parallele Abenteuerreihen, deren zweite die erste übersteigert: Zunächst besiegt Erec Räuber bzw. Riesen, zweitens überwindet er einen Burggrafen, der es auf Enite abgesehen hat, und zuletzt liefert er sich einen Zweikampf mit König Guivreiz, dem er beim ersten Mal unterliegt, den er beim zweiten Mal aber besiegt.

Im ersten Kursus des *Lanzelet* wird das Prinzip der episodischen Doppelung zur Klimax gesteigert. Dreimal durchläuft der Held ein ähnliches Abenteuer, indem er gegen gefährliche Burggrafen kämpft, sie tötet und deren Töchter oder Nichten heiratet. Die ersten drei Episoden stehen im Zeichen des Todes (*Mor*eiz, L*imors*, Schatel le Mort), die dritte und vierte bilden ein Doppelabenteuer (Schatel le Mort/Behforet).

5.3.2 Schachtelung

Ein weiteres Kompositionsprinzip ist die Schachtelung. Ein Beispiel hierfür bietet die Novelle *Der arme Heinrich* von Hartmann von Aue. Die Handlung beginnt am Hof des Freiherrn Heinrich, wo dieser plötzlich erkrankt (A); wechselt dann (nach einer kurzen Zwischenstation in Montpellier) nach Salerno, wo er vergebens ärztliche Hilfe sucht (B), und kommt dann vorübergehend an einem Meierhof zum Stillstand, wo sich der kranke Heinrich pflegen lässt (C). Nach einem Zeitsprung von drei Jahren setzt sich die Handlung am Meierhof fort, wo sich die Tochter des Meierpaars entschließt, sich für den kranken Herrn zu opfern (C'), wechselt dann zurück nach Salerno, wo das Opfer vollzogen werden soll (B'), und endet wieder dort, wo sie anfing, nämlich am Hof des inzwischen gesundeten Freiherrn, der die junge Frau heiratet (A'). Die Schachtelung der Handlung wird also durch die symmetrische Raumfolge sowie den Zeitsprung organisiert, der den strukturellen Mittelpunkt markiert.

Dasselbe Prinzip begegnet auch in den Artusromanen Hartmanns von Aue. Im *Erec* organisiert es die Binnenstruktur des ersten, im *Iwein* die Binnenstruktur des zweiten Kursus. Der *Erec* beginnt mit vier verschachtelten Episoden. (A) Am Artushof findet während eines Hoffests eine Hirschjagd statt. (B) Sie wird unterbrochen durch eine Beleidigung des Artushofes: Der Zwerg eines fremden Ritters schlägt die Zofe der Königin und Erec mit einer Peitsche. (C) Erec reitet dem fremden Ritter nach und gelangt zu einer Burg, wo ein Turnier stattfindet. (D) Erec wird von einem verarmten Grafen für das Turnier ausgestattet, er erhält eine Rüstung und die Hand seiner Tochter Enite, die ihn als Minnedame begleitet. (C') Erec überwindet im Turnier seinen Gegenspieler; es ist der fremde Ritter, der ihn beleidigt hatte. (B') Erec schickt ihn zum Artushof, damit er dort Erecs Sieg verkündet; auf diese Weise ist die Ehrverletzung behoben. (A') Nachdem auch Erec und Enite an den Artushof gelangt sind, wird die Jagd beendet und Enite als schönste Dame ausgezeichnet.

Verschachtelt sind auch vier Abenteuer im zweiten Kursus des *Iwein*. (A) Iwein verspricht Lunete, der Zofe seiner Ehefrau Laudine, in einem Gerichtskampf für sie einzutreten. (B) Zuvor wird er um Hilfe gegen den Riesen Harpin gebeten, den Iwein besiegt. (A') Iwein kehrt rechtzeitig zum Gerichtskampf zurück und befreit Lunete. Auch die nächsten beiden Abenteuer sind verschachtelt. (C) Iwein wird von einer Grafentochter gebeten, sie in einem Gerichtskampf im Rahmen einer Erbstreitigkeit zu vertreten. (D) Iwein sagt zu, lässt sich zuvor aber auf einen Kampf gegen zwei Riesen ein, die dreihundert Damen gefangen halten. (C') Nachdem er die Damen befreit hat, kehrt er rechtzeitig zum Gerichtskampf zurück und verhilft der Grafentochter zu ihrem Recht. Das Ziel der zweifachen Schachtelung (die wiederum als Beispiel für das Prinzip der parallelen Handlungsführung dienen kann) besteht darin, den Protagonisten in Situationen der doppelten Verpflichtung zu bringen, damit er die Loyalität beweisen kann, die er im ersten Kursus vermissen ließ.

Verschachtelt sind auch die Episoden im zweiten Kursus des *Lanzelet*. Zwischen das zwei Teilepisoden umfassende Abenteuer, in dem Lanzelet Ginover aus den Händen Valerins befreit, schiebt sich das Pluris-Abenteuer, in das wiederum die Szene mit der Mantelprobe eingeschoben wird.

5.3.3 Doppelter Kursus

Der Kompositionstyp der frühen Artusromane wird als ‚doppelter Kursus' bezeichnet (vgl. Kuhn 1948; Schulz 2015, S. 241–284). Damit ist eine bestimmte Form des Doppelwegs gemeint, die aus einem ersten Abenteuerweg, einer Krise und einem zweiten Abenteuerweg besteht. Der Doppelweg ist räumlich durch den

Artushof markiert, von dem die Handlung ausgeht und zu dem sie mehrfach zurückkehrt. Das aus dem ersten Artusroman, dem *Erec* Hartmanns von Aue und dessen altfranzösischer Vorlage (Chrétien de Troyes, *Erec et Enide*) abgeleitete Muster lässt sich wie folgt zusammenfassen.

Erster Kursus: Die Handlung beginnt am Artushof, wo ein Fest gefeiert wird. Das Ansehen des Hofes wird durch eine Provokation, die von außen kommt, in Frage gestellt. Ein junger Artusritter zieht aus, stellt in einer Reihe von Abenteuern das Ansehen des Hofes wieder her. Unterwegs begegnet er einer Dame, mit der er eine Beziehung eingeht. Schließlich kehrt er zum Artushof zurück, wo er für seinen doppelten Erfolg gefeiert wird. Er heiratet und wird Landesherr. So erlangt er einen Zustand vorläufigen Glücks.

Krise: Der Artusritter zeigt sich seinem Erfolg nicht gewachsen. Sein Ansehen als Landesherr wird in Frage gestellt. Dies löst eine gesellschaftliche und auch eine persönliche Krise aus, die die Beziehung zwischen dem Ritter und seiner Ehefrau in Frage stellt.

Zweiter Kursus: Der Artusritter zieht erneut aus, Anlass ist nun nicht eine äußere Provokation, sondern ein persönliches Versagen des Ritters. In einer weiteren Abenteuerreihe, deren Episoden in einem inneren Zusammenhang mit den zuvor sichtbar gewordenen Defiziten stehen, stellt der Artusritter sein gesellschaftliches Ansehen wieder her. Auch die vorübergehend gestörte Beziehung zu seiner Ehefrau wird wieder bereinigt. Sein endgültiger Erfolg wird vom Artushof anerkannt. Der zweite Kursus ist noch einmal in sich gedoppelt, die Doppelung wird durch eine unabsichtliche Einkehr am Artushof (die sogenannte ‚Zwischeneinkehr') markiert. Während der Artushof bereit ist, den Artusritter wieder aufzunehmen, hält dieser sich noch nicht für vollständig rehabilitiert und setzt seine zweite Abenteuerfahrt fort. Hier wird deutlich, dass der Standard des Artushofs und der Standard des Artusritters auseinandertreten: Der ethische Anspruch, den der Artusritter an sich selbst stellt, scheint höher als jener, den der Artushof an ihn richtet.

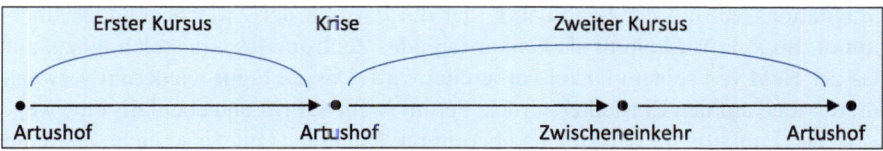

Der ‚doppelte Kursus'

Der doppelte Kursus (siehe oben) ist eine komplexe Form, die eine psychologische Vertiefung des Geschehens ermöglicht. In einer trivialen Erzählung würde die Geschichte bereits nach dem ersten Kursus an ihr Ende gelangen; der Held hätte sich auf seinem Abenteuerweg bewährt und den doppelten Erfolg der Eheschließung und des Herrschaftsantritts erzielt. So einfach geht es im Artusroman jedoch nicht zu. Das Romanhafte besteht gerade in der Komplikation, dass sich der nach dem ersten Kursus erlangte Erfolg als vorläufig erweist und den Helden in eine Krise führt, die ein Defizit offenbar werden lässt, das zuvor noch nicht sichtbar war. So erhält die Geschichte gewissermaßen einen doppelten Boden; der zweite Weg, der der

Rehabilitation des Romanhelden dient, verleiht diesem eine Tiefendimension, die den Märchenhelden fehlt. Die innere Doppelung des zweiten Kursus verstärkt diesen Effekt; indem die Standards des Protagonisten und des Kollektivs, dem er entstammt, auseinandertreten, öffnet sich ein individueller Raum, der mit einer Selbstreflexion des Helden, zum Beispiel in Form eines inneren Monologs, einhergehen kann. Die Doppelungen sind also mehr als bloße Wiederholungen, sie verleihen der Geschichte eine dritte Dimension und sorgen dafür, dass sie über sich hinausweist.

Die Existenz des doppelten Kursus ist in Frage gestellt worden (E. Schmid 1999). In der Tat handelt es sich um eine Abstraktion; und die jeweiligen Ausprägungen des doppelten Kursus im *Erec*, im *Iwein* und im *Parzival* (bzw. in deren französischen Vorlagen) sind so verschieden, dass man kein festes Muster unterstellen kann. Doch ist der doppelte Kursus nicht als statische, sondern als dynamische Größe aufzufassen. Sein Reiz besteht eben darin, dass der Spielplan von Roman zu Roman variiert, modifiziert und umgedeutet wird. Die Komposition des *Iwein* weist entscheidende Änderungen gegenüber dem *Erec* auf und der *Parzival* wiederum gegenüber dem *Iwein*. Man muss also die Serie der Artusromane insgesamt betrachten, wenn man das ihnen zugrundeliegende Kompositionsprinzip eruieren will. Dann erkennt man signifikante Änderungen von Roman zu Roman, die die Elastizität und Produktivität des doppelten Kursus bestätigen. Dabei ist zu bedenken, dass der doppelte Kursus, wie gesagt, eine abstrakte Größe ist, die aus einer Reihe von Romanen abgeleitet ist. Er existiert nicht unabhängig von den Texten, sondern nur in den konkreten Ausprägungen und Variationen, die im intertextuellen Zusammenhang zu betrachten sind.

Ein Beispiel kann diesen Sachverhalt illustrieren. Die Zwischeneinkehr, die den Mittelpunkt des zweiten Kursus bildet, führt den Helden im *Erec* zum Artushof, im *Iwein* zu seiner Frau Laudine, die sich von ihm getrennt hat, und im *Parzival* zu einem Einsiedler, seinem Onkel Trevrizent. Diese motivischen Verschiebungen sind nicht willkürlich, sondern sinnträchtig; sie reagieren auf die thematischen Verschiebungen von Roman zu Roman. Im *Iwein* tritt neben den Artushof als zweites Gravitationszentrum der Laudinehof, der die Position der Zwischeneinkehr übernimmt. Im *Parzival* kommt als konkurrierendes Zentrum das Gralsreich hinzu, auf das der Held von seinem Onkel vorbereitet wird. Dessen Figur wiederum verweist intertextuell auf den Einsiedler zurück, der im *Iwein* auftritt und ebenfalls eine wegweisende Funktion für den Helden übernimmt. Die Frage lautet also nicht, *ob* es die Position der Zwischeneinkehr gibt oder nicht, sondern *wie* sie je verschieden ausgeformt wird und wie diese Ausformungen miteinander korrespondieren.

Chrétien de Troyes gilt als Erfinder nicht nur des Artusromans, sondern auch des doppelten Kursus. Doch hatte er durchaus Vorbilder. Wie er die Gattung des Artusromans teilweise aus dem anglonormannischen Geschichtsroman *Roman de Brut* ableiten konnte, so das Handlungsmodell des doppelten Kursus aus der Gattung der Legende (s. Abschn. 5.3.3). Viele christliche Heiligenlegenden erzählen von Menschen, die zunächst ein weltliches Leben führen und dann in eine Lebenskrise geraten, die sie zur Umkehr bewegt, sodass sie fortan ein geistliches Leben führen. Ein Beispiel ist der italienische Heilige Franz von Assisi, der als Sohn eines wohlhabenden Kaufmanns aufwuchs, sich nach einem einschneidenden

Kriegserlebnis von seinem bisherigen Lebenswandel lossagte und ein neues Leben als besitzloser Wanderprediger begann. Die Parallele zwischen dem hagiographischen und dem arthurischen Modell ist freilich eine strukturelle – die Artusritter werden nicht zu Heiligen, wohl aber zu vollkommenen Rittern und Landesherren.

Dagegen folgen die Artusromane, die von einem krisenlosen Helden handeln, dem Muster jener Legenden, deren Hauptfiguren von Geburt an heilig sind und daher keiner Umkehr bedürfen. Der Heiligkeit der Legendenfiguren entspricht die Verbindung der krisenlosen Artusritter mit den Feenreichen, denen sie entstammen (*Wigalois*) oder in denen sie ihre Kindheit verbringen (*Lanzelet*).

5.3.4 Glückswechsel

Ein weiteres Kompositionsprinzip ist der Glückswechsel. Auf den Aufstieg des Helden folgt sein plötzlicher Fall. Dieses Prinzip findet sich in den Artusromanen, die einen doppelten Kursus aufweisen: Im ersten Kursus steigen die Artushelden zu verheirateten Landesherren auf, in der Krise büßen sie aufgrund eines Fehlverhaltens ihr Ansehen ein und werden von der Hofgesellschaft missachtet (*Erec*) oder von der Partnerin verstoßen (*Iwein*) oder aus dem Gralsreich ausgeschlossen (*Parzival*). In diesen Fällen ist der Absturz freilich nur die Ausgangsposition für einen erneuten Aufstieg, der den Höhepunkt des ersten Kursus noch übersteigt. Von einem Glückswechsel erzählt Hartmann von Aue auch in seiner Novelle *Der arme Heinrich*: Der Protagonist, ein Freiherr, wird plötzlich vom Aussatz befallen und zieht sich auf einen Meierhof zurück, wo er seine letzten Tage verbringen will. Hartmann beschreibt den abrupten Glückswechsel in Berufung auf ein biblisches Beispiel mit eindringlichen Worten:

> Dô der Heinrich
> alsô genietete sich
> êren unde guotes
> unde frœlîches muotes
> unde weltlîcher wünne
> – er was für allez sîn künne
> geprîset unde geêret –,
> sîn hôher muot wart verkêret,
> in ein leben gar geneiget.
> an ime wart erzeiget
> als ouch an Absolône,
> daz diu üppige krône
> weltlîcher süeze
> vellet nider under die füeze
> ab ir besten werdikeit,
> als uns diu geschrift hât geseit.

Als nun Heinrich sich erfreute an Ansehen und Besitz, an fröhlicher Stimmung und an weltlicher Freue – er wurde über alle seine Verwandten hinaus gepriesen und geehrt –, wurde seine höfische Idealität ins Gegenteil verkehrt, in ein völlig erniedrigtes Leben. An ihm wurde sichtbar wie auch an Absalon, dass die eitle Krone weltlicher Freuden herabfällt vor die Füße aus ihrem herrlichsten Glanz, wie es uns das Buch gesagt hat (V. 75–90).

Das Bild, das Hartmann von Aue hier vor Augen hat, ist das Rad der Fortuna, deren Wirken man im Mittelalter am exemplarischen Schicksal eines Königs vorstellte. Die Bewegung des Glücksrads vollzieht sich in vier Stationen, die mit den Worten des Königs bezeichnet werden: der Aufstieg (*regnabo*: „ich werde herrschen"), der Höhepunkt (*regno*: „ich herrsche"), der Abstieg (*regnavi*: „ich habe geherrscht") und der Fall (*sum sine regno*: „ich bin ohne Herrschaft"). Das Glücksrad ist vielfach illustriert worden, besonders schön in der Benediktbeurer Handschrift (s. Abb. 5.1).

Man erkennt auf der linken Seite den aufstrebenden Jüngling, oben den König in vollem Ornat und mit dem Zepter in der Hand auf seinem Thron, auf der rechten Seite den stürzenden König, dem die Krone vorausfällt, und unten den unters Rad gekommenen Herrscher, der seine Macht eingebüßt hat. In der Mitte des Rades sitzt eine als Königin vorgestellte weibliche Figur, die Personifikation der göttlichen Vorsehung (und somit das Gegenstück zur römischen Glücksgöttin Fortuna), die in die Speichen greift und das Rad dem Heilsplan Gottes entsprechend dreht. Die Bewegung des Rades erscheint also nur den Menschen zufällig und unvorhergesehen, aus göttlicher Sicht ist sie gelenkt und läuft auf ein vorbestimmtes Ziel zu.

Abb. 5.1 Das Rad der Fortuna in der Benediktbeurer Liederhandschrift (Bayerische Staatsbibliothek München, Clm 4660)

5.3 Komposition

Gottfried von Straßburg hat dem Glück ein Lied gewidmet, das die Metaphern des Glücksrads und des gläsernen Glücks verschränkt (MF XXIII,2). Darin heißt es:

> Gelücke daz gêt wunderlîchen an und abe:
> wan vindet ez vil lîhter danne manz behabe;
> ez wenket, dâ man ez niht wol besorget.
> swen ez beswaeren wil, dem gît ez ê der zît
> und nimt ouch ê der zît wider, swaz ez gegît.
> ez tumbet den, swem ez ze vil geborget.
> Vröide gît den smerzen;
> ê daz wir âne swaere sîn des lîbes und des herzen,
> wan vindet ê daz glesîn glücke,
> daz hât kranke veste.
> swanne ez uns under diu ougen spilt und schînet aller beste,
> sô brichet ez vil lîhte in klein stücke.

Das Glück steigt in wundersamer Weise auf und ab: Man findet es leichter, als dass man es behalten könnte; es gerät ins Wanken, wenn man sich nicht richtig darum kümmert. Wen es belasten will, dem gibt es vorzeitig und nimmt auch vorzeitig wieder, was es ihm gegeben hat. Es macht den zum Narren, dem es zu viel schenkt. Auf Glück folgt Kummer; statt ohne Leid an Körper und Herz zu sein, finden wir eher das gläserne Glück, das nur schwache Festigkeit hat. Wenn es am schönsten vor unseren Augen glänzt und leuchtet, bricht es leicht in kleine Scherben.

Auch in seinem *Tristan* erwähnt Gottfried das Bild des Glücksrads. Der unglücklich Liebende deutet sein Schicksal mit den Worten: *swie kumberlîche ez aber nu stê, / swie kûme sô mîn schîbe gê* (V. 14469–14470: „Wie schlimm es mir jetzt auch ergeht, wie sehr auch mein Glücksrad stockt"). Mit der *schîbe* (Scheibe) ist das Rad der Fortuna gemeint, das sich manchmal dreht und manchmal stillsteht.

Diese Belege lassen vermuten, dass Gottfried das Glücksrad als poetologisches Prinzip seines Tristanromans umsetzte (Worstbrock 1995). Im Unterschied zum bloßen Glückswechsel geht es hier also nicht nur um Aufstieg und Fall, sondern um eine kreisende Bewegung, die sich in mehreren Phasen vollzieht. Dieses Prinzip lässt sich nicht nur in Gottfrieds *Tristan* erkennen, sondern auch in der altfranzösischen Novelle *Lanval* von Marie de France und in der mittelhochdeutschen Novelle *Gregorius* von Hartmann von Aue. Doch während der Artusritter Lanval sein Glück schließlich bei einer Fee und Gregorius sein Heil schließlich bei Gott findet, endet die Liebesgeschichte von Tristan und Isolde tragisch. Der gesamte Roman ist darauf angelegt, die Bewegung, die die Liebenden zueinanderführt, vereinigt, auseinanderbringt und in den Tod stürzt, in allen Stationen nachzuzeichnen. Hier wird das Wirken des Glücksrads nicht am Prinzip der Herrschaft, sondern der Liebe („ich werde lieben – ich liebe – ich habe geliebt – ich bin ohne Liebe") vorgeführt.

5.3.5 Vor- und Hauptgeschichte

Die frühen Werke der höfischen Epik wissen noch nichts von der Vorgeschichte ihrer Protagonisten. Von Erec wird wiederholt gesagt, dass er der Sohn des Königs Lac sei, aber weder die Geschichte seiner Eltern noch die Geschichte seiner eigenen

Kindheit und Jugend wird erzählt. Doch bald tritt ein genealogisches Interesse zutage, man möchte etwas über die Herkunft des Helden wissen und darüber, wie das Leben seines Vaters und seiner Mutter verlief. Mit dem genealogischen Interesse geht die Vorstellung einer Prägung durch die Eltern einher. Die Geschichte der Eltern wird als Vorausdeutung auf den Lebensweg des Helden gewertet, im Schicksal der Eltern kündigt sich das Schicksal des Kindes an.

Dieses Deutungsverfahren kennt man aus der christlichen Theologie, die zwischen den beiden Teilen der Bibel ein Verhältnis der Präfiguration und Typologie veranschlagt. Die Gestalten und Ereignisse des Alten Testaments gelten als Verheißung, die Gestalten und Ereignisse des Neuen Testaments als Erfüllung. So werden Adam, Jona und Moses als Vor-Bilder Christi gedeutet: Wie Adam die Sünde in die Welt brachte, so nimmt Christus sie wieder hinweg; wie Jona nach drei Tagen von einem Fisch, der ihn verschluckt hatte, ausgespien wurde, so wird Christus nach drei Tagen von den Toten auferweckt; wie Moses auf einem Berg die Zehn Gebote empfing, so verkündet Christus in der Bergpredigt religiöse Lebensregeln.

Ein frühes Beispiel, ja geradezu ein Modell für bedeutungsträchtige Vorgeschichten bietet der *Gregorius* Hartmanns von Aue, der auf einer altfranzösischen Vorlage beruht. Gregorius ist der Sohn eines inzestuösen Geschwisterpaars, der den Inzest später unwissentlich mit seiner Mutter wiederholt. Nicht nur die Elterngeschichte, sondern auch die Jugendgeschichte wird erzählt. Der kleine Gregorius wächst auf einer Klosterinsel als Pflegesohn eines Fischerpaars und als gelehriger Schüler der Klosterschule auf. Die Motive des Fischers und der frühen Gelehrtheit weisen auf die Papstwürde voraus, die Gregorius am Ende der Novelle erlangt.

Auch im *Tristan* Gottfrieds ist die unglückliche Liebesgeschichte der Eltern ein Vorzeichen für die unglückliche Liebesgeschichte von Tristan und Isolde. Nachdem Tristans Vater Riwalin im Kampf gefallen ist, verzweifelt Tristans Mutter Blanscheflur und stirbt bei der Geburt ihres Sohnes, der von einem Vertrauten der Eltern an Kindes statt angenommen und aufgezogen wird. Wie Gregorius erweist sich auch Tristan als gelehriger Schüler, dem die erworbenen Fähigkeiten Glück und Unglück zugleich bringen.

Auch Wolfram von Eschenbach stattet den Protagonisten seines *Parzival* mit einer ausführlichen Eltern- und Kindheitsgeschichte aus. Parzival trägt das väterliche Erbe Gahmurets, eines vielgereisten und früh verstorbenen Ritters, und das mütterliche Erbe Herzeloydes, einer Schwester des leidenden Gralskönigs Anfortas, in sich. Entsprechend ist seine Biographie von seiner Doppelrolle als Artusritter und designierter Gralskönig geprägt. Im Unterschied zu Gregorius und Tristan, die in ihrer Jugend eine sorgfältige Ausbildung erfahren, wächst Parzival mit seiner Mutter, die ihn von jeglicher Ritterschaft fernhalten will, in der Abgeschiedenheit einer Einöde auf und tritt als einfältiger Narr in die Welt.

Wirnt von Grafenberg hat in seinem *Wigalois* dem gleichnamigen Helden ebenfalls ein doppeltes Erbe verliehen. Wigalois' Vater ist Gawein, der arthurische Musterritter, seine Mutter ist Florie, die Nichte eines Feenkönigs, in dessen Reich er aufwächst. Das väterliche Erbe bestimmt ihn zum Artusritter, das mütterliche Erbe zum Sieger über einen dämonischen Herrscher namens Roaz.

Auch Lanzelet, der Held des gleichnamigen Artusromans Ulrichs von Zatzikhoven, ist mit einem doppelten Erbe ausgestattet. Er ist Sohn des tyrannischen Königs

Pant, der während eines Aufstands seiner rebellierenden Untertanen getötet wird. Auf der Flucht wird Lanzelet seiner Mutter entzogen und wächst in einem Feenreich auf, in dem nur Frauen leben. Wie Wigalois (und im Unterschied zu Erec, Iwein und Parzival) ist Lanzelet ein Artusritter, der keine Krise durchlaufen muss, sondern von Anfang an ein idealer Held ist. Vollkommene Ritterschaft ist für ihn keine Aufgabe, sondern eine Vorgabe. Dieser Sachverhalt wird durch die Herkunft aus einem Feenreich markiert.

Über Siegfried, den Helden des ersten Teils des *Nibelungenlieds*, werden zwei Jugendgeschichten erzählt, die sich kaum miteinander vereinbaren lassen. Der Erzähler berichtet im zweiten Kapitel, wie Siegfried als Sohn des Königs Siegmund und seiner Frau Sieglind aufwächst und nach seiner höfischen Erziehung die Schwertleite empfängt. Im dritten Kapitel hingegen berichtet Hagen bei der Ankunft Siegfrieds in Worms, wo er um Kriemhild werben will, von dessen Jugendabenteuern als Drachentöter, Riesenkämpfer und Schatzräuber. Auf diese Weise wird die Figur Siegfrieds mit einer Doppelnatur ausgestattet, die zwischen höfischen und heroischen Anteilen schillert.

5.4 *Dilatatio materiae*

Der mittelalterliche Dichter verstand sich nicht als Erfinder einer neuen Geschichte, sondern als deutender Bearbeiter eines überlieferten Stoffs (Worstbrock 1999). Die Gestaltungsspielräume, die ihm zur Verfügung standen, werden in den mittelalterlichen Poetiken beschrieben. Es handelt sich um Regelpoetiken, die mögliche poetische Verfahrensweisen vorschlagen und an Beispielen demonstrieren.

> **Galfrid von Vinsauf, *Poetria nova***
> Eine der wirkungsreichsten Poetiken des Mittelalters ist die *Poetria nova* Galfrids von Vinsauf, die zu Anfang des dreizehnten Jahrhunderts enstand. Als ‚neue Poetik' versteht sie sich, weil sie sich von der ‚alten Poetik', der antiken Poetik des lateinischen Dichters Horaz, absetzt. Sie ist vom dreizehnten bis zum fünfzehnten Jahrhundert in rund einhundert Handschriften überliefert. Da sie Regeln beschreibt, die bereits Konvention waren, lässt sich die *Poetria nova* auch auf Werke beziehen, die noch im zwölften Jahrhundert entstanden sind. In der Einleitung vergleicht das mehr als zweitausend lateinische Hexameterverse umfassende Werk den Dichter mit einem Architekten, der zunächst einen Bauplan entwirft, bevor er die Handwerker anrücken lässt.

Für Galfrid hat der Dichter fünf Aufgaben zu bewältigen, die er aus der antiken Rhetorik ableitet. Die erste Aufgabe besteht in der Gliederung des Stoffs (*dispositio*), die zweite in der längenden (*dilatatio*) oder kürzenden (*abbrevatio*) Gewichtung der Teile, die dritte in der sprachlichen Ausführung (*elocutio*), die vierte im

Auswendiglernen (*memoratio*) und die fünfte im Vortrag (*pronuntiatio*). Bezeichnenderweise fehlt die Aufgabe der *inventio*, d. h. der Findung des Stoffs, denn dieser ist dem Dichter ja bereits vorgegeben. Galfrid erläutert die verschiedenen Aufgaben im Einzelnen.

▶ **Definition** Unter der **dilatatio materiae** (auch *amplificatio* genannt) ist die Erweiterung des vorgegebenen Stoffs gemeint (Worstbrock 1985). Der Dichter konnte Szenen der Geschichte, die er nach einer Vorlage gestaltete, verkürzen oder verlängern. Zwei Methoden der Erweiterung boten sich besonders an: die Figurenrede in Form von Monologen oder Dialogen und die ausführliche Beschreibung von Figuren und Dingen. Solange Figuren sprechen oder beschrieben werden, schreitet die Handlung nicht voran. So kann der Dichter eigene Akzente setzen, ohne in die Handlungsfolge (den *plot*) einzugreifen.

Hinsichtlich der Gliederung stellt Galfrid zwei Optionen vor: die lineare Anordnung, die er als „natürliche Ordnung" (*ordo naturalis*) bezeichnet, und die invertierte Anordnung, die er als „künstliche Ordnung" (*ordo artificialis*) benennt. Die künstliche Anordnung ist anspruchsvoller als die natürliche Anordnung. Eine wirkungsvolle Technik besteht darin, dass der Dichter entweder gleich in die Mitte des Geschehens springt, um von dort aus die Vorgeschichte zu rekapitulieren, oder indem er das Ende der Geschichte vorwegnimmt, um dann den Weg zu schildern, der dorthin führt.

Die zweite Aufgabe des Dichters, die Proportionierung der Teile, bietet besonders große Spielräume für die Gestaltung. Entweder kann der Dichter den vorgegebenen Stoff kürzen oder längen. Acht mögliche Techniken für die Erweiterung schlägt er vor: die variierende (*interpretatio*) oder kontrastierende (*oppositio*) Doppelung, die Periphrase (*circumlutio*), den Vergleich (*collatio*), die Anrede (*apostrophatio*), die redende Personifikation (*prosopopeia*), den Exkurs (*digressio*) und die Beschreibung (*descriptio*). Besonders ergiebige Gestaltungstechniken sind Beschreibungen (s. Abschn. 5.4.1) und Figurenreden (s. Abschn. 5.4.2).

Die dritte Aufgabe, die stilistische Ausgestaltung, geht mit der Kenntnis der Tropen und Figuren einher. Der Dichter muss sich entscheiden, ob er einen schwierigen (*ornatus difficilis*) oder einen einfachen Stil (*ornatus facilis*) wählt und ob er sein Werk in Versen oder Prosa verfasst.

Die vierte und fünfte Aufgabe, das Memorieren und die Einübung des Vortrags, verweisen darauf, dass die mittelalterliche Dichtung nicht dem Prinzip der Lektüre, sondern der Aufführung folgte. Der Dichter sollte die Geschichte frei vortragen, und er sollte sie wirkungsvoll verkörpern.

5.4.1 Beschreibung

Als Beispiel für die Technik der *descriptio*, der Erweiterung des Stoffs durch ausführliche Beschreibungen, bietet Galfrid die Schönheitsbeschreibung einer Frau, die das Gesicht, die Gestalt, die Kleidung und den Schmuck umfasst und vom

Scheitel bis zur Sohle reicht. Dieses Verfahren wird, weil sie von oben nach unten verläuft, auch als Vertikaldescriptio bezeichnet. Es wird in der höfischen Epik häufig angewendet, insbesondere zur Beschreibung höfischer Damen.

Der *Tristan* Gottfrieds von Straßburg enthält eine mustergültige Beschreibung der Schönheit Isoldes, die von Tristan, der für Marke um sie wirbt, eingekleidet wird; doch auch Tristans Schönheit wird beschrieben (Kraß 2006, S. 185–192). Die Beschreibungen beschwören die ästhetische Harmonie Tristans und Isoldes, die ihre Bestimmung füreinander vorwegnimmt, bevor sie den Minnetrank überhaupt getrunken haben. Wenn Gottfried die Kleider der künftigen Liebenden beschreibt, greift er nicht in die Handlung ein, setzt aber doch einen unverkennbaren Deutungsakzent, indem er die Liebe nicht nur mit dem Minnetrank, sondern auch mit dem Einklang des späteren Paars in seiner Schönheit begründet.

Ein anderes Beispiel ist die Beschreibung des Pferdes, das Enite im zweiten Teil des *Erec* Hartmanns von Aue von Guivreiz geschenkt wird (Wandhoff 2003b). In der französischen Vorlage, Chrétiens Artusroman *Erec et Enide*, umfasst die Beschreibung nur achtunddreißig Verse (V. 5268–5305). Sie ist symbolisch aufgeladen. Zum einen ist das Pferd der Länge nach halb schwarz, halb weiß, mit einer grünen Mittellinie, die beide Hälften voneinander trennt. Zum anderen enthält der Sattel Schnitzereien, die in Bildern Szenen aus Vergils *Aeneis* bzw. aus dem *Roman d'Énéas* zeigen. Man kann dies als intertextuelle Anspielung verstehen, die dazu einlädt, die Geschichte von Erec und Enite mit der Geschichte von Eneas, Dido und Lavinia zu vergleichen. Hartmann weitet die Beschreibung erheblich aus; bei ihm umfasst sie 509 Verse, also den dreizehnfachen Umfang (V. 7286–7766). Eingeleitet wird die Beschreibung des Pferdes durch eine fingierte Frage des Erzählers an das Publikum: *vrâget iemen mære / ob es schæner wære / dan daz si unz her geriten hât?* (V. 7286–72688: „Will jemand wissen, ob es schöner war als das, das sie bisher geritten hat?"). Die Beschreibung endet mit der Ermahnung des Erzählers an sich selbst, dass er nun aber wieder den Handlungsfaden aufnehmen müsse: *nû ist zît daz si rîten* (V. 7767: „Jetzt wird es Zeit, dass sie losreiten"). Die Beschreibung ist also zugleich eine Abschweifung, die Galfrid ja auch als Technik der Erweiterung empfiehlt.

Hartmann hält sich an die Vorgaben, geht aber auch weit über sie hinaus. Er lädt die Beschreibung mit vier Bedeutungen auf. Die erste ist poetologisch: Das Pferd steht nicht nur für sich, sondern symbolisch auch für die Dichtung (s. Abschn. 5.5.2). Wenn der Erzähler sagt, dass der Pferdesattel von einem *meister* namens *Umbrîz* (V. 7470) gefertigt worden sei, so verweist der Meister auf den Künstler und der sprechende Name („Umriss") auf den künstlerischen Zuschnitt, insbesondere die *dispositio*. Die zweite Bedeutung ist literaturgeschichtlich: Der Sattel ist nicht nur, wie bei Chrétien, mit Szenen aus den Eneasromanen, sondern auch aus den Trojaromanen geschmückt. Erec und Enite sollen nicht nur mit Eneas und Dido sowie Eneas und Lavinia (die hier, anders als bei Chrétien, explizit genannt wird), sondern auch mit Paris und Helena verglichen werden. Drittens kommt eine mythologische Dimension hinzu: Das Sattelkissen bildet Pyramus und Thisbe ab, das tragische Liebespaar, von dem Ovid in den *Metamorphosen* erzählt; und die kostbare Pferdedecke wird mit jener Decke verglichen, die auf dem Hochzeitsthron des Götterpaars Jupiter und Juno lag. Die vierte Bedeutung ist kosmologisch: Die Pferdedecke ist mit den vier Elementen verziert und den Wesen, die sie bevölkern: die Fische im Wasser, die Tiere und Menschen an Land, die Vögel in der Luft und die Drachen im Feuer.

5.4.2 Figurenrede

Auch für die Technik der *apostrophatio* stellt Galfrid ein Musterbeispiel vor, nämlich eine Totenklage um Richard Löwenherz, der 1199 infolge einer Schussverletzung durch eine Armbrust verstorben war. Die Klagerede beruht darauf, dass alle Instanzen, die am Tod des englischen Königs beteiligt sind, angerufen werden: der Tag, an dem Richard starb, der Mörder, der auf ihn schoss, der Tod, der ihn hinwegraffte, die Natur, die ihn geschaffen hatte, und Gott, der seinen Tod zuließ.

Diesem Muster folgen auch die zahlreichen Totenklagen der höfischen Epik. Ein besonders eindrucksvolles Beispiel bietet die Klage Enites um den scheintoten Erec, der sich bei einem Kampf eine schwere Verwundung zuzog und ohnmächtig wurde. Bei Chrétien umfasst Enites Klagerede zweiundsechzig Verse (V. 4570–4631), bei Hartmann sind es zweihundertsechsundachtzig Verse (V. 5775–6061), also fast der fünffache Umfang. Chrétiens Enide ruft Gott, den Tod, sich selbst und Erec an, Hartmanns Enite außerdem die wilden Tiere, ihre Eltern und den Todestag. Die Pointe besteht darin, dass Enite ihr Unglück zu Unrecht beklagt, denn bald schon wird Erec wiedererwachen, gesund werden und mit Enite glücklich nach Karnant zurückkehren. Enite hält ihre Totenklage aufgrund einer falschen Vorannahme, der vermeintliche Fluch weicht tatsächlichem Segen. Hartmann nutzt also die Totenklage, um die unverbrüchliche Treue Enites und das unverlierbare Glück des Paars zu unterstreichen.

Ein weiteres Beispiel sind die Dialoge, die Lavinia mit ihrer Mutter über die Liebe führt, und die Monologe, mit denen Lavinia und Eneas ihre Liebessehnsucht beschwören. Da Vergil kaum auf Lavinia eingeht, musste sich der Dichter des französischen Eneasromans etwas einfallen lassen, um ohne Veränderung der vorgegebenen Handlung eine Liebesgeschichte um Eneas und Lavinia zu komponieren. Die *apostrophatio* ist das Mittel der Wahl: die Figurenrede über die Liebe, die nicht als äußeres, sondern als inneres Geschehen zum Ausdruck gebracht wird. Heinrich von Veldeke ist seinem Vorbild in diesem Punkt gefolgt.

5.5 Fiktionalität

Die moderne Literaturwissenschaft unterscheidet zwischen faktualen und fiktionalen Texten. Faktuale Texte sind solche, die mit dem Anspruch verfasst worden sind, auf Fakten zu beruhen und authentische Inhalte zu vermitteln. Fiktionale Texte hingegen sind solche, die keinen historischen Wahrheitsanspruch erheben, sondern eine erfundene Welt präsentieren.

5.5 Fiktionalität

Tab. 5.3 Faktualität und Fiktionalität

Faktuale Kommunikationssituation			
Autor*in	Text	Leser*in	reale Kommunikationssituation: Sätze real und authentisch
Fiktionale Kommunikationssituation			
Autor*in	Text	Leser*in	reale Kommunikationssituation: Sätze real und inauthentisch
Erzähler*in	Text	Leser*in	imaginäre Kommunikationssituation: Sätze imaginär und authentisch

Kommunikationstheoretisch betrachtet, handelt es sich um zwei verschiedene Arten der Informationsvermittlung (Martínez/Scheffel 2012, S. 11–22). In faktualen Texten ist die Kommunikationssituation real und authentisch: Tatsächliche Autor*innen adressieren tatsächliche Rezipient*innen (real) und vermitteln als wahr erachtete Inhalte (s. Tab. 5.3).

In fiktionalen Texten verdoppelt sich die Kommunikationssituation, indem die Autor*innen eine Erzählinstanz einsetzen, die sich an die Rezipient*innen wendet. Die Erzählinstanz ist nicht mit dem Autor oder der Autorin identisch, sondern eine erfundene und konstruierte Rolle. Daher sind zwei Kommunikationssituation zu unterscheiden: zwischen Autor*innen und Rezipient*innen einerseits und zwischen Erzählinstanzen und Rezipient*innen andererseits. Die erste Kommunikationssituation ist real, insofern empirische Autor*innen und Rezipient*innen miteinander kommunizieren, und inauthentisch, insofern sich Autor*innen und Rezipient*innen darüber einig sind, dass der vermittelte Inhalt erfunden ist. Die zweite Kommunikationssituation ist imaginär, insofern eine erfundene Erzählinstanz spricht, und authentisch, insofern sie die Inhalte so vermittelt, als wenn sie wahr wären. Wenn Rezipient*innen fiktionale Texte lesen, tun sie so, als wenn sie sich des fiktionalen Charakters nicht bewusst wären (*suspension of disbelief*) und lassen sich für die Dauer der Lektüre auf den imaginären Authentizitätsanspruch der Erzählinstanz ein (Fiktionalitätsvertrag).

Eine derart komplexe Vorstellung von Fiktionalität gab es im Mittelalter noch nicht, jedenfalls nicht im Sinne einer ausgearbeiteten Theorie und Terminologie. Doch gab es durchaus ein Bewusstsein für diesen Sachverhalt. Dies zeigt wiederum Jean Bodel mit seiner Unterscheidung der Stoffkreise. Sie ist nicht nur für das Gattungssystem, sondern auch für das Fiktionalitätsverständnis des Mittelalters relevant. In der Abgrenzung zwischen dem französischen Stoffkreis, der ‚wahr' sei, und dem bretonischen Stoffkreis, der ‚nichtig' sei, zeichnet sich die Opposition von Wahrheit und Lüge, Geschichte und Dichtung, Faktualität und Fiktionalität ab. Aus heutiger Sicht sind natürlich auch die Heldenepen, die dem französischen Stoffkreis entstammen, fiktionale Texte; in mittelalterlicher Sicht wurde ihnen aber historische Authentizität unterstellt.

Eine Reflexion über den Wahrheitsgehalt der Geschichten aus dem bretonischen Stoffkreis findet sich bereits in der Mitte des zwölften Jahrhunderts im *Roman de Brut*. Dort heißt es, dass König Arthur schon zu Lebzeiten Gegenstand von Geschichten geworden sei, die oft ins Fabelhafte, d. h. ins Fiktionale übersteigert worden seien:

> Aus Liebe zu seinem freigebigen Wesen und aus furchtsamer Verehrung seiner Tapferkeit wurden in dieser Friedenszeit wundersame Dinge als wahr verbreitet und die Abenteuer erdichtet, die man von Artus so oft erzählt hat, dass sie bis ins Fabelhafte übersteigert sind – ich weiß nicht, ob ihr davon gehört habt. Das alles ist nicht ganz gelogen und nicht ganz die Wahrheit, nicht alles Unsinn, aber auch nicht alles mit Sicherheit verbürgt. Die Erzähler haben so viel erzählt und die Fabulisten so viel gefabelt, um ihre Geschichten damit auszuschmücken, dass sich jetzt alles wie eine erfundene Fabel ausnimmt (Wace 1982, S. 95–96).

Mit Blick auf die mittelhochdeutsche Literatur lassen sich zwei verschiedene Fiktionalitätsdiskurse unterscheiden. Der erste knüpft an die Opposition von Wahrheit und Lüge an, die zweite führt die fiktionale Literatur auf das Märchenreich der Feen und Zwerge zurück.

5.5.1 Lüge und Wahrheit

Der Kleriker Thomasin von Zerklaere vertritt im *Welschen Gast*, einem 1215 entstandenen Lehrbuch für den Adel, die Auffassung, dass höfische Romane (*aventiuren*) Lügen seien. Gleichwohl verurteilt er sie nicht, weil sie auf bildhafte Weise eine moralische Wahrheit vermitteln könnten:

> der pfaffe sehe die schrift an,
> sô sol der ungelêrte man
> diu bilde sehen, sît im niht
> diu schrift zerkennen geschiht.
> daz selbe sol tuon ein man
> der tiefe sinne niht verstên kan,
> der sol die âventiure lesen
> und lâz im wol dermite wesen,
> wan er vindet ouch dâ inne
> daz im bezzert sîne sinne,
> swenner vürbaz verstên mac,
> sô verlies niht sînen tac
> an der âventiuren maere.
> er sol volgen der zuht lêre
> und sinne unde wârheit.
> die âventiure sint gekleit
> dicke mit lüge harte schône:
> diu lüge ist ir gezierde krône.
> ich schilt die âventiure niht,
> swie uns ze liegen geschiht
> von der âventiure rât,
> wan si bezeichenunge hât
> der zuht unde der wârheit:
> daz wâr man mit lüge kleit.
> ein hülzîn bilde ist niht ein man:
> swer ave iht verstên kan,
> der mac daz verstên wol
> daz ez einen man bezeichen sol.
> sint die âventiur niht wâr,
> si bezeichent doch vil gar
> waz ein ieglîch man tuon sol

5.5 Fiktionalität

> der nâch vrümekeit wil leben wol.
> dâ von ich den danken wil
> die uns der âventiure vil
> in tiusche zungen hânt verkêrt:
> guot âventiure zuht mêrt.
> doch wold ich in danken baz,
> und heten si getihtet daz
> daz vil gar âne lüge waere;
> des heten si noch groezer êre.
> swerz gerne tuon wil,
> der mag uns sagen harte vil
> von der wârheit, daz waer guot.
> er bezzert ouch unsern muot
> mit der wârheit michels baz
> denn mit der lüge, wizzet daz.
> swer an tihten ist gevuoc,
> der gewinnet immer gnuoc
> materje an der wârheit:
> diu lüge sî von im gescheit. (Verse 1103–1152)

> Der Geistliche vertiefe sich ins geschriebene Wort, der Unkundige schaue die Bilder an, da es ihm nicht möglich ist, Geschriebenes aufzunehmen. Ebenso soll es der halten, der Tiefschürfendes nicht begreifen kann; der soll die Phantasiegeschichten lesen und sich damit vergnügen, denn er findet auch in ihnen, was seinem Verstand förderlich ist. Wenn er aber fortschreitet im Verständnis, dann verschwende er seine Zeit nicht länger an die Phantasiegeschichten. Er soll die Lehren guter Erziehung, des Verstandes und der Wahrheit befolgen. Die Phantasiegeschichten sind oft äußerst gefällig in Lügen eingekleidet; Lüge ist ihr prächtiger Schmuck. Ich tadle die Phantasiegeschichte nicht, obwohl die Phantasiegeschichte uns lügen macht, denn sie verweist auf gute Erziehung und Wahrheit; Wahres kleidet man in Lügen ein. Eine hölzerne Figur ist kein Mensch. Wer aber überhaupt etwas begreift, der begreift sehr wohl, dass sie einen Menschen darstellen soll. Sind also die Phantasiegeschichten auch nicht wahr, verweisen sie doch sehr genau auf das, was jeder tun soll, der Tüchtigkeit anstrebt. Deshalb will ich denen danken, die uns zahlreiche Phantasiegeschichten ins Deutsche übersetzt haben. Die gute Geschichte fördert gutes Benehmen. Doch würde ich ihnen dankbarer sein, wenn sie gedichtet hätten, was keine Lügen enthielte; dafür verdienten sie mehr Anerkennung. Wer das unternehmen will, kann uns so unendlich viel Wahres erzählen, das gut wäre. Er bessert uns auch mit der Wahrheit sehr viel erfolgreicher als mit der Lüge, merkt euch das. Wer das Talent zum Dichten hat, der findet allemal genügend Stoffe, die wahr sind; die Lüge sei fern von ihm (zitiert nach der Ausgabe von Willms).

Fiktionale Texte sind also solche, die eine moralische Weisheit im Gewand einer erfundenen Geschichte vermitteln. Historische Wahrheit kommt ihnen nicht zu, wohl aber eine poetische Wahrheit, die ethische Werte vermittelt. Dies ist eher eine Rechtfertigung der höfischen Romane aus geistlicher Perspektive als eine angemessene Definition von Fiktionalität, aber mit der These, dass fiktionale Texte eine spezifische Form der Wahrheit vermitteln, trifft Thomasin doch einen wesentlichen Punkt.

5.5.2 Das Reich der Feen und Zwerge

Auch die Verfasser der höfischen Romane haben sich zum Problem der Fiktionalität geäußert. Teilweise beziehen sie sich auf die Opposition von Wahrheit und Lüge, mit der auch Thomasin von Zerklaere argumentiert. Einen symbolischen Hinweis auf die Fiktionalität ihrer Werke geben sie, wenn sie einen Bezug zum märchenhaften Reich der Feen und Zwerge herstellen.

Hartmann von Aue markiert die Erfundenheit seines *Erec*, indem er von Enites prächtigem Wunderpferd erzählt (s. Abschn. 5.4.1). Das Pferd steht allegorisch für den Roman selbst. Wenn Hartmann den Vorwurf der Lüge mit dem Argument zurückweist, dass das Pferd dem Reich der Zwerge entstamme, so ist dies als ironisches Fiktionalitätssignal zu lesen:

> spricht ieman: ‚er enhât niht wâr‘,
> dem bescheide ich die rede baz,
> daz er rehte erkenne daz
> diu rede wese ungelogen.
> ez enwas dâ heime niht erzogen.
> ich sage iu wie ez dar was komen.
> ez hete der wirt selbe genomen
> einem wilden getwerge
> vor einem holen berge,
> dô er nâch sîner gewohnheit
> ze walde nâch âventiure reit.
>
> Sagt jemand: „Er [sagt nicht die Wahrheit]", so erkläre ich ihm das noch besser, damit er einsieht, dass es nicht gelogen ist. Das Pferd kam nicht aus dem heimischen Stall. Ich sage Euch, wie es dort hingekommen war. Der Burgherr hatte es selbst einem wilden Zwerg vor einer Höhle weggenommen, als er, wie gewöhnlich, in den Wald auf Aventüre ritt (V. 7389–7399).

Die Analogie ist offensichtlich: Dass das Pferd nicht aus dem heimischen Stall, sondern einer wilden Zwergenhöhle komme, bedeutet, dass die erzählte Geschichte nicht auf einem einheimischen und somit historisch verbürgten Stoff beruht, sondern auf einem erfundenen, dem Reich der Fabel angehörenden Stoff (Worstbrock 1985, S. 25–27).

Gottfried von Straßburg markiert die Fiktionalität seines *Tristan*, indem er in Anspielung auf die griechische Mythologie die Musen um Inspiration für seine Dichtkunst bittet. Während die Dichter, die ihre Geschichten in eine heilsgeschichtliche Perspektive rücken, Gott anrufen (so zum Beispiel Wolfram von Eschenbach im *Willehalm*), wendet sich Gottfried an eine mythologische Instanz. Nicht der Heilige Geist soll ihm die rechten Worte eingeben, sondern Apollo und die als Nymphen und Sirenen vorgestellten Musen:

> mîne vlêhe und mîne bete
> die wil ich êrste senden
> mit herzen und mit henden
> hin wider Êlicône
> ze dem niunvalten trône,
> von dem die brunnen diezent;
> ûz den die gâbe vliezent
> der worte unde der sinne.
> der wirt, die niun wirtinne,
> Apolle und die Camênen,

5.5 Fiktionalität

> der ôren niun Sirênen,
> die dâ ze hove der gâben pflegent,
> ir genâde teilent unde wegent,
> als s'ir der werlde gunnen,
> die gebent ir sinne brunnen
> sô volleclîche manegem man,
> daz sî mir einen trahen dâ van
> mit êren niemer mugen versagen.
> und mag ouch ich den dâ bejagen,
> so behalte ich mîne stat dâ wol,
> da man sî mit rede behalten sol.

Mein flehentliches Gebet will ich erstmals senden aus vollem Herzen und mit gefalteten Händen zum Helikon, zu der neunfältigen Thron, von dem die Quellen strömen, aus denen das Talent sprudelt für Sprache und Verstand. Der Hausherr und seine neun Damen, Apollo und die Kamönen, die neun Sirenen für die Ohren, die dort am Hofe diese Gaben verwalten und ihre Gunst austeilen und zumessen, wie sie sie der Welt zugestehen wollen, sie alle geben aus dem Brunnen ihres Geistes vielen Menschen so reichlich, dass sie mir einen Tropfen davon mit Anstand nicht verweigern können. Und wenn ich wirklich einen erlangen kann, dann will ich mich dort sicher behaupten, wo man sich mit Dichtung zu halten pflegt (V. 4862–4882).

Gottfried zielt in dieser Passage nicht darauf, *was* er erzählt (den Stoff), sondern *wie* er erzählt (die Rhetorik), aber die Tatsache, dass er eben nicht den christlichen Gott, sondern Apollo und die Musen anruft, verweist auf die Fiktionalität der Geschichte. Gott ist für die Geschichten zuständig, die einen heilsgeschichtlich verbürgten Wahrheitsanspruch erheben, Apollo und die Musen hingegen für die Geschichten, die einen mythischen Charakter haben – wie die aus der *matière de Bretagne* stammende Geschichte von Tristan und Isolde.

Überlieferungs- und Editionsgeschichte 6

Inhaltsverzeichnis

6.1 Überlieferung 279
6.2 Bildzeugnisse 291
6.3 Moderne Ausgaben 301
6.4 Editionsphilologisches Fallbeispiel: Laudines Kniefall 305

Dieses Kapitel zeichnet den Weg nach, der von den mittelalterlichen Handschriften zu den modernen Textausgaben führt. Es stellt zunächst die handschriftliche Überlieferung der höfischen Epik dar, gibt dann einen Überblick über die mittelalterlichen Bildzeugnisse und zeigt schließlich die Editionen auf, in denen die Werke heute zugänglich sind.

6.1 Überlieferung

Einen umfassenden Überblick über die Überlieferungslage der höfischen Epik bietet der *Handschriftencensus* (HSC), eine Datenbank, die sämtliche bekannte Handschriften des deutschen Mittelalters verzeichnet. Der Zugriff erfolgt entweder über den Namen des Verfassers oder, bei anonym überlieferten Werken, über den Titel des betreffenden Werks. Eine weitere Möglichkeit ist die Eingabe der Nummer, die der Handschriftencensus einem Verfasser, einem Werk oder einer Handschrift zuweist, in der Browser-Zeile (https://handschriftencensus.de/#).

Inzwischen sind sehr viele deutschsprachige Handschriften des Mittelalters digitalisiert worden. Die Digitalisate sind in den meisten Fällen frei zugänglich. Der *Handschriftencensus* verzeichnet in der Regel die Links, die zu den betreffenden Digitalisaten führen. Wer sich eine Handschrift anschauen möchte, muss also nicht mehr die Handschriftenabteilung der betreffenden Bibliothek aufsuchen, sondern kann das Digitalisat aufrufen, das von der Bibliothek zur Verfügung gestellt wird.

Im Folgenden werden vier Schlaglichter auf die Überlieferung geworfen. Gefragt wird erstens nach der Häufigkeit der Überlieferung (Wie viele handschriftliche Textzeugen gibt es zu den jeweiligen Werken?), zweitens nach ihrem zeitlichen Verlauf (Wann setzt die Überlieferung eines Werks ein, wann erreicht sie ihren Höhepunkt, wie weit reicht sie insgesamt?), drittens nach den Überlieferungsgemeinschaften (Sind die jeweiligen Werke einzeln oder in bestimmten Textnachbarschaften überliefert?) und viertens nach den verschiedenen Fassungen (Wie viele verschiedenen Versionen gibt es von den jeweiligen Werken?).

6.1.1 Häufigkeit

Betrachtet man die Überlieferungshäufigkeit der Werke der höfischen Epik zunächst nicht in ihrem zeitlichen Verlauf, sondern allein anhand der absoluten Zahlen, so ergibt sich folgende Rangfolge. Die Liste unterscheidet zwischen vollständigen und fragmentarischen Handschriften; sie gibt bei gleichen Gesamtzahlen denjenigen Werken den Vorrang, die in einer größeren Zahl an vollständigen Handschriften überliefert sind (s. Tab. 6.1).

Tab. 6.1 Überlieferungshäufigkeit (vor- bis hochhöfische Phase, vgl. *Handschriftencensus*)

Gruppe	Autor	Werk	vollst.	fragm.	gesamt
I:	Wolfram von Eschenbach	*Parzival*	16	72	**88**
> 80 Hs.	Wolfram von Eschenbach	*Willehalm*	14	67	**81**
II:	Wirnt von Grafenberg	*Wigalois*	13	25	**38**
30–40 Hs.	Unbekannt	*Nibelungenlied*	13	24	**37**
	Hartmann von Aue	*Iwein*	16	17	**33**
	Gottfried von Straßburg	*Tristan*	11	19	**30**
III:	Unbekannt	*Nibelungenklage*	9	7	**16**
10–20 Hs.	Heinrich von Veldeke	*Eneasroman*	7	9	**16**
	Hartmann von Aue	*Gregorius*	8	5	**13**
IV:	Eilhart von Olberg	*Tristrant*	3	5	**8**
6–8 Hs.	Unbekannt	*Salman und Morolf*	4	3	**7**
	Hartmann von Aue	*Der arme Heinrich*	4	3	**7**
	Pfaffe Konrad	*Rolandslied*	1	6	**7**
	Unbekannt	*Münchner Oswald*	6	0	**6**
	Unbekannt	*Herzog Ernst A/B*	5	1	**6**
V:	Ulrich von Zatzikhoven	*Lanzelet*	2	3	**5**
3–5 Hs.	Unbekannt	*König Rother*	1	3	**4**
	Herbort von Fritzlar	*Trojaroman*	1	3	**4**
	Hartmann von Aue	*Erec*	1	3	**4**
	Konrad Fleck	*Flore und Blanscheflur*	2	2	**4**
	Unbekannt	*Athis und Prophilias*	–	4	**4**
	Pfaffe Lambrecht	*Alexanderroman*	3	–	**3**
	Wolfram von Eschenbach	*Titurel*	2	1	**3**
	Heinrich	*Reinhart Fuchs*	2	1	**3**
VI:	Unbekannt	*Orendel*	1	–	**1**
1 Hs.	Unbekannt	*Trierer Floyris*	1	–	**1**
	Unbekannt	*Mauricius von Craûn*	1	–	**1**
	Unbekannt	*Graf Rudolf*	–	1	**1**
	Albrecht von Halberstadt	*Metamorphosen*	–	1	**1**

6.1 Überlieferung

Hinsichtlich der Gesamtzahl der überlieferten Textzeugen steht Wolfram von Eschenbach mit seinen Hauptwerken, dem *Parzival* und dem *Willehalm*, an der Spitze. Beide Werke sind in über achtzig Textzeugen überliefert, eine für mittelalterliche Verhältnisse enorme Zahl.

Nach Wolframs *Parzival* und *Willehalm* folgt mit einigem Abstand die zweite Gruppe. Sie umfasst vier Werke, die in dreißig bis vierzig Handschriften überliefert sind. Hierher gehört an erster Stelle Wirnts von Grafenberg *Wigalois*, der lange als epigonales Machwerk vernachlässigt wurde. Dicht auf den Fersen folgen das *Nibelungenlied*, Hartmanns *Iwein* und Gottfrieds *Tristan* – drei Werke, deren kanonischer Rang heute unbestritten ist.

Die dritte Gruppe umfasst drei weitere Werke, die in zehn bis zwanzig Handschriften überliefert sind. Es handelt sich um den *Eneasroman* Heinrichs von Veldeke, die *Nibelungenklage* und den *Gregorius* Hartmanns von Aue. Der *Eneasroman* Heinrichs von Veldeke ist der einzige Antikenroman, der größeren Erfolg erlangt hat. Die *Nibelungenklage* ist stets als Fortsetzung des *Nibelungenlieds* überliefert, ist also mit diesem als Einheit zu betrachten. Der relative Erfolg des *Gregorius* Hartmanns von Aue dürfte sich auch der Tatsache verdanken, dass diese höfische Novelle als Heiligenlegende aufgefasst wurde.

Die übrigen Werke liegen in einstelliger Handschriftenzahl vor. Sechs Werke sind in sechs bis acht Handschriften bezeugt. Der *Tristrant* Eilharts von Olberg ist zwar deutlich seltener überliefert als der spätere *Tristan* Gottfrieds von Straßburg, weist mit acht Textzeugen aber doch eine beträchtliche Präsenz auf. Es folgen mit jeweils sieben Handschriften drei weitere Werke: das *Rolandslied* des Pfaffen Konrad, ein Heldenepos französischer Provenienz, das dem *Willehalm* Wolframs von Eschenbach gattungsgeschichtlich vorausgeht, mit diesem aber nicht mithalten kann; Hartmanns von Aue Novelle *Der arme Heinrich*, die nur halb so oft überliefert ist wie der ihr gattungsverwandte *Gregorius*; und das Brautwerbungsepos *Salman und Morolf*, das nur halb so oft überliefert ist wie der ihm gattungsverwandte *Herzog Ernst*. In jeweils sechs Handschriften überliefert sind das reichsgeschichtliche Brautwerbungsepos *Herzog Ernst* (Fassungen A und B) und das heilsgeschichtliche Brautwerbungsepos *Oswald* (Münchner und Linzer Fassung).

Neun Werke sind in drei bis fünf Handschriften überliefert. Dazu zählen zwei weitere Artusromane (Ulrich von Zatzikhoven, *Lanzelet*; Hartmann von Aue, *Erec*), zwei weitere Antikenromane (Pfaffe Konrad, *Trojaroman*; Pfaffe Lambrecht, *Alexanderroman*), ein weiteres Brautwerbungsepos (*König Rother*), Konrad Flecks Liebesroman *Flore und Blanscheflur* (der deutlich weniger populär war als die Tristanromane), der anonym überlieferte Freundschaftsroman *Athis und Prophilias*, das Tierepos *Reinhart Fuchs* und schließlich Wolframs *Titurel*, der zwischen höfischem Roman und Heldenepos steht.

Das Schlusslicht bilden fünf anonym überlieferte Werke, die jeweils nur in einer Handschrift erhalten sind: die Brautwerbungsepen *Orendel* und *Graf Rudolf*, die Novelle *Mauricius von Craûn*, die ältere Fassung des Liebesromans von Flore und Blanscheflur (*Trierer Floyris*) und die *Metamorphosen* Albrechts von Halberstadt.

6.1.2 Verlauf

Ein differenziertes Bild ergibt sich, wenn man die Überlieferung der höfischen Epik in ihrem zeitlichen Verlauf betrachtet. Doch steht die folgende Übersicht unter dem Vorbehalt, dass sich die oft vagen und umstrittenen Datierungen der Handschriften ändern und neue Textzeugen hinzukommen können. Daher können nur überlieferungsgeschichtliche Tendenzen aufgezeigt werden. Zu berücksichtigen ist außerdem, dass sich die handschriftliche Buchproduktion insgesamt erst seit der Mitte des dreizehnten Jahrhunderts etablierte. Wenn also die Zahl der Textzeugen eines Werks in der zweiten Hälfte des dreizehnten Jahrhunderts und im vierzehnten Jahrhundert ansteigt, so spiegelt dies die Zunahme der laikalen Schriftlichkeit insgesamt und kann nur als relatives Indiz für den Rezeptionserfolg des betreffenden Werks gewertet werden.

Vorhöfische Epik
Die Überlieferung der vorhöfischen Epik setzt noch im zwölften Jahrhundert mit je einer Handschrift des *Rolandslieds* des Pfaffen Konrad und des *Alexanderlieds* (*Vorauer Alexander*) des Pfaffen Lambrecht ein. Während das *Rolandslied* in der ersten Hälfte des dreizehnten Jahrhunderts große Wirkung entfaltet (sechs Handschriften), bleibt die Überlieferung des *Alexanderlieds* unikal.

Die Brautwerbungsepen mit reichsgeschichtlichem Bezug sind ab der ersten Hälfte des dreizehnten Jahrhunderts überliefert: in je zwei Handschriften der *König Rother* und der *Herzog Ernst* (Fassung A) und in einer Handschrift der *Graf Rudolf*. Bemerkenswert ist, wie lange diese Werke präsent blieben: *König Rother* bis ins vierzehnte, *Herzog Ernst* (Fassung B) bis ins fünfzehnte Jahrhundert hinein.

Die Überlieferung der Brautwerbungsepen mit heilsgeschichtlichem Bezug stellt sich anders dar. Obwohl die Forschung ihre Entstehung früh veranschlagt, setzt die Überlieferung sehr spät, nämlich erst im fünfzehnten Jahrhundert ein. Dann aber sind sie sehr präsent. Der *Orendel* ist in drei, der *Münchner Oswald* in sechs und *Salman und Morolf* in sieben Handschriften überliefert. Aufgrund der späten Überlieferung lassen sich die vermuteten Erstfassungen des zwölften Jahrhunderts kaum erschließen; sie verbergen sich hinter dem sprach- und redaktionsgeschichtlichen Mantel des fünfzehnten Jahrhunderts.

Ausgehend von den handschriftlichen Befunden kann man festhalten, dass das *Rolandslied* und *König Rother* vor allem im dreizehnten und *Salman und Morolf*, *Oswald* und *Orendel* vor allem im fünfzehnten Jahrhundert präsent waren, *Herzog Ernst* aber durchgehend vom dreizehnten bis zum fünfzehnten Jahrhundert.

Frühhöfische Epik
Die Überlieferung der frühhöfischen Epen setzt in der ersten Hälfte des dreizehnten Jahrhunderts ein, zum Teil schon um das Jahr 1200. Dies gilt für den *Tristrant* Eilharts von Oberg, den *Trierer Floyris*, den *Eneasroman* Heinrichs von Veldeke und den *Straßburger Alexander* (die erweiterte Fassung des *Alexanderlieds* des Pfaffen Lambrechts). Die Überlieferung des *Trojaromans* Herborts von Fritzlar und der *Metamorphosen* Albrechts von Halberstadt beginnt hingegen erst in der zweiten Hälfte des dreizehnten Jahrhunderts.

Die größte Wirkung erzielten der *Tristrant* und der *Eneasroman*, die beide bis ins fünfzehnte Jahrhundert hinein überliefert sind: der *Tristrant* mit acht, der *Eneasroman* sogar mit sechzehn Handschriften. Der *Trojaroman* ist nur bis zur ersten Hälfte des vierzehnten Jahrhunderts präsent, in insgesamt vier Handschriften.

Die *Metamorphosen* und der *Straßburger Alexander* sind unikal überliefert, entfalteten aber indirekt größere Wirkung: Auf den *Straßburger Alexander* folgte später der *Basler Alexander*, und die *Metamorphosen* wurden in der frühen Neuzeit (1545) von Jörg Wickram überarbeitet und gedruckt. Auch der *Trierer Floyris* ist unikal überliefert, er wurde später von Konrad Fleck durch eine hochhöfische Neufassung ersetzt (*Flore und Blanscheflur*).

Hochhöfische Epik vor dem *Nibelungenlied*
Die hochhöfische Epik vor dem *Nibelungenlied* steht im Zeichen Hartmanns von Aue. Die Überlieferung seiner vier Epen setzt stets in der ersten Hälfte des dreizehnten Jahrhunderts ein und reicht kontinuierlich bis ins vierzehnte, im Fall des *Gregorius* und *Iwein* sogar bis ins fünfzehnte Jahrhundert hinein. Das aus dem frühen sechzehnten Jahrhundert stammende *Ambraser Heldenbuch* enthält beide Artusromane Hartmanns: den *Erec* und den *Iwein*.

Die Überlieferungshäufigkeit dieser Epen ist sehr unterschiedlich: der *Erec* ist in vier, der *Arme Heinrich* in sieben, der *Gregorius* in dreizehn und der *Iwein* in dreiunddreißig Handschriften bezeugt. Damit ist der *Iwein* das mit Abstand erfolgreichste Werk der deutschsprachigen höfischen Epik vor dem *Nibelungenlied*. Ihm folgen hinsichtlich der Überlieferungshäufigkeit der *Gregorius* und, als Werk der frühhöfischen Zeit, der *Eneasroman*. Der *Lanzelet* Ulrichs von Zatzikhoven und der *Reinhart Fuchs* sind, wie der *Erec*, eher schwach überliefert. Gemessen an der Zahl der überlieferten Textzeugen spielt der *Erec*, einer der meistinterpretierten Romane der germanistischen Mediävistik, eine vergleichsweise geringe Rolle.

Nibelungenlied und Nibelungenklage
Das *Nibelungenlied* übertrifft mit siebenunddreißig Handschriften den *Iwein* leicht, brauchte aber offenbar einige Jahre, um ihn einzuholen. Die Überlieferung setzt in der ersten Hälfte des dreizehnten Jahrhunderts spärlich ein, nimmt in der zweiten Hälfte des dreizehnten Jahrhunderts zu und erreicht in der ersten Hälfte des vierzehnten Jahrhunderts mit fast der Hälfte der insgesamt überlieferten Textzeugen ihren Höhepunkt. Danach nimmt die Zahl der Handschriften wieder deutlich ab und setzt sich auf geringem Niveau bis zum Ende des fünfzehnten Jahrhunderts fort. Auch das im frühen sechzehnten Jahrhundert entstandene *Ambraser Heldenbuch* enthält das *Nibelungenlied*.

Die Überlieferung der *Nibelungenklage* verläuft parallel zum *Nibelungenlied*, ist aber mit sechzehn Handschriften nur halb so häufig. Auch sie setzt in der ersten Hälfte des dreizehnten Jahrhunderts ein, hat die höchste Dichte in der ersten Hälfte des vierzehnten Jahrhunderts und setzt sich bis zur zweiten Hälfte des fünfzehnten Jahrhunderts fort. Die *Nibelungenklage* ist ebenfalls im *Ambraser Heldenbuch* enthalten. Alle Handschriften, die die *Nibelungenklage* enthalten, lassen sie auf das *Nibelungenlied* folgen. Daraus ist der Schluss zu ziehen, dass das *Nibelungenlied* auch ohne die *Nibelungenklage* rezipiert werden konnte (nämlich in der Hälfte der

Fälle), die *Nibelungenklage* aber niemals ohne das *Nibelungenlied*. Die *Nibelungenklage* ist also ein unselbständiges Werk, das ohne das *Nibelungenlied* keinen Bestand hat.

Hochhöfische Epik nach dem *Nibelungenlied*

Der Erfolgsautor der hochhöfischen Phase nach dem *Nibelungenlied* – und der höfischen Epik insgesamt – ist Wolfram von Eschenbach. Sein *Parzival* und sein *Willehalm* stehen mit jeweils über achtzig Handschriften mit großem Abstand an der Spitze. Zum Vergleich: Die vier epischen Werke Hartmanns von Aue kommen insgesamt auf weniger als sechzig Textzeugen, die drei epischen Werke Wolframs von Eschenbach hingegen mit mehr als hundertsiebzig Textzeugen auf die dreifache Menge.

Der *Parzival* Wolframs von Eschenbach ist mit achtundachtzig Handschriften das am häufigsten überlieferte Werk der vor-, früh- und hochhöfischen Epik. Er ist in mehr als doppelt so vielen Handschriften bezeugt wie das *Nibelungenlied*. Die Überlieferung setzt in der ersten Hälfte des dreizehnten Jahrhunderts mit ungefähr sieben Handschriften etwa so stark ein wie der *Iwein* und stärker als das *Nibelungenlied*. In der zweiten Hälfte des dreizehnten Jahrhunderts potenziert sich die Überlieferungshäufigkeit des *Parzival* mit über dreißig Handschriften; in dieser Zeit lässt er sowohl den *Iwein* als auch das *Nibelungenlied* mit einer etwa sechs- bis siebenfachen Zahl an Textzeugen hinter sich. Auch in der ersten Hälfte des vierzehnten Jahrhunderts bezeugen rund dreißig Handschriften den *Parzival*, doch holen der *Iwein* und das *Nibelungenlied* deutlich auf. Danach ebbt die Zahl der Handschriften ab, weitere Abschriften entstehen bis zum Ende des fünfzehnten Jahrhunderts. In das *Ambraser Heldenbuch* ist der *Parzival* nicht aufgenommen worden.

Auf Wolframs *Parzival* folgte bald der *Tristan* Gottfrieds von Straßburg, dessen Erfolg am ehesten mit dem *Iwein* und dem *Nibelungenlied* zu vergleichen ist. Er ist in insgesamt dreißig Handschriften überliefert, reicht also knapp an diese Werke heran. Die zeitliche Verteilung ist ebenfalls ähnlich. Die Überlieferung beginnt mit wenigen Handschriften in der ersten Hälfte des dreizehnten Jahrhunderts, nimmt dann bis zur ersten Hälfte des vierzehnten Jahrhunderts beständig zu, um dann wieder abzuebben.

Der auf den *Parzival* folgende Artusroman *Wigalois* von Wirnt von Grafenberg war mit achtunddreißig Handschriften etwas erfolgreicher als der *Iwein*, reicht aber nicht an den *Parzival* heran. Hinsichtlich seiner Überlieferungshäufigkeit bildet er mit dem *Iwein*, dem *Nibelungenlied* und dem *Tristan* eine Gruppe. Diesen Werken entspricht der *Wigalois* auch in der zeitlichen Entwicklung der Überlieferungsdichte.

Mit seinem *Willehalm* konnte Wolfram von Eschenbach an den Erfolg des *Parzival* anknüpfen. Der *Willehalm* ist in einundachtzig Handschriften bezeugt, also in nur sieben Handschriften weniger als der *Parzival*. Es ist das einzige Heldenepos französischer Provenienz, das bis zur hochhöfischen Epik große Wirkung entfaltet hat. Das *Rolandslied* ist erst in der modernisierten Fassung des Strickers (*Karl*) einem größeren Publikum bekannt geworden. Die zeitliche Verteilung der Überlieferung des *Willehalm* entspricht der des *Parzival*, nur dass sich der Höhepunkt der Überlieferungsdichte von der zweiten Hälfte des dreizehnten in die erste Hälfte des vierzehnten Jahrhunderts verschiebt.

Sehr schwach überliefert sind die übrigen Werke der hochhöfischen Phase. Die Novelle *Mauricius von Craûn* ist in nur einer, der Freundschaftsroman *Athis und Prophilias* und Konrad Flecks Liebesroman *Flore und Blanscheflur* in jeweils nur vier Handschriften bezeugt. Bemerkenswert ist auch die ausbleibende Wirkung von Wolframs *Titurel*, der in nur drei Handschriften repräsentiert ist; doch hat er später als Teil des *Jüngeren Titurels* Albrechts (von Scharfenberg) indirekt größere Wirkung entfaltet.

6.1.3 Gemeinschaften

Unter Überlieferungsgemeinschaften sind die Textnachbarschaften in den Handschriften zu verstehen. Die höfischen Romane und Heldenepen sind in der Regel allein überliefert, oft auch in zufälligen Sammlungsverbünden. Als Rezeptionszeugnisse besonders interessant sind diejenigen Handschriften, die verschiedene Werke programmatisch zusammenstellen, also ein Sammlungskonzept erkennen lassen. In dieser Hinsicht sind werkbezogene, autorbezogene, gattungsbezogene, themenbezogene und kompilatorische Überlieferungsgemeinschaften zu unterscheiden. Im Folgenden gebe ich nur einige Beispiele.

Werkbezogene Überlieferungsgemeinschaften
Mit werkbezogenen Überlieferungsgemeinschaften sind Zusammenstellungen von Werken gemeint, die als Einheit aufgefasst wurden. Dies betrifft insbesondere den Verbund von *Nibelungenlied* und *Nibelungenklage*. Die *Nibelungenklage* ist stets als Anhang an das *Nibelungenlied* überliefert, während das *Nibelungenlied* auch ohne *Nibelungenklage* in Erscheinung tritt. Das *Nibelungenlied* wurde als eigenständiges Werk rezipiert, die *Nibelungenklage* hingegen als unselbständige Fortsetzung.

Ähnlich verhält es sich mit den Fortsetzungen unvollendet gebliebener Werke wie des *Tristans* Gottfrieds von Straßburg. Viele Handschriften überliefern den Liebesroman gemeinsam mit einem der Schlüsse, die Ulrich von dem Türlin und Ulrich von Türheim verfassten (s. Abschn. 4.4.1).

Teil einer Überlieferungsgemeinschaft ist oft auch der *Willehalm* Wolframs von Eschenbach. In vielen Handschriften bildet er einen Verbund mit der *Arabel* Ulrichs von dem Türlin, der die Vorgeschichte zum *Willehalm* schrieb, und dem *Rennewart* Ulrichs von Türheim, der die Nachgeschichte zum *Willehalm* verfasste. In diesen Fällen rezipierte man den *Willehalm* also als Mittelteil einer Trilogie, die insgesamt als vollständiges Werk aufgefasst wurde (s. Abschn. 4.4.3).

Autorbezogene Überlieferungsgemeinschaften
Ein Beispiel für eine autorbezogene Überlieferungsgemeinschaft ist eine in der Mitte des dreizehnten Jahrhunderts entstandene, heute in der Münchner Staatsbibliothek (HSC 1223) aufbewahrte Handschrift, die drei Werke Wolframs von Eschenbach vereint, nämlich den *Parzival*, den *Titurel* und seine Tagelieder.

Gattungsbezogene Überlieferungsgemeinschaften

Gattungsbezogene Überlieferungsgemeinschaften liegen vor, wenn Werke derselben Gattung in einer Handschrift aufeinander folgen. Derartige Zusammenstellungen boten sich im Fall der Artusromane besonders an, da sie einen seriellen Charakter aufweisen und aufeinander Bezug nehmen. So wurde zum Beispiel der *Wigalois* Wirnts von Grafenberg im fünfzehnten Jahrhundert zweimal in Verbindung mit dem *Parzival* Wolframs von Eschenbach (HSC 4853, 5778) und je einmal im dreizehnten und fünfzehnten Jahrhundert in Verbindung mit dem *Iwein* Hartmanns von Aue (HSC 1053, 5392) überliefert.

Ein weiteres Beispiel ist die gemeinsame Überlieferung des *Trojaromans* Herborts von Fritzlar und des *Eneasromans* Heinrichs von Veldeke in einer Handschrift des dreizehnten Jahrhunderts (HSC 2296). Der *Eneasroman* konnte als Fortsetzung des *Trojaromans* gelesen werden, das verbindende Element ist die Flucht des Eneas aus dem brennenden Troja.

Themenbezogene Überlieferungsgemeinschaften

Ein Beispiel für eine themenbezogene Überlieferungsgemeinschaft ist die Zusammenstellung dreier Werke in einer Handschrift aus dem ersten Drittel des fünfzehnten Jahrhunderts, die heute in der Staats- und Universitätsbibliothek Hamburg (HSC 4857) aufbewahrt wird: Wolframs von Eschenbach *Willehalm*, des Strickers *Karl* und Rudolfs von Ems *Barlaam und Josaphat*. Die ersten beiden Werke sind Heldenepen französischer Provenienz, das dritte Werk ist ein Legendenroman. Alle drei Werke verbindet der legendenhafte Charakter, aber auch das Thema der Konversion zum Christentum: Im *Willehalm* bekehrt sich Arabel, im *Karl* Brechmunda, in *Barlaam und Josaphat* Barlaam.

Ein anderes Beispiel ist eine Handschrift des fünfzehnten Jahrhunderts, die heute in der Lobkowitzschen Bibliothek im tschechischen Nelahozeves (HSC 5579) liegt. Der erste Teil der Handschrift, der eine frühneuzeitliche Ehelehre umfasst, wurde nachträglich mit einem zweiten Teil verbunden, der disparate mittelalterliche Texte versammelt, die sich mit dem Thema der Liebe und Ehe auseinandersetzen, darunter auch der *Iwein* Hartmanns von Aue, der offenbar als literarisches Fallbeispiel einer vorübergehend gefährdeten, aber am Ende doch glückenden Liebesehe ausgewählt wurde.

Ein drittes Beispiel ist der legendenhafte *Münchner Oswald*, der zweimal im Zusammenhang geistlicher Sammelhandschriften überliefert ist (HSC 4982, 15019).

Kompilatorische Überlieferungsgemeinschaften

Ein frühes Beispiel für eine kompilatorische Sammelhandschrift ist die aus dem letzten Viertel des zwölften Jahrhunderts stammende Vorauer Handschrift (HSC 1432). Die Handschrift beginnt mit der *Kaiserchronik*, die das chronologische Interesse vorgibt, und lässt biblische und geistliche Texte folgen, die von Moses bis zum himmlischen Jerusalem reichen, also Stationen der Heilsgeschichte abbilden. Zwischen den eher alttestamentlichen und neutestamentlichen Teil der Handschrift ist das *Alexanderlied* des Pfaffen Lambrecht eingeschaltet, das für die Ablösung des griechischen durch das römische Reich steht.

Ein weiteres Beispiel bietet die im zweiten Drittel des dreizehnten Jahrhunderts entstandene, nur fragmentarisch erhaltene Handschrift der Stiftsbibliothek St. Gallen (HSC 1211). Das konzeptionelle Programm des offenbar in einem bedeutenden

Skriptorium angefertigten Buchs verschränkt verschiedene Kriterien: ein autorbezogenes (*Parzival* und *Willehalm* als Werke Wolframs von Eschenbach), ein gattungsbezogenes (Strickers *Karl* und Wolframs *Willehalm* als Heldenepen französischer Provenienz), ein werkbezogenes (*Nibelungenlied* und *Nibelungenklage* als komplementäre Heldenepen deutscher Provenienz) und ein themenbezogenes (Konrads von Fußesbrunnen *Kindheit Jesu* und Konrads von Heimesfurt *Unser vrouwen hinvart* als bibelepische Dichtungen). Das verbindende Element aller in diese Anthologie aufgenommenen Werke ist die religiöse Tendenz: der *Parzival* handelt vom Gral, der *Willehalm* und *Karl* von heiligen Herrschern, die *Kindheit Jesu* und *Unser vrouwen hinvart* von Christus und der Gottesmutter Maria. Das *Nibelungenlied* passt sich als Negativbeispiel ein, das durch die *Nibelungenklage* wieder in einen christlichen Horizont hineingeholt wird.

Ein deutlich späteres Beispiel für eine kompilatorische Überlieferungsgemeinschaft ist das zu Anfang des sechzehnten Jahrhunderts entstandene *Ambraser Heldenbuch* (HSC 3766). Es wurde von Kaiser Maximilian I. (1459–1519) in Auftrag gegeben und von dem Schreiber Hans Ried in Bozen anhand der ihm zugänglichen Handschriften kompiliert, an den frühneuhochdeutschen Sprachstand angepasst und kalligraphisch ausgeführt. Das Buch umfasst fünfundzwanzig Werke des zwölften und dreizehnten Jahrhunderts, die sich in drei Gruppen teilen, die als autor- und gattungsbezogene Überlieferungsgemeinschaften identifiziert werden können:

(1) Die erste Gruppe enthält drei Werke Hartmanns von Aue: seine Artusromane *Erec* und *Iwein* sowie die *Klage*, ein lehrhaftes Streitgespräch über die Minne. Dem *Erec* ist als Vorgeschichte die Novelle *Der Mantel* vorangestellt, die hier auf Erec und Enite bezogen und somit als Vorgeschichte dieses Artusromans ausgegeben wird. Ergänzt wird die Hartmann-Gruppe um weitere Texte, darunter die anonym überlieferte Novelle *Mauricius von Craûn*.
(2) Die zweite und dritte Gruppe sind jeweils gattungsbezogen. Die zweite Gruppe umfasst acht heldenepische Werke, darunter das *Nibelungenlied* und die *Nibelungenklage*. Die übrigen Heldenepen entstammen der späthöfischen Zeit (s. Abschn. 4.4.3). Dieser Teil der Sammlung scheint auf ein früheres Heldenbuch zurückzugehen.
(3) Die dritte Gruppe ist eine Sammlung schwankhafter Novellen der späthöfischen Zeit, darunter vier Mären des Dichters Herrant von Wildonie und der episodenhafte Schwankroman *Der Pfaffe Amis* des Strickers, aber auch Wernher des Gärtners Novelle *Helmbrecht* (s. Abschn. 4.4.2). Das einzige hochhöfische Werk der dritten Gruppe ist Wolframs *Titurel*, der wohl aufgrund seiner Kürze und Episodenhaftigkeit mit aufgenommen wurde.

6.1.4 Fassungen

Ein weiterer Aspekt der Überlieferungsgeschichte ist die Unterscheidung verschiedener Fassungen, in denen ein Werk überliefert ist. Mittelalterliche Texte zeichnen sich allgemein durch ihre Offenheit und Veränderlichkeit aus. Während neuzeitliche Texte in autorisierten Fassungen gedruckt werden, wurden mittelalterliche Texte immer wieder an die Bedingungen und Erwartungen des intendierten Zielpublikums angepasst.

Tendenziell stellt jede Abschrift eine eigene Fassung dar, die auf die beabsichtigte Gebrauchsbestimmung zugeschnitten ist. Es ist denkbar, dass der Autor selbst den Text einer Erzählung abwandelte; es ist aber auch möglich, dass ein Redaktor einen Text gezielt überarbeitete, um ihn mit einer eigenen Deutungsperspektive zu versehen. Unterschiedliche Fassungen, die nicht auf zufälligen Änderungen wie zum Beispiel Schreibfehlern, sondern auf intentionalen Eingriffen in den Text beruhen, bezeichnet man auch als ‚Parallelversionen‘, die mehr oder weniger gleichwertig sind (Bumke 1991).

Im Folgenden gebe ich, ausgehend von der Zusammenstellung, die Joachim Bumke vorgelegt hat, einige Beispiele.

Höfische Romane

Das vorhöfische *Alexanderlied* des Pfaffen Konrad, das in der der Vorauer Fassung überliefert ist, wurde später noch zweimal überarbeitet und erweitert: zunächst im hochhöfischen *Straßburger Alexander*, dann in der zweiten Hälfte des dreizehnten Jahrhunderts im *Basler Alexander*, der in eine in Prosa verfasste Weltchronik eingebettet ist und sich selbst der Prosaform annähert.

Der *Eneasroman* Heinrichs von Veldeke ist in einer Hauptfassung überliefert. Sie enthält zwei sogenannte ‚Stauferpartien‘, die, vielleicht vom Autor selbst, nachträglich hinzugefügt wurden, um das Werk anlässlich einer Zusammenkunft zu präsentieren, bei der hochrangige staufische Persönlichkeiten anwesend waren, möglicherweise sogar Kaiser Friedrich I. Barbarossa selbst. Die erste Partie erzählt, dass das Grab des Pallas zur Zeit der Kaiserweihe Friedrichs I. wieder aufgefunden worden sei (V. 8375–8408), die zweite vergleicht das Hochzeitsfest von Eneas und Lavinia mit dem von Friedrich I. veranstalteten Mainzer Hoffest 1184 (V. 13221–13251).

Der *Trojaroman* Herborts von Fritzlar ist in einer autornahen Hauptfassung überliefert, die in der einzigen Vollhandschrift enthalten ist (HSC 2296). Hinzukommen zwei Fragmente, die eine mitteldeutsche kürzende Fassung repräsentieren (HSC 1617, 1459).

Rätselhaft ist die Überlieferungslage des *Erec* Hartmanns von Aue. Er ist fast vollständig nur im *Ambraser Heldenbuch* überliefert, das den Text an den frühneuhochdeutschen Sprachstand anpasst (HSC 3766). Aus dieser Fassung hat man den mittelhochdeutschen Wortlaut rekonstruiert, der in den modernen Textausgaben abgedruckt ist. Vermutlich beruht die Fassung des *Erec* im *Ambraser Heldenbuch* auf einer Vorlage, die auch in zwei Handschriftenfragmenten des dreizehnten und vierzehnten Jahrhunderts repräsentiert ist (HSC 1078, 2982). Der Anfang des Hartmannschen *Erec* ist verloren. Die Lücke wurde im *Ambraser Heldenbuch* durch die Novelle *Der Mantel* gefüllt, die auf einer französischen Vorlage beruht. Sie hat eigentlich nichts mit dem *Erec* zu tun, wurde aber durch den Austausch der Figurennamen an diesen angeglichen. Weitere Textlücken wurden mit Versen gefüllt, die sich eng an den französischen *Erec* anschließen (V. 4629–4658); sie sind in einem Handschriftenfragment erhalten (HSC 1218). Außerdem gibt es weitere Handschriftenfragmente, die auf die Existenz eines mitteldeutschen *Erec* schließen lassen, der mit Hartmann nichts zu tun hat (HSC 1691, 1218).

Hartmanns *Iwein* ist in zwei Redaktionen des dreizehnten Jahrhunderts überliefert, die mit Siglen A und B bezeichnet werden. Die Fassung B (repräsentiert in HSC 1102) weist gegenüber der Fassung A (repräsentiert in HSC 1187) Erweiterungen auf, deren Wortlaut sich teilweise auf die französische Vorlage zurückführen lässt. Besonders sticht eine Partie hervor, die im Rahmen der abschließenden Versöhnungsszene erzählt, wie Laudine auf Iweins Fußfall und Entschuldigung ihrerseits mit Fußfall und Entschuldigung reagiert und so eine Gegenseitigkeit herstellt, die bei Chrétien und in der Fassung A nicht gegeben ist (V. 8121–8136, s. Abschn. 6.4).

Auch Wolframs *Parzival* ist in zwei Fassungen überliefert, die als gleichwertig gelten. Die Unterschiede beschränken sich im Wesentlichen auf die Bücher 1 bis 7 und 12 bis 16. Die eine Fassung wird mit der Sigle D bezeichnet (repräsentiert in HSC 1211), die andere mit der Sigle G (repräsentiert in HSC 1223). Eine synoptische Online-Ausgabe wird im Rahmen des Schweizer Parzival-Projekts vorbereitet, die neben *D und *G noch zwei weitere Fassungen erschließt (s. Abschn. 6.3.3).

Wolframs *Titurel* ist ebenfalls in zwei Fassungen des dreizehnten Jahrhunderts überliefert. Die primäre Fassung G (HSC 1223) bietet den gesamten Text. Die sekundäre Fassung, die im dreizehnten Jahrhundert verbreiteter war, ist nur teilweise erhalten: im Handschriftenfragment M (HSC 1043) und im *Ambraser Heldenbuch* (H: HSC 3766). Sie enthält einige Zusatzstrophen, die teils nur in H, teils nur in M und teils in beiden Handschriften bezeugt sind. Unklar ist, ob die sekundäre Fassung auf Wolfram oder einen Nachdichter zurückzuführen ist.

Gottfrieds *Tristan* ist zum einen in einer primären Fassung überliefert, die den vollen Textbestand bietet. Die älteste Handschrift, die diese Fassung repräsentiert, entstand bereits Ende des dreizehnten Jahrhunderts (H: HSC 1278). Noch älter ist die bereits im zweiten Viertel des dreizehnten Jahrhunderts entstandene, sekundäre Kurzfassung, die den Text planvoll um ein Viertel reduziert. Sie wird heute in der Staatsbibliothek München (M: HSC 1286) aufbewahrt.

Heldenepen

Das *Rolandslied* des Pfaffen Konrad wurde rund fünfzig Jahre nach seiner Entstehung durch die aktualisierende und erweiternde Bearbeitung des Strickers ersetzt, die unter dem Titel *Karl* bekannt ist.

Die vollständigen Handschriften des dreizehnten Jahrhunderts bieten drei verschiedene Fassungen des *Nibelungenlieds*. Fassung B, repräsentiert in einer Handschrift der Stiftsbibliothek St. Gallen (HSC 1211), hat den Text, der der ursprünglichen Fassung am nächsten stehen dürfte. Fassung C, repräsentiert im ältesten erhaltenen Textzeugen, einer im zweiten Viertel des dreizehnten Jahrhunderts entstandenen Handschrift der Landesbibliothek Karlsruhe (HSC 1482), stellt bereits eine durchgreifende Bearbeitung dar, die das *Nibelungenlied* mit einer hinzugedichteten Prologstrophe beginnen und mit dem Vers *daz ist der Nibelungen liet* („das ist das ‚Lied der Nibelungen'") enden lässt. Dagegen steigt die Fassung B gleich in die Handlung ein und endet mit dem Vers *diz ist der Nibelunge nôt* („Dies ist ‚Der Nibelungen Not'"). Die Fassung A, repräsentiert in der Handschrift der Staatsbibliothek München (HSC 1483), bietet eine gekürzte Mischfassung aus B und C. Die Fassung C zeichnet sich gegenüber B durch den größeren Strophenbestand und durch die Umwertung der Hauptfiguren aus: Kriemhild wird – wie dann auch in der *Nibelungenklage* – entschuldigt, während Hagen als Hauptverantwortlicher charakterisiert wird. Die Fassung C hat sich früh gegen die Fassung B durchgesetzt; gleichwohl folgen die modernen Editionen der Fassung B, da diese der Erstfassung am nächsten steht. Wolfram, der das *Nibelungenlied* in seinem *Parzival* zitiert, stützte sich auf die C-Fassung.

Auch die *Nibelungenklage* liegt in verschiedenen Fassungen vor. Sie knüpfte an die C-Fassung des *Nibelungenlieds* an, prägte dann aber ihrerseits vier verschiedene Fassungen aus: zwei Haupt- und zwei Nebenfassungen (Bumke 1996). Die Hauptfassungen B und C schließen sich an die entsprechenden Fassungen des *Nibelungenlieds* an, doch stellt sich ihr Verhältnis zueinander anders dar. Während die B-Fassung des *Nibelungenlieds* als autornäher und die C-Fassung des *Nibelungenlieds* als redaktionelle Bearbeitung gilt, gelten die B- und C-Fassung der *Nibelungenklage* als gleichwertig.

Brautwerbungsepen
Der *Herzog Ernst* ist eines der lebendigsten Werke des deutschen Mittelalters. Zwischen dem zwölften und dem fünfzehnten Jahrhundert sind sechs deutsche und drei lateinische Fassungen bezeugt. Anhand der deutschen Fassungen kann man die literaturgeschichtlichen Phasen der höfischen Epik nachvollziehen. Die nur fragmentarisch überlieferte Fassung A (1150/60) ist zweifellos noch der vorhöfischen Phase zuzurechnen. Die vollständig erhaltene Fassung B (nach 1205) ist früh- bis hochhöfisch geprägt, sie wird den modernen Editionen zugrunde gelegt. Die vollständig überlieferte Fassung D (nach 1250) bietet den Text mit dem ausgeprägtesten höfischen Zuschnitt, sie ist der späthöfischen Phase zuzurechnen. Im vierzehnten Jahrhundert entstanden eine weitere Versfassung (Kl) sowie eine strophische Fassung (G), die den reichsgeschichtlichen Teil rafft und den Akzent auf die Abenteuerfahrten legt. Im fünfzehnten Jahrhundert entstand eine Prosafassung (F).

Auch der *Oswald* ist in zahlreichen Fassungen überliefert, die wiederum die literaturgeschichtliche Entwicklung spiegeln. Die früheste, wohl um 1170 entstandene Fassung ist im *Münchner Oswald* zu fassen, der allerdings erst im fünfzehnten Jahrhundert überliefert ist. Der *Wiener Oswald* ist eine freie Nachdichtung des *Münchner Oswald*, die ebenfalls erst im fünfzehnten Jahrhundert bezeugt ist. Sie ist um mehr als die Hälfte kürzer und legt den Akzent auf die geistlich-legendenhaften Züge der Geschichte. Der schon im vierzehnten Jahrhundert überlieferte, wohl um 1300 entstandene *Linzer Oswald* ist eine eigenständige Dichtung, die Oswald als Kriegsheld gegen die ‚Heiden' darstellt. Sie ist nur fragmentarisch überliefert, scheint aber insgesamt die militärische Thematik in den Mittelpunkt gestellt zu haben. Auf dem *Münchner Oswald* beruhen zwei spätere Prosafassungen: der *Budapester* und der *Berliner Oswald*.

Novellen
Der *Arme Heinrich* Hartmanns von Aue ist in zwei Fassungen überliefert. Die Fassung A (HSC 2724) steht der ursprünglichen Fassung am nächsten. Die Fassung B (HSC 4214, 4215) weicht im letzten Drittel stark von der Fassung A ab, vor allem durch den angehängten geistlichen Schluss: Nach der Eheschließung tritt Heinrich ins Kloster ein und vertraut sich der Gottesmutter Maria an, um für seine Gattin und sich das Himmelreich zu verdienen.

Hartmanns *Gregorius* ist in nur einer Fassung überliefert, doch findet sich der umfangreiche Prolog (170 Verse), der die biblische Geschichte vom barmherzigen Samariter nacherzählt, nur in drei der insgesamt dreizehn Handschriften (J: HSC 4510; K: HSC 5275; G: HSC 4651).

6.2 Bildzeugnisse

Auch die bildlichen Darstellungen zu den höfischen Epen sind wichtige Rezeptionszeugnisse. Im Folgenden werden zunächst die illustrierten Handschriften vorgestellt, danach die bildlichen Darstellungen in Form von Fresken, Teppichen und sonstigen Artefakten. Es fällt auf, dass nur Epen, die in dreißig und mehr Handschriften überliefert sind, in mittelalterlichen Fresken und Teppichen bebildert wurden. Eine Ausnahme ist das Krakauer Kronenkreuz, das Szenen aus dem *Erec* darstellt.

6.2.1 Illustrierte Handschriften

Über die Bilderhandschriften informieren der *Katalog der deutschsprachigen illustrierten Handschriften des Mittelalters* (KdiH) und die zugehörige Datenbank, außerdem der *Handschriftencensus* und die einschlägigen Artikel des Verfasserlexikons. Einen Überblick gibt ein Aufsatz von Hella Frühmorgen-Voss (1969). Besonders bemerkenswert sind die illustrierten Handschriften, die noch in der Entstehungszeit der höfischen Epik angefertigt wurden. Die meisten illustrierten Handschriften sind als Digitalisate frei verfügbar, die auf den Seiten der besitzenden Bibliotheken zur Verfügung gestellt werden; die Links finden sich im *Handschriftencensus*. Auf dieser Basis ist bislang nur ein unvollständiger Überblick möglich.

Überblick
Die Geschichte der illustrierten Handschriften, die höfische Epen überliefern, setzt um 1200 mit dem *Rolandslied* des Pfaffen Konrad ein. Im weiteren Verlauf des dreizehnten Jahrhunderts kommen der *Eneasroman* Heinrichs von Veldeke, das *Nibelungenlied*, der *Parzival* und *Willehalm* Wolframs von Eschenbach und der *Tristan* Gottfrieds von Straßburg hinzu. Im vierzehnten Jahrhundert entstanden weitere illustrierte Handschriften zum *Tristan* und zum *Willehalm*, außerdem erstmals zum *Wigalois* Wirnts von Grafenberg.

Im fünfzehnten Jahrhundert steigt die Zahl der illustrierten Handschriften erheblich an. Sie bebildern noch einmal den *Eneasroman*, das *Nibelungenlied*, den *Parzival*, den *Wigalois* und den *Tristan*, außerdem *Salman und Morolf*, den *Tristrant* Eilharts von Oberg, den *Lanzelet* Ulrichs von Zatzikhoven und Konrad Flecks *Flore und Blanscheflur*. Zahlreiche illustrierte Handschriften des fünfzehnten Jahrhunderts stammen von Diebold Lauber, der im elsässischen Hagenau eine Schreiberwerkstatt betrieb. Dies betrifft den *Parzival* (HSC 6801, 4916, 6546), den *Tristan* (HSC 7449), den *Wigalois* (HSC 7305) und *Flore und Blanscheflur* (HSC 4929). Der *Herzog Ernst*, der ebenfalls mit zwei Handschriften des fünfzehnten Jahrhunderts vertreten ist, kann nur unter dem Vorbehalt berücksichtigt werden, dass als Grundlage die Fassung G diente, die erst im vierzehnten Jahrhundert entstand (s. Tab. 6.2).

Diejenigen Werke, die am häufigsten überliefert wurden, wurden auch am häufigsten illustriert. An der Spitze stehen wieder der *Parzival* und der *Willehalm* Wolframs von Eschenbach. Ihnen folgen der *Eneasroman* Heinrichs von Veldeke, das

Tab. 6.2 Illustrierte Epenhandschriften (vor- bis hochhöfische Phase, die Nummern beziehen sich auf den *Handschriftencensus*)

Werke	12. Jh. Ende	13. Jh. 1. H.	13. Jh. 2. H.	14. Jh. 1. H.	14. Jh. 2. H.	15. Jh. 1. H.	15. Jh. 2. H.
Pfaffe Konrad, *Rolandslied*	1145 5828						
Salman und Morolf							4747 5097
Herzog Ernst G							6805
Eilhart von Oberg, *Tristrant*							4921
Heinrich von Veldeke, *Eneasroman*		1062				4943	6529
Ulrich von Zatzikhoven, *Lanzelet*						4933	
Nibelungenlied			1211			3622	3627
Wolfram von Eschenbach, *Parzival*			1223 1133			6801	3959 4916 6546
Wirnt von Grafenberg, *Wigalois*					2840	7305	
Gottfried von Straßburg, *Tristan*		1286		3203			7449
Wolfram von Eschenbach, *Willehalm*			1064	1131 7509 6489	2330 6676		
Konrad Fleck, *Flore und Blanscheflur*							4929

Nibelungenlied, der *Tristan* Gottfrieds von Straßburg, der *Wigalois* Wirnts von Grafenberg und *Salman und Morolf*. An letzter Stelle stehen die erst im fünfzehnten Jahrhundert illustrierten Werke *Lanzelet*, *Tristrant* und *Flore und Blanscheflur*.

Es fällt auf, dass zu den Romanen und Novellen Hartmanns von Aue keine illustrierten Handschriften überliefert sind. Doch gibt es Bildzeugnisse anderer Art zu seinen Artusromanen. Bereits zu Anfang des dreizehnten Jahrhunderts entstanden Wandmalereien, die Szenen aus dem *Iwein* zeigen. Wenig später, im zweiten Viertel dreizehnten Jahrhunderts, kam eine Goldkrone hinzu, die Szenen aus dem *Erec* präsentiert.

Beispiele

Rolandslied

Um 1200 entstand eine illustrierte Handschrift, die das *Rolandslied* des Pfaffen Konrad überliefert (s. Abb. 6.1). Sie wird heute in der Universitätsbibliothek Heidelberg aufbewahrt (HSC 1145). Die Handschrift enthält neununddreißig nicht kolorierte Federzeichnungen, die an unterschiedlichen Stellen des Schriftspiegels eingefügt sind und jeweils ein Drittel der Seitenhöhe einnehmen. Vermutlich handelt es sich bei den Bildern um gepauste Kopien einer Vorlage, die eigens für Konrads *Rolandslied* angefertigt wurde.

Eneasroman

Zwischen 1220 und 1230 wurde eine illustrierte Handschrift des *Eneasromans* Heinrichs von Veldeke angefertigt, die heute in der Berliner Staatsbibliothek aufbewahrt wird (HSC 1062; s. Abb. 6.2). Sie enthält einundsiebzig farbige Bildseiten, die in der Regel aus zwei halbseitigen, übereinander angeordneten Miniaturen bestehen. In einigen Ausnahmefällen sind die Miniaturen ganzseitig angelegt. Die dargestellten Figuren und Orte sind häufig mit Namen versehen. Einige Bilder weisen streifenförmige, an Pergamentrollen erinnernde Sprechblasen aus, die mit gereimten Versen gefüllt sind. Dabei handelt es sich nicht um wörtliche Zitate, sondern eigenständige Formulierungen, die sich an den *Eneasroman* anlehnen.

Nibelungenlied
Zwischen 1436 und 1442 entstand vermutlich in Augsburg eine illustrierte Abschrift des *Nibelungenlieds*, die noch siebenunddreißig farbige Bilder enthält. Die Handschrift liegt heute in der Berliner Staatsbibliothek (HSC 3622; s. Abb. 6.3). Die Bilder weisen eine unterschiedliche Höhe auf, füllen aber immer den Schriftspiegel in voller Breite aus.

Parzival
Um 1445 bis 1450 wurde im elsässischen Hagenau eine Abschrift des *Parzival* Wolframs von Eschenbach angefertigt, die heute in der Landesbibliothek Dresden aufbewahrt wird (HSC 6801; s. Abb. 6.4). Sie enthält noch sechsundvierzig kolorierte Federzeichnungen aus der Werkstatt des Diebold Lauber. Die Bilder füllen jeweils eine ganze Seite aus und sind mit mehrzeiligen roten Überschriften versehen.

Abb. 6.1 Karl berät sich mit Roland und Olivier (Heidelberg, Universitätsbibliothek, Cpg 112, Bl. 5v)

Abb. 6.2 Eneas erzählt Dido vom Untergang Trojas (Berlin, Staatsbibliothek, mgf 282, Bl. 9v)

Abb. 6.3 Hagen tötet Siegfried (Berlin, Staatsbibliothek, mgf 855, Bl. 58v)

Abb. 6.4 Parzival trifft Sigune zum ersten Mal (Dresden, Landesbibliothek, Mscr. M 66, Bl. 96r)

6.2.2 Fresken

Die zweite Art der bildlichen Umsetzung höfischer Epen sind Fresken, die seit dem frühen dreizehnten Jahrhundert entstanden. Es fällt auf, dass vor allem Szenen aus den Artus- und Tristanromanen, also Erzählungen des bretonischen Stoffkreises, ausgewählt wurden. Die Wandbilder schmücken Wohnräume in Höfen und Burgen.

Iwein
Anfang des dreizehnten Jahrhunderts wurde ein Wohnraum der Burg Rodenegg bei Brixen in Südtirol mit Szenen aus dem *Iwein* ausgeschmückt (vgl. Cormeau/Störmer 2007, S. 229–230; Schupp/Szklenar 1996; s. Abb. 6.5). Der rundum laufende Freskenzyklus stellt in elf erhaltenen Szenen den ersten Teil des Romans dar. Die teilweise zerstörten Bilder füllen umlaufend gegen den Uhrzeigersinn alle vier Wände des Raums aus. Die schmale Wand mit der Eingangstür zeigt die erste Szene (Iwein nimmt Abschied vom Burgherrn), die rechte Seitenwand die zweite bis fünfte Szene (Iwein begegnet dem Waldmann, Iwein begießt den Brunnen, Iwein kämpft gegen Ascalon, Iwein verfolgt und verwundet Ascalon), die Stirnwand die sechste bis achte Szene (Iwein wird im Burgtor gefangen, Ascalon stirbt in Laudines Armen, Iwein erhält von Lunete den Zauberring) und die linke Seitenwand die Szenen neun bis elf (Ascalon auf dem Totenbett, Iwein wird gesucht, Iwein wird von Lunete zu Laudine geführt), die zwölfte Szene ist nicht erhalten. Den in der Mitte der Stirnwand platzierten Höhepunkt der Bilderzählung bildet Laudines Trauer um Ascalon, die entsprechend dem Bildtyp der Pietà gestaltet ist: Laudine hält ihren toten Gatten im Schoß wie die Gottesmutter Maria den Leichnam ihres gekreuzigten Sohnes.

In der ersten Hälfte des dreizehnten Jahrhunderts wurde das Gewölbe des sogenannten Hessenhofs im thüringischen Schmalkalden, eines ehemaligen landgräflichen Hofs, mit Wandmalereien ausgestattet, die ebenfalls Szenen aus dem *Iwein* zeigen (vgl. Cormeau/Störmer 2007, S. 229–230; Schupp/Szklenar 1996, Abb. XIII). Ursprünglich umfasste das Bildprogramm sieben Streifen und einen Bogen mit insgesamt sechsundzwanzig Szenen. Sie illustrieren wiederum nur den ersten Teil der Romanhandlung, doch setzen die Szenen früher ein und reichen weiter als in Burg Rodenegg. Der erste Streifen zeigt die erste bis dritte Szene (Pfingstfest am Artushof, Iwein nimmt Abschied von Burgherrn, Iwein begegnet dem

Abb. 6.5 Iwein kämpft gegen Ascalon, Fresko in Burg Rodenegg, Südtirol. (© akg-images / De Agostini / Albert Ceolan)

Waldmann), der zweite Streifen die vierte bis siebte Szene (Iwein begießt den Brunnen, Iwein kämpft gegen Ascalon, Iwein verfolgt und verwundet Ascalon, Iwein erhält von Lunete den Zauberring), der dritte Streifen die achte bis elfte Szene (Ascalon auf dem Totenbett, Die Suche nach Iwein, Lunete berät Laudine, Iwein wird von Lunete zu Laudine geführt), der vierte Streifen die zwölfte bis vierzehnte Szene (Laudine berät sich mit den Vasallen, Iwein und Lunete versprechen sich die Ehe, Iwein und Laudine vollziehen das Beilager), der Bogen enthält als fünfzehnte Szene das Hochzeitsmahl, der fünfte Streifen zeigt die sechzehnte bis neunzehnte Szene (König Artus erscheint am Brunnen, Iwein kämpft gegen Keie, Iwein führt Keies Pferd, Laudine begrüßt die Gäste), der sechste Streifen die zwanzigste bis zweiundzwanzigste Szene (Iwein nimmt Abschied von Laudine, Iwein reitet aus, Iwein kämpft gegen den Drachen). Der siebte Streifen, der drei weitere Szenen enthielt, ist nicht erhalten.

Ein Vergleich zeigt, dass das Bildprogramm der Burg Rodenegg und des Hessenhofs in Schmalkalden teilweise identisch ist (s. Tab. 6.3). Der gemeinsame Bestand umfasst neun Szenen. Tendenziell entsprechen die ersten drei Bildstreifen des Hessenhofs dem Bildschmuck der vier Wände von Burg Rodenegg. Ein signifikanter Unterschied besteht darin, dass der Rodenegger Zyklus die Trauer Laudines um Ascalon in den Mittelpunkt rückt, der Schmalkaldener Zyklus hingegen das Hochzeitsfest von Iwein und Laudine.

Tab. 6.3 Die Iwein-Bilderzyklen von Rodenegg und Schmalkalden im Vergleich

Rodenegg		Szenen		Schmalkalden
	–	Artus und Ginover schlafen	1	Erster Streifen
Erste Wand	1	Iwein nimmt Abschied vom Burgherrn	2	
Zweite Wand	2	Iwein begegnet dem Waldmann	3	
	3	Iwein begießt den Brunnen	4	Zweiter Streifen
	4	Iwein kämpft gegen Ascalon	5	
	5	Iwein verfolgt und verwundet Ascalon	6	
Dritte Wand	6	Iwein wird im Burgtor gefangen	–	
	7	**Ascalon stirbt in Laudines Armen**	–	Dritter Streifen
	8	Iwein erhält von Laudine den Zauberring	7	
Vierte Wand	9	Ascalon liegt auf dem Totenbett	8	
	10	Iwein wird gesucht	9	
	–	Lunete berät Laudine	10	
	11	Iwein wird von Lunete zu Laudine geführt	11	
		Laudine berät sich mit den Vasallen	12	Vierter Streifen
		Iwein und Laudine heiraten	13	
		Iwein und Laudine vollziehen das Beilager	14	
		Das Hochzeitsmahl	**15**	Bogen
		König Artus am Brunnen	16	Fünfter Streifen
		Iweins kämpft gegen Keie	17	
		Iwein führt Keies Pferd	18	
		Laudine begrüßt die Gäste	19	
		Iwein nimmt Abschied von Laudine	20	Sechster Streifen
		Iwein reitet aus	21	
		Iwein kämpft gegen den Drachen	22	
		…	…	Siebter Streifen

Parzival

Neben dem *Iwein* wurde auch der *Parzival* als Sujet mittelalterlicher Wandmalerei in Burgen und Bürgerhäusern gewählt. Zwei Beispiele sind zu nennen: die Parzival-Fresken in Konstanz und Lübeck.

Die um 1320 entstandenen Konstanzer *Parzival*-Fresken wurden 1936 im Haus zur Kunkel entdeckt, das am Münsterplatz steht (Bumke 2004, S. 256). Die Fresken befinden sich an der Südwand eines Wohnraums im zweiten Geschoss des mittelalterlichen Bürgerhauses. Sie sind in drei Bilderstreifen angeordnet. Aufgrund baulicher Veränderungen sind einige Szenen nur fragmentarisch erhalten, andere ganz verloren. Der mittlere Bildstreifen ist am besten erhalten. Nur der erste Teil des Romans wurde umgesetzt, die dargestellten Szenen beginnen mit Parzivals Geburt und illustrieren seinen Weg zur Artusritterschaft.

Nicht mehr erhalten sind die Lübecker *Parzival*-Fresken aus der Mitte des vierzehnten Jahrhunderts (Bumke 2004, S. 256). Sie wurden 1929 beim Abbruch eines mittelalterlichen Bürgerhauses entdeckt und vor ihrer Vernichtung fotografisch dokumentiert. Der Zyklus schmückte einen Wohnraum, der sich in einem Seitenflügel des Hauses befand. Die Szenen aus dem *Parzival* bedeckten in Form eines Doppelfrieses das obere Viertel der Wand.

Schloss Runkelstein: *Tristan* und *Wigalois*

Um 1400 wurde in Südtirol eine weitere Burg mit Wandmalereien ausgestattet, die dem thematischen Zusammenhang der höfischen Epik entstammen: Schloss Runkelstein (vgl. Haug et al. 1982; Grebe et al. 2023). Ein virtueller Rundgang durch das oft auch als Bilderburg bezeichnete Anwesen ist auf der Webseite des Schlosses möglich (https://www.runkelstein.info). Der Westpalas zeigt Szenen aus dem höfischen Leben, das Sommerhaus Figuren aus der höfischen Epik. Drei Bildergruppen des Sommerhauses sind von besonderem Belang: eine Reihe berühmter historischer und literarischer Gestalten, der *Tristan*-Zyklus und der *Wigalois*-Zyklus.

▶ **Definition** Der **Palas** (mhd. *palas*, von lat. *palatium*) ist ein repräsentativ ausgestatteter Saalbau in einer mittelalterlichen Burg oder Pfalz. Vom mittelalterlichen Palas zu unterscheiden ist der Palast, eine schlossartige, meist in der Stadt gelegene Residenz.

Die Bilderreihe der historischen und literarischen Gestalten befindet sich an der Außenfassade der Galerie im ersten Obergeschoss des Sommerhauses. Sie ist in neun Dreiergruppen (Triaden) angeordnet. In der Gruppe der christlichen Fürsten erkennt man u. a. Artus und Karl den Großen, in der Gruppe der Sagenhelden u. a. Siegfried von Xanten und Dietrich von Bern, in der Gruppe der Artusritter Iwein, Gawein und Parzival und in der Gruppe höfischer Liebespaare u. a. Tristan und Isolde.

Die Darstellungen der Drachentöter Wigalois und Tristan schmücken die Innenräume des Sommerhauses: im Obergeschoss der *Tristan*-Zyklus, im Untergeschoss der *Wigalois*-Zyklus. Sie sind in monochromer Grünmalerei ausgeführt. Der Wigalois-Zyklus ist nur in Resten erhalten und anhand von Nachzeichnungen rekonstruierbar. Er dürfte einmal vierzig Bilder umfasst haben, die in zwei Registern den Raum im Uhrzeigersinn durchliefen. Identifizierbar sind noch rund zwanzig Szenen aus der Vor- und Hauptgeschichte.

Der *Tristan*-Zyklus hat sich hingegen sehr gut erhalten (Gottdang 1998). Er ist auf der oberen Wandhälfte angebracht. Die vierzehn Szenen fließen in einer durchgehend gemalten Landschaft ineinander. Sie zeigen (1) Tristans Kampf gegen Morolt, die (2) erste und (3) zweite Irlandfahrt, (4) den Drachenkampf, (5) die Auffindung Tristans, (6) die Bedrohung des badenden Tristan durch Isolde, die in ihm den Mörder ihres Onkels erkannt hat, (7) die Minnetrankszene, (8) den Empfang Isoldes durch Marke, (9) den Mordanschlag auf Brangäne, (10) die Belauschung Tristans und Isoldes durch Marjodo, (11) die Baumgartenszene, (12) Tristans Bettsprung, während Marke und Melot zur Kirche gehen, (13) Isoldes Weg vom Schiff zur Richtstätte und (14) den Vollzug des Gottesurteils.

6.2.3 Teppiche

Neben den Fresken sind Wandteppiche das wichtigste Medium für die bildliche Darstellung von Szenen aus der höfischen Epik. Bis heute haben sich mittelalterliche Teppiche erhalten, die sich auf den *Iwein* Hartmanns von Aue, den *Parzival* Wolframs von Eschenbach und die mittelalterlichen Tristanromane beziehen.

Iwein
In den Jahren 1320/30 wurde der Maltererteppich angefertigt, ein querformatiger Bankbehang, der rund fünf Meter lang und sechsundsechzig Zentimeter breit ist (vgl. Cormeau/Störmer 2007, S. 229). Der mit Wolle bestickte Leinenteppich zeigt neun Darstellungen zum Thema der höfischen Liebe. Die an den Enden eingestickten Namen Johannes und Anna verweisen auf die Stifter, den Freiburger Patrizier Johannes Malterer und seine Schwester Anna, die als Nonne im Freiburger Dominikanerinnenkloster St. Katharina lebte. Heute befindet sich der Teppich in der Schatzkammer des Augustinermuseums der Stadt Freiburg im Breisgau. Die Bilder sind in Paaren angeordnet. Das achte Bild zeigt, wie Iwein Laudines Gatten Ascalon tötet, das neunte, wie Lunete Iwein den Zauberring reicht, so dass dieser unbemerkt die trauernde Laudine betrachten kann. Beide Szenen finden sich auch in den Iwein-Fresken in Burg Rodenegg und im Schmalkaldener Hessenhof.

Tristan
Aus dem ehemaligen Zisterzienserinnenkloster Wienhausen bei Celle stammen drei Tristanteppiche, die aus denselben Materialen wie der Malterertepich gefertigt wurden (vgl. Fouquet 1971; Ott 1982; detaillierte Beschreibungen auf der Website „Deutsche Inschriften online": https://www.inschriften.net). Der erste Teppich stammt aus dem ersten Viertel, der zweite aus dem zweiten Viertel und der dritte aus dem dritten Viertel des vierzehnten Jahrhunderts. Die Teppiche beziehen sich offenbar auf Eilharts *Tristrant*.

Der erste Teppich ist etwa vier Meter breit und zweieindrittel Meter hoch. Er ist oben und unten beschnitten. Er enthält drei horizontale Bildstreifen, der vierte Streifen ist verloren. Zwischen den Bildstreifen ist ein fortlaufender Text eingestickt, der den Inhalt der dargestellten Szenen beschreibt. Die ursprünglich vier Reihen spiegeln sehr genau die Komposition des Romans. Die erste Reihe schildert den Kampf gegen Morolt, die zweite Reihe die Heilungsfahrt nach Irland, die dritte Reihe die

6.2 Bildzeugnisse

Brautwerbungsfahrt nach Irland bis zum Minnetrank, die vierte dürfte den Schluss der Erzählung bis zum Liebestod umfasst haben. Die eingestickte Inschrift lautet:

> Tristram de bat den koninc, dat ne moote striden weder Morolde. De koninc sprac: ‚ec wille de levere gheven min konincrike half'. Tristram de kerde sec umme und sette uppe dat pert unde stridde an des koniges dar c. Do quam he vor den koninc unde clachede dat he verw[u]ndet ware. do quam vru Brangiele vnde vru Isalde, lecheden ene in en scipp unde vorden ene to der stat, dar me ene salven scolde. Do stec he ut eme scepe. Do stunt he unde vedelede. Do quam vru Braniele vnde toch ene up de borch. Do stot vru Braniele unde hel ene. Vru Isalde salvede ene. Do badde se ene. Vru Isalde helt dat svert. Baniele dvoch ene.

> Tristan bat den König, dass er gegen Morold kämpfen dürfe. Der König sprach: ‚Ich will dir lieber die Hälfte meines Königreichs geben'. Tristan kehrte sich um und setzte sich auf das Pferd und kämpfte ohne Einwilligung des Königs. Da kam er vor den König und beklagte, dass er verwundet sei. Da kamen Frau Brangäne und Frau Isolde, legten ihn in ein Schiff und führten ihn zu dem Ort, wo man ihn salben sollte. Da stieg er aus dem Schiff. Da stand er und fiedelte. Da kam Frau Brangäne und brachte ihn auf die Burg. Da stand Frau Brangäne und heilte ihn. Frau Isolde salbte ihn. Da badete sie ihn. Frau Isolde hielt das Schwert. Brangäne wusch ihn […] (DI 76, Lüneburger Klöster, Nr. 5).

Vom zweiten Teppich sind nur zwei Fragmente erhalten, die ursprünglich nebeneinander angeordnet waren und jeweils links und rechts beschnitten sind. Das erste Fragment ist einen Meter und sechsunddreißig Zentimeter hoch und vierundachtzig Zentimeter breit, das zweite etwas kleiner. Legt man die Fragmente nebeneinander und vervollständigt den fehlenden Mittelteil, so ergeben sich drei Bildstreifen mit jeweils vier Szenen. Der erste Streifen schildert den Kampf gegen Morolt, der zweite und dritte die Brautwerbungsfahrt nach Irland. Da viele Szenen fehlen, lässt sich die ursprüngliche Komposition nicht mehr feststellen. Die Inschrift nennt jeweils die Namen der beteiligten Figuren.

Der dritte Teppich ist knapp zweieinhalb Meter hoch und fast vier Meter breit. Er ist fast vollständig erhalten, nur das letzte Bild fehlt (es wurde 1927 ergänzt). Der Teppich umfasst vier Bildreihen, die inhaltlich mit den ersten beiden Teppichen übereinstimmen, die Handlung aber bis zum Schluss fortsetzen. Der erste Streifen zieht Markes Schwalbentraum vor und schildert den Moroltkampf sowie die Brautwerbungsfahrt nach Irland bis zum Drachenkampf (die Heilungsfahrt nach Irland fehlt). Der zweite Streifen reicht vom Betrugsversuch des Truchsessen bis zu Markes Hochzeitsnacht, der dritte Streifen vom Mordanschlag auf Brangäne bis zur Hochzeit Tristans mit Isolde Weißhand. Der vierte Streifen reichte ursprünglich bis zum Liebestod Tristans und Isoldes. Es fällt auf, dass die Komposition des Teppichs durch die Voranstellung des Schwalbentraums, die Streichung der Heilungsfahrt nach Irland und die Parallelisierung der Hochzeitsnächte Markes mit Isolde/Brangäne und Tristans mit Isolde Weißhand eigene Akzente setzt. Die fragmentarisch überlieferte Inschrift lautet:

> Konich Markis sande ut zinen om na der iunenvrowen, de hede alzo dan har, also [de] [swa]hele vorde[n] in dat palas. He vor over de ze. Do sloe he dot Morholte [I]z[a]l[d]e broer. Do sloch he den worm un snet ome de tugnen ut. De rode ridder […].

> König Marke sandte seinen Neffen nach der Jungfrau aus, die solches Haar hätte, wie es die Schwalben in den Palas gebracht hatten. Er fuhr über das Meer. Da erschlug er Morolt, Isoldes Bruder. Da erschlug er den Drachen und schnitt ihm die Zunge heraus. Der rote Ritter […] (DI 76, Lüneburger Klöster, Nr. 21).

Einen weiteren Tristanteppich bewahrt das Victoria & Albert Museum in London auf (N. Ott 1982, S. 211–212). Er dürfte um 1375 in einem norddeutschen oder thüringischen Nonnenkloster entstanden sein. Von den ursprünglich dreißig Szenen sind noch zehn erhalten, darunter acht, die vom Drachenkampf handeln.

Als Tischdecke wurde eine mit Tristanszenen bestickte Leinwand benutzt, die ebenfalls um 1375 entstand und heute in der Dompropstei Erfurt aufbewahrt wird (ebd., S. 208–211). Sie stammt wohl aus dem ehemaligen Benediktinerabtei St. Stephan in Würzburg. Die fünfundzwanzig Bilder reichen von der Schwalbenhaarepisode bis zur Baumgartenszene, fünfzehn Bilder sind dem Drachenkampf gewidmet.

Parzival

Das Braunschweiger Herzog-Anton-Ulrich-Museum bewahrt einen Teppich auf, der in der zweiten Hälfte des vierzehnten Jahrhunderts entstand und sehr ausführlich die Abenteuerfahrten Gawans im *Parzival* Wolframs von Eschenbach illustriert (vgl. Bumke 2004, S. 256). Vorbesitzer war das (im Krieg vollständig zerstörte) Kreuzkloster bei Braunschweig, das im vierzehnten Jahrhundert ein Zisterzienserinnenkloster war. Wiederum handelt es sich um Wollstickerei auf Leinwand. Nur die linke Hälfte des stark beschädigten Teppichs ist erhalten. Der Teppich ist heute aus drei Teilen zusammengefügt, er ist etwa eineinhalb Meter hoch und über vier Meter breit. Er war mit einer Inschrift ausgestattet, die nur noch in Bruchstücken erhalten ist.

6.2.4 Sonstige

Erec: Das Krakauer Kronenkreuz

Zum *Erec* Hartmanns von Aue gibt es keine illustrierte Handschrift, aber ein frühes Bildzeugnis in Form eines goldenen Halbreliefs (Mühlemann 2013). Es befindet sich auf einem Kronenkreuz, das im Krakauer Waweldom aufbewahrt wird. Das knapp einen Meter hohe Kreuz wurde im späten fünfzehnten Jahrhundert aus Teilen zweier Kronen zusammengefügt, die ihrerseits aus dem zweiten Viertel des dreizehnten Jahrhunderts stammen. Der aus einer der Kronen gefertigte Querbalken enthält einen plastischen Bildschmuck, der sich auf die erste Hälfte des *Erec* Hartmanns von Aue bezieht. Auf den mit Scharnieren verbundenen Platten zeigt er das Sperberabenteuer. Fünf Platten, die jeweils aus einem unteren Rechteck und einem oberen Giebel bestehen, haben sich erhalten, drei weitere lassen sich erschließen. Jedes Segment zeigt Figurenpaare, die etwa fünfzehn Millimeter hoch sind. Die Szenen sind in zwei Registern angeordnet; das erste Register bildet die Reihe der Giebel, das zweite die Reihe der Rechtecke. Die Szenen reichen vom Ausritt der Königin Ginover mit Erec und ihren Damen bis zur Rückkehr Erecs und Enites an den Artushof. Motivische Einzelheiten weisen unzweifelhaft darauf hin, dass als Vorlage nicht die französische, sondern die deutsche Fassung des Romans diente.

Der Sachverhalt, dass das Bildprogramm nur die erste Abenteuerreihe umfasst, nicht aber die Krise und die zweite Abenteuerreihe, stimmt mit den Iwein-Fresken von Rodenegg und Schmalkalden überein. Vielleicht lässt sich daraus der Schluss ziehen, dass die frühen Artusromane auch in einer verkürzten Fassung rezipiert werden konnten, die nur den ersten Abenteuerweg umfasste. Sowohl im *Erec* wie auch im *Iwein* bestand die Möglichkeit, die Geschichte mit der Hochzeit des Artusritters enden zu lassen, also auf die Komplikationen der Krise und des Rehabilitationswegs zu verzichten. In diesem Fall diente die Geschichte nur der Unterhaltung des Publikums, nicht aber, wie die vollständigen Fassungen, auch der Problematisierung des höfischen Rittertums.

Tristan: Die Londoner Minnekästchen
Das Britische Museum in London besitzt ein aus Knochen gefertigtes Minnekästchen, das bereits zwischen 1180 bis 1200 in Deutschland, vermutlich in Köln, entstand (N. Ott 1982, S. 225–226). Es ist knapp zehn Zentimeter breit und hoch und knapp fünfzehn Zentimeter lang. Die Vorderseite des Kästchens zeigt, wie Brangäne Tristan und Isolde den Minnetrank reicht (in den Tristanromanen wird die Szene freilich anders erzählt). Die weiteren Bilder lassen sich nicht spezifisch auf die Tristangeschichte beziehen.

Das Victoria and Albert Museum in London bewahrt ein farbig gefasstes Holzkästchen auf, das aus der Mitte des vierzehnten Jahrhunderts stammt (vgl. Manuwald, Henrike/Nick Humphrey 2009). Es ist mit Schnitzereien auf den Seitenwänden sowie dem Deckel verziert. Auf dem Deckel ist die Baumgartenszene zu sehen: Marke und Melot hocken in der Baumkrone und belauschen von oben herab das links und rechts des Baumstammes stehende Liebespaar Tristan und Isolde. Motivische Einzelheiten lassen darauf schließen, dass nicht Gottfrieds *Tristan*, sondern Eilharts *Tristrant* als Vorlage diente. Das Kästchen dürfte eher im deutschen oder niederländischen als im englischen oder französischen Raum entstanden zu sein.

6.3 Moderne Ausgaben

Die modernen Textausgaben der höfischen Epik lassen sich prinzipiell in zwei Gruppen einteilen: in philologische Editionen, die die Überlieferung kritisch sichten und auf dieser Grundlage einen methodisch verantworteten Text erstellen, und in praktische Leseausgaben, die mit Einleitung, Übersetzung, Stellenkommentar und Bibliographie versehen sind. Selbstverständlich gibt es auch Mischformen, also Leseausgaben, die sich nicht auf einen bereits zuvor erarbeiteten Editionstext stützen, sondern diesen allererst bereitstellen (s. Tab. 6.4).

Sechs der in dieser Einführung besprochenen Werke fehlen in der Übersicht. Davon sind vier nur fragmentarisch überliefert (Albrecht von Halberstadt, *Metamorphosen*; *Athis und Prophilias*, *Graf Rudolf*, *Trierer Floyris*), und zwei wurden bislang von der Forschung vernachlässigt (Herbert von Fritzlar, *Liet von Troye*; Konrad Fleck, *Flore und Blanscheflur*).

Tab. 6.4 Textausgaben (die Zahlen verweisen auf Bandnummern bzw. letzte Erscheinungsjahre)

Werk	ATB	RUB	DKV/BM	DKV/Tb	De Gr Texte
Eilhart von Oberg, *Tristrant*	70	–	–	–	(angekündigt)
Gottfried von Straßburg, *Tristan*		4471	192/10	53	(2004)
		4472	192/11		
		4473			
Hartmann von Aue, *Der arme Heinrich*	3	19131	189/6	29	–
Hartmann von Aue, *Erec*	39	18530	188/5	20	(2022)
Hartmann von Aue, *Gregorius*	2	18764	189/6	29	–
Hartmann von Aue, *Iwein*	–	19011	189/6	29	(2001)
Heinrich von Veldeke, *Eneasroman*	–	8303	77/4	–	–
Heinrich, *Reinhart Fuchs*	96	14220	–	–	–
Herzog Ernst B	–	19606	–	–	–
Herzog Ernst D	104	–	–	–	–
König Rother	6	18047	–	–	–
Pfaffe Konrad, *Rolandslied*	69	2745	–	–	–
Pfaffe Lambrecht, *Alexanderlied*	–	18508	–	–	–
Mauricius von Craûn	113	8796	–	–	–
Münchner Oswald	76	–	–	–	–
Nibelungenklage	–	–	196/12	51	–
Nibelungenlied	–	18914	196/12	51	(2017)
Nibelungenlied C	83	–	–	–	–
Nibelungenlied n	114	–	–	–	–
Orendel	36	–	–	–	–
Salman und Morolf	85	–	–	–	–
Straßburger Alexander	–	18508	–	–	–
Ulrich von Zatzikhoven, *Lanzelet*	–	–	–	–	(2013)
Wirnt von Grafenberg, *Wigalois*	–	–	–	–	(2014)
Wolfram von Eschenbach, *Parzival*	12	3681	110/7	7	(2003)
	13	3682	110/8		
	14				
Wolfram von Eschenbach, *Titurel*	–	–	–	–	(2002)
Wolfram von Eschenbach, *Willehalm*	108	19462	69/9	39	(2003)

6.3.1 Textkritische Editionen

Die wichtigste textkritische Editionsreihe der germanistischen Mediävistik ist die *Altdeutsche Textbibliothek* (ATB). Sie wurde 1881 von Hermann Paul begründet und von Georg Baesecke, Hugo Kuhn und Burghart Wachinger weitergeführt. Seit 2001 wird sie von Christian Kiening betreut. Bis 2006 erschien die Reihe im Max Niemeyer Verlag, und zwar von 1882 bis 1952 in Halle/Saale (Bd. 1–43) und nach dem Umzug des Verlags im Jahr 1955 in Tübingen. 2006 wurde die Reihe als Imprint in das Programm des Berliner Verlags de Gruyter integriert. Die Reihe umfasst inzwischen mehr als einhundertzwanzig Bände. Neben den neu hinzukommenden Editionen werden gelegentlich auch ältere Editionen neu aufgelegt, insbesondere wenn neue Textzeugen bekannt werden.

Textkritische Ausgaben zeichnen sich dadurch aus, dass die Herausgeber*innen die mittelalterliche Überlieferung sichten, vergleichend bewerten und auf dieser Grundlage einen philologisch begründeten Editionstext erstellen. In der Regel wird eine aufgrund ihres Alters oder ihrer Vollständigkeit besonders geeignete Handschrift als

Leithandschrift zugrunde gelegt. Die abweichenden Lesarten (Varianten) der anderen Textzeugen werden in einem textkritischen Apparat verzeichnet. Ausgaben, die sich an einer überlieferten Fassung orientieren, werden als ‚textgeschichtliche Editionen' bezeichnet, Ausgaben, die sich aller Textzeugen bedienen, um einen möglichst ‚ursprünglichen' Text zu erstellen, als ‚textkritische Editionen'. Die Editionstexte werden in der Regel normalisiert, d. h. in eine lesbare Form gebracht. Zu diesem Zweck wird die Schreibung vereinheitlicht, eine Interpunktion eingeführt, die Groß- und Kleinschreibung reguliert usw. Im Falle gleichwertiger Parallelversionen können die unterschiedlichen Fassungen auch separat ediert werden. Dies ist zum Beispiel beim *Nibelungenlied* (ATB 83 nach C, ATB 114 nach n) und beim *Herzog Ernst* (ATB 104 nach D) der Fall.

In der *Altdeutschen Textbibliothek* erschienen vierzehn höfische Epen, die in der vorliegenden Einführung berücksichtigt werden, nämlich das *Rolandslied* des Pfaffen Konrad (ATB 69), die Brautwerbungsepen *König Rother* (ATB 6), *Münchner Oswald* (ATB 76), *Orendel* (ATB 36) und *Salman und Morolf* (ATB 85), der *Arme Heinrich* (ATB 3), *Erec* (ATB 39) und *Gregorius* (ATB 2) Hartmanns von Aue, der *Tristrant* Eilharts von Oberg (ATB 70), der *Reinhart Fuchs* Heinrichs (des Gleißners) (ATB 96), das *Nibelungenlied* in den Fassungen C (ATB 83) und n (ATB 114), der *Parzival* (ATB 12–14) und *Willehalm* (ATB 108) Wolframs von Eschenbach sowie die Novelle *Mauricius von Craûn* (ATB 113).

Bedeutende Epen wie das *Alexanderlied* des Pfaffen Lambrecht und der daran anschließende *Straßburger Alexander*, der *Eneasroman* Heinrichs von Veldeke, der *Trojaroman* Herborts von Fritzlar, der *Iwein* Hartmanns von Aue, der *Tristan* Gottfrieds von Straßburg, der *Lanzelet* Ulrichs von Zatzikhoven, der *Wigalois* Wirnts von Grafenberg, der *Titurel* Wolframs von Eschenbach und Konrads Fleck Liebesroman *Flore und Blanscheflur* fehlen in dieser Reihe. Diese Werke sind in anderweitig erschienenen textkritischen Ausgaben verfügbar.

6.3.2 Studienausgaben

Die Auswahl der Epen, die in die *Altdeutsche Textbibliothek* aufgenommen wurden, trug zu ihrer Kanonisierung bei. Dies gilt umso mehr für die Studienausgaben, die den mittelhochdeutschen Text mit Einführung, Übersetzung, Stellenkommentar und Forschungsbibliographie bieten. Der Kanonisierungseffekt hat eine zirkuläre Dynamik. Zum einen erscheinen nur solche Werke in Studienausgaben, denen bereits ein kanonischer Rang zugesprochen wird; zum anderen werden in erster Linie solche Werke in Lehre und Forschung herangezogen, die in Studienausgaben verfügbar sind.

Drei Verlage haben sich in besonderer Weise um Studienausgaben der höfischen Dichtung des deutschen Mittelalters verdient gemacht. An erster Stelle ist der Reclam Verlag zu nennen, der im Rahmen von *Reclams Universalbibliothek* (RUB) die umfangreichste Sammlung bietet und bei Bedarf aktualisierte Ausgaben bereits erschienener Werke bereitstellt. Von besonders hoher Qualität ist die im Deutschen Klassiker Verlag (DKV) erschienene Reihe der *Bibliothek des Mittelalters*, die von namhaften Fachleuten kuratiert und betreut wurde. Die zunächst in kostspieligen gebundenen Ausgaben erschienenen Bände wurden später auch als erschwingliche Taschenbuchausgaben (DKV TB) veröffentlicht – mit Ausnahme des *Eneasromans* Heinrichs von Veldeke. Der De Gruyter Wissenschaftsverlag veröffentlicht im Rahmen der Reihe *Texte* ebenfalls Studienausgaben höfischer Epen, die teilweise auf ältere Ausgaben im selben Verlag zurückgehen. Besonders hervorzuheben sind Ausgaben derjenigen Werke, die zuvor noch nicht in dieser Form verfügbar waren: des *Titurel* Wolframs von Eschenbach (2002), des *Lanzelet* Ulrichs von Zatzikhoven (2013) und des *Wigalois* Wirnts von Grafenberg (2014). Angekündigt, aber noch nicht erschienen sind Ausgaben des *Tristrant* Eilharts von Oberg (2025) und von Konrad Flecks *Flore und Blancheflur* (2026).

Man kann den Kanon der höfischen Epik auch anhand des Kriteriums bestimmen, wie oft die betreffenden Werke veröffentlicht worden sind. Neben dem *Parzival* Wolframs von Eschenbach, der auch in der mittelalterlichen Überlieferung an der Spitze steht, zählt der *Erec* Hartmanns von Aue zu den am häufigsten edierten Epen, obwohl er zu den am schwächsten überlieferten Werken zählt. Der *Erec*, der bereits in der *Altdeutschen Textbibliothek*, dem Reclam Verlag und dem Deutschen Klassiker Verlag zur Verfügung steht, wurde bei de Gruyter 2022 noch einmal unter dem Titel *Ereck* mit dem Anspruch neu ediert, erstmals den Text in seiner überlieferten Form zu bieten. Diese Ausgabe bietet auch die (offensichtlich sekundäre) Vorgeschichte, die das Ambraser Heldenbuch Hartmanns *Erec* voranstellt, um den fehlenden Anfang zu ersetzen.

6.3.3 Digitale Editionen

Der digitale Wandel erfasst inzwischen auch die Editionen und Studienausgaben der höfischen Epen. Die von de Gruyter übernommene *Altdeutsche Textbibliothek*, die im Deutschen Klassiker Verlag erschienene *Bibliothek des Mittelalters* und die bei de Gruyter erscheinende Reihe der *Texte* sind auch digital verfügbar.

Hinzukommen digitale Editionsprojekte, die die Möglichkeiten des neuen Mediums ausschöpfen. Es handelt sich nicht nur um digitale Kopien textkritischer und sonstiger Ausgaben, die zuvor im Druck erschienen waren, sondern um textgeschichtliche Editionen, die alle handschriftlichen Fassungen digital zugänglich und vergleichbar machen.

Das Berner *Parzival*-Projekt
Als Pilotprojekt im Bereich der höfischen Epik kann das von Michael Stolz geleitete *Parzival*-Projekt der Universität Bern gelten, das vom Schweizer Nationalfond (SNF) und der Deutschen Forschungsgesellschaft (DFG) gefördert wird. Ziel des 2011 begonnenen Projekts ist eine digitale Edition von vier Textfassungen, die auf der vollständigen Transkription aller Textzeugen beruht. Die parallele Edition der Fassungen soll die überlieferungsgeschichtliche Vielfalt des mittelalterlichen Textes sichtbar machen. Im Unterschied zu herkömmlichen textkritischen Editionen verzichtet das *Parzival*-Projekt auf die Rekonstruktion von Stammbäumen, also die Erschließung von Archetypen, denen die mittelalterlichen Textzeugen zugeordnet werden. In dieser Hinsicht ist das *Parzival*-Projekt mit dem Projekt *Lyrik des deutschen Mittelalters* (LDM) vergleichbar, das ähnliches für die höfische Lyrik leistet.

6.4 Editionsphilologisches Fallbeispiel: Laudines Kniefall

Ein Fallbeispiel für die Bedeutung überlieferungsgeschichtlicher und editionsphilologischer Fragen bietet eine berühmte Passage aus dem *Iwein* Hartmanns von Aue: der Kniefall Laudines. Dieses Beispiel ist auch deswegen interessant, weil es geschlechtergeschichtliche Implikationen hat.

6.4.1 Problemstellung

In den gängigen Textausgaben liest man, wie Laudine am Ende des Romans Iwein vor die Füße fällt, um Verzeihung für ihr harsches Verhalten zu erbitten:

> [D]ô sprach diu kunegîn
> „her Îwein, lieber herre mîn,
> tuot gnædeclîche an mir.
> grôzzen chuomber habt ir
> von mînen schulden erliten.
> des wil ich iuch durch got biten
> daz ir ruochet mir vergebn,
> wander mich, unz ich hân daz lebn,
> von hercen iemer riuwen muoz."
> dâmit viel sî an sînen fuoz
> und bat in harte verre.
> „stêt ûf" sprach der herre.
> „irn habt deheine schulde,
> wan ich het iuwer hulde
> niuwan durch mînen muot verlorn."
> sô wart versuenet der zorn.

> Da sagte die Königin: „Herr Iwein, mein lieber Herr, verzeiht auch Ihr mir. Großen Schmerz habt Ihr durch meine Schuld erlitten. Darum will ich Euch um Gottes willen bitten, dass Ihr mir vergeben möget, denn dieser Schmerz tut mir, solange ich lebe, auf ewig im Herzen weh." Mit diesen Worten fiel sie ihm zu Füßen und flehte ihn inständig an. „Erhebt Euch", sagte der Herr, „Ihr tragt keine Schuld, denn ich habe Eure Zuneigung allein durch mein Verhalten verloren." So wurde der Streit gütlich beigelegt (V. 8121–8136).

Diese Szene antwortet unverkennbar auf den Fußfall, mit dem Iwein kurz zuvor seinerseits Laudine um Verzeihung bat:

> und bî dem êrsten gruozze
> viel er ir zefuozze
> und het doch deheine bet.

> Bei der ersten Begrüßung fiel er ihr zu Füßen, obwohl er doch keine Bitte an sie hatte (V. 8041–8043).

Auch Chrétien berichtet, dass sich Iwein vor Laudine niedergeworfen habe: *A ses piez s'est leissiez cheoir / Mes sire Yvains trestoz armez* (V. 6730: „Herr Yvain ist ihr in voller Rüstung zu Füßen gefallen"). Von einem Fußfall Laudines weiß er allerdings nichts. Daher könnte man zu dem Schluss gelangen, dass Hartmann diese Szene genutzt habe, um eine eigene Deutungsleistung zu präsentieren. Diese bestünde darin, dass er, in Anlehnung an Erec und Enite, auch Iwein und Laudine mithilfe der wechselseitigen Entschuldigung eine auf Gegenseitigkeit beruhende Liebesbeziehung zuschreiben wollte.

Schaut man sich jedoch die Überlieferung näher an, so wird deutlich, dass die betreffende Szene in den meisten Handschriften nicht enthalten ist. Es handelt sich um Plusverse der Fassung B. Joachim Bumke hat sehr deutlich auf dieses Problem hingewiesen:

> Den meisten *Iwein*-Interpreten [...] scheint es kaum zum Bewusstsein zu kommen, dass eine Textpassage, die für die Interpretation der Dichtung eine zentrale Rolle spielt, in allen Handschriften, aus denen der kritische Text gewonnen wird, fehlt: die Verse 8121–8136, in denen Laudine ihrem Ehemann Iwein zuletzt zu Füßen fällt und ihn um Vergebung bittet (eine Szene, die bekanntlich in Chrétiens *Yvain* fehlt und an der man besonders deutlich die neue Sinngebung der Erzählung bei Hartmann belegen zu können glaubt), sind nur in den Handschriften B, a und d überliefert. Die alte Handschrift B hat in der Schlusspartie eine ganze Reihe von Zusätzen, die seit den Anfängen der *Iwein*-Philologie für „unecht" gehalten werden. [...] L[udwig] Wolf schrieb über die Verse 8121–36: „Der Schluss scheint sicher, dass es ein nachträglicher Zusatz ist" [...]; und in den Anmerkungen zum kritischen Text: „Es kann also nur ein späterer Zusatz sein" [...]. Die Frage: „Stammt dieser Abschnitt von Hartmann aus einer späteren Bearbeitung?" [...] bleibt unbeantwortet (Bumke 1991, S. 289–290, Anm. 117, Rechtschreibung angepasst).

Von sechzehn Handschriften, die Hartmanns Iwein *vollständig* überliefern, enthalten nur drei die entscheidenden Verse: die sehr frühe, bereits im zweiten Viertel des dreizehnten Jahrhunderts entstandene Gießener Handschrift B (Universitätsbibliothek, Hs. 97) sowie zwei späte Textzeugen, nämlich eine Handschrift aus Dresden (a: Landesbibliothek, Mscr. M 175, um 1390) und das in Wien aufbewahrte Ambraser Heldenbuch (d: Österreichische Nationalbibliothek, Cod. Ser. nova 2663, 1504–1516/17). Neben B steht die ebenfalls bereits im zweiten Viertel des dreizehnten Jahrhunderts entstandene Heidelberger Handschrift A (Universitätsbibliothek, Cpg 397), die, wie zahlreiche weitere Textzeugen, die betreffenden Verse nicht kennt.

Wie gehen die verschiedenen Textausgaben mit den B-Plusversen um? Die lange Zeit verbindliche textkritische Ausgabe von Hartmanns *Iwein* stammt von Ludwig Wolff (Berlin [7]1968), der sich seinerseits auf die traditionsreiche Ausgabe von Georg Friedrich Benecke und Karl Lachmann stützte (Berlin [1]1827). Wolff orientiert sich an der Handschrift A, nimmt aber die Plusverse von B hinzu, ohne sie im Editionstext als Erweiterung zu markieren. Im textkritischen Apparat merkt er an, dass die betreffenden Verse ausschließlich in den Handschriften B, a und d überliefert sind (Bd. 2, S. 219). Im Vorwort vertritt Wolff die These, dass die Plusverse „einen nachträglichen Zusatz des Dichters" darstellen (Bd. 1, S. VI), und wiederholt diese Auffassung im Kommentar: „dieser Abschnitt [stammt] von H[artmann] aus einer nachträglichen Bearbeitung" (Bd. 2, S. 219). Dass Wolff die Plusverse für authentisch hielt, dürfte der Grund dafür gewesen sein, dass er sie unmarkiert in den Editionstext übernahm.

Auf Wolffs Editionstext basiert die kommentierte Studienausgabe, die Thomas Cramer ab 1968 in mehreren Auflagen bei De Gruyter herausgab. Diese Ausgabe streicht den textkritischen Apparat, ist aber mit einem neuen Kommentar versehen. Darin weist Cramer knapp auf die offene Frage hin, ob die Plusverse „unecht", also Zutat eines späteren Bearbeiters, oder, wie Wolff postuliert, ein „spätere[r] Zusatz Hartmanns" seien (S. 226). In der Neuauflage, die 2001 in der Reihe *Texte* erschien, wurde der Kommentarteil ersatzlos gestrichen, somit ging auch die Erläuterung zu den Plusversen verloren. Die editionsphilologische Problematik und die inhaltlichen Implikationen, die sich mit den Plusversen verbinden, bleiben daher denjenigen, die mit dieser Studienausgabe arbeiten, verborgen.

Volker Mertens hat Hartmanns *Iwein* 2004 im Deutschen Klassiker Verlag neu herausgegeben, eingeleitet, übersetzt und kommentiert. Er legt seinem Editionstext nicht mehr A, sondern B als Leithandschrift zugrunde. Folglich stellen die betreffenden Verse keinen Zusatz mehr dar, weil sie ja in der Leithandschrift stehen. Gleichwohl vermerkt Mertens im Kommentar die Differenz zwischen B und A: „Die Verse sind nur in den Handschriften Bad überliefert [...]. Es handelt sich um den einschneidendsten Unterschied der Fassungen A und B" (S. 1049). Außerdem gibt er die unterschiedlichen Forschungspositionen wieder: Ludwig Wolff plädiere für Hartmanns Autorschaft der Plusverse; Werner Schröder halte die Plusverse für Einschaltungen eines Bearbeiters; Joachim Bumke erachte beide Fassungen für gleichrangig; Albrecht Hausmann deute die Schlussvarianten als alternative Antworten Hartmanns auf Chrétiens angeblich aporetischen Text; für Gert Hübner spreche der Sachverhalt, dass Laudines Wandel nicht mit einer begründenden Innenperspektive versehen sei, gegen Hartmanns Autorschaft. Mertens gibt außerdem zu bedenken, dass Laudine nicht nur in A, sondern auch in B „von affektiver Liebe kaum berührt" (S. 1050) werde, und liefert somit ein weiteres Argument gegen die These, dass Hartmann selbst die Plusverse verfasst haben könnte.

Auch die Neuausgabe, die Rüdiger Krohn 2011 im Reclam-Verlag vorlegte, stützt sich auf B als Leithandschrift. Wie Mertens verzichtet Krohn darauf, die Plusverse im Editionstext kenntlich zu machen. Der von Mireille Schnyder verfasste Kommentar geht auf die Problematik der unterschiedlichen *Iwein*-Schlüsse ein: Laudines Vergebungsbitte in B habe „die Forschung seit je irritiert. Es schließen sich daran nicht nur überlieferungstheoretische Fragen [...], sondern auch grundlegende Interpretationsprobleme" an, die einerseits „unter gendertheoretischen Aspekten höchst interessant" seien und andererseits „die Frage von Autorschaft, Authentizität und, im Blick auf die Handlungslogik, um literarische Wertung" berührten (S. 563–564).

6.4.2 Lösungsvorschlag

Alles spricht dafür, dass die Plusverse als nachträgliche Zutat eines Bearbeiters zu verstehen sind, der Hartmanns *Erec* gut kannte, seinen Stil imitierte und den Schluss des *Iwein* in der Weise ‚korrigierte', dass er ihn an den *Erec* anpasste, indem er auch Iwein und Laudine eine auf Gegenseitigkeit beruhende Liebesehe unterstellte. Dies widerspricht jedoch der ursprünglichen Idee von Hartmanns *Iwein*, der ja gerade die Kollision der Motive problematisiert, die Iwein und Laudine in die Ehe führen: Iwein verliebt sich aufgrund ihrer Schönheit in Laudine, während diese einen neuen

Schutzherrn sucht, sich also nicht vom Affekt, sondern von heiratspolitischen Erwägungen leiten lässt (s. Abschn. 2.3.3). Die B-Fassung ist eine sekundäre Klitterung, die die entscheidende Differenz des *Iwein* zum *Erec* einebnet.

Ein weiteres Argument für die Nachträglichkeit der Plusverse besteht darin, dass die ursprüngliche Entsprechung zu Iweins Fußfall nicht Laudines Fußfall ist, sondern Iweins erster Fußfall am Anfang von Hartmanns Roman:

> er bôt sich drâte ûf ir fuoz
> und suochte ir hulde unde ir gruoz
> als ein schuldiger man.

Er warf sich rasch zu ihren Füßen und bemühte sich um ihre Vergebung und Gnade wie einer, der schuldig ist (V. 2283–2285, vgl. Chrétien, V. 1973: *s'est a genouz mis*, „lässt sich auf die Knie nieder").

Der erste Fußfall soll die Tötung von Laudines Ehemann entschuldigen, der zweite die verspätete Rückkehr von der Turnierfahrt mit Gawein. Die beiden Fußfälle rahmen die Handlung des Romans. Die eigentliche Pointe besteht also nicht im komplementären Fußfall Laudines vor Iwein, sondern in der Wiederholung des Fußfalls Iweins vor Laudine.

Welche editionsphilologischen Konsequenzen folgen aus diesen Überlegungen? In jedem Fall wäre es sinnvoll, die Plusverse der Fassung B kenntlich zu machen, indem man sie zum Beispiel kursiv setzt. So lobenswert es ist, dass die neueren Studienausgaben im Kommentar auf die überlieferungsgeschichtliche Problematik des von B zugefügten Fußfalls Laudines eingehen und die Konsequenzen für die Interpretation des Romans ansprechen, ist es doch misslich, dass die Plusverse in allen gängigen Ausgaben unmarkiert bleiben und daher bei der Lektüre nicht als solche bemerkt werden, solange man die Kommentare nicht zur Kenntnis nimmt.

Teil II
Interpretationen

Epos 7

Inhaltsverzeichnis

7.1 Brautwerbungsepen mit reichsgeschichtlichem Bezug 311
7.2 Brautwerbungsepen mit heilsgeschichtlichem Bezug 315
7.3 Tierepik 321
7.4 Heldenepen französischer Provenienz (*Chansons de geste*) 322
7.5 Heldenepen deutscher Provenienz 328

7.1 Brautwerbungsepen mit reichsgeschichtlichem Bezug

7.1.1 *König Rother*

Textkritische Ausgabe: Von Bahder 1884 (ATB 6). **Studienausgabe mit Übersetzung und Kommentar:** Bennewitz 2000 (RUB 18047) [zit.]. **Überblicksdarstellungen:** Szklenar 1985 (VL); Kiening 2009 (Killy). **Ausgewählte neuere Forschungsbeiträge:** Kiening 1998; Fuchs-Jolie 2005; Plotke 2011, Stock 2002; Stock 2011; Bowden 2012a, 35–69; Weitbrecht 2016b; Bendheim 2018; Dimpel 2018; Plotke 2020b; Kraß 2021a; Eberhardt 2023.

Verfasser:	Unbekannt, vermutlich ein Kleriker.
Auftraggeber:	Heinrich der Löwe (?)
Entstehung:	Vor 1165 im bayerischen Raum.
Überlieferung:	Ein vollständiger und drei fragmentarische Textzeugen (vgl. HSC Werke/200).
Vorlage:	Mündliche Überlieferung, keine schriftliterarische Vorlage.
Stoffgeschichte:	Als historische Vorbilder kommen zwei Könige in Frage: aufgrund der Namensähnlichkeit der in Italien herrschende Langobardenkönig Rothari (um 606–652) und aufgrund biographischer Parallelen der in Sizilien herrschende Normannenkönig Roger II. (1095–1154), „der 1143/44 erfolglos für seinen Sohn Wilhelm um eine byzantinische Prinzessin warb

und zweimal eine Flotte gegen Byzanz aussandte" (Szklenar 1985, Sp. 86). Der reichsgeschichtliche Bezug besteht in der fiktiven Anbindung an die karolingische Genealogie: König Rother wird als Vater Pippins des Jüngeren und somit als Großvater Karls des Großen vorgestellt.

Umfang und Form: 5185 Reimpaarverse (Schluss fehlt).

Inhalt: [Teil 1] Der weströmische, in Bari residierende König Rother wirbt um die Tochter Konstantins, des Königs von Konstantinopel. Er sendet Boten aus, die vom empörten Brautvater eingekerkert werden. Nach einem Jahr bricht Rother selbst auf. Er gibt sich als Flüchtling namens Dietrich aus und führt zur Verstärkung drei Riesen mit sich. Der Brautvater ist weiterhin unwillig, doch die Braut geht auf Rothers Werbung ein. Als der babylonische König Ymelot Konstantinopel bedroht, nutzt Rother die Unruhen, um die Königstochter zu entführen. Der Brautvater entsendet nun seinerseits einen Boten, um die inzwischen schwangere Braut zurückzuentführen. [Teil 2] Daraufhin unternimmt Rother eine weitere Werbungsfahrt, nun aber mit einem großen Heer. Zunächst gibt er sich als Pilger aus, wird aber bald erkannt, gefangengenommen und zum Tod verurteilt. Die Braut soll an Basilistium, den Sohn des babylonischen Königs verheiratet werden. In letzter Minute gelingt es Rother, sein in der Nähe lagerndes Heer mit einem Hornsignal herbeizurufen. Er wird befreit und führt seine Braut nun endgültig heim. Nachdem ihr gemeinsamer Sohn Pippin, der künftige Vater Karls des Großen, herangewachsen ist, ziehen sich Rother und seine Frau ins Klosterleben zurück.

Komposition: Die Komposition basiert auf dem Narrativ der gefährlichen Brautwerbung, das durch Doppelungen und Inversionen zu einer komplexen Form ausgebaut wird (vgl. Kraß 2021a). Zwei Hauptteile lassen sich unterscheiden: Der erste umfasst die vorläufig erfolgreiche Brautwerbung und reicht bis zur Rückentführung der Braut durch den Brautvater (V. 1–2986), der zweite die endgültig erfolgreiche Brautwerbung (V. 2987–5185). Die Raumstruktur ist dreiteilig: Italien als Heimat des Brautwerbers, Konstantinopel als Heimat der umworbenen Braut und ihres Vaters, Babylon als Heimat des rivalisierenden Brautwerbers. In die Brautwerbungshandlung eingeschlossen ist eine komödiantische Binnenepisode, in der die Braut ihrerseits um den Bräutigam wirbt (Märchenmotiv der Schuhprobe).

Interpretationsansätze: Das Epos schildert eine patriarchale Welt, die von männlich-homosozialen Beziehungen geprägt ist: einerseits von Vasallität (König Rother und seine Gefolgsleute), andererseits von zweifacher Rivalität (König Rother und der König von Konstantinopel bzw. König Rother und der König von Babylon, der mit seinem Sohn als konkurrierender Brautwerber auftritt). Die Binnenepisode mit der Werbung der namenlos bleibenden Braut um den Bräutigam kann als Zugeständnis gedeutet werden, die heiratspolitische Auffassung der Ehe (Kontrakt zwischen Bräutigam und Brautvater) um die Vorstellung der höfischen Liebesehe (Konsens zwischen Braut und Bräutigam) zu ergänzen. Insgesamt bietet die Erzählung eine mythische Vorgeschichte zu Karl dem Großen und somit eine Affirmation der römisch-deutschen Reichsgeschichte. Drei Modelle einer Brautwerbung werden durchgespielt: zunächst diplomatisch (Boten werden als Brautwerber entsandt), dann heroisch (der Brautwerber nimmt die heldenepische Dietrichrolle ein und lässt sich von Riesen begleiten), dann militärisch (der Brautwerber führt ein Heer mit sich).

7.1.2 *Herzog Ernst*

Textkritische Ausgabe: Bartsch 1859. **Studienausgabe mit Übersetzung und Kommentar:** Herweg 2019 (RUB 19606) [zit.]. **Überblicksdarstellungen:** Behr/Szklenar 1981 (VL); Lecouteux 1990; Behr 1993; Kiening 2009 (Killy). **Ausgewählte neuere Forschungsbeiträge:** Stock 2002; Neudeck 2003; Plotke 2011; Bowden 2012b; Weitbrecht 2016b; Sivri 2016; Hacke 2017; Marshall 2018; Plotke 2019a; Plotke 2019b; Schneider 2020b; Lembke 2020b; Plotke 2021; Quenstedt 2021; Kobiela 2022; Kraß 2023; Schausten 2023; Dahm-Kruse 2023.

Verfasser:	Unbekannt, vermutlich ein Kleriker.
Auftraggeber:	Heinrich der Löwe (?)
Entstehung:	1160/70 im bayerischen Raum.
Überlieferung:	Zwischen dem 12. und 15. Jh. sind neun Fassungen überliefert, sechs deutsche (A, B, D, F, G, Kl) und drei lateinische (C, E, Erf). Relevant sind vor allem die fragmentarisch überlieferte Fassung A und die vollständig überlieferte Fassung B. *Herzog Ernst A*: drei fragmentarische Textzeugen (vgl. HSC Werke/6300); *Herzog Ernst B*: zwei vollständige und ein fragmentarischer Textzeuge (vgl. HSC Werke/6299).
Bildzeugnisse:	Eine illustrierte Handschrift aus der zweiten Hälfte des fünfzehnten Jahrhunderts zur Fassung G (HSC 6805).
Vorlage:	Mündliche Überlieferung, keine schriftliterarische Vorlage.
Stoffgeschichte:	Das Epos bezieht sich auf realhistorische Personen und Ereignisse der römisch-deutschen Reichsgeschichte. Mit Kaiser Otto ist der sächsische Herzog und ostfränkische König Otto I. gemeint, der von 962 bis 973 als römisch-deutscher Kaiser herrschte und in zweiter Ehe mit Adelheid von Burgund verheiratet war. Im bayerischen Herzog Ernst überlagern sich verschiedene historische Personen, allen voran Liudolf, Herzog von Schwaben, Sohn Ottos I. aus erster Ehe, der mit einem Aufstand gegen den Vater das Reich in eine Krise stürzte. Seinen Namen verdankt er dem schwäbischen Herzog Ernst II., der sich ebenfalls gegen einen römisch-deutschen Kaiser erhob, nämlich seinen Stiefvater Konrad II. (1027–1039). Ein dritter Bezugspunkt, der in die B-Fassung des Herzog Ernst einfloss, ist die Ermordung des staufischen Königs Philipp von Schwaben 1208 in Bamberg durch den bayerischen Pfalzgrafen Otto III. von Wittelsbach. Die Beschreibung der Wundervölker basiert auf der enzyklopädischen Naturgeschichte (*Historia naturalis*) Plinius' des Älteren.
Umfang und Form:	6022 Reimpaarverse.

Inhalt: Der bayerische Herzog Ernst überwirft sich mit dem deutschen Kaiser Otto, der zuvor Ernsts Mutter Adelheid geheiratet hat. Ernst bricht in Begleitung seines besten Freundes und Gefolgsmanns Wetzel zu einer Reise ins Heilige Land auf, in deren Verlauf er zahlreiche Abenteuer besteht. Zunächst landen sie im Königreich Grippia, das von Kranichmenschen bevölkert wird. Sie dringen in einen leeren Palast ein, der für ein Hochzeitsfest vorbereitet ist. Sie essen gemeinsam an der gedeckten Tafel und ruhen in dem für die Brautleute bestimmten Schlafgemach. Als die Kranichmenschen zurückkehren, stellt sich heraus, dass der König, der den Hals und Kopf eines Schwans hat, eine indische Prinzessin entführt hat, um sie zu heiraten. Ernst versucht, sie zu retten, doch sie stirbt während des Kampfs. Kurz vorher verspricht sie ihm ihre Hand. Im weiteren Verlauf der Reise gelangt Ernst an einen Edelstein, den er nach seiner Rückkehr dem Kaiser, mit dem er sich wieder versöhnt, überreicht und der als sogenannter Waise künftig die Kaiserkrone schmücken wird.

Komposition: Die Erzählung umfasst eine reichsgeschichtlich geprägte Rahmengeschichte (Konflikt zwischen dem bayerischen Herzog und dem deutschen Kaiser) und eine orientalistische Binnengeschichte (Abenteuer und Begegnungen mit monströsen Wesen im fabulösen Morgenland). Während die Rahmengeschichte im römisch-deutschen Reich angesiedelt ist, spielt die Binnengeschichte in wechselnden Räumen: Konstantinopel (Zwischenaufenthalt, Schwelle zwischen Okzident und Orient), Grippia (Begegnung mit den Kranichmenschen), Magnetberg (Begegnung mit den Greifen, Erwerb des Waisen), Arimaspi (Begegnung mit Zyklopen, Plattfüßen, Langohren, Pygmäen und Giganten), Äthiopien (Hilfe für Christen), Babylon (Kampf gegen die ‚Heiden'), Palästina (Kampf für die Christen und gegen die ‚Heiden').

Interpretationsansätze: Das Brautwerbungsnarrativ wird in charakteristischer Weise abgewandelt. Zuerst wirbt Kaiser Otto um Ernsts Mutter Adelheid, dann entführt der Kranichkönig die indische Prinzessin, dann wirbt die indische Prinzessin um Herzog Ernst. Als Abwandlungen des Brautwerbungsnarrativs können auch die Freundschaft zwischen Ernst und Wetzel (die sich in Grippia des Tisches und Bettes der Brautleute bedienen) und der Erwerb des Waisen (als strukturelles Substitut der Braut) gedeutet werden. In politischer Hinsicht geht es um die konfliktträchtige Machtbalance zwischen Kaiser und Fürsten.

7.1.3 *Graf Rudolf*

Textkritische Ausgabe: Ganz 1964 [zit.]. **Überblicksdarstellungen:** Ruh 1977, S. 64–69; Ganz 1981 (VL); Kiening 2009 (Killy). **Ausgewählte neuere Forschungsbeiträge:** Fromm 1997; Sivri 2016; Jäger 2021.

Verfasser:	Unbekannt.
Auftraggeber:	Unbekannt.
Entstehung:	Nach 1170.
Überlieferung:	Ein fragmentarisch überlieferter Textzeuge (HSC Werke/136).

Vorlage: Bezieht sich möglicherweise auf eine französische Vorlage, die nicht überliefert ist.
Stoffgeschichte: Anklänge an die Gattungen der Brautwerbungsepik und der französischen Heldenepik (*Chanson de geste*).
Umfang und Form: Überliefert sind rund 1400 Reimpaarverse, vermutlich etwa ein Drittel des ursprünglichen Gesamtumfangs.

Inhalt: Rudolf von Arras, Graf von Flandern, folgt mit seinen Gefährten dem päpstlichen Aufruf zum Kreuzzug. Er bietet Gilot, dem christlichen König von Jerusalem, seine Dienste gegen den ‚heidnischen' Sultan Halap an. Rudolf bewährt sich in blutigen Kämpfen vor Ascalon, verliert aber fast alle seine Leute. Girabobe, der Ratgeber des Sultans, vermittelt einen Waffenstillstand. Der König von Jerusalem feiert ein Fest, mit dem er dem Kaiser gleichkommen will. […] Rudolf gesteht der Tochter des Sultans seine Liebe, die durch Vermittlung der Zofe Beatrise erwidert wird. Gilot verlangt Rudolfs Auslieferung, Halap weist die Forderung zurück. Rudolf setzt sich gegen die Christen zu Wehr. […] Der König von Konstantinopel wirbt um die Tochter des Sultans, wird aber abgewiesen. Er erwirkt ihre Taufe, und sie nimmt den christlichen Namen Irmengard an. […] Rudolf befreit sich aus einer Gefangenschaft, kann sich nur knapp vor dem Tod durch Verdursten und Verhungern retten; ein barmherziger Pilger nimmt sich seiner an. […] Rudolf kommt in Konstantinopel an. Sein Neffe Bonifait überbringt Irmengart die frohe Nachricht. Die Liebenden werden wieder vereint. In der Nacht brechen Rudolf, Irmengard, Beatrise und Bonifait nach Flandern auf. Sie führen mit Gold und Edelsteinen bepackte Lastesel mit sich. Während einer Nachtruhe werden sie von zwölf Räubern überfallen. Bonifait stirbt im Kampf; Rudolf tötet die Angreifer und hält eine Totenklage auf Bonifait.

Komposition: Ist aufgrund der fragmentarischen Überlieferung nicht rekonstruierbar, dürfte aber u. a. vom Narrativ der gefährlichen Brautwerbung geprägt sein.

Interpretationsansätze: Die Erzählung entwirft ein Gegenmodell zum *Rolandslied*. Die Opposition zwischen Christen und ‚Heiden' wird aufgebrochen und ein ambivalentes Bild gezeichnet: Der christliche König von Jerusalem wird ins Zwielicht gerückt, der ‚heidnische' Sultan hingegen als ehrenwerter Herrscher dargestellt. Als Braut wird nicht eine christliche, sondern eine ‚heidnische' Prinzessin erwählt. Möglicherweise grenzt sich das Werk von der klerikalen Kreuzzugspropaganda ab.

7.2 Brautwerbungsepen mit heilsgeschichtlichem Bezug

7.2.1 *Salman und Morolf*

Textkritische Ausgabe: Karnein 1979 (ATB 85) [zit.]. **Übersetzung:** Spiewok/Guillaume 1996 [zit.]. **Überblicksdarstellungen:** Curschmann 1992 (VL); Röcke 2004 (EM); Röcke 2011 (Killy). **Ausgewählte neuere Forschungsbeiträge:** Griese 1999; Bowden 2012a, 70–101; Bowden 2016; Boyer 2016; Scheuer 2018.

Verfasser:	Unbekannt, vermutlich ein Kleriker.
Auftraggeber:	Unbekannt.
Entstehung:	Drittes Viertel des zwölften Jahrhunderts im Rheinland.
Überlieferung:	Erhalten sind drei vollständige und drei fragmentarische Textzeugen; eine weitere vollständige Handschrift ist verbrannt. Alle Handschriften stammen erst aus dem dritten Viertel des 15. Jh.s. (vgl. HSC Werke/979).
Bildzeugnisse:	Zwei illustrierte Handschriften aus der zweiten Hälfte des fünfzehnten Jahrhunderts (HSC 4747, 5097).
Vorlage:	Mündliche Überlieferung, keine schriftliterarische Vorlage.
Stoffgeschichte:	Spross der mittelalterlichen Sage über den biblischen König Salomo.
Umfang und Form:	784 meist fünfzeilige Strophen (rund 4000 Verse).

Inhalt: [Teil 1] Der christliche König Salman von Jerusalem hat die ‚heidnische' Königstochter Salme entführt, getauft und geheiratet. König Fore von Wendelse greift mit seinem Heer Jerusalem an, scheitert, wird gefangengenommen und in Salmes Obhut übergeben. Mit einem Liebeszauber macht er sie sich gefügig und entführt sie. Salmans Bruder Morolf nimmt, verkleidet als jüdischer Pilger, die Verfolgung auf und kommt ihnen nach sieben Jahren auf die Spur. Er kehrt nach Jerusalem zurück und organisiert für Salman eine Heerfahrt zur Rückholung der Braut. Als Salme ihren Mann erkennt, verrät sie ihn an Fore, der ihn zum Tod am Galgen verurteilt. Am Richtplatz ruft Salman mit dreimaligem Hornruf Morolf und das im Wald wartende Heer herbei. Statt Salman wird Fore hingerichtet. Salman führt Salme heim, außerdem auch Fores Schwester Affer, die sich taufen lässt. Salme gebiert Salman einen Sohn. [Teil 2] Später wird Salme ein zweites Mal mithilfe eines Liebeszaubers entführt, nun von König Princian von Akers. Wieder nimmt Morolf die Verfolgung auf und verkleidet sich abwechselnd als körperlich Behinderter, Pilger, Spielmann, Metzger und Krämer. Er findet Salme, die von Princian auf einem Felsen im Meer verborgen wird. Er erstattet Salman Bericht. Mit einem kleinen Heer und der Hilfe einer Meerfrau und eines Zwergs gelingt es Morolf, Princian zu töten und Salme heimzuholen. Mit Salmans Erlaubnis tötet er Salme und vermählt Salman mit Affer. Das Paar lebt noch dreiunddreißig Jahre.

Komposition: Ähnlich wie im *König Rother* wird das Brautwerbungsschema zweimal durchgespielt, jedoch in gegenläufiger Weise. Die Rolle des Brautwerbers wird nicht von Salman, sondern von dessen Gegenspielern Fore und Princian ausgefüllt, die ihm Salme nacheinander streitig machen (Teil 1: Str. 1–597; Teil 2: Str. 598–784). Salman erwirbt schließlich eine neue Braut, auf Salme folgt Affer. Als Akteur steht Salmans Bruder und Helfer Morolf im Vordergrund, der sich listenreich um die Heimholung der zweimal entführten Braut bemüht und Salman schließlich die neue Braut zuführt.

Interpretationsansätze: Auch in dieser Brautwerbungserzählung gewinnt der Protagonist (Salman) die passende Frau, doch ist es nicht seine erste Braut, die untreue

Salme, sondern die zweite, die zum Christentum bekehrte Affer. Die beiden Entführungsgeschichten, in denen die nichtchristlichen Könige Fore und Princian Salme entführen, erscheinen somit eher als Prozess der Ablösung von der falschen und der Hinwendung zur richtigen Braut. Salme und Morolf sind durch ihren Hang zur Grenzüberschreitung aufeinander bezogen. Die von exzessiver Schönheit geprägte Salme verliebt sich zweimal in fremde Männer und begeht Ehebruch; der von exzessiver Grausamkeit geprägte Morolf bewegt sich mit vielfachen Listen und Maskeraden zwischen den Räumen hin und her.

7.2.2 Münchner Oswald

Textkritische Ausgabe: Curschmann 1974 (ATB 76) [zit.]. **Überblicksdarstellungen:** Curschmann 1987 (VL); Masser 2002b (EM); Händl 2010 (Killy). **Ausgewählte neuere Forschungsbeiträge:** Kragl 2007; Bowden 2012a, S. 102–136; S. Müller 2015; Weitbrecht 2015; Schneider 2020a.

Verfasser:	Unbekannt, vermutlich ein Kleriker.
Auftraggeber:	Welfen (Heinrich der Löwe?).
Entstehung:	um 1170, vermutlich in Regensburg.
Überlieferung:	Der *Münchner Oswald* ist in sechs vollständigen Textzeugen des fünfzehnten Jahrhunderts überliefert (vgl. HSC Werke/2256). Relevant ist vor allem die früheste, wohl um 1170 entstandene Fassung: der *Münchner Oswald*. Auf ihm beruhen zwei spätere Prosafassungen: der *Budapester* und der *Berliner Oswald*. Daneben gibt es den *Wiener Oswald* (eine stark kürzende Nachdichtung) und den *Linzer Oswald* (eine eigenständige Dichtung, die Oswald als Kriegsheld darstellt).
Vorlage:	Die Erzählung beruft sich zwar mehrfach auf ein „deutsches Buch" (V. 1618 u. ö.), hat aber keine schriftliterarische Vorlage. Die frei erfundene Geschichte montiert typische Motive der Brautwerbungs- und Legendendichtung.
Stoffgeschichte:	Die Erzählung knüpft locker an die Legende des heiligen Oswald von Nordhumbrien (gest. 642) an, deren Überlieferung mit der englischen Kirchengeschichte des Beda Venerabilis beginnt (*Historia ecclesiastica gentis Anglorum* II, 5, 20; III, 1–3, 6–7, 9–13). Die Verehrung des Heiligen, der zum Patron der Kreuzfahrer avancierte, wurde in Deutschland von den Welfen gefördert. Anknüpfungspunkte an die kanonische Oswald-Legende sind die Kämpfe gegen die ‚Heiden' und die Bekehrung des Brautvaters zum Christentum.
Umfang und Form:	3564 Reimpaarverse.

Inhalt: [Teil 1] Der junge englische König Oswald will sich verheiraten. Er beruft seine Vasallen ein, um über die Wahl der rechten Braut zu beraten, doch man kommt zu keinem Ergebnis. Ein Pilger namens Warmunt empfiehlt Oswald, um Paug, die heimlich dem Christentum zugeneigte Tochter des Königs Aron, zu werben. Als Brautwerber solle er seinen sprechenden Raben beauftragen. Mit einem Ring und einem Brief ausgestattet, fliegt der Vogel übers Meer in Arons Reich. Unterwegs steigt er in das Reich der gastfreundlichen Meerfrauen hinab, die ihn für einen Engel halten. Als er Aron seine Botschaft ausrichtet, zeigt sich dieser empört, denn er will seine Tochter selbst heiraten. Er lässt den Raben gefangen nehmen, gibt ihn aber wieder frei, nachdem sich Paug für den Botenvogel eingesetzt hat. Sie will Oswalds Werbung annehmen und gibt dem Raben ihrerseits einen Ring und einen Brief mit. Auf der Rückreise verliert der Unglücksrabe den Ring im Meer, doch ein hilfsbereiter Einsiedler, der auf einer Felseninsel lebt, ruft Gott an: Dieser sendet einen Fisch, der den Ring im Maul herbeibringt. Nach seiner Rückkehr richtet der Rabe dem englischen König die gute Botschaft aus. [Teil 2] Nun bricht Oswald mit einem Heer auf, um die Königstochter für sich zu gewinnen. Die Brautwerbungsfahrt ist zugleich ein Kreuzzug, der auf die Unterwerfung, Bekehrung und Taufe der an *Machmet* glaubenden Heiden zielt. Trotz Paugs Forderung, dass Rother den Raben mitbringen solle, vergisst er ihn zuhause. Wieder hilft Gott mit einem Wunder aus und entsendet einen Engel mit dem Auftrag, den Raben zu holen. Dieser fliegt herbei und sucht erneut die Prinzessin auf, um sie über Oswalds Ankunft zu unterrichten. Oswald verwendet eine List. Er bietet mit zwölf Goldschmieden, die ihn auf der Reise begleitet haben, Aron seine Dienste an, die dieser auf Bitten Paugs annimmt. Ein Jahr verstreicht, in dem Oswald nicht in Paugs Nähe vordringen kann. Eine weitere List, die ihm im Schlaf eingegeben wird, führt zum Ziel. Er lässt einen Hirsch mit Gold schmücken und in der Nähe Arons aussetzen, der sich sogleich auf die Jagd begibt. Währenddessen will Paug, die sich als Mann verkleidet hat, fliehen, doch das Tor ist versperrt. Die Gottesmutter Maria sprengt das Schloss auf. Paug eilt zu Oswald, der sogleich mit ihr die Rückreise antritt. Aron nimmt mit einem Heer die Verfolgung auf, und wieder kommt Gott dem bedrängten Oswald zur Hilfe. Der englische König legt ein Gelübde ab, dass er künftig allen Bittstellern, die an ihn herantreten werden, Folge leisten werde. Nachdem das christliche Heer das ‚heidnische' Heer vernichtet hat, macht Oswald mit Aron einen Deal. Wenn der christliche Gott seine Allmacht beweist und die ‚heidnischen' Krieger wieder zum Leben erweckt, will Aron nicht nur der Brautwerbung zustimmen, sondern mitsamt seinem Heer zum christlichen Glauben übertreten und sich taufen lassen. Das Wunder tritt ein, aber Aron verlangt noch ein weiteres Zeichen. Oswald soll mit Gottes Hilfe eine Quelle aus einem Felsen entspringen lassen, was sogleich geschieht. Die nunmehr Bekehrten bitten um ihren sofortigen Tod, damit sie ohne Sünde ins Himmelreich gelangen, und Gott erfüllt ihren Wunsch. Nachdem Oswald seine Braut heimgeführt und Hochzeit gefeiert hat, erscheint Christus als Pilger und stellt Oswald auf die Probe. Dieser hält sein Gelübde ein und ist bereit, dem Pilger alles zu gewähren, was dieser erbittet: sogar Königreich und Ehefrau. Christus gibt sich zu erkennen und kündigt an, dass er in zwei Jahren Oswald und Paug zu sich rufen werde. Bis dahin sollen sie eine keusche Ehe führen. Nach ihrem Tod führen die Engel die Seelen der Verstorbenen direkt ins Himmelreich.

Komposition: Auch der *Oswald* basiert auf einer Pendelbewegung zwischen dem Reich des Brautwerbers und dem Reich des Brautvaters. Die Erzählung lässt sich in zwei Teile gliedern. Der erste umfasst die (diplomatische) Brautwerbung des Botenvogels, die den Widerstand des Brautvaters, aber die Zustimmung der Braut nach sich zieht (V. 1–1632), der zweite die (militärische) Brautwerbung des englischen Königs, der die Braut mithilfe von List und Kampf gegen den Willen des Brautvaters heimführt (V. 1633–3564).

Interpretationsansätze: Die Erzählung verschränkt das Narrativ der gefährlichen Brautwerbung mit der Gattung der Heiligenlegende. Obwohl Gott zahlreiche Wunder wirkt und der Protagonist mit seiner Braut eine keusche Ehe führt, ist die Geschichte nicht so fromm und ernst zu nehmen, wie dies in der rezenten Forschung zuweilen der Fall ist. Die Durchführung der verschränkten Narrative ist komödiantisch, zuweilen geradezu karnevalesk (man denke an den gefräßigen und streitsüchtigen Raben; die Meerfrauen, die ihn für einen Engel halten; das Geschimpfe des Raben mit einem echten Engel; den Todeswunsch der doch eben erst ins Leben zurückgeholten Krieger; die Abtötung der sexuellen Begierde mit einem Sprung ins kalte Wasser etc.). Gleichwohl stellt die Legendenkomödie die Geltung des heiligen Oswald, der als Patron der Kreuzritter verehrt wurde, nicht in Frage. Vielmehr handelt es sich um eine alternative Hagiographie, die der klerikalen Legende ein laikales, auf den Beifall des weltlichen Adels zielendes Gegenstück zur Seite stellt. Der Verfasser dürfte wiederum ein Kleriker gewesen sein, aber einer mit ausgeprägtem Sinn für Humor.

7.2.3 Orendel (Der Graue Rock)

Textkritische Ausgabe: Orendel, hg. von Hans Steinger (ATB 36) [zit.]. **Überblicksdarstellungen:** Curschmann 1990 (VL); Masser 2002a (EM); Ott 2010 (Killy). **Ausgewählte neuere Forschungsbeiträge:** Bowden 2012a. S. 137–162; Schneider 2020a; Winkelsträter 2020.

Verfasser:	Unbekannt, vermutlich ein Kleriker.
Auftraggeber:	Das Epos dürfte im Auftrag des Trierer Episkopats entstanden sein, der aus dem angeblichen Besitz der am ersten Mai 1196 im Hochaltar des Trierer Doms deponierten Reliquie eine Vorrangstellung unter den Bistümern nördlich der Alpen ableitete.
Entstehung:	Um 1190.
Überlieferung:	Die einzige Handschrift, entstanden im Jahr 1477 im Elsass, ist verbrannt. Der Text ist jedoch durch einen neuzeitlichen Abdruck und eine neuzeitliche Abschrift erhalten. Hinzu kommt ein Augsburger Druck des Jahres 1512 (vgl. HSC Werke/1492). 1512 entstand auch eine gedruckte Prosafassung des *Orendel* (Johann Otmar).
Vorlage:	Mündliche Überlieferung, keine schriftliterarische Vorlage.

Stoffgeschichte: Die frei erfundene Geschichte montiert typische Motive der Brautwerbungs- und Legendendichtung. Der Plot orientiert sich teilweise an den Apolloniusromanen.
Umfang und Form: 3895 Reimpaarverse.

Inhalt: [Teil 1] Der Trierer Königssohn Orendel zieht ins Heilige Land, um dem Heiligen Grab zu dienen und Bride, die unverheiratete Königin Jerusalems, zu ehelichen. Auf der Reise dorthin erleidet er Schiffbruch, kauft einem Fischer den Heiligen Rock ab und kämpft gegen feindliche ‚Heiden'. Er heiratet Bride, die ihm das Schwert und die Krone des biblischen Königs David überreicht und sich an weiteren Kämpfen beteiligt. Die Belagerung Triers durch die ‚Heiden' macht die Rückkehr Orendels erforderlich, Bride begleitet ihn. Auf Geheiß Gottes lässt Orendel den Heiligen Rock im Trierer Dom zurück. [Teil 2] Als Jerusalem erneut von ‚Heiden' bedroht wird, kehren Orendel und Bride ins Heilige Land zurück. Unterwegs wird Bride vom babylonischen König Minold entführt und von Orendel befreit. In Jerusalem stellt Orendel die christliche Herrschaft wieder her. Stets genießen die Eheleute den Schutz Gottes, der von ihnen beständige Keuschheit verlangt. Nach ihrem frühen Tod werden sie ins Himmelreich aufgenommen.

Komposition: Die Komposition beruht auf einer Pendelbewegung zwischen Trier und Jerusalem. Sie ist vom Prinzip des Doppelwegs bestimmt, der den Helden zweimal ins Heilige Land führt. Auf die summarisch erzählte Vorgeschichte des Heiligen Rocks (V. 1–154) folgt der erste Hauptteil, dessen Episoden den Schiffbruch des Helden, zahlreiche ‚Heidenkämpfe', die erfolgreiche Werbung um Bride und die Investitur als König von Jerusalem umfassen (V. 155–2373). Der zweite Hauptteil (V. 2374–3895) führt Orendel, der einige Heerfahrten in Gebiete jenseits des Heiligen Landes unternimmt, zurück nach Trier, das ebenfalls von ‚Heiden' belagert wird. Er befreit seine Heimatstadt, lässt dort den Heiligen Rock zurück und tritt die von weiteren Kampfepisoden unterbrochene Rückreise nach Jerusalem an, das erneut von ‚Heiden' belagert wird. Nachdem Orendel das Heilige Land befreit hat, wird ihm verkündet, dass er und seine Ehefrau bald sterben und ins Himmelreich gelangen werden.

Interpretationsansätze: Der *Orendel* ist ein an den weltlichen Adel adressiertes Propagandastück zugunsten des Bistums Trier, das nicht nur mit Rom, sondern auch mit Jerusalem konkurrieren will. Wie Rom den wichtigsten Bischofssitz südlich der Alpen darstellt, so beansprucht Trier für sich die Vorrangstellung nördlich der Alpen. Zu diesem Zweck wird die Geschichte des symbolisch auf den Papst verweisenden Fischerkönigs Ise erzählt, der Orendel den Heiligen Rock überlässt und in den Dienst des Heiligen Landes tritt. Die Pendelbewegung zwischen Trier und Jerusalem unterstreicht die angebliche Spiegelbildlichkeit dieser Städte. In Jerusalem vollzog sich die Passion Christi, die blutige Spuren im Heiligen Rock hinterließ; in Trier, wo der Heilige Rock als Reliquie verehrt wird, soll angeblich das Jüngste Gericht stattfinden. Das Brautwerbungsnarrativ dient dazu, die Handlung zu strukturieren und den Führungsanspruch Triers in eine heiratspolitische Geschichte einzukleiden, die auf eine lange Gattungstradition zurückblicken kann.

7.3 Tierepik

7.3.1 Heinrich (der Gleißner), *Reinhart Fuchs*

Vorlage: *Le Roman de Renart* (Strubel 1998). **Textkritische Ausgabe:** Düwel 1984 (ATB 96). **Studienausgabe mit Übersetzung und Kommentar:** Göttert 2022 (RUB 14220) [zit.]. **Überblicksdarstellungen:** Ruh 1980, S. 13–33; Düwel 1981 (VL); Fasbender/Grubmüller 2009 (Killy); Knapp 2013 (GLMF). **Ausgewählte neuere Forschungsbeiträge:** Neudeck 2004; Rohr 2004; Dietl 2009b; Schwab 2010; Dimpel 2013; Hufnagel 2016b; Hübner 2016; Neudeck 2016; Weitbrecht 2016a; Darilek 2020; Fuchs 2022; Witthöft 2022; Schneidergruber 2023.

Verfasser:	Heinrich (der Gleißner, der Glîchezâre), vermutlich ein Kleriker, der für ein elsässisches Publikum schrieb.
Auftraggeber:	Möglicherweise die Grafen von Dagsburg (Elsass).
Entstehung:	Nach 1192 (um 1200?).
Überlieferung:	Zwei vollständige Handschriften aus dem ersten Viertel des vierzehnten Jahrhunderts (Fassungen K und P) und eine fragmentarische Handschrift vom Anfang des dreizehnten Jahrhunderts (Fassung S) (vgl. HSC Werke/479).
Vorlage:	*Le Roman de Renart*, wohl in der frühen Fassung von Pierre de Saint-Cloud (ca. 1174–1176). Heinrich ordnete und ergänzte die ihm vorliegenden Episoden zu einem in sich abgeschlossenen Buchepos, das er an einer Stelle als *Îsengrines nôt* bezeichnet (V. 1790, Fassung S).
Stoffgeschichte:	Der *Roman de Renart* geht auf eine Reihe ursprünglich mündlich überlieferter Tiergeschichten zurück, die um die bösartigen Streiche eines listigen Fuchses kreisen; er wurde seit der Mitte des zwölften Jahrhunderts ausgebaut und ergänzt.
Umfang und Form:	2266 Reimpaarverse.

Inhalt: [Teil 1, Abschnitt 1] Reinhart stellt einer Reihe kleiner, ihm unterlegener Tiere nach (Hahn, Meise, Rabe, Katze), die ihm aber aufgrund ihrer Klugheit entwischen. [Teil 1, Abschnitt 2] Reinhart schließt ein Scheinbündnis mit dem Wolf Isengrin, dem er in einer Reihe von Listen großen Schaden zufügt. Isengrin wird verprügelt, kastriert, tonsuriert und um seinen Schwanz gebracht, seine Frau wird von Reinhart vergewaltigt. [Teil 2] Der König, Löwe Vrevel, beruft einen Hof- und Gerichtstag ein. Zuvor greift er das Ameisenreich an. Der Burgherr der Ameisen rächt sich, in dem er dem Löwen ins Ohr kriecht und ins Hirn zwickt. Reinhart wird von den geschädigten Tieren angeklagt und vor Gericht gestellt. Er rettet sich vor der drohenden Todesstrafe, indem er sich als Arzt ausgibt und dem König Heilung von seinen peinigenden Kopfschmerzen verspricht. Für die angebliche Therapie lässt der König auf Anraten des Fuchses den Wolf, den Bären und die Katze schinden, das Huhn kochen, dem Eber ein Stück Fleisch aus dem Leib und dem Hirsch einen Gürtel aus der Haut schneiden. Mit einer Schwitzkur vertreibt Reinhart die Ameise aus dem Kopf des Löwen. Am Ende vergiftet er den König und stiehlt sich gemeinsam mit seinem treuesten Bundesgenossen, dem Dachs, davon.

Komposition: Das Tierepos fügt sich aus drei Abschnitten zusammen. Die ersten beiden Abschnitte lassen sich als zwei Bögen eines ersten Hauptteils auffassen, dem der dritte Abschnitt als zweiter Hauptteil gegenübergestellt wird. Der erste Abschnitt enthält bösartige, aber misslingende Streiche des Fuchses gegen Hahn, Meise, Rabe und Kater (V. 13–384), der zweite seine sadistischen Attacken auf den Wolf Isengrin und seine Frau Hersant. Der zweite Hauptteil erzählt vom desaströsen Gerichtstag des Löwen Vrevels (V. 1239–2248), der aufgrund der Einflüsterungen des Fuchses zahlreiche Tiere zu Körper- und Todesstrafen verurteilt. Die Erzählung wird von einem Prolog (V. 1–12) und einem Epilog (V. 2249–2266) umrahmt und von einem Titulus, d. h. einer Auskunft über Autor und Werk (V. 1784–1794), unterbrochen.

Interpretationsansätze: Die Erzählung bietet eine „antihöfische Kontrafaktur" (Ruh 1980, S. 13). Reinhart Fuchs wird als Inkarnation des Bösen vorgestellt. Sein nüchternfatalistisches Weltbild erinnert an das *Nibelungenlied*, auf dessen Sage der Verfasser mit der Erwähnung des Nibelungenhorts (V. 662: *nybelvnge hort*) explizit anspielt. Das Tierepos bietet einen Gegenentwurf zum idealen Selbstbild, das die höfische Gesellschaft in der höfischen Dichtung entwirft. Die Vergewaltigung der Wölfin wird als pervertierter Minnedienst vorgestellt, der manipulierte Gerichtstag des Löwen lässt sich als Kritik am (staufischen) Königtum deuten.

7.4 Heldenepen französischer Provenienz (*Chansons de geste*)

7.4.1 Pfaffe Konrad, *Rolandslied*

Vorlage: *Chanson de Roland* (Kaiser 1999 [RUB 2746]). **Textkritische Ausgabe:** Wesle/Wapnewski 1985 (ATB 69). **Studienausgabe mit Übersetzung und Kommentar:** Kartschoke 1993 (RUB 2745) [zit.]. **Überblicksdarstellungen:** Nellmann 1985 (VL); Vollmann-Profe 1993; Henkel 2004 (EM); Kartschoke 2009 (Killy); Bastert u. a. 2014 (GLMF). **Ausgewählte neuere Forschungsbeiträge:** Bastert 2010; Reichlin 2012; Hellgardt 2015; Quast 2016; Jasperse 2017; Spreckelmeier 2019; Bigalke 2022; Klinger 2025.

Verfasser:	Pfaffe Konrad.
Auftraggeber:	Heinrich der Löwe, Herzog von Sachsen (1142–1180) und Bayern (1156–1180).
Entstehung:	Um 1172 wohl am Regensburger Hof.
Überlieferung:	Eine vollständige Handschrift, die um das Jahr 1200 angefertigt wurde, und sechs fragmentarische Handschriften vom letzten Drittel des zwölften Jahrhunderts bis zum zweiten Viertel des dreizehnten Jahrhunderts (vgl. HSC Werke/202).
Bildzeugnisse	Zwei illustrierte Handschriften vom Ende des zwölften Jahrhunderts (HSC 1145, 5828).
Vorlage:	*Chanson de Roland* (vor 1115), 4002 zehnsilbige assonierende Verse, eingeteilt in 291 Strophen ungleicher Länge.

7.4 Heldenepen französischer Provenienz (*Chansons de geste*)

Stoffgeschichte: Das *Rolandslied* bezieht sich auf die Schlacht von Roncesvalles (778), von der auch Einhard, der Biograph Karls des Großen, in seiner *Vita Karoli Magni* berichtet. Das *Rolandslied* schildert das historische Ereignis in mythisch-legendarischer Überformung. Der fränkische König war mit seinem Heer nach Spanien gezogen, um die Sarazenen zurückzudrängen. Als er unverrichteter Dinge den Rückzug antrat, wurde die Nachhut des fränkischen Heers in den Pyrenäen von den Basken überfallen. Das Haupheer kehrte um, gelangte aber zu spät zum Schlachtfeld. Das *Rolandslied* schreibt die historische Niederlage in einen fulminanten Sieg Karls des Großen über die ‚Heiden' um.

Umfang und Form: 9094 vierhebige Reimpaarverse.

Inhalt: [Vorgeschichte] Die Armee Karls des Großen kämpft seit sieben Jahren in Spanien gegen die Sarazenen, die von König Marsilie angeführt werden. Die letzte Stadt, die sich noch widersetzt, ist Saragossa. Weil sich Marsilie von der gewaltigen Armee Karls des Großen bedroht sieht, rät ihm ein Gefolgsmann, mit dem Kaiser zu verhandeln und ihm die Kapitulation sowie Geiseln anzubieten. Marsilie schickt Boten zu Karl und verspricht Schutz, wenn sich die Franken nach Frankreich zurückziehen, und bietet seine Bekehrung zum Christentum an. Kampfesmüde nehmen Karl und seine Leute das Friedensangebot an. Roland schlägt seinen Stiefvater Genelun als Boten vor. Genelun unterstellt Roland, dieser wolle ihn in den Tod schicken. Er rächt sich, indem er den Sarazenen rät, die von Roland angeführte Nachhut der fränkischen Armee aus dem Hinterhalt anzugreifen, sobald sie die Pyrenäenpässe betrete. So geschieht es. [Hauptteil, erster Bogen] Die Sarazenen greifen bei Roncesvalles die fränkische Nachhut an und überwältigen sie. Olivier, der an Rolands Seite kämpft, bittet diesen, mit einem Hornsignal die fränkische Armee zur Hilfe zu rufen. Roland lehnt dies stolz ab. Erst als fast alle Gefolgsleute tot sind und der schwer verwundete Roland weiß, dass ihn Karls Armee nicht mehr retten kann, bläst er in sein Horn. Seine Schläfe platzt auf, und er stirbt den Märtyrertod. Engel tragen seine Seele ins Paradies. [Hauptteil, zweiter Bogen] Als Karl der Große mit seinem Heer das Schlachtfeld erreicht, findet er die Leichen Rolands und seiner Männer. Die Franken gewinnen die Oberhand. Marsilie flieht und bittet König Paligan um Hilfe. Als Karl Paligan im Kampf tötet, zerstreut sich die sarazenische Armee, und die Franken erobern Saragossa. [Nachgeschichte] Karl und sein Heer kehren nach Aix, ihre Hauptstadt in Frankreich, zurück und führen Brechmunda, die Königin von Saragossa, mit sich. Die Franken entdecken Geneluns Verrat und stellen ihn vor Gericht. Er wird für seinen Verrat gegen den Kaiser verurteilt. In einem stellvertretenden Gerichtskampf unterliegt Genelun. Seine Schuld gilt als erwiesen, und er wird gemeinsam mit dreißig Verwandten hingerichtet.

Komposition: Der Roman wird von einem Prolog (V. 1–16) und einem Epilog (V. 9077–9094) gerahmt. Die Erzählung umfasst eine Vorgeschichte, die von Geneluns Verrat handelt (V. 17–3240), einen Hauptteil, in dessen Mittelpunkt die umfangreichen Kriegsschilderungen stehen, und eine Nachgeschichte, die von Geneluns

Bestrafung berichtet (V. 8673–9076). Der Hauptteil gliedert sich in zwei parallele, sich steigernde Handlungsbögen. Der erste umfasst Rolands Niederlage in der Schlacht gegen Marsilie (V. 3241–6949), der zweite den Sieg Karls des Großen in der Schlacht gegen Paligan (V. 6950–8672). Der erste Bogen ist durch die beiden Hornszenen in sich gedoppelt. Der erste und der zweite Bogen sind durch die Totenklagen Rolands um Olivier und Turpin bzw. Karls um Roland aufeinander bezogen. Eine weitere Parallele besteht zwischen dem Eingreifen Marsilies, das den Glückswechsel zugunsten der Sarazenen bewirkt (erster Bogen), und dem Eingreifen Karls, das den Glückswechsel zugunsten der Franken einleitet (zweiter Bogen).

Interpretationsansätze: Das *Rolandslied* repräsentiert die geistlich und patriarchal geprägte vorhöfische Phase der mittelhochdeutschen Epik. Davon zeugen die Dominanz der hagiographischen Züge und die Abwesenheit des höfischen Liebesdiskurses. Die Verlobung Rolands mit Oliviers Schwester Alda unterstreicht in erster Linie die Verbindung der Waffenbrüder. Dem externen Konflikt zwischen Christen und ‚Heiden' entspricht der interne Konflikt zwischen Roland und dem Verräter Genelun. In beiden Fällen sorgt der Kaiser für Recht und Ordnung. Das deutsche Interesse am *Rolandslied* dürfte mit der Heiligsprechung Karls des Großen im Jahr 1165 auf Betreiben Friedrichs I. Barbarossa zusammenhängen.

7.4.2 Wolfram von Eschenbach, *Willehalm*

Vorlage: *Aliscans* (Régnier 2007). **Textkritische Ausgabe:** Heinzle 1994 (ATB 108). **Studienausgaben mit Übersetzung und Kommentar:** Brunner 2018 (RUB 19462) [zit.]; Heinzle 2009 (DKV TB 39); Kartschoke 2003 (De Gruyter Texte). **Überblicksdarstellungen:** Ruh 1980, S. 154–195; Kiening 1993; Greenfield/Miklautsch 1998; Bumke 1999 (VL); Bumke 2004, S. 276–406; Kiening 2011 (Killy); Heinzle 2014 (EM); Hennings/Knapp 2014 (GLMF). **Ausgewählte neuere Forschungsbeiträge:** Fuchs-Jolie 1997; Gerok-Reiter 2000; Przybilski 2000; Young 2000; Kiening 2002; Starkey 2004; J. D. Martin 2004; Manuwald 2008; Wutz 2009; Toepfer 2010; Hathaway 2012; Bleuler 2016b; Gall 2018; Schmitz 2018.

Verfasser:	Wolfram von Eschenbach.
Auftraggeber:	Landgraf Hermann I. von Thüringen.
Entstehung:	1210/20.
Überlieferung:	Wolframs *Willehalm* ist, nach seinem *Parzival*, das am zweithäufigsten überlieferte Werk der höfischen Epik des deutschen Mittelalters. Es ist in zwölf vollständigen und achtundsechzig fragmentarischen Handschriften überliefert. Die älteste und wichtigste Überlieferung, auf die sich die textkritischen Editionen stützen, ist Codex 857 der Stiftsbibliothek St. Gallen aus dem zweiten Drittel des 13. Jahrhunderts, der auch die maßgeblichen Fassungen des *Nibelungenlieds* und des *Parzival* enthält (vgl. HSC Werke/440).

7.4 Heldenepen französischer Provenienz (*Chansons de geste*)

Bildzeugnisse: Sechs illustrierte Handschriften: eine aus der zweiten Hälfte des dreizehnten Jahrhunderts (HSC 1064), drei aus der ersten Hälfte (HSC 1131, 7509, 6489) und zwei aus der zweiten Hälfte des vierzehnten Jahrhunderts (HSC 2330, 6676).

Vorlage: *Chanson d'Aliscans* (um 1185), 8304 zehnsilbige assonierende Verse in 192 Strophen.

Stoffgeschichte: Wolframs Vorlage, die *Chanson d'Aliscans*, gehört zu einem Zyklus von Heldenepen, die von Wilhelm von Oranien handeln. Diese Figur geht auf Wilhelm von Aquitanien zurück. Wilhelm war von 790 bis 806 Graf von Toulouse, dann zog er sich in ein Kloster zurück. 1066 wurde er heiliggesprochen. Im Mittelpunkt der *Chanson d'Aliscans* steht eine fiktive Schlacht zwischen Christen und ‚Heiden' in Aliscans. Der Ortsname geht vermutlich auf die römische Nekropole Alyscamps am Stadtrand von Arles zurück.

Umfang und Form: Wie der *Parzival* ist auch der *Willehalm* in Abschnitte von jeweils dreißig Reimpaarversen eingeteilt (,Dreißiger'). Diese Gliederung ist teilweise in den Handschriften markiert. Der Schluss der Erzählung ist nicht ausgeführt. Der überlieferte Text besteht aus 467 Abschnitten, deren letzter nach dreiundzwanzig Versen abbricht. Dies ergibt insgesamt 14003 Verse.

Inhalt: [Buch I: Die erste Schlacht auf Alischanz] Anlass der Schlacht ist ein heiratspolitischer Konflikt. Willehalm, Markgraf der Provence, hat Arabel, die Tochter des ‚heidnischen' Kaisers Terramer und Ehefrau Tybalts von Arabien, geheiratet. Arabel ist zum Christentum konvertiert und hat den Namen Gyburg angenommen. Terramer fällt mit seinem Heer in die Provence ein, um seine Tochter zurückzugewinnen. In der Schlacht auf Alischanz unterliegen die Franzosen der Übermacht ihrer Gegner. Willehalms Neffe Vivianz tötet zahlreiche Gegner, wird selbst tödlich verletzt, kämpft aber dennoch weiter. Willehalm kann sich retten und flieht ins Gebirge. [Buch II: Willehalms Weg nach Orange und sein Abschied] Vivianz liegt im Sterben. Willehalm findet und bewacht ihn. Vivianz stirbt, sein Tod wird als von Wundern begleitetes Martyrium geschildert. Willehalm klagt um seinen toten Neffen. Der Kampf wird fortgesetzt. Willehalm tötet Arofel von Persien, um Vivianz zu rächen. Willehalm legt Arofels Rüstung an und nimmt dessen Pferd an sich. In dieser Tarnung tötet er den ‚heidnischen' König Tesereiz von Collone. Willehalm reitet zur belagerten Burg Orange, wo seine Frau Gyburg die Stellung hält, und befreit zahlreiche christliche Gefangene. Gyburg erkennt ihn zunächst nicht, als er um Einlass bittet. Dann empfängt und versorgt sie ihn, und sie lieben sich (Kemenatenszene). Auch Gyburg beklagt den Tod des jungen Vivianz. Willehalm bricht auf, um am Königshof in Laon die Hilfe der Franzosen zu holen, während Gyburg weiterhin Orange gegen die Belagerer verteidigt. Willehalm und Gyburg tauschen ihre Herzen und schwören einander Treue. [Buch III: Der Ritt zum Königshof] Willehalm reitet zum Hof des Königs Loys in Laon, wo ein Hoftag abgehalten wird. Gyburg führt über die Mauer hinweg ein Gespräch mit ihrem Vater Terramer, der ihr einen grausamen

Tod androht. Sie will ihn von der Überlegenheit des christlichen Glaubens überzeugen. Auf dem Weg nach Laon gelangt Willehalm nach Orleans, wo man von ihm gegen geltendes Recht Zoll abverlangt. Als er das Schwert zieht, greift Graf Ernalt ein und kämpft gegen ihn. Er erkennt in ihm seinen Bruder und verspricht ihm Beistand. Willehalm reitet weiter und übernachtet in einem Kloster. Als er in Laon ankommt, verweigern ihm König und Königin den Zugang zum Hof. Der Kaufmann Wimar gewährt Willehalm Gastfreundschaft, doch dieser nimmt nur Wasser und Brot zu sich. Als Willehalm später doch am Hof empfangen wird, kommt es zum Eklat. Er schlägt seine Schwester, die Ehefrau des Königs, um sie für ihren mangelnden Respekt zu bestrafen. Der Konflikt wird geschlichtet, indem man Alyse, die schöne Tochter des Königspaars, in den Saal ruft. Willehalm gewinnt die Unterstützung seines anwesenden Vaters, des Herzogs Heimrich von Narbonne, sowie seiner Brüder. [Buch IV: Vorbereitungen zur zweiten Schlacht] Willehalm erlangt auch die Zustimmung der Königin. Sie beklagt die in der ersten Schlacht Gefallenen und bietet materielle Hilfe für die zweite Schlacht an. Das Hoffest wird gefeiert. Willehalm verhandelt mit dem König, der schließlich der Heerfahrt gegen Terramer zustimmt. Willehalm wird auf Rennewart aufmerksam, einen jungen Mann mit Riesenkräften, der als Küchenjunge dient (und mit dem tumben Parzival verglichen wird). Niemand weiß, dass es sich um einen Bruder Gyburgs handelt, den es an den Königshof verschlagen hat. Dort muss er Küchendienste verrichten, weil er sich nicht taufen lassen will. Willehalm erhält die Erlaubnis, Rennewart zur Verstärkung mitzunehmen, und bricht mit dem Heer nach Orange auf. Unterwegs kehrt er wieder im inzwischen niedergebrannten Kloster ein. In Orléans erteilt der König Willehalm den Oberbefehl über das königliche Heer. [Buch V: In Orange] Gyburg trägt eine Rüstung und beteiligt sich an der Verteidigung der belagerten Stadt. Erneut führt sie ein Gespräch mit ihrem Vater Terramer, um ihn vom christlichen Glauben zu überzeugen. Sie hält an ihrer Liebe zu Willehalm fest. Das feindliche Heer setzt Orange in Brand und zieht sich zurück, um sich auf die zweite Schlacht vorzubereiten. Willehalm kommt in Orange an und wird eingelassen. Gyburg erschrickt vor Rennewart. Erneute Kemenatenszene. Die Franzosen sowie Willehalms Vater und Brüder treffen ein und werden in der Burg empfangen. Gyburg beklagt im Gespräch mit Willehalms Vater die gefallenen Verwandten. [Buch VI: Rennewart auf Orange und Kriegsrat] Beim abendlichen Mahl tritt Rennewart auf, der alle mit seiner Schönheit und Stärke beeindruckt. Als die Knappen Rennewart necken, jagt er sie aus dem Saal. Nachdem die Fürsten die Burg verlassen haben, treffen sich Willehalm und Gyburg wieder in der Kemenate und lieben sich. Rennewarts Lebensgeschichte wird enthüllt. Rennewart tötet den Koch, der ihm den Bart versengt hat. Gyburg besänftigt ihn und gibt ihm Rüstung und Schwert. Der Kriegsrat wird abgehalten. Willehalm und sein Vater Heimrich halten Reden. Die Heerfahrt wird als Kreuzzug verstanden. Bevor die Fürsten Abschied nehmen, bittet Gyburg darum, das Leben der besiegten Gegner zu schonen, zumal es sich um ihre Verwandten handle. Sie verweist darauf, dass alle Menschen als ‚Heiden' geboren und erst durch die Taufe zu Christen werden. [Buch VII: Vorbereitungen zur Schlacht] Das Heer bricht auf, Rennewart vergisst zweimal seine Stange. Auch Terramers Heerscharen ziehen auf. Wilhelm appelliert an den Mut seines Heeres, doch die Franzosen ziehen sich angesichts des feindlichen Heeres zurück. Rennewart verhindert die Flucht der Franzosen, indem er ihnen den Weg abschneidet, viele der Fliehenden tötet und die Übrigen zurück in die

Schlacht zwingt. Er übernimmt die Führung über die Franzosen. Willehalm lobt die zurückgekehrten Franzosen. Die feindlichen Heere spähen einander aus. Die zehn feindlichen Heere und ihre Führer werden der Reihe nach vorgestellt. Das zehnte Heer untersteht Terramer, der die römische Krone für sich beansprucht. Er beklagt die Treulosigkeit seiner Tochter Arabel/Gyburg. [Buch VIII: Die zweite Schlacht auf Alischanz] Die Kämpfe der Christen gegen die zehn feindlichen Heere werden ausführlich beschrieben. Rennewart tötet auch die Pferde der Feinde, weil sie ebenso geschmückt sind wie die Ritter. Willehalms Vater Heimrich greift in die Kämpfe ein. Der Erzähler ist es müde, die Kämpfe zu beschreiben, und wünscht sich, dass ihm jemand diese Aufgabe abnähme. Der Krieg sei ein Morden, das auf beiden Seiten Unheil anrichte. [Buch IX: Höhepunkte der Schlacht und Willehalms Sieg] Das neunte Buch wird mit einer Anrufung Gyburgs eröffnet; sie wird, wie zuvor schon Willehalm, zur Heiligen erklärt. Die Kämpfe führen zu ungeheuren Verlusten auf ‚heidnischer' Seite. Willehalm, sein Vater und seine Brüder töten die Feinde der Reihe nach. Rennewart befreit die gefangenen christlichen Kämpfer. Im Zweikampf mit einem feindlichen König zerbricht die Stange Rennewarts, der nun mit dem Schwert weiterkämpft und überrascht dessen Vorteile erkennt. Die ‚Heiden' erkennen ihre Niederlage und ergreifen die Flucht. Willehalm verwundet den fliehenden Terramer. Im Nachtlager erholen sich die überlebenden Christen bei einem Festmahl von den Strapazen des Kampfes und erfreuen sich ihres Siegs. Willehalm beklagt den verschwundenen Rennewart wie einen Toten. Willehalm gelangt zu einem Zelt mit den aufgebahrten und einbalsamierten Leichen der gefallenen ‚heidnischen' Könige und trägt einem der überlebenden Könige auf, die Leichen heimzuführen, damit sie gemäß ihrer Religion bestattet werden können. An dieser Stelle bricht der Roman ab.

Komposition: Die Einteilung des *Willehalm* in neun Bücher geht auf den Herausgeber Werner Schröder zurück, der sich an Markierungen der mittelalterlichen Handschriften orientierte. Die neun Bücher lassen sich in drei Hauptteile gliedern, die zwei, vier und wiederum zwei Bücher umfassen. Die Bücher I und II schildern die erste Schlacht auf Alischanz, die mit der Niederlage der Christen endet. Höhepunkt ist Wilhelms Klage um Vivianz. Die Bücher III bis VII schildern die Vorbereitungen auf die zweite Schlacht. Während Willehalm Hilfe aus Frankreich holt, verteidigt Gyburg Orange. Die Bücher VIII und IX schildern die zweite Schlacht auf Alischanz, die mit dem Sieg der Christen endet. Höhepunkt ist Wilhelms Klage um Rennewart. Die Erzählung bildet somit, bildlich gesprochen, ein Triptychon: Die Haupttafel umfasst vier, die Seitentafeln je zwei Bücher. Die Raumstruktur ist spiegelsymmetrisch angelegt (Prinzip der Schachtelung, s. Abschn. 5.3.2). Die Erzählung beginnt und endet in Alischanz, wo die Schlachten ausgetragen werden. Dazwischen kehrt Willehalm zweimal in die von den Sarazenen belagerte Burg Orange ein, wo seine Frau Gyburg die Stellung hält. Im Mittelpunkt steht Willehalms Besuch in Laon, wo er den römischen Kaiser Loys (Ludwig der Fromme) um Hilfe bittet. Auf dem Weg von Orange nach Laon und zurück hält Willehalm jeweils in Orléans sowie in einem Kloster Einkehr (Alischanz I, Orange I, Orleans I, Kloster I, Laon, Kloster II, Orleans II, Orange II, Alischanz II). Der *Willehalm* enthält zwei Prologe. Der erste eröffnet das erste Buch und ist Willehalm gewidmet (1,1–5,14), der zweite eröffnet das neunte Buch und ist Gyburg gewidmet (403,1–10).

Interpretationsansätze: Wolfram überformt die vorgegebene Gattung des Heldenpos (*Chanson de geste*) mit der Gattung des höfischen Romans. Während das *Rolandslied* von ‚monologischer Männlichkeit' geprägt ist, steht Gyburg im *Willehalm* als weibliche Hauptfigur im Mittelpunkt des Konflikts zwischen Christen und ‚Heiden'. Die religiöse Grenze wird durch Arabels/Gyburgs Glaubens- und Seitenwechsel überschritten. Während das *Rolandslied* eine binäre Opposition zwischen christlichen Gotteskriegern und ‚heidnischen' Feinden aufbaut, relativiert der *Willehalm* die religiöse Differenz mit dem höfischen Liebeskult: Auf beiden Seiten kämpfen die Ritter im Dienst höfischer Damen. Wolfram baut die Verwandtschaftsverhältnisse aus und betont zugleich die prinzipielle Verwandtschaft aller Menschen (auch der Nichtchristen), die er als Argument gegen den Krieg geltend macht. Wie das *Rolandslied* bezieht sich auch der *Willehalm* auf die Reichsgeschichte. An die Stelle Karls des Großen tritt dessen Sohn und Nachfolger Ludwig der Fromme (König Loys). Nach anfänglichem Zögern kommt er Willehalm zu Hilfe, da das Reich selbst auf dem Spiel steht, und setzt ihn als Oberbefehlshaber ein. Der Besuch am Königshof in Laon ist das kompositorische Zentrum der Erzählung, der Sinneswandel des Königs bringt die Wende von der Niederlage zum Sieg. Die Vorstellung des Heiligen Kriegs der Christen gegen die ‚Heiden' wird durch Wolframs Verdikt in Frage gestellt, dass Krieg ein heilloses Gemetzel (*mort*) sei. Die Toten werden, zum Teil mit wörtlichen Anspielungen auf *Rolandslied* und *Nibelungenklage*, betrauert: im ersten Teil Vivianz (ein Christ), im zweiten Teil Rennewart (ein ‚Heide' auf Seiten der Christen). Willehalm lässt die Leichen der gefallenen ‚Heiden' in ihre Heimat geleiten, damit sie dort bestattet werden können, und anerkennt somit, dass auch auf der gegnerischen Seite verlorene Menschenleben zu beklagen sind. Der Erzähler verurteilt den Krieg als Sünde: *grôzer sünde ich drumbe gihe* (V. 450,18 „Ich behaupte, dass das eine große Sünde ist"). Wie im *Rolandslied* spielt auch im *Willehalm* die Heiligkeit der christlichen Hauptfiguren eine große Rolle. Willehalm wird im Prolog als Fürsprecher der christlichen Ritter bei Gott empfohlen, Gyburg zu Beginn des neunten Buchs als Heilige und Fürbitterin angerufen.

7.5 Heldenepen deutscher Provenienz

7.5.1 *Nibelungenlied*

Textkritische Ausgaben: Bartsch 1870–80 [1966]; Hennig 1977 (ATB 83) [Hs. C]; Vorderstemann 2000 (ATB 114) [Hs. n]; Kofler 2020 [Hs. D]. **Studienausgaben mit Übersetzung und Kommentar:** Schulze 2011 (RUB 18914) [zit.]; Heinzle 2015 (DKV TB 51); Reichert 2017 (De Gruyter Texte) [ohne Übersetzung]. **Überblicksdarstellungen:** Heinzle 1987; Curschmann 1987 (VL); Millet 2008, S. 175–238; J.-D. Müller 1993; Ehrismann 2002; J.-D. Müller 2015; Curschmann 2010 (Killy); Miedema 2011; Schulze 1997. **Ausgewählte neuere Forschungsbeiträge:** Strohschneider 1997; J.-D. Müller 1998; Quast 2002; Heinzle (Hg.) 2003; Lienert 2003; Scheuble 2005; Fasbender (Hg.) 2005; Starkey 2007; Renz 2012; Toepfer 2012; Kragl 2013b; Bedeković u. a. (Hgg.) 2014; Heinzle 2014; Lienert 2015; Bastert 2018; F. Schmid 2018; Haferland 2019; Lienert 2020; Braun 2023; Müller 2023; Quast 2023; Klinger 2025.

Verfasser:	Unbekannt. Vermutlich ein Kleriker, der zum Umkreis des Passauer Bischofs gehörte oder von diesem als Berufsdichter engagiert wurde.

7.5 Heldenepen deutscher Provenienz

Auftraggeber: Wolfger von Erla, Bischof von Passau (1191–1204).
Entstehung: Um 1200.
Überlieferung: Das *Nibelungenlied* ist vollständig in dreizehn Handschriften vom zweiten Viertel des dreizehnten Jahrhunderts bis zum frühen sechzehnten Jahrhundert (*Ambraser Heldenbuch*) überliefert. Besonders wichtig sind drei handschriftliche Fassungen, die mit den Siglen A, B und C bezeichnet werden. Hinzukommen vierundzwanzig fragmentarische Handschriften. Zwei Drittel der Handschriften überliefern die Fassung C, die sich durch die metrische Glättung, die Beseitigung handlungslogischer Inkonsequenzen und die Stärkung der christlichen Perspektive auszeichnet (vgl. HSC Werke/271).
Bildzeugnisse: Drei illustrierte Handschriften: eine aus der zweiten Hälfte des dreizehnten Jahrhunderts (HSC 1211) sowie je eine aus der ersten (HSC 3622) und zweiten (HSC 3627) Hälfte des fünfzehnten Jahrhunderts.
Vorlage: Keine schriftliterarische Vorlage, aber intertextuelle Bezüge zur höfischen Dichtung (u. a. zum donauländischen Minnesang, zum *Eneasroman* Heinrichs von Veldeke und zum *Erec* Hartmanns von Aue).
Stoffgeschichte: Das *Nibelungenlied* beruht auf einer Kompilation mündlich überlieferter Geschichten, die bis in die Völkerwanderungszeit (4–6. Jh.) zurückreichen. Hinter dem ersten Teil, der vom Streit der Königinnen erzählt, stehen Personen und Ereignisse der merowingischen Geschichte, die Gregor von Tours in seiner *Historia Francorum* (*Geschichte der Franken*, 6. Jh.) erwähnt. Der ostfränkische König Sigibert wurde von seiner Ehefrau Brunichild zum Krieg gegen seinen Bruder, den westfränkischen König Chilperich I., angetrieben, weil dieser auf Veranlassung seiner Geliebten Fredegunde seine Ehefrau Galswintha, die Schwester Brunichilds, hatte umbringen lassen. Die Namen Brunichild und Sigibert verweisen auf die Figuren Brünhild und Siegfried, doch findet im *Nibelungenlied* ein Rollentausch statt: Nicht Brünhild, sondern Kriemhild ist mit Siegfried verheiratet, die wiederum Brünhild vorwirft, die Mätresse ihres Mannes gewesen zu sein. Der zweite Teil des *Nibelungenlieds*, der vom Untergang der Burgunden erzählt, weist ebenfalls einen historischen Kern auf, der sich aus lateinischen Quellen des fünften Jahrhunderts (Prosper Aquitanus, Hydatius, *Chronica Gallica*, *Lex Burgundionum*) erschließen lässt. Damals herrschte am Rhein der burgundische König Gundahar (vgl. Gunther), ein Föderat des Römischen Reichs. Seine Bestrebungen, den burgundischen Machtbereich in den Westen auszudehnen, führte zum Konflikt mit den Römern. Das burgundische Heer wurde besiegt und anschließend das

burgundische Reich am Rhein von hunnischen Hilfstruppen vernichtet. Dabei kamen die Königssippe und und zahlreiche burgundische Krieger zu Tode. Auch die Figur Etzels geht auf eine historische Grundlage zurück. Hinter ihm steht Attila, der bis zu seinem Tod im Jahr 453 die Hunnen anführte, aber nicht an der Spitze der hunnischen Hilfstruppen stand, die gegen die Burgunder kämpften. Die Quellen berichten, dass Attila in hohem Alter in der Brautnacht mit einer jungen Frau namens Ildico gestorben sei, deren Namen sich wiederum auf Kriemhild beziehen lässt. Die Figur Dietrichs von Bern stammt aus der Dietrichssage, die auf Theoderich den Großen zurückgeht. Forscher wie Andreas Heusler versuchten, die Stufen der dem *Nibelungenlied* vorausgehenden Nibelungensage zu rekonstruieren. Festhalten lässt sich, dass das *Nibelungenlied* die Brünhildsage des ersten Teils und die Burgundensage des zweiten Teils zu einer Einheit zusammenführt. Das Verbindungsglied stellt Kriemhild, die Protagonistin des *Nibelungenlieds*, her. Das *Nibelungenlied* ist die einzige Dichtung der früh- und hochhöfischen Dichtung, die sich explizit auf eine mündliche Tradition beruft und sich somit gegen die Epen abgrenzt, die auf schriftliterarischen Vorlagen beruhen. Da das *Nibelungenlied* nicht an eine Vorlage gebunden ist, verfügt es hinsichtlich der Handlungsführung über einen deutlich größeren Gestaltungsspielraum.

Umfang und Form: 2376 (nach anderer Zählung 2379) Langzeilenstrophen. 112 Zusatzstrophen in Fassung C.

Inhalt: [Teil 1] [Werbung] Die burgundische Prinzessin Kriemhild wächst in Worms auf, der niederländische Prinz Siegfried in Xanten. Siegfried reist nach Worms, um dort um Kriemhild zu werben. Vor seiner Ankunft erzählt Hagen den Burgunden von Siegfrieds sagenhaften Jugendabenteuern. König Gunther und seine Brüder nehmen Siegfried gastfreundlich auf, halten aber ihre Schwester von ihm fern. Schließlich treffen Gunther und Siegfried eine Vereinbarung: Siegfried soll Gunther bei der Werbung um die isländische Königin Brünhild helfen und als Gegenleistung Kriemhild zur Frau erhalten. Brünhild verlangt von ihren Brautwerbern, dass sie sie im Dreikampf besiegen. Unter dem Tarnmantel verborgen, verhilft Siegfried, der sich zuvor als Gunthers Vasall ausgegeben hat, diesem zum Sieg. [Hochzeit] Anschließend wird in Worms die Doppelhochzeit gefeiert. In der Hochzeitsnacht verweigert sich Brünhild ihrem Mann. Wieder bittet Gunther seinen Schwager um Hilfe, gemeinsam überwältigen sie Brünhild, die daraufhin ihre übermenschliche Kraft einbüßt. Siegfried und Kriemhild kehren nach Xanten zurück, wo Siegfried zum König gekrönt wird. [Einladung] Brünhild, die Siegfrieds Rolle bei der Brautwerbung um sie hinterfragt, veranlasst nach vielen Jahren ihren Mann, Siegfried und Kriemhild nach Worms einzuladen. [Fest] Diese nehmen die Einladung an. Während der Festlichkeiten kommt es zum Streit zwischen Brünhild und Kriemhild. Kriemhild beleidigt Brünhild öffentlich als Mätresse (*kebse*) ihres

7.5 Heldenepen deutscher Provenienz

Mannes und zeigt als Beweisstück Ring und Gürtel vor, die Siegfried Brünhild in der Brautnacht entwendet hatte. [Katastrophe] Hagen, der Gunthers Macht gefährdet sieht, schmiedet einen Mordplan, dem schließlich auch Gunther zustimmt. Während der Jagd wird Siegfried von Hagen hinterrücks getötet. Kriemhilds Leben ist fortan von Trauer bestimmt. Als Hagen den Nibelungenhort, den Kriemhild von Siegfried geerbt hatte, im Rhein versenkt und Kriemhild somit ihrer Machtmittel beraubt, sinnt sie auf Rache. [Teil 2] [Werbung] Viele Jahre später wirbt der hunnische König Etzel durch einen Boten, den Markgrafen Rüdiger von Bechelaren, um Kriemhilds Hand. [Hochzeit] In Wien wird die Hochzeit gefeiert. [Einladung] Nach vielen Jahren bittet die immer noch rachedurstige Kriemhild Etzel, ihre Brüder und Hagen einzuladen. Hagen besteht darauf, dass die burgundischen Könige ein großes Heer mit sich führen. Unterwegs kehren die Burgunden in Bechelaren ein, und Giselher, der jüngste Königsbruder, wird mit Rüdigers Tochter Dietlind verlobt. [Fest] Bei ihrer Ankunft warnt Dietrich von Bern, der aus Oberitalien vertrieben worden ist und an Etzels Hof Aufnahme gefunden hat, die Burgunden vor Kriemhilds Plänen. Während des Festmahls lässt Kriemhild den burgundischen Tross überfallen. Daraufhin erschlägt Hagen Ortlieb, den jungen Sohn Etzels und Kriemhilds. [Katastrophe] Der Konflikt mündet in einen Krieg. Etzel bietet Völkerschaften gegen die Burgunden auf, die der Übermacht zunächst standhalten. Kriemhild lässt den Saal anzünden, und viele Burgunden kommen im Feuer um. Rüdiger findet im Kampf gegen die Burgunden den Tod. Als auf burgundischer Seite nur noch Gunther und Hagen am Leben sind, greift Dietrich von Bern ein, überwindet die ermüdeten Helden und liefert sie an Kriemhild aus. Diese lässt erst den Bruder umbringen und schlägt Hagen, der sich weigert, das Geheimnis des Hortes preiszugeben, eigenhändig mit einem Schwert den Kopf ab. Daraufhin erschlägt Dietrichs Waffenmeister Hildebrand Kriemhild. Der letzte Satz des *Nibelungenlieds* lautet: *dâ hât daz mære ein ende. diz ist der Nibelunge nôt* („Hier hat die Geschichte ein Ende. Dies ist der ‚Der Nibelungen Not'").

Komposition: Handlungsstruktur: Das *Nibelungenlied* ist in neununddreißig Episoden (*aventiuren*) aufgeteilt. Die Episoden folgen dem Prinzip der parallelen Handlungsführung, die man als Antwort auf den doppelten Kursus verstehen kann. Der erste (Av. 1–19) und zweite Teil (Av. 20–29) des *Nibelungenlieds* werden einander angeglichen, indem die Handlung in parallelen Stationen voranschreitet: Werbung (Av. 1–9/20–21), Hochzeit (Av. 10–11/22), Einladung (Av. 12–13/23–28), Fest (Av. 14/29–31) und Katastrophe (Av. 15–19/32–39). Im ersten Teil sind Werbung und Hochzeit (Gunther/Brünhild, Siegfried/Kriemhild) gedoppelt. Die Werbung Gunthers um Brünhild folgt dem Narrativ der gefährlichen Brautwerbung. Die Werbung Siegfrieds um Kriemhild beginnt gemäß dem Narrativ der gefährlichen Brautwerbung und wird dann in eine diplomatische Brautwerbung umgelenkt. Die Werbung Rüdigers für Etzel um Kriemhild verläuft ganz auf diplomatischem Weg. Siegfried und Rüdiger sind jeweils Helferfiguren in der Brautwerbung Gunthers und Brünhild bzw. Etzels um Kriemhild. Zeitstruktur: Zwischen Hochzeit und Einladung sowie zwischen dem ersten und zweiten Teil liegen jeweils mehrjährige Zeitsprünge. Im zweiten Teil wird der erste Erzählblock (Werbung/Hochzeit) gerafft und der zweite (Einladung/Fest/Katastrophe) gedehnt. So verschiebt sich der Akzent von der Brautwerbung auf die

Kampfhandlung. Raumstruktur: Der erste Teil steht im Zeichen des Rheins und des Westens, der zweite im Zeichen der Donau und des Ostens. In beiden Teilen ist eine Pendelbewegung zu beobachten: im ersten Teil zwischen Xanten und Worms, im zweiten Teil zwischen Worms und dem Hunnenland. Die Reise von Xanten nach Worms führt das Rheinufer entlang. Die Reise von Worms nach Island erfordert eine Fahrt über das Meer, die Reise von Worms ins Hunnenland eine Fahrt über die Donau. Neben den ‚historischen' gibt es auch mythische Räume, nämlich das Land der Nibelungen und das Inselreich Brünhilds.

Interpretationsansätze: Das *Nibelungenlied* ist das erste Werk der höfischen Epik, das eine weibliche Protagonistin statt eines männlichen Protagonisten aufweist. Die zentralen Figuren verfügen über eine höfische und eine heroische (mythische) Dimension: Siegfried ist höfisch und heroisch zugleich, Brünhild entwickelt sich von einer heroischen in eine höfische Figur, Kriemhild umgekehrt von einer höfischen in eine heroische Figur. Entsprechend changiert der Stil des *Nibelungenlieds* zwischen Heldenepos und höfischem Roman. Das *Nibelungenlied* präsentiert eine abgeklärte Sicht auf die weltliche Gesellschaft und Geschichte, die an die Weltchronik Ottos von Freising erinnert. Es lässt sich als Antwort auf die höfischen Romane und Novellen lesen, deren Optimismus und Idealismus es schonungslos dekonstruiert. Die höfische Gesellschaft folgt Spielregeln, die in den Untergang führen, wie an der Ermordung Siegfrieds im ersten Teil und am Untergang der Burgunden im zweiten Teil vorgeführt wird. Lichtgestalten des zweiten Teils sind Rüdiger von Bechelaren, der in ausweisloser Lage durch ein tragisches Selbstopfer Verantwortung für sich übernimmt, und Dietrich von Bern, der vergeblich mit diplomatischen Mitteln die Katastrophe abzuwenden sucht und sich aus den Kämpfen heraushält.

7.5.2 *Nibelungenklage*

Textkritische Ausgaben: Bartsch 1875 [1964]. **Studienausgabe mit Übersetzung und Kommentar:** Heinzle 2015 (DKV TB 51) [zit.]. **Überblicksdarstellungen:** s. Abschn. 7.5.1. **Ausgewählte neuere Forschungsbeiträge:** Bumke 1996; Lienert 2001; Heinzle (Hg.) 2003; Fasbender (Hg.) 2005; Toepfer 2012; Heinzle 2014; Hufnagel 2016a; F. Schmid 2017; Frick 2021.

Verfasser:	Unbekannt. Vermutlich ein Kleriker. Nicht mit dem Verfasser des *Nibelungenlieds* identisch.
Auftraggeber:	Wolfger von Erla, Bischof von Passau (1191–1204).
Entstehung:	Kurz nach dem *Nibelungenlied* als komplementäres Gegenstück.
Überlieferung:	Die *Nibelungenklage* folgt in fast allen vollständigen Handschriften auf das *Nibelungenlied*.
Vorlage:	Keine schriftliterarische Vorlage. Allerdings wird im Epilog behauptet, dass Bischof Pilgrim von Passau die Ereignisse von einem gewissen Meister Konrad in lateinischer Sprache aufschreiben ließ. Diese Vorlage sei mehrfach in deutscher Sprache bearbeitet worden.

7.5 Heldenepen deutscher Provenienz

Stoffgeschichte: Die *Nibelungenklage* knüpft stofflich an das *Nibelungenlied* an. Der erste Teil ist eine Zusammenfassung der Ereignisse des *Nibelungenlieds*. Die Klageszenen des zweiten Teils orientieren sich an der literarischen Gattung des Planctus (vgl. die christliche Passions- und Compassio-Frömmigkeit) sowie an entsprechenden Szenen früherer Epen, insbesondere des *Rolandslieds*. Bereits das *Nibelungenlied* enthält Totenklagen um Siegfried und Rüdiger von Bechelaren.

Umfang und Form: 4360 Reimpaarverse.

Inhalt: [Teil 1] Der Erzähler fasst die Ereignisse des *Nibelungenlieds* zusammen. Er rechtfertigt Kriemhilds Taten mit den Argumenten, dass sie aus Treue zu Siegfried gehandelt habe und sich nur an Hagen habe rächen wollen. Sie dürfe daher auf Gottes Gnade hoffen. [Teil 2] Der Erzähler nimmt die Handlung an der Stelle auf, wo sie im *Nibelungenlied* endete. Die Überlebenden, insbesondere König Etzel, Dietrich von Bern und sein Waffenmeister Hildebrand, bergen, beklagen und bestatten die Toten. Die Klagen sind zugleich christlich gerahmte Würdigungen der Toten. Die anwesenden Frauen stimmen in die Klage ein. Etzel und Dietrich werfen sich vor, dass sie die Katastrophe nicht haben verhindern können. [Teil 3] Etzel entsendet den Spielmann Swemmel als Boten über Bechelaren und Passau nach Worms. Dietrich will in Bechelaren die Todesnachricht selbst überbringen, daher soll Swemmel dort schweigen. Rüdigers Frau Gotelind und seine Tochter Dietlind ahnen sogleich, dass Rüdiger etwas zugestoßen ist, und Swemmel unterrichtet sie über das Geschehene. Swemmel reist weiter nach Passau und benachrichtigt Bischof Pilgrim. Dieser ordnet eine Totenmesse an, mahnt zu maßvoller Klage und bittet den Boten, später nach Passau zurückzukehren, damit er die Geschichte vom Untergang der Burgunden aufschreiben lassen kann. Swemmel erreicht schließlich Worms und erstattet Brünhild ausführlich Bericht über die Ereignisse. Die Wehklage ist groß, und Ute, die Mutter Kriemhilds und der Königsbrüder, stirbt vor Kummer. Nach Ablauf der Trauerzeit wird Gunthers und Brünhilds Sohn Siegfried feierlich zum neuen König der Burgunden gekrönt. Als Dietrich in Bechelaren eintrifft, erfährt er, dass Gotelind aus Kummer gestorben ist, und verspricht Dietlind, sie mit einem Mann zu verheiraten, der an ihrer Seite die Herrschaft über Bechelaren übernimmt. Schließlich kehrt Dietrich mit seiner Frau Herrat und seinem Waffenmeister Hildebrand nach Oberitalien zurück. Während in Worms, Bechelaren und Bern tröstliche Zukunftsperspektiven eröffnet werden, bleibt Etzel in Einsamkeit und Verzweiflung zurück.

Komposition: Ein Prolog (V. 1–16) und ein Epilog (V. 4295–4322), dem noch ein Nachtrag über Etzels weiteres Schicksal angefügt ist (V. 4323–4360), umschließen den dreigliedrigen Hauptteil. Auf eine kommentierende Rekapitulation der Ereignisse des *Nibelungenlieds* seitens des Erzählers (V. 17–586) folgen die Bergung, Beklagung und Bestattung der Toten (V. 587–2489) und die Benachrichtigung der Hinterbliebenen (V. 2490–4294). Die Raumstruktur ist aus dem *Nibelungenlied* abgeleitet; der Weg der Boten, die die Todesnachrichten überbringen (der Spielmann Swemmel und Dietrich von Bern), führt vom Etzelhof über Bechelaren (Gotelind und Dietlind) und Passau (Bischof Pilgrim) nach Worms (Brünhild und Ute). Dietrich von Bern ist die zentrale Gestalt der *Nibelungenklage*.

Interpretationsansätze: Die *Nibelungenklage* fängt die traumatische Katastrophe des *Nibelungenlieds* auf, indem sie Trauerarbeit leistet. Die Ereignisse werden mehrfach rekapituliert, die Toten gewürdigt und beklagt, die Angehörigen von Augenzeugen informiert. Während das *Nibelungenlied* das Geschehen in seiner ganzen Härte präsentiert, schlägt die *Nibelungenklage* milde Töne an. Die Ereignisse werden in christlich-ethischer Perspektive eingeordnet, aber nicht in einen heilsgeschichtlichen Zusammenhang gerückt. Die *Nibelungenklage* steht nicht im Kontrast zum *Nibelungenlied*, sondern komplementiert es. Das Verbindungsglied ist Dietrich von Bern, der bereits im *Nibelungenlied* versucht, die Katastrophe mit diplomatischen Mitteln abzuwenden, und in der *Nibelungenklage* die Trauerarbeit in all ihren Aspekten (Bergung, Klage, Bestattung, Unterrichtung der Angehörigen) orchestriert (vgl. Toepfer 2012).

Roman

8

Inhaltsverzeichnis

8.1 Antikenromane 335
8.2 Artusromane 343
8.3 Liebesromane und Freundschaftsromane 359

8.1 Antikenromane

8.1.1 Pfaffe Lambrecht, *Alexanderlied* (*Vorauer Alexander*)

Vorlage: Albéric de Pisançon, *Roman d'Alexandre* (Mölk/Holtus 1999). **Textkritische Ausgabe:** Kinzel 1884. **Studienausgabe mit Übersetzung und Kommentar:** Lienert 2007 (RUB 18508) [zit.]. **Überblicksdarstellungen:** Ruh 1977, S. 35–45; Schröder 1985 (VL); Ehlert 1993; Lienert 2001, S. 30–49; Kiening 2010 (Killy); Buschinger/Knapp 2014 (GLMF). **Ausgewählte neuere Forschungsbeiträge:** Mackert 1999; Schlechtweg-Jahn 2006; Plotke 2012a; Plotke 2012b; Haupt 2022.

Verfasser:	Pfaffe Lambrecht, aus Trier.
Auftraggeber:	Unbekannt.
Entstehung:	Um 1150/60 im moselfränkisch-rheinischen Raum.
Umfang und Form:	Die 1533 Reimpaarverse umfassende Erzählung erlaubt sich metrische Freiheiten und viele unreine Reime.
Vorlage:	Albéric de Pisançon, *Alexandre* (Fragment: V. 1–105); die um 1120 verfasste Dichtung ist in Strophen verfasst.
Stoffgeschichte:	Der altfranzösische Alexanderroman bezieht sich auf Julius Valerius' lateinische Übersetzung des griechischen Alexanderromans von Pseudo-Kallisthenes (*Res gestae Alexandri Macedonis*, um 330).

Überlieferung: Das *Alexanderlied* ist in der im vierten Viertel des zwölften Jahrhunderts entstandenen Vorauer Handschrift überliefert (vgl. HSC 1432). Die am Anfang der Handschrift stehende *Kaiserchronik* verweist auf das chronikalische Interesse, die Position des *Alexanderlieds* zwischen zwei neutestamentliche Bibeldichtungen auf seine heilsgeschichtliche Stellung.

Inhalt: Lambrechts *Alexanderlied* reicht von Alexanders Geburt bis zu seinem Sieg über den persischen König Darius. [Teil 1] Die Geburt des rothaarigen Alexander wird von Wunderzeichen begleitet. Einer seiner sechs Lehrer ist Aristoteles. Der Fünfzehnjährige zähmt Bucephalus, das widerspenstigste Pferd Griechenlands. Auf die Schwertleite folgen erste Heldentaten. [Teil 2] Nach dem Tod seines Vaters wird er König von Griechenland. Er unternimmt Feldzüge gegen Rom, Karthago und Persien. Die Belagerung und grausame Eroberung der Stadt Tyrus kündigt den Sieg über Darius an. Die mit dem Tod des persischen Herrschers endende Entscheidungsschlacht wird vergleichsweise knapp erzählt.

Komposition: Die Erzählung ist von einem Prolog (V. 1–34) und einem Epilog (V. 1529–1533) gerahmt. Sie umfasst zwei Teile. Der erste erzählt von Alexanders Jugend bis zu seinem Herrschaftsantritt in Makedonien (V. 35–654), der zweite Teil den Verlauf des Perserkriegs (V. 565–1528).

Interpretationsansätze: Alexander dient als Demonstrationsobjekt für die Wechselhaftigkeit des Schicksals, die Vergänglichkeit des Lebens und das Wirken der göttlichen Providenz. Alexander dreht das Rad der Weltgeschichte weiter, ist selbst aber nur eine Episode im heilsgeschichtlichen Plan Gottes. Die in eine brutale Schlacht mündende Rivalität zwischen Alexander und Darius steht im Vordergrund. Eine Liebesgeschichte wird noch nicht erzählt, die Verbindung zwischen Alexander und Darius' Tochter Roxane ist heiratspolitisch motiviert.

8.1.2 *Straßburger Alexander*

Vorlage: s. Abschn. 8.1.1. **Textkritische Ausgabe:** s. Abschn. 8.1.1. **Studienausgabe mit Übersetzung und Kommentar:** s. Abschn. 8.1.1. **Überblicksdarstellungen:** s. Abschn. 8.1.1. **Ausgewählte neuere Forschungsbeiträge:** Stock 2002; Volfing 2010; Quenstedt 2021; s. auch Abschn. 8.1.1.

Verfasser:	Unbekannt.
Auftraggeber:	Unbekannt.
Entstehung:	Um 1185 (?)
Überlieferung:	Der *Straßburger Alexander* ist in einer 1870 verbrannten Straßburger Handschrift des frühen dreizehnten Jahrhunderts (HSC 3680) überliefert, die außerdem drei geistliche Dichtungen enthielt.

Vorlagen: Der *Straßburger Alexander* erweitert das *Alexanderlied* des Pfaffen Lambrecht. Als Vorlagen dienten ihm neben der lateinischen Übersetzung des griechischen Alexanderromans durch Julius Valerius (4. Jh.) eine weitere lateinische Übersetzung des griechischen *Alexanderromans* durch Leo, Archipresbyter von Neapel (10. Jh.) sowie zwei weitere lateinische Geschichtswerke: die *Historia de preliis* („Geschichte der Kämpfe Alexanders des Großen", um 11. Jh.) und das *Iter ad paradisum* („Reise Alexanders des Großen zum Paradies", 12. Jh.).
Stoffgeschichte: Siehe Vorlagen.
Umfang und Form: 6853 Reimpaarverse.

Inhalt: Nach dem Sieg über Darius zieht Alexander nach Indien, um Porus, den Verbündeten des Perserkönigs, zu schlagen. Danach reist Alexander weiter in Richtung Osten bis ans Ende der Welt. Während seiner abenteuerlichen Orientfahrt begegnet er Bestien und Monstren, trifft auf die bedürfnislosen Occidraten und friedfertigen Amazonen, lebt mit den Blumenmädchen, die im Frühjahr erblühen und im Herbst verwelken, begegnet der Königin Candacis, deren entführte Schwiegertochter er befreit und die ihm ihre Liebe schenkt, und dringt bis zur Pforte des Paradieses vor, die ihm jedoch verschlossen bleibt. Mit einem Edelstein beschenkt, kehrt Alexander wie ein Sünderheiliger um, führt eine zwölfjährige Friedensherrschaft und fällt schließlich einem Gifttrunk zum Opfer. Ein Jude deutet den Edelstein: Diesem sei Alexander zu Lebzeiten zu vergleichen, im Tod aber einer Feder, die so wenig wiege wie das menschliche Leben.

Komposition: Der Roman umfasst zwei Teile, die von einem Prolog (V. 1–36) und einem Epilog (V. 7279–7302) umrahmt werden. Der erste Teil erzählt Alexanders Geschichte von der Jugend (V. 37–508) bis zum Sieg über Darius, der Alexanders heilsgeschichtlichen Auftrag, die Ablösung des persischen durch das griechische Weltreich, erfüllt (V. 509–4057). Der zweite Teil berichtet von Alexanders weiteren Vorstößen in den Osten: dem Krieg gegen den indischen König Porus (V. 4058–4761), den Abenteuern im Orient (V. 4762–6596) und der Reise bis zum Paradies, auf den Umkehr, Friedensherrschaft und Tod folgen (V. 6597–7278).

Interpretationsansätze: Während der *Vorauer Alexander* eher geistliche Züge trägt, dominieren im *Straßburger Alexander* die höfischen Züge, bis auch er am Ende wieder eine Wende ins Geistliche vollzieht. Der *Straßburger Alexander* bietet das erste vollständige Alexanderleben in deutscher Sprache. Er stilisiert Alexander als Inbegriff eines weltlichen Herrschers, der zwar eine heilsgeschichtliche Aufgabe erfüllt, am Ende aber der Vergänglichkeit des Lebens verhaftet bleibt. Eine Liebesgeschichte erzählt der *Straßburger Alexander* nicht. Die Eheschließung mit Roxane, der Tochter des Perserkönigs, ist ein heiratspolitischer Akt, der den Sieg bestätigt. Die Begegnung mit den Blumenmädchen ist ein erotisches Abenteuer, das an die Natureingänge des Minnesangs erinnert: Der Frühling bringt die Zeit der Freude, der Herbst die Zeit des Leids. Die Affäre mit der Königin Candacis bietet ein Gegenbild; sie belohnt Alexander für eine Befreiungstat, indem sie ihn mit ihrer fordernden Liebe beschenkt.

8.1.3 Heinrich von Veldeke, *Eneasroman*

Vorlage: *Roman d'Énéas* (Schöler-Beinhauer 1972). **Textkritische Ausgabe:** Ettmüller 1852. **Studienausgaben mit Übersetzung und Kommentar:** Kartschoke 1989 (RUB 8303) [zit.]; Fromm 1992 (DKV, BdM 4). **Überblicksdarstellungen:** Ruh 1977, S. 70–88; Schröder/Wolff 1981 (VL); Kasten 1993; Lienert 2001, S. 72–102; Fromm/Hartmann 2009 (Killy); Hamm/Masse 2014 (GLMF). **Ausgewählte neuere Forschungsbeiträge:** Volfing 2001; Henkel 2005; Quast/Schausten 2008; Christ 2015; Kraß 2017; Möller 2017; J. Martin 2018; Plotke 2020a; Gerok-Reiter 2021; F. Müller 2023; Klinger 2025.

Verfasser:	Heinrich von Veldeke.
Auftraggeber:	Margarethe von Kleve (?) und Hermann I. von Thüringen
Entstehung:	Der Erzähler des Eneasromans berichtet, dass das zu drei Vierteln fertiggestellte Manuskript 1174 während der Hochzeit der Gräfin Margarethe von Kleve und des Landgrafen Ludwig III. von Thüringen gestohlen worden sei. Daraus ist zu schließen, dass Heinrich den Roman in den Jahren vor 1174, vielleicht schon 1170, begonnen hatte. Neun Jahre später, 1183, erhielt Heinrich das Manuskript, vermittelt durch den Pfalzgrafen Hermann von Sachsen (seit 1190 Landgraf Hermann I. von Thüringen), zurück und schloss es ab. Da der Roman mit einem Vergleich zwischen der Hochzeit von Eneas und Lavinia und dem Mainzer Hoffest 1184 endet, dürfte er in den Jahren nach 1184 abgeschlossen worden sein, spätestens vor 1190.
Überlieferung:	Sieben vollständige und sieben fragmentarische Handschriften aus der Zeit von um 1200 bis zum letzten Viertel des 15. Jh. (HSC Werke/164).
Bildzeugnisse:	Drei illustrierte Handschriften: eine aus der ersten Hälfte des dreizehnten Jahrhunderts (HSC 1062) sowie je eine aus der ersten (HSC 4943) und zweiten (HSC 6529) Hälfte des fünfzehnten Jahrhunderts.
Vorlage:	Als Vorlage diente der *Roman d'Énéas* (um 1160), doch griff Heinrich von Veldeke stellenweise auch direkt auf Vergils *Aeneis* zurück. In der Darstellung der Liebesaffekte bedient er sich bei Ovid.
Stoffgeschichte:	Siehe Vorlage.
Umfang und Form:	13.528 Reimpaarverse.

Inhalt: [Teil 1] Eneas ist der Sohn des Trojaners Anchises und der Göttin Venus. Er flieht mit Vater, Sohn und Gefährten aus dem brennenden Troja und gelangt nach mehrjähriger Irrfahrt an die libysche Küste, wo er von Dido, der verwitweten Königin von Karthago, gastfreundlich aufgenommen wird. Ein Liebeszauber der Venus bewirkt, dass Dido in Liebe zu Eneas entbrennt, der Dido zwar begehrt und heiratet, aber nicht liebt. Als die Götter Eneas ermahnen, seine Reise fortzusetzen, verlässt er Dido, die sich daraufhin verzweifelt das Leben nimmt. [Schwellenepisode] Eneas wird von der Prophetin Sibylle in die Unterwelt geführt, wo er über die Zukunft aufgeklärt wird: Seine Nachkommen werden einst Rom gründen. [Teil 2] Eneas setzt die Reise fort und gelangt nach Italien. Er soll Lavinia, die Tochter des Königs Latinus, heiraten und dessen Nachfolge antreten. Doch ist Lavinia bereits dem Rutulerkönig Turnus versprochen. Eneas verbündet sich mit Pallas, dem jungen Sohn eines Freundes seines Vaters; Turnus wiederum verbündet sich mit Camilla, die ein Frauenheer anführt. In der Schlacht sterben Pallas und Camilla und werden prächtig begraben. Eneas besiegt Turnus und will ihn zunächst verschonen. Dann erblickt er an Turnus' Finger jenen Freundschaftsring, den er einst seinem Waffenbruder Pallas geschenkt hatte. Er erkennt, dass Turnus, nachdem er Pallas getötet hatte, diesem den Ring geraubt hatte. Eneas tötet Turnus, um Pallas zu rächen. Am Ende heiraten Eneas und Lavinia, die sich zwischenzeitlich ineinander verliebt haben.

Komposition: Während sich Vergils *Aeneis* an Homer anlehnt und in eine odysseische (Aeneas als neuer Odysseus) und eine iliadische Hälfte (Aeneas als neuer Achilles) teilt, umfassen die mittelalterlichen Eneasromane zwei Liebesgeschichten: um Eneas und Dido im ersten und Eneas und Lavinia im zweiten Teil. Als Schwelle zwischen beiden Teilen dient sowohl bei Vergil als auch in den mittelalterlichen Eneasromanen die Unterweltfahrt des Protagonisten.

Interpretationsansätze: In Übereinstimmung mit der französischen Vorlage stellt Heinrich von Veldeke das Thema der höfischen Liebe in den Mittelpunkt der Handlung. Während Vergil zwar die Geschichte von Eneas und Dido erzählt, Lavinia aber nur als Nebenfigur auftreten lässt, gestalten die mittelalterlichen Dichter eine ausführliche Liebesgeschichte um Eneas und Lavinia, die zu großen Teilen aus inneren Monologen besteht, die tiefe Einblicke in die zwischen Hoffnung und Verzweiflung schwankenden Gefühle und Gedanken der Verliebten erlauben. Somit wird eine Opposition aufgebaut zwischen der einseitigen, am Ende scheiternden Beziehung zwischen Eneas und Dido und der gegenseitigen, am Ende gelingenden Beziehung zwischen Eneas und Lavinia. Deutlicher noch als seine Vorlage entwirft Heinrich von Veldeke eine Genealogie des Begehrens, die vier Stationen umfasst. Sie beginnt mit der in Troja zurückgelassenen Ehefrau (Kreusa), setzt sich in der Ehe mit Dido fort, die von Eneas verlassen wird, geht in die Freundschaft mit Pallas über, dessen Tod Eneas heftig beklagt, und mündet in die Liebesbeziehung mit Lavinia, die in eine höfische Liebesehe führt. So wird das neue Thema der höfischen Liebe in zahlreichen Konstellationen und Facetten erprobt und ausgearbeitet. Außerdem setzt Heinrich von Veldeke einen reichsgeschichtlichen Akzent, wenn er den Roman mit einem Ausblick auf Friedrich I. Barbarossa und dessen Mainzer Hoffest von 1184, einem ersten Höhepunkt der höfischen Kultur des römisch-deutschen Reichs, enden lässt.

8.1.4 Herbort von Fritzlar, *Liet von Troye*

Vorlage: Benoît de Sainte-Maure, *Le Roman de Troie* (Constans 1904–1912). **Textkritische Ausgabe:** Frommann 1837 [1966] [zit.]. **Überblicksdarstellungen:** Ruh 1977, S. 88–92; Steinhoff 1981 (VL); Lienert 2001, S. 111–120; Syndikus 2009 (Killy); Olar 2010 (EM); Bauschke/Claassens 2014 (GLMF). **Ausgewählte neuere Forschungsbeiträge:** E. Schmid 1997; Kraß 1999; Bauschke-Hartung 2008; Herberichs 2010; E. Schmid 2016; Somogyi 2022.

Verfasser:	Herbort von Fritzlar.
Auftraggeber:	Landgraf Hermann I. von Thüringen unter Vermittlung des Grafen Friedrich von Leiningen. Der thüringische Landgraf gab den *Trojaroman* in Auftrag, um auch die Vorgeschichte zum *Eneasroman*, der mit Eneas' Flucht aus dem brennenden Troja beginnt, verfügbar zu machen.
Entstehung:	Um 1195.
Überlieferung:	Der Roman ist in einer vollständigen und drei fragmentarischen Handschriften überliefert. Die vollständige Heidelberger Handschrift entstand im Jahr 1333, sie lässt Herborts *Trojaroman* auf den *Eneasroman* Heinrichs von Veldeke folgen.
Vorlage:	Benoît de Sainte-Maure, *Roman de Troie* (um 1165, 30.108 Verse).
Stoffgeschichte:	Herborts Vorbild Benoît greift nicht direkt auf Homers *Ilias* zurück, die im Hochmittelalter nicht bekannt war, sondern auf spätantike Zusammenfassungen in lateinischer Prosa, die als Augenzeugenberichte aus griechischer (Dictys Cretensis, *Ephemeris belli Troiani*, 3./4. Jh.) oder trojanischer (Dares Phrygius, *De excidio Troiae historia*, 5. Jh.) Perspektive aufgefasst wurden. Eine dritte Quelle ist das von Dares und Dictys unabhängige *Excidium Troie* (4./6. Jh.). Diese Werke waren Schullektüre und Herbort, der sich als *gelarter schulere* (gebildeter Lehrer) bezeichnet, wohlvertraut.
Umfang und Form:	18.458 Reimpaarverse (Kürzung der Vorlage um fast die Hälfte).

Inhalt: [Vorgeschichte] Der Roman beginnt mit der Argonautensage. Auf dem Weg nach Kolchis, wo er das Goldene Vlies erwerben soll, macht Jason Halt in Troja, wird aber abgewiesen. In Kolchis verliebt sich Medea in Jason und hilft ihm, das Vlies zu gewinnen. Jasons Gefährte Hercules nimmt später Rache an Troja, indem er die Stadt erobert und zerstört. Doch die Stadt wird schöner denn je wiederaufgebaut. Der Trojaner Paris und die mit König Menelaus verheiratete Griechin Helena verlieben sich ineinander. Paris nimmt Helena mit nach Troja, wo die Prophetin Cassandra großes Unheil verkündet. [Haupthandlung] Nachdem Achill vom Orakel von Delphi eine günstige Prognose erhalten hat, läuft die griechische Flotte unter Agamemnons Führung nach Troja aus. Die Griechen lagern auf einer in der Nähe gelegenen Insel. Ulixes und Diomedes fordern vergeblich Helena zurück, Achill verwüstet das trojanische Umland. Unter Leitung des Fürsten Palamedes stoßen die Griechen gegen Troja vor, landen trotz erbitterter Gegenwehr der Trojaner vor der Stadt und setzen sich dort fest. Der Krieg währt zehn Jahre lang, in denen dreiundzwanzig Schlachten geschlagen werden. In der zweiten Schlacht tötet Hector Achills Freund und Waffenbruder Patroclus; aus Rache tötet Achill Hector im Zweikampf. Achill wird durch seine Liebe zu Polyxena, der Tochter des trojanischen Königs Priamus, zu Fall gebracht. Um mit ihr zusammen sein zu können, zieht er sich vorübergehend aus den Kämpfen zurück, greift dann aber wieder ein. Er lässt sich zu einem angeblichen Rendezvous mit Polyxena in einen Tempel locken, wo er von Paris hinterrücks getötet wird. Nachdem Paris von der Hand des Griechen Aiax gefallen ist, hoffen die Trojaner, mithilfe der Amazonenkönigin Penthelisea das Kriegsschicksal zu ihren Gunsten wenden zu können, doch sie wird von Achills herbeigerufenem Sohn Pyrrhus getötet. Während sich der trojanische König Priamus auf Friedensverhandlungen einlässt, zimmern die Griechen das Trojanische Pferd und ziehen zum Schein ab. Die Trojaner durchbrechen die Stadtmauer, um das Pferd in die Stadt zu schaffen. Nachts kehren die Griechen zurück und machen die Stadt dem Erdboden gleich. Pyrrhus tötet Polyxena auf dem Grab seines Vaters. Die Griechen verteilen die Beute. [Nachgeschichte] Nach dem Sieg erheben sich Zwietracht und Unheil unter den Griechen. Aiax, der Helenas Tod fordert, wird getötet. Agamemnon wird von seiner Frau, Ulixes von seinem Sohn umgebracht. Der Trojaner Eneas kann fliehen.

Komposition: Prolog (V. 1–98) und Epilog (V. 18443–18458) rahmen den Roman. Die Vorgeschichte (V. 99–2780) mit der ersten und vorläufigen Zerstörung Trojas präfiguriert die Hauptgeschichte (V. 2781–16521) mit der zweiten und endgültigen Zerstörung Trojas. Die Nachgeschichte (V. 16522–18442) zeigt, dass den Griechen aus ihrem Sieg über die Trojaner kein Heil erwächst. Die Hauptgeschichte teilt sich in dreiundzwanzig Schlachten, die in aller Ausführlichkeit beschrieben werden. Drei tragische Liebesgeschichten sind in die Handlung eingefügt: in die Vorgeschichte die Liebe zwischen dem Griechen Jason und der Kolcherin Medea, in die Hauptgeschichte die Liebe zwischen dem Trojaner Paris und der Griechin Helena und, als Gegenstück dazu, die Liebe zwischen dem Griechen Achill und der Trojanerin Polyxena.

Interpretationsansätze: Herbort liefert mit seinem Trojaroman die Vorgeschichte zum Eneasroman und verfolgt somit ein historiographisches Interesse. Die ausgeprägten höfischen Züge seiner Vorlage reduziert er erheblich, seine Bearbeitung ist um fast die Hälfte kürzer als das französische Vorbild. Wenn Herbort im Prolog betont, dass der Stoff von den Griechen über die Römer und Franken zu ihm gelangt sei, legt er den Gedanken der *translatio imperii* nahe. Man könnte daraus den Schluss ziehen, dass sich auch die Grausamkeit und Sinnlosigkeit des Kriegs von Reich zu Reich vererbt haben. Entsprechend abgeklärt ist sein Blick auf die Liebesgeschichten, die nicht mehr im Sinne der höfischen Minne stilisiert, sondern als Teil der Mechanik des Krieges dekonstruiert werden. Wegen seiner Liebe zur Griechin Helena löst der Trojaner Paris Krieg aus, wegen seiner Liebe zur Trojanerin Polyxena verliert der Grieche Achill seine Tapferkeit und sein Leben. Herbort verzichtet darauf, eine der beiden Kriegsparteien zu favorisieren. Er wertet Achill auf, um der trojanischen Perspektive, die in der benutzten Hauptquelle (Dares) vertreten wird, ein Gegengewicht entgegenzusetzen.

8.1.5 Albrecht von Halberstadt, *Metamorphosen*

Vorlage: Ovid, *Metamorphosen*. **Textkritische Ausgaben:** Bartsch 1861 [1965]; Roloff 1990 [Bearbeitung von Wickram, zit.]. **Überblicksdarstellungen:** Ruh 1977, S. 92–94; Stackmann 1978 (VL); Lienert 2001, S. 20–23; Huber 2008 (Killy). **Ausgewählte neuere Forschungsbeiträge:** Rücker 1997; Link 2003.

Verfasser:	Albrecht von Halberstadt.
Auftraggeber:	Landgraf Hermann I. von Thüringen.
Entstehung:	1190 (oder 1210?).
Überlieferung:	Das Original ist in wenigen Fragmenten einer Handschrift aus der zweiten Hälfte des dreizehnten Jahrhunderts überliefert (HSC Werke/11). Vollständig ist es in einer frühneuhochdeutschen Bearbeitung des Kolmarer Dichters Jörg Wickram (16. Jh.) erhalten (fünf Drucke). Wickram zitiert Albrechts Prolog wörtlich (V. 1–100).
Vorlage:	Publius Ovidius Naso, *Metamorphosen* (um 1–8).
Stoffgeschichte:	Siehe Vorlage.
Umfang und Form:	Vom Original sind insgesamt 778 Reimpaarverse erhalten, davon 678 Verse in den Handschriftenfragmenten (vgl. Wickram, *Metamorphosen* Buch 6, V. 906–1041; Buch 11, V. 278–542, 1227–1262, 1341–1374; Buch 13, V. 366–402, 479–515; Buch 14, V. 796–929) und 100 Verse des von Wickram zitierten Prologs (V. 1–100). In Wickrams Bearbeitung umfasst das Werk rund 20.000 Reimpaarverse.

Inhalt: Wie Ovid bietet Albrecht in fünfzehn Büchern eine aus rund zweihundertfünfzig Einzelgeschichten geflochtene Gesamtdarstellung der antiken Mythologie, die von der Urgeschichte bis zu Kaiser Augustinus (also in Ovids Gegenwart) reicht. Den Hauptteil bilden Geschichten, in denen Menschen und Wesen der niederen Götterwelt in Tiere, Pflanzen, Quellen und Steine verwandelt werden. Auch zentrale Figuren und Szenen der Epen Homers und Vergils sind in das Werk integriert.

Komposition: Albrechts *Metamorphosen* folgen, soweit man dies anhand von Wickrams Bearbeitung nachvollziehen kann, der Komposition der *Metamorphosen* Ovids. Das Werk beginnt mit der Urzeit (Ovid: Buch I, V. 1–451; Albrecht/Wickram: Buch I, Kap. 1–16) und schließt mit der historischen Zeit (Ovid: Buch XI, V. 194–Buch XV, V. 879; Albrecht/Wickram: Buch XI, Kap. 5–Buch XV, Kap. 9); der Hauptteil umfasst die mythologische Zeit (Ovid: Buch I, V. 452–Buch XI, V. 193; Albrecht/Wickram: Buch I, Kap. 17–Buch XI, Kap. 4).

Interpretationsansätze: Albrecht geht es vor allem um die Vermittlung von Ovids *Metamorphosen* an ein weltliches Adelspublikum. Zu diesem Zweck wechselt er Sprache (von Latein zu Deutsch) und Form (von Hexameterversen zu Reimpaarversen). Die explizite Distanzierung vom antiken Götterglauben und die Einordnung in die christliche Heilsgeschichte im Rahmen des Prologs geben Albrecht die Lizenz, Ovids mythologische Geschichten getreu wiederzugeben. Die zahlreichen Geschichten, die von Liebesaffären zwischen Göttern und Menschen handeln, bieten einen Bezugsrahmen für das Thema der höfischen Liebe.

8.2 Artusromane

8.2.1 Hartmann von Aue, *Erec*

Vorlage: Chrétien de Troyes, *Erec et Enide* (Gier 1987). **Textkritische Ausgabe:** Gärtner 2006 (ATB 39). **Studienausgaben mit Übersetzung und Kommentar:** Mertens 2008 (RUB 18530) [zit.]; 2007 (DKV TB 20); Felber/Hammer/Millet 2022 (De Gruyter Texte). **Überblicksdarstellungen:** Ruh 1977, S. 115–141; Cormeau 1981 (VL); Brogsitter 1984 (EM); Brunner 1993, S. 97–128; Mertens 1998, S. 49–63; Bumke 2006; Cormeau/Störmer 2007, S. 160–193; Brunner/Cormeau 2009 (Killy); Masse 2010 (GLMF); Lieb 2020, S. 11–83; Kropik (Hg.) 2021. **Ausgewählte neuere Forschungsbeiträge:** Klein 2002; Gephart 2003; Sosna 2003; Wandhoff 2003a; Wandhoff 2003b; Müller 2005; Niesner 2007; Lieb 2009; Hamm 2011; Dimpel 2012; Kraß 2016b; Kotetzki 2019; Kraß 2019; Hausmann 2020; Reuvekamp 2020.

Verfasser:	Hartmann von Aue.
Auftraggeber:	Herzog Berthold IV./V. von Zähringen (?)
Entstehung:	Um 1185.
Überlieferung:	Vollständig überliefert (ohne Prolog) nur im *Ambraser Heldenbuch* (16. Jh.); hinzu kommen zwei Handschriftenfragmente des dreizehnten und vierzehnten Jahrhunderts (HSC Werke/148). Ein drittes Handschriftenfragment repräsentiert eine eigene, mitteldeutsche Fassung des *Erec* (HSC Werke/1921).
Bildzeugnisse:	Ein im zweiten Viertel des dreizehnten Jahrhunderts entstandenes goldenes Halbrelief („Krakauer Kronenkreuz").
Vorlage:	Chrétien de Troyes, *Erec et Enide* (um 1165), 6958 Verse.
Stoffgeschichte:	Die Gattung des Artusromans stützt sich auf die *matière de Bretagne*. Chrétien greift auf die Artusgeschichte des anglonormannischen Geschichtsromans *Roman de Brut* von Wace zurück.
Umfang und Form:	In der Fassung des *Ambraser Heldenbuchs* sind 10.135 Reimpaarverse überliefert, der Prolog fehlt. Hinzukommen 57 Plusverse aus der Fassung W (Wolfenbütteler Handschriftenfragmente), die nach V. 4629 einzufügen sind. Somit ist Hartmanns Bearbeitung um ein Drittel umfangreicher als die Vorlage. Im *Ambraser Heldenbuch* ist Hartmanns Erecroman eine rund eintausend Verse umfassende Episode vorgeschaltet, eine ursprünglich eigenständige Kurzerzählung, die hier auf Erec und Enite zugeschnitten wird. Zählt man diese Episode mit, kommt man auf 11.116 Verse (ohne die 57 Plusverse aus W).

Inhalt: [Teil 1] Während König Artus die Jagd nach dem weißen Hirsch anführt, begleitet der junge Erec die Königin bei einem Ausritt. Unterwegs wird er von einem fremden Ritter namens Iders beleidigt. Er verfolgt den Ritter, um die Schmach zu rächen. Gelegenheit dazu bietet ihm der in Tulmein veranstaltete Kampf um einen Sperber, einen Preis, den Iders schon zweimal für seine Freundin gewonnen hat. Erec übernachtet bei dem verarmten Grafen Coralus und verspricht, dessen Tochter Enite zu heiraten, wenn sie ihn in der Rolle der Minnedame zum Sperberkampf begleitet. Erec besiegt Iders und kehrt gemeinsam mit Enite zum Artushof zurück, wo ihre Hochzeit prächtig gefeiert wird. Dann zieht das junge Paar nach Karnant, der heimatlichen Burg des Königssohns Erec. [Krise] Erec liebt seine Frau so sehr, dass er seine ritterlichen Pflichten vernachlässigt. Als ihm zu Ohren kommt, dass er zum Gespött der Hofgesellschaft geworden ist, verlässt er heimlich in ritterlicher Rüstung den Hof. [Teil 2] Enite muss ihn begleiten. Die eheliche Gemeinschaft ist aufgehoben; Enite darf nicht mit ihrem Mann sprechen und muss, wie ein Knecht, die Pferde versorgen. Erec reitet ohne bestimmtes Ziel von Abenteuer zu Abenteuer. Er besiegt Räuber und Riesen und kämpft zweimal gegen den Zwergenkönig Guivreiz. Enite ist zweimal den Nachstellungen begehrlicher Grafen ausgesetzt, lässt sich aber in ihrer Liebe zu Erec nicht beirren. Das bewegt diesen endlich, sie wieder als seine Ehefrau und Freundin zu behandeln. Nachdem Erec auch das Abenteuer *Joie de la cort* („Freude des Hofes") bestanden hat, indem er den riesenhaften Mabonagrin in seinem Zaubergarten besiegt, zieht er mit Enite zum Artushof, wo sie ehrenvoll empfangen werden, und dann zurück nach Karnant, wo er gekrönt wird. Dort leben sie fortan als vorbildliches Herrscherpaar.

Komposition: ‚Doppelter Kursus' (s. Abschn. 5.3.3) mit verschachtelten Episoden im ersten Teil (s. Abschn. 5.3.2) und verdoppelten Episoden im zweiten Teil (s. Abschn. 5.3.1). Eine neue Deutung des doppelten Kursus im *Erec* bietet Lieb 2009.

Interpretationsansätze: Der erste Artusroman erzählt die Entstehung einer höfischen Liebesehe. Während Enite für Erec zunächst nur die instrumentelle Rolle einer Minnedame in einem Turnier übernimmt, kommt bald die passionierte Liebe hinzu, und das Paar wird am Artushof vermählt. Im Unterschied zum *Eneasroman* Heinrichs von Veldeke bildet die Hochzeit nicht den Schlusspunkt der Erzählung, sondern findet bereits in der Mitte des Romans statt. Im zweiten Teil wird erzählt, wie sich das Ehepaar schrittweise dem Ideal der höfischen Liebesehe annähert, die gegenläufige Ansprüche zum Ausgleich bringen muss: die ‚private' Gefühlsbindung als Liebespaar einerseits und die ‚öffentliche' Verantwortung als Herrscherpaar andererseits.

8.2.2 Ulrich von Zatzikhoven, *Lanzelet*

Textkritische Ausgabe: Hahn 1845 [1965]. **Studienausgabe mit Übersetzung und Kommentar:** Kragl ²2013 (De Gruyter Texte) [zit.]. **Überblicksdarstellungen:** Ruh 1980, S. 34–49; Perennec 1993; Haug 1996 (EM); Mertens 1998, S. 88–100; Neugart 1999 (VL); Brandsma/Knapp 2010 (GLMF); Huber/Linden 2011 (Killy). **Ausgewählte neuere Forschungsbeiträge:** Feistner 1995; Schulz 2007; Dietl 2009a; Schneider 2013; Barton 2017; Reichlin 2017; Plotke 2017; Selmayr 2017; Balks 2021.

8.2 Artusromane

Verfasser:	Ulrich von Zatzikhoven.
Auftraggeber:	Herzog Berthold IV./V. von Zähringen (?)
Entstehung:	Nach 1193.
Überlieferung:	Der Roman ist in zwei vollständigen und drei fragmentarischen Handschriften vom zweiten Viertel des dreizehnten bis zur ersten Hälfte des vierzehnten Jahrhunderts überliefert (ESC Werke/392).
Bildzeugnisse:	Eine illustrierte Handschrift aus der ersten Hälfte des fünfzehnten Jahrhunderts (HSC 4933).
Vorlage:	Ulrich nennt als Vorlage das *welsche buoch von Lanzelete* (V. 9341), das Hugh de Morville, der als Geisel an der Freilassung des englischen Königs Richard Löwenherz beteiligt war, an den Kaiserhof mitgebracht habe. Inhalt und Struktur schließen aus, dass es sich um den *Lancelot* Chrétiens de Troyes handelt.
Stoffgeschichte:	Viele Episoden sind in ähnlicher Weise aus anderen Artusromanen bekannt, so zum Beispiel die Beleidigung Lanzelets durch einen Zwerg aus dem *Erec*, die Brunnenszene in Behforet aus dem *Iwein* oder die Unerfahrenheit des jungen Ritters aus dem *Parzival*.
Umfang und Form:	9449 Reimpaarverse.

Inhalt: [Vorgeschichte] Lanzelet wird in Genewis geboren und von einer Meerfee entführt, in deren Inselreich er seine Kindheit verbringt. [Hauptgeschichte, erster Kursus] Als er im Alter von fünfzehn Jahren aufbricht, um Ritter zu werden, fragt er die Meerfee nach seiner Herkunft. Diese antwortet, dass er seine Identität erst dann erfahren werde, wenn er den Ritter Iweret von Behforet besiege. Lanzelet gelangt zur Burg Pluris, wo ihn ein Zwerg mit einem Peitschenhieb beleidigt. Der Knappe Johfrit de Liez bildet ihn zum Ritter aus. Das erste Abenteuer führt Lanzelet zur Burg Moreiz, dessen Herr Galagandreiz ihn zum Messerkampf herausfordert. Lanzelet tötet ihn, heiratet seine Tochter und tritt die Herrschaft an. Der Artusritter Orphilet fordert ihn auf, den Artushof aufzusuchen, doch Lanzelet lehnt ab. Das zweite Abenteuer führt ihn zur Burg Limors, wo er bekämpft und eingekerkert wird. Lanzelet muss zum Kampf gegen den Burggrafen antreten, siegt und heiratet nun auch dessen Tochter Ade. Der Artushof schickt Walwein (Gawein) aus, um Lanzelet einzuladen. Dieser lehnt ab und misst sich mit Walwein im Kampf. Ein Page kommt und fordert die Ritter auf, das Turnier in Djoflê aufzusuchen. Lanzelet erringt dort großes Lob, lehnt aber wiederum die Einladung an den Artushof ab. Das dritte Abenteuer führt Lanzelet zum Schatel le Mort, der Burg des Mabuz, wo eine verkehrte Welt herrscht: Der Feigste ist der Stärkste, der Stärkste der Feigste. Mabuz bezwingt Lanzelet, Ade wendet sich von ihm ab. Es stellt sich heraus, dass Mabuz der Sohn der Meerfee ist, die ihn mit dem Umkehrzauber schützt. Lanzelet gerät in Gefangenschaft, kann aber fliehen. Das Abenteuer von Schatel le Mort ist mit dem Abenteuer von Behforet verkoppelt, dessen Herrscher Iweret Mabuz bedroht. Dies ist der Grund dafür, dass die Meerfee von Lanzelet verlangte, dass er Iweret besiegen müsse, bevor er seinen Namen erfahren dürfe. Lanzelet tötet

Iweret im Zweikampf und erhält zum dritten Mal die Hand einer Dame, nämlich von
Iwerets Tochter Iblis. Die Meerfee löst ihr Versprechen ein, Lanzelet erfährt seinen
Namen und seine Herkunft, und es stellt sich heraus, dass er (wie Gawein) Artus' Neffe
ist. Zwischen Lanzelet und Iblis entsteht eine Minnebeziehung. [Hauptgeschichte,
zweiter Kursus] Die folgende Handlung steht im Zeichen des Artushofes. Der Ritter
Valerin erhebt Anspruch auf die Hand von Artus' Ehefrau Ginover. Ein Zweikampf soll
entscheiden, wem die Königin rechtmäßig angehört: Artus oder Valerin. Lanzelet tritt
an und entscheidet den Streit zugunsten von Artus. Nun zieht Lanzelet nach Pluris, um
die dort erlittene Schande zu rächen. Nachdem er hundert Ritter besiegt hat, darf er die
Königin heiraten, doch diese Ehe erweist sich als Gefangenschaft. Währenddessen erscheint eine Botin der Meerfee am Artushof und bringt einen Mantel, der nur der treuesten Dame passt. Iblis besteht die Tugendprobe und wird so als passende Partnerin des
Protagonisten ausgezeichnet. Einige Artusritter, darunter Erec, Walwein und Tristrant,
befreien Lanzelet aus seiner Gefangenschaft in Pluris. Währenddessen kehrt Valerin an
den Artushof zurück, um Ginover zu entführen. Lanzelet und die anderen Artusritter
suchen den Zauberer Malduc auf und bitten um seine Hilfe bei der Befreiung der Königin. Malduc sagt zu, verlangt aber, dass Walwein und Erec, mit denen er noch eine
Rechnung offen hat, ihm als Geiseln Sicherheit bieten. Mit Malducs Unterstützung
kann Lanzelet Valerin töten und Ginover befreien. Anschließend zieht er mit den Artusrittern gegen Malduc, um Walwein und Erec zu befreien. Der auf ganzer Linie siegreiche Lanzelet kehrt an den Artushof zurück, der ihn als vortrefflichen Ritter feiert.
Lanzelet kommt wieder mit Iblis zusammen, die ihm von einem sonderbaren Abenteuer berichtet. Ein sprechender Drache mit hässlichem Maul bitte darum, dass ein Ritter ihn küssen möge. Lanzelet besteht die Mutprobe, und der Drache verwandelt sich
in eine schöne Prinzessin. [Nachgeschichte] Lanzelet kehrt nach Genewis zurück, wird
von seinen Vasallen freundlich empfangen und zum König gekrönt. Dann zieht er mit
Iblis nach Behforet, wo er ebenfalls die drei Reiche umfassende Königsherrschaft antritt. Das Paar hat drei Söhne und eine Tochter, die später die Herrschaft in Genewis
und den Reichen von Behforet weiterführen werden.

Komposition: ‚Doppelter Kursus' (s. Abschn. 5.3.3), aber ohne Krise. Die Handlung
ist durch eine Vorgeschichte (V. 41–388) und eine Nachgeschichte (V. 8041–9366) gerahmt. Im ersten Kursus (V. 389–4957) agiert Lanzelet als namenloser Ritter, im zweiten als Artusritter, der seinen Namen und seine Herkunft kennt. Der erste Kursus steht
im Zeichen des Todes. In Form einer Klimax wiederholt sich dreimal ein ähnliches
Abenteuer. Lanzelet tötet die gefährlichen Burgherren von Moreiz, Limors und Schatel
le Mort und heiratet die Töchter oder Nichten der Burgherren von Moreiz, Limors
und Behforet. Die Episoden sind also nicht nur gedoppelt, sondern vervielfacht
(s. Abschn. 5.3.1). Sie werden außerdem von Szenen flankiert, in denen der Artushof
Lanzelet vergeblich in seine Nähe zu ziehen sucht. Der zweite Kursus folgt dem Prin-
zip der Schachtelung (s. Abschn. 5.3.2). Zwischen das zwei Teilepisoden umfassende
Abenteuer, in dem Lanzelet Ginover aus den Händen Valerins befreit, schiebt sich das
Pluris-Abenteuer, in das wiederum die Szene mit der Mantelprobe eingeschoben wird.
Die Krisenlosigkeit und ritterliche Exorbitanz Lanzelets wird mit der Kindheit im
Feenreich begründet, die ihm ewiges Glück und Heil mitgegeben hat.

Interpretationsansätze: Der Roman antwortet auf den Typus des Artusromans, in dessen Mittelpunkt krisenhafte Helden stehen, mit einer Geschichte, die von einem krisenlosen Helden handelt. Zu diesem Zweck wird aus Episoden, Szenen und Konstellationen, die den betreffenden Artusromanen entstammen (*Erec*, *Yvain*, *Perceval*), ein neuer Roman montiert, der zwar an den doppelten Kursus angelehnt ist, aber auf eine Krise verzichtet. Stattdessen wird der Protagonist an der entsprechenden Strukturstelle über seine Identität aufgeklärt. Das unverlierbare Glück des Helden wird als Gabe des Feenreichs ausgewiesen, in dem Lanzelet aufgewachsen ist. Dahinter dürfte der Anspruch stehen, dass ein Ritter, der sich als tugendhaft und gottesfürchtig erweist, ein spezifisches Heil für sich beanspruchen kann. Die serielle Polygamie des Helden wird nicht problematisiert. In Iblis findet er die eigentliche Minnepartnerin, mit der er eine höfische Liebesehe eingeht; alle anderen ehelichen Bindungen, die im Roman durchgespielt werden, erweisen sich als defizitär und unterstreichen somit die Perfektion der Beziehung zwischen Lanzelet und Iblis. Ein weiterer Aspekt ist die dreifache Auszeichnung des Helden als idealer Herrscher, der drei ihm aufgetragene Missionen erfüllt: Er tritt das Erbe seines Vaters in Genewis an; er rettet den Sohn der Meerfee und erhält zum Dank Iblis' Hand; und er steht für den Artushof ein, indem er die entführte Königin befreit.

8.2.3 Hartmann von Aue, *Iwein*

Vorlage: Chrétien de Troyes, *Yvain* (Nolting-Hauff 1962). **Textkritische Ausgabe:** Wolff 1968. **Studienausgaben mit Übersetzung und Kommentar:** Krohn/Schnyder 2012 (RUB 19011) [zit.]; Mertens 2008 (DKV TB 29); Cramer 2001 (De Gruyter Texte) [ohne Kommentar]. **Überblicksdarstellungen**: Ruh 1977, S. 141–165; Cormeau 1981 (VL); Brunner 1993, S. 97–128; Henkel (1993) (EM); Mertens 1998, S. 63–87; Cormeau/Störmer 2007, S. 194–226; Brunner/Cormeau 2009 (Killy); Schmid 2010 (GLMF); Lieb 2020, S. 85–142; Kropik (Hg.) 2021. **Ausgewählte neuere Forschungsbeiträge:** Sosna 2003; Müller 2005; Hammer 2007; Haubrichs 2011; Eming 2015; Engel 2018; Struwe 2019, Balks 2021; Braun 2022.

Verfasser:	Hartmann von Aue.
Auftraggeber:	Herzog Berthold IV/V. von Zähringen (?)
Entstehung:	Nach 1191/vor 1203.
Überlieferung:	Der *Iwein* ist das am häufigsten überlieferte Werk der höfischen Epik aus der Zeit vor Wolfram von Eschenbach; erhalten sind fünfzehn vollständige und achtzehn fragmentarische Handschriften des dreizehnten bis sechzehnten Jahrhunderts (HSC Werke/150).
Bildzeugnisse:	Freskenzyklen aus der ersten Hälfte des dreizehnten Jahrhunderts in der Burg Rodenegg bei Brixen in Südtirol sowie im sogenannten Hessenhof im thüringischen Schmalkalden. Zwei Bilder auf dem Maltererteppich (1320/30), der heute in der Schatzkammer des Augustinermuseums der Stadt Freiburg im Breisgau aufbewahrt wird.
Vorlage:	Chrétien de Troyes, *Yvain* (um 1177), 6818 Verse.

Stoffgeschichte: Chrétien greift auf eine keltische Sagentradition zurück, die an den historischen Owain mab Urien anknüpft. Owain war ein Sohn des Königs Urien, der um 590 über das britonische Reich Rheged herrschte und gegen die Angeln kämpfte. Als *Iwenus filius Uriani* begegnet er in der *Historia regum Britanniae* (Geoffrey von Monmouth) und entsprechend im *Roman de Brut* (Wace): *De Moroif Uriens li rois, / Et Yvains ses fils li cortois* (V. 10521–10522: „aus Moray König Urien mit seinem Sohn, dem höfischen Yvain"). Die zahlreichen Märchenmotive dürften ebenfalls keltischen Erzählungen entnommen sein. Die Freundschaft zwischen Iwein und dem Löwen ist in der römischen Androclus-Sage vorgeprägt.

Umfang und Form: 8166 Reimpaarverse.

Inhalt: [Teil 1] Am Artushof wird ein Fest gefeiert. Artus und die Königin ziehen sich zurück. Der Artusritter Kalogrenant erzählt von einem misslungenen Abenteuer, das sich vor Jahren zutrug. Nach einer Begegnung mit einem gastfreundlichen Burgherrn und einem monströsen Wildhüter war er zu einem Brunnen gelangt. Dort löste er mit einem Wasserguss ein Unwetter aus. Der König des Brunnenlandes, Ascalon, ritt ihm entgegen, und Kalogrenant unterlag im Zweikampf. Iwein will dasselbe Abenteuer wiederholen und bestehen. Er reitet heimlich aus, weil er fürchtet, dass Gawein ihm zuvorkommen könne. Er durchläuft alle Stationen des Abenteuers, trägt am Ende aber den Sieg davon, indem er dem fliehenden Ascalon nachstellt und ihn tödlich verwundet. Das Fallgitter des Burgtors tötet Iweins Pferd und setzt ihn gefangen. Lunete, die Zofe der Burgherrin Laudine, ist Iwein wegen einer früheren Freundlichkeit verpflichtet. Sie rettet ihn aus der Notlage, indem sie ihm einen Zauberring gibt, der ihn unsichtbar macht. Iwein beobachtet, wie Laudine um den inzwischen verstorbenen und aufgebahrten Ascalon klagt, und verliebt sich in sie. Lunete rät Laudine dazu, den Mörder ihres Mannes zu heiraten, da er das Land offenbar besser zu schützen vermag als Ascalon. Nach anfänglichem Zögern willigt Laudine ein, und die Hochzeit wird vollzogen. Der Artushof kommt zu Besuch und bestätigt Iweins Tapferkeit. Gawein rät Iwein, mit ihm für ein Jahr auf Abenteuerfahrt zu reiten, um nicht Erecs Fehler (das *verligen*) zu wiederholen. Iwein holt Laudines Erlaubnis ein und zieht mit Gawein los. [Krise] Da Iwein das Versprechen bricht, innerhalb eines Jahres zurückzukehren, schickt Laudine Lunete zum Artushof, um die Scheidung einzureichen. Iwein verzweifelt an der Trennung, verliert den Verstand, zieht sich in den Wald zurück und lebt wie ein wildes Tier. Ein Eremit führt ihn langsam in den menschlichen Zustand zurück, indem er mit ihm einen Tausch beginnt. Iwein bringt dem Eremiten erlegtes Wild, das dieser zubereitet. Bald wird Iwein durch die Dame von Narison geheilt, die im verwilderten Iwein einen höfischen Ritter erkennt. Sie lässt ihn durch ihre Zofe mit einer Zaubersalbe bestreichen und mit höfischen Gewändern ausstatten. Iwein gesundet und gewinnt seine Vernunft zurück. [Teil 2] Nun beginnt eine Reihe von Abenteuern. Iwein rettet die Dame von Narison vor dem Zugriff eines fremden Ritters, den er aber – anders als Ascalon – nicht tötet. Iwein wird Zeuge eines Kampfes zwischen einem Löwen und einem Drachen und entscheidet sich dafür, dem Löwen zu helfen, der ihn fortan wie ein treuer Freund begleitet. Iwein trifft auf Lunete, die inhaftiert wurde, weil sie Laudine zur Hochzeit mit Iwein geraten hatte. Iwein verspricht ihr Hilfe. Doch wird er aufgehalten, weil er von einer Dame um Hilfe gegen den Riesen Harpin gebeten wird. Iwein besiegt den Riesen und kehrt rechtzeitig zu Lunete zurück, um sie im Kampf zu befreien. Iwein trifft auf eine Dame, die jüngere Schwester vom Schwarzen Dorn, die von der älteren Schwester in einer Erbangelegenheit übervorteilt wurde. Iwein verspricht, sie im Gerichtskampf zu vertreten. Doch wird er erneut aufgehalten, er verspricht Hilfe in einem Kampf gegen zwei Riesen (*Pesme aventiure*), um dreihundert gefangene Frauen zu befreien. Iwein besiegt die Riesen und gelangt rechtzeitig zum Gerichtskampf. Die ältere Schwester wird von Gawein vertreten. Iwein und Gawein kämpfen unerkannt gegeneinander, der Kampf zieht sich hin, weil die Ritter einander ebenbürtig sind. Artus beendet mit einem Schiedsspruch zugunsten der jüngeren Schwester den Gerichtskampf. Iwein kehrt zu Laudine zurück. Er besteht ein zweites Mal das Brunnenabenteuer. Lunete gelingt es mit einer List, Laudine davon zu überzeugen, die Ehegemeinschaft mit Iwein wiederaufzunehmen.

Komposition: ,Doppelter Kursus' (s. Abschn. 5.3.3) mit verdoppelten Episoden im ersten (s. Abschn. 5.3.1) und verschachtelten Episoden im zweiten Teil (s. Abschn. 5.3.2).

Interpretationsansätze: Auch der *Iwein* kreist um das Thema der höfischen Liebesehe, aber aus anderer Perspektive. Zum einen geht es um die Rivalität zwischen Freundschaft (Iwein und Gawein) und Liebe (Iwein und Laudine), zum anderen um die Spannung zwischen passionierter Liebe (Iwein) und heiratspolitischer Entscheidung (Laudine). Iweins bis zum Identitätsverlust reichende Krise erwächst nicht aus mangelnder Liebe, sondern aus der Konkurrenz der Forderungen, die Gawein und Laudine an ihn richten. Im Unterschied zum *Erec* gibt es im *Iwein* zwei räumliche Zentren mit je eigenen Geltungsansprüchen: auf der einen Seite den Artushof, in dessen Mittelpunkt König Artus steht, auf der anderen Seite den Laudinehof, in dessen Mittelpunkt die mit feenhaften Zügen (Narrativ der gestörten Mahrtenehe, s. Abschn. 5.2.2) ausgestattete Königin Laudine steht. Laudines Zofe Lunete verbindet beide Sphären, indem sie mit Laudine, Iwein und Gawein zugleich befreundet ist. Gawein nimmt eine größere Rolle ein als im *Erec*. Er vollzieht im Hintergrund ein eigenes Abenteuer, nämlich die Heimholung der von Meljakanz entführten Königin Ginover (vgl. *Lanzelet*).

8.2.4 Wolfram von Eschenbach, *Parzival*

Vorlage: Chrétien de Troyes, *Perceval* (Olef-Krafft 1991). **Textkritische Ausgaben:** Lachmann 1926; Leitzmann 1961/1963/1965 (ATB 12–14). **Studienausgaben mit Übersetzung und Kommentar**: Spiewok 1981 (RUB 3681–3682) [zit.]; Nellmann/Kühn 2006 (DKV TB 7); Knecht/Schirok 2003 (De Gruyter Texte). **Überblicksdarstellungen:** Ruh 1980, S. 55–139; E. Schmid 1993; Mertens 1998, S. 101–145; Bumke 1999 (VL); E. Schmid 2002 (EM); Bumke 2004, S. 40–275; Dallapiazza 2009; Pérennec 2010 (GLMF); Kiening 2011 (Killy). **Ausgewählte neuere Forschungsbeiträge:** Bumke 2001; Haug 2001; Schultz 2002; Quast 2003; Sosna 2003; Scheuble 2005; Mertens Fleury 2006; Wittmann 2007; Schuhmann 2008; Trînca 2008; Münkler 2010; Knaeble 2011; Baisch 2012; Chabr 2013; Mierke 2015; Richter 2015; Bleuler 2016a; Quast 2017; Lembke 2020a, S. 251–339; Theiß 2020; Sablotny 2020; Winkelsträter 2022; Braun 2023; Stolz 2023.

Verfasser:	Wolfram von Eschenbach.
Auftraggeber:	Landgraf Hermann I. von Thüringen.
Entstehung:	1200/10.
Überlieferung:	Mit 16 vollständigen und 72 fragmentarischen Handschriften vom ersten Drittel des dreizehnten Jahrhunderts bis um 1500 das meistüberlieferte Werk der höfischen Epik des deutschen Mittelalters (HSC Werke/437).
Bildzeugnisse:	Sechs illustrierte Handschriften: zwei aus der zweiten Hälfte des dreizehnten Jahrhunderts (HSC 1223, 1133) sowie eine aus der ersten (HSC 6801) und drei aus der zweiten (HSC 3959, 4916, 6546) Hälfte des fünfzehnten Jahrhunderts. Zwei Freskenzyklen des vierzehnten Jahrhunderts: einer im Konstanzer Haus zur Kunkel (um 1320) sowie einer in Lübeck (Mitte 14. Jh., zerstört). Ein Teppich aus der der zweiten Hälfte des vierzehnten Jahrhunderts, vormals im Besitz des Kreuzklosters bei Braunschweig (Herzog-Anton-Ulrich-Museum Braunschweig).
Vorlage:	Chrétien de Troyes, *Perceval* (1180/90), 9234 Verse (Fragment).
Stoffgeschichte:	Chrétien verarbeitet zahlreiche keltische Märchenmotive, doch bleibt unklar, ob er auf eine entwickelte keltische Parzivalsage zurückgreifen konnte. Geoffrey von Monmouth nennt in seiner *Historia regum Britanniae* einen Artusritter namens Peredur, der auf Chrétiens Perceval vorausweist. Der Name Perceval ist französischer Herkunft, er bedeutet wörtlich „durchdring das Tal" (*perce val*) und wird von Wolfram als „mitten hindurch" (*rehte enmitten durch*) übersetzt und auf das von Schmerz durchbohrte Herz Herzeloydes, der von Parzival verlassenen Mutter, bezogen.
Umfang und Form:	24810 Reimpaarverse in 16 ‚Büchern' bzw. 827 ‚Dreißigern'. Der monumentale Roman ist mehr als dreimal so lang wie der *Erec* und der *Iwein* und mehr als doppelt so lang wie die unvollendete Vorlage, die mit den Vorbereitungen auf den Zweikampf zwischen Gauvain (Gawan) und Guiromelant (Gramoflanz) abbricht.

Inhalt: [Buch I] Der erblose Königssohn Gahmuret von Anschouwe zieht in den Orient, tritt in den Dienst des Baruc von Baldac und bewährt sich als Ritter. Er befreit und heiratet die bedrängte Königin Belakane von Zazamanc. Aus der Verbindung geht Feirefiz hervor. [Buch II] Gahmuret verlässt Belakane und gewinnt im Turnier von Kanvoleiz die Hand der verwitweten Königin Herzeloyde. Er kehrt in den Orient zurück, um den Baruc gegen Feinde zu verteidigen, und fällt im Kampf. Bald darauf bringt die trauernde Herzeloyde Parzival zur Welt. [Buch III] Herzeloyde zieht ihren Sohn im Wald auf, um ihn vom Rittertum fernzuhalten. Als der Knabe bei der Jagd Rittern begegnet, beschließt er, ebenfalls Ritter zu werden. Von seiner Mutter in ein

8.2 Artusromane

Narrengewand gekleidet, reitet er am nächsten Morgen los. Die verzweifelte Herzeloyde bricht tot zusammen, ohne dass Parzival es bemerkt. Auf einer Lichtung trifft er auf die in einem Zelt schlafende Herzogin Jeschute, die er – aufgrund einer missverstandenen Minnelehre seiner Mutter – gewaltsam umarmt, gegen ihren Willen küsst und ihres Rings und ihrer Spange beraubt. Ihr Ehemann, Orilus von Lalander, trennt sich von der vermeintlichen Ehebrecherin, die fortan in Armut lebt. Die zweite Begegnung führt Parzival mit seiner Cousine Sigune zusammen, die um den toten Ritter Schionatulander weint; von ihr erfährt er seinen Namen und seine Herkunft. Parzival gelangt nach Nantes, wo er auf Ither von Gaheviez, den Roten Ritter, trifft, der ihn mit einer Botschaft an den Artushof schickt. Dort fordert Parzival seine Aufnahme als Artusritter. Im Kampf tötet er Ither und nimmt ihm seine Rüstung ab, die er mithilfe eines Knappen anlegt. Die nächste Begegnung führt Parzival zu seinem Onkel Gurnemanz von Graharz, der ihn zum Ritter ausbildet. Parzival schlägt das Angebot aus, die Tochter seines Onkels zu heiraten, und zieht fort, um weitere Abenteuer zu bestehen. [Buch IV] Parzival kommt in die Stadt Belrapeire, die von König Clamide, der die Landesherrin Condwiramurs heiraten will, belagert wird. Parzival besiegt Clamide. Parzival und Condwiramurs heiraten, die Ehe vollzieht das keusche Paar erst in der dritten Nacht. Parzival nimmt Abschied, um seine Mutter aufzusuchen. [Buch V] Auf der Suche nach einer Herberge gelangt Parzival zur Burg Munsalvaesche, wo er in Gegenwart des an der Hüfte verwundeten Königs Anfortas Zeuge eines Rituals wird, das eine blutende Lanze und den heiligen Gral umfasst, der auf wunderbare Weise Speis und Trank hervorbringt. Aufgrund einer missverstandenen Höflichkeitslehre des Gurnemanz fragt Parzival Anfortas nicht nach dem Grund seines Leidens und wird am nächsten Morgen unter Flüchen der Burg verwiesen. Unterwegs trifft er zwei Damen wieder: zunächst Sigune, die den toten Schionatulander im Schoß hält, dann Jeschute, die er mit Orilus versöhnt. [Buch VI] König Artus bricht auf, um Parzival, den Roten Ritter, zu suchen. Parzival wird Zeuge, wie ein Falke eine Gans schlägt und drei Blutstropfen in den Schnee fallen. Das Bild erinnert ihn an seine geliebte Condwiramurs, und er fällt in eine Trance. Drei Artusritter erscheinen, darunter Gawan, der Parzival aus dem Minneban befreit, indem er mit seinem Mantel die Blutstropfen verdeckt. Er führt Parzival zu Artus, der ihn feierlich in die Tafelrunde aufnimmt. Während des Hoffests erscheint die Gralsbotin Kundrie, die Parzival öffentlich verdammt, weil er es versäumt habe, Anfortas mit einer mitleidigen Frage von seinem Leiden zu erlösen. Außerdem ruft sie die Artusritter auf, das Abenteuer von Schastel marveile zu bestehen. Bald darauf erscheint der Landgraf Kingrimursel, bezichtigt Gawan, den König von Ascalun erschlagen zu haben, und fordert ihn zum Gerichtskampf in Schampfanzun auf. Parzival und Gawan brechen auf, um sich den gegen sie gerichteten Anschuldigungen zu stellen. [Buch VII] Vor dem Gerichtskampf in Schampfanzun hat Gawan ein anderes Abenteuer zu bestehen. König Meljanz führt Krieg gegen den Fürsten Lippaut, weil dessen Tochter Obie seine Liebeswerbung abgelehnt hat. Gawan wird zufällig Zeuge eines Gesprächs zwischen Obie und ihrer jüngeren Schwester Obilot. Während Obie Gawan schmäht, erkennt Obilot in ihm den tüchtigen Ritter. Gawan zieht für Obilot in die Schlacht und nimmt Meljanz gefangen. Obilot schlichtet den Streit zwischen Obie und Meljanz, die schließlich heiraten. Im Hintergrund kämpft Parzival als Roter Ritter für die Gegenseite. [Buch VIII] Gawan reitet nach Schampfanzun, wo er auf König

Vergulaht trifft, dessen Vater er angeblich erschlagen hat. Dieser erkennt Gawan nicht und verweist ihn an seine Schwester Antikonie, die den Gast mit einem Kuss begrüßt. Der Kuss weckt in beiden leidenschaftliches Begehren. Ein herbeikommender Ritter missdeutet die Szene als Vergewaltigungsversuch und ruft die Stadtmannschaft herbei. Die Verliebten wehren den Angriff ab, indem Gawan einen Türriegel als Schwert und ein Schachbrett als Schild benutzt, während Antikonie mit Schachfiguren um sich wirft. Vergulaht kehrt zurück und beteiligt sich am Kampf. Kingrimursel, der Gawan freies Geleit zum Gerichtskampf versprochen hatte, greift ein und schlichtet den Streit. Der Gerichtskampf wird um ein Jahr aufgeschoben; zwischenzeitlich soll Gawan für Vergulaht nach dem Gral suchen. Dazu hatte kürzlich der wiederum im Hintergrund agierende Parzival Vergulaht verpflichtet, nachdem er diesen besiegt hatte. Gawan kann die Stadt ungehindert verlassen. [Buch IX] Seit vier Jahren ist Parzival auf der Suche nach dem Gral und hadert mit Gott. Ein drittes Mal begegnet er Sigune, die sich mit dem Sarg ihres toten Freundes in eine Klause hat einmauern lassen. Sie weist Parzival den Weg nach Munsalvaesche. Ein Ritter auf Bußfahrt verweist Parzival an den Einsiedler Trevrizent, Parzivals Onkel mütterlicherseits. Trevrizent nimmt Parzival auf, ergründet die Ursache für seine Abkehr von Gott und leitet ihn zu Reue und Buße an. Er unterweist Parzival im christlichen Glauben und enthüllt ihm die Geheimnisse des Grals. Anfortas ist Trevrizents Bruder und somit ebenfalls Parzivals Onkel. Trevrizent verdeutlicht Parzival, dass dieser für den Tod seiner Mutter Herzeloyde und seines Verwandten Ither verantwortlich sei. Zwei Wochen lang teilt Parzival das asketische Leben Trevrizents und bricht dann als Bekehrter auf. [Buch X] Die Erzählung kehrt zu Gawan zurück. Inzwischen ist der Gerichtskampf abgesagt worden, weil sich die Anschuldigung gegen Gawan als haltlos erwiesen hat. Dennoch setzt Gawan die Suche nach dem Gral fort. Er begegnet Orgeluse, der verwitweten Herzogin von Logroys, und verliebt sich in sie. Orgeluse nimmt seinen Ritterdienst an, behandelt ihn aber mit Hohn. Gawan kehrt zu einem verwundeten Ritter zurück, dem er vor seinem Zusammentreffen mit Orgeluse begegnet war. Der Ritter ist Fürst Urjans, der mit Gawan noch eine alte Rechnung offen hat. Er stiehlt Gawan das Pferd und reitet davon. Gawan muss fortan mit einem Klepper vorliebnehmen, der Orgeluses Knappen Malcreatiure gehört. Orgeluse überzieht Gawan mit Spottreden. Das Paar kommt in Schastel marveile an. Vor der Burg besiegt Gawan Lischoys Gweljus, der ebenfalls um Orgeluse wirbt, und erhält von ihm sein Pferd zurück, das dieser zuvor Urjans abgenommen hatte. [Buch XI] Gawan tritt das Abenteuer der verzauberten Burg Schastel marveile an. Er muss auf ein Wunderbett springen, das im Burgsaal auf Rädern wilde Kreise dreht, und sich dabei mit seinem Schild eines Hagels von Steinen und Pfeilen erwehren. Anschließend muss er gegen einen gewaltigen Löwen kämpfen, den er besiegt. Der Zauber ist gebrochen, aber der erschöpfte Gawan sinkt ohnmächtig nieder. Die alte Königin Arnive päppelt ihn wieder auf. [Buch XII] Gawan besichtigt die Burg und entdeckt auf einem Turm eine Wundersäule, die das Land im Umkreis von sechs Meilen spiegelt. Er erblickt Orgeluse in Begleitung eines Ritters, den er am nächsten Tag im Lanzenkampf besiegt. Orgeluse verlangt ihm weitere Ritterproben ab. Er soll über eine Schlucht springen und im Garten des Königs Gramoflanz Zweige für einen Kranz brechen. Gawan stürzt mit seinem Pferd in die Schlucht, kann sich aber retten und den Kranz pflücken. Dabei trifft er auf den unbewaffneten Gramoflanz, der ihm seine Liebe

8.2 Artusromane

zu Gawans Schwester Itonje gesteht und von Orgeluses Feindschaft berichtet. Als Gawan sich zu erkennen gibt, fordert Gramoflanz ihn zum Zweikampf vor der Stadt Joflanze heraus, weil angeblich Gawans Vater seinen Vater erschlagen hat. Orgeluse ist inzwischen wie ausgewechselt. Sie entschuldigt sich bei Gawan für ihren Spott und die ihm auferlegten Proben. Sie hofft, dass Gawan Gramoflanz besiegt, der ihren Ehemann Cidegast getötet hat. Gawan entsendet einen Boten zu König Artus, der mit seinem Hof nach Joflanze kommen soll. [Buch XIII] Am nächsten Tag veranstaltet Gawan in Schastel marveile ein Fest. Am Abend halten Gawan und Orgeluse ihr Beilager. König Artus bricht mit seinem Hofstaat nach Joflanze auf. Arnive erklärt Gawan, wie es zur Verzauberung von Schastel marveile durch den in magischen Künsten bewanderten Schlossherrn Klinschor kam. Gawan trifft auf einen fremden Ritter, den er für Gramoflanz hält, doch es ist Parzival. [Buch XIV] Gawan kämpft gegen den fremden Ritter, ihm droht die Niederlage. Als Parzival erfährt, dass sein Gegner Gawan ist, bricht er den Kampf sofort ab. Gawan ist so erschöpft, dass der Kampf gegen Gramoflanz um einen Tag verschoben wird. König Artus, der inzwischen in Joflanze erschienen ist, empfängt Parzival und nimmt ihn wieder in die Tafelrunde auf. Bevor es zum Zweikampf zwischen Gawan und Gramoflanz kommt, wird dieser schon von Parzival herausgefordert und fast besiegt. Der Zweikampf wird erneut um einen Tag verschoben. Gawans Schwester Itonje möchte den Kampf zwischen ihrem Bruder Gawan und ihrem Geliebten Gramoflanz abwenden und wendet sich an König Artus. Dieser führt Verhandlungen und erreicht, dass Gramoflanz auf den Zweikampf verzichtet, wenn Orgeluse sich mit ihm versöhnt. So geschieht es. Gramoflanz wird mit Itonje vermählt. Orgeluse heiratet Gawan und übergibt ihm die Herrschaft über ihr Land. Parzival, den die Sorge um den Gral und die Sehnsucht nach Condwiramurs quälen, bricht heimlich vor Tagesanbruch auf. [Buch XV] Die Erzählung folgt nun Parzivals Weg nach Munsalvaesche. Im Wald trifft Parzival auf einen Ritter, der ihn zum Kampf fordert. Als Parzivals Schwert zerbricht, wirft auch sein Gegner sein Schwert fort. Er gibt sich als Parzivals Halbbruder Feirefiz zu erkennen, der mit einem großen Heer unterwegs ist, um seinen Vater Gahmuret zur Rechenschaft zu ziehen. Parzival führt ihn nach Joflanze und macht ihn mit dem Artushof bekannt. Artus veranstaltet ein Fest für Feirefiz und nimmt ihn in die Tafelrunde auf. Da erscheint Kundrie und verkündet Parzival seine Berufung zum Gral. Er darf einen Gefährten mit nach Munsalvaesche nehmen. Parzival wählt Feirefiz aus, und die Brüder brechen auf. [Buch XVI] Als Kundrie mit ihnen in Munsalvaesche eintrifft, schlägt dort die Trauer in Freude um. Parzival stellt die Erlösungsfrage, und Anfortas wird geheilt. Parzival übernimmt die Herrschaft über den Gral. Er kehrt zu Condwiramurs zurück und kehrt unterwegs bei Trevrizent ein. Zum ersten Mal sieht er seine Söhne Kardeiz und Loherangrin. Kardeiz wird zum König über Waleis, Norgals und Anschouwe gekrönt. Loherangrin begleitet seine Eltern nach Munsalvaesche. Sie kommen an der Klause der inzwischen verstorbenen Sigune vorbei und bestatten sie gemeinsam mit Schionatulander. In Munsalvaesche werden Parzival und Feirefiz Zeugen der Gralsprozession. Feirefiz verliebt sich in Repanse de Schoye, die Trägerin des Grals. Er lässt sich taufen und wird mit Repanse vermählt. Aus der Ehe wird der Sohn Johannes hervorgehen, der in Indien den christlichen Glauben verbreiten wird. Loherangrin wird die Landesherrin von Brabant unter der Bedingung heiraten, dass sie nicht nach seiner Herkunft fragt. Sie werden Kinder haben und glücklich leben, bis die Herzogin das Frageverbot missachtet. Loherangrin wird nach Munsalvaesche zurückkehren.

Komposition: Die Einteilung in sechzehn Bücher führte Karl Lachmann ein. Lachmann hielt sich an die gliedernde Funktion der goldgeschmückten Initialen in der St. Galler Handschrift, die auf die vom Dichter selbst vorgenommene Einteilung zurückgehen dürfte. Die ‚Bücher' sind wiederum in Abschnitte von je dreißig Versen (‚Dreißiger') eingeteilt; auch diese Gliederung lässt sich aus den Initialen in den Handschriften ableiten. Wolfram lässt zwei Helden auftreten, den krisenhaften Artusritter Parzival und den krisenlosen Artusritter Gawan, denen er jeweils einen eigenen Handlungszyklus zuweist. Der doppelte Kursus wird beibehalten, aber abgewandelt (s. Abschn. 5.3.3). Parzival durchläuft den ersten Kursus, die Krise und die Zwischeneinkehr des zweiten Kursus, Gawan hingegen die beiden Abenteuerreihen des zweiten Kursus vor und nach der Zwischeneinkehr. Der Haupthandlung wird eine umfangreiche Vorgeschichte vorgeschaltet, die Parzivals Vater Gahmuret in den Mittelpunkt rückt. Insgesamt wird das Werk von einem ausführlichen Prolog (V. 1,1–4,26) und einem Epilog (V. 827,1–30) gerahmt. Buch I–II: Vorgeschichte, Buch III–VI: erste Parzivalpartie (erster Kursus), Buch VII–VIII: erste Gawanpartie, Buch IX: zweite Parzivalpartie (Krise), Buch X–XIV: zweite Gawanpartie, Buch XV–XVI: dritte Parzivalpartie (zweiter Kursus). Die strukturellen Parallelen zwischen dem *Iwein* und dem *Parzival* hat Kurt Ruh in einem Schema herausgearbeitet (Ruh 1980, S. 88, 138).

Interpretationsansätze: Der *Parzival* entwickelt die Struktur und Thematik des Artusromans mit krisenhaftem Helden weiter. Neben das Artusreich tritt als zweites Gravitationszentrum das Gralsreich Munsalvaesche. Für Parzival ist die Ehe mit Condwiramurs nur ein Schritt auf dem Weg zum Gral, der selbst das eigentliche Ziel darstellt. Zwar erzählt Wolfram eine höfische Liebesehe, doch ist diese nicht das zentrale Thema des Romans. Vielmehr geht es um die geistliche Rechtfertigung des Rittertums durch einen Kult, der sich zwar an christliche Motive anlehnt, aber letztlich nicht mit der christlichen Religion vereinbar ist. Mit der Sakralisierung des Artusromans in der Gestalt des Gralskönigs Parzival geht die Verschiebung des weltlichen Rittertums auf den zweiten Helden, den Artusritter Gawan, einher.

8.2.5 Wirnt von Grafenberg, *Wigalois*

Vorlage: Renaud de Beaujeu: *Le Bel Inconnu* (Perret/Weill 2003). **Textkritische Ausgabe:** Kapteyn 1926. **Studienausgabe mit Übersetzung und Kommentar:** Seelbach/Seelbach 2014 (De Gruyter Texte) [zit.]. **Überblicksdarstellungen:** Mertens 1998, S. 177–185; Ziegeler 1999 (VL); Fasbender 2010; Fuchs-Jolie 2010 (GLMF); Fasbender/Grubmüller 2011 (Killy); Seelbach 2014 (EM). **Ausgewählte neuere Forschungsbeiträge:** Fuchs-Jolie 1997; Lienert 1997; Eming 1999; Dietl 2003; Thomas 2005; Seelbach 2007; Stange 2012; Bleumer 2013; Mierke 2015; Selmayr 2017; Lembke 2020a, S. 106–179; Balks 2021.

8.2 Artusromane

Verfasser:	Wirnt von Grafenberg.
Auftraggeber:	Herzog Otto VII. von Andechs-Meranien und seine Gattin, die Stauferin Beatrix von Burgund.
Entstehung:	1210/20.
Überlieferung:	13 vollständige und 25 fragmentarische Handschriften vom frühen 13. bis zum späten 15. Jh. und somit nach Wolframs *Parzival* der am zweithäufigsten überlieferte Artusroman (HSC Werke/432).
Bildzeugnisse:	Zwei illustrierte Handschriften: eine aus der zweiten Hälfte des vierzehnten Jahrhunderts (HSC 2840) und eine aus der ersten Hälfte des fünfzehnten Jahrhunderts (HSC 7305). Ein Freskenzyklus im südtirolischen Schloss Runkelstein (um 1400).
Vorlage:	Als Vorlage für den zweiten Erzählblock diente der Renaut de Beaujeu zugeschriebene Artusroman *Le Bel Inconnu* („Der schöne Unbekannte"). Das um 1200 verfasste Werk umfasst 6266 Verse.
Stoffgeschichte:	Wirnt von Grafenberg dürfte sich nicht nur auf den *Bel Inconnu*, sondern auch auf weitere Quellen berufen haben, die sich aber nicht identifizieren lassen. Zahlreiche Episoden lassen sich intertextuell auf die früheren Artusromane, insbesondere auf den *Iwein* und den *Lanzelet*, beziehen.
Umfang und Form:	11708 Reimpaarverse.

Inhalt: [Vorgeschichte] König Joram erscheint am Artushof und bietet der Königin einen Zaubergürtel an. Weil diese ihn auf Anraten Gaweins ablehnt, fordert Joram die Artusritter zum Zweikampf. Alle unterliegen, auch Gawein, den Joram als Gefangenen in sein Feenreich entführt. Joram schenkt Gawein den Zaubergürtel, der Unbesiegbarkeit verleiht. Gawein heiratet Jorams Tochter Florie, diese bringt Wigalois zur Welt. Gawein besucht den Artushof, kann aber nicht zu Frau und Kind zurückkehren, da er den Zaubergürtel zurückgelassen hat. Wigalois wächst heran und bricht im Alter von zwanzig Jahren auf, um seinen Vater zu suchen und sich als Ritter zu bewähren. Florie gibt ihm den Zaubergürtel mit. [Erster Kursus] Wigalois gelangt zum Artushof und besteht ahnungslos eine Tugendprobe. Er wird von Artus in die Tafelrunde aufgenommen, von Gawein zum Ritter ausgebildet und empfängt die Schwertleite. Eines Morgens erscheint die Botin Neraja, um für Larie, die Herrin von Korntin, Hilfe in einem gefährlichen Abenteuer zu erbitten. Wigalois nimmt die Herausforderung an. Unterwegs kämpft Wigalois gegen einen Burgherrn, den er versehentlich tötet, rettet eine Jungfrau aus der Gewalt zweier Riesen, fängt ein Hündchen, dessen Eigentümer er im Zweikampf tötet, besiegt einen Ritter, der einer Dame einen Schönheitspreis geraubt hat, und tötet König Schaffilun, mit dem er um das Vorrecht konkurriert, zum Abenteuer von Korntin anzutreten. Nereja eröffnet Wigalois das Abenteuer: Der Teufelsbündler Roaz von Glois hat den König von Korntin getötet und das Reich usurpiert. Nereja führt Wigalois zu Larie. Er verliebt sich in sie und verspricht ihr, das Reich zu befreien. [Zweiter Kursus] Mit christlichem Schutzzauber ausgestattet, bricht Wigalois auf. Ihm erscheint der Geist des Königs von Korntin in der Gestalt eines Leoparden und eröffnet ihm das Abenteuer. Wigalois muss zunächst einen Drachen bekämpfen, bevor er es mit Roaz aufnehmen kann, der im Schloss Glois residiert. Wigalois besiegt den Drachen, wird aber verwundet und bleibt ohnmächtig liegen. Eine Fischerin beraubt Wigalois seiner Kleider, seines Zaubergürtels und seiner Rüstung und will ihn ertränken, wird aber von ihrem Mann davon abgehalten. Eine Hofdame, die Zeugin des Geschehens wird, erstattet ihrer Herrin Beleare Bericht. Diese nimmt Wigalois auf, pflegt ihn und beschenkt ihn mit einer neuen Rüstung. Wigalois setzt seine Reise fort. Unterwegs lauert ihm die Waldfrau Ruel auf, fesselt ihn und will ihn mit seinem Schwert töten. Als Wigalois' Pferd wiehert, hält sie es für den brüllenden Drachen und flieht. Wigalois betet zu Gott, der ihm die Fesseln löst. Wigalois gelangt zur Schlossbrücke von Glois. Er besiegt den Ritter Karrioz in einem langen Lanzenkampf und gelangt zum Tor, das von einem sich drehenden Rad versperrt wird, das mit Schwertern und Kolben gespickt ist. Wigalois betet zu Gott, der das Rad zum Stillstand bringt. Nun muss er gegen das Monster Marrien kämpfen, das Flammen gegen ihn wirft und sein Pferd und seine Rüstung verbrennt. Wigalois löscht das Feuer mit dem Blut des Monsters. Bevor Wigalois das Schloss betreten kann, muss er noch zwei Torwächter überwinden. Er gelangt ins Schloss und kämpft gegen Roaz, den er schließlich besiegt. Roaz wird von seiner Frau Japhite beklagt, die ihm nachstirbt und prachtvoll begraben wird. Der erschöpfte Wigalois wird erneut ohnmächtig. Graf Adan rettet ihn, als die im Schloss lebenden Frauen ihn töten wollen. Er bekehrt sich zum Christentum. Wigalois kehrt zu Larie zurück, es folgen Hochzeit und Krönung. Gawein und weitere Artusritter kommen zu Besuch. [Schlussabenteuer] Ein Knappe erscheint und bittet um Hilfe. Sein Herr, König Amire von Libia, sei auf dem Weg zum Krönungsfest von Lion getötet worden, der nun Amires Gattin Liamere, die mit Larie verwandt ist, für sich beanspruche. Inzwischen ist auch Liamere gestorben. Wigalois verspricht, den Mord zu rächen. Er zieht mit einem Heer gegen Lions Stadt Namur. Gawein tötet Lion. Wigalois übergibt dem Grafen Morales das besiegte Herzogtum und die Stadt Namur als Lehen. Amir, Liamere und Lion werden bestattet. Nachdem die Ordnung wiederhergestellt ist, zieht Wigalois mit Larie zum Artushof. Unterwegs erhält er die Nachricht vom Tod seiner Mutter Florie. Nach sieben Tagen Aufenthalt am Artushof kehren Wigalois und Larie in ihr Reich zurück. Der Sohn Lifort Gawanides kommt zur Welt, er wird ein berühmter Held werden.

Komposition: Der von einem Prolog (V. 1–175) und einem Epilog (V. 11653–11708) gerahmte Roman beruht auf dem Prinzip des doppelten Kursus. Die Abenteuerreihen werden durch die doppelte Einkehr am Artushof (V. 1218–1883: Ausbildung durch Gawein; V. 11285–11517: Schlusseinkehr) und die doppelte Einkehr bei Larie (V. 3607–4491: Hilfsversprechen; V. 8678–9798: Hochzeit und Krönung) gegliedert. Dem ersten Kursus wird eine Vorgeschichte vorausgeschickt, die von Wigalois' Eltern Gawein und Florie und seiner Kindheit im Feenreich handelt (V. 176–1217). Der erste Kursus umfasst fünf ritterliche Bewährungsabenteuer, mit denen sich der Held für den zweiten Kursus qualifiziert: den Kampf gegen einen Burgherrn (V. 1884–2034), zwei Riesen (V. 2035–2203), einen Hundebesitzer (V. 2204–2348), den Roten Ritter (V. 2349–3285) und König Schaffilun (V. 3286–3606). Der als Höllenfahrt inszenierte zweite Kursus umfasst sieben Abenteuer, die Wigalois mit Gottes Hilfe besteht. Das erste, ein Drachenkampf, stürzt ihn in eine Krise, die nicht als ethisches Defizit, sondern als physische Schwäche dargestellt wird (V. 4492–6244). Es folgen die Kämpfe gegen Ruel (V. 6245–6483), Karrioz (V. 6484–6724), das Teufelsrad (V. 6725–6926), Marrien (V. 6927–7056), zwei Torwächter (V. 7057–7241) und Roaz (V. 7242–8677). Zwischen die zweite Einkehr bei Larie und die zweite Einkehr am Artushof schiebt sich ein bestätigendes Schlussabenteuer, die Heerfahrt gegen Lion (V. 9799–11284). Die Erzählung schließt mit der Heimkehr nach Korntin, wo Wigalois die Herrschaft antritt und mit Larie einen Sohn namens Lifort Gawanides zeugt (V. 11518–11652). Jeder Erzählblock tendiert zu einer anderen epischen Gattung: die Vorgeschichte zum Feenroman, die Bewährungsabenteuer zum Artusroman, das exorzistische Hauptabenteuer zum Legendenroman und das Bestätigungsabenteuer zur französischen Heldenepik (*Chanson de geste*). Die auf das Narrativ der gestörten Mahrtenehe (s. Abschn. 5.2.2) rekurrierende Vorgeschichte bietet eine Entsprechung zum *Lanzelet* und zum *Parzival*.

Interpretationsansätze: Wie Lanzelet ist Wigalois ein krisenloser Artusritter. Zwar wird an strukturell passender Stelle eine Krise angedeutet, die aber als bloße Ohnmacht abgetan wird. Die Glücksbegabung des Helden wird damit begründet, dass er der ehelichen Verbindung Gaweins mit der Fee Florie entstammt. In ihrem Reich verbringt Wigalois seine Kindheit, bevor er am Artushof von seinem Vater Gawein zum Ritter ausgebildet wird. Das Wappenzeichen des Helden ist das sich fortwährend drehende Rad der Fortuna, das hier nicht als Unbeständigkeit, sondern im Gegenteil als Beständigkeit des Glücks gedeutet wird. Die Figur des Protagonisten umfasst am Ende vier Schichten. Die erste Schicht ist die Identität als vom Glück gesegneter Feensohn, die er in der Vorgeschichte erwirbt; die zweite die Identität als Artusritter, die sich im ersten Kursus bewährt; die dritte die Identität als Gotteskrieger gegen das Böse, die den zweiten Kursus prägt; die vierte die Identität als militärischer Held, die im Schlussabenteuer aufscheint. So wird das Vorbild eines idealen Ritters entworfen, der über angeborenes Glück (Stand), erworbene Kompetenz (Ausbildung), christliche Orientierung (Religion) und militärisch-strategische Fähigkeiten (Politik) verfügt.

8.2.6 Wolfram von Eschenbach, *Titurel*

Textkritische Ausgabe: Lachmann 1926. **Studienausgaben mit Übersetzung und Kommentar:** Brackert/Fuchs-Jolie 2003 (De Gruyter Texte) [zit.]; Bumke/Heinzle 2006. **Überblicksdarstellungen:** Ruh 1980, S. 140–153; Mertens 1993; Mertens 1998, S. 262–267; Bumke 1999 (VL); Bumke 2004, S. 407–425; Kiening 2011 (Killy). **Ausgewählte neuere Forschungsbeiträge:** Kiening/Köbele 1998; Sager 2003; Gephart 2005; Matthews 2006; Haug 2008; Schuhmann 2008; Seeber 2010; Tax 2011; Kragl 2013a.

Verfasser:	Wolfram von Eschenbach.
Auftraggeber:	Landgraf Hermann I. von Thüringen, dessen Tod (1217) Wolfram im ersten Fragment beklagt.
Entstehung:	Nach 1217 fertiggestellt.

Überlieferung: Der *Titurel* ist vollständig in einer Mitte des dreizehnten Jahrhunderts angefertigten Handschrift überliefert, in der er unmittelbar auf den *Parzival* folgt (164 Strophen). Das *Ambraser Heldenbuch* (Anfang 16. Jh.) überliefert die ersten 68 Strophen. Hinzukommt ein Handschriftenfragment aus der Zeit um 1300, das 46 Strophen lückenhaft überliefert. Alle in den Handschriften überlieferten Strophen sind auch im *Jüngeren Titurel* eines Dichters namens Albrecht enthalten, der Wolframs *Titurel* zwischen 1260 und 1275 ergänzte und fortsetzte (rund 6300 Strophen) (HSC Werke/439).

Vorlage: Figurenkonstellation und Handlungsfolge sind vollständig aus dem *Parzival* abgeleitet. Die Geschichte von Clauditte und Ehkunat hat kein literarisches Vorbild.

Stoffgeschichte: Siehe Vorlage.

Umfang und Form: Der *Titurel* ist eine strophische Dichtung, die die Form der Nibelungenliedstrophe aufgreift und abwandelt (s. Abschn. 5.1). Er umfasst zwei Teile, die sich möglicherweise in eine umfangreichere Gesamtdichtung einfügen sollten, die sich, dem *Nibelungenlied* vergleichbar, in Episoden (Aventiuren) gliederte. In der Edition von Brackert/ Fuchs-Jolie umfasst der erste Teil 136, der zweite Teil 39 Strophen (insgesamt 175 Strophen).

Inhalt: [Erster Teil] Der Gralkönig Titurel gibt die Herrschaft an seinen Sohn Frimutel weiter. Seine Tochter Schoysiane heiratet Herzog Kyot und stirbt bei der Geburt Sigunes im Kindbett. Sigune wächst bei Schoysianes Schwester Herzeloyde auf. Gahmurets Knappe Schionatulander, ein Enkel Gurnemanz', und Sigune lieben einander seit ihrer Kindheit. Als Schionatulander mit Gahmuret in den Orient reist, verabschieden sich die Liebenden voller Trauer. Sigune gesteht ihrer Tante Herzeloyde ihre Liebe zu Schionatulander, Schionatulander bekennt gegenüber Gahmuret seine Liebe zu Sigune. [Zweiter Teil] Sigune und Schionatulander schlagen in einer Waldlichtung ihr Zelt auf. Schionatulander fängt den entlaufenen Jagdhund Gardevias ein, auf dessen Halsband und Leine die Liebesgeschichte von Clauditte und Ehkunat geschrieben steht. Der Hund läuft davon, bevor Sigune die Geschichte zu Ende gelesen hat. Sie verlangt von Schionatulander, dass er ihr das Seil zurückbringt, und stellt ihm als Lohn die Erfüllung ihrer Liebe in Aussicht. Die Episode ist von düsteren Vorausdeutungen des Erzählers geprägt. Aus dem *Parzival* lässt sich erschließen, dass Schionatulander während der Suche nach dem Hund von Orilus getötet werden wird. Die Trauer Sigunes um Schionatulander wird im *Parzival* in mehreren Szenen dargestellt.

Komposition: Der erste Teil zeichnet sich durch die Parallelführung der Hauptfiguren Sigune und Schionatulander aus. Zunächst wird Sigunes, dann Schionatulanders Vorgeschichte dargelegt. Der Erzähler betont, dass Schionatulander zwar der Held der Geschichte sei, Sigune aber aufgrund ihrer höheren Abstimmung das Vorrecht genieße, zuerst vorgestellt zu werden. Auf ein Minnegespräch der Liebenden und ihren

Abschied folgen zwei analoge Gesprächsszenen, in denen Schionatulander gegenüber Gahmuret seine Liebe zu Sigune und Sigune gegenüber Herzeloyde ihre Liebe zu Schionatulander bekennt. Der zweite Teil bildet eine in sich geschlossene Episode. Die auf dem Halsband und dem Leitseil des Hundes aufgeschriebene Geschichte von Clauditte und Ehkunat spiegelt die tragische Liebesgeschichte von Sigune und Schionatulander wider.

Interpretationsansätze: Der *Titurel* steht zwischen den Gattungen des Romans und des Epos. Er lässt sich insofern der Reihe der Artusromane zuordnen, als er ein Spin-off des *Parzival* darstellt. Wolfram reflektiert das Thema der höfischen Liebe, das in den Gattungen des Minnesangs und des höfischen Romans entworfen wird, im Register des *Nibelungenlieds*. Im *Titurel* geht die höfische Liebe vielfach mit dem Verlust des geliebten Ritters einher (Herzeloyde verliert Gahmuret, Sigune verliert Schionatulander, Clauditte verliert Ehkunat). Doch ist der Tod nicht, wie im *Nibelungenlied*, Folge einer machtpolitischen Intrige und Auslöser einer katastrophalen Rachehandlung, sondern der Liebe wesensmäßig verbunden.

8.3 Liebesromane und Freundschaftsromane

8.3.1 Eilhart von Oberg, *Tristrant*

Vorlage: vgl. Béroul: *Tristan* (Poirion Marchello-Nizia 2018; Baumgartner/Vielliard 1998 [frz. Übersetzung]; Fredrick 1978 [engl. Übersetzung]). **Textkritische Ausgaben:** Lichtenstein 1877 [zit.]; Bußmann 1969 (ATB 70); Buschinger 2004 [nach der Heidelberger Hs]. **Studienausgaben mit Übersetzung und Kommentar:** Buschinger/Spiewok 1993 [nach der Heidelberger Hs.]; Buschinger/Schulz 2025 [angekündigt] **Überblicksdarstellungen:** Ruh 1977, S. 46–55; Schröder/Wolff 1980; Kiening 2008 (Killy); Tomasek 2010 (EM); Wyss 2010 (GLMF). **Ausgewählte neuere Forschungsbeiträge:** Kropik 2015; Kössinger 2023.

Verfasser:	Eilhart von Oberg.
Auftraggeber:	Als mögliche Auftraggeber gelten Heinrich der Löwe und seine Gattin Mathilde.
Entstehung:	Um 1170.
Überlieferung:	Vier fragmentarische Handschriften des späten zwölften und frühen dreizehnten Jahrhunderts sowie drei vollständige Handschriften des fünfzehnten Jahrhunderts (HSC Werke/98).
Bildzeugnisse:	Eine illustrierte Handschrift aus der zweiten Hälfte des fünfzehnten Jahrhunderts (HSC 4921). Vier Teppiche: drei entstanden im ersten, zweiten und dritten Viertel des vierzehnten Jahrhunderts im ehemaligen Zisterzienserinnenkloster Wienhausen bei Celle; einer um 1375 in Thüringen oder Norddeutschland (heute Victoria and Albert Museum London). Eine um 1375 in der ehemaligen Benediktinerabtei St. Stephan in Würzburg entstandene bestickte Leinwand, die als Tischdecke

	verwendet wurde (heute Dompropstei Erfurt). Zwei Minnekästchen: eines mit der Minnetrankszene, entstanden zwischen 1180 bis 1200 vermutlich in Köln (heute British Museum London), eines mit der Baumgartenszene, entstanden in der Mitte des vierzehnten Jahrhunderts im deutschen oder niederländischen Raum (heute Victoria and Albert Museum London). Vgl. auch Gottfried von Straßburg, *Tristan*.
Vorlage:	Die Vorlage, die in der Forschung als *Estoire* bezeichnet wird, ist verloren. Sie ist außer in Eilharts Fassung auch in Bérouls fragmentarisch überliefertem *Tristan* repräsentiert. Es handelt sich um die *version commune* (,spielmännische' Fassung) im Unterschied zur späteren *version courtoise* (höfische Fassung).
Stoffgeschichte:	Die Handlung basiert auf einer keltisch-bretonischen Erzählung (*matière de Bretagne*). Ein früher Beleg findet sich auf dem Tristanstein in Cornwall, einem antiken Menhir, der im sechsten Jahrhundert als Grabstein benutzt und mit einer Aufschrift versehen wurde, die auf Tristan und Marke verweist: „Hier liegt Drustanus, Sohn des Cunomorus" (*Drustanus hic iacit Cunomori filius*). Marke erscheint hier als Tristans Vater, nicht als sein Onkel.
Umfang und Form:	9524 Reimpaarverse.

Inhalt: [Teil 1] König Rivalin von Lohnois heiratet Blancheflur, die Schwester König Markes von Korneval, die bei der Geburt des gemeinsamen Sohnes Tristrant stirbt. Rivalins Vasall Kurneval zieht Tristrant auf, bis dieser zunächst unerkannt in Markes Dienst tritt. Tristrant kämpft für Marke gegen Morholt, den Schwager des Königs von Irland. Tristrant besiegt und tötet seinen Gegner, trägt aber eine Wunde davon, die durch ein Pflaster der irischen Prinzessin Isalde geheilt wird. Tristrant kehrt nach Korneval zurück, wo Marke inzwischen von seinen Baronen zur Hochzeit gedrängt wird. Die Wahl fällt auf Isalde, und Tristrant wird als stellvertretender Brautwerber entsandt. Als Tantris kehrt er nach Irland zurück, besiegt einen Drachen und qualifiziert sich somit für die Hand Isaldes, die er aber für Marke gewinnt. Auf der Rückreise nach Kurneval trinken Tristrant und Isalde versehentlich den Liebestrank. Dieser bindet sie für vier Jahre so eng aneinander, dass sie sterben müssen, wenn sie sich länger als einen Tag nicht sehen. Danach werden auch längere Trennungszeiten erträglich. [Teil 2] In der Hochzeitsnacht mit Marke muss Isaldes Zofe Brangäne für ihre Herrin einspringen, da diese ihre Jungfräulichkeit bereits an Tristrant verloren hat. Von nun an versucht der Hof, König Marke vom Ehebruch Isaldes mit Tristrant zu überzeugen, bis diese schließlich zum Tod verurteilt werden. Sie fliehen und führen ein entbehrungsreiches Leben im Wald, bis die Wirkung des Liebestranks nachlässt. Isalde kehrt an Markes Hof zurück. [Teil 3] Tristrant verlässt das Land, sucht seinen Freund Kehenis von Karahes auf, dessen Schwester, die ebenfalls Isalde heißt, er heiratet. Vorher und nachher kehrt Tristrant fünfmal an Markes Hof zurück, um die erste Isalde zu sehen. Die Geschichte neigt sich dem Ende zu, als Tristrant von einem giftigen Pfeil verwundet wird und erneut der Hilfe der ersten Isalde bedarf. Sie kommt, doch die zweite Isalde täuscht Tristrant, der verzweifelt stirbt. Die erste Isalde folgt ihm in den Tod. Als Marke erfährt, dass sein Neffe und seine Frau aufgrund eines Liebestranks aneinander gekettet waren, verzeiht er ihnen und lässt sie in einem gemeinsamen Grab bestatten, aus dem ein Rosenbusch und eine Weinrebe emporwachsen, die sich ineinander verschlingen.

Komposition: Der Roman ist als Episodenfolge komponiert, die sich in drei Teile gliedern lässt. Der erste Teil, der die Vorgeschichte und die Annäherung der Liebenden enthält, greift auf das Narrativ der gefährlichen Brautwerbung zurück. Der zweite Teil umfasst die ersten vier Jahre nach dem Minnetrank; er reicht bis zur Trennung nach dem gemeinsamen Waldleben und folgt dem Muster eines Liebesromans. Der dritte Teil erzählt die Zeit der Trennung, in der Tristrant immer wieder vorübergehend an den Markehof zurückkehrt, bis zum Liebestod Tristrants und Isaldes; dieser Teil hat den Charakter eines schwankhaften Abenteuerromans. Fasst man den zweiten und dritten Teil zusammen, kann man eine Komposition feststellen, die aus zwei etwa gleich langen Hauptteilen besteht: Annäherung bis zum Waldleben und Trennung bis zur Wiedervereinigung im Tod.

Interpretationsansätze: Der Roman markiert den Wechsel von der männlich-homosozialen Welt der Antikenromane, *Chansons de geste* und Brautwerbungsepen, in denen Beziehungen zwischen Mann und Frau unter dem Vorzeichen der Heiratspolitik stehen, in die heterosoziale Welt des höfischen Romans, der die passionierte Liebe entdeckt und gegen die Ehe in Stellung bringt. Tristrant und Isalde sind füreinander bestimmt; der Minnetrank symbolisiert ihre Liebesgemeinschaft, die sie gegen zwei heiratspolitische Verbindungen verteidigen müssen: Isaldes Ehe mit Marke und Tristrants Ehe mit der zweiten Isalde. Das Brautwerbungsschema zielt auf die Herstellung der Ehe, nicht der Liebe. Der Minnetrank soll eigentlich dazu dienen, Isaldes Ehegemeinschaft mit dem eine Generation älteren Marke erträglich zu machen, verfehlt aber sein Ziel (bzw. erreicht das ‚eigentliche' Ziel). Am Ende gibt der Ehemann der Ehebrecherin seinen Segen; das Recht der Liebe übertrumpft das Recht der Ehe, wenn auch nur unter der Bedingung des Todes.

8.3.2 Gottfried von Straßburg, *Tristan*

Vorlage: Thomas [von England]: *Tristan* (Bonath 1985; Haug/Scholz 2012, Bd. 2, S. 9–203 [= Ausgabe von Gottfrieds *Tristan* im DKV]). **Textkritische Ausgabe:** Ranke 1969. **Studienausgaben mit Übersetzung und Kommentar:** Krohn 2017 (RUB 4471–4473) [zit.]; Haug/Scholz 2012 (DKV Sonderausgabe); Marold/Schröder (Bd. 1), Knecht/Tomasek (Bd. 2) 2004 (De Gruyter Texte). **Überblicksdarstellungen**: Ruh 1980, S. 203–261; Weber/Hoffmann 1981; Kuhn 1981 (VL); Johnson 1993; Tomasek 2007; Huber 2009 (Killy); Tomasek 2010 (EM); Wyss 2010 (GLMF); Huber 2013; Schulz 2017. **Ausgewählte neuere Forschungsbeiträge:** Sosna 2003; Hammer 2007; Uttenreuther 2009; Flecken-Büttner 2011; Seggewiss 2012; Kraß 2013; Karin 2019; Kasten 2017; Kragl 2019; Hausmann 2019; Möllenbrink 2020; Hausmann 2020; Frick 2020; Fritsch-Rößler 2021; Bulang 2021a; Bulang 2021b; Eming 2022; Toepfer 2023.

Verfasser:	Gottfried von Straßburg.
Auftraggeber:	Wohl ein gewisser Dieterich, auf den Gottfried zu Beginn des Romans in einem Akrostichon anspielt, dessen Identität aber ungeklärt ist.
Entstehung:	Um 1210.
Überlieferung:	Elf vollständige und neunzehn fragmentarische Handschriften des dreizehnten bis fünfzehnten Jahrhunderts (HSC Werke/135). In den vollständigen Handschriften folgen oft die Fortsetzungen von Ulrich von Türheim oder Heinrich von Freiberg.
Bildzeugnisse:	Drei illustrierte Handschriften aus der ersten Hälfte des dreizehnten Jahrhunderts (HSC 1286), der ersten Hälfte des vierzehnten Jahrhunderts (HSC 3203) und der zweiten Hälfte des fünfzehnten Jahrhunderts (HSC 7449). Freskenzyklus im südtirolischen Schloss Runkelstein (um 1400). Vgl. auch Eilhart von Oberg, *Tristrant*.
Vorlage:	Der altfranzösische *Tristan* des Thomas von England (um 1170, fragmentarisch überliefert, rund 3300 Verse aus dem Schlussteil des Romans), ‚höfische' Fassung (*version courtoise*) des Tristanromans.
Stoffgeschichte:	s. Abschn. 8.3.1.
Umfang und Form:	19548 Reimpaarverse (etwa zwei Drittel des geplanten Gesamtwerks).

Inhalt: [Vorgeschichte] Riwalin von Parmenien nimmt am Hoffest von König Marke teil. Er verliebt sich in Markes Schwester Blanscheflur, die seine Zuneigung erwidert. Blanscheflur wird mit Tristan schwanger. Riwalin wird von Morgan, gegen den er zuvor einen Krieg angezettelt hat, im Kampf getötet. Blanscheflur stirbt bei Tristans Geburt. [Hauptgeschichte, Teil 1] Riwalins Vasall Rual nimmt sich des Kindes an und erzieht es gemeinsam mit seiner Frau. Der Vierzehnjährige wird von norwegischen Kaufleuten entführt und vor der Küste Cornwalls ausgesetzt. Tristan begegnet einer Jagdgesellschaft, unterweist sie in der fachgerechten Zerteilung eines erlegten Hirschs und begleitet sie zum Markehof. Aufgrund seiner vielfältigen Begabungen wird Tristan zum Favoriten des Königs, der ihn nicht mehr von seiner Seite weichen lässt. Auf der Suche nach dem vermissten Pflegesohn gelangt Rual an den Markehof und offenbart, dass Tristan Markes Neffe ist. Marke will Tristan als Thronerben einsetzen. Tristan empfängt die Schwertleite. Der junge Ritter kehrt vorübergehend nach Parmenien zurück, um an Morgan den Tod seines Vaters Riwalin zu rächen. Morold fordert im Namen des irischen Königs Zinszahlungen von Marke. Tristan tötet Morold im Zweikampf und empfängt dabei eine Wunde, die nur von Morolds Schwester, der irischen Königin und Mutter Isoldes, geheilt werden kann. Als Spielmann Tantris reist Tristan nach Irland, wird am Hof gastfreundlich aufgenommen und von der Königin geheilt. Tristan gibt Isolde Musikunterricht. Nachdem er an den Markehof zurückgekehrt ist, verlangen die Vasallen vom König, sich zu verheiraten und einen Thronfolger zu zeugen. Auf Anraten Tristans gibt Marke nach, erwählt die irische Prinzessin Isolde als Braut und entsendet Tristan als Brautwerber. In Irland gibt sich Tristan als Kaufmann aus. Das Land wird von einem Drachen verwüstet; wer ihn tötet, soll zum Lohn die Hand Isoldes erlangen. Tristan besteht das Abenteuer, doch ein Truchsess gibt sich am irischen Hof als Drachentöter aus. Isolde entdeckt Tristans wahre Identität, will den Tod ihres Onkels Morold rächen, versöhnt sich aber mit Tristan. Der Truchsess, der Isolde für sich fordert, wird der Lüge überführt. Tristan wirbt für Marke um Isolde, die in Begleitung ihrer Zofe Brangäne mit ihm nach Cornwall fährt. Unterwegs trinken Tristan und Isolde den Minnetrank, den die irische Königin für Marke und Isolde zubereitet hatte. Die beiden entbrennen in Liebe zu einander, sie sind fortan eine untrennbare Einheit. [Hauptgeschichte, Teil 2] Nachdem sie in Cornwall angekommen sind, wird sogleich die Hochzeit gefeiert. In der Hochzeitsnacht wird Marke Brangäne untergeschoben, da Isolde ihre Jungfräulichkeit bereits an Tristan verloren hat. Isolde will Brangäne töten lassen, damit der Brautnachtbetrug nicht auffliegt, doch die gedungenen Mörder lassen sie leben. Ein Ritter namens Gandin, der sich als Spielmann ausgibt, entführt Isolde; Tristan befreit sie und holt sie heim. Es folgt eine Reihe von Episoden, in denen Marke und seine Hofleute vergeblich versuchen, den Ehebruch Isoldes mit Tristan aufzudecken. Marjodo kommt den Liebenden auf die Spur und unterrichtet Marke, der Isolde vergeblich zu überführen sucht. Auf Betreiben Melots lauert Marke den Liebenden nachts im Baumgarten auf; diese bemerken seine Anwesenheit und täuschen ihn mit fingierten Gesprächen. Melot streut in Tristans Schlafzimmer Mehl aus, um seinen Spuren folgen zu können; dieser springt von seinem in Isoldes Bett, verspritzt aber Blut, da sich nach dem vortägigen Aderlass die Wunden öffnen. Schließlich beraumt Marke in London ein Gottesurteil an. Isolde soll zum Beweis ihrer Treue ein glühendes Eisen tragen. Mit einer List gelingt es den Liebenden, Isoldes Unschuld vorzutäuschen, und Gott erweist sich als williger Komplize. Tristan schenkt Isolde ein Zauberhündchen namens Petitcreü, dessen Schelle alles Leid vergessen lässt; Isolde zerstört das Glöckchen, um ihre Sehnsucht nach Tristan spüren zu können. Der immer noch verunsicherte König verbannt die Liebenden. Diese gelangen zur paradiesischen Minnegrotte, wo sie ungestört ihre Liebe leben können. Bei einem Jagdausflug führt ein Hirsch Marke zur Grotte. Durch ein Fenster sieht er Tristan und Isolde nebeneinander im Bett, aber mit einem Schwert zwischen sich liegen (eine Vorsichtsmaßnahme für den Fall ihrer Entdeckung). Die Liebenden dürfen an den Hof zurückkehren. Nachdem Marke einige Zeit später die Liebenden wieder im Baumgarten erwischt, schickt er Tristan ins Exil. Tristan lernt Isolde Weißhand, die Schwester seines Freundes Kaedin, kennen. Verwirrt von der Namensgleichheit mit der blonden Isolde, nähert er sich Isolde Weißhand an. An dieser Stelle bricht Gottfrieds Roman ab. Der Schluss lässt sich anhand seiner Vorlage, des *Tristans* Thomas' von England, vervollständigen. Tristan empfängt abermals eine tödliche Wunde, die nur die blonde Isolde heilen kann. Sie wird mit einem Schiff herbeigeholt, das zum Zeichen ihrer Ankunft ein weißes Segel setzt. Isolde Weißhand behauptet hingegen, das Segel sei schwarz. Tristan stirbt in Verzweiflung, Isolde stirbt ihm an seiner Bahre nach. Einige Fassungen erzählen, dass Marke die Liebenden nebeneinander bestatten lässt und die auf ihren Gräbern gepflanzten Rosen und Reben sich ineinander verschlingen.

Komposition: Die Hauptgeschichte ist in der Vorgeschichte vorgeprägt, die von der tragischen Liebe zwischen Tristans Eltern Riwalin und Herzeloyde erzählt (s. Abschn. 5.3.5). Der Roman ist als Episodenfolge komponiert. Nach Worstbrock

(1995) sind die Episoden nach dem Modell des Fortunarads zyklisch angeordnet (s. Abschn. 5.3.4). Dem Aufstieg des Glücks entspricht der Prozess der Annäherung Tristans an Isolde, dem Höhepunkt des Glücks die Vereinigung der Liebenden nach dem Minnetrank, dem Abstieg des Glücks der Prozess der Trennung Tristans von Isolde und dem Tiefpunkt des Glücks der gemeinsame Liebestod. Die Drehungen des Rads werden jeweils von Entdeckungen ausgelöst, die Tristans wahre Identität offenbaren und als steuernde Zufälle den Handlungsverlauf beeinflussen: die Offenbarung Tristans als Neffe Markes, die Entlarvung Tantris' als Tristan, die wechselseitige Erkenntnis der Liebenden, die Überführung der Liebenden im Baumgarten. Nach Simon (1990) ist die Komposition von der Verschränkung der Narrative der gefährlichen Brautwerbung (Anbahnung der Ehe zwischen Marke und Isolde) und der gestörten Mahrtenehe (Anbahnung der Liebe zwischen Tristan und Isolde) geprägt (s. Abschn. 5.2). Die zentrale Figurenkonstellation bildet ein Dreieck: Marke und Tristan konkurrieren um Isolde. Die Achse zwischen Marke und Isolde ist von der Ehe, die Achse zwischen Tristan und Isolde von der Liebe bestimmt. Die Achse zwischen Marke ist vor dem Eintritt Isoldes in die Handlung von Freundschaft und Verwandtschaft, danach von Rivalität geprägt.

Interpretationsansätze: Gottfrieds *Tristan* setzt dem Ideal der höfischen Liebesehe, das im *Eneasroman* Heinrichs von Veldeke und in den Artusromanen entworfen wird, die Unvereinbarkeit von Ehe und Liebe entgegen. Er zeigt, dass sich Heiratspolitik (Marke/Isolde) und Liebesaffekt (Tristan/Isolde) nicht miteinander vereinbaren lassen. Eine höfische Liebesehe ist aus der Perspektive des *Tristan* ein Widerspruch in sich. Die Ehe wird auch durch die Freundschaft in Frage gestellt, die Marke mit Tristan schließt. Marke will seinen Neffen als Thronfolger einsetzen und auf eine Ehe verzichten, damit Tristans Position nicht durch die Geburt eines Sohnes gefährdet wird. Die Heirat mit Isolde erfolgt nicht auf Markes eigenen Wunsch, sondern auf das dringende Anraten der Hofgesellschaft hin, die Tristan aus seiner Rolle als Favorit des Königs verdrängen will. Zugleich wird das Wesen der passionierten Liebe erkundet, deren Eigengesetzlichkeit sich destruktiv auf die Gesellschaft und letztlich auch auf die Liebenden selbst auswirkt. Dennoch wird sie im Prolog den *edelen herzen*, die die tragische Liebesgeschichte von Tristan und Isolde lesen und hören, in eucharistischer Terminologie zum Gedächtnis anempfohlen.

8.3.3 *Trierer Floyris*

Vorlage: Robert d'Orbigny: *Le Conte de Floire et Blancheflleur* (Leclanche 2003). **Textkritische Ausgabe:** de Smet/Gysseling 1967 [zit.]. **Überblicksdarstellungen:** Ruh 1977, S. 56–60; Frenzel 1984 (EM); de Smet 1996 (VL); Winkelman 2010 (GLMF); Syndikus 2011 (Killy). **Ausgewählte neuere Forschungsbeiträge:** s. Abschn. 8.3.4

Verfasser:	Unbekannt.
Auftraggeber:	Unbekannt.
Entstehung:	Um 1170 im niederrheinisch-maasländischen Raum (niederfränkisches Grenzgebiet).

Überlieferung:	Zwei Fragmente einer Handschrift des frühen dreizehnten Jahrhunderts (HSC Werke/1608).
Vorlage:	Robert d'Orbigny, *Floire et Blancheflor* (um 1160), 3348 Reimpaarverse.
Stoffgeschichte:	Der Stoff ist vermutlich orientalisch-arabischer Herkunft, er weist Einflüsse des hellenistischen Liebesromans auf.
Umfang und Form:	Der Roman ist nur fragmentarisch erhalten. Überliefert sind 368 Reimpaarverse aus dem Schlussteil des Romans. Die französische Vorlage umfasst 3348 Verse.

Inhalt: s. Abschn. 8.3.4.

Komposition: s. Abschn. 8.3.4.

Interpretationsansätze: s. Abschn. 8.3.4.

8.3.4 Konrad Fleck, *Flore und Blanscheflur*

Vorlage: *Le Conte de Floire et Blanchefleur* (Leclanche 2003). **Textkritische Ausgaben:** Sommer 1846; Rischen 1913; Putzo 2015 [zit.]. **Überblicksdarstellungen:** Ganz 1980 (VL); Frenzel 1984 (EM); Kiening 2008 (Killy); Winkelman 2010 (GLMF). **Studienausgabe mit Übersetzung und Kommentar:** Putzo 2026 (De Gruyter Texte) [angekündigt]. **Ausgewählte neuere Forschungsbeiträge:** Grieve 1997; Egidi 2002; Altpeter-Jones 2004, 2012, 2021; Wandhoff 2006; Kragl 2013a; Putzo 2015; Dahm-Kruse 2016; Velte 2019; Urban 2020.

Verfasser:	Konrad Fleck.
Auftraggeber:	Unbekannt.
Entstehung:	Wohl schon vor 1205.
Überlieferung:	Zwei fragmentarische Handschriften aus dem zweiten Viertel des dreizehnten und der ersten Hälfte des vierzehnten Jahrhunderts sowie zwei vollständige Handschriften aus dem fünfzehnten Jahrhundert (HSC Werke/204).
Bildzeugnisse:	Eine illustrierte Handschrift aus der zweiten Hälfte des fünfzehnten Jahrhunderts (HSC 4929).
Vorlage:	*Floire et Blancheflor* (um 1160), 3348 Reimpaarverse.
Stoffgeschichte:	s. Abschn. 8.3.3.
Umfang und Form:	8006 Reimpaarverse.

Inhalt: [Teil 1] Flore, Sohn des spanischen Königs, und Blanscheflur, Tochter einer christlichen Gefangenen, werden am gleichen Tag geboren und gemeinsam erzogen. Sie lieben einander von Kindheit an. Als der König dies erfährt, will er das Paar trennen. Seinen Sohn schickt er fort; Blanscheflur will er töten lassen, verkauft sie dann aber auf Anraten der Königin an babylonische Händler. Der Emir von Babylon erwirbt Blanscheflur und lässt sie in einen Turm sperren. Dort soll sie auf die Hochzeit warten. Der Emir heiratet jährlich eine neue Frau und lässt sie am Ende des Jahres töten. Flores Eltern lassen ein prächtiges Grabmal errichten und geben vor, dass Blanscheflur gestorben sei. Als der verzweifelte Flore sich das Leben nehmen will, offenbart ihm die Königin, dass seine Geliebte noch am Leben sei. [Teil 2] Flore macht sich auf die Reise, gelangt zum Turm und lässt sich in einem Rosenkorb versteckt zu Blanscheflur tragen. Die Liebenden werden nach einigen Wochen im Schlaf entdeckt und zum Tod auf dem Scheiterhaufen verurteilt. Angesichts ihrer unverbrüchlichen Liebe und Treue empfinden die am Hof versammelten Fürsten Mitleid und bitten den Emir, Gnade walten zu lassen. Der Emir übergibt Flore Blanscheflur und schlägt ihn zum Ritter. Er nimmt Blanscheflurs Freundin Claris zur Frau. Als Flore erfährt, dass sein Vater gestorben ist, kehrt er mit seiner Braut nach Spanien zurück. Er bekehrt sich zum Christentum, wird zum König gekrönt und heiratet Blancheflur. Nach hundert Jahren stirbt das Paar am gleichen Tag. Aus der Ehe geht Berhte hervor, die künftige Mutter Karls des Großen.

Komposition: Konrad Fleck erweitert die französische Novelle zu einem höfischen Roman mit mehr als doppeltem Umfang. Die Handlung bleibt dieselbe, doch fügt er Beschreibungen (zum Beispiel des Denkmals und des Turms), Reflexionen und Exkurse hinzu. Die Geschichte ist mit einem Prolog (V. 1–146) und einem Epilog (V. 7849–8006) gerahmt. Die Komposition ist zweiteilig: Das gemeinsam aufgewachsene Liebespaar (V. 147–859) wird getrennt (V. 860–2566) und auf abenteuerliche Weise wieder vereint (V. 2567–7848). Zwischen Trennung und Wiedersehen teilen sich die Handlungsstränge und wechseln zwischen Flore und Blanscheflur hin und her.

Interpretationsansätze: Der Roman bringt die religiöse und soziale Differenz der Liebenden („heidnischer' Königssohn und christliche Sklaventochter) durch Heirat zum Ausgleich. Der gemeinsame Geburtstag und die gemeinsam verbrachte Kindheit verweisen auf die Einheit der ansonsten so verschiedenen Liebenden. Hinzukommt das Thema der Opposition von Liebe und Ehe. Die drohende Zwangsehe Blanscheflurs mit dem babylonischen Emir steht im scharfen Gegensatz zur passionierten Liebe, die sie mit Flore verbindet. Dieser Gegensatz wird am Ende in der Weise aufgelöst, dass der Emir Blanscheflur freigibt und stattdessen deren Freundin Claris heiratet. Das Figurendreieck wird also durch die Verdoppelung der Position der Braut in ein Figurenquartett überführt. Der Floreroman bietet eine Alternative zum Tristanroman, indem der prinzipiell vergleichbare Konflikt des Königs (Emir/Marke) mit dem Rivalen (Flore/Tristan) um die Braut (Blanscheflur/Isolde) nicht tragisch, sondern mit einem Komödienschluss endet. So abenteuerlich die Geschichte ist, führt der männliche Protagonist doch selbst keine aktiven Abenteuer aus. Die reichsgeschichtliche Pointe, dass die Tochter der Liebenden die künftige Mutter Karls des Großen sei, verleiht den bewältigten Konflikten und Differenzen eine politische Tendenz.

8.3.5 *Athis und Prophilias*

Vorlage: *Li romanz d'Athis et Prophilias* (Hilka 1914/1916). **Textkritische Ausgaben:** von Kraus 1926; Bartlett 1985; Gärtner 2020. **Überblicksdarstellungen:** Frenzel 1977 (EM); Ganz 1978 (VL); Kiening 2008 (Killy); Pérennec/Schmid 2010, S. 12–16 (GLMF). **Ausgewählte neuere Forschungsbeiträge:** Th. Klein 2007.

8.3 Liebesromane und Freundschaftsromane

Verfasser: Unbekannt.
Auftraggeber: Unbekannt.
Entstehung: Um 1210.
Überlieferung: Vier Handschriftenfragmente aus dem dritten Viertel des dreizehnten und dem vierzehnten Jahrhundert (HSC Werke/29).
Vorlage: Alixandre, *Li Romanz d'Athis et Prophilias*.
Stoffgeschichte: Der französische Roman und seine deutsche Bearbeitung sind zwei Vertreter einer sehr umfangreichen Stoffgeschichte, die persische, arabische und spanische Traditionen einschließt und bis zu Boccaccios *Decamerone* und Steinhöwels *Äsop* reicht. Die Verwandtschaft mit der ebenfalls breit überlieferten Geschichte von Amicus und Amelius ist unübersehbar.
Umfang und Form: Erhalten sind rund 1550 Reimpaarverse.

Inhalt: Der Anfang der Geschichte ist im altfranzösischen Roman, nicht aber in der mittelhochdeutschen Bearbeitung erhalten. Zwei befreundete Väter, der Römer Evas und der Grieche Savis, kümmern sich wechselseitig um ihre Söhne. Prophilias wird nach Athen geschickt, um von Savis unterrichtet zu werden; Athis wird nach Rom geschickt, um von Evas den Kriegsdienst zu erlernen. Die Söhne schließen Freundschaft miteinander. Prophilias verliebt sich in Cardiones, die Braut seines Freundes, und wird aus Liebeskummer todkrank. Kurz vor der Hochzeit verspricht Athis Prophilias, ihm seine Braut zu überlassen. Jede Nacht führt er in der Dunkelheit der nichtsahnenden Gattin seinen Freund zu, damit dieser an seiner Stelle mit ihr schlafen kann. Als Prophilias zu seinem erkrankten Vater zurückgerufen wird, löst Athis seine Ehe auf, damit sein Freund Cardiones heiraten kann. Beide Freunde begeben sich nach Rom, Evas ist inzwischen wieder gesundet. Nun nimmt Athis' Schicksal eine traurige Wendung. Er wird von seinem Vater enterbt und vertrieben und sucht verarmt seinen Freund Prophilias auf, der ihn nicht erkennt. Athis verlässt die Stadt und wird in einer Höhle Zeuge eines Mordes. An dieser Stelle setzen die überlieferten Szenen der deutschen Bearbeitung ein. [1] Der lebensmüde Athis bezichtigt sich des Mordes, wird zum Tod verurteilt und an den Pranger gestellt. Dort erkennt ihn der vorbeikommende Prophilias und nimmt nun seinerseits das Verbrechen auf sich, um seinen Freund vor dem Tod zu retten. Die tatsächlichen Mörder werden entdeckt und die befreiten Freunde vereint. Gemeinsam suchen sie Prophilias' Vater auf. [2] Prophilias' Schwester Gayte liebt Athis, ist aber bereits von ihrem Vater Evas dem König Bilas versprochen worden. Die Freunde greifen Bilas aus dem Hinterhalt an und besiegen ihn. [3] Festliche Hochzeit von Athis und Gayte. [4] Kämpfe vor Athen.

Komposition: Die Geschichte beruht auf dem Parallelismus der wechselseitigen Freundesproben. Athis rettet den liebeskranken Prophilias vor dem Tod, indem er ihm seine Frau überlässt; Prophilias rettet den lebensmüden Athis vor der Todesstrafe, indem er sich des Mordes bezichtigt, den dieser begangen zu haben behauptet.

Interpretationsansätze: Der Roman ist unter geschlechtergeschichtlichem Gesichtspunkt aussagekräftig. Die Männerfreundschaft steht in der Wertehierarchie am höchsten; die Liebes- und Ehebeziehungen, die die Freunde eingehen, sind von nachgeordneter Bedeutung. Athis ist bereit, seine Frau an Prophilias abzutreten, ohne dass diese ein Wort mitzureden hätte. Der Brautnachtbetrug erinnert sowohl an den *Tristan* als auch an das *Nibelungenlied*. In Forschung und Lehre kommt der Freundschaftsroman praktisch nicht vor.

Novelle

Inhaltsverzeichnis

9.1 Legendenhafte Novellen 369
9.2 Liebesnovellen 373

9.1 Legendenhafte Novellen

9.1.1 Hartmann von Aue, *Gregorius*

Vorlage: *La vie du pape saint Grégoire* (Kasten 1991). **Textkritische Ausgabe:** Wachinger 2004 (ATB 2). **Studienausgaben mit Übersetzung und Kommentar:** Fritsch-Rößler 2011 (RUB 18764) [zit.]; Mertens 2008 (DKV TB 29). **Überblicksdarstellungen:** Cormeau 1981 (VL); Mölk 1990 (EM); Cormeau/Störmer 2007 S. 110–141; Brunner/Cormeau 2009 (Killy); Knapp 2014 (GLMF); Lieb 2020, S. 143–194; Kropik (Hg.) 2021. **Ausgewählte neuere Forschungsbeiträge:** Strohschneider 2000; Röcke 2002; Ernst 2002; Hausmann 2010; D. Müller 2013; Marshall 2016; Steinke 2017; Eming 2018; Könitz 2020; Lembke 2020a, S. 23–105; Kraß 2021b.

Verfasser:	Hartmann von Aue.
Auftraggeber:	Herzog Berthold IV./V. von Zähringen (?)
Entstehung:	Vor 1190 (zeitliche Nähe zum *Erec*).
Überlieferung:	Acht vollständige und fünf fragmentarische Handschriften von der ersten Hälfte des dreizehnten bis zur ersten Hälfte des fünfzehnten Jahrhunderts (HSC Werke/149).
Vorlage:	*La vie du pape Saint Grégoire* (um 1150), 2740 Reimpaarverse.
Stoffgeschichte:	Die im Zentrum der Novelle stehende Inzestgeschichte basiert auf dem antiken Ödipusmythos. Wie Ödipus heiratet Gregorius unwissentlich seine Mutter, bestraft sich selbst und geht ins Exil. Die Ödipusgeschichte war im Mittelalter

als Teil der *Thebais* des römischen Dichters Statius (1. Jh.) bekannt, einer Nacherzählung der antiken Thebensage, die auch vom Schicksal des Ödipus berichtet. Auf die *Thebais* stützt sich wiederum der altfranzösische Thebenroman (*Roman de Thèbes*), der um oder nach 1150 entstand, also etwa zeitgleich mit Hartmanns französischer Vorlage. Außerdem wurde die Ödipusgeschichte über die Judaslegende vermittelt, die im Rahmen der Matthäuslegende überliefert ist (Matthäus löste Judas als Apostel ab). Die Judaslegende ist eine Kompilation aus der biblischen Passionsgeschichte und einer hinzuerfundenen Vorgeschichte, die sich an den Ödipusmythos anlehnt: Judas schließt sich Jesus an, um sich von seiner großen Schuld zu befreien, denn er hat unwissentlich seinen Vater getötet und seine Mutter geheiratet. Die zahlreichen Wundermotive haben Parallelen in weiteren Heiligenlegenden. Als Vorbild für die Buße auf der Felseninsel diente die Legende des heiligen Metro von Verona (10. Jh.).

Umfang und Form: 4006 Reimpaarverse.

Inhalt: [Vorgeschichte] Der verwitwete Fürst von Aquitanien trägt vor seinem Tod seinem Sohn auf, sich um dessen Zwillingsschwester zu kümmern. Aus der Geschwisterliebe wird eine inzestuöse Beziehung, aus der ein Kind hervorgeht. Um die Schande zu verbergen, wird das Kind in einem Fass auf dem Meer ausgesetzt. Die Mutter führt ein bescheidenes Leben als Landesherrin, der Vater bricht zur Pilgerfahrt nach Jerusalem auf, stirbt aber schon am dritten Tag nach seiner Abreise an gebrochenem Herzen. [Hauptgeschichte, Episode 1: Klosterinsel] Das Kind gelangt an das Ufer einer Klosterinsel, wo es von Fischern aufgelesen und dem Abt übergeben wird, der es Gregorius nennt. Er wächst als Pflegekind in einer Fischerfamilie auf und wird, als er das schulfähige Alter erreicht hat, in der Klosterschule ausgebildet. Der Knabe erweist sich als begabter Schüler, der sich bald auf Grammatik, Rechtswissenschaft und Theologie versteht. Eines Tages gerät Gregorius in einen Streit mit seinem Pflegebruder, der ihm vorwirft, ein Findelkind zu sein. Gregorius ist erschüttert und will die Klosterinsel verlassen, um als Ritter sein Glück zu versuchen. Der Abt versucht vergeblich, ihn zurückzuhalten, eröffnet ihm aber schließlich die Umstände seiner Herkunft. Die Geschichte der Eltern steht auf einer Tafel geschrieben, die dem ausgesetzten Kind mitgegeben worden war. [Episode 2: Aquitanien] Gregorius bricht auf und gelangt über das Meer nach Aquitanien. Er befreit die von einem enttäuschten Brautwerber belagerte Landesherrin, seine Mutter, und heiratet sie. Eines Tages entdeckt ihn deren Zofe bei der täglichen Lektüre der Tafel. Der Landesherrin wird bewusst, dass sie ihren Sohn geheiratet hat, und sie vertraut sich ihm an. Gregorius trägt ihr und sich selbst eine harte Buße auf. Sie soll ein entbehrungsreiches Leben führen, er selbst will Einsiedler werden. [Episode 3: Felseninsel] Gregorius verlässt die Burg und bittet ein Fischerpaar darum, ihn auf einer Felseninsel anzuketten, damit er dort Buße tun kann. Der Schlüssel zu seiner Kette wird ins Meer geworfen. Nach siebzehn Jahren, in denen er sich nur von

9.1 Legendenhafte Novellen

Regenwasser und Heiligem Geist ernährt, wird er von römischen Gesandten aufgesucht. Der Papst ist gestorben, und Gott hat den Büßer zu seinem Stellvertreter auf Erden berufen. Der Schlüssel wird wunderbarerweise im Magen eines Fisches aufgefunden, den die Fischersleute den römischen Gesandten zum Essen vorsetzen. [Episode 4: Rom] Gregorius wird befreit und nach Rom geführt. Bei seiner Ankunft beginnen alle Glocken zu läuten. Gregorius wird zum Papst geweiht. Seine Mutter pilgert nach Rom, um päpstlichen Ablass zu erlangen. Als sie zu Gregorius vorgelassen wird, erkennen Mutter und Sohn einander. Die Mutter nimmt den Schleier; Gregorius erweist sich als guter Papst, der nach seinem Tod heiliggesprochen wird.

Komposition: Die Novelle umfasst eine Vor- (V. 171–922) und eine Hauptgeschichte (V. 923–3958). Die Komposition erschließt sich über die Raumstruktur, die die Hauptgeschichte in zwei Teile und vier Episoden teilt. Der Protagonist gelangt in vier Räume: die Klosterinsel (V. 923–1824), Aquitanien (V. 1825–2750), die Felseninsel (V. 2751–3136) und Rom (V. 3137–3958). Die erste und zweite sowie die dritte und vierte Episode lassen sich paradigmatisch aufeinander beziehen (Prinzip der Doppelung, s. Abschn. 5.3.1). In Aquitanien spielen die Vorgeschichte und die zweite Episode der Hauptgeschichte. Die Klosterinsel und die Felseninsel als erste und dritte Episode der Hauptgeschichte lassen sich aufeinander beziehen, weil es sich jeweils um geistliche Lebensformen auf einer Insel handelt: als Klosterschüler und Einsiedler. In Rom spielt die vierte und letzte Episode der Hauptgeschichte. Da Gregorius als Papst wieder eine Herrschaft innehat, lässt sich diese Episode auf die Landesherrschaft in Aquitanien zurückbeziehen (zweite Episode). Jeder Raumwechsel geht mit einer Fahrt über das Meer und einem Kleiderwechsel einher. Auf der Klosterinsel wird Gregorius als Mönch eingekleidet; bei seinem Aufbruch in das Ritterleben erhält er ein Gewand aus dem Seidenstoff, den ihm einst seine Mutter mitgegeben hatte; auf der Klosterinsel trägt er ärmliche Kleidung und ist schließlich nackt; vor der Reise nach Rom hüllen ihn die Gesandten in einen Mantel. Als Leitmotive dienen die Fische und Fischer, der Schlüssel und der Fels. Sie verweisen symbolisch auf das päpstliche Amt: Petrus, der erste Papst, war erst ein Fischer und dann ein ‚Menschenfischer'; er war der ‚Fels', auf den Christus die Kirche erbaute; und er hatte das Schlüsselamt inne (Zugang zum Heil). Der Fisch war zudem das Symbol der christlichen Urgemeinde. Ein umfangreicher Prolog (V. 1–170) und ein Epilog (V. 3959–4006) rahmen die Erzählung. Der Prolog enthält die biblische Geschichte vom barmherzigen Samariter (Lk 10,25–37), die die Lebensgeschichte des Protagonisten präfiguriert.

Interpretationsansätze: Der Inzest kann als Zuspitzung der engen Verwandtschaftsbeziehungen des Adels und als standesspezifische Ausprägung der Erbsünde verstanden werden. Wenn man bereits die Beziehung zwischen Gregorius' Großvater und Mutter als inzestuös deutet (der Vater versäumt die Verlobung seiner Tochter), erstreckt sich der Inzest über drei Generationen: mit dem Vater (vertikal/latent), dem Bruder (horizontal/manifest) und dem Sohn (vertikal/manifest). Gregorius verfügt über drei Väter, die die drei Stände (Adel, Bauern, Klerus) repräsentieren: einen leiblichen (Fürst von Aquitanien), einen Pflegevater (Fischer) und einen geistlichen Vater (Abt des Klosters).

Die eheliche Gemeinschaft mit der Mutter wird am Ende in einer geistlichen Gemeinschaft aufgehoben. Gregorius steht in einem trinitarischen Verhältnis zu seiner Mutter: als Sohn, Gatte und (geistlicher) Vater. Die Reisen über das Meer verweisen auf die Providenz Gottes, die das Schicksal des Protagonisten lenkt; die Einkleidungsszenen auf die Initiation in die jeweils neue Rolle als Klosterschüler, ritterlicher Landesherr, büßender Einsiedler und Papst. Die Rollen kumulieren sich: Im päpstlichen Amt vereinen und steigern sich die Bildung des Klosterschülers, die Herrschaft des Landesherrn und die Heiligkeit des Eremiten. Das unerhörte Ereignis der Novelle, dass nämlich ein heillos in Sünde verstrickter Adeliger zum heiligen Papst werden kann, steht symbolisch für das Postulat, dass auch der weltliche Adel zum geistlichen Heil berufen ist.

9.1.2 Hartmann von Aue, *Der arme Heinrich*

Textkritische Ausgabe: Gärtner 2010 (ATB 3). **Studienausgaben mit Übersetzung und Kommentar:** Busch/Wolf 2013 (RUB 19131) [zit.]; Mertens 2008 (DKV TB 29). **Überblicksdarstellungen:** Cormeau 1981 (VL); Cormeau/Störmer 2007, S. 142–159; Brunner/Cormeau 2009 (Killy); Lieb 2020, S. 195–214; Kropik (Hg.) 2021. **Ausgewählte neuere Forschungsbeiträge:** Kartschoke 2004; Jensen 2006; Hammer/Kössinger 2012; Kraß 2012; Braun 2019; Schausten 2020; Jackson 2020; Fernández Riva/Millet 2022; Del Duca 2022; Bulang 2022.

Verfasser:	Hartmann von Aue.
Auftraggeber:	Herzog Berthold IV./V. von Zähringen (?)
Entstehung:	Nach 1190 (zeitliche Nähe zum *Iwein*).
Überlieferung:	Vier vollständige und drei fragmentarische Handschriften von der ersten Hälfte des dreizehnten bis zur zweiten Hälfte des vierzehnten Jahrhunderts (HSC Werke/147).
Vorlage:	Keine.
Stoffgeschichte:	Hartmann orientiert sich an der Gattung der Opferlegende (vgl. Silvesterlegende, Legende von Amicus und Amelius).
Umfang und Form:	1520 Reimpaarverse.

Inhalt: [Teil 1] Der unverheiratete schwäbische Freiherr Heinrich erkrankt plötzlich am Aussatz. Er reist nach Frankreich (Montpellier) und Italien (Salerno), um ärztliche Hilfe zu suchen. In Salerno nimmt ihm ein Arzt die Hoffnung auf Genesung: Nur das freiwillige Blutopfer einer geschlechtsreifen Jungfrau könne ihn retten. Heinrich zieht sich auf einen Meierhof zurück und lässt sich dort pflegen. Die achtjährige Tochter des Ehepaars, das den Meierhof führt, kümmert sich rührend um Heinrich. [Teil 2] Nach drei Jahren berichtet Heinrich den Meiersleuten von seinem Schicksal. Das inzwischen zwölfjährige Mädchen hört zu und fasst den Entschluss, sich für Heinrich zu opfern, um als Braut Christi in den Himmel zu kommen. In predigtartigen Reden verteidigt die religiös Begeisterte ihre Absicht gegen die Einwände Heinrichs und der Eltern. Sie setzt sich durch, und Heinrich tritt mir ihr die Reise nach Salerno an. Dort versucht der Arzt vergebens, das Mädchen von ihrem Entschluss abzubringen, indem er beschreibt, wie er ihr das Herz aus dem lebendigen Leib schneiden werde. Wieder setzt sich das Mädchen durch, und die Operation wird vorbereitet. Als der Arzt bereits das Messer schärft, erspäht Heinrich durch einen Türspalt das nackt auf dem Operationstisch liegende Mädchen. Der Anblick stimmt ihn um, und es gelingt ihm in letzter Sekunde, den Arzt von dem Eingriff abzuhalten. Das Mädchen rebelliert vergebens. Heinrichs Sinneswandel weckt die Gnade Gottes und führt seine plötzliche Gesundung herbei. Heinrich reist mit dem Mädchen an seinen Herrenhof zurück, wo die Hochzeit stattfindet.

Komposition: Die Novelle ist, ausgehend von der Zeit- und Raumstruktur, spiegelsymmetrisch komponiert (Prinzip der Schachtelung, s. Abschn. 5.3.2). Ein dreijähriger Zeitsprung (V. 350–351: *dô dô der arme Heinrich / driu jâr dâ getwelte*, „[a]ls nun der arme Heinrich drei Jahre dort verbracht hatte") bildet eine Zäsur, die die Novelle in zwei Teile zu je drei Episoden gliedert. Davor und danach sucht der Protagonist dieselben Orte auf. Der erste Teil wechselt vom schwäbischen Herrenhof des Protagonisten (V. 29–162) über seinen ersten Arztbesuch im französischen Montpellier und im italienischen Salerno (V. 163–259) zum schwäbischen Meierhof (V. 260–349), der zweite umgekehrt vom Meierhof (V. 350–1048) über den zweiten Arztbesuch in Salerno (V. 1049–1370) zurück zum Herrenhof (V. 1371–1516). In der vierten und fünften Episode tritt vorübergehend die namenlose Meierstochter als Protagonistin in den Vordergrund. Ein Prolog (V. 1–28) und ein Epilog (V. 1517–1520) rahmen die Erzählung.

Interpretationsansätze: Wie schon im *Gregorius* geht es um die Frage des ritterlichen Heils; wieder wird eine Geschichte erzählt, die bis an die Grenze eines Skandals geführt wird. Die Opferbereitschaft des Mädchens hat eine erotische und eine religiöse Konnotation. In religiöser Hinsicht geht es um die Heiligung des Mädchens durch ein freiwilliges Martyrium, das sie zur Braut Christi (*sponsa Christi*) machen soll. In erotischer Hinsicht geht es um die Verheiratung des Protagonisten mit einem Mädchen, das er schon lange vorher spielerisch als seine ‚Braut' (*gemahel*) angesprochen hat. So findet eine symbolische Substitution statt: Die junge Frau, die die geistliche Braut Christi werden wollte, wird die weltliche Braut des Freiherrn, der auf diese Weise eheliches Glück und göttliches Heil zugleich findet.

9.2 Liebesnovellen

9.2.1 *Mauricius von Craûn*

Vorlage: vgl. *Du chevalier qui recovra l'amour de sa dame* (Klein 1999, S. 147–163). **Textkritische Ausgabe:** Reinitzer 2000 (ATB 113). **Studienausgabe mit Übersetzung und Kommentar:** Klein 1999 (RUB 8796) [zit.]. **Überblicksdarstellungen:** Ziegeler 1987 (VL); Tomasek 2010 (Killy); Knapp 2013 (GLMF). **Ausgewählte neuere Forschungsbeiträge:** Klein 1998; Plaumann 2003; Fischer 2006; Wagner 2008; Mühlherr 2009; Philipowski 2009; Scheuer 2011; Putzo 2012; Dimpel 2014; Schneidergruber 2022.

Verfasser:	Unbekannt, vermutlich ein Rheinfranke.
Auftraggeber:	Unbekannt.
Entstehung:	Nach 1210/15.
Überlieferung:	Nur im *Ambraser Heldenbuch* (16. Jh.) (HSC Werke/751).
Vorlage:	Der Novelle liegt eine altfranzösische Vorlage zugrunde, die nicht überliefert ist. Eine ähnliche Geschichte, allerdings mit glücklichem Ende, wird in einer französischen Novelle (Fabliau) des dreizehnten Jahrhunderts erzählt (*Du chevalier qui recovra l'amour de sa dame*). Möglicherweise beruhen beide Fassungen auf derselben Vorlage.
Stoffgeschichte:	Die Geschichte lehnt sich an historische Personen aus der zweiten Hälfte des zwölften Jahrhunderts an, nämlich an Maurice II. de Craon (gest. 1196), der als Minnesänger (Trouvère) hervortrat, und die Gattin des Vizegrafen Richard von Beaumont (gest. 1201).
Umfang und Form:	1784 Reimpaarverse.

Inhalt: In einem langen Prolog wird der Gedanke der *translatio imperii*, der Weitergabe der Herrschaft von den Griechen über die Römer an die Franken, entfaltet. Die Dekadenz und Grausamkeit des römischen Kaisers Nero wird besonders ausführlich beschrieben. [Teil 1] Die eigentliche Erzählung handelt vom Ritter Mauricius von Craûn, der seiner Minnedame, der verheirateten Gräfin von Beamunt, lange Zeit gedient hat und nun um seinen Liebeslohn bittet. Sie sagt unter der Bedingung zu, dass er ein Turnier für sie ausrichtet, beschenkt ihn mit einem Kuss und einer Umarmung und steckt ihm einen Ring an. [Teil 2] Mauricius lässt ein prächtig ausgestattetes Schiff auf Rädern bauen, reist damit durch das Land, um für das Turnier zu werben, und fährt schließlich bis vor die gräfliche Burg. Dort bewährt er sich im Turnier, das von einem tödlichen Zwischenfall überschattet wird, an dem der Graf beteiligt ist. Am Abend endet das Turnier. Mauricius wird von einer Zofe in eine Kemenate geführt, wo das verabredete Rendezvous stattfinden soll. Die Gräfin lässt auf sich warten. Mauricius schläft im Schoß der Zofe ein. Als sie schließlich erscheint, lässt sie ihn nicht wecken, sondern zieht sich aus Empörung über das angebliche Fehlverhalten ihres Minneritters in das eigene Schlafzimmer zurück. Mauricius erwacht, und die Zofe klärt ihn über den Vorfall auf. Er bittet sie, die Gräfin umzustimmen, doch diese bleibt unerbittlich. Daraufhin dringt der noch vom Kampf gebeutelte Mauricius in das Schlafzimmer ein, vertreibt den Grafen, indem er vorgibt, der Geist des im Turnier erschlagenen Ritters zu sein, und legt sich zur Gräfin ins Bett. Da sie ihn nicht abwehren kann, gibt sie sich ihm mit einem Kuss und einer Umarmung hin. Nachdem Mauricius mit ihr geschlafen hat, gibt er ihr den Ring zurück und kündigt ihr den Minnedienst auf. Die zurückgelassene Gräfin räumt gegenüber ihrer Zofe ihre Schuld ein und übernimmt die Verantwortung für ihr Unglück.

Komposition: Die Erzählung wird von einem langen Prolog (V. 1–262) und einem kurzen Epilog (V. 1777–1784) umrahmt. Sie gliedert sich in zwei Teile, die jeweils auf eine Begegnung zwischen Mauricius und der Gräfin hinauslaufen. Beim ersten

Mal besiegelt die Gräfin ihr Versprechen, Mauricius den Liebeslohn zu gewähren, indem sie ihm einen Ring schenkt (V. 263–620); im zweiten Fall gibt Mauricius ihr den Ring zurück, nachdem sie ihr Versprechen gebrochen, er ihr aber dennoch den Liebeslohn abgerungen hat (V. 621–1776). In beiden Fällen küsst und umarmt die Gräfin Mauricius. Während der Minnedienst im ersten Teil nur summarisch erwähnt wird, wird er im zweiten Teil als ausführliche Handlung erzählt.

Interpretationsansätze: Die Geschichte beruht auf einer triangulären Figurenkonstellation. Der Protagonist wirbt um eine verheiratete Dame, die sich ins Unrecht setzt, indem sie ihm den versprochenen Liebeslohn vorenthält. Die Novelle setzt das Konzept des hohen Minnesangs in eine kasuistische Erzählung um, deren Liebeshandlung das Publikum dazu einlädt, über Recht und Unrecht der beteiligten Figuren zu debattieren. Der Erzähler lässt vor allem die Frage offen, wie der erzwungene Beischlaf zu bewerten ist: Ist Mauricius im Recht, als er der Gräfin den Liebeslohn abnötigt, oder macht er sich einer Vergewaltigung schuldig? Die Antwort ist eigentlich eindeutig: Das höfische Liebeskonzept wird dekonstruiert, denn beide Seiten begehen Unrecht: die Minnedame, indem sie ihr Versprechen bricht, und der Minneritter, indem er sie zum Beischlaf zwingt und zugleich zur Ehebrecherin macht.

Abbildungsnachweise

Abb. 1.1a, b	Heidelberg, Universitätsbibl., Cpg 848, Bl. 184v, 149v
Abb. 1.2a, b	Heidelberg, Universitätsbibl., Cpg 848, Bl. 264r, 26r
Abb. 1.3a	Wolfenbüttel, Herzog August Bibl., Cod. Guelf. 105 Noviss. 2°, Bl. 171v [Krönungsbild]
Abb. 1.3b	Heidelberg, Universitätsbibl., Cpg 848, Bl. 219v [Klingsor von Ungerlant]
Abb. 1.4a	Stuttgart, Landesbibl., Cod. HB XIII 1, S. 51
Abb. 1.4b	Heidelberg, Universitätsbibl., Cpg 848, Bl. 30r
Abb. 1.4c	Heidelberg, Universitätsbibl., Cpg 848, Bl. 364r
Abb. 5.1	München, Staatsbibl., Clm 4660, Bl. 1r
Abb. 6.1	Heidelberg, Universitätsbibl., Cpg 112, Bl. 5v
Abb. 6.2	Berlin, Staatsbibl., mgf 282, Bl. 9v
Abb. 6.3	Berlin, Staatsbibl., mgf 855, Bl. 58v
Abb. 6.4	Dresden, Landesbibl., Mscr. M 66, Bl. 96r
Abb. 6.5	Fresko auf Burg Rodenegg © akg-images / De Agostini / Albert Ceolan

Literatur[1]

Textausgaben

Aelred von Rieval: Über die geistliche Freundschaft. Hg. von Wilhelm Nyssen. Trier 1978 (Occidens 3).

[**Albéric de Pisançon**] Alexanderfragment. Neuausgabe und Kommentar von Ulrich Mölk und Günter Ulrich. In: ZfrPh 115 (1999), S. 582–625.

Albrecht von Halberstadt und Ovid im Mittelalter. Hg. von Karl Bartsch. Quedlinburg/Leipzig 1861 (Bibliothek der gesammten deutschen National-Literatur 38) [Nachdruck Amsterdam 1965].

Aliscans. Texte établi par Claude Régnier. Présentation et notes de Jean Subrenat. Traduction revue par Andrée et Jean Subrenat. Paris 2007.

Das **Annolied**. Mittelhochdeutsch und neuhochdeutsch. Hg., übersetzt und kommentiert von Eberhard Nellmann. Stuttgart 1986 (RUB 1416).

Das **Annolied**. In: Frühe deutsche Literatur und lateinische Literatur in Deutschland. 800–1150. Hg. von Walter Haug und Benedikt Konrad Vollmann. Frankfurt am Main 1991 (BdK 61; BdM 1), S. 596–647 (Text), 1425–1449 (Kommentar) [zit.].

Li romanz d'**Athis et Prophilias** (L'estoire d'Athenes). Nach allen bekannten Handschriften zum ersten Male vollständig hg. von Alfons Hilka. 2 Bände. Dresden 1912/1916.

Athis und Prophilias. In: Mittelhochdeutsches Übungsbuch. Hg. von Carl von Kraus. 2. vermehrte und geänderte Auflage. Heidelberg 1926 (Germanische Bibliothek I,III,2), S. 63–82.

A Critical Edition of the **Athis und Prophilias** Fragments with Introduction, Commentary, Rhyme- and Word-Lists by William J. O. Bartlett. Diss. (masch.) Oxford 1985.

Kurt Gärtner: Ein neues Fragment von **Athis und Prophilias**. In: ZfdA 149 (2020), S. 332–338.

Benoît de Sainte-Maure: Le Roman de Troie. Publié d'après tous les manuscrits connus. Hg. von Leopold Constans. Paris 1904–1912.

Béroul: The Romance of Tristan. Translated by Alan S. Fredrick. Penguin Classics. London 1978.

Béroul: Tristan et Yseut. Traduction et édition de Daniel Poirion. Préface de Christiane Marchello-Nizia. Paris 2018.

[**Chanson de Roland**] Das altfranzösische Rolandslied. Zweisprachig. Übersetzt und kommentiert von Wolf Steinsieck. Nachwort von Egbert Kaiser. Stuttgart 1999 (RUB 2746).

---

[1] Die Bibliographie bildet nicht den gesamten Forschungsstand ab, sondern bietet eine Auswahl zum Zweck der Einführung.

Chrétien de Troyes: Cligès. Auf der Grundlage des Textes von Wendelin Foerster übersetzt und kommentiert von Ingrid Kasten. Berlin/New York 2006.
Chrétien de Troyes: Erec et Enide. Erec und Enide. Altfranzösisch/Deutsch. Übersetzt und hg. von Albert Gier. Stuttgart 1987 (RUB 8360).
Chrétien de Troyes: Le Roman de Perceval ou Le Conte du Graal. Der Percevalroman oder Die Erzählung vom Gral. Altfranzösisch/Deutsch. Übersetzt und hg. von Felicitas Olef-Krafft. Stuttgart 1991 (RUB 8649).
Chrétien de Troyes: Yvain. Übersetzt und eingeleitet von Ilse Nolting-Hauff. München 1962 (KTRM 2).
Marcus Tullius **Cicero**: Cato der Ältere. Über das Alter. Laelius. Über die Freundschaft. Lateinisch-deutsch. Hg. von Max Faltner. Mit einer Einführung und einem Register von Gerhard Fink. Düsseldorf/Zürich 1999 (Sammlung Tusculum).
Marcus Tullius **Cicero**: Laelius. Über die Freundschaft. Übersetzung, Anmerkungen und Nachwort von Robert Feger. Stuttgart 1970 (RUB 868).
Dares Phrygius: De excidio Troiae historia. Hg. von Ferdinand Meister. Leipzig 1873.
Dictys Cretensis: Ephemeridos belli Troiani libri [...]. Hg. von Werner Eisenhut. Leipzig ²1973 (Akademie der Wissenschaften der DDR. Zentralinstitut für Alte Geschichte und Archäologie).
Eilhart von Oberge [Tristrant]. Hg. von Franz Lichtenstein. Straßburg 1877 (Quellen und Forschungen zur Sprach- und Culturgeschichte der germanischen Völker 19).
Eilhart von Oberg: Tristrant. Synoptischer Druck der ergänzten Fragmente mit der gesamten Parallelüberlieferung. Hg. von Hadumod Bußmann. Tübingen 1969 (ATB 70).
Eilhart von Oberg: Tristrant und Isalde. Mittelhochdeutsch/Neuhochdeutsch. Von Danielle Buschinger und Wolfgang Spiewok. Greifswald 1993 (Wodan. Greifswalder Beiträge zum Mittelalter 27).
Eilhart von Oberg: Tristrant und Isalde. Nach der Heidelberger Handschrift (Cod. Pal. Germ. 346) hg. von Danielle Buschinger. Berlin 2004 (Berliner Sprachwissenschaftliche Studien 4).
Eilhart von Oberg: Tristrant und Isalde. Text, Übersetzung, Kommentar. Hg. von Danielle Buschinger und Ronny F. Schulz. Berlin 2025 (De Gruyter Texte) [angekündigt].
Einhard: Vita Karoli Magni. Das Leben Karls des Großen. Lateinisch/Deutsch. Übersetzt von Evelyn Scherabon Firchow. Durchgesehen und überarbeitet sowie mit einem Nachwort versehen von Stefan Zathammer. Stuttgart 2024 (RUB 14454).
Flamenca. Texte édité d'après le manuscrit unique de Carcassonne par François Zufferey et traduit par Valérie Fasseur. Paris 2014.
[Konrad **Fleck**:] Flore und Blanscheflur. Eine Erzählung. Hg. von Emil Sommer. Quedlinburg/Leipzig 1846.
[Konrad **Fleck**:] Bruchstücke von Konrad Flecks *Flore und Blanscheflur*. Hg. von Carl Rischen. Heidelberg 1913.
Konrad **Fleck**: Flore und Blanscheflur. Mittelhochdeutscher Text, Übersetzung und Kommentar. Hg. von Christine Putzo. Berlin/Boston 2026 (De Gruyter Texte) [angekündigt].
Galfrid von Vinsauf: Poetria nova. In: Edmond Faral (Hg.): Les arts poétique du XIIe et du XIIIe siècle. Paris 1924/1962, S. 194–262.
Geoffrey of Vinsauf: The New Poetics (*Poetria nova*). Translated by Jane Baltzell Kopp. In: James J. Murphy (Hg.): Three Medieval Rhetorical Arts. University of California Press 1971, S. 27–108.
Geoffrey von Monmouth: Die Geschichte der Könige von Britannien. In: König Artus und seine Tafelrunde. Europäische Dichtung des Mittelalters. In Zusammenarbeit mit Wolf-Dieter Lange neuhochdeutsch hg. von Karl Langosch. Stuttgart 1982 (RUB 9945), S. 5–71 (Text), 565–577 (Anmerkungen).
La Chronique de **Gislebert des Mons**. Hg. von Leon Vanderkindere. Brüssel 1904.
Gottfried von Straßburg: Tristan und Isold. Hg. von Friedrich Ranke. 14., unveränderte Auflage Dublin/Zürich 1969.
Gottfried von Straßburg: Tristan. Bd. 1: Text. Hg. von Karl Marold. Unveränderter fünfter Abdruck nach dem dritten mit einem auf Grund von Friedrich Rankes Kollationen verbesserten kritischen Apparat besorgt und mit einem erweiterten Nachwort versehen von

Werner Schröder. Bd. 2: Übersetzung von Peter Knecht. Mit einer Einführung in das Werk von Tomas Tomasek. Berlin/New York 2004 (De Gruyter Texte).

Gottfried von Straßburg: Tristan und Isold. Hg. von Walter Haug und Manfred Günter Scholz. Mit dem Text des Thomas, hg., übersetzt und kommentiert von Walter Haug. 2 Bände. Berlin 2012 (DKV Sonderausgabe).

Gottfried von Straßburg: Tristan. Nach dem Text von Friedrich Ranke neu hg., ins Neuhochdeutsche übersetzt, mit einem Stellenkommentar und einem Nachwort von Rüdiger Krohn. 3 Bände. Stuttgart 2017 (RUB 4471–4473).

Graf Rudolf. Hg. von Peter F. Ganz. Berlin 1964 (PhStQ 19).

Des **Guiot von Provins** bis jetzt bekannte Dichtungen, altfranzösisch und in deutscher metrischer Übersetzung mit Einleitung, Anmerkungen und vollständigem erklärenden Wörterbuche hg. von Johann Friedrich Wolfart/San-Marte (Albert Schulz). Halle 1861.

Hartmann von Aue: Der arme Heinrich. Hg. von Hermann Paul. Neu bearbeitet von Kurt Gärtner. 18., unveränderte Auflage. Berlin 2010 (ATB 3).

Hartmann von Aue: Der arme Heinrich. Mittelhochdeutsch/Neuhochdeutsch. Hg., übersetzt und kommentiert von Nathanael Busch und Jürgen Wolf. Stuttgart 2013 (RUB 19131).

Hartmann von Aue: Erec. Mit einem Abdruck der neuen Wolfenbütteler und Zwettler Erec-Fragmente. Hg. von Albert Leitzmann, fortgeführt von Ludwig Wolff. 7. Auflage besorgt von Kurt Gärtner. Tübingen 2006 (ATB 39).

Hartmann von Aue: Erec. Hg. von Manfred Günter Scholz. Übersetzt von Susanne Held. Frankfurt am Main 2007 (DKV TB 20).

Hartmann von Aue: Erec. Mittelhochdeutsch/Neuhochdeutsch. Hg. übersetzt und kommentiert von Volker Mertens. Stuttgart 2008 (RUB 18530).

Hartmann von Aue: Ereck. Texte sämtlicher Handschriften, Übersetzung, Kommentar. 2., überarbeitete Auflage. Hg. von Timo Felber, Andreas Hammer und Victor Millet unter Mitarbeit von Lydia Merten, Katharina Mürstermann und Hannah Rieger. Berlin/Boston 2022 (De Gruyter Texte).

Hartmann von Aue: Gregorius. Hg. von Hermann Paul. Neu bearbeitet von Burghart Wachinger. 15., durchgesehene und erweiterte Auflage. Tübingen 2004 (ATB 2).

Hartmann von Aue: Gregorius. Der arme Heinrich. Iwein. Hg. und übersetzt von Volker Mertens. Frankfurt am Main 2008 (DKV TB 29).

Hartmann von Aue: Gregorius. Mittelhochdeutsch/Neuhochdeutsch. Nach dem Text von Friedrich Neumann neu hg., übersetzt und kommentiert von Waltraud Fritsch-Rößler. Stuttgart 2011 (RUB 18764).

Hartmann von Aue: Iwein. Eine Erzählung. Hg. von G. F. Benecke und K. Lachmann. Neu bearbeitet von Ludwig Wolff. Siebente Ausgabe. Band I: Text, Band II: Handschriftenübersicht, Anmerkungen und Lesarten. Berlin 1968.

Hartmann von Aue: Iwein. Text der siebenten Ausgabe von G. F. Benecke, K. Lachmann und L. Wolff. Übersetzung und Nachwort von Thomas Cramer. 4., überarbeitete Auflage. Berlin/New York 2001.

Hartmann von Aue: Iwein. Mittelhochdeutsch/Neuhochdeutsch. Hg. und übersetzt von Rüdiger Krohn. Kommentiert von Mireille Schnyder. Stuttgart 2012 (RUB 19011).

Heinrich von Veldeke [Eneasroman]. Hg. von Ludwig Ettmüller. Leipzig 1852 (Dichtungen des deutschen Mittelalters 8).

Heinrich von Veldeke: Eneasroman. Mittelhochdeutsch/Neuhochdeutsch. Nach dem Text von Ludwig Ettmüller ins Neuhochdeutsche übesetzt, mit einem Stellenkommentar und einem Nachwort von Dieter Kartschoke. Stuttgart 1989 (RUB 8303).

Heinrich von Veldeke: Eneasroman. Die Berliner Bilderhandschrift mit Übersetzung und Kommentar, hg. von Hans Fromm. Mit den Miniaturen der Handschrift und einem Aufsatz von Dorothea und Peter Diemer. Frankfurt am Main 1992 (DKV/BdM 4).

Der Reinhart Fuchs des Elsässers **Heinrich [der Glîchezâre]**. Unter Mitarbeit von Katharina von Goetz, Frank Henrichvark und Sigrid Kraue hg. von Klaus Düwel. Tübingen 1984 (ATB 96).

Heinrich der Glîchezâre: Reinhart Fuchs. Mittelhochdeutsch/Neuhochdeutsch. Hg., übersetzt und erläutert von Karl-Heinz Göttert. Stuttgart 2022 (RUB 14220).

Herbort's von Fritslâr liet von Troye. Hg. von Karl Frommann. Quedlinburg/Leipzig 1837 (Bibliothek der gesammten duetschen National-Literatur 5) [Nachdruck Amsterdam 1966].
Herzog Ernst. Hg. von Karl Bartsch. Wien 1869 [Nachdruck Hildesheim 1969].
Herzog Ernst. Mittelhochdeutsch/Neuhochdeutsch. In der Fassung B mit den Fragmenten der Fassungen A, B und Kl nach der Leithandschrift hg., übersetzt und kommentiert von Mathias Herweg. Mit Herzog Adelger (aus der ‚Kaiserchronik'). Stuttgart 2019 (RUB 19606).
Deutsche **Kaiserchronik**. Hg. von Edward Schröder. Hannover 1892 (MGH. Deutsche Chroniken und andere Geschichtsbücher des Mittelalters I,1). [Nachdruck Dublin/Zürich 1969]
Die **Kaiserchronik**. Eine Auswahl. Mittelhochdeutsch/Neuhochdeutsch. Übersetzt, kommentiert und mit einem Nachwort versehen von Mathias Herweg. Stuttgart 2014 (RUB 19270).
König Rother. Hg. von Karl von Bahder. Halle (Saale) 1884 (ATB 6).
König Rother. Mittelhochdeutscher Text und neuhochdeutsche Übersetzung von Peter K. Stein. Hg. von Ingrid Bennewitz unter Mitarbeit von Beatrix Koll und Ruth Weichselbaumer. Stuttgart 2000 (RUB 18047).
Das Rolandslied des Pfaffen **Konrad**. Hg. von Carl Wesle. Dritte, durchgesehene Auflage besorgt von Peter Wapnewski. Tübingen 1985 (ATB 69).
Das Rolandslied des Pfaffen **Konrad**. Mittelhochdeutsch/Neuhochdeutsch. Hg., übersetzt und kommentiert von Dieter Kartschoke. Stuttgart 1993 (RUB 2745).
Kreuzzugsdichtung. Hg. von Ulrich Müller. Tübingen ³1985 (Deutsche Texte 9).
La vie du pape saint Grégoire ou La légende du bon pécheur. Leben des heiligen Papstes Gregorius oder die Legende vom guten Sünder. Text nach der Ausgabe von Hendrik Bastiaan Sol mit Übersetzung und Vorwort von Ingrid Kasten. München 1991 (KTRM 29).
Lambrechts Alexander. Nach den drei Texten mit dem Fragment des Alberic von Besançon und den lateinischen Quellen. Hg. und erklärt von Karl Kinzel. Halle an der Saale 1884 (Germanische Handbibliothek 6).
Pfaffe **Lambrecht**: Alexanderroman. Mittelhochdeutsch/Neuhochdeutsch. Hg., übersetzt und kommentiert von Elisabeth Lienert. Stuttgart 2007 (RUB 18508).
Marie de France: Lais. Guigemar, Bisclavret, Lanval, Yonec, Laüstic, Chievrefoil. Altfranzösisch/Deutsch. Hg. von Philipp Jeserich. Stuttgart 2015 (RUB 19182).
Mauritius von Craûn. Hg. von Heimo Reinitzer. Tübingen 2000 (ATB 113).
Mauricius von Craûn. Mittelhochdeutsch/Neuhochdeutsch. Nach dem Text von Edward Schröder hg. von Dorothea Klein. Stuttgart 1999 (RUB 8796).
Der **Münchner Oswald**. Hg. von Michael Curschmann. Mit einem Anhang. Die ostschwäbische Prosabearbeitung des 15. Jahrhunderts. Stuttgart 1974 (ATB 76).
Nennius: Historia Brittonum. Zweisprachige Ausgabe. Lateinisch-Deutsch. Übersetzt, eingeleitet und erläutert von Günter Klawes. Wiesbaden 2012.
Der **Nibelunge** Not. Mit […] einem Wörterbuch. Hg. von Karl Bartsch. 2 Teile in 3 Bänden. Leipzig 1870–80 [Neudruck 1966].
Das **Nibelungenlied** nach der Handschrift C. Hg. von Ursula Hennig. Tübingen 1977 (ATB 83).
Das **Nibelungenlied** nach der Handschrift n. Hs. 4257 der Hessischen Landes- und Hochschulbibliothek Darmstadt. Hg. von Jürgen Vorderstemann. Tübingen 2000 (ATB 114).
Das **Nibelungenlied**. Mittelhochdeutsch/Neuhochdeutsch. Nach der Handschrift B hg. von Ursula Schulze. Ins Neuhochdeutsche übersetzt und kommentiert von Siegfried Grosse. Stuttgart 2011 (RUB 18914).
Das **Nibelungenlied** und die **Klage**. Nach der Handschrift 857 der Stiftsbibliothek St. Gallen. Mittelhochdeutscher Text, Übersetzung und Kommentar. Hg. von Joachim Heinzle. Frankfurt am Main 2015 (DKV TB 51).
Das **Nibelungenlied**. Text und Einführung. Nach der St. Galler Handschrift hg. und erläutert von Hermann Reichert. 2., durchgesehene und ergänzte Auflage. Berlin/Boston 2017 (De Gruyter Texte).
Nibelungenlied und **Klage**. Die Fragmente. Hg. von Walter Kofler. Stuttgart 2020 (BLVS 354 N.F. 1).
Diu **Klage** mit den Lesarten sämmtlicher Handschriften. Hg. von Karl Bartsch. Leipzig 1875 [Neudruck 1964].

Orendel. Hg. von Hans Steinger. Halle/Saale 1935 (ATB 36).
Otto von Freising: Chronik oder Die Geschichte der zwei Staaten. Übersetzt von Adolf Schmidt. Hg. von Walther Lammers mit einem Literaturnachtrag von Hans-Werner Goetz. Darmstadt ⁶2011 (Freiherr-vom-Stein-Gedächtnisausgabe).
Ovid: Metamorphosen. Lateinisch/Deutsch. Hg. und übersetzt von Michael von Albrecht. Stuttgart 1999 (RUB 1360).
Renaud de Beaujeu: Le Bel Inconnu. Publié, présenté et annoté par Michèle Perret. Traduction de Michèle Perret et Isabelle Weill. Paris 2003.
Robert d'Orbigny: Le Conte de Floire et Blanchefleur. Publié, traduit, présenté et annoté par Jean-Luc Leclanche. Paris 2003.
Roman d'Eneas. Hg. von Monica Schöler-Beinhauer. München 1972 (KTRM 9).
Le **Roman de Renart.** Édition bilingue publiée sous la direction d'Armand Strubel, avec la collaboration de Roger Bellon, Dominique Boutet et Sylvie Levèvre. Paris 1998.
Salman und Morolf. Hg. von Alfred Karnein. Tübingen 1979 (ATB 85).
Salman und Morolf. Mittelhochdeutsch/Neuhochdeutsch. Originaltext nach der (durchgesehenen und verbesserten) Ausgabe von Friedrich Vogt. Prosaübersetzung von Wolfgang Spiewok und Astrid Guillaume, mit dem Bildprogramm und der faksimilierten Continuatio des (älteren) Straßburger Druckes von 1499. Greifswald 1996.
Thomas: Tristan. Eingeleitet, textkritisch bearbeitet und übersetzt von Gesa Bonath. München 1985 (KTRM 21).
Thomasin von Zerklaere: Der Welsche Gast. Ausgewählt, eingeleitet, übersetzt und mit Anmerkungen versehen von Eva Willms. Berlin/New York 2004.
Die **Trierer Floyris**-Bruchstücke. Hg. von Gilbert de Smet/Maurits Gysseling. In: Studia Germanica Gandensia 9 (1967), S. 157–196.
Ulrich von Zazikhoven: Lanzelet. Hg. von Karl August Hahn. Frankfurt am Main 1845 [Nachdruck Berlin 1965].
Ulrich von Zatzikhoven: Lanzelet. Text, Übersetzung, Kommentar. Studienausgabe. Hg. von Florian Kragl. 2., revidierte Auflage. Berlin/Boston 2013 (De Gruyter Texte).
P. **Vergilius** Maro: Aeneis. Lateinisch/Deutsch. Übersetzt und hg. von Edith und Gerhard Binder. Stuttgart 2020 (RUB 18918).
Wace: Le roman de Brut. In: König Artus und seine Tafelrunde. Europäische Dichtung des Mittelalters. In Zusammenarbeit mit Wolf-Dieter Lange neuhochdeutsch hg. von Karl Langosch. Stuttgart 1982 (RUB 9945), S. 72–161 (Text), 577–594 (Anmerkungen).
Georg **Wickram**: Sämtliche Werke. Hg. von Hans-Gert Roloff. Bd. 13,1/2. Ovids Metamorphosen. Textredaktion Lothar Mundt. Berlin 1990 (Ausgaben deutscher Literatur des 15. und 16. Jahrhunderts 134/135).
Wirnt von Grafenberg: Wigalois der Ritter mit dem Rade. Hg. von J. M. N. Kapteyn. Bonn 1926.
Wirnt von Grafenberg: Wigalois. Text der Ausgabe von J. M. N. Kapteyn übersetzt, erläutert und mit einem Nachwort versehen von Sabine Seelbach und Ulrich Seelbach. 2., überarbeitete Auflage. Berlin/Boston 2014 (De Gruyter Texte).
Wolfram von Eschenbach: Parzival. Titurel. Hg. von Karl Lachmann. Berlin ⁶1926.
Wolfram von Eschenbach: Parzival. Hg. von Albert Leitzmann. 1. Heft: Buch I–VI. Stuttgart 1961 (ATB 12); 2. Heft: Buch VII–XI. Stuttgart 1963 (ATB 13); 3. Heft: Buch XII–XVI. Stuttgart 1965 (ATB 14).
Wolfram von Eschenbach: Parzival. Mittelhochdeutscher Text nach der Ausgabe von Karl Lachmann. Übersetzung und Nachwort von Wolfgang Spiewok. 2 Bände. Stuttgart 1981 (RUB 3681–3682).
Wolfram von Eschenbach: Parzival. Studienausgabe. Mittelhochdeutscher Text nach der sechsten Ausgabe von Karl Lachmann. Übersetzung von Peter Knecht. Einführung zum Text von Bernd Schirok. Berlin/New York 2003 (De Gruyter Texte).
Wolfram von Eschenbach: Parzival. Nach der Ausgabe Karl Lachmanns revidiert und kommentiert von Eberhard Nellmann. Übertragen von Dieter Kühn. 2 Bände. Frankfurt am Main 2006 (DKV TB 7).

Wolfram von Eschenbach: Titurel. Hg., übersetzt und mit einem Stellenkommentar sowie einer Einführung versehen von Helmut Brackert und Stephan Fuchs-Jolie. Berlin/New York 2003 (De Gruyter Texte).
Wolfram von Eschenbach: Titurel. Mit der gesamten Parallelüberlieferung des *Jüngeren Titurels*. Kritisch hg., übersetzt und kommentiert von Joachim Bumke und Joachim Heinzle. Tübingen 2006.
Wolfram von Eschenbach: Willehalm. Nach der Handschrift 857 der Stiftsbibliothek St. Gallen hg. von Joachim Heinzle. Stuttgart 1994 (ATB 108).
Wolfram von Eschenbach: Willehalm. Text der Ausgabe von Werner Schröder. Völlig neubearbeitete Übersetzung, Vorwort und Register von Dieter Kartschoke. 3. Auflage. Berlin/New York 2003 (De Gruyter Texte).
Wolfram von Eschenbach: Willehalm. Hg. von Joachim Heinzle. Frankfurt am Main 2009 (DKV TB 39).
Wolfram von Eschenbach: Willehalm. Mittelhochdeutsch/Neuhochdeutsch. Nach dem kritischen Text von Werner Schröder ins Neuhochdeutsche übersetzt, kommentiert und hg. von Horst Brunner. Stuttgart 2018 (RUB 19462).

Einführungen und Literaturgeschichten

Ackermann, Christiane/Michael Egerding (Hgg.): Literatur- und Kulturtheorien in der germanistischen Mediävistik. Ein Handbuch. Berlin/Boston 2015.
Boor, Helmut de: Von Karl dem Großen bis zum Beginn der höfischen Dichtung. 770–1170. Neunte Auflage bearbeitet von Herbert Kolb. München 1979 (Geschichte der deutschen Literatur von den Anfängen bis zur Gegenwart I).
Boor, Helmut de: Die höfische Literatur. Vorbereitung, Blüte, Ausklang. 1170–1250. Elfte Auflage bearbeitet von Ursula Hennig. München 1991 (Geschichte der deutschen Literatur von den Anfängen bis zur Gegenwart II).
Brunner, Horst (Hg.): Mittelhochdeutsche Romane und Heldenepen. Interpretationen. Stuttgart 1993 (RUB 8914).
Brunner, Horst: Geschichte der deutschen Literatur des Mittelalters und der Frühen Neuzeit im Überblick. Stuttgart 1997 (RUB 17680).
Bumke, Joachim: Geschichte der deutschen Literatur im hohen Mittelalter. München 1990.
Bumke, Joachim: Wolfram von Eschenbach. 8., völlig neu bearbeitete Auflage. Stuttgart/Weimar 2004.
Bumke, Joachim: Der *Erec* Hartmanns von Aue. Eine Einführung. Berlin 2006 (De Gruyter Studienbuch).
Cormeau, Christoph/Wilhelm Störmer: Hartmann von Aue. Epoche – Werk – Wirkung. Dritte, aktualisierte Ausgabe. Mit bibliographischen Ergänzungen (1992/93 bis 2006) von Thomas Bein. München 2007.
Cramer, Thomas: Geschichte der deutschen Literatur im späten Mittelalter. München 1990.
Dallapiazza, Michael: Wolfram von Eschenbach: *Parzival*. Berlin 2009 (Klassiker-Lektüren 12).
Ehrismann, Otfrid: Nibelungenlied. Epoche – Werk – Wirkung. München ^{2}2002.
Fasbender, Christoph: Der *Wigalois* Wirnts von Grafenberg. Eine Einführung. Berlin/Boston 2010 (De Gruyter Studium).
Greenfield, John/Lydia Miklautsch: Der *Willehalm* Wolframs von Eschenbach. Eine Einführung. Berlin 1998 (De Gruyter Studienbuch).
Hausmann, Frank-Rutger: Französisches Mittelalter. Lehrbuch Romanistik. Stuttgart/Weimar 1996.
Heinzle, Joachim: Wandlungen und Neuansätze im 13. Jahrhundert. Königstein im Taunus 1984 (Geschichte der deutschen Literatur von den Anfängen bis zum Beginn der Neuzeit II/2).
Heinzle, Joachim: Das Nibelungenlied. Eine Einführung. München/Zürich 1987 (Artemis Einführungen 35).

Huber, Christoph: Gottfried von Straßburg: Tristan. 3. neu bearbeitete und erweiterte Auflage. Berlin 2013 (Klassiker-Lektüren 3).
Johnson, L. Peter: Die höfische Literatur der Blütezeit. Tübingen 1999 (Geschichte der deutschen Literatur von den Anfängen bis zum Beginn der Neuzeit II/1).
Kartschoke, Dieter: Geschichte der deutschen Literatur im frühen Mittelalter. München 1990.
Klein, Dorothea: Mittelalter. Lehrbuch Germanistik. Stuttgart/Weimar 2006.
Kraß, Andreas: Die Anfänge der deutschen Literatur. Eine Einführung. Berlin/Heidelberg 2022.
Kraß, Andreas: Höfische Lyrik. Eine Einführung. Berlin/Heidelberg 2024.
Kropik, Cordula (Hg.): Hartmann von Aue. Eine literaturwissenschaftliche Einführung. Tübingen 2021.
Lieb, Ludger: Hartmann von Aue. *Erec – Iwein – Gregorius – Armer Heinrich*. Berlin 2020 (Klassiker-Lektüren 15).
Lienert, Elisabeth: Deutsche Artusromane des Mittelalters. Berlin 2001 (Grundlagen der Germanistik 39).
Martínez, Matías/Michael Scheffel: Einführung in die Erzähltheorie. 9. erweiterte und aktualisierte Ausgabe. München 2012.
Mertens, Volker: Der deutsche Artusroman. Stuttgart 1998 (RUB 17609).
Miedema, Nine R.: Einführung in das *Nibelungenlied*. Darmstadt 2011.
Millet, Victor: Germanische Heldendichtung im Mittelalter. Eine Einführung. Berlin/New York 2008 (De Gruyter Studienbuch).
Müller, Jan-Dirk: Das Nibelungenlied. Berlin 2015 (Klassiker-Lektüren 5).
Ruh, Kurt: Höfische Epik des deutschen Mittelalters. Bd. I: Von den Anfängen bis zu Hartmann von Aue. Berlin ²1977 [1967] (Grundlagen der Germanistik 7).
Ruh, Kurt: Höfische Epik des deutschen Mittelalters. Bd. II: *Reinhart Fuchs*, *Lanzelet*, Wolfram von Eschenbach, Gottfried von Straßburg. Berlin 1980 (Grundlagen der Germanistik 25).
Schröder, Walter Johannes: Spielmannsepik. Stuttgart 1962 (Sammlung Metzler).
Schulz, Armin: Erzähltheorie in mediävistischer Perspektive. Studienausgabe. 2. durchgesehene Auflage. Hg. von Manuel Braun/Alexandra Dunkel/Jan-Dirk Müller. Berlin/München/Boston 2015.
Schulz, Monika: Gottfried von Strassburg: *Tristan*. Stuttgart 2017.
Schulze, Ursula: Das Nibelungenlied. Stuttgart 1997 (RUB 17604).
Tomasek, Tomas: Gottfried von Straßburg. Stuttgart 2007 (RUB 17665).
Vollmann-Profe, Gisela: Wiederbeginn volkssprachlicher Schriftlichkeit im hohen Mittelalter (1050/60–1160/70). Königstein im Taunus 1986 (Geschichte der deutschen Literatur von den Anfängen bis zum Beginn der Neuzeit I/2).
Weber, Gottfried /Werner Hoffmann: Gottfried von Straßburg. 5. Auflage. Stuttgart 1981.
Wehrli, Max: Literatur im deutschen Mittelalter. Eine poetologische Einführung. Stuttgart 1987 (RUB 8038).
Wehrli, Max: Geschichte der deutschen Literatur im Mittelalter. Von den Anfängen bis zum Ende des 16. Jahrhunderts. Stuttgart 1997.

Lexikon- und Handbuchartikel

Die deutsche Literatur des Mittelalters. Verfasserlexikon. 2., völlig neu bearbeitete Auflage. Hg. von Gundolf Keil, Kurt Ruh, Werner Schröder und Franz Josef Worstbrock. 14 Bände. Berlin/New York 1978–2008 [online zugänglich über die Verfasser-Datenbank, s. Online-Ressourcen].

Behr, Hans-Joachim/Hans Szklenar: *Herzog Ernst*. In: VL 3 (1981), Sp. 1170–1191; VL 11 (2004), Sp. 653.
Bumke, Joachim: Wolfram von Eschenbach. In: VL 10 (1999), Sp. 1376–1418.

Cormeau, Christoph: Hartmann von Aue. In: VL 3 (1981), Sp. 500–520; VL 11 (2004), Sp. 590.
Curschmann, Michael: *Münchner Oswald*. In: VL 6 (1987), Sp. 766–772.
Curschmann, Michael: *Orendel (Der Graue Rock)*. In: VL 7 (1990), Sp. 43–48.
Curschmann, Michael: *Salman und Morolf*. In: VL 8 (1992), Sp. 515–523; VL 11 (2004), Sp. 1358.
Curschmann, Michael: *Nibelungenlied* und *Klage*. In: VL 6 (1987), Sp. 926–969.
de Smet, Gilbert A. R.: *Trierer Floyris*. In: VL 9 (1996), Sp. 1043–1047.
Düwel, Klaus: Heinrich, Verfasser des ‚Reinhart Fuchs'. In: VL 3 (1981), Sp. 666–677.
Ganz, Peter: *Athis und Prophilias*. In: VL 1 (1978), Sp. 511–514; VL 11 (2004), Sp. 172–173.
Ganz, Peter: Fleck, Konrad. In: VL 2 (1980), Sp. 744–747; VL 11 (2004), Sp. 446.
Ganz, Peter: *Graf Rudolf*. In: VL 3 (1981), Sp. 212–216; VL 11 (2004), Sp. 553.
Kuhn, Hugo: Gottfried von Straßburg. In: VL 3 (1981), Sp. 153–168; VL 11 (2004), Sp. 550.
Nellmann, Eberhard: Konrad, Pfaffe. In: VL 5 (1985), Sp. 115–131.
Neugart, Isolde: Ulrich von Zatzikhoven. In: VL 10 (1999), Sp. 61–68.
Schröder, Werner/Ludwig Wolff: Eilhart von Oberg. In: VL 2 (1980), Sp. 410–418; VL 11 (2004), Sp. 397.
Schröder, Werner/Ludwig Wolff: Heinrich von Veldeke. In: VL 3 (1981), Sp. 899–918; VL 11 (2004), Sp. 638.
Schröder, Werner: Lambrecht, Pfaffe. In: VL 5 (1985), Sp. 494–510.
Stackmann, Karl: Albrecht von Halberstadt. In: VL 1 (1978), Sp. 187–191.
Steinhoff, Hans-Hugo: Herbort von Fritzlar. In: VL 3 (1981), Sp. 1027–1031.
Szklenar, Hans: *König Rother*. In: VL 5 (1985), Sp. 82–94; VL 11 (2004), Sp. 869.
Ziegeler, Hans-Joachim: *Moriz von Craûn*. In: VL 6 (1987), Sp. 692–700.
Ziegeler, Hans-Joachim: Wirnt von Grafenberg. In: VL 10 (1999), Sp. 1252–1267.

Killy Literaturlexikon. Autoren und Werke des deutschsprachigen Kulturraums. Hg. von Wilhelm Kühlmann. Begründet von Walther Killy. 13 Bände. 2., vollständig überarbeitete Auflage. Berlin/Boston 2008–2012 [online zugänglich über die Verfasser-Datenbank, s. Online-Ressourcen].

Brunner, Horst/Christoph Cormeau: Hartmann von Aue. In: Killy Literaturlexikon 5 (2009), 358–360.
Christoph Huber: Gottfried von Straßburg. In: Killy Literaturlexikon 5 (2009), S. 330–336.
Curschmann, Michael: *Nibelungenlied* und *Klage*. In: Killy Literaturlexikon 8 (2010), S. 560–568.
Fasbender, Christoph/Klaus Grubmüller: Heinrich. In: Killy Literaturlexikon 5 (2009), S. 181–182.
Fasbender, Christoph/Klaus Grubmüller: Wirnt von Grafenberg. In: Killy Literaturlexikon 12 (2011), S. 469–470.
Fromm, Hans/Heiko Hartmann: Heinrich von Veldeke. In: Killy Literaturlexikon 5 (2009), S. 213–216.
Händl, Claudia: *Oswald*. In: Killy Literaturlexikon 9 (2010), S. 15–18.
Huber, Christoph/Sandra Linden: Ulrich von Zazikhoven. In: Killy Literaturlexikon 11 (2011), S. 684–686.
Huber, Christoph: Albrecht von Halberstadt. In: Killy Literaturlexikon 1 (2008), S. 80–81.
Kartschoke, Dieter: Konrad, Pfaffe. In: Killy Literaturlexikon 6 (2009), S. 620–621.
Kiening, Christian: *Athis und Prophilias*. In: Killy Literaturlexikon 1 (2008), S. 245–246.
Kiening, Christian: Eilhart von Oberg. In: Killy Literaturlexikon 3 (2008), S. 232–234.
Kiening, Christian: Fleck, Konrad. In: Killy Literaturlexikon 3 (2008), S. 470–471.
Kiening, Christian: *Graf Rudolf*. In: Killy Literaturlexikon 4 (2009), S. 361–363.
Kiening, Christian: *Herzog Ernst*. In: Killy Literaturlexikon 5 (2009), S. 358–360.
Kiening, Christian: *König Rother*. In: Killy Literaturlexikon 6 (2009), S. 557–559.
Kiening, Christian: Lambrecht, Pfaffe. In: Killy Literaturlexikon 7 (2010), S. 173–175.
Kiening, Christian: Wolfram von Eschenbach. In: Killy Literaturlexikon 12 (2011), S. 554–561.
Ott, Norbert H.: *Orendel (Der Graue Rock)*. In: Killy Literaturlexikon 8 (2010), S. 728–730.
Röcke, Werner: *Salman und Morolf*. In: Killy Literaturlexikon 10 (2011), S. 176–178.
Syndikus, Anette: Herbort von Fritzlar. In: Killy Literaturlexikon 5 (2009), S. 290–292.
Syndikus, Anette: *Trierer Floyris*. In: Killy Literaturlexikon 11 (2011), S. 596.
Tomasek, Tomas: *Moriz von Craûn*. In: Killy Literaturlexikon 8 (2010), S. 336–337.

Enzyklopädie des Märchens. Handwörterbuch zur historischen und vergleichenden Erzählforschung. Begründet von Kurt Ranke. Hg. von Rolf Wilhelm Brednich u.a. 15 Bände. De Gruyter: Berlin, 1977–2015.

Brogsitter, Karl Otto: *Erek*. In: EM 4 (1984), Sp. 166–174.
Frenzel, Elisabeth: *Athis und Prophilias*. In: EM 1 (1977), Sp. 948–949.
Frenzel, Elisabeth: *Floire et Blancheflor*. In: EM 4 (1984), Sp. 1310–1315.
Haug, Walter: *Lancelot*. In: EM 8 (1996), Sp. 747–760.
Heinzle, Joachim: *Willehalm*. In: EM 14 (2014), Sp. 814–818.
Henkel, Nikolaus: *Iwein*. In: EM 7 (1993), Sp. 374–378.
Henkel, Nikolaus: *Roland*. In: EM 11 (2004), Sp. 772–778.
Masser, Achim: *Orendel*. In: EM 10 (2002a), Sp. 358–362.
Masser, Achim: *Oswald*, Hl. In: EM 10 (2002b), Sp. 446–448.
Mölk, Ulrich: *Gregorius*. In: EM 6 (1990), Sp. 125–132.
Olar, Ovidiu: *Troja-Roman*. In: EM 13 (2010), Sp. 957–965.
Röcke, Werner: *Salomon und Markolf*. In: EM 11 (2004), Sp. 1078–1085.
Schmid, Elisabeth: *Parzival*. In: EM 10 (2002), Sp. 603–612.
Seelbach, Ulrich: *Wigalois*. In: EM 14 (2014), Sp. 785–788.
Tomasek, Tomas: *Tristan und Isolde*. In: EM 13 (2010), Sp. 940–944.

Germania Litteraria Mediaevalis Francigena. Handbuch der deutschen und niederländischen mittelalterlichen literarischen Sprache, Formen, Motive, Stoffe und Werke französischer Herkunft (1100–1300). Bd. 4: Geert H. M. Claassens u.a. (Hgg.): Historische und religiöse Erzählungen. Berlin/Boston 2014; Bd. 5: Réne Pérennec/Elisabeth Schmid (Hgg.): Höfischer Roman in Vers und Prosa. Berlin/Boston 2010; Bd. 6: Fritz Peter Knapp (Hg.): Kleinepik, Tierepik, Allegorie und Wissensliteratur. Berlin/Boston 2013.

Bastert, Bernd/Danielle Buschinger/Geert Claassens/Fritz Peter Knapp: Karlsepen. In: GLMF 4 (2014), S. 189–246.
Bauschke, Ricarda/Geert Claassens: Trojaromane. In: GLMF 4 (2014), S. 117–176.
Brandsma, Frank/Fritz Peter Knapp: Lancelotromane. In: GLMF 5 (2010), S. 393–458.
Buschinger, Danielle/Fritz Peter Knapp: Alexanderromane. In: GLMF 4 (2014), S. 35–78.
Fuchs-Jolie, Stephan: *Bel Inconnu*, *Wigalois* und *Chevalier du Papegau*. In: GLMF 5 (2010), S. 221–248.
Hamm, Joachim/Marie-Sophie Masse: Aeneasromane. In: GLMF 4 (2014), S. 79–116.
Hennings, Thordis/Fritz Peter Knapp: Wilhelmsepen. In: GLMF 4 (2014), S. 247–304.
Knapp, Fritz Peter: Die deutsche und niederländische Tierepik. In: GLMF 6 (2013), S. 209–258.
Knapp, Fritz Peter: *Grégoire/Gregorius*. In: GLMF 4 (2014), S. 385–408.
Knapp, Fritz Peter: Höfisch-galante Erzählungen. In: GLMF 6 (2013), S. 15–56.
Masse, Marie-Sophie: Chrétiens und Hartmanns Erecroman. In: GLMF 5 (2010), S. 95–134.
Pérennec, René: Percevalromane. In: GLMF 5 (2010), S. 169–220.
Pérennec, René/Elisabeth Schmid: Einleitung. In: GLMF 5 (2010), S. 1–48.
Schmid, Elisabeth: Chrétiens *Yvain* und Hartmanns *Iwein*. In: GLMF 5 (2010), S. 135–168.
Winkelman, Johan H.: Florisromane. In: GLMF 5 (2010), S. 331–365.
Wyss, Ulrich: Tristanromane. In: GLMF 5 (2010), S. 49–94.

Forschungsliteratur

Abou-El-Ela, Nadia: *Ôwê nu des mordes, der dâ geschach ze bêder sît*. Die Feindbildkonzeption in Wolframs *Willehalm* und Usâmas *Kitâb al-i'tibâr*. Würzburg 2001 (Bibliotheca Academica 7).
Altpeter-Jones, Katharina: Trafficking in Goods and Women. Love and Economics in Konrad Fleck's *Flore und Blancheflur*. Durham 2004.

Altpeter-Jones, Katja: Muslim alterity in Konrad Fleck's *Flôre und Blanscheflûr*. In: Elisabeth Herrmann (Hg.): Embracing the Other. Conceptualizations, Representations, and Social Practices of (In)Tolerance in German Culture and Literature. Toronto, Ontario 2012 (Seminar 48/3), S. 276–288.

Altpeter-Jones, Katja: Maternal bonds in Konrad Fleck's *Flôre und Blanscheflûr* In: Sara S. Poor u.a. (Hgg.): Gender Bonds, Gender Binds. Women, Men, and Family in Middle High German Literature. Berlin/Boston 2021 (Sense, Matter, and Medium 3), S. 103–115.

Baisch, Martin: Neugier in Wolframs *Parzival*. Eine Skizze. In: Euphorion 106 (2012), S. 299–320.

Balks, Jöran: Verhandlungen höfischer Identität. Intersektionale Deutungs- und Zuordnungsprozesse in Artusromanen um 1200: Iwein – Lanzelet – Gwigalois. Göttingen 2021 (Encomia Deutsch 7).

Barton, Ulrich: Lanzelet und sein Schatten. Ulrichs von Zatzikhoven *Lanzelet* als Auseinandersetzung mit der Lancelot-Stofftradition. In: PBB 139 (2017), S. 157–190.

Bastert, Bernd: Helden als Heilige. Chanson de geste-Rezeption im deutschsprachigen Raum. Tübingen 2010 (BiblGerm 54).

Bastert, Bernd: Verkörperte Oralität? Die Eingangsinitiale der *Nibelungenlied*-Handschrift B im konpikturalen Umfeld des St. Galler Codex 857. In: ZfdA 147 (2018), S. 328–340.

Bauschke-Hartung, Ricarda: Räume der Liebe – Orte des Krieges. Zur Topographie von Innen und Außen in Herborts von Fritzlar *Liet von Troye*. In: Burkhard Hasebrink (Hg.): Innenräume in der Literatur des deutschen Mittelalters. Tübingen 2008, S. 1–22.

Behr, Hans-Joachim: *Herzog Ernst*. In: Horst Brunner (Hg.): Mittelhochdeutsche Romane und Heldenepen. Interpretationen. Stuttgart 1993, S. 59–74.

Bendheim, Amelie: Interkulturelle Annäherung im Zeichen der Exogamie. Kommunikationsstrategien im *König Rother*. In: Zeitschrift für interkulturelle Germanistik 9 (2018), S. 55–72.

Bernt, Günter: Planctus. In: LMA 6 (1993), Sp. 2198–2199.

Bigalke, Fridtjof: Literarische Herrschersakralität. Erzählen von Karl dem Großen. *Rolandslied* des Pfaffen Konrad, Strickers *Karl der Große*, Zürcher *Buch vom heiligen Karl*. Berlin/Boston 2022 (Literatur – Theorie – Geschichte 26).

Bleuler, Anna Kathrin: Essen – Trinken – Liebe. Kultursemiotische Untersuchung zur Poetik des Alimentären in Wolframs *Parzival*. Tübingen 2016a (BiblGerm 62).

Bleuler, Anna Kathrin: Identitätsbildung bei Tisch. Das Festmahl als symbolische Ordnung am Beispiel des *Willehalm* Wolframs von Eschenbach. In: Anna Kathrin Bleuler (Hg.): Welterfahrung und Welterschließung in Mittelalter und Früher Neuzeit. Heidelberg 2016b (Interdisziplinäre Beiträge zu Mittelalter und Früher Neuzeit 5), S. 155–177.

Bleumer, Hartmut: Von der Fiktion zur Immersion. Narrative Semantik und ästhetische Erfahrung im *Wigalois* des Wirnt von Grafenberg. In: Martin Przybilski (Hg.): Fiktionalität im Artusroman des 13. bis 15. Jahrhunderts. Romanistische und germanistische Perspektiven. Wiesbaden 2013 (Trierer Beiträge zu den historischen Kulturwissenschaften 9), S. 83–105.

Bowden, Sarah: Bridal-Quest Epics in Medieval Germany. A Revisionary Approach. London 2012a (MHRA Texts and Dissertations).

Bowden, Sarah: A False Dawn. The Grippia Episode in Three Versions of *Herzog Ernst* In: Oxford German Studies 41 (2012b), S. 15–31.

Bowden, Sarah: Dinge und *ars* in *Salman und Morolf*. In: Anna Mühlherr u.a. (Hgg.): Dingkulturen. Objekte in Literatur, Kunst und Gesellschaft der Vormoderne. Berlin/Boston 2016 (Literatur – Theorie – Geschichte 9), S. 232–246.

Boyer, Tina: Murder and morality in *Salman und Morolf*. In: Journal of English and Germanic philology 115 (2016), S. 39–60.

Braun, Lea: *Translatio imperii*. Herrschaftsraum, politische Theologie und die *matière de Rome* im höfischen Roman des 12. und 13. Jahrhunderts. In: Fabian Lampart/Maurizio Pirro (Hgg.): Atlanten, Netzwerke, Topographien. Literaturgeschichtsschreibung und Raum in Italien und Deutschland. Cultura Tedesca 49 (Juni 2015), S. 155–179.

Braun, Lea: *Daz wir in dem tôde sweben*. Die Antiphon *Media vita in morte sumus* und Hartmanns von Aue Erzählung *Der arme Heinrich*. In: Andreas Kraß/Christina Ostermann (Hgg.): Hymnus, Sequenz, Antiphon. Fallstudien zur volkssprachlichen Aneignung liturgischer Lieder im deutschen Mittelalter. Berlin/Boston 2019 (Liturgie und Volkssprache 3), S. 249–269.

Braun, Lea: Der richtende König. Urteil und Urteilsvermögen in Hartmanns von Aue *Iwein* und Heinrichs von Neustadt *Apollonius von Tyrland*. In: GRM 72 (2022), S. 133–158.

Braun, Lea: Arbeit an der Zukunft. Prophetische Voraussagen als Motor von Erkenntnis- und Entscheidungsprozessen in der mittelhochdeutschen Literatur um 1200 (*Nibelungenlied* und *Parzival*) In: Christiane Witthöft (Hg.): Kompromissfindung in der Literatur und Kultur des Mittelalters. Strategien und Narrative zwischen Zweifel, Dissens und Aporie. Berlin/Boston 2023, S. 405–434.

Brunner, Horst: Hartmann von Aue: *Erec* und *Iwein*. In: Horst Brunner (Hg.): Mittelhochdeutsche Romane und Heldenepen. Interpretationen. Stuttgart 1993, S. 97–128.

Bulang, Tobias: *Guldîne linge*. Fünf Essays zu Gottfrieds *Tristan*. Wiesbaden 2021a.

Bulang, Tobias: Tristans Erzählungen – Erzählen von Tristan. Wertediskussion und narrative Ordnung bei Gottfried von Straßburg. In: Daniela Fuhrmann/Pia Selmayr (Hgg.): Erzählte Ordnungen – Ordnungen des Erzählens. Studien zu Texten vom Mittelalter bis zur Frühen Neuzeit. Berlin/Boston 2021b (Trends in Medieval Philology 40), S. 305–318.

Bulang, Tobias: Gesundheit und Dichtung. *Der arme Heinrich* Hartmanns von Aue In: Poetica. 53 (2022), S. 179–208.

Bumke, Joachim: Mäzene im Mittelalter. Die Gönner und Auftraggeber der höfischen Literatur in Deutschland. 1150–1300. München 1979.

Bumke, Joachim: Höfische Kultur. Literatur und Gesellschaft im hohen Mittelalter. München 1986.

Bumke, Joachim: Untersuchungen zur Überlieferungsgeschichte der höfischen Epik im 13. Jahrhundert. Die Herbort-Fragmente aus Skokloster. Mit einem Exkurs zur Textkritik der höfischen Romane. In: ZfdA 120 (1991), S. 257–304.

Bumke, Joachim: Die vier Fassungen der *Nibelungenklage*. Untersuchungen zur Überlieferungsgeschichte und Textkritik der höfischen Epik im 13. Jahrhundert Berlin/New York 1996 (Quellen und Forschungen 8).

Bumke, Joachim: Die Blutstropfen im Schnee. Über Wahrnehmung und Erkenntnis im *Parzival* Wolframs von Eschenbach. Tübingen 2001 (Hermaea 94).

Bumke, Joachim/Ursula Peters (Hgg.): Retextualisierung in der mittelalterlichen Literatur. Berlin 2005 (ZfdPh Sonderheft 124), S. 6–46.

Chabr, Sabine: Botenkommunikation und metonymisches Erzählen. Der *Parzival* Wolframs von Eschenbach. Zürich 2013 (Medienwandel – Medienwechsel – Medienwissen 23).

Christ, Valentin: Bausteine zu einer Narratologie der Dinge. Der *Eneasroman* Heinrichs von Veldeke, der *Roman d'Eneas* und Vergils *Aeneis* im Vergleich. Berlin/Boston 2015 (Hermaea 137).

Courtray, Régis: Der Danielkommentar des Hieronymus. In: Katharina Bracht/David S. du Toit (Hgg.): Die Geschichte der Daniel-Auslegung in Judentum, Christentum und Islam. Studien zur Kommentierung des Danielbuches in Literatur und Kunst (Beihefte zur Zeitschrift für die alttestamentliche Wissenschaft 371). Berlin 2007, S. 123–150.

Curschmann, Michael: Dichter *alter maere*. Zur Prologstrophe des *Nibelungenlieds* im Spannungsfeld von mündlicher Erzähltradition und laikaler Schriftkultur. In: Gerhard Hahn/Hedda Ragotzky (Hgg.): Grundlagen des Verstehens mittelalterlicher Literatur. Literarische Texte und ihr historischer Erkenntniswert. Stuttgart 1992, S. 55–71.

Dahm-Kruse, Margit: *diu valschen minner nieman lât / komen dar sie kâmen*. Minne zwischen christlicher Fügung und künstlerischer Verhandlung in Konrad Flecks *Flore und Blanscheflur*. In: Euphorion 110 (2016), S. 355–387.

Dahm-Kruse, Margit: Ein Herzog auf Abwegen. Grippia als kultureller Eigenraum im *Herzog Ernst B*. In: Pia Selmayr/Sarina Tschachtli (Hgg.): Umwege, Abwege, Nebenwege. Oldenburg 2023 (Beiträge zur mediävistischen Erzählforschung. Themenheft 16), S. 17–53.

Darilek, Marion: Füchsische Desintegration. Studien zum *Reinhart Fuchs* im Vergleich zum *Roman de Renart*. Heidelberg 2020 (GRM Beiheft 100).

Del Duca, Patrick: *Der Arme Heinrich* Hartmanns von Aue. Vom Wunder zur Behauptung des freien Willens. Ein Vergleich der Fassungen A und B. In: Literaturwissenschaftliches Jahrbuch 63 (2022), S. 241–254.

Dietl, Cora: Wunder und *zouber* als Merkmal der *âventiure* in Wirnts *Wigalois*. In: Friedrich Wolfzettel (Hg.): Das Wunderbare in der arthurischen Literatur. Probleme und Perspektiven. Tübingen 2003, S. 297–311.

Dietl, Cora: Kunst vom Stahlroß bis zum Metallkügelchen. Gibt es ein poetologisches Konzept in Ulrichs von Zatzikhoven *Lanzelet*? In: Thordis Hennings (Hg.): Mittelalterliche Poetik in Theorie und Praxis. Berlin/New York 2009a, S. 193–203.

Dietl, Cora: *Violentia* und *potestas*. Ein füchsischer Blick auf ritterliche Tugend und gerechte Herrschaft im *Reinhart Fuchs* In: Henrike Lähnemann/Sandra Linden (Hgg.): Dichtung und Didaxe. Lehrhaftes Sprechen in der deutschen Literatur des Mittelalters. Berlin/Boston 2009b, S. 41–54.

Dimpel, Friedrich Michael: Perspektivierung, Fokalisierung, Fokussierung und Sympathiesteuerung zur Einführung. Mit Beispielanalysen zum *Erec* Hartmanns von Aue In: IASL online 2012.

Dimpel, Friedrich Michael: Füchsische Gerechtigkeit. *des weste Reinharte niman danc*. In: PBB 135 (2013), S. 399–422.

Dimpel, Friedrich Michael: *des muoz ich ûf genâde lônes bîten* (MF 194,33). Ambivalenzen der Lohn-Metapher bei Reinmar und im *Mauritius von Craun*. In: ABäG 72 (2014), S. 197–228.

Dimpel, Friedrich Michael: Finalität versus Linearität statt Finalität versus Kausalität. Verknüpfungstechniken im *König Rother*. In: Archiv für das Studium der neueren Sprachen und Literaturen 255 (2018), S. 247–271.

Duby, Georges: Die Frau ohne Stimme. Liebe und Ehe im Mittelalter. Aus dem Französischen von Gabriele Ricke und Ronald Voullié. Frankfurt am Main 1993.

Eberhardt, Otto: Zum *König Rother*. Erzählen zwischen Trivialem und Nicht-Trivialem. In: ABäG 83 (2023), S. 165–183.

Egidi, Margreth: Der Immergleiche. Erzählen ohne Sujet: Differenz und Identität in *Flore und Blanscheflur*. In: Matthias Meyer (Hg.): Literarische Leben. Rollenentwürfe in der Literatur des Hoch- und Spätmittelalters. Tübingen 2002, S. 133–158.

Egidi, Margreth u.a. (Hgg.): Hartmann von Aue 1230–1517. Kulturgeschichtliche Perspektiven der handschriftlichen Überlieferung. Stuttgart 2020 (ZfdA Beiheft 34).

Ehlert, Trude: *Der Alexanderroman*. In: Horst Brunner (Hg.): Mittelhochdeutsche Romane und Heldenepen. Interpretationen. Stuttgart 1993, S. 21–42.

Ehrismann, Otfrid: Ehre und Mut, Âventiure und Minne. Höfische Wortgeschichten aus dem Mittelalter. München 1995.

Eming, Jutta: Funktionswandel des Wunderbaren. Studien zum *Bel Inconnu*, zum *Wigalois* und zum *Wigoleis vom Rade*. Trier 1999 (Literatur, Imagination, Realität 19).

Eming, Jutta: *unsippiu geselleschaft*. Paradigmen von Freundschaft und Konkurrenz in Hartmanns *Iwein* In: Marina Münkler/Antje Sablotny/Matthias Standke (Hgg.): Freundschaftszeichen. Gesten, Gaben und Symbole von Freundschaft im Mittelalter. Heidelberg 2015 (Beihefte zum Euphorion 86), S. 103–123.

Eming, Jutta: Ein schöner Stein zum Leiden. Ironisches Erzählen in Thomas Manns *Der Erwählte* und in Hartmanns von Aue *Gregorius* In: Michael Dallapiazza/Silvia Ruzzenenti (Hgg.): Mittelalterbilder in der deutschsprachigen Literatur des langen 20. Jahrhunderts. Rezeption, Transfer, Transformation. Würzburg 2018 (Rezeptionskulturen in Literatur- und Mediengeschichte 10), S. 81–98.

Eming, Jutta: *Senemære*. Zur Verschränkung von Emotionalität und Temporalität in Gottfrieds von Straßburg *Tristan*. In: Jutta Eming/Johannes Traulsen (Hgg.): Asynchronien. Formen verschränkter Zeit in der Vormoderne Göttingen 2022 (Berliner Mittelalter- und Frühneuzeitforschung 27), S. 177–190.

Engel, Mareike: Laudine trauert. Identitätskonstituierung durch Trauerperformanz in Hartmanns von Aue *Iwein*. In: ZfdPh 137 (2018), S. 27–46.

Ernst, Ulrich: Der *Gregorius* Hartmanns von Aue. Theologische Grundlagen – legendarische Strukturen – Überlieferung im geistlichen Schrifttum. Köln 2002 (Ordo 7).

Ertzdorff, Xenja von: Höfische Freundschaft. In: Der Deutschunterricht 14 (1962), S. 35–51.

Fasbender, Christoph (Hg.): Nibelungenlied und Nibelungenklage. Neue Wege der Forschung. Darmstadt 2005.

Feistner, Edith: *er nimpt ez allez zeime spil*. Der *Lanzelet* Ulrichs von Zatzikhofen als ironische Replik auf den Problemhelden des klassischen Artusromans. In: Archiv für das Studium der neueren Sprachen und Literaturen 232 (1995), S. 241–254.

Fernández Riva, Gustavo/Victor Millet: ‚Verschiedenheit' der Handschriften. Über Varianz im Versbestand in der Überlieferung des *Armen Heinrich* Hartmanns von Aue. Mit einer vollständigen Verskonkordanz In: ZfdA 151 (2022), S. 291–321.

Fischer, Hubertus: Ritter, Schiff und Dame. *Mauritius von Craûn*: Text und Kontext. Heidelberg 2006 (Beiträge zur älteren Literaturgeschichte).

Flecken-Büttner, Susanne: Wiederholung und Variation als poetisches Prinzip. Exemplarität, Identität und Exzeptionalität in Gottfrieds *Tristan*. Berlin/Boston 2011.

Fleckenstein, Josef: Friedrich Barbarossa und das Rittertum. Zur Bedeutung der großen Meinzer Hoftage von 1184 und 1188. In: Festschrift für Hermann Heimpel. Band 2. Hg. von den Mitarbeitern des Max-Planck-Instituts für Geschichte. Göttingen 1972, S. 1023–1041.

Fleckenstein, Josef: Die Entstehung des niederen Adels und das Rittertum. In: ders., Ordnungen und formende Kräfte des Mittelalters. Ausgewählte Beiträge. Göttingen 1989, S. 333–356.

Fleckenstein, Josef: Deutsche Geschichte im hohen Mittelalter. Göttingen ³1993 (Deutsche Geschichte 12).

Fouquet, Doris: Wort und Bild in der mittelalterlichen Tristantradition. Der älteste Tristanteppich von Kloster Wienhausen und die textile Tristanüberlieferung des Mittelalters. Berlin 1971.

Frick, Julia: *forma, materia, artificium*. Poetologische Formdiskurse und literarische ‚Meisterschaft' im *Tristan* Gottfrieds von Straßburg In: Julia Frick/Coralie Rippl (Hgg.): Dynamiken literarischer Form im Mittelalter. Zürich 2020 (Mediävistische Perspektiven 10), S. 13–30.

Frick, Julia: Narrative Ordnung? Erzählperspektiven in der *Nibelungenklage*. In: Daniela Fuhrmann/Pia Selmayr (Hgg.): Erzählte Ordnungen – Ordnungen des Erzählens. Studien zu Texten vom Mittelalter bis zur Frühen Neuzeit. Berlin/Boston 2021 (Trends in Medieval Philology 40), S. 82–103.

Fritsch-Rößler, Waltraud: Marke als Lochgucker. Zum Motiv des Jagdhundes und zur Funktion der Jagd in Gottfrieds *Tristan*. In: ZfdA 150 (2021), S. 446–477.

Fromm, Hans: Doppelweg. In: Ingeborg Glier: Werk – Typ – Situation. Studien zu poetologischen Bedingungen in der älteren deutschen Literatur. Stuttgart 1969, S. 64–79.

Fromm, Hans: Der *Graf Rudolf*. In: PBB 119 (1997), S. 214–234.

Frühmorgen-Voss, Hella: Mittelhochdeutsche weltliche Literatur und ihre Illustration. Ein Beitrag zur Überlieferungsgeschichte. Mit 13 Abbildungen. In: DVjs 43 (1969), S. 23–75.

Fuchs, Irmgard: Vrevel und Nobel. Ein textvergleichender Beitrag zu den Königsfiguren in der deutschen und niederländischen Tierepik. In: Kathrin Lukaschek u.a. (Hgg.): Die Zeit der sprachbegabten Tiere (Beiträge zur mediävistischen Erzählforschung. Themenheft 11). Oldenburg 2022, S. 253–288.

Fuchs-Jolie, Stephan: Hybride Helden: Gwigalois und Willehalm. Beiträge zum Heldenbild und zur Poetik des Romans im frühen 13. Jahrhundert. Heidelberg 1997 (Frankfurter Beiträge zur Germanistik 31).

Fuchs-Jolie, Stephan: Gewalt, Text, Ritual. Performativität und Literarizität im *König Rother*. In: PBB 127 (2005), S. 183–207.

Gall, Saskia: Erzählen von *unmâze*. Narratologische Aspekte des Kontrollverlusts im *Willehalm* Wolframs von Eschenbach. Heidelberg 2018 (Beihefte zum Euphorion 101).

Gaunt, Simon: Gender and Genre in Medieval French Literature. Cambridge 1995.

Gephart, Irmgard: Welt der Frauen, Welt der Männer. Geschlechterbeziehung und Identitätssuche in Hartmanns von Aue *Erec*. In: Archiv für Kulturgeschichte 85 (2003), S. 171–199.

Gephart, Irmgard: Textur der Minne. Liebesdiskurs und Leselust in Wolframs *Titurel*. In: ABäG 60 (2005), S. 89–128.

Gerok-Reiter, Annette: Die Hölle auf Erden. Überlegungen zum Verhältnis von Weltlichem und Geistlichem in Wolframs *Willehalm*. In: Christoph Huber u.a. (Hgg.): Geistliches in weltlicher und Weltliches in geistlicher Literatur des Mittelalters. Tübingen 2000, S. 171–194.

Gerok-Reiter, Annette: Mythos und Ästhetik. Ordnungsgemengelagen des Erzählens in Veldekes *Eneasroman* In: Daniela Fuhrmann/Pia Selmayr (Hgg.): Erzählte Ordnungen – Ordnungen des Erzählens. Studien zu Texten vom Mittelalter bis zur Frühen Neuzeit. Berlin/Boston 2021 (Trends in Medieval Philology 40), S. 275–304.

Gottdang, Andrea: Der Tristan-Zyklus auf Runkelstein. Illustration, Interpretation oder Fassung? In: Wallraf-Richartz-Jahrbuch 59 (1998), S. 103–121.

Grebe, Anja/G. Ulrich Großmann/Florian Hofer/ Armin Toggler: Die Bilderburg Runkelstein. Bozen 2023 (Runkelsteiner Schriften zur Kulturgeschichte 12).

Griese, Sabine: Salomon und Markolf. Ein literarischer Komplex im Mittelalter und in der frühen Neuzeit. Studien zur Überlieferung und Interpretation. Tübingen 1999 (Hermaea 81).

Grubmüller, Klaus: Gattungskonstitution im Mittelalter. In: Nigel F. Palmer/Hans-Jochen Schiewer (Hgg.): Mittelalterliche Literatur im Spannungsfeld von Hof und Kloster. Tübingen 1999, S. 193–210.

Grieve, Patricia E.: Floire and Blancheflor and the European Romance. Cambridge 1997.

Hacke, Simone: Der Reiseweg des Herzog Ernst auf der Ebstorfer Weltkarte. In: ZfdA 2017, S. 54–69.

Haferland, Harald: Das *Nibelungenlied* im Zwischenbereich von Mündlichkeit und Schriftlichkeit. In: ZfdA 148 (2019), S. 28–84.

Hamm, Joachim: *Meister Umbrîz*. Zu Beschreibungskunst und Selbstreflexion in Hartmanns *Erec*. In: Dorothea Klein (Hg.): Vom Verstehen deutscher Texte des Mittelalters aus der europäischen Kultur. Würzburg 2011 (Würzburger Beiträge zur deutschen Philologie 35), S. 191–218.

Hammer, Andreas: Tradierung und Transformation. Mythische Erzählelemente im *Tristan* Gottfrieds von Straßburg und im *Iwein* Hartmanns von Aue. Stuttgart 2007.

Hammer, Andreas/Norbert Kössinger: Die drei Erzählschlüsse des *Armen Heinrich* Hartmanns von Aue. In: ZfdA 141 (2012), S. 141–163.

Harms, Wolfgang: Der Kampf mit dem Freund oder Verwandten in der deutschen Literatur bis um 1300. München 1963 (Medium Aevum 1).

Hathaway, Stephanie L.: Saracens and Conversion. Chivalric Ideals in *Aliscans* and Wolfram's *Willehalm*. Oxford u.a. 2012.

Haubrichs, Wolfgang: Erzählter Wahnsinn. Zur Narration der Irrationalität in Chrétiens *Ivain* und Hartmanns *Iwein*. In: Ralf Plate (Hg.): Mittelhochdeutsch. Beiträge zur Überlieferung, Sprache und Literatur. Berlin 2011, S. 55–65.

Haug, Walter u.a.: Runkelstein. Die Wandmalereien des Sommerhauses. Wiesbaden 1982.

Haug, Walter: Das literaturtheoretische Konzept Wolframs von Eschenbach. Eine neue Lektüre des *Parzival*-Prologs. In: PBB 123 (2001), S. 211–229.

Haug, Walter: Vom *Tristan* zu Wolframs *Titurel* oder: Die Geburt des Romans aus dem Scheitern am Absoluten. In: DVjs 82 (2008), S. 193–204.

Haug, Walter: Literaturtheorie im deutschen Mittelalter. Von den Anfängen bis zum Ende des 13. Jahrhunderts. Mit einem Vorwort von Claudia Brinker-von der Heyde. Darmstadt 2009.

Haupt, Barbara: *Alexanderpreis*. Werkauffassung, Figurenkonzeption, Stilisierung. Lambrechts *Alexander – Straßburger Alexander*. In: ZfdPh 141 (2022), S. 1–31.

Hausmann, Albrecht: Mittelalterliche Überlieferung als Interpretationsaufgabe „Laudines Kniefall" und das Problem des „ganzen Textes". In: Ursula Peters (Hg.): Text und Kultur. Mittelalterliche Literatur 1150–1450. DFG-Symposion 2000. Stuttgart/Weimar 2001, S. 72–95.

Hausmann, Albrecht: Gott als Funktion erzählter Kontingenz. Zum Phänomen der ‚Wiederholung' in Hartmanns von Aue *Gregorius*. In: Cornelia Herberichs/Susanne Reichlin (Hgg.): Kein Zufall. Konzeptionen von Kontingenz in der mittelalterlichen Literatur. Göttingen 2010 (Historische Semantik 13), S. 79–109.

Hausmann, Albrecht: Gottfried von Straßburg: *Tristan*. In: Regina Toepfer (Hg.): Klassiker des Mittelalters. Hildesheim 2019 (Spolia Berolinensia 38), S. 215–232.

Hausmann, Albrecht: Gott als widersprüchliche Figur in Hartmanns von Aue *Erec* und Gottfried von Straßburg *Tristan*. In: Elisabeth Lienert (Hg.): Widersprüchliche Figuren in vormoderner Erzählliteratur. Oldenburg 2020 (Beiträge zur mediävistischen Erzählforschung. Themenheft 6), S. 245–267.

Hegel, Georg Wilhelm Friedrich: Vorlesungen über die Ästhetik III (Werke 15). Frankfurt am Main 1986.
Heinzle, Joachim: Einführung in die Dietrichepik. Berlin/New York 1999 (De Gruyter Studienbuch).
Heinzle, Joachim: Traditionelles Erzählen. Beiträge zum Verständnis von Nibelungensage und Nibelungenlied. Stuttgart 2014 (ZfdA Beiheft 20).
Heinzle, Joachim (Hg.): Die Nibelungen. Sage – Epos – Mythos. Wiesbaden 2003.
Hellgardt, Ernst: Das *Rolandslied* im europäischen Kontext. In: Johannes Keller u.a. (Hgg.): Spuren der Heldensage. Texte – Bilder – Realien. Wien 2015, S. 33–59.
Henkel, Nikolaus: ‚Fortschritt' in der Poetik des höfischen Romans. Das Verfahren der Descriptio im *Roman d'Eneas* und in Heinrichs von Veldeke *Eneasroman*. In: Joachim Bumke/Ursula Peters (Hgg.): Retextualisierung in der mittelalterlichen Literatur. Berlin 2005 (ZfdPh Sonderheft 124), S. 96–116.
Herberichs, Cornelia: Poetik und Geschichte. Das *Liet von Troye* Herborts von Fritzlar. Würzburg 2010 (Philologie der Kultur 3).
Hoffmann, Werner: Altdeutsche Metrik. 2., überarbeitete und ergänzte Auflage. Stuttgart 1981.
Hornung, Annabelle: Queer Ritter. Geschlecht und Begehren in den Gralsromanen des Mittelalters. Bielefeld 2012.
Hübner, Gert: Schläue und Urteil. Handlungswissen im *Reinhart Fuchs*. In: Friedrich Michael Dimpel/Hans Velten (Hgg.): Techniken der Sympathiesteuerung in Erzähltexten der Vormoderne. Potentiale und Probleme. Heidelberg 2016, S. 77–96.
Hufnagel, Sabrina: Nibelungische Memoria. Zur Erinnerungsfunktion von Emotionalität und Geschlecht in der *Klage*. Bamberg 2016a (Bamberger Germanistische Mittelalter- und Frühneuzeit-Studien 1).
Hufnagel, Nadine: Verwandtschaft im *Reinhart Fuchs*. Semantik und Funktion von Verwandtschaft im mittelhochdeutschen Tierepos. Frankfurt am Main u.a. 2016b (Bayreuther Beiträge zur Literaturwissenschaft 35).
Iser, Wolfgang: Der implizite Leser. Kommunikationsformen des Romans von Bunyan bis Beckett. München 1972.
Jackson, Timothy R.: der triuwen ze vil. Zur romanhaften Grundlage des *Armen Heinrich* Hartmanns von Aue. In: ZfdA 149 (2020), S. 142–176.
Jauss, Hans Robert: Epos und Roman – eine vergleichende Betrachtung an Texten des XII. Jahrhunderts (Fierabras – Bel Inconnu). In: Nachrichten der Gießener Hochschulgesellschaft 31 (1962), S. 76–92. Wieder in: Henning Krauss (Hg.): Altfranzösische Epik. Darmstadt 1978 (Wege der Forschung 354), S. 314–337.
Jäger, Nadine: *mit vlacheme sverte sluch er uf die cristenheit*. Religiöse Entdifferenzierung im *Graf Rudolf* In: ZfdA 150 (2021), S. 429–445.
Jaeger, Stephen: Ennobling Love. In Search of a Lost Sensibility. Philadelphia 1999.
Jasperse, Jitske: Women, courtly display and gifts in the *Rolandslied* and the *Chanson de Roland*. In: Mediaevistik 30 (2017), S. 125–145.
Jaspert, Nikolas: Die Kreuzzüge. Darmstadt ⁶2013.
Jensen, Birgit A.: Transgressing the Body. Leper and Girl in Hartmann von Aue's *Armer Heinrich*. In: ABäG 61 (2006), S. 103–126.
Johnson, L. Peter: Gottfried von Straßburg: *Tristan*. In: Horst Brunner (Hg.): Mittelhochdeutsche Romane und Heldenepen. Interpretationen. Stuttgart 1993, S. 233–254.
Jolles, André: Einfache Formen. Legende, Sage, Mythe, Rätsel, Spruch, Kasus, Memorabile, Märchen, Witz. Studienausgabe der 5., unveränderten Ausgabe. Tübingen 1974 (Konzepte der Sprach- und Literaturwissenschaft 15).
Karin, Anna: Männliche Hauptfiguren im *Tristan* Gottfrieds von Straßburg. Charakterisierung, Konstellation und Rede. Berlin/Boston 2019 (Lingua Historica Germanica 20).
Kartschoke, Dieter: Der Herr von Schwaben und das Bauernmädchen im *Armen Heinrich* Hartmanns von Aue. In: Ulrich Müller u.a. (Hgg.): Paare und Paarungen. Stuttgart 2004 (Stuttgarter Arbeiten zur Germanistik 420), S. 213–218.
Kasten, Ingrid: Heinrich von Veldeke: *Eneasroman*. In: Horst Brunner (Hg.): Mittelhochdeutsche Romane und Heldenepen. Interpretationen. Stuttgart 1993, S. 75–96.

Kasten, Ingrid: Raum, Leib, Bewegung. Aspekte der Raumgestaltung in Gottfrieds *Tristan*. In: Ingrid Kasten/Laura Auteri (Hgg.): Transkulturalität und Translation. Deutsche Literatur des Mittelalters im europäischen Kontext. Berlin/Boston 2017, S. 127–144.

Kiening, Christian: Reflexion – Narration. Wege zum *Willehalm* Wolframs von Eschenbach. Tübingen 1991.

Kiening, Christian: Wolfram von Eschenbach: *Willehalm*. In: Horst Brunner (Hg.): Mittelhochdeutsche Romane und Heldenepen. Interpretationen. Stuttgart 1993, S. 212–232.

Kiening, Christian: Arbeit am Muster. Literarisierungsstrategien im *König Rother*. In: Joachim Heinzle/Peter Johnson/Gisela Vollmann-Profe (Hgg.): Neue Wege der Mittelalter-Philologie. Berlin 1998 (Wolfram Studien 15), S. 211–244.

Kiening, Christian: Wolframs politische Anthropologie im *Willehalm*. In: Wolfgang Haubrichs u.a. (Hgg.): Wolfram von Eschenbach. Bilanzen und Perspektiven. Berlin 2002 (Wolfram-Studien 17), S. 246–275.

Kiening, Christian/Susanne Köbele: Wilde Minne. Metapher und Erzählwelt in Wolframs *Titurel*. In: PBB 120 (1998), S. 234–265.

Kistler, Renate: Heinrich von Veldeke und Ovid. Tübingen 1993 (Hermaea 71).

Klein, Dorothea: *Mauricius von Craûn* oder die Destruktion der hohen Minne. In: ZfdA 127 (1998), S. 271–294.

Klein, Dorothea: Geschlecht und Gewalt. Zur Konstitution von Männlichkeit im *Erec* Hartmanns von Aue. In: Matthias Meyer (Hg.): Literarische Leben. Rollenentwürfe in der Literatur des Hoch- und Spätmittelalters. Tübingen 2002, S. 433–463.

Klein, Thomas: Heinrich von Hesler und *Athis und Prophilias*. In: Thomas Bein: *Mit clebeworten underweben*. Frankfurt am Main 2007 (Kultur, Wissenschaft, Literatur 16), S. 97–124.

Klinger, Judith: Gender-Theorien. Ältere deutsche Literatur. In: Claudia Benthien/Hans Rudolf Velten (Hgg.): Germanistik als Kulturwissenschaft. Eine Einführung in neue Theoriekonzepte. Rowohlts Enzyklopädie. Reinbek bei Hamburg 2002, S. 267–297.

Klinger, Judith: Fremdes Begehren. Spiele der Identitäten und Differenzen im späten 12. Jahrhundert. Berlin/Boston 2025 (Literatur – Theorie – Geschichte 31).

Knaeble, Susanne: Höfisches Erzählen von Gott. Funktion und narrative Entfaltung des Religiösen in Wolframs *Parzival*. Berlin/Boston 2011 (Trends in Medieval Philology 23).

Kobiela, Olivia: ÄsthEthik der Fremde des *Herzog Ernst B*. Die Kartographie des 12./13. Jahrhunderts als ästhEthisches Reflexionsmedium der mittelalterlichen Literatur. Paderborn 2022 (MittelalterStudien des Instituts zur Interdisziplinären Erforschung des Mittelalters und seines Nachwirkens 33).

Könitz, Daniel: Nachträgliche Kontextualisierung? Überlegungen zur ältesten und jüngsten Überlieferung des *Gregorius* Hartmanns von Aue. In: Margreth Egidi u.a. (Hgg.): Hartmann von Aue 1230–1517. Kulturgeschichtliche Perspektiven der handschriftlichen Überlieferung. Stuttgart 2020 (ZfdA Beiheft 34), S. 133–145.

Kössinger, Norbert: Tristrants Ende. Risiko und Wettkampf in Eilharts von Oberge *Tristrant* In: Bent Gebert (Hg.): Wettkämpfe in Literaturen und Kulturen des Mittelalters. Riskante Formen und Praktiken zwischen Kreativität und Zerstörung. Berlin/Boston 2023 (Trends in Medieval Philology 43), S. 57–75.

Kohnen, Rabea: Die Braut des Königs. Zur interreligiösen Dynamik der mittelhochdeutschen Brautwerbungserzählungen. Berlin/Boston 2013 (Hermaea 133).

Kotetzki, Maline: Männlichkeit als Gefahr für Leib und Leben. Intersektionale Betrachtung der Joie de la curt-*âventiure* im *Ereck* Hartmanns von Aue. In: Euphorion 113 (2019), S. 293–314.

Kragl, Florian: Wer hat den Hirsch zum Köder gemacht? Der *Münchner Oswald spiritualiter* gelesen. In: ABäG 63 (2007), S. 157–178.

Kragl, Florian: Fragmente einer Liebe der Sprache. Von einem Fetisch der höfischen Literatur am Beispiel von Konrad Flecks Floreroman und Wolframs *Titurel*. In: Euphorion 107 (2013a), S. 269–299.

Kragl, Florian: Poetische Dissonanz. Eine Skizze zur Erzählweise des *Nibelungenlieds*. In: Poetica 44 (2013b), S. 313–350.

Kragl, Florian: Gottfrieds Ironie. Sieben Kapitel über figurenpsychologischen Realismus im *Tristan*. Mit einem Nachspruch zum *Rosenkavalier*. Berlin 2019.
Kraß, Andreas: Achill und Patroclus. Freundschaft und Tod in den Trojaromanen Benoîts de Sainte-Maure, Herborts von Fritzlar und Konrads von Würzburg. In: LiLi 114 (1999), S. 66–98.
Kraß, Andreas: Freundschaft als Passion. Zur Codierung von Intimität in mittelalterlicher Literatur. In: Sibylle Appuhn-Radtke/Esther Pia Wipfler (Hg.): Freundschaft. Motive und Bedeutungen (Veröffentlichungen des Zentralinstituts für Kunstgeschichte). München 2006a, S. 97–116.
Kraß, Andreas: Geschriebene Kleider. Höfische Identität als literarisches Spiel. Tübingen/Basel 2006b (BiblGerm 50).
Kraß, Andreas: Meerjungfrauen. Geschichten einer unmöglichen Liebe. Frankfurt am Main 2010.
Kraß, Andreas: Bluthochzeit. Sadomasochistische Konstellationen im *Armen Heinrich* Hartmanns von Aue. In: Alexander Honold u a. (Hgg.): Ästhetik des Opfers. Zeichen/Handlungen in Ritual und Spiel. München 2012, S. 163–181.
Kraß, Andreas: Der fragmentierte Körper. Politik und Poetik im *Tristan* Gottfrieds von Straßburg. In: Kay Malcher u.a. (Hgg.): Fragmentarität als Problem der Kultur- und Textwissenschaften. München 2013 (MittelalterStudien 28), S. 117–131.
Kraß, Andreas: Historische Intersektionalitätsforschung als kulturwissenschaftliches Projekt. In: Nataša Bedeković/Andreas Kraß/Astrid Lembke (Hgg.): Durchkreuzte Helden. Das *Nibelungenlied* und Fritz Langs *Die Nibelungen* im Licht der Intersektionalitätsforschung (GenderCodes). Bielefeld 2014. S. 7–47.
Kraß, Andreas: Ein Herz und eine Seele. Geschichte der Männerfreundschaft. Frankfurt am Main 2016a.
Kraß, Andreas: Kämpfende Freunde. Symbiotische Mechanismen im *Erec* Hartmanns von Aue. In: Uta Fenske/Gregor Schuhen (Hgg.): Geschichte(n) von Macht und Ohnmacht. Narrative von Männlichkeit und Gewalt. Bielefeld 2016b, S. 71–82.
Kraß, Andreas: *ein unsâlich vingerlîn*. Tragik und Minne im *Eneasroman* Heinrichs von Veldeke. In: Regina Toepfer (Hg.): Tragik und Minne. Heidelberg 2017, S. 137–153.
Kraß, Andreas: Die Erfindung des Artusromans. Von der *Historia Brittonum* zum *Erec* Hartmanns von Aue In: Regina Toepfer (Hg.): Klassiker des Mittelalters. Hildesheim 2019 (Spolia Berolinensia 38), S. 147–175.
Kraß, Andreas: Verdrängtes Begehren. Homosexualität in der höfischen Dichtung des deutschen Mittelalters. In: Norman Domeier/Christian Mühling (Hgg.): Homosexualität am Hof. Praktiken und Diskurse vom Mittelalter bis heute. Frankfurt am Main/New York 2020, S. 231–242.
Kraß, Andreas: Geschlechterordnung. Poetik der Brautwerbung im *König Rother*. In: Daniela Fuhrmann/Pia Selmayr (Hgg.): Erzählte Ordnungen – Ordnungen des Erzählens. Studien zu Texten vom Mittelalter bis zur Frühen Neuzeit. Berlin/Boston 2021a (Trends in Medieval Philology 40), S. 219–229.
Kraß, Andreas: Rivalrous Masculinities. Competing Concepts of Knighthood in Bernard or Clairvaux's Sermon *In Praise of the New Knighthood* and Hartmann von Aue's Novella *Gregorius*. In: Sara S. Poor u.a. (Hgg.): Gender Bonds, Gender Binds. Women, Men and Family in Middle High German Literature. Berlin/Boston 2021b (Sense, Matter, and Medium 3), S. 161–176.
Kraß, Andreas: Durchkreuzte Länder, verschobenes Begehren. *Herzog Ernst* als Brautwerbungserzählung. In: Internationales Archiv für Sozialgeschichte der deutschen Literatur (IASL) 48 (2023): Themenheft Literaturwissenschaft und Geschlechterforschung, hg. von Katja Barthel und Benedikt Wolf, S. 291–308.
Kropik, Cordula: Tristrants Doppelleben. Strukturelle Simultaneität und handlungsweltliche Sukzession In: Susanne Köbele/Coralie Rippl (Hg.): Gleichzeitigkeit. Narrative Synchronisierungsmodelle in der Literatur des Mittelalters und der Frühen Neuzeit. Würzburg 2015 (Philologie der Kultur 14), S. 173–197.
Krüger, Caroline: Freundschaft in der höfischen Epik um 1200. Diskurse von Nahbeziehungen. Berlin/New York 2011.
Kuhn, Hugo: Erec. In: Festschrift für Paul Kluckhohn und Hermann Schneider. Tübingen 1948, S. 122–147.

Kuhn, Hugo: Tristan, Nibelungenlied, Artusstruktur. Vorgetragen am 8. Dezember 1972. München 1973.
Lembke, Astrid: Inschriftlichkeit. Materialität, Präsenz und Poetik des Geschriebenen im höfischen Roman. Berlin/Boston 2020a (Deutsche Literatur. Studien und Quellen 37).
Lembke, Astrid: Freundliche Übernahme? Interventionsdiskurse und Überlegenheitsfantasien in vormodernen Fassungen und modernen Bearbeitungen des *Herzog Ernst* In: ZfdPh 139 (2020b), S. 435–465.
Lieb, Ludger: Ein neuer doppelter Kursus in Hartmanns *Erec* und seine Kontrafaktur in Gottfrieds *Tristan*. In: DVjs 83 (2009), S. 193–217.
Lienert, Elisabeth: Zur Pragmatik höfischen Erzählens. Erzähler und Erzählerkommentare in Wirnts von Grafenberg *Wigalois*. In: Archiv für das Studium der neueren Sprachen und Literaturen 234 (1997), S. 263–275.
Lienert, Elisabeth: Der Körper des Kriegers. Erzählen von Helden in der *Nibelungenklage*. In: ZfdA 130 (2001), S. 127–142.
Lienert, Elisabeth: Geschlecht und Gewalt im *Nibelungenlied*. In: ZfdA 132 (2003), S. 3–23.
Lienert, Elisabeth: Können Helden sich ändern? Starre Muster und flexibles Handeln im *Nibelungenlied*. In: ZfdA 144 (2015), S. 477–491.
Lienert, Elisabeth: Herrschaft und Macht im Widerspruch. Problematische Könige im *Nibelungenlied*. In: Elisabeth Lienert (Hg.): Widersprüchliche Figuren in vormoderner Erzählliteratur. Oldenburg 2020 (Beiträge zur mediävistischen Erzählforschung. Themenheft 6), S. 105–128.
Link, Heike: Die Metamorphosenverdeutschung des Albrecht von Halberstadt. In: Andrea Seidel/Hans-Joachim Solms (Hgg.): *Dô tagte ez*. Deutsche Literatur des Mittelalters in Sachsen-Anhalt. Dössel (Saalkreis) 2003, S. 97–112.
Luhmann, Niklas: Liebe als Passion. Zur Codierung von Intimität. Frankfurt am Main 1982.
Lukács, Georg: Die Theorie des Romans. Ein geschichtsphilosophischer Versuch über die Form der großen Epik. Frankfurt am Main 1988 (Sammlung Luchterhand 36).
Mackert, Christoph: Die Alexandergeschichte in der Version des ‚Pfaffen' Lambrecht. Die frühmittelhochdeutsche Bearbeitung der Alexanderdichtung des Alberich von Bisinzo und die Anfänge weltlicher Schriftepik in deutscher Sprache. München 1999.
Manuwald, Henrike: Medialer Dialog. Die ‚Große Bilderhandschrift' des *Willehalm* Wolframs von Eschenbach und ihre Kontexte. Tübingen 2008 (BiblGerm 52).
Manuwald, Henrike/Nick Humphrey: Eilharts ‚Tristrant' in den nideren landen? Ein polychromes Minnekästchen im Victoria and Albert Museum, London. In: ZfdPh 128 (2009), S. 107–124.
Marshall, Sophie: Fundsache Gregorius. Paradigmatisches Erzählen bei Hartmann. In: Anna Mühlherr u.a. (Hgg.): Dingkulturen. Objekte in Literatur, Kunst und Gesellschaft der Vormoderne. Berlin/Boston 2016 (Literatur – Theorie – Geschichte 9), S. 308–333.
Marshall, Sophie: Vom ‚Queering' zu den ‚Dingen'. Vektoren des Begehrens im *Herzog Ernst B*. In: DVjs 92 (2018), S. 287–316.
Martin, John D.: Christen und Andersgläubige in Wolframs *Willehalm*. In: ZfdA 133 (2004), S. 45–48.
Martin, Jonathan Seelye: Der Körper der Königin. Zum Verständnis der Dido-Figur in Heinrichs von Veldeke *Eneasroman*. In: ZfdPh 137 (2018), S. 1–25.
Matthews, Alastair: Holding It All Together. Time and Space in Wolfram's *Titurel*. In: Oxford German studies 35 (2006), S. 101–114.
Mertens, Volker: Wolfram von Eschenbach: *Titurel*. In: Horst Brunner (Hg.): Mittelhochdeutsche Romane und Heldenepen. Interpretationen. Stuttgart 1993, S. 196–211.
Mertens, Volker: Konstruktion und Dekonstruktion heldenepischen Erzählens. *Nibelungenlied – Klage – Titurel*. In: PBB 118 (1996), S. 358–378.
Mertens Fleury, Katharina: Leiden lesen. Bedeutungen von *compassio* um 1200 und die Poetik des Mit-Leidens im *Parzival* Wolframs von Eschenbach. Berlin/Boston 2006 (Scrinium Friburgense 21).
Michaelis, Beatrice: (Dis-)Artikulationen von Begehren. Schweigeeffekte in wissenschaftlichen und literarischen Texten. Berlin/New York 2011 (Trends in Medieval Philology 25).

Mierke, Gesine: Genealogie und Intertextualität. Zu Wolframs von Eschenbach *Parzival* und Wirnts von Grafenberg *Wigalois*. In: ABäG 74 (2015), S. 180–200.

Möllenbrink, Linus: Person und Artefakt. Zur Figurenkonzeption im *Tristan* Gottfrieds von Straßburg. Tübingen 2020 (BiblGerm 72).

Möller, Melanie: *Aller ir sinne siv vergaz*. Zur tragischen Dimension der Dido in Heinrichs von Veldeke *Eneasroman*. In: Regina Toepfer (Hg.): Tragik und Minne. Heidelberg 2017, S. 109–136.

Mühlemann, Anna: Artus in Gold. Der Erec-Zyklus auf dem Krakauer Kronenkreuz. Petersberg 2013.

Mühlherr, Anna: Durchkreuzte Pläne, undurchschaubare Intentionen. Zum *Mauritius von Craûn*. In: Christiane Ackermann (Hg.): „Texte zum Sprechen bringen". Philologie und Interpretation. Tübingen 2009, S. 119–129.

Müller, Diana: Textgemeinschaften. Der *Gregorius* Hartmanns von Aue in mittelalterlichen Sammelhandschriften. Frankfurt am Main 2013.

Müller, Felix Florian: Transformierte Intimitäten. Liebe und Freundschaft in mittelalterlichen und frühneuzeitlichen Übertragungen der *Aeneis*. Berlin 2023.

Müller, Jan-Dirk: Das *Nibelungenlied*. In: Horst Brunner (Hg.): Mittelhochdeutsche Romane und Heldenepen. Interpretationen. Stuttgart 1993, S. 146–172.

Müller, Jan-Dirk: Spielregeln für den Untergang. Die Welt des Nibelungenliedes. Tübingen 1998.

Müller, Jan-Dirk: Varianz – die Nibelungenfragmente. Überlieferung und Poetik des *Nibelungenliedes* im Übergang von Mündlichkeit zu Schriftlichkeit. Berlin 2023 (Deutsche Literatur. Studien und Quellen 47).

Müller, Stephan: *Erec* und *Iwein* in Bild und Schrift. Entwurf einer medienanthropologischen Überlieferungs- und Textgeschichte ausgehend von den frühesten Zeugnissen der Artusepen Hartmanns von Aue. In: PBB 127 (2005), S. 414–435.

Müller, Stephan: Des Raben Minnegruß. Neues zur Kemenatenszene im *Münchner Oswald* (The Morgan Library, MS B.61). In: Beate Kellner (Hg.): Höfische Textualität. Heidelberg 2015 (GRM Beiheft 69), S. 249–262.

Münkler, Marina: Buße und Bußhilfe. Modelle von Askese in Wolframs von Eschenbach *Parzival*. In: DVjs 84 (2010), S. 131–159.

Neudeck, Otto: Erzählen von Kaiser Otto. Zur Fiktionalisierung von Geschichte in mittelhochdeutscher Literatur. Böhlau 2003 (Norm und Struktur 18).

Neudeck, Otto: Frevel und Vergeltung. Die Desintegration von Körper und Ordnung im Tierepos *Reinhart Fuchs*. In: Bernhard Jahn/Otto Neudeck (Hgg.): Tierepik und Tierallegorese. Studien zur Poetologie und historischen Anthropologie vormoderner Literatur. Frankfurt am Main u.a. 2004 (Mikrokosmos 71), S. 101–120.

Neudeck, Otto: Der Fuchs und seine Opfer. Prekäre Herrschaft im Zeichen von Macht und Gewalt. Die Fabel vom kranken Löwen und seiner Heilung in hochmittelalterlicher Tierepik. In: Jan Glück u.a. (Hgg.): Reflexionen des Politischen in der europäischen Tierepik. Berlin 2016, S. 10–26.

Niesner, Manuela: *Schiltkneht* Enite. Zur gender-Transzendierung im *Erec* Hartmanns von Aue. In: ZfdPh 126 (2007), S. 1–20.

Rohr, W. Günther: Reinhart Fuchs und die deutsche höfische Epik. In: Reinardus 17 (2004), S. 155–166.

Ott, Norbert H.: *Tristan* auf Runkelstein und die übrigen zyklischen Darstellungen des Tristanstoffes. Textrezeption oder medieninterne Eigengesetzlichkeit der Bildprogramme? In: Walter Haug/Joachim Heinzle/Dietrich Huschenbett/Norbert H. Ott: Runkelstein. Die Wandmalereien des Sommerhauses. Wiesbaden 1982, S. 194–239.

Panzer, Friedrich: Vorwort, in: Merlin und Seifrid de Ardemont von Albrecht von Scharfenberg in der Bearbeitung Ulrich Füetrers hg. von Friedrich Panzer. Tübingen 1902 (Bibliothek des Litterarischen Vereins 227), S. I–CXXXIII.

Panzer, Friedrich: Normannen in deutscher Heldensage. Frankfurt am Main 1925 (Deutsche Forschungen 1).

Paravicini, Werner: Die ritterlich-höfische Kultur des Mittelalters. München ²1999 (Enzyklopädie deutscher Geschichte 32).

Perennec, René: Ulrich von Zazikhoven: *Lanzelet*. In: Horst Brunner (Hg.): Mittelhochdeutsche Romane und Heldenepen. Interpretationen. Stuttgart 1993, S. 129–145.

Philipowski, Katharina: Aporien von *dienst* und *lôn* in lyrischen und narrativen Texten am Beispiel von *Mauritius von Craûn* und *Heidin*. In: GRM 59 (2009), S. 211–238.

Plaumann, Susanne: Theatrale Züge in der höfischen Repräsentation. Die Inszenierung des Turniers im *Mauricius von Craûn*. In: Zeitschrift für Germanistik 13 (2003), S. 26–40.

Plotke, Seraina: Kulturgeographische Begegnungsmodelle. Reise-Narrative und Verhandlungsräume im *König Rother* und im *Herzog Ernst B* In: Alexander Honold (Hg.): Ost-westliche Kulturtransfers. Orient – Amerika. Bielefeld 2011 (Postkoloniale Studien in der Germanitik 1), S. 51–73.

Plotke, Seraina: Autorschaft durch Autorisierung. Bearbeitungen des Alexanderstoffs als Modellfall differenter Verfasserkonzeptionen. In: PBB 134 (2012a), S. 344–364.

Plotke, Seraina: Die Geburt des Helden. Mythische Deszendenz in den mittelhochdeutschen Alexanderromanen. In: Hans-Jochen Schiewer (Hg.): Höfische Wissensordnungen. Göttingen 2012b (Encomia Deutsch 2), S. 65–84.

Plotke, Seraina: Eine flache Figur? Fragen der Introspektion und der Handlungsmotivation im *Lanzelet* Ulrichs von Zatzikhoven In: Cora Dietl u.a. (Hgg.): Emotion und Handlung im Artusroman. Berlin 2017 (Schriften der Internationalen Artusgesellschaft 13), S. 185–195.

Plotke, Seraina: Die Macht des Erzählens. Autorschaft und Autorität im *Eneasroman* Heinrichs von Veldeke. In: Mechthild Albert/Ulrike Becker/Elke Brüggen/Karina Kellermann (Hgg.): Textualität von Macht und Herrschaft. Literarische Verfahren im Horizont transkultureller Forschungen. Göttingen 2020a (Macht und Herrschaft 7), S. 47–64.

Plotke, Seraina: Figurationen der Macht im *König Rother*. In: Florian M. Schmid/Anita Sauckel (Hgg.): Verhandlung und Demonstration von Macht. Mittel, Muster und Modelle in Texten deutschsprachiger und skandinavischer Kulturräume des Mittelalters. Stuttgart 2020b, S. 135–144.

Plotke, Seraina: Chances and opportunities. Medieval texts and modern cultural paradigms. A postcolonial queer reading of the medieval crusade narrative *Herzog Ernst*. In: Maarten J. F. M. Hoenen/Karsten Engel (Hgg.): Past and Future. Medieval Studies Today. Turnhout 2021, S. 229–249.

Plotke, Seraina: Lücken und Leerstellen. Explorative Erprobungen gleichgeschlechtlicher Beziehungsmodelle im *Herzog Ernst B*. In: Ingrid Bennewitz u.a. (Hgg.): Gender Studies – Queer Studies – Intersektionalität. Göttingen 2019a (Berliner Mittelalter- und Frühneuzeitforschung 25), S. 75–90.

Plotke, Seraina: *Herzog Ernst*. Zwischen deutscher Reichsgeschichte und Kreuzzugsthematik. In: Regina Toepfer (Hg.): Klassiker des Mittelalters. Hildesheim 2019b (Spolia Berolinensia 38), S. *1–*20. [https://www.amad.org]

Propp, Vladimir: Morphologie des Märchens. Übersetzt von Christel Wendt. Frankfurt am Main 1982.

Przybilski, Martin: Sippe und *geslehte*. Verwandtschaft als Deutungsmuster im *Willehalm* Wolframs von Eschenbach. Wiesbaden 2000.

Putzo, Christine: *sît ich die nôt an mir weiz*. Zur narrativen Konfiguration des lyrischen *paradoxe amoureux* im *Mauritius von Craûn*. In: Hans-Jochen Schiewer/Stefan Seeber (Hgg.): Höfische Wissensordnungen. Göttingen 2012 (Encomia Deutsch 2), S. 121–135.

Putzo, Christine: Konrad Fleck *Flore und Blanscheflur*. Text und Untersuchungen. Berlin/Boston 2015 (MTU 143).

Pychlau-Ezli, Lisa: Essen und Trinken im Mittelalter. Der alimentäre Code in der mittelhochdeutschen Epik. Köln 2018.

Quast, Bruno: *Getriuwiu wandelunge*. Ehe und Minne in Hartmanns *Erec*. In: ZfdA 122 (1993), S. 162–180.

Quast, Bruno: Wissen und Herrschaft. Bemerkungen zur Rationalität des Erzählens im *Nibelungenlied*. In: Euphorion 96 (2002), S. 287–302.

Quast, Bruno: *Diu bluotes mâl*: Ambiguisierung der Zeichen und literarische Programmatik in Wolframs von Eschenbach *Parzival*. In: DVjs 77 (2003), S. 45–60.
Quast, Bruno: Bedrohte Christenheit. Über Ikonologie im *Rolandslied* des Pfaffen Konrad. In: Florian Kläger/Martina Wagner-Egelhaaf (Hgg.): Europa gibt es doch ... Krisendiskurse im Blick der Literatur. Paderborn 2016, S. 29–41.
Quast, Bruno: Leben als Form. Überlegungen zum mittelalterlichen Roman am Beispiel der Gahmuret-Figur in Wolframs von Eschenbach *Parzival*. In: ZfdPh 136 (2017), S. 325–341.
Quast, Bruno: Höfischer Universalismus. Über Religion und Politik im *Nibelungenlied* (20.–23. Aventiure). In: ZfdPh 142 (2023), S. 49–60.
Quast, Bruno/Monika Schausten: Amors Pfeil. Liebe zwischen Medialisierung und Mythisierung in Heinrichs von Veldeke *Eneasroman*. In: Mireille Schnyder (Hg.): Schrift und Liebe in der Kultur des Mittelalters. Berlin/Boston 2008 (Trends in Medieval Philology 13), S. 63–82.
Quenstedt, Falk: Mirabiles Wissen. Deutschsprachige Reiseerzählungen um 1200 im transkulturellen Kontext arabischer Literatur. Straßburger Alexander, Herzog Ernst, Reise-Fassung des Brandan. Wiesbaden 2021 (Episteme in Bewegung 22).
Rasmussen, Ann Marie: Mothers and Daughters in Medieval German Literature. Syracuse 1997.
Rasmussen, Ann Marie (Hg.): Rivalrous Masculinities. New Directions in Medieval Gender Studies. Notre Dame 2019.
Reichlin, Susanne: Nach- oder Nebeneinander? Die Zeitlichkeit des seriellen Erzählens im *Rolandslied*. In: DVjs 86 (2012), S. 167–205.
Reichlin, Susanne: Schweigen oder Verschweigen? Die Folgen der Namenlosigkeit im *Lanzelet* Ulrichs von Zatzikhoven. In: Werner Röcke/Hans Rudolf Velten (Hgg.): Lachen und Schweigen. Grenzen und Lizenzen der Kommunikation in der Erzählliteratur des Mittelalters. Berlin 2017 (Trends in Medieval Philology 26), S. 41–75.
Renz, Tilo: Um Leib und Leben. Das Wissen von Geschlecht, Körper und Recht im Nibelungenlied. Berlin/Boston 2012 (Quellen und Forschungen zur Literatur- und Kulturgeschichte 71 [305]).
Reuvekamp, Silvia: Lilie unter Dornen. Vermessungen menschlicher Liebeskompetenz in Hartmanns *Erec*. In: PBB 142 (2020), S. 493–514.
Richter, Julia: Spiegelungen. Paradigmatisches Erzählen in Wolframs *Parzival*. Berlin/Boston 2015 (MTU 144).
Röcke, Werner: Positivierung des Mythos und Geburt des Gewissens. Lebensformen und Erzählgrammatik in Hartmanns *Gregorius*. In: Matthias Meyer (Hg.): Literarische Leben. Rollenentwürfe in der Literatur des Hoch- und Spätmittelalters. Tübingen 2002, S. 627–647.
Roth, Ninja: Freundschaft und Liebe. Codes der Intimität in der höfischen Epik des Mittelalters. Frankfurt am Main 2014 (Online-Ressource der Universitätsbibliothek).
Rücker, Brigitte: Die Bearbeitung von Ovids Metamorphosen durch Albrecht von Halberstadt und Jörg Wickram und ihre Kommentierung durch Gerhard Lorichius. Göppingen 1997 (Göppinger Arbeiten zur Germanistik 641).
Ruh, Kurt: Hartmanns *Armer Heinrich*. Erzählmodell und theologische Implikation. In: Kurt Ruh: Kleine Schriften. Hg. von Volker Mertens. Bd. 1: Dichtung des Hoch- und Spätmittelalters. Berlin 1984, S. 23–37.
Sager, Alexander: Geheimnis und Subjekt in Wolframs *Titurel*. In: PBB 125 (2003), S. 267–291.
Sablotny, Antje: Zeit und *âventiure* in Wolframs von Eschenbach *Parzival*. Zur narrativen Identitätskonstruktion des Helden. Berlin/Boston 2020 (Deutsche Literatur 34).
Sassenhausen, Ruth: Wolframs von Eschenbach *Parzival* als Entwicklungsroman. Gattungstheoretischer Ansatz und literaturpsychologische Deutung. Köln 2007 (Ordo 10).
Schausten, Monika: Agonales Schenken. Rüdigers Gaben im *Nibelungenlied*. In: Anna Mühlherr u.a. (Hgg.): Dingkulturen. Verhandlungen des Materiellen in Literatur und Kunst der Vormoderne. Berlin/Boston 2016 (Literatur – Theorie – Geschichte 9), S. 83–109.
Schausten, Monika: Zwischen Wissen, Neugierde und Glauben. Von der produktiven Kraft des (Ver)Irrens in Hartmanns von Aue *Der arme Heinrich*. In: Udo Friedrich u.a. (Hgg.): Anthropologie der Kehre. Figuren der Wende in der Literatur des Mittelalters. Berlin/Boston 2020 (Literatur – Theorie – Geschichte 21), S. 233–251.

Schausten, Monika: Das Höfische als Distinktionsmerkmal. Zu den Grenzen des Transkulturellen im *Herzog Ernst B*. In: ZfdPh 142 (2023), S. 379–418.

Scheuble, Robert: *Mannes manheit, vrouwen meister*. Männliche Sozialisation und Formen der Gewalt gegen Frauen im *Nibelungenlied* und in Wolframs von Eschenbach *Parzival*. Frankfurt am Main 2005 (Kultur, Wissenschaft, Literatur 6).

Scheuer, Hans Jürgen: Sichtbarkeit und Evidenz. Strategien des Vor-Augen-Stellens im *Mauritius von Craûn* und in der *Poetria Nova* Galfreds von Vinsauf. In: Ricarda Bauschke-Hartung u.a. (Hgg.): Sehen und Sichtbarkeit in der Literatur des deutschen Mittelalters. Berlin 2011, S. 192–210.

Scheuer, Hans Jürgen: Das Wilde und das Apokryphe. *Salman und Morolf* in der Tradition des *Anulus Salomonis*. Investitur, Dämonologie, Exorzismus. In: Susanne Köbele u.a. (Hgg.): Wildekeit. Spielräume literarischer *obscuritas* im Mittelalter. Berlin 2018 (Wolfram-Studien 25), S. 157–181.

Schieb, Gabriele: Henrich von Veldeken. Heinrich von Veldeke. Stuttgart 1965 (Sammlung Metzler 42).

Schlechtweg-Jahn, Ralf: Macht und Gewalt im deutschsprachigen Alexanderroman. Trier 2006 (Literatur, Imagination, Realität 37).

Schmid, Elisabeth: Wolfram von Eschenbach: *Parzival*. In: Horst Brunner (Hg.): Mittelhochdeutsche Romane und Heldenepen. Interpretationen. Stuttgart 1993, S. 173–195.

Schmid, Elisabeth: Ein Trojanischer Krieg gegen die Langeweile. In: Wolfgang Harms/Jan-Dirk Müller (Hgg.): Mediävistische Komparatistik. Stuttgart/Leipzig 1997, S. 199–220.

Schmid, Elisabeth: Weg mit dem Doppelweg. Wider eine Selbstverständlichkeit der germanistischen Artusforschung. In: Friedrich Wolfzettel (Hg.): Erzählstrukturen der Artusliteratur. Forschungsgeschichte und neue Ansätze. Tübingen 1999.

Schmid, Elisabeth: Der bewegliche Text. Zur Erzähltechnik in Herborts von Fritslar *Trojanerkrieg*. In: Sonja Glauch/Florian Kragl/Uta Störmer-Caysa (Hgg.): Der philologische Zweifel. Wien 2016 (Philologica Germanica 38), S. 253–278.

Schmid, Elisabeth: Poetik und Anthropologie. Gesammelte Aufsätze zum höfischen Roman. Hildesheim 2021 (Spolia Berolinensia 41).

Schmid, Florian M.: Stimme(n) des Klagens. Überlegungen zur Performanz der *Nibelungenklage* im Umfeld der höfischen Epik. In: Monika Unzeitig/Angela Schrott/Nine Miedema (Hgg.): Stimme und Performanz in der mittelalterlichen Literatur. Berlin 2017 (Historische Dialogforschung 3), S. 279–308.

Schmid, Florian M.: Die Fassung *C des *Nibelungenlieds* und der *Klage*. Strategien der Retextualisierung. Berlin/Boston 2018.

Schmid-Cadalbert, Christian: Der Ortnit AW als Brautwerbungsdichtung. Ein Beitrag zum Verständnis mittelhochdeutscher Schemaliteratur. Bern 1985 (BiblGerm 28).

Schmitz, Florian: Der Orient in Diskursen des Mittelalters und im *Willehalm* Wolframs von Eschenbach. Berlin 2018.

Schneider, Christian: Fiktionalität, Erfahrung und Erzählen im *Lanzelet* Ulrichs von Zatzikhoven In: Martin Przybilski (Hg.): Fiktionalität im Artusroman des 13. bis 15. Jahrhunderts. Romanistische und germanistische Perspektiven. Wiesbaden 2013 (Trierer Beiträge zu den historischen Kulturwissenschaften 9), S. 61–82.

Schneider, Christian: Ambiguität und Doppelung. Interferenzen zwischen Geistlichem und Weltlichem in mittelhochdeutschen Abenteuer- und Brautwerbungslegenden (*Münchner Oswald*, *Orendel*). In: PBB 142 (2020a), S. 466–492.

Schneider, Christian: Textkohärenz und Figurenkonsistenz. Zur Versöhnungsszene zwischen Kaiser Otto und Herzog Ernst in der mittelalterlich-frühneuzeitlichen *Herzog Ernst*-Überlieferung In: Elisabeth Lienert (Hg.): Widersprüchliche Figuren in vormoderner Erzählliteratur. Oldenburg 2020b (Beiträge zur mediävistischen Erzählforschung. Themenheft 6), S. 173–203.

Schneidergruber, Dietmar: *Mauricius von Craûn*. Ein politisches Auftragswerk? In: ABäG 82 (2022), S. 553–563.

Schneidergruber, Dietmar: *Reinhart Fuchs* und der Arzt aus Salerno. In: ABäG 83 (2023), S. 58–69.

Schröder, Walter Johannes (Hg.): Spielmannsepik. Darmstadt 1977 (Wege der Forschung 385).

Schultz, James A.: Love service, masculine anxiety and the consolations of fiction in Wolfram's *Parzival*. In: ZfdPh 121 (2002), S. 342–364.
Schultz, James A.: Courtly Love, the Love of Courtliness, and the History of Sexuality. Chicago/London 2006.
Schulz, Armin: Der neue Held und die toten Väter. Zum Umgang mit mythischen Residuen in Ulrichs von Zatzikhoven *Lanzelet* In: PBB 129 (2007), S. 419–437.
Schuhmann, Martin: Reden und Erzählen. Figurenrede in Wolframs *Parzival* und *Titurel*. Heidelberg 2008 (Frankfurter Beiträge zur Germanistik 49).
Schupp, Volker/Hans Szklenar: Ywein auf Schloß Rodenegg. Eine Bildergeschichte nach dem *Iwein* Hartmanns von Aue. Sigmaringen 1996.
Schwab, Ute: Zur Datierung und Interpretation des *Reinhart Fuchs*. Mit einem textkritischen Beitrag von Klaus Düwel. Göppingen 2010 (GAG 753).
Sedgwick, Eve Kosofsky: Paranoid Reading and Reparative Reading, or, You're So Paranoid, You Probably Think This Essay Is About You. In: Eve Kosofsky Sedgwick: Touching Feeling. Affect, Pedagogy, Performativity. Durham/London 2003, S. 123–151.
Sedgwick, Eve Kosofsky: Between Men. English Literature and Male Homosocial Desire. Forword by Wayne Koestenbaum. New York 2015.
Seeber, Stefan: Wolframs *Titurel* und der Mythos der Minne. In: PBB 132 (2010), S. 43–61.
Seelbach, Sabine: Kontingenz. Zur produktiven Aufnahme literarischer Erfahrung im *Wigalois* Wirnts von Grafenberg. In: ZfdA 136 (2007), S. 162–177.
Seggewiss, Michael: ‚Natur' und ‚Kultur' im *Tristan* Gottfrieds von Straßburg. Heidelberg 2012 (Beiträge zur älteren Literaturgeschichte).
Selmayr, Pia: Der Lauf der Dinge. Wechselverhältnisse zwischen Raum, Ding und Figur bei der narrativen Konstitution von Anderwelten im *Wigalois* und im *Lanzelet*. Frankfurt am Main 2017 (Mikrokosmos 82).
Simon, Ralf: Einführung in die strukturalistische Poetik des mittelalterlichen Romans. Analysen zu deutschen Romanen der *matière de Bretagne*. Würzburg 1990 (Epistemata 66).
Sivri, Yücel: Mitteldeutsche Orientliteratur des 12. und 13. Jahrhunderts. *Graf Rudolf* und *Herzog Ernst*. Ein Beitrag zu interkulturellen Auseinandersetzungen im Hochmittelalter. Frankfurt am Main u.a. 2016 (Beiträge zur Mittelalterforschung 28).
Somogyi, Peter: *Swer siner kunst meister ist, der hat gewalt an siner list*. Herborts von Fritzlar *Liet von Troye* als Fortsetzungstext des *Eneasromans* Heinrichs von Veldeke am Schnittpunkt von Aneignung und Neukonstitution. In: Anne-Katrin Federow/Kay Malcher (Hgg.): Troja bauen. Vormodernes Erzählen von der Antike in komparatistischer Sicht. Heidelberg 2022, S. 121–138.
Sosna, Anette: Fiktionale Identität im höfischen Roman um 1200. ‚Erec', ‚Iwein', ‚Parzival', ‚Tristan'. Stuttgart 2003.
Spreckelmeier, Susanne: Geronnenes Erzählen. Autotelische Gewalt und Entscheiden im *Rolandslied* des Pfaffen Konrad In: ZfdPh 138 (2019), S. 45–65.
Stange, Carmen: Florie und die anderen. Die Frauenfiguren im *Wigalois* Wirnts von Grafenberg. In: Monika Costard u.a. (Hgg.): Mertens lesen. Exemplarische Lektüren für Volker Mertens zum 75. Geburtstag. Göttingen 2012, S. 127–145.
Starkey, Kathryn: Reading the medieval book. Word, image and performance in Wolfram von Eschenbach's *Willehalm*. Notre Dame 2004.
Starkey, Kathryn: Performative emotion and the politics of gender in the *Nibelungenlied*. In: Sara S. Poor/Jana K. Schulman (Hgg.): Women and Medieval Epic. Gender, Genre, and the Limits of Epic Masculinity. New York 2007, S. 253–271.
Steinke, Robert: Providenz und Souveränität. Wasser als Element göttlichen und menschlichen Wirkens im *Gregorius* Hartmanns von Aue. In: Gerlinde Huber-Rebenich u.a. (Hgg.): Wasser in der mittelalterlichen Kultur. Gebrauch – Wahrnehmung – Symbolik. Berlin/Boston 2017 (Das Mittelalter. Beihefte 4), S. 419–430.
Stock, Markus: Kombinationssinn. Narrative Strukturexperimente im *Straßburger Alexander*, im *Herzog Ernst B* und im *König Rother*. Tübingen 2002 (MTU 123).

Stock, Markus: Sich sehen lassen. Die Visibilität des Helden und der höfische Sichtraum im *König Rother*. In: Ricarda Bauschke-Hartung u.a. (Hgg.): Sehen und Sichtbarkeit in der Literatur des deutschen Mittelalters. Berlin 2011, S. 228–239.

Stolz, Michael: Poetik der Visualität. Wolframs *Parzival*-Roman im Spiegel der arabischen Optik. In: Poetica 54 (2023), S. 226–281.

Strohschneider, Peter: Einfache Regeln – komplexe Strukturen. Ein strukturanalytisches Experiment zum *Nibelungenlied*. In: Wolfgang Harms u.a. (Hgg.): Mediävistische Komparatistik. Stuttgart 1997, S. 43–75.

Strohschneider, Peter: Inzest-Heiligkeit. Krise und Aufhebung der Unterschiede in Hartmanns *Gregorius*. In: Christoph Huber u.a. (Hgg.): Geistliches in weltlicher und Weltliches in geistlicher Literatur des Mittelalters. Tübingen 2000, S. 105–133.

Struwe, Carolin: *Âventiure* und Kontingenz. Erzählen als Wagnis im *Iwein* Hartmanns von Aue In: ZfdA 148 (2019), S. 9–27.

Tax, Petrus W.: Tragische Spiegelungen. Herrschaft und Sukzession, Rang und Stand in Wolframs *Titurel*. In: ZfdA 140 (2011), S. 38–57.

Theiß, Alissa: Höfische Textilien des Hochmittelalters. Der *Parzival* des Wolfram von Eschenbach. Stuttgart 2020 (ZfdA Beiheft 30).

Then-Westphal, Christiane: Königs Wege zum Heil. Ehe und Enthaltsamkeit in deutschen Texten des hohen und späten Mittelalters. Bamberg 2020 (Bamberger Germanistische Mittelalter und Frühneuzeit-Studien 2).

Thomas, Neil: Wirnt von Gravenberg's *Wigalois*. Intertextuality and Interpretation. Woodbridge 2005 (Arthurian Studies 62).

Toepfer, Regina: Enterbung und Gotteskindschaft. Zur Problematik der Handlungsmotivierung im *Willehalm* Wolframs von Eschenbach. In: ZfdPh 129 (2010), S. 63–81.

Toepfer, Regina: Spielregeln für das Überleben. Dietrich von Bern im *Nibelungenlied* und in der *Nibelungenklage*. In: ZfdA 141 (2012), S. 310–334.

Toepfer, Regina: Höfische Tragik. Motivierungsformen des Unglücks in mittelalterlichen Erzählungen. Berlin 2013 (Untersuchungen zur deutschen Literaturgeschichte 144).

Toepfer, Regina (Hg.): Klassiker des Mittelalters. Hildesheim 2019 (Spolia Berolinensia 38).

Toepfer, Regina: Kinderlosigkeit. Ersehnte, verweigerte und bereute Elternschaft im Mittelalter. Stuttgart 2020.

Toepfer, Regina: Übersetzungsreflexion und Übersetzungsanalyse als Zukunftsaufgaben germanistischer Mediävistik. Gottfrieds *Tristan* aus translationswissenschaftlicher Perspektive. In: GRM 73 (2023), S. 1–20.

Trînca, Beatrice: *Parrieren* und *undersnîden*: Wolframs Poetik des Heterogenen. Heidelberg 2008 (Frankfurter Beiträge zur Germanistik 46).

Trînca, Beatrice: *Amor conspirator*. Zur Ästhetik des Verborgenen in der höfischen Literatur. Göttingen 2019 (Aventiuren 10).

Urban, Felix: Gleiches zu Gleichem. Figurenähnlichkeit in der späthöfischen Epik: *Flore und Blanscheflur*, *Engelhard*, *Barlaam und Josaphat*, *Wilhalm von Wenden*. Berlin/Boston 2020 (Quellen und Forschungen zur Literatur- und Kulturgeschichte 101 [335]).

Uttenreuther, Melanie: Die (Un)Ordnung der Geschlechter. Zur Interdependenz von Passion, *gender* und *genre* in Gottfrieds von Straßburg *Tristan*. Bamberg 2009 (Bamberger interdisziplinäre Mittelalterstudien 2).

Velte, Laura: Vom Erzählen wiedererzählen. Selbstreferenzielle Erzählstrategien in *Floire et Blancheflor*, Konrad Flecks *Flore und Blanscheflur* und Giovanni Boccaccios *Filocolo*. In: Thorsten Glückhardt (Hg.): Renarrativierung in der Vormoderne. Funktionen, Transformationen, Rezeptionen. Baden-Baden 2019 (Faktuales und fiktionales Erzählen 7), S. 149–178.

Velten, Hans Rudolf: Schamlose Bilder – schamloses Sprechen. Zur Poetik der Ostentation in Heinrichs *Reinhart Fuchs*. In: Katja Gvozdeva/Hans Rudolf Velten (Hgg.): Scham und Schamlosigkeit. Grenzverletzungen in Literatur und Kultur der Vormoderne. Berlin 2011, S. 97–130.

Volfing, Annette: Sodomy and *rehtiu minne* in Heinrich von Veldeke's *Eneit*. In: Oxford German Studies 30 (2001), S. 1–25.

Volfing, Annette: Orientalism in the *Strassburger Alexander*. In: Medium Aevum 79 (2010), S. 278–299.
Vollmann-Profe, Gisela: *Das Rolandslied*. In: Horst Brunner (Hg.): Mittelhochdeutsche Romane und Heldenepen. Interpretationen. Stuttgart 1993, S. 43–58.
Wagenknecht, Christian: Deutsche Metrik. Eine historische Einführung. 5., erweiterte Auflage. München 2007.
Wagner, Silvan: Das Prinzip der *süezen last* im *Mauritius von Craûn* und die Grammatik christlicher Hoffnung. Ein Analyseansatz für die höfische Rezeption religiöser Muster im Hochmittelalter jenseits des Einflussparadigmas. In: Zeitschrift für Germanistik 18 (2008), S. 482–496.
Wandhoff, Haiko: Das geordnete Welt-Bild im Text. Enites Pferd und die Funktionen der Ekphrasis im *Erec* Hartmanns von Aue. In: Wolfgang Harms u.a. (Hgg.): Ordnung und Unordnung in der Literatur des Mittelalters. Stuttgart 2003a, S. 45–60.
Wandhoff, Haiko: Ekphrasis. Kunstbeschreibungen und virtuelle Räume in der Literatur des Mittelalters. Berlin/New York 2003b (Trends in Medieval Philology 3).
Wandhoff, Haiko: Bilder der Liebe – Bilder des Todes. Konrad Flecks Flore-Roman und die Kunstbeschreibungen in der höfischen Epik des deutschen Mittelalters In: Christine Ratkowitsch (Hg.): Die poetische Ekphrasis von Kunstwerken. Eine literarische Tradition der Großdichtung in Antike, Mittelalter und früher Neuzeit. Wien 2006, S. 55–76.
Wandhoff, Haiko: Triumph der Trinität. Erzählen unter dem Dach der Heilsgeschichte im *Willehalm* Wolframs von Eschenbach. In: Susanne Gramatzki/Rüdiger Zymner (Hgg.): Figuren der Ordnung. Beiträge zu Theorie und Geschichte literarischer Dispositionsmuster. Köln 2009, S. 37–51.
Wandhoff, Haiko: Vom Finden der Liebe in der Literatur. Die erzählte Poetik des höfischen Romans. Hamburg 2021.
Weitbrecht, Julia: Häusliche Heiligkeit. Zur Transformation religiöser Leitbilder in der Oswaldlegende. In: PBB 137 (2015), S. 63–79.
Weitbrecht, Julia: Feld, Wald und Wiese. Kontaktzonen und Interaktionsräume von Mensch und Tier in der Fabel und im *Reinhart Fuchs*. In: Jan Glück u.a. (Hgg.): Reflexionen des Politischen in der europäischen Tierepik. Berlin 2016a, S. 44–59.
Weitbrecht, Julia: Heterotope Herrschaftsräume in frühhöfischen Epen und ihren Bearbeitungen: *König Rother*, *Herzog Ernst* B, D und G. In: Maximilian Benz/Katrin Dennerlein (Hgg.): Literarische Räume der Herkunft. Fallstudien zu einer historischen Narratologie. Berlin/Boston 2016b, S. 91–119.
Winkelsträter, Sebastian: Bricolage. Textiles Erzählen im *Grauen Rock*. In: Birgit Zacke u.a. (Hgg.): Text und Textur. Oldenburg 2020 (Beiträge zur mediävistischen Erzählforschung. Themenheft 5), S. 143–175.
Winkelsträter, Sebastian: Traumschwert, Wunderhelm, Löwenschild. Ding und Figur im *Parzival* Wolframs von Eschenbach. Tübingen 2022 (BiblGerm 77).
Winst, Silke: Amicus und Amelius. Kriegerfreundschaft und Gewalt in mittelalterlicher Erzähltradition. Berlin/New York 2009 (Quellen und Forschungen zur Literatur- und Kulturgeschichte 57).
Witthöft, Christiane: Varianzen des Möglichkeitssinns. Spott und Manipulation im Zeichen der Hyäne und des Bären (*Reinhart Fuchs*, *Die Rache des Ehemannes*). In: Kathrin Lukaschek u.a. (Hgg.): Die Zeit der sprachbegabten Tiere. Oldenburg 2022 (Beiträge zur mediävistischen Erzählforschung. Themenheft 11). S. 101–136.
Wittmann, Viola: Das Ende des Kampfes. Kämpfen, Siegen und Verlieren in Wolframs *Parzival*. Zur Konzeptlogik höfischen Erzählens. Trier 2007 (Literatur, Imagination, Realität 42).
Worstbrock, Franz Josef: *Dilatatio materiae*. Zur Poetik des *Erec* Hartmanns von Aue. In: Frühmittelalterliche Studien 19 (1985), S. 1–30.
Worstbrock, Franz Josef: Der Zufall und das Ziel. Über die Handlungsstruktur in Gottfrieds *Tristan*. In: Walter Haug/Burghart Wachinger (Hgg.): Fortuna. Tübingen 1995 (Fortuna vitrea 15), S. 34–51.

Worstbrock, Franz Josef: Wiedererzählen und Übersetzen. In: Walter Haug (Hg.): Mittelalter und frühe Neuzeit. Übergänge, Umbrüche und Neuansätze. Tübingen 1999 (Fortuna vitrea 16), S. 128–142.

Wutz, Andreas: Der doppelte Loys. Ein Vergleich der Königsgestalt in Wolframs von Eschenbach *Willehalm* mit der altfranzösischen Vorlage *Aliscans*. In: ABäG 65 (2009), S. 139–157.

Young, Christopher: Narrativische Perspektiven in Wolframs *Willehalm*. Figuren, Erzähler, Sinngebungsprozeß. Tübingen 2000 (Untersuchungen zur deutschen Literaturgeschichte 104).

Zeimentz, Hans: Ehe nach der Lehre der Frühscholastik. Eine moralgeschichtliche Untersuchung zur Anthropologie und Theologie der Ehe in der Schule Anselms von Laon und Wilhelms von Champeaux, bei Hugo von St. Viktor, Walter von Mortagne und Petrus Lombardus. Düsseldorf 1973.

Zießler, Rudolf: Die Iweinmalereien im Hessenhof zu Schmalkalden. Schmalkalden o.J.

Online-Ressourcen

Bibliographie der deutschen Sprach- und Literaturwissenschaft (BDSL-online). https://www.bdsl-online.de

Deutsche Inschriften Online. https://www.inschriften.net

Deutschsprachige illustrierte Handschriften des Mittelalters (KdiH). https://kdih.badw.de/datenbank/start

Einheitsübersetzung der Bibel (2016), hg. vom Katholischen Bibelwerk. https://www.bibleserver.com/bible/EU

Handschriftencensus. Eine Bestandsaufnahme der handschriftlichen Überlieferung deutschsprachiger Texte des Mittelalters. https://handschriftencensus.de

Mediaevum.de. Das altgermanistische Informationsportal. https://www.mediaevum.de

Parzival-Projekt. Ein Projekt des Schweizerischen Nationalfonds und der Deutschen Forschungsgemeinschaft. https://parzival.unibe.ch

Regesta Imperii Online Public Access Catalogue (RI OPAC). Die Literaturdatenbank zum Mittelalter. http://opac.regesta-imperii.de/lang_de/

Verfasser-Datenbank. Autorinnen und Autoren der deutschsprachigen Literatur und des deutschsprachigen Raums: Von den Anfängen bis zur Gegenwart. https://www.degruyter.com/database/vdbo/html

Links zu den mittelalterlichen Handschriften und Artefakten

Benediktbeuerer Liederhandschrift (*Carmina Burana*) (vgl. HSC 1671). https://mdz-nbn-resolving.de/details:bsb00085130

Berlin, Staatsbibliothek, mgf 282 (vgl. HSC 1062). http://resolver.staatsbibliothek-berlin.de/SBB0001AE7F00000000

Berlin, Staatsbibliothek, mgf 855 (vgl. HSC 3622). http://resolver.staatsbibliothek-berlin.de/SBB00004DAE00000000

Dresden, Landesbibliothek, Mscr. M 66 (vgl. HSC 6801). http://digital.slub-dresden.de/id274276038

Evangeliar Heinrichs des Löwen. http://diglib.hab.de/mss/105-noviss-2f/start.htm

Große Heidelberger Liederhandschrift (*Codex Manesse*) (vgl. HSC 4957). https://doi.org/10.11588/diglit.2222

Heidelberg, Universitätsbibliothek, Cpg 112 (vgl. HSC 1145). https://doi.org/10.11588/diglit.38

Minnekästchen im Britischen Museum London (Nr. 1947,0706.1). https://www.britishmuseum.org/collection/object/H_1947-0706-1

Minnekästchen im Victoria & Albert Museum London (Nr. 2173-1855). https://collections.vam.ac.uk/item/O139259/casket-unknown/

GPSR Compliance

The European Union's (EU) General Product Safety Regulation (GPSR) is a set of rules that requires consumer products to be safe and our obligations to ensure this.

If you have any concerns about our products, you can contact us on ProductSafety@springernature.com

In case Publisher is established outside the EU, the EU authorized representative is:

Springer Nature Customer Service Center GmbH
Europaplatz 3
69115 Heidelberg, Germany

Batch number: 09231161

Printed by Printforce, the Netherlands